Vom Erziehungsurlaub zur Elternzeit

Reihe »Politik der Geschlechterverhältnisse«
Band 28

Herausgegeben von Eva Kreisky, Cornelia Klinger, Andrea Maihofer
und Birgit Sauer

Silke Bothfeld, Dr. phil., arbeitet als Referentin für Arbeitsmarktpolitik im Wirtschafts- und Sozialwissenschaftlichen Institut in der Hans-Böckler- Stiftung, Düsseldorf.

Silke Bothfeld

Vom Erziehungsurlaub zur Elternzeit

Politisches Lernen im Reformprozess

Campus Verlag
Frankfurt/New York

Bibliografische Information der Deutschen Bibliothek
Die Deutsche Bibliothek verzeichnet diese Publikation in der Deutschen Nationalbibliografie.
Detaillierte bibliografische Daten sind im Internet über http://dnb.ddb.de abrufbar.
ISBN 3-593-37714-4

Das Werk einschließlich aller seiner Teile ist urheberrechtlich geschützt. Jede Verwertung ist ohne
Zustimmung des Verlags unzulässig. Das gilt insbesondere für Vervielfältigungen, Übersetzungen,
Mikroverfilmungen und die Einspeicherung und Verarbeitung in elektronischen Systemen.
Copyright © 2005 Campus Verlag GmbH, Frankfurt/Main
Umschlaggestaltung: Guido Klütsch, Köln
Druck und Bindung: KM-Druck, Groß-Umstadt
Gedruckt auf säurefreiem und chlorfrei gebleichtem Papier.
Printed in Germany

Besuchen Sie uns im Internet: www.campus.de

Inhalt

VORWORT 11

1. EINLEITUNG..13

1.1 Vereinbarkeitspolitik als Gegenstand sozialwissenschaftlicher Analyse 15

1.2 Die Reform des Bundeserziehungsgeldgesetzes als theoretisches Problem 17
    1.2.1 Die Überwindung rationalistischer Ansätze..17
    1.2.2 Probleme des politischen Lernens auf der Ebene der Akteure 19
    1.2.3 Politisches Lernen im sozialen Kontext..21

1.3 Die Gliederung der Arbeit 22

2. DAS DEUTSCHE POLITIKREGIME ZUR VEREINBARKEIT VON
FAMILIE UND BERUF 24

2.1 Das Recht auf Erwerbstätigkeit und deren Unterbrechung..................................... 24
    2.1.1 Das Recht auf Arbeit...24
    2.1.2 Freistellung von der Erwerbsarbeit für Kindererziehung............................26
    2.1.3 Rückkehr und berufliche Förderung von Frauen..33

2.2 Die Neujustierung von Erwerbs- und Familienarbeit durch Arbeitszeitpolitik 39
    2.2.1 Die Wochenarbeitszeit 39
    2.2.2 Der Teilzeitkompromiss 40
    2.2.3 Familienfreundlichkeit durch betriebliche Arbeitszeitpolitik.....................42

2.3 Die soziale Sicherung von Eltern und Kindern 43
    2.3.1 Das Erziehungsgeld zwischen Lohnersatzleistung und Familiengeld..........44
    2.3.2 Die finanzielle Unterstützung von Familien mit Kindern durch den
    Familienlastenausgleich..47
    2.3.3 Sicherung der Erwerbsunterbrechung in der Sozialversicherung...............49

2.4 Förderung der Kinderbetreuung 51
    2.4.1 Die Organisation und Finanzierung der Kinderbetreuung 51
    2.4.2 Formen und Standards der kollektiven Betreuung 52
    2.4.3 Der Umfang der Kinderbetreuung in Deutschland 54

2.5 Das deutsche Politikregime zur Vereinbarkeit von Beruf und Familie 55

3. DIE KONKURRIERENDEN PARADIGMEN IN DER VEREINBARKEITSPOLITIK 58

3.1 Das Gleichheitsdilemma 58

3.2 Die konkurrierenden Paradigmen 61
    3.2.1 Gleiche Anerkennung von Betreuungs- und Erwerbsarbeit 61
    3.2.2 Das Modell der allgemeinen Erwerbstätigkeit 67

3.3 Entwickelt sich ein neues Paradigma? 72
    3.3.1 Gleicher Zugang zu bezahlter Beschäftigung 73
    3.3.2 Die Individualisierung in der sozialen Sicherung 73
    3.3.3 Pflege und Betreuung als Gegenstand sozialer Anspruchsrechte 75

3.4 Autonomie als Referenz für ein neues StaatsbürgerInnenmodell? 78

4. WISSEN UND LERNEN: NOTWENDIGE KATEGORIEN ZUR ANALYSE VON POLITIKWANDEL 81

4.1 Formen von Politikwissen 82
    4.1.1 Kollektives Wissen 82
    4.1.2 Wissenschaftliches, normatives und Alltagswissen 85
    4.1.3 Formen sozialwissenschaftlichen Wissens 87

4.2. Wer lernt? Individuelle und korporative Akteure 89
    4.2.1 Politisches Lernen in Tendenzkoalitionen 90
    4.2.2 Politisches Lernen bei korporativen Akteuren 91
    4.2.3 Lernen bei individuellen AkteurInnen 94

4.3 Politische Lernprozesse und politischer Wandel 98
    4.3.1 Lernen durch Prüfung von Wirkungszusammenhängen 99
    4.3.2 Lernen als reflexives politisches Handeln 102
    4.3.3 Lernen als Prozess der Koordination 104
    4.3.4 Die Besonderheit des Begriffs des Politischen Lernens 106

5. POLITISCHES LERNEN IM GESELLSCHAFTLICHEN KONTEXT 108

5.1 Geltung und Verbreitung von Wissen 109
    5.1.1 Diskurs als Locus der Geltung von Wissen.................................. 110
    5.1.2 Der politische Diskurs als sozialer Ort der Produktion von Identitäten.. 112
    5.1.3 Der politische Diskurs als Ort des Kampfes um die Anerkennung
    von Bedürfnissen 114

5.2 Politische Repräsentation und die Formierung von Diskursen............... 116
    5.2.1 Formen der politischen Repräsentation.. 117
    5.2.2 Feministische Kritik an den Modellen der politischen Repräsentation.... 119

5.3 Sozialwissenschaftliches Wissen im politischen Diskurs........................ 120
    5.3.1 Politische AkteurInnen als NutzerInnen sozialwissenschaftlichen Wissens... 121
    5.3.2 Bedingungen für die Nutzung sozialwissenschaftlichen Wissens 124

5.4 Das »Gesellschaftliche«: Die Rolle des sozialen Umfeldes, der Medien
und der Kultur 128
    5.4.1 Das soziale Umfeld 129
    5.4.2 Die Massenmedien.. 129
    5.4.3 Kultur und Bildung als Medien der Produktion von Diskursen 132

5.5 Politiklernen im sozialen Kontext: Zwischen Diskurshegemonie und
Deliberation... 133
    5.5.1 Die Öffnung von Diskursen durch deliberative Verfahren 134
    5.5.2 Die Schließung von Diskursen durch Hegemonie 136

6. POLITIKANALYSE ALS ANALYSE POLITISCHEN LERNENS 140

6.1 Das Analysemodell: Vier Stufen des Politiklernens................................ 140
    6.1.1 Die Thematisierung von politischen Problemen 141
    6.1.2 Die Positionierung der Akteure durch Formulierung politischer Ziele.... 143
    6.1.3 Die Konkretisierung von Zielen durch Beschlüsse und Entwürfe 144
    6.1.4 Die Ordnung politischer Prioritäten 145

6.2 Fallauswahl.. 146

6.3 Methoden der Analyse politischer Lernprozesse 148
    6.3.1 Die interne Organisationsstruktur: Welchen Handlungsspielraum haben
    individuelle AkteurInnen? 148
    6.3.2 Die »Vorgeschichte«: Verknüpfung von Prozess und Inhalten 149
    6.3.3 Die Ordnung politischer Prioritäten im Reformprozess 150

6.4 Methodische Herausforderungen bei der Untersuchung von politischen
Lernprozessen.. 151

7. REGIERUNGSPARTEI UND STÄRKSTE FRAKTION: DIE SPD 154

7.1 Die Organisation frauenpolitischer Anliegen in der Volkpartei SPD 154
    7.1.1 Die deskriptive Repräsentation der Frauen in der SPD 154
    7.1.2 Frauen- und familienpolitische Strukturen in der SPD 158
    7.1.3 Netzwerke und BündnispartnerInnen 162

7.2 Die Entwicklung der Organisationsziele und der Beschlusslage
in der Frauen- und Familienpolitik 164
    7.2.1 Frauenarbeit und Männerarbeit in der SPD-Programmatik 164
    7.2.2 Umgestaltung der Arbeitswelt: Arbeitszeitverkürzung und Teilzeitarbeit .. 169
    7.2.3 Soziale Sicherung von Familien und die Betreuung der Kinder 172
    7.2.4 Die Vereinbarkeitspolitik der SPD: ein paradigmatischer Wandel? 183

7.3 Die Federführung bei der Reform des Erziehungsgeldgesetzes 2000 184

7.4 Bewertung der SPD als frauen- und familienpolitisch lernfähiger Akteur 187
    7.4.1 Die Thematisierung des Vereinbarkeitsproblems in der SPD 187
    7.4.2 Die Formulierung vereinbarkeitspolitischer Zielsetzungen 187
    7.4.3 Konkretisierung der partnerschaftlichen Teilhabe 189
    7.4.4 Die Ordnung politischer Prioritäten: Erfolge und Scheitern von
    Lernprozessen 190

8. DER KLEINE KOALITIONSPARTNER: BÜNDNIS 90/DIE GRÜNEN 194

8.1. Die Organisation gleichstellungspolitischer Anliegen bei den Grünen und
Bündnis 90/Die Grünen 194
    8.1.1 Gründung und Entwicklung der Grünen als Partei und Fraktion 194
    8.1.2 Das Projekt der Geschlechterdemokratie 196
    8.1.3 Beratung durch die Grünen-nahe Heinrich-Böll-Stiftung 199

8.2. Familienpolitik als konsequente »Familienmitgliederpolitik« 201
    8.2.1 Arbeitszeitpolitik für eine gerechtere Verteilung
    von bezahlter und unbezahlter Arbeit 201
    8.2.2 Gleichstellungspolitik 204
    8.2.3 Die Freistellung der Eltern: Anerkennung pluraler Lebensstile? 206
    8.2.4 Die Öffnung des Paradigmas: Umbau der Geschlechterrollen 214

8.3 Die Reform des BErzGG als rot-grünes Reformprojekt 215
    8.3.1 Das Scheitern bei der Einführung »harter« Rechtsansprüche 215
    8.3.2 Die Aufgabe des Ziels der Lohnersatzleistung 217
    8.3.3 Die Radikalisierung des Vereinbarkeitsproblems: Vom Kindeswohl
    zum Kindesrecht 218

8.4 Bündnis 90/Die Grünen – ein frauen- und familienpolitisch lernfähiger Akteur? 220
   8.4.1 Thematisierung und Zielformulierung: Extreme Sensibilität für sozialen Wandel 221
   8.4.2. Konkretisierung der Ziele: Bündnis 90/Die Grünen als lernende Organisation 222
   8.4.3 Ordnung politischer Prioritäten: Kinder statt Frauen zuerst! 226

9. DER DEUTSCHE GEWERKSCHAFTSBUND – EIN ADVOKAT DER FRAUENPOLITIK? 229

9.1 Die differenzierten Arbeitsstrukturen des DGB und seiner Gewerkschaften 230
   9.1.1 Die Rolle des DGB als politischer Verband 230
   9.1.2 Die Entwicklung der frauenpolitischen Strukturen im DGB 232
   9.1.3 Die Mitwirkung der frauenpolitischen Gremien im DGB 235
   9.1.4 Die Vertretung frauenpolitischer Interessen in den Betrieben 241

9.2 Vereinbarkeit als Thema von Gewerkschaftspolitik 243
   9.2.1 Erwerbstätigkeit von Frauen und Männern: gleich oder gleichwertig? 243
   9.2.2 Teilzeitarbeit versus kollektive Arbeitszeitverkürzung 245
   9.2.3 Die soziale Sicherung von Erziehenden als frauenpolitische Forderung .. 249
   9.2.4 Die familien- und frauenpolitische Programmatik des DGB im paradigmatischen Wandel 251

9.3 Die Mitwirkung bei der Reform des Bundeserziehungsgeldgesetzes 252
   9.3.1 Formen der Mitwirkung 252
   9.3.2 Erfolg: Die Form des Teilzeitanspruchs 253
   9.3.3 Scheitern: Der Rechtsanspruch auf Teilzeitarbeit 254
   9.3.4 Der Streit um die leistungsrechtlichen Verbesserungen 255

9.4 Der DGB als verhinderter Advokat für eine Reform der Vereinbarkeitspolitik 258
   9.4.1 Die Schleusenfunktion der frauenpolitischen Strukturen des DGB 258
   9.4.2 Die Formulierung politischer Ziele 259
   9.4.3 Die Konkretisierung der programmatischen Ziele 259
   9.4.4 Die Ordnung politischer Prioritäten des DGB bei der Mitwirkung an Gesetzesvorhaben 261

10. DAS BUNDESMINISTERIUM FÜR FAMILIE, SENIOREN, FRAUEN UND JUGEND: *GATEKEEPER* IN DEN ADMINISTRATIVEN DETAILS 265

10.1 Die Institutionalisierung der staatlichen Familien- und Frauenpolitik 265
    10.1.1 Geschichte und Struktur des Bundesfamilienministeriums 265
    10.1.2 Die Institutionalisierung der Bundesfrauenpolitik 267
    10.1.3 Die Beteiligung von Frauen in der Bundesverwaltung 270

10.2 Das BMFSFJ als Speicher von normativem und deskriptivem Wissen 275
    10.2.1 Die Koordinierung der Interessen der Verbände 275
    10.2.2 Familienwissenschaftliche Beratung 276
    10.2.3 Weitere Sozialberichterstattung 279
    10.2.4 Wirkung der sozialwissenschaftlichen Beratung der Bundesregierung ... 281
    10.2.5 Die familien- und frauenpolitischen Leitbilder im familienwissenschaftlichen Diskurs 282

10.3 Die Arbeit des BMFSFJ bei der Entwicklung der Reform 287
    10.3.1 Die Ausgestaltung der Leistungsverbesserungen 287
    10.3.2 Das BMFSFJ – *gatekeeper* in den administrativen Details 289
    10.3.3 Politisches Steuern ohne Geld: Bewusstseinsbildung als neues politisches Instrument 291
    10.3.4 Der Machtkampf im Bundeskabinett 292

10.4 Das BMFSFJ – *gatekeeper* in den administrativen Details 293

11. POLITIKWANDEL DURCH POLITISCHES LERNEN – GRENZEN UND CHANCEN 297

11.1 Ein Paradigmenwechsel in der Vereinbarkeitspolitik? 297
    11.1.1 *Policy*-Ideen als *evergreens* und *newcomers* 297
    11.1.2 Die unzureichende Umsetzung von Geschlechtergleichheit 300

11.2 Drei Dimensionen der Lernfähigkeit politischer Akteure 303
    11.2.1 Die Kompetenz der Akteure zur Verarbeitung deskriptiven Wissens ... 303
    11.2.2 Die Offenheit für normatives und deskriptives Wissen 305
    11.2.3 Informelle Bedingungen für politisches Lernen 307

11.3 Grenzen und Chancen für politisches Lernen 309
    11.3.1 Grenzen 310
    11.3.2 Chancen 313

LITERATUR 318

ANHANG 340

Vorwort

Eine Dissertation braucht gute Förderung und Unterstützung. Den vielen Personen und Organisationen, die mich während dieser Zeit direkt und indirekt unterstützt haben, möchte ich an dieser Stelle danken.

Am Wissenschaftszentrum Berlin hat mir Günther Schmid in seiner Abteilung »Arbeitsmarktpolitik und Beschäftigung« die nötigen Freiräume eingeräumt und mein Promotionsprojekt als Gutachter mit großem Vertrauen, Geduld und Offenheit begleitet. Darüber hinaus bot mir die von Dagmar Simon und Maria Oppen geleitete Arbeitsgruppe »Arbeit, Organisation, Geschlecht« einen inspirierenden und ermutigenden Diskussionszusammenhang.

Barbara Riedmüller hat die Arbeit an der Freien Universität Berlin als zweite Gutachterin betreut. Vor allem in ihrem Forschungskolloquium wurde die Fragestellung konkretisiert und am Design der Arbeit gefeilt. Ihre treffsicheren Nachfragen und ihre pragmatischen Vorschläge halfen mir oft, die eine oder andere Klippe zu umschiffen und das ganze Projekt auf Kurs zu halten.

Im Sommer 2002 wechselte ich vom WZB ans Wirtschafts- und sozialwissenschaftliche Institut in der Hans-Böckler-Stiftung, Düsseldorf und fand dort die Unterstützung von Heide Pfarr. Ihr verdanke ich die guten Arbeitsbedingungen, auch jenseits der professionellen Strukturen, die es mir ermöglichten, das Projekt in endlicher Zeit abzuschließen. Der Hans-Böckler-Stiftung ist außerdem für die finanzielle Förderung und den Mitarbeiterinnen am WSI für die technische Hilfe bei der Herstellung dieses Buchs zu danken.

Die Begegnungen und Gespräche mit Marie-Thérèse Letablier vom Centre d'Etudes de l'Empoi, Paris, Jane Jenson von der Université Montreal und Ann S. Orloff von der Northwestern University in Chicago haben mich bei meinen ersten Überlegungen ermutigt und mir damit später über so manchen Anflug von Zweifeln an meinem Vorhaben hinweg geholfen.

Viele Kolleginnen und Kollegen, Freundinnen und Freunde haben mich – jeweils auf ihre Art – begleitet. Mit Sigrid Gronbach und Holger Schütz habe ich von Anfang an Grundsatzfragen diskutieren können und beide haben immer wieder Teile der Arbeit gelesen und kommentiert. Sophie Rouault verdanke ich unter anderem die Entdeckung der französischen Variante der interpretativen Politikanalyse,

Ute Behning einen entscheidenden Rat zur rechten Zeit. Mit Olivier Buttner und Martine Lurol verbinden mich spannende Forschungserlebnisse im Herbst 2001 in Paris. Ich danke dem *Maison de Sciences de l'Homme,* Paris, für die Finanzierung dieses Forschungsaufenthalts. Mara Kuhl hat mich durch ihre engagierte und strenge Beurteilung meines Theorieteils ermutigt. Frank Bönker hat die richtigen kritischen Fragen zu meinen ersten Entwurf gestellt und mir als Mitglied der Promotionskommission über den Promotionsprozess hinausreichende Anregungen mit auf den Weg gegeben. Der Austausch mit ihnen allen war nicht nur Arbeit, sondern auch Spaß.

Ein ganz besonderer Dank gilt den ExpertInnen aus Politik und Verwaltung, die sich Zeit für meine Interviews genommen haben und mir einen zum Teil sehr weit gehenden und überaus erkenntnisreichen Einblick in ihren Arbeitsalltag erlaubt haben. Ohne ihre freundliche Bereitschaft zu diesen Gesprächen wäre diese Arbeit sehr viel weniger spannend geworden.

Zu den Menschen, die zu jeder Zeit bereit waren, mit mir Fragen aus dem Grenzbereich zwischen Wissenschaft und Lebenspraxis zu erörtern, gehören Anke Bothfeld, Catherine Götze, Elke Holst und Jochen Lang. Meiner Mutter, Elisabeth Bothfeld, verdanke ich nicht nur die Einsicht, dass die soziale Realität von geschlechterpolitischen Schieflagen geprägt ist, sondern auch die, dass viele kluge und engagierte Frauen und Männer einen oftmals beträchtlichen Teil ihrer Lebensenergie auf die Versachlichung der politischen Auseinandersetzungen verwenden. Diesen Frauen, die – auf welche Weise auch immer – ihre Beteiligung an eben diesen Kämpfen als eine Lebensaufgabe sehen, widme ich dieses Buch.

Berlin/Düsseldorf, März 2005

1. Einleitung

Zu Beginn des neuen Jahrtausends erlebt die Familienpolitik in Deutschland eine Hochkonjunktur, wie seit den siebziger Jahren nicht mehr. In der zweiten rot-grünen Regierungsperiode wurde eine Allianz für die Familie mit den Unternehmen geschlossen, Kinderzuschläge zur Bekämpfung der Kinderarmut eingeführt und ein Tagesbetreuungsausbaugesetz verabschiedet, das endlich die flächendeckende Entwicklung von Betreuungsplätzen für Kinder unter drei Jahren realisieren soll. Und zu guter Letzt wurde für 2006 die Einführung einer Lohnersatzleistung während der Elternzeit angekündigt. Im Unterschied zu den siebziger Jahren spielen gleichstellungspolitische Fragen jedoch keine eigene Rolle mehr, vielmehr wird das Problem der Gleichstellung von Frauen und Männern auf die Vereinbarkeit von Beruf und Familie reduziert. Vergessen ist außerdem das große gleichstellungspolitische Projekt »Frau und Beruf« der ersten rot-grünen Regierungsperiode von 1998, in dessen Rahmen eine umfassende rechtliche Gleichstellung für erwerbstätige Frauen und Mütter geplant war, u.a. durch die Einführung eines Gleichstellungsgesetzes für die Privatwirtschaft und den grundlegenden Umbau des Bundeserziehungsgeldgesetzes (BErzGG) gehörte.

In der Tat war die Reform des BErzGG von 2000 das erste vereinbarkeitspolitische Projekt in Deutschland seit der Einführung des Mutterschaftsurlaubsgesetzes von 1979, mit dem die Parameter der geschlechterspezifischen Arbeitsteilung grundsätzlich verschoben, und neue Modelle der Vereinbarkeit von Beruf und Familie ermöglicht werden sollten. Mit dem Regierungswechsel und der ›moralischen Wende‹ von 1982 war die frauenpolitische Entwicklung der siebziger Jahre abrupt zu einem Stillstand gekommen und anstatt der Frauenpolitik dominierten nun familienpolitische Themen die gesellschaftspolitische Diskussion. Die vereinbarkeitspolitischen Aktivitäten der christlich-liberalen Regierung bestanden 1986 in der Ersetzung der Mutterschaftsurlaubsregelung durch das Bundeserziehungsgeldgesetz und die Einführung des Rechtsanspruchs auf einen halbtägigen Kindergartenplatz für Kinder ab drei Jahren 1994, mit denen ein konservatives Modell der geschlechterspezifischen Arbeitsteilung zwischen Eltern weiter institutionalisiert wurde. Das ehrgeizige gleichstellungspolitische Programm der neuen rot-grünen Regierung von 1998 weckte daher die Hoffnung auf einen grundlegenden geschlechterpolitischen

Umbau des deutschen Sozialstaats. Diese hohen Erwartungen wurden – gemessen an den ehrgeizigen Reformzielen – weitgehend enttäuscht und auch der neue familienpolitische Reformschub seit Beginn der 15. Legislaturperiode zielt nunmehr auf die Verbesserung der Lebenssituation der Kinder und nicht mehr der der Frauen.

Trotz des gleichstellungspolitischen Misserfolgs ist die Bewertung des Elternzeitgesetzes aus dem Jahr 2000 aus der gleichstellungspolitischen Perspektive nicht leicht zu treffen. Zwar schloss die rot-grüne Regierung weder an ihre progressiven Positionen der siebziger Jahre an, noch veränderte sie die Elternurlaubsregelung grundsätzlich in ihrem Bestand. Mit der Möglichkeit der gleichzeitigen und teilzeitigen Inanspruchnahme des Erziehungsurlaubs schuf sie dennoch eine dem Leitbild der partnerschaftlichen Arbeitsteilung entsprechende Alternative zur alten konservativen Regelung. Und tatsächlich zeigen erste Evaluierungsergebnisse einen nach wie vor kleinen, aber steigenden Anteil von Männern, die die Elternzeitregelung beanspruchen (BT-Drs. 15/3400). Dennoch: Zentrale und langjährige Forderungen, wie etwa die finanzielle Absicherung von Eltern während der Freistellungsphase, wurden durch diese Reform nicht realisiert und auch das ehrgeizige Projekt, ein Gleichstellungsgesetz für die Privatwirtschaft (vgl. dazu ausführlich Pfarr 2001) einzuführen, scheiterte.

Aus politikwissenschaftlicher Sicht wirft diese teils gescheiterte, teils erfolgreiche Reform zwei Fragen auf, denen sich die vorliegende Arbeit widmet. Nämlich: Welche Chancen haben geschlechtersensible gesellschaftspolitische Reformen überhaupt in Zeiten, in denen der Verweis auf die Staatsverschuldung und das Primat der Haushaltskonsolidierung sozialpolitische Fragen vorentscheiden? Schließlich ist das BErzGG ein Instrument mit einer leistungsrechtlichen und einer arbeitsrechtlichen Dimension, und pessimistische BeobachterInnen verweisen auf die Schwierigkeit, im Kontext neoliberaler Diskurse überhaupt Frauenpolitik zu betreiben (Kontos 2000a; b; Sauer 2001; Rosenberger 2002). Und zweitens: Nach welcher politischen Handlungslogik werden gleichstellungs- und familienpolitische Entscheidungen in Deutschland überhaupt getroffen? Innovativer institutioneller Wandel in der Geschlechterpolitik lässt sich anhand traditioneller, rein macht- und rationalitätsbasierter Ansätze der Politikanalyse, die vom Handlungsmotiv eines rationalen Interesses ausgehen, nicht erklären, weil angenommen werden muss, dass Wissen und Werte als Erklärungsfaktoren für geschlechterpolitische Entwicklungen eine erhebliche Rolle spielen. Das theoretische Vorhaben ist daher, den Reformprozess des Bundeserziehungsgeldgesetzes als einen politischen Lernprozess zu untersuchen.

1.1 Vereinbarkeitspolitik als Gegenstand sozialwissenschaftlicher Analyse

Das Problem der Vereinbarkeit von Beruf und Familie wurde nicht immer so breit debattiert wie heute. Seit es in den siebziger Jahren durch die neue Frauenbewegung erstmals thematisiert wurde, damals vor allem aus der normativen Perspektive einer gleichen Teilhabe am Arbeitsmarkt, hat das Konzept der Vereinbarkeit einen Bedeutungswandel erfahren. In den siebziger und frühen achtziger Jahren befasste sich die noch in ihren Anfängen begriffene und marginalisierte Frauenforschung mit der Beschreibung und Analyse der Erwerbstätigkeit von Frauen (vgl. Riedmüller 1988). Dabei wurden zunächst die Unterschiede in den Erwerbsmustern von Frauen und Männern wissenschaftlich untersucht (Pfeil 1961; Menschik 1971; Peikert 1976; Jurczyk 1978). In den achtziger und neunziger Jahren beschäftigte sich die Forschung zur Vereinbarkeit von Beruf und Familie vor allem im angelsächsischen Raum mit der Erklärung der Entstehung der geschlechterspezifischen Arbeitsteilung und der Rolle der institutionellen sozialpolitischen Regime für die Verstärkung dieser Arbeitsteilung. Hier wurde das Argument stark gemacht, dass nicht ein wie auch immer strukturierter patriarchaler oder kapitalistischer Staat zwangsläufig den Ausschluss von Frauen produzieren würde (vgl. dazu Pateman 1989; Connell 1990; Walby 1997), sondern dass spezifische politisch-institutionelle Konfigurationen zu sozialen Spaltungen u.a. auch zwischen den Geschlechtern führen würden (vgl. dazu vor allem den *structured polity approach* von Skocpol 1992; und allgemeiner für das neo-institutionalistische Paradigma Thelen/Steinmo 1992). Ein Beitrag der deutschen Wohlfahrtsstaatsforschung ist der Verweis darauf, dass die geschlechterspezifische Arbeitsteilung vor allem durch die kulturell bedingte Trennung der Erwerbs- und der Haushaltssphäre bedingt sei (Pfau-Effinger 2000), die zwischen den westeuropäischen Ländern variiere. Insgesamt galt Deutschland als Prototyp eines konservativen »männlichen Brotverdiener-Modells« (Lewis 1992).

Ende der neunziger Jahre wird das Problem der Vereinbarkeit von Beruf und Familie unter zwei neuen Aspekten thematisiert, dem Problem des Mangels an qualifizierten Arbeitskräften in den westlichen Wohlfahrtsstaaten einerseits und dem Problem des wachsenden Bedarfs an Pflege- und Betreuungsdienstleistungen andererseits. Die ökonomische Perspektive entwickelt sich vor dem Hintergrund der europäischen Beschäftigungsstrategie, nach der die möglichst weitgehende Auslastung auch des weiblichen Arbeitskräfteangebots als ein regionaler Wettbewerbsfaktor als förderungswürdig betrachtet wird. Die Betreuung von Kindern durch die Mütter steht dieser Anforderung entgegen und produziert nicht akzeptable Verluste an Humankapital. Die Freisetzung der Frauen aus dem Familienzusammenhang wird unter dem Ziel der Herstellung von »Beschäftigungsfähigkeit« gefordert. In der akademischen Debatte wird dieses Problem analog zu dem Konzept der »De-Kommodifizierung«, d.h. der Zurückdrängung des Warencharakters von Arbeitskraft durch die Sozialpolitik als eine Bewegung der »De-Familiarisierung« betrachtet, nach der die Frauen aus ihrer Verpflichtung zur Haus- und Familienarbeit freigesetzt und für den Arbeitsmarkt verfügbar werden (sollen) (Esping-Andersen 1999; 2002). In dieser Perspektive hat der Begriff der Vereinbarkeit also keine politisch-normative Dimension mehr, sondern er ist auf die rein ökonomische Dimension reduziert (vgl. dazu die Kritik an Esping-Andersen in Lessenich 2004).

Der zweite Strang der neueren Wohlfahrtsstaatsforschung betont die Erkenntnis, dass die Familien- und Pflegearbeit für die Funktionsweise von Wohlfahrtsstaaten eine konstitutive Bedeutung hat. Vor allem aber gelangt diese Tatsache durch den wachsenden Pflegebedarf aufgrund der Alterung der Bevölkerung und der Konflikte bei der Vereinbarung von Kindererziehung und Erwerbstätigkeit in verschärfter Form in das Bewusstsein von WissenschaftlerInnen und politischen Akteuren[1]. Seit Mitte der neunziger Jahre wird das Problem der Pflege (*care*) verstärkt als Kategorie vor allem in der feministischen Sozialpolitikforschung berücksichtigt (Orloff 1993; Jenson 1997; Devon/Moss u.a. 1997; Europäische Kommission 1998a; Jenson/Sineau 2003; Behning 1999; Giullari/Lewis 2004). Das Thema der fehlenden Entwicklung sozialer Dienstleistungen findet allmählich auch Eingang in die Wohlfahrtsstaatsforschung des *mainstream*.[2] Angesichts der Erkenntnis, dass der emotionale und persönliche Charakter der Pflegetätigkeit keine vollständige Übertragung der Tätigkeit auf Dritte wie z.B. Marktanbieter erlaubt, wird ein Dilemma deutlich, das eine einfache politische Antwort erschwert. Das Recht auf Pflege als ein soziales Staatsbürgerrecht erweist sich als schwer vereinbar mit der Autonomie der Frauen, die bisher die Pflege übernehmen (Orloff 1993). Die Umverteilung von Pflegearbeit ist ohne die Veränderung beider Geschlechterrollen daher undenkbar (Giullari/Lewis 2004: 19). Eine geschlechtergerechte Lösung des Pflege-Problems führt also dazu, dass auch die Freiheit und Autonomie der Männer neu diskutiert werden muss. Vor diesem Hintergrund erscheint die Entwicklung von Anreizen und Anspruchsrechten, die Männern die Teilhabe an Familien- und Pflegetätigkeiten erleichtern, aus feministischer Sicht ein sinnvoller Schritt zu sein.

In diesen zweiten Strang der neueren Sozialpolitikforschung ist auch die vorliegende Arbeit einzuordnen, denn der empirische Teil beschäftigt sich mit der Bewertung der politischen Lösungen des Vereinbarkeitsproblems in Deutschland. Angesichts der durch die Neuregelung angestoßenen Veränderung der Geschlech-

---

1 Für die Bezeichnung von Personen habe ich die geschlechterneutrale Form mit dem »großen I« gewählt. Wenn die Begriffe auf Organisationen verweisen (Akteure, Arbeitgeber), wurde die generisch maskuline Form verwandt.

2 Vgl. dazu etwa Nullmeiers Plädoyer für den Ausbau »niveauregulierter Wohlfahrtsmärkte« (Nullmeier 2003c) und allgemeiner Esping-Andersen 2004 und Lessenich/Möhring-Hesse 2004.

terrollen steht diese in einem doch günstigen Licht da. Aber ist mit der Reform des Bundeserziehungsgeldgesetzes tatsächlich ein Paradigmenwechsel gelungen, der einen Übergang von der geschlechterspezifischen Arbeitsteilung hin zu einer partnerschaftlichen Arbeitsteilung vollzieht?

1.2 Die Reform des Bundeserziehungsgeldgesetzes als theoretisches Problem

Das politiktheoretische Anliegen ist die Analyse der Faktoren, die zu diesem spezifischen Politikwandel geführt haben. Ausgehend von der Kritik, dass neo-institutionelle Ansätze (beispielhaft dafür der Sammelband von Skocpol 1985) politischen Wandel nur unzureichend erklären, wird hier das Handeln der Akteure im politischen Prozess[3] fokussiert.[4] Allerdings müssen bereits existierende theoretische Ansätze des Politiklernens weiterentwickelt werden muss, wenn mit ihrer Hilfe das Konzept des rationalen Handelns überwunden werden soll.

1.2.1 Die Überwindung rationalistischer Ansätze

In den Politikanalyseansätzen des *mainstream* werden die Handlungsmotive der Akteure nicht hinterfragt, sondern es werden strategische oder materielle Interessen als Motive nutzenmaximierenden Handelns unterstellt. Als eine institutionelle Variante des rationalistischen Paradigmas erkennt der Ansatz des akteurszentrierten Institutionalismus zwar auch Normen und Identitäten, Emotionen und »blinde Gewohnheit« als Handlungsorientierungen an (Mayntz/Scharpf 1995: 54), allerdings bleiben diese »weichen Faktoren« von untergeordneter Bedeutung, denn sie werden erst dann in die Analyse einbezogen, wenn das Akteurshandeln durch institutionelle Faktoren, den situativen Kontext (ebd. 50) oder das »organisatorische Eigeninteresse« (ebd. 67) nicht zu erklären ist. Die Entstehung der Entscheidungssituation und

---

3 Als politischen Prozess verstehe ich hier die Abfolge der einzelnen Phasen des Politikzyklus': die Problemdefinition, die Politikformulierung, die Politikentscheidung, die Implementation und die Evaluierung (Howlett/Ramesh 1995).

4 Die Kritik, dass historisch-institutionelle Ansätze paradigmatischen Wandel nicht erklären können, wurde von Peter Hall zugespitzt (Hall 1996). Diese Kritik hat sich insofern als fruchtbar erwiesen, als sie die Weiterentwicklung des historisch-institutionellen Projektes provoziert und zu der Erkenntnis geführt hat, dass die Entstehung der Akteurspräferenzen selbst Gegenstand der Politikanalyse sein müssten (vgl. dazu beispielhaft Thelen/Steinmo 1992).

der Akteurspräferenzen ist in dieser Perspektive nicht relevant, wohl aber die »jeweils handlungsleitende Orientierung zentraler Akteure« (Mayntz/Scharpf 1995:58). Die Grundannahme ist, dass politische Akteure im Hinblick auf ihre Klientel und die eigene politisch-strategische Position »rationale« Präferenzen entwickeln, wobei Sachorientierung, gesellschaftliche Werte und Emotionen als Erklärungsfaktoren in den Hintergrund treten oder als altruistische Elemente unter den Begriff des rationalen Handelns subsumiert werden.

Die spannende Frage bei dieser Reform ist aber gerade, aus welchen Gründen sich die Akteure für diese bestimmten Politikoptionen – im Kern das Recht auf die gleichzeitige und teilzeitige Inspruchnahme des Erziehungsurlaubs – entschieden haben. Und diese Frage lenkt den Blick weg von dem Moment der Politikentscheidung zurück zur Problemdefinition und zur Politikformulierung. Damit werden politische Präferenzen nicht mehr als exogen und gegeben vorausgesetzt, sondern ihre Entstehung wird zum Gegenstand der eigentlichen Analyse. Die Konstituierung der politischen Positionen wird dabei als »Kern« von politischen Auseinandersetzungen betrachtet.[5] Ausbleibende Fortschritte in der Entwicklung geschlechterpolitischer Instrumente sind nämlich ebenso wenig durch machtzentrierte Ansätze erklärbar wie die Entwicklung vereinzelter innovativer Maßnahmen. Vielmehr verlangt die Erklärung dieser Reform, vielleicht wie alle Reformen in denen Werte eine große Rolle spielen, Erklärungsansätze, die das Wissen, die Einstellungen und Erfahrungen der Akteure als Kategorien konzipieren. Genau mit diesen Fragen befasst sich der Ansatz der interpretativen Politikanalyse, der in Deutschland von Frank Nullmeier ausformuliert wurde (Nullmeier 1993; 1996) und der die Rolle von Ideen im politischen Prozess diskutiert (vgl. dazu die Übersichten in Howlett/Ramesh 1995; Surel 2000; Maier, M. L. 2001; 2003). Die interpretative Politikanalyse hat zum Ziel, die rationalistische Verengung des Handlungsbegriffs zu überwinden und die Option nicht-utilitaristischen, wertegeleiteten oder sachorientierten Handelns zu berücksichtigen. Die Erklärung von Politikergebnissen erschöpft sich also nicht in der Analyse dessen, was »objektiv« feststellbar ist, sondern bezieht die subjektiv durch die Akteure wahrgenommenen Handlungsbedingungen mit ein. Zur Identifikation der Handlungsbedingungen, darin sind sich mittlerweile viele AutorInnen einig, bilden Akteure Bezugs- oder Glaubenssysteme aus, mit denen sie ihren Handlungsspielraum festlegen.[6]

---

5 Damit teile ich die Auffassung Wildavkys, der schon 1987 formulierte: »Preferences in regard to political objects are not external to political life; on the contrary, they constitute the very internal essence, the quintessence of politics: the construction and reconstruction of our lives together.« (Wildavsky 1987: 5)

6 Diese Sichtweise gehört in Frankreich seit den achtziger Jahren zum politikwissenschaftlichen Standard. Weil sie Ideen und Wissen einen konzeptuellen Platz in ihren Analysen einräumen und dafür

Lerntheoretische Ansätze bilden eine Variante innerhalb des interpretativen Paradigmas. Sie untersuchen den Zusammenhang zwischen Wissen und Institutionenwandel unter einem bestimmten Aspekt, nämlich dem – wie auch immer gearteten – Fortschritt in einem bestimmten Politikbereich (für einen ersten Überblick vgl. Bennett/Howlett 1992; Bandelow 2003). Allerdings erweisen sich die bisherigen Lernansätze als zu eng für die Erklärung geschlechterpolitischer Reformen, weil sie einerseits die verschiedenen Formen des Akteurshandelns nicht problematisieren und weil sie andererseits den sozialen Handlungskontext der Akteure und somit die politische (Macht-)Dimension des Akteurshandelns vernachlässigen. Theorien des Politiklernens sind Ansätze mittlerer Reichweite, deren Ertrag durch den Anschluss an mikrotheoretische Ansätze (zur Erklärung des Akteurshandelns) und an makrotheoretische Ansätze (Gesellschafts- und Demokratietheorie) erhöht werden kann. Diese Möglichkeiten auszuloten, ist das zentrale theoretische Anliegen dieser Arbeit. Beide Aspekte sollen im Folgenden kurz umrissen werden.

1.2.2 Probleme des politischen Lernens auf der Ebene der Akteure

Die erste Vertiefung der lerntheoretischen Politikanalyse bezieht sich auf das Handeln der politischen Akteure im Kontext politischer Organisationen. Die Arbeit von K.W. Deutsch, *The Nerves of Government*, war Mitte der sechziger Jahre bahnbrechend, weil sie jenseits der formalen Funktionsweise von Regierungssystemen eine Perspektive auf die interne Kommunikation der Akteure der Regierungsinstitutionen und damit erstmals auf politisches Handeln überhaupt eröffnete (Deutsch 1966). Deutsch benutzte den Begriff des politischen Lernens, um damit die Effektivität des Regierungshandelns zu erfassen und zu vergleichen, in der Überzeugung, dass Politiklernen der Regierungen zur Verhinderung von Krieg führen könne. In der theoretischen Perspektive ging es darum, die Steuerungskapazitäten von Regierungssystemen unter dem Aspekt der »Lernfähigkeit« als Ganzes zu messen und zu vergleichen. Als Systemtheoretiker betrachtete Deutsch das Ensemble der Regierungsinstitutionen als geschlossenes System und unterschätzte somit die Interaktion mit dem sozialen Umfeld und die historische Bedingtheit politischen Handelns. Deutschs Lernbegriff war somit rein machtzentriert.[7] Lerntheoretische Policy-Ansätze, die das Ergebnis eines Reformprozesses erklären sollen, müssen im Unter-

---

das Konzept des *référentiel* entwickelt haben, sind die Arbeiten von Bruno Jobert und Pierre Muller durchaus dem interpretativen Paradigma zuzurechnen (Jobert/Muller 1987; Muller 1990; 2002).

7 »Power in this narrow sense is the priority of output over intake, the ability to talk instead of listen. In a sense, it is the ability to afford not to learn.« (Deutsch 1966: 111)

schied zu Deutschs Erkenntnissen das Verhältnis zwischen individuellem und kollektivem Akteur problematisieren, insbesondere an den Außengrenzen der politischen Organisationen, die zum Regierungssystem im engeren Sinne gehören. Außerdem lässt sich eine »optimale Lösung« (Deutsch 1966: 167) für ein Politikproblem nicht finden, sondern nur solche Lösungen, die jeweils konkurrierenden normativen und kognitiven Maßstäben entsprechen.

Die Betonung der Informalität politischen Handelns verweist auf den Spielraum, den die Akteure ausfüllen können und der die Kontingenz politischen Handelns und damit erst das politische Lernen ermöglicht.[8] Eine politikwissenschaftliche Lerntheorie muss daher das Innenleben der politischen korporativen Akteure und somit den »organisationsförmigen Charakter der Politik« (Schmid/Bogumil 2001) systematisch einbeziehen. Dabei sind die Erkenntnisse der Organisationssoziologie,[9] die sich mit dem Konzept des Organisationslernens beschäftigt, fruchtbar für eine politikwissenschaftliche lerntheoretische Analyse.[10] Organisationsstrukturen spielen eine dabei nicht unbedeutende Rolle, denn sie

> »… sind es auch, die festlegen, wie die Organisation mit ihrem kollektiven Wissen umgeht, es erarbeitet, aufbereitet, einsetzt und auch, wie dieses Wissen revidiert und veränderten Umweltbedingungen und -restriktionen angepasst wird. Die Folge ist z.B., dass es innovative und regredierende, risikobereite und risikoscheue, verknöcherte und responsive Organisationen gibt und dass die Differenz in hohem Maße durch die Art der systemisch organisierten Informations- und Wissensverarbeitung bestimmt wird.« (Willke 1996: 131)

Eine kritische Sicht auf die Funktionsweise von Regierungssystemen stammt schließlich aus der feministischen Staatstheorieforschung. So stellt z.B. Birgit Sauer fest, dass sich die politikwissenschaftliche Analyse meist auf die Untersuchung von *input* und *output*, nicht aber auf die Prozesse der politischen Verarbeitung der sozialen oder politischen Anforderungen, auf das *withinput* (oder *throughput*), konzentrierten (Sauer 1999). Sauer schließt daran die Frage an, *wie* die staatlichen Institutionen und der »Speckgürtel der zivilgesellschaftlichen Institutionen« arbeiten würden. Damit nimmt sie unter anderem auch die Forderung auf, den Prozesscharakter von

---

8 Ein interessanter Ansatz, der das Wirken einzelner Regierungsorganisationen betont, ist der des »Informellen Regierens«, der Anfang der neunziger Jahre im Rahmen eines DFG-Projektes entwickelt, dann aber wieder aus der Diskussion verschwunden ist (Hartwich/Wewer 1991). Der Sammelband umfasst eine Reihe empirischer Studien, die sich mit dem Innenleben ausgewählter Regierungsinstitutionen befassen und auch Aspekte wie etwa die konkurrierenden Handlungsmotive der Akteure bearbeiten (Kastning 1991).

9 Für einen Überblick über die verschiedenen Perspektiven von Organisationstheorien s. den Sammelband von Alfred Kieser (1995).

10 Ein erster systematischer Ansatz wurde von Helmut Wiesenthal (1995) entwickelt, der die drei Stufen des Organisationslernens übernimmt, im Unterschied zu älteren soziologischen Ansätzen allerdings den rationalistischen Aspekt des Akteurshandelns betont.

Politik im Auge zu behalten und Politikanalyse als eine »Feinmechanik« von Aushandlungsprozessen zu verstehen (Kulawik 1997). Davon abgesehen kritisiert die feministische Politikwissenschaft den immanenten Androzentrismus staatstheoretischer Kategorien (Kreisky 1997; Sauer 1999; 2001). Auf die Frage, wie und auf welcher Ebene der politischen Organisationen dieser Androzentrismus produziert oder reproduziert wird, vermögen ebenfalls nur solche Analyseansätze Antworten zu finden, die sich mit dem Innenleben dieser Organisationen beschäftigen. Anders als andere Politikanalyseansätze, die zwar Akteurskategorien unterscheiden (Scharpf 2000: 95ff.), daraus aber keine Schlüsse für die Untersuchungsperspektive ableiten, misst die vorliegende Arbeit der *Interaktion* zwischen korporativen und individuellen Akteuren ein besonderes theoretisches und empirisches Interesse zu. Die erste Frage, die ein lerntheoretischer politikanalytischer Ansatz beantworten muss, ist also, in welchem Verhältnis individuelle und korporative Akteure beim Politiklernen stehen, welche ihre jeweiligen Handlungsbedingungen sind und anhand welcher Kriterien sich Politisches Lernen von individuellem oder von sozialem Lernen unterscheidet.

1.2.3 Politisches Lernen im sozialen Kontext

Die zweite Frage, die sich an eine politikwissenschaftliche Lerntheorie richtet, ist die nach dem Verhältnis zwischen dem Akteur und dem jeweiligen sozialen, politischen und ökonomischen Kontext. Möglicherweise ist der Spielraum, der den politischen Akteuren für ihr Handeln verbleibt, eingeschränkt durch strategische Erwägungen und soziale und politische »Zwänge«. Diese Sichtweise kommt in dem Konzept der Handlungssituation zum Ausdruck, die eine zentrale Kategorie rationalistischer Ansätze ist. Im Unterschied dazu soll hier geklärt werden, auf welche Weise die politischen Akteure das für sie handlungsrelevante gesellschaftliche, politische und wissenschaftliche Wissen selektieren. Wie werden »Sachzwänge« interpretiert? Welches Wissen gilt für die Akteure? Welches Wissen wird aus den gesellschaftspolitischen Debatten aufgenommen und verwendet? Mit diesen Problemen beschäftigen sich sozialpolitische Untersuchungen, die sich kritisch mit der Wirkungskraft dominierender Diskurse auseinandersetzen und die Mechanismen erklären, die wissenschaftlichem oder Alltagswissen zu seiner Geltung in der Sozialpolitik verhelfen (Nullmeier/Rüb 1993; Bleses/Rose 1998; Behning 1999). Generell steht dahinter die Frage, in welchem Maß angesichts des Konsenses über Sachzwänge überhaupt noch Handlungsspielräume für eine innovative gesellschaftspolitische Gestaltung bestehen bzw. inwiefern das Primat ökonomischer Argumente politische Probleme neutralisiert und unsichtbar werden lässt. Meines Erachtens bietet sich die politikwissenschaftliche Kategorie des Diskurses – wenn man ihn als Selektionsmechanismus versteht – an, um kognitive und argumentative Schließungsmechanismen zu erklären (Jenson 1989; Fraser 1994a). Dahinter steht die Annahme, dass politische Lernprozesse immer in gesellschaftliche Diskurse über Probleme eingebettet sind, und die Akteure ihr Wissen aus unterschiedlichen konkurrierenden oder komplementären Diskursen auswählen.

Die vorliegende Arbeit versteht sich als ein Versuch, die interpretative Politikanalyse um Anregungen aus der feministischen Politikwissenschaft zu ergänzen und somit eine Brücke zwischen der Geschlechterforschung einerseits und der Politikanalyse andererseits zu schlagen (Holland-Cunz 1996: 160ff.). Daher soll ein Konzept politischen Lernens entwickelt werden, das den kognitiven und normativen Unterbau institutioneller Regelungen als Faktoren für das Handeln politischer Akteure systematisch berücksichtigt. Die empirische Analyse soll schließlich zu einem theoretischen Substrat gelangen, mit dem sich die Bedingungen für politisches Lernen beschreiben lassen, wobei die Herangehensweise notwendigerweise eklektizistisch sein und sich auf die Beschreibung und Entwicklung »kleinerer und mittlerer Mechanismen« (Scharpf 2000: 65) konzentrieren wird.

1.3 Die Gliederung der Arbeit

Das Politikfeld der Vereinbarung von Beruf und Familie ist Gegenstand des ersten Teils. Kapitel 2 widmet sich dabei zunächst der Darstellung und Bewertung des institutionellen Regimes, während Kapitel 3 die normativen und kognitiven Annahmen, die dem Vereinbarkeitsregime unterliegen, beschreibt und als konkurrierende Paradigmen zusammenfasst. Die theoretischen Überlegungen bezüglich der Mikroaspekte einer Theorie politischen Lernens (Wissensarten, Akteure, Lernbegriff) werden in Kapitel 4, die Möglichkeiten der Verwendung des Diskursbegriffs zur Analyse der gesellschaftlichen und politischen Rahmenbedingungen für das Politiklernen in Kapitel 5 entwickelt. Diese werden dann in einem vierstufigen Modell Politischen Lernens zusammengefasst, das die Analyse der Fallstudien anleitet (Kapitel 6). Hier werden auch methodische Probleme der Analyse von Prozessen des Politiklernens erörtert. In vier Akteursfallstudien werden dann die Binnenstruktur, die programmatische Entwicklung und schließlich der jeweilige Beitrag der an der Reform des BErzGG beteiligten Akteure untersucht und im Hinblick auf eventuelle politische Lernprozesse bewertet. Zu den relevanten Akteuren gehört die SPD als Regierungspartei (Kapitel 7), Bündnis 90/Die Grünen als kleiner Koalitionspartner (Kapitel 8), der Deutsche Gewerkschaftsbund als wichtigster frauenpolitischer Advokat im deutschen Regierungssystem (Kapitel 9) und das Bundesfamilienministerium (BMFSFJ) als Produzent des Rechtstextes und administrative Kontrollinstanz (Kapitel 10). Im Kapitel 11 werden die Erkenntnisse aus den Fallstudien zusammengefasst und ein Ausblick auf die Bedingungen für die Lernfähigkeit politischer Akteuren geboten.

2. Das deutsche Politikregime zur Vereinbarkeit von Familie und Beruf

Das deutsche Modell zur Vereinbarung von Familie und Beruf befindet sich in einem Umbruch. Anfang der neunziger Jahre wurde es in der Wohlfahrtsstaatsforschung als ein «starkes» Brotverdiener-Modell (Lewis 1992) beschrieben. Seit Antritt der rot-grünen Regierung 1998 sind jedoch einige recht weitgehende Reformen vorgenommen worden, so dass sich die Frage stellt, wie dieser Wandel zu bewerten ist. Die Elternzeit (vormals Erziehungsurlaub) ist nur ein Element des institutionellen Regimes, das die Vereinbarkeit von Beruf und Familie für Frauen und Männer in Deutschland reguliert. Zu dem Regime gehören auch arbeitszeitpolitische Regelungen, die soziale Sicherung von Erziehenden sowie die Form und die Finanzierung der Kinderbetreuung. Im Idealfall sind die Regelungen aufeinander abgestimmt und verhalten sich in ihrer Wirkung zueinander komplementär. Eine realistische Annahme und leitende Hypothese ist hier jedoch, dass es widersprüchliche Regulierungen gibt, die auch ungewollte oder gar widersprüchliche Effekte bewirken. Quellen für Inkongruenzen sind dabei die *Fragmentierung* des Politikfeldes in die genannten Politikbereiche, die *fehlende Koordination* der Reformen in diesen Bereichen, und die *Existenz konkurrierender Politikziele*. Die Darstellung der Politikinstrumente in diesem Kapitel rückt das deutsche Politikregime ins Zentrum, zieht aber internationale Beispiele heran, um die Varianz institutioneller Lösung zur Verwirklichung desselben Politikziels, der »Vereinbarkeit« von Familie und Beruf, deutlich zu machen. Die Entwicklung der deutschen Gesetzgebung in diesen Bereichen ist in der Übersicht A 1 im Anhang zusammengefasst.

2.1 Das Recht auf Erwerbstätigkeit und deren Unterbrechung

2.1.1 Das Recht auf Arbeit

Das Verhältnis zwischen Männern und Frauen war bis zur Verabschiedung des Ersten Gleichberechtigungsgesetzes 1958 gesetzlich hierarchisiert – trotz des in

Artikel 3 Abs. 2 des Grundgesetzes festgeschriebenen Gleichberechtigungsgebots: Die Frau hatte bei ihrem Ehemann zu wohnen und sich loyal zu verhalten, sie war verpflichtet, den Haushalt nach seinen Bestimmungen zu führen und gegebenenfalls in seinem Geschäft mitzuarbeiten. Des Weiteren ermächtigte das Gesetz den Ehemann über die Aufnahme bzw. die Beendigung eines Arbeitsverhältnisses seiner Frau zu entscheiden und den von ihr in die Ehe eingebrachten Besitz zu nutzen und zu verwalten. Das Erste Gleichberechtigungsgesetz erkannte erstmals die Haus- und Erziehungsarbeit der Frau als gleichwertigen Beitrag zum Lebensunterhalt des Paares an, räumte der Ehefrau ein eigenständiges Recht auf Arbeit ein und etablierte die Zugewinngemeinschaft als rechtlichen Güterstand. Somit wurde die Geschlechterhierarchie durch die Reform grundlegend verändert und (Ehe-)Frauen gleichermaßen als rechtlich autonome Personen anerkannt (vgl. Rerrich 1990: 46). Trotz der zunehmenden Frauenerwerbstätigkeit (vgl. Abbildung 2.1) blieb in der Bundesrepublik zunächst die Norm erhalten, dass »Frauen in der Regel durch die Führung des Haushalts« zum Unterhalt der Familie beitrugen (§1360 BGB a.F.). Danach war die Aufnahme einer Erwerbstätigkeit also nur dann rechtens, wenn dies mit den »Pflichten in Ehe und Familie vereinbar« war (§1356 Abs. 2 BGB a.F., zitiert nach Berghahn 2001: 12). Erst mit dem Eherechtsreformgesetz, das am 1. Juli 1977 in Kraft trat, wurde diese Einschränkung der Entscheidungsfreiheit von Ehefrauen abgeschafft und die (Allein-)Zuständigkeit der Frauen für die Führung des Haushalts durch eine von den Ehegatten einvernehmlich festzulegende Arbeitsteilung kodifiziert. Die Frauen wurden also gesetzlich aus ihrer Rollenverpflichtung entlassen, wobei der Gesetzgeber darauf vertraute, dass die gesetzlich geregelte Zuordnung der Verantwortlichkeiten nun durch partnerschaftliche Vereinbarungen abgelöst werden und staatliche Interventionen überflüssig würden. Von der Festschreibung einer gleichen Arbeitsteilung zwischen den Ehepartnern nahm der Gesetzgeber daher Abstand.[1]

Zumindest seit 1970 ist in Westdeutschland eine allmählich ansteigende Frauenerwerbstätigkeit zu beobachten, die bis Mitte der achtziger Jahre jedoch recht begrenzt ausfällt (nur rd. 7 Prozentpunkte in 15 Jahren). Der Vergleich mit der Entwicklung in der DDR zeigt überdeutlich die Effekte der unterschiedlichen Rollenmodelle (vgl. dazu auch Trappe 1995), die in der DDR im gleichen Zeitraum zu einem Anstieg der Erwerbsquote auf rund 88% führen. Zwar beschleunigt sich die Entwicklung in Westdeutschland in den achtziger Jahren, allerdings erweist sich der

---

1 Die Neuformulierung des §1356 BGB wurde 1995 von den Frauen in der SPD und im März 1999 von der frauenpolitischen Sprecherin von Bündnis 90/Die Grünen, Irmingard Schewe-Gerigk vorgeschlagen. Die Formulierung »Die Führung des Haushalts, die Erziehung der Kinder und die Pflege sind die gemeinsame Aufgabe der Ehegatten« erwies sich jedoch zu keinem Zeitpunkt als durchsetzbar (vgl. Die Tageszeitung vom 25.8.1995, »Jedem der halbe Abwasch«.).

Boom als nur vorübergehend: Auch wenn sich der Anstieg der Frauenerwerbstätigkeit im Westen weiter fortsetzt, so sind doch nur sehr geringe Zuwächse zu beobachten. Nach dem vereinigungsbedingten Einbruch in Ostdeutschland scheint sich die Erwerbsquote dagegen auf einem deutlich höheren Niveau zu etablieren.

Abbildung 2.1: Entwicklung der Frauenerwerbsquote in West- und Ostdeutschland 1950–2003

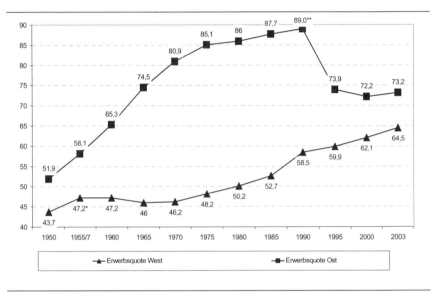

Quelle: Statistisches Bundesamt Sonderreihe mit Beiträgen für das Gebiet der ehemaligen DDR, Heft 14; Mikrozensus, FS 1, R.4.1.1; eigene Berechnungen.
Anteil der erwerbstätigen oder arbeitslosen Frauen an allen Frauen im Alter zwischen 15 und 65 in %
* Zahl für 1957; ** Zahl für 1989.

2.1.2 Freistellung von der Erwerbsarbeit für Kindererziehung

Die rechtlich abgesicherte Unterbrechung der Erwerbstätigkeit und der Schutz vor Kündigung bei Geburt und Erziehung eines Kindes gehören zu den Grundvoraussetzungen für die Erwerbstätigkeit von Frauen. Zu den wichtigsten Freistellungen, die inzwischen auch durch internationale Vorschriften geregelt sind, gehören der Mutterschutz und der Elternurlaub. Darüber hinaus gibt es in Deutschland tariflich geregelte oder gesetzliche Freistellungsmöglichkeiten, etwa bei Krankheit der Kinder. In anderen EU-Mitgliedstaaten gibt es einen speziellen Vaterschaftsurlaub.

Mutterschutz

In den westeuropäischen Wohlfahrtsstaaten wurden Beschäftigungsverbote für schwangere Frauen gegen Ende des 19. Jahrhunderts, teilweise mit einer konditionalen Lohnersatzleistung, eingeführt. In Deutschland wirkte sich das Beschäftigungsverbot jedoch negativ auf die Frauenbeschäftigung aus, weil es nicht mit einem Kündigungsschutz verknüpft war (Kulawik 1999). Ein Kündigungsschutz für schwangere Frauen und während der Mutterschutzfrist wurde erst 1927 eingeführt und krankenversicherten Frauen in dieser Zeit ein Lohnersatz gezahlt. 1942 wurden Kündigungsschutz und finanzielle Sicherung nochmals verbessert. Das in der Bundesrepublik seit 1952 geltende Mutterschutzgesetz orientiert sich weitgehend an dieser Regelung. Es regelt die freiwillige Freistellung während der sechs Wochen vor und die obligatorische Freistellung während acht Wochen nach der Geburt (bei Mehrlingsgeburten 12 Wochen). Zudem enthält es zahlreiche Beschäftigungsbeschränkungen und ein absolutes Kündigungsverbot für die Zeit der Schwangerschaft und der Mutterschutzfrist. Für das Mutterschutzgeld zahlen die Krankenkassen in Deutschland einen Festbetrag von 13 €/Tag an die Frauen, die von Seiten der Arbeitgeber auf die vorherige Lohnhöhe aufgestockt werden müssen. Damit sind die Kosten, die den deutschen Arbeitgebern durch Mutterschaft – besonders bei hoch qualifizierten Mitarbeiterinnen – entstehen, recht hoch. In anderen Ländern ist der Mutterschutzurlaub teilweise länger, so etwa in Frankreich, wo grundsätzlich 16 und im Falle von Mehrlingsgeburten 26 Wochen gewährt werden. In vielen EU-Mitgliedstaaten gibt es für die Väter einen Sonderurlaub bei der Geburt eines Kindes, in manchen Ländern außerdem einen besonderen Vaterurlaub.[2] In Deutschland stehen dem Vater nach dem Bürgerlichen Gesetzbuch oder in manchen Fällen auch nach geltenden Tarifverträgen bei der Geburt des Kindes ein bis zwei Tage Sonderurlaub zu.[3]

Grundprinzipien des Elternurlaubs

In Deutschland wurde 1979 das Mutterschaftsurlaubsgesetz eingeführt, um erwerbstätige Frauen über die Zeit der Mutterschutzfrist hinaus freizustellen. Das Bundeserziehungsgeldgesetz ersetzte 1986 diese Regelung und führte eine 10-mo-

---

[2] Die meist ein- bis zweiwöchigen Freistellungen, die in der Regel mit einer Lohnersatzleistung verknüpft sind, gibt es in Dänemark, Schweden, Frankreich und Island.
[3] §616 BGB regelt die Freistellung von der Erwerbsarbeit aus besonderen Gründen, wie etwa der Geburt von Kindern. Ein allgemeiner Rechtsanspruch begründet sich hieraus jedoch nicht.

natige Freistellung für beide Eltern nach der Geburt des Kindes ein.[4] Der Erziehungsurlaub konnte von beiden Elternteilen beantragt werden, seine gesetzliche Dauer belief sich auf drei Jahre[5]. Die Grenze der zulässigen Teilzeitarbeit lag (seit 1989) bis zum Inkrafttreten der Reform 2001 bei 19 Stunden pro Woche und verlangte das Einverständnis des Arbeitgebers.[6] Vor der Reform war die gleichzeitige Inanspruchnahme durch beide Eltern ausgeschlossen.

Nach dem Bundeserziehungsgeldgesetz ist die Elternzeit mit einem einkommensabhängigen Bundeserziehungsgeld ausgestattet, das ab dem ersten Kind gezahlt wird. Anders als etwa in Frankreich oder bei dem Vorläufer des Bundeserziehungsgeldes, dem Mutterschaftsurlaubsgeld[7], ist der Bezug des Bundeserziehungsgeldes nicht an eine vorherige Erwerbstätigkeit geknüpft. Seine Höhe liegt seit seiner Einführung unverändert bei einem Höchstbetrag von 307 Euro pro Monat und kann heute bis zum 24. Lebensmonat des Kindes gezahlt werden. Für das dritte Jahr des Erziehungsurlaubs ist keine finanzielle Leistung aus Bundesmitteln vorgesehen, einige Länder gewähren jedoch ein Landeserziehungsgeld.[8] Zwei unterschiedliche Einkommensgrenzen, bei denen das Einkommen des Haushalts zu Grunde gelegt werden, regeln den Anspruch auf das Erziehungsgeld (vgl. Tabelle 2.2 im folgenden Abschnitt). Insgesamt betrachtet war der Bezug von Erziehungsgeld (der nicht mit einer gleichzeitigen Erwerbstätigkeit zu vereinbaren war) eine Maßnahme, die fast ausschließlich Frauen in Anspruch nahmen. Der Anteil der Väter, die Erziehungsgeld bezogen, blieb bis zum Ende der neunziger Jahre mit

---

4 Die Dauer der Freistellung wurde stufenweise erhöht und betrug für Kinder, die ab dem 1.1.1988 geboren wurden 12 Monate, ab dem 1.1.1989 15 Monate, ab dem 1.1.1990 18 Monate und ab dem 1.1.1992 36 Monate.

5 In Deutschland kann die Dauer durch einige tarifliche Regelungen um mehrere Jahre verlängert werden.

6 Bei der Einführung des Bundeserziehungsgeldgesetzes waren nur Teilzeittätigkeiten von bis zu 18 Stunden erlaubt, so dass eine arbeitslosenversicherungspflichtige Beschäftigung während des Erziehungsurlaubs ausgeschlossen war. Diese Grenze wurde 1990 auf 19 Stunden/Woche angehoben.

7 Der 1979 eingeführte Mutterschaftsurlaub schuf eine viermonatige Freistellungszeit im Anschluss an die Mutterschutzfrist. Während dieser Zeit wurde das Mutterschaftsgeld ohne die Aufstockung durch die Arbeitgeber bis zu einer Höhe von 750 DM weiterbezahlt. Wenn die Frauen nicht krankenversichert beschäftigt waren, übernahm das Bundesversicherungsamt die Auszahlung der Leistung. Die Arbeitslosenversicherung wurde beitragsfrei aufrechterhalten, für die Kranken- und Rentenversicherung übernahm der Bund die Beiträge.

8 Die Verlängerung des Bezuges des Erziehungsgeldes um das dritte Jahr ist in den achtziger und neunziger Jahren Gegenstand der politischen Forderungen der SPD gewesen, bevor sich die Einsicht durchsetzte, dass die Anreize für eine lange Erwerbsunterbrechung nicht ausgebaut werden sollten. In einigen Bundesländern (Baden-Württemberg, Bayern, Mecklenburg-Vorpommern, Sachsen, Thüringen) wird ein einkommensabhängiges Erziehungsgeld für weitere 12 bzw. sechs Monate aus Landesmitteln gezahlt.

2,7% an allen Personen im Erziehungsgeldbezug verschwindend gering (vgl. Tabelle 2.1).

Die geschlechterspezifische Inanspruchnahme ist problematisch, weil sie Ungleichheiten zwischen Männern und Frauen im Arbeitsmarkt verursacht und verstärkt. Um Anreize für die Inanspruchnahme des Erziehungsurlaubs durch beide Eltern zu erhöhen und somit das »Risiko« einer Benachteiligung umzuverteilen, sind in einigen Ländern (Österreich, Dänemark, Italien und Schweden) Regelungen zur Teilung des Elternurlaubs zwischen den Eltern vorgesehen, nach der sich die mögliche Dauer verkürzt, wenn Väter auf den Elternurlaub verzichten.

Tabelle 2.1: Empfängerinnen und Empfänger von Erziehungsgeld in der Bundesrepublik Deutschland 1980–2001 (1)

	in Tsd. Personen				in v.H.
	Insgesamt	Frauen	Männer	Eltern im Wechsel (5)	Anteil der Männer
1980 (2)	288	288			
1981 (2)	320	320			
1982 (2)	322	322			
1983 (2)	302	302			
1984 (2)	275	275			
1985 (2)	270	270			
1986 (2)	143	143			
1987	614	605	7	1	1,14
1988	640	631	7	2	1,09
1989	650	640	8	2	1,23
1990	681	672	7	2	1,03
1991 (3)	790	779	8	3	1,01
1992	770	758	8	3	1,04
1993	703	691	9	3	1,28
1994	789	772	12	5	1,52
1995	723	705	12	6	1,66
1996	725	708	17	4	2,34
1997	751	732	19	6	2,53
1998	732	712	20	6	2,73
1999	715	696	19	6	2,66
2000	703	685	18	5	2,56
2001 (4)	571	559	12		2,10

Quelle: Statistisches Bundesamt div. Jg., Statistische Jahrbücher, BMFSFJ Bundesstatistik Erziehungsgeld, eigene Berechnungen.
Anm. (1) Erstanträge, (2) Zahlen von 1980 bis 1986 beziehen sich auf die Mutterschaftsurlaubsregelung, (3) ab 1991 für Deutschland gesamt, (4) bewilligte Anträge nach dem neuen BErzGG ab 1.01.2001, gemeldete Zahlen. Aufgrund des Bewilligungszeitraums von 1,5 Monaten zwischen Geburt und Bewilligung liegen die Zahlen jedoch höher, bei ca. 650.000 ErziehungsgeldempfängerInnen (vgl. Bundesstatistik Erziehungsgeld 2001, S. 4, (5) wurde mit dem Erlass des neuen Gesetzes ab 1.01.2001 nicht mehr erhoben.

Die neue Elternzeitregelung

Es war nicht zuletzt die EU-Richtlinie von 1996, die eine Reform des Bundeserziehungsgeldgesetzes (BErzGG) notwendig machte, weil sie einen individuellen Anspruch auf eine mindestens dreimonatige Freistellung verlangte (Clauwaert/Harger 1999).[9] Zu den wichtigsten Neuregelungen des BErzGG von 2000 gehören

- die gleichzeitig mögliche Inanspruchnahme des Erziehungsurlaubs durch beide Eltern,
- die Möglichkeit zur teilzeitigen Beanspruchung des Erziehungsurlaubs,
- die Anhebung der Einkommensgrenzen für den Bezug von Erziehungsgeld,
- die Budgetierung des Erziehungsgeldes,
- die Möglichkeit, das dritte Jahr der Elternzeit auf einen späteren Zeitpunkt zu verschieben.

Bei der Formulierung des Rechtes der gleichzeitigen Inanspruchnahme geht die Neuregelung über die Vorgaben der EU-Richtlinie hinaus. Es gilt für die gesamte Laufzeit von drei Jahren und erlaubt damit den Eltern, zwischen einer Vielfalt von Modellen der Arbeitsteilung zu wählen. So können nun die Väter während der postnatalen Mutterschutzfrist Erziehungsurlaub beantragen und damit die Mütter in der ersten Lebensphase des Kindes besser unterstützen. Dies ist besonders wichtig, wenn schon Kinder im Haushalt vorhanden sind. Eine gleichzeitige Inanspruchnahme ist auch dann sinnvoll, wenn Frauen nach einer vollen Freistellung (nach dem Mutterschutz oder später) wieder eine teilzeitige Beschäftigung aufnehmen wollen und die Väter einen Teil der Betreuungsarbeit übernehmen müssen.

Die teilzeitige Inanspruchnahme entspricht der langjährigen Forderung nach der Anhebung der 19-Stunden-Grenze für zulässige Teilzeitarbeit. Nach der neuen Regelung kann die Arbeitszeit während der Elternzeit bis zu 30 Stunden pro Woche betragen.[10] Allerdings gilt der Rechtsanspruch auf Teilzeitarbeit nur in Betrieben mit mindestens 15 Beschäftigten, und er muss nur dann gewährt werden, wenn nicht »dringende betriebliche Gründe« gegen die Gewährung sprechen. Die Akteursfallstudien machen deutlich, wie umstritten diese Neuregelung gewesen ist, weil durch

---

9 Bis zum Inkrafttreten der Reform 2001 hatten Väter während der Mutterschutzfrist keinen Anspruch auf Erziehungsurlaub, weil dieser mit der Notwendigkeit der Betreuung des Kindes durch ein Elternteil begründet war. Da die Mutter schon durch den Mutterschaftsurlaub von der Erwerbstätigkeit freigestellt war, wurde kein Bedarf für die Freistellung des Vaters gesehen, selbst dann nicht, wenn mehrere Kinder zu versorgen waren.

10 In Frankreich etwa ist der Teilzeit-Erziehungsurlaub, der bis zu 80% der gewöhnlichen Wochenarbeitszeit betragen kann, schon seit 1994 möglich (Afsa 1998).

diese Eingrenzung 6 bis 7 Mio. Beschäftigte ausgeschlossen werden.[11] Mit den Möglichkeiten zur gleichzeitigen und zur teilzeitigen Inanspruchnahme wurde der neuen Sichtweise Rechnung getragen, dass die Erziehung von Kindern nicht mehr die Angelegenheit einer einzigen Person ist, die bis auf eine Abwesenheit von maximal 19 Stunden ausschließlich für das Kind zur Verfügung stehen soll. Vielmehr zielt die Neuregelung nun auf die Stärkung der partnerschaftlichen Teilhabe beider Eltern.

Das Bundeserziehungsgeld wurde dagegen in Umfang und Form kaum verändert. Durch die seit 1986 unveränderten Einkommensgrenzen reduzierte sich der Anteil der Haushalte, die nach Ablauf der ersten sechs Monate noch das volle Erziehungsgeld erhielten, zwischen 1986 und 1998 von etwa 80% auf rund 40% (vgl. BT-Drs. 13/9794). Durch die verzögerte Anpassung der Einkommensgrenzen an die Einkommensentwicklung in den neunziger Jahren, ergaben sich jährliche Einsparungen von jeweils 1 Mrd. DM gemessen an den im Haushalt veranschlagten Kosten, die jedoch für die finanzielle Ausgestaltung der Reform im Jahr 2000 nicht zur Verfügung standen.[12] Zwar wurde die Unterscheidung der zwei Einkommensgrenzen nicht verändert, aber sie wurden im Durchschnitt um 10 bis 12% angehoben, ebenso wie der Kinderfreibetrag zur Freistellung des Existenzminimums schon vorhandener Kinder im Haushalt (vgl. Tabelle 2.2). Die einzige finanzielle Neuregelung bei der Reform von 2000 war die Einführung der Budgetregelung, die es Eltern nun erlaubt, bei insgesamt nur 12-monatiger Bezugsdauer ein erhöhtes Erziehungsgeld von 450€ zu beziehen. Hiermit hat der Gesetzgeber auf die Erkenntnis reagiert, dass die Probleme bei der beruflichen Wiedereingliederung mit einer langen Unterbrechungsdauer anwachsen. Um Mitnahmeeffekte zu verhindern,[13] wurde diese Regelung auf Elternpaare beschränkt, die auch nach dem siebten Lebensmonats des Kindes noch den vollen Regelbetrag erhalten würden. Ein finanzieller Anreiz zur Verkürzung des Elternurlaubs wurde also nur für gering verdienende Familien geschaffen.

So umkämpft die Anhebung der Einkommensgrenzen im Reformprozess der Jahre 1999 und 2000 gewesen war, so lautlos wurde eine der Verbesserungen drei Jahre später teilweise zurückgenommen: Im Jahr 2003 wurde durch das Haushalts-

---

11 Die Evaluierung des §16 des Elternzeitgesetzes hat gezeigt, dass rund 30% der Frauen und 22% der Männer, die 2003 einen Anspruch auf Elternzeit hatten, aufgrund der Betriebsgröße keinen Anspruch auf die Teilzeit-Elternzeit haben; insgesamt sind rund 12% der Betriebe von dem Teilzeitanspruch ausgenommen (BT-Drs. 15/3400: 16.)

12 Unter anderem wies die SPD in ihrer Kleinen Anfrage zum Bedeutungsschwund des Erziehungsurlaubs von 1997 auf den Umstand hin, dass die realen Ausgaben für das Erziehungsgeld hinter den veranschlagten weit zurück blieben (vgl. BT-Drs. 13/9678).

13 Es wurde angenommen, dass gut verdienende und gut qualifizierte Frauen aufgrund einer höheren Identifikation mit ihrer Erwerbstätigkeit diese in der Regel für eine kürzere Dauer unterbrechen, als geringverdienende Frauen.

begleitgesetz 2004 unter anderem eine deutliche Absenkung der Einkommensgrenze für die erste Phase auf 30.000 Euro vorgenommen, womit das Erziehungsgeld auch in der ersten Phase nur noch Familien mit einem geringem Einkommen vorbehalten ist (vgl. Tabelle 2.2). Um den Personenkreis der Anspruchsberechtigten für die Budgetregelung zu erweitern wurde 2004 außerdem eine zusätzliche, leicht erhöhte Einkommensgrenze für das Budget eingeführt.

Schließlich wurde die spätere Inspruchnahme des dritten Jahres der Elternzeit ermöglicht, auch wenn dafür kein harter Rechtsanspruch formuliert wurde. Um bei Einstellungen Nachteile für Frauen mit Kindern im Grundschulalter zu vermindern, hat man die spätere Inspruchnahme des dritten Jahres der Elternzeit mit dem Einverständnis des Arbeitgebers verknüpft. Zur Implementation der neuen Maßnahmen startete das Familienministerium im Sommer 2000 eine breit angelegte Werbekampagne mit Plakataktionen und Aktionstagen in den Unternehmen, um Männer auf die Möglichkeit der Elternzeit aufmerksam zu machen. Damit wurden in Deutschland deutliche Maßnahmen zu einer besseren Beteiligung der Väter ergriffen, wobei man auf die mittelfristige Einbeziehung der Männer in die bestehende, finanziell unattraktive Elternurlaubsregelung setzte.

Tabelle 2.2: Einkommensgrenzen für die Gewährung des Bundeserziehungsgeldes nach der Reform 2000 und nach dem Haushaltsbegleitgesetz 2004 (in Euro)

	Elternpaar	Alleinerziehende	Freibetrag für im Haushalt lebende Kinder (ab 2003)
1.–6. Lebensmonat für Geburten ab 2001	51.130	38.350	
für Geburten ab 2004	(30.000)	(23.000)	
7.–24. Lebensmonat für Geburten ab 2001	16.470	13.498	3.140
für Geburten ab 2004	(16.500)	(13.500)	
für die Gewährung des Budgets (ab 2004)	22.086	19.086	

Quelle: BMFSFJ (http://www.bmfsfj.de/Anlage14503/text.pdf (Zugriff am 14.4.2003) und http://www.bmfsfj.de/Politikbereiche/familie,did=13672.html (Zugriff am 31.1.2004).

Andere Freistellungsregelungen

In der Bundesrepublik können tarifliche Regelungen die gesetzlichen ergänzen. Zum Beispiel können Tarifverträge die gesetzliche Dauer des Elternurlaubs um ein oder weitere Jahre verlängern. Das prominenteste Beispiel dafür ist der Bundesangestelltentarifvertrag, nach dem eine Freistellung von bis zu 5 Jahren für die Pflege und Betreuung eines Kindes gewährt werden kann.[14] Das Bundesbeamtenrecht sieht Freistellungsphasen für Kindererziehung analog zum Bundeserziehungsgeldgesetz vor sowie Beurlaubungen oder Arbeitszeitreduzierungen bis zu einer Dauer von 12 Jahren bei der Pflege eines Kindes unter 18 Jahren (§44b Abs. 3 Beamtenrechtsrahmengesetz), beides jedoch ohne Bezüge. Außerdem sehen Tarifverträge und Betriebsvereinbarungen familienfreundliche Arbeitszeitregelungen vor, mit denen ein Ausgleich zwischen beruflichen und familiären Anforderungen gefunden und die Zufriedenheit der MitarbeiterInnen verbessert werden soll.[15]

Bei Krankheit des Kindes gibt es spezielle Regelungen, die die Freistellung der Eltern auch finanziell absichern. In Deutschland wurde 1974 für krankenversicherte Personen die Möglichkeit eingeführt, unter bestimmten Bedingungen ein krankes Kind bei Zahlung eines Krankengeldes zu Hause zu betreuen (Frerich/Frey 1996: 71). Heute bietet das so genannte »Kinderkrankengeld« die Möglichkeit der bezahlten Freistellung für ein krankes Kind bis zu zwölf Jahren. Jedes Elternteil kann pro Jahr bis zu 10 Tage eine Freistellung beantragen, sofern sich keine andere im Haushalt lebende Person um das Kind kümmern kann. In dieser Zeit beziehen die Eltern Krankengeld. In der Praxis wird von dieser Regelung jedoch kaum Gebrauch gemacht (Bäcker/Bispinck u.a. 2000b: 220).[16]

2.1.3 Rückkehr und berufliche Förderung von Frauen

Mit Maßnahmen zur Wiedereingliederung und zur beruflichen Förderung von Frauen wird versucht, den sich aus den Erziehungsleistungen ergebenen Benachteiligungen von Frauen im Berufsleben Rechnung zu tragen. Tatsächlich nimmt die große Mehrheit der Frauen in Deutschland nach Ablauf der Mutterschutzfrist Erziehungsurlaub in Anspruch, und nur etwa die Hälfte der Frauen kehrt nach dem Erziehungsurlaub in Beschäftigung zurück (Engelbrech 1997; Engelbrech/Jungkunst 2001).

---

14 Vgl. §50 des Bundesangestelltentarifvertrages vom 23.2.1961, geändert am 31.1.2003, Zugriff am 28.1.2004).
15 Für einen Überblick über tarifliche Regelungen vgl. Bäcker/Stolz-Willig 1994.
16 In Frankreich ermöglicht seit 2001 das Kinderpflegegeld (*allocation de présence parentale*, APP) berufstätigen Eltern, sich in besonderen Fällen für die Pflege eines schwerkranken Kindes bis zu einer Dauer von 12 Monaten freistellen zu lassen. In dieser Zeit kann eine Lohnersatzleistung von 841 bzw. 999 Euro für Alleinerziehende bezogen werden. Wird die Arbeitszeit nur reduziert, wird eine geringere Leistung gezahlt (http://vosdroits.service-public.fr/particuliers/F2727.html, Zugriff am 8.3.2005).

Wiedereingliederung

Solange die Freistellung im Rahmen des Elternzeitgesetzes erfolgt, sind die Unternehmen verpflichtet, den RückkehrerInnen einen vergleichbaren Arbeitsplatz anzubieten. Allerdings klappt die Wiedereingliederung in der Praxis nicht immer nahtlos. Während der Elternzeit kann das Arbeitsverhältnis mit Genehmigung der obersten (in der Regel für den Arbeitsschutz zuständige) Landesbehörde gekündigt werden. Die Verwaltungsvorschrift, die diese Regelung konkretisiert, bietet einen weiten Spielraum für die Interpretation der betrieblichen Bedürfnisse und hebt damit in Kleinstbetrieben mit bis zu 5 Beschäftigten den besonderen Kündigungsschutz faktisch auf (Kittner 2003).[17] Nach dem Ende der Elternzeit verweigern viele, besonders kleinere Unternehmen, den Frauen die Rückkehr auf den Arbeitsplatz. Nur wenige Betriebe bieten spezielle Hilfen zur Wiedereingliederung von Mitarbeiterinnen an (BMFSFJ 1998a).

Nach der Rückkehr können die Arbeitgeber unter Einhaltung der gesetzlichen oder tarifvertraglichen Fristen ordentlich kündigen. Wenn die Kündigung unrechtmäßig war, besteht die Möglichkeit, gegen die Kündigung zu klagen, wobei es jedoch selten zur Wiedereinstellung der/des Gekündigten kommt. Jeder zehnten bis fünften Frau wurde im Zeitraum zwischen 1997 und 2000 nach der Beendigung ihres Erziehungsurlaubs gekündigt. Von denen, die dennoch in andere Betriebe zurückgekehrt waren, waren es in Westdeutschland 12% und in Ostdeutschland 14%, bei denen die noch arbeitslos waren, betrug der Anteil im Osten 20% und im Westen 5% (Beckmann/Kurtz 2001: 6). Nachteile entstehen Rückkehrerinnen auch, wenn sie nicht auf ihre vormals vollzeitige Stelle zurückkehren können oder wollen, weil der Arbeitgeber ihnen keinen Teilzeitarbeitsplatz anbietet.[18] Erst seit dem neuen Teilzeit- und Befristungsgesetz besteht hierauf ein Rechtsanspruch in Betrieben mit mehr als 15 Beschäftigten. Ist der Wiedereinstieg geschafft, so ist die Unterbrechung dennoch mit der Gefahr eines beruflichen Abstiegs verknüpft, denn zum einen besteht nicht das Recht auf den selben Arbeitsplatz und zum anderen wirken sich Zeiten der Erwerbsunterbrechungen noch immer nachteilig auf den beruflichen Aufstieg aus: Etwa ein Viertel der Frauen findet einen schlechteren Arbeitsplatz oder eine weniger interessante Tätigkeit vor (ebd.). Frauen, die ihre Erwerbstätigkeit über die Dauer ihrer Elternzeit hinaus unterbrechen, müssen ihr Beschäftigungsverhältnis kündigen. Das Bundeserziehungsgeldgesetz sieht für diesen Fall eine einheitliche Kündigungsfrist von drei Monaten zum Ende des Er-

---

17 Untersuchungen legen die Annahme nahe, dass besonders in kleinen Unternehmen gegen das Kündigungsverbot verstoßen wird (Wendt/Maucher 2000: 45).
18 Die große Mehrheit der Frauen (80% im Westen, 63% im Osten wünschte sich im Jahr 2000 kürzere Arbeitszeiten im Anschluss an den Erziehungsurlaub (Engelbrech/Jungkunst 2001: 3).

ziehungsurlaubs vor. In Westdeutschland machten Ende der neunziger Jahre 37% und in Ostdeutschland 18% der Frauen im Erziehungsurlaub von dieser Möglichkeit Gebrauch – möglicherweise auch aufgrund fehlender Teilzeitmöglichkeiten (ebd.: 614).

Maßnahmen zur Förderung der Berufsrückkehr bestehen im Rahmen des Arbeitsförderungsrechts im Sozialgesetzbuch III (vor 1998 Arbeitsförderungsgesetz AFG). Im Arbeitsförderungsrecht ist die Förderung von Frauen als arbeitsmarktpolitisches Ziel definiert. BerufsrückkehrerInnen gelten als besonders förderungswürdige Gruppe. Zwischen 1969 und 1975 konnten sie mit Unterhaltsgeld und beruflichen Bildungsmaßnahmen gefördert werden, auch wenn sie nie zuvor beitragspflichtig erwerbstätig waren. Nach dem Eintritt der Massenarbeitslosigkeit 1974/75 wurde diese großzügige Regelung durch das Haushaltsbegleitgesetz 1975 gestrichen und der Zugang zu Weiterbildung an Vorbeschäftigungszeiten und/oder den Bezug von Lohnersatzleistungen geknüpft (Winkler 1987: 190). Der Forderung nach Hilfen zur Wiedereingliederung wurde 1976 in dem Bericht der Enquête-Kommission »Frau und Gesellschaft« Nachdruck verliehen, doch blieben die Hilfen zur Wiedereingliederung fragmentiert. Erst 1998 wurde mit dem Übergang zum SGB III die Herstellung der Chancengleichheit in der Beschäftigungspolitik zu einer Querschnittsaufgabe. Das Arbeitsförderungsrecht kennt drei Regelungsbereiche, die der Problematik Rechnung tragen: Die Formulierung von Zielvorgaben bei der Vermittlung von BerufsrückkehrerInnen, die Erleichterung der Teilnahme an Qualifizierungsmaßnahmen durch die Kostenübernahme für die benötigte Kinderbetreuung und die Einbeziehung von RückkehrerInnen in Maßnahmen der Qualifizierung trotz fehlenden Leistungsbezugs.[19] Mit dem JobAqtiv-Gesetz von 2001 wurden die Regelungen, z.B. die Erhöhung der Kinderbetreuungskostenübernahme und die Öffnung von Maßnahmen für RückkehrerInnen, ab 2002 noch weiter verbessert (Bothfeld/Gronbach 2002a). Offen ist bisher, inwiefern die Einführung des Arbeitslosengeldes II die Situation von BerufsrückkehrerInnen verändern wird. Wichtig für die Wiedereingliederung von BerufsrückkehrerInnen ist außerdem die Frauenförderung in der regionalen und kommunalen Beschäftigungspolitik, an der sich neben den Ländern und Kommunen eine Vielzahl von Trägern und Verbänden beteiligen.

---

19 Hierzu zählen zum einen die »freie Förderung« nach §10 SGB III sowie Fördermaßnahmen, die durch den Europäischen Sozialfonds finanziert werden (Müller/Kurtz 2002).

Berufliche Gleichstellung

Eine offensivere Strategie wird benötigt, soll nicht nur der Zugang zur Beschäftigung sondern auch eine in qualitativer Hinsicht gleiche Teilhabe von Frauen an der Erwerbstätigkeit verwirklicht werden. Zur Förderung der beruflichen Gleichstellung von Frauen werden drei Instrumente unterschieden: Regulierung, die Frauenförderprogramme und die Schaffung von Anreizen (OECD 1994: 149). Beispiele für Maßnahmen im Bereich der Wiedereingliederung, der Lohngleichheit und der Karriereförderung sind vergleichend in der Übersicht 2.1 dargestellt.

Übersicht 2.1: Instrumente zur Förderung der Erwerbstätigkeit von Frauen und Beispiele

	Zugang zu Beschäftigung	Lohn und Einkommen	Beruflicher Aufstieg
Gleichstellungsgesetzgebung	Gleichstellungsgesetze für den öffentlichen Dienst und die Privatwirtschaft	Prinzip der Entgeltgleichheit in Tarifverträgen; gesetzliche Vorschriften	Gleichstellungsgesetze für den öffentlichen Dienst und die Privatwirtschaft
Frauenförderung	Sonderprogramme zur Förderung und Qualifizierung von Rückkehrerinnen	Öffnung/»Quotierung« von höheren Lohn- und Gehaltsgruppen für Frauen	Mentoring-Programme
Anreize und Infrastruktur (Gender Mainstreaming)	z.B. Ausbau öffentlicher Kinderbetreuung und Ganztagsschulen	Begrenzung des Ehegattensplittings, Aufbau einer individualisierten sozialen Sicherung	Werbekampagnen, Audits

Quelle: (OECD 1994). Übersetzung und Anpassung der Beispiele: SB.

Einen umfassenden rechtlichen Schutz gegen Diskriminierung und eine wirksame Förderung von Frauen im Arbeitsmarkt gibt es in Deutschland trotz eindeutiger Diagnosen und langjährigen Diskussionen bisher nicht:[20] Die Gleichstellungsgesetzgebung beschränkt sich bisher auf Länder- und Bundesgesetze zur Gleichstel-lung im öffentlichen Dienst. Das von der rot-grünen Regierung geplante Gleichstellungsgesetz für die Privatwirtschaft, nach dem die Betriebe z.B. bei der öffentlichen Auftragsvergabe zur Förderung von Frauen verpflichtet werden sollten, scheiterte im Juli 2001 am Widerstand der Arbeitgeber und wurde durch eine freiwillige Vereinbarung zur Förderung der Chancengleichheit zwischen den Arbeitgebern und der

---

20 Dass sozialwissenschaftliche Erkenntnisse die (rechts-)politischen Diskurse kaum beeinflussen, haben Krautkrämer-Wagner und Meuser schon 1988 in ihrer Studie des rechtspolitischen Diskurses über den Entwurf des Antidiskriminierungsgesetzes in den achtziger Jahren gezeigt (Krautkrämer-Wagner/Meuser 1988).

Bundesregierung ersetzt. Zwar gibt es zur Erreichung von Lohn- und Einkommensgleichheit Initiativen der DGB-Einzelgewerkschaften, nach denen Tätigkeitsbeschreibungen in Tarifverträgen im Hinblick auf geschlechterspezifische Effekte revidiert werden; eine rechtliche Regelung, verbunden etwa mit einem Verbandsklagerecht, fehlt jedoch. Ein Gleichstellungsgesetz mit verbindlichen Förderungsvorschriften konnte nur für die Bundesbediensteten verabschiedet werden (vgl. Kapitel 10).

Die aktive Förderung von Frauen kann durch Gleichstellungsgesetze nicht ersetzt werden. Daher wird die Verbesserung des Zugangs von Frauen zur Beschäftigung von der EU unter dem Stichwort *employability* als Teil der europäischen Beschäftigungsstrategie gefordert (Maier, F. 2002). Zu diesem Bereich gehören die bereits erwähnten Programme für BerufsrückkehrerInnen. Zur Bekämpfung von Ungleichheiten beim Lohn und Einkommen könnte eine »Quotierung« oder eine gezielte Förderung von Frauen dazu führen, dass diese in die entsprechenden Positionen gelangen. Schließlich bieten Frauennetzwerke Mentoring-Programme an.[21] Eine weitere Form der Frauenförderung besteht außerdem in der bevorzugten Einstellung von Frauen oder der expliziten Aufforderung an Frauen zur Bewerbung, die bei Stellenausschreibungen im öffentlichen Dienst inzwischen die Regel ist. Eine gesetzliche Grundlage, die Diskriminierung bei der Einstellung verbietet, besteht im Übrigen im §611a BGB, der 1980 in Folge des arbeitsrechtlichen EG-Anpassungsgesetzes eingefügt wurde.[22] Die Einführung eines Verbandsklagerechts, nach der das Klagerecht auf eine kollektive Interessenvertretung übergeht, wäre vermutlich ein effektiveres Instrument zur Vermeidung von Diskriminierung (Pfarr 2001: 81f.). Die Ergänzung von Gesetzgebung und Frauenförderung durch das Gender Mainstreaming ist sinnvoll, weil es die Überprüfung von geschlechterspezifischen Wirkungen verlangt, die durch gegebene oder zu verändernde institutionelle Regelungen entstehen (Riedmüller 2002). Denn Diskriminierungen in den drei genannten Bereichen ergeben sich nicht nur aus dem Verhalten der Arbeitgeber und der

---

21 So bietet z.B. das *Center for Excellence Women and Science* (CEWS) ein *Mentoring*-Programm für WissenschaftlerInnen (http://www.cews.uni-bonn.de/, Zugriff am 29.1.2004).

22 Das EG-Anpassungsgesetz von 1980 folgte aus der Gleichbehandlungsrichtlinie von 1976 – allerdings erst nach Androhung eines Klageverfahrens. Der §611a BGB bietet die bislang einzige Rechtsgrundlage in Deutschland, mit der eine individuelle Gleichbehandlung eingeklagt werden kann. Durch die Klage kann zwar keine Einstellung erwirkt, aber eine Entschädigung erstritten werden. Zu Beginn wurde lediglich der entstandene Aufwand für die Bewerbung zugestanden, so dass dieser Paragraph als »Portoparagraph« bekannt wurde. Mittlerweile werden den Bewerberinnen, deren Diskriminierung vor Gericht festgestellt werden kann, teilweise mehrere Monatsgehälter zugesprochen.

Selbstwahrnehmung der Frauen und ihren Erfahrungen mit dem sozialen Umfeld[23], sondern aus einer Vielzahl von institutionellen Regelungen im Bereich der Arbeitsmarkt- und Gleichstellungspolitik, die – vermutlich unbewusst – typisches Rollenverhalten unterstützen und geschlechterstereotypes Rollenverhalten reproduzieren und somit eine egalitäre Verteilung von Familien- und Berufsarbeit zwischen den Geschlechtern verhindern.

Abbildung 2.2 Beschäftigtenquoten von Frauen nach Alter des jüngsten Kindes im Haushalt in West- und Ostdeutschland 1996 und 2003

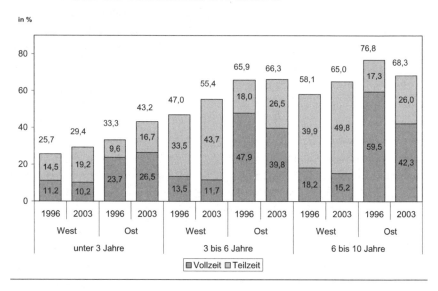

Quelle: Statistisches Bundesamt, Leben und Arbeiten in Deutschland 2003.
Anteil an allen Frauen im Alter von 15 bis unter 65 ohne vorübergehend Beurlaubte (z.B. wegen Elternzeit). Vollzeit-/Teilzeiteinstufung nach Selbstauskunft der Befragten.

Wie schwierig die Rückkehr in den Arbeitsmarkt für Frauen im Anschluss an die Erziehungszeit ist, zeigen die Beschäftigtenquoten von Müttern. Im Westen waren es 2003 nicht einmal ein Drittel der Mütter mit Kindern unter drei Jahren, die erwerbstätig (29,4%) im Osten immerhin 43,2% (s. Abbildung 2.2). Grundsätzlich gilt dabei, dass der Anteil der aktiv Erwerbstätigen mit dem Alter der Kinder ansteigt: Frauen mit Kindern im Kindergartenalter (3 bis unter 6 Jahre) waren 2003 im

---

23 Eine soziologische Untersuchung hat gezeigt, dass die Wahrscheinlichkeit eines beruflichen Aufstiegs von Frauen auch vom persönlichen Umfeld abhängt. Die Aufstiegsmöglichkeiten sind statistisch betrachtet geringer, wenn die berufliche Position des Partners höher ist. Frauen haben demnach dann größere Chancen, wenn sich der Partner entweder beruflich auf der gleichen oder einer niedrigeren Hierarchiestufe befindet (Tölke 1998).

Westen zu 55% und im Osten zu 66%, Frauen mit Kindern im Grundschulalter (6 bis unter 10 Jahre) waren im Westen zu 65% und im Osten zu 68% aktiv erwerbstätig.

2.2 Die Neujustierung von Erwerbs- und Familienarbeit durch Arbeitszeitpolitik

Die Regulierung der Arbeitszeit bestimmt die Möglichkeiten für eine Beteiligung an der Familienarbeit. Der verfügbare zeitliche Spielraum ergibt sich aus der gesetzlichen und tariflichen Festsetzung der Wochenarbeitszeit, der Möglichkeit zur Teilzeitarbeit und schließlich aus den betrieblichen Flexibilisierungsbedarfen und -angeboten.

2.2.1 Die Wochenarbeitszeit

In Deutschland regelt das Arbeitszeitgesetz von 1994 (AZG) die arbeitsschutzrechtlichen Obergrenzen. Die tatsächliche Dauer der Arbeitszeit ergibt sich aus dem Arbeitsvertrag, den Tarifverträgen und Betriebsvereinbarungen, wobei der Betriebs- bzw. Personalrat ein Mitbestimmungsrecht bei Fragen der Arbeitszeit hat. Die gesetzliche maximale Dauer der täglichen Arbeitszeit beträgt 8 Stunden, und da der Samstag als Werktag gilt, beläuft sich die maximale Wochenarbeitszeit auf 48 Stunden. Durch Ausgleichszeiträume kann vorübergehend die tägliche Arbeitzeit auf 10 und die wöchentliche auf 60 Stunden ausgedehnt werden. Besondere Schutzvorschriften für Frauen, wie etwa das Nachtarbeitsverbot, wurden aufgrund der Unvereinbarkeit mit dem EU-Recht durch das AZG aufgehoben. Eine allmähliche Reduzierung der Wochenarbeitszeit zwischen 1956 (48 Stunden) und Anfang der achtziger Jahre wurde durch Tarifverträge ohne größere Konflikte erreicht. Erst dann setzten die heftigen Tarifauseinandersetzungen um eine weitere Verkürzung der Wochenarbeitszeit ein. Allein die IG Metall und die IG Medien konnten einen Stufenplan zur Verkürzung der Wochenarbeitszeit auf 35 Stunden bis zum 1.10. 1995 durchsetzen (Kittner 2003: 280). Von diesen Ausnahmen abgesehen liegt die tarifliche Arbeitszeit seit einigen Jahren bei knapp 38 Stunden pro Woche.[24] Im

---

[24] In Westdeutschland liegt die tarifliche Wochenarbeitszeit seit 1998 unverändert bei 37,4 Stunden, im Osten mit 39,1 Stunden etwas höher (http://www.boeckler.de/rde/xchg/SID-3D0AB75F-FA35671A/hbs/hs.xsl/549_20807html; Zugriff am 15.5.2003).

europäischen Vergleich liegt Deutschland damit im Mittelfeld (Anxo/O'Reilly 2000).

Mittlerweile ist die kollektive Arbeitszeitverkürzung eine anerkannte Strategie zur Sicherung oder Schaffung von Arbeitsplätzen, auch wenn die gewünschten Effekte weit hinter den Erwartungen zurückbleiben.[25] Seit 1994 wird die drastische Verkürzung der Wochenarbeitszeit mittels »tariflicher Bündnisse« zunächst bei Volkswagen und später auch in anderen Unternehmen zur Sicherung von Arbeitsplätzen genutzt.[26] Die Verknüpfung familien- und gleichstellungspolitischer Zielsetzungen mit der Arbeitszeitfrage war auch in den DGB-Gewerkschaften nicht selbstverständlich, sondern sie ist und bleibt ein strittiges Thema zwischen frauenpolitischen und tarifpolitischen Akteuren in der Gewerkschaftsbewegung (Kurz-Scherf 1987a; b; 1994). So wird auch deutlich, dass die durch Arbeitszeit gewonnene Zeit nicht automatisch einer Umverteilung zwischen Erwerbs- und Familienarbeit zwischen Frauen und Männern zu gute kommt.[27] Auch die jüngsten Forderungen nach weiteren Arbeitszeitverkürzungen gelten vor allem der Umverteilung von Arbeit zum Abbau der Arbeitslosigkeit und weniger der Neuverteilung der Arbeit zwischen Frauen und Männern. Noch vor dem Regierungswechsel 1998 forderten die Vorsitzenden der IG Metall, der IG Medien und der ÖTV weitere Arbeitszeitverkürzungen bis auf 32 oder 30 Wochenstunden bei vollem Lohnausgleich.[28]

2.2.2 Der Teilzeitkompromiss

Im Hinblick auf die Vereinbarkeitsfrage hat sich mittlerweile in Deutschland ein »Teilzeitkompromiss« herausgebildet, der arbeitszeitpolitisch an die Stelle der Forderung nach einer generellen kollektiven Arbeitszeitverkürzung getreten ist. Noch

---

25 Obwohl zunächst umstritten war, ob die Arbeitszeitverkürzung nicht lediglich zu Arbeitsverdichtung führen würde, konnte immerhin ein leichter Beschäftigungseffekt festgestellt werden, der auf insgesamt 100.000 geschaffene oder gesicherte Arbeitsplätze geschätzt wird (Promberger/-Rosdücher u.a. 1995). Zum Vergleich: Die Einführung der 35-Stundenwoche in Frankreich hat Ende 2000, ein knappes Jahr nach ihrer Einführung, immerhin 240.000 Arbeitsplätze geschaffen bzw. gesichert (Passeron 2002: 9).

26 Zur Entwicklung betrieblicher Bündnisse als neue Regulierungsform vgl. den Sammelband von Keller und Seifert (Keller/Seifert 2002).

27 In einer Studie haben Jürgens und Reinecke gezeigt, dass bei den VW-Beschäftigten, die von der 28,8-Stundenwoche betroffen waren, in keiner Weise eine Umverteilung stattgefunden hat, sondern dass die unfreiwillige Verkürzung in vielen Fällen Ängste und persönliche Krisen ausgelöst hat (Jürgens/Reinecke 1998).

28 Vgl. hierzu das Thesenpapier der IG Metall für die Arbeitszeitkonferenz am 7.5.1998 in Hannover, dokumentiert in der Frankfurter Rundschau v. 7.5.1998 »Wer Arbeit hat, denkt zur Zeit nicht an eine Verkürzung«.

zu Beginn der achtziger Jahre wurde Teilzeitarbeit als »atypische Beschäftigung« abgelehnt und der Ausbau des sozialrechtlichen Schutzes von der SPD und den Gewerkschaften behelfsweise gefordert. Folgerichtig wurde das Beschäftigungsförderungsgesetz von 1986, das von der konservativen Regierung mit dem Ziel verabschiedet wurde, durch die Erleichterung von befristeter Beschäftigung und die Verbesserung der Situation der Teilzeitbeschäftigten einen höheren Beschäftigungsstand zu erreichen, abgelehnt. Dabei wurde es damals von der Regierung explizit als eine Verbesserung der Vereinbarkeit von Familie und Beruf für Frauen, jedoch nicht für Männer, bewertet (Blüm 1986: 54). Zu Beginn der neunziger Jahre warb die Bundesregierung erneut mit einer Kampagne für mehr Teilzeitarbeit; Maßnahmen bestanden aber hauptsächlich in der Erstellung von Ratgebern (Bundesministerium für Arbeit und Sozialordnung 1993; 1995) sowie in geringfügigen Anpassungen des Leistungsrechts in der Arbeitslosenversicherung.[29] In den neunziger Jahren hat sich die Teilzeitarbeit kräftig weiter entwickelt, woran die geringfügige, also sozialversicherungsfreie Beschäftigung einen beträchtlichen Anteil hat.[30]

Erst Mitte der neunziger Jahre wurde Teilzeitarbeit als ein Weg zur besseren Vereinbarung von Beruf und Familie für beide, Männer und Frauen, vor allem von den Gewerkschaften ›umgedeutet‹. Diese Umdeutung schlug sich 1999 in der Einführung des Rechtsanspruchs auf Teilzeitarbeit im Rahmen der Novellierung des Befristungsgesetzes nieder, mit dem das »Teilzeitrisiko« gleichermaßen auf Frauen und Männer verteilt wurde.[31] Das neue Befristungs- und Teilzeitgesetz von 2000 etabliert einen generellen Rechtsanspruch, der nach einer Betriebszugehörigkeit von sechs Monaten in Kraft tritt. Allerdings gilt auch dieser Rechtsanspruch wiederum nur in Unternehmen ab 15 Beschäftigten und kann aus »betrieblichen« Gründen abgewiesen werden.[32] Zu einer Umverteilung der Familien- und Berufsarbeit dürfte die Neuregelung auch nur sehr allmählich führen, denn erste Evaluierungen haben

---

29 Seit 1998 bleibt nach §131 SGB III der Anspruch auf ein Arbeitslosengeld, das auf der Basis einer vorherigen vollzeitigen Erwerbstätigkeit berechnet wird, bei der Aufnahme einer Teilzeitbeschäftigung oder einer kollektiven Arbeitszeitverkürzung aus beschäftigungspolitischen Gründen zunächst bestehen.

30 Zwischen 1991 und 2002 ist der Anteil der Frauen mit einer regulären Wochenarbeitszeit von bis zu 14 Stunden an allen abhängig beschäftigten Frauen im Westen von 7,5 auf 14,4% und im Osten von 0,7% auf 4,9% gestiegen (Statistisches Bundesamt 2002).

31 Arbeitsrechtliche Schutzgesetze sind immer mit der Gefahr verknüpft, dass die betroffenen Personengruppen aus dem Arbeitsmarkt »herausgeschützt« werden. Je allgemeiner ein Rechtsanspruch bzw. eine Schutzklausel ausgestattet ist, desto geringer ist Wahrscheinlichkeit, dass nur bestimmte Personengruppen die Regelung in Anspruch nehmen und Arbeitgeber vor der Einstellung von Angehörigen dieser Personengruppen zurückschrecken.

32 Im Referentenentwurf war zunächst die Formulierung »dringende betriebliche Gründe« vorgesehen, wie sie später beim Elternzeitgesetz auch durchgesetzt wurde. Im Falle des Teilzeit- und Befristungsgesetzes wurde diese jedoch zugunsten der Betriebe im Verfahren abgeschwächt.

gezeigt, dass die große Mehrheit der Beschäftigten, die dieses Gesetz nutzen, Frauen sind (Magvas/Spitznagel 2002). Insgesamt betrachtet hat sich die Teilzeitarbeit vor allem in den neunziger Jahren zur hauptsächlichen Beschäftigungsform von Müttern mit Kindern unter drei Jahren entwickelt (vgl. Abbildung 2.2). Allerdings entspricht diese geschlechterspezifische Arbeitsteilung, bei der die Männer vollzeit- und die Frauen teilzeitbeschäftigt sind, der Mehrzahl der Mütter: im Jahr 2000 wünschten sich 63% der Mütter mit Kindern unter drei Jahren dieses Modell, aber nur 15% realisierten dies auch (Beckmann 2002). In der Mehrzahl der Fälle (77%) wurde die Arbeit nach dem männlichen Ernährermodell (vollzeitbeschäftigt/nichterwerbstätig) geteilt, wobei nur 14% dieses Modell auch wünschen. Das Modell, nach dem beide Eltern nur teilzeitig beschäftigt sind, wurde von 16% der Frauen mit Kindern unter drei Jahren gewünscht, aber nur von 5% realisiert (Beckmann 2002: 5). Eine international vergleichende Befragung hat gezeigt, dass die Akzeptanz des männlichen Ernährermodells in Deutschland zwischen 1988 und 2002 stark geschwunden ist und somit eine Angleichung an die anderen westlichen Industrienationen (USA, UK, NL, ES) stattgefunden hat. Geringer ist die Akzeptanz allein in Norwegen und Schweden (Hofäcker/Lück 2004: 13).

2.2.3 Familienfreundlichkeit durch betriebliche Arbeitszeitpolitik

Zu Beginn der neunziger Jahre änderte sich die Sicht der politischen und ökonomischen Akteure auf die Erwerbsbeteiligung von Frauen. Angesichts der »demographischen Wende« und dem zunehmenden Mangel an qualifizierten Arbeitskräften (Reinberg/Hummel 2001) wurden qualifizierte Frauen als Humankapital entdeckt und betriebliche Familienpolitik zu einem Wettbewerbsfaktor der Unternehmen. Im Jahr 1994 wurden die Ergebnisse eines vom Bundesministerium für Familie und Senioren in Auftrag gegebenen Forschungsprojektes präsentiert, die die möglichen Spielräume betrieblicher Familienpolitik aufzeigen. Von Seiten der Betriebe wurden Eltern hauptsächlich zwei Maßnahmen angeboten: eine tariflich geregelte Verlängerung des Erziehungsurlaubs (Bäcker/Stolz-Willig 1994) oder Teilzeitarbeit. Die sozialen Kompetenzen, die durch die Familienarbeit erworben werden, werden dabei bislang nicht als ökonomisch verwertbares Potenzial anerkannt (Bundesministerium für Familie, Senioren, Frauen und Jugend 2001).[33]

Seit 1993 veranstaltet das Bundesfamilienministerium in loser Folge den Wettbewerb »Familienfreundlicher Betrieb«. Beim 3. Bundeswettbewerb von 2000, der

---

[33] Für ökonomische Argumente für eine familienfreundliche Personalpolitik s. Kramer/Burian u.a. 1998.

Teil des Programms »Frau und Beruf« war, sollten die Betriebe ihre Maßnahmen zu den Themen ›Väterförderung‹ und ›Telearbeit‹ vorstellen. Die im Rahmen des Wettbewerbs präsentierten 72 Unternehmensbeispiele zeigen, dass die in den Betrieben ergriffenen Maßnahmen sich vor allem auf eine Flexibilisierung der Arbeitszeit beziehen. Ein weiteres Audit-Verfahren organisiert die gemeinnützige Hertie-Stiftung, die zur familienfreundlichen Gestaltung der Betriebe anregen will. Nach deren Erkenntnissen bieten die Betriebe z.B. Weiterbildung während des Erziehungsurlaubs oder zur Rückkehr an, viele zumeist mittlere oder große Betriebe bieten selbstverständlich teilzeitige Arbeitsplätze für Eltern an (Hertie-Stiftung 2003). Manche Firmen gewähren Zuschüsse zur Kinderbetreuung, finanzieren die Einschaltung von Agenturen zur Vermittlung von Kinderbetreuung oder bieten selbst entsprechende Infrastruktur an. Seit dem Scheitern des Gleichstellungsgesetzes für die Privatwirtschaft haben die Aktivitäten der betrieblichen Familienförderung (nicht der Frauenförderung) eine neue Konjunktur erfahren. Im Rahmen der Kampagne »Allianz für die Familie« und der Initiative »Lokale Bündnisse für Familie« des Bundesfamilienministeriums werden verstärkt Betriebe und Behörden angesprochen, um dort für familienfreundliche Beschäftigungsbedingungen und Dienstleistungsangebote zu werben.

Seit der Novellierung des Betriebsverfassungsgesetzes 2001 gehört die Vereinbarkeit von Beruf und Familie außerdem zum Aufgabenkatalog der betrieblichen Mitgestaltung. Erste Untersuchungen zeigen jedoch, dass das Thema in der Rangfolge nur an achter Stelle steht und nur rund die Hälfte der Betriebsräte dieses Thema für wichtig halten (Klenner/Lindecke 2003). Ob eine Verbesserung der Vereinbarkeit auf der betrieblichen Ebene ohne weiter gehende gesetzliche Regelungen überhaupt erreicht werden kann, ist aufgrund dieser Erfahrungen fraglich.

2.3 Die soziale Sicherung von Eltern und Kindern

Die Systeme der sozialen Sicherung entscheiden mit über die Verteilung von bezahlter und unbezahlter Arbeit zwischen Müttern und Vätern. Durch Leistungen des Sozialsystems können Eltern während der Familienphase vom Erwerbszwang entlastet werden. Zu den zentralen Instrumenten gehören neben dem Erziehungsgeld bzw. Lohnersatzleistungen auch der fiskalische Familienlastenausgleich und die Anerkennung von Erziehungszeiten in der sozialen Sicherung.

2.3.1 Das Erziehungsgeld zwischen Lohnersatzleistung und Familiengeld

Abgesehen von der Zeit des Mutterschutzes ist die Unterbrechung der Erwerbstätigkeit aus Gründen der Kindererziehung nicht durch eine Lohnersatzleistung abgesichert. Das Bundeserziehungsgeld wird vielmehr in Abhängigkeit vom Einkommen des Haushalts und ohne die Bedingung einer vorherigen Erwerbstätigkeit gewährt. Zudem wird ein Pauschalbetrag gezahlt, der – auch mit dem erhöhten Betrag im Rahmen der Budgetregelung – unterhalb dem sozialhilferechtlichen Gesamtbedarf angesiedelt ist.[34] Somit war auch leistungssystematisch klar, dass das Erziehungsgeld nicht das Existenzminimum des erziehenden Elternteils decken soll. Dementsprechend wird das Erziehungsgeld, anders als alle anderen Leistungen nach dem Sozialgesetzbuch, *nicht* auf die Sozialhilfe angerechnet. Aus diesen Gründen muss das Erziehungsgeld, ähnlich wie das Ehegattensplitting, als Teil des Familienlastenausgleichs und nicht als Lohnersatzleistung betrachtet werden. Anders als die indirekten Leistungen aus dem Einkommensteuerrecht ist das Erziehungsgeld auch keine »teure« Sozialleistung: Seit der Wiedervereinigung werden jährlich rund 7 Mrd. DM für das Erziehungsgeld aufgewandt, während sich die Kosten für das Kindergeld bis zur Einführung des steuerrechtlichen Optionsmodells (nachdem die gleichzeitige Inanspruchnahme von Steuerfreibeträgen und Kindergeld nicht mehr möglich ist) auf 20 bis 21 Milliarden DM beliefen (Tabelle 2.3).

Für Eltern, die ihre Erwerbstätigkeit wegen der Erziehung von Kindern unterbrechen, besteht also eine Versorgungslücke: Selbst wenn sie Anspruch auf Erziehungsgeld haben, sind sie ergänzend auf den Unterhalt durch den Partner/die Partnerin oder auf Sozialhilfe angewiesen. Aus diesen Gründen spielt die Hilfe zum Lebensunterhalt eine wichtige Rolle zur Sicherung der Familieneinkommen, zumindest für Bevölkerungsgruppen mit einem geringen Erwerbseinkommen und allein Erziehende. So waren vor der Reform im Jahr 2000 ein großer Teil der rund 3 Mio. BezieherInnen von Sozialhilfe in Deutschland allein erziehende Frauen (1997: 320 000) und ein noch größerer Anteil Kinder und Jugendliche unter 18 Jahren (1997: 830.000) (Statistisches Bundesamt 2000: 212).[35] Der Bezug von Sozialhilfe ist sozialpolitisch unproblematisch, solange er vorübergehend ist und den BezieherInnen die Rückkehr in den Arbeitsmarkt gelingt.

---

34 1998 lag nach Modellberechnungen der sozialhilferechtliche Gesamtbedarf, der den Regelsatz, die Kaltmiete und die Heizkosten umfasst für ein Ehepaar mit Kind bei 2146 DM, für eine Alleinerziehende mit Kind bei 1760 DM (Bäcker/Bispinck u.a. 2000a: 209).

35 Neueste Forschungsergebnisse bestätigen das erhöhte Risiko relativer Armut von Familien mit Kindern (Becker/Hauser 2003: 151ff.) Der Einführung einer grundsätzlichen Einkommensprüfung für die Gewährung des Kindergeldes steht in Deutschland der Spruch des Bundesverfassungsgerichts von 1998 entgegen. Als Maßnahme schlagen Irene Becker und Richard Hauser ein einkommensabhängiger Kindergeldzuschlag vor (ebd., 279ff.), der zum 1. Januar 2005 in Kraft trat..

Tabelle 2.3: Kosten des Mutterschaftsurlaubs-, des Erziehungsgeldes und des Kindergeldes 1980–2002 (in DM)

	Mutterschaftsurlaub-/Erziehungsgeld (1)		Kindergeld (3)	
	Kosten in Mio. DM	Anteil am Sozialbudget in v.H.	Kosten in Mio. DM	Anteil am Sozialbudget in v.H.
1980	818	0,3	13.393	2,9
1981	915	0,3	14.610	2,8
1982	922	0,3	12.714	2,4
1983	871	0,3	11.505	2,2
1984	609	0,2	11.271	2,0
1985	547	0,2	10.901	1,9
1986	1.663	0,3	10.849	1,8
1987	3.121	0,5	10.743	1,7
1988	3.322	0,5	10.788	1,6
1989	4.042	0,6	10.866	1,6
1990	4.590	0,6	11.368	1,6
1991 (2)	5.906	0,7	14.565	1,6
1992	7.222	0,7	16.705	1,7
1993	6.823	0,6	16.657	1,6
1994	6.670	0,6	16.580	1,5
1995	7.232	0,6	16.986	1,4
1996	6.950	0,6	37.285	0
1997	7.119	0,6	40.466	0
1998	7.144	0,6	40.932	0
1999	6.878	0,5	46.453	0
2000	6.663	0,5	50.122	0
2001	6.498	0,5	50.736	0
2002	6.474	0,50,0	56.389	0

Quelle: BMAS 1999; Statistisches Bundesamt div. Jg., Stat. Jahrbücher, BMFSFJ 2001, Bundesstatistik Erziehungsgeld, eigene Berechnungen.
(1) Bis zum Inkrafttreten des BErzGG zum 1.1.1986 wurde die Geldleistung nach dem Mutterschaftsurlaubsgesetz ausgezahlt, (2) ab 1991 für Deutschland gesamt, (3) ausgezahlte Beträge ohne Angaben für Bedienstete von Bund, Ländern und Gemeinden.

Da Sozialhilfe zeitlich unbegrenzt gewährt wird und vielfach Rückkehrhilfen und Kinderbetreuungsplätze fehlen (vgl. folgender Abschnitt), besteht vor allem bei Familien die Gefahr der Verfestigung der Abhängigkeit von Sozialhilfe. Vielfach wird der Verbleib in der Sozialhilfe als Anreizproblem und »Armutsfalle« betrachtet, so dass als politische Antwort darauf die Wiedereingliederung von sozialhilfeabhängigen allein Erziehenden in den Arbeitsmarkt durch Einschnitte bei der Gewährung von sozialen Transfers erzwungen werden soll.[36]

Für Deutschland konnte jedoch gezeigt werden, dass nicht monetäre Anreize, sondern die Arbeitsnachfrage und die individuellen Ressourcen von Sozialhilfeem-

---

[36] Auch in den USA hat man durch die Verknüpfung von Geldleistungen mit der Bereitstellung öffentlicher Kinderbetreuung versucht, die Anzahl der BezieherInnen von Sozialhilfe zu senken. Das wichtigste Ziel war dabei, die Abhängigkeit allein erziehender Mütter vom Sozialhilfebezug zu vermindern (vgl. dazu Wilke 2002).

pfängerInnen den Zugang zu Beschäftigung im Wesentlichen bestimmen (Gangl 1998). Bei der Herstellung der Beschäftigungsfähigkeit von Eltern stellt vor allem die Kinderbetreuung das Nadelöhr für eine gelingende Arbeitsmarktintegration dar (Eggen 2000: 159). Um die Kinderarmut zu verringern, werden seit der Einführung des Arbeitslosengeldes II im Januar 2005 Kinderzuschläge (140€ pro Kind) zusätzlich zum Kindergeld gewährt, wenn das Einkommen der Eltern zur Bedarfsdeckung nicht ausreicht.[37]

Ein Ausweg aus diesem Dilemma wird in der Einführung einer Leistung gesehen, mit der die Erziehungsleistung finanziell anerkannt werden soll. Die Vorstellungen variieren hier mit der politischen Couleur um die Frage, ob diese Leistung als Lohnersatz oder eine familienpolitische Leistung im Rahmen des Familienlastenausgleich (FLA) konzipiert werden soll. Die Gewerkschaften, Bündnis 90/Die Grünen und die SPD traten bisher programmatisch für eine Lohnersatzleistung nach dem Beispiel des Arbeitslosengeldes oder der Altersteilzeit ein, die zusätzlich zu den Leistungen aus dem FLA gewährt werden soll (Kirner/Kirner 1998). Die CDU und unabhängige FamilienforscherInnen unterbreiten dagegen Vorschläge zur Verstärkung der Finanzkraft der Familien und plädieren für die Einführung eines »Familiengeldes« (CDU), eines »Erziehungsgehaltes« (Opielka 2000) oder eines »Erziehungseinkommens« (Weidener Modell).[38] Insgesamt zeigt sich, dass sich die Debatte um zusätzliche familienpolitische Leistungen nach wie vor eher an einem fiktiven finanziellen Bedarf von Familien orientiert, als dass sie die direkten und indirekten Einkommensverluste und die finanzielle Abhängigkeit, die durch den Verzicht auf Erwerbsbeteiligung entstehen, thematisiert (zur kritischen Diskussion vgl. Stolz-Willig 1999). 2004 hat die Bundesfamilienministerin außerdem angekündigt, 2006 das Erziehungsgeld in eine Lohnersatzleistung umzuwandeln. Gemessen an den Schwierigkeiten bei der Reform des Bundeserziehungsgeldgesetzes im Jahr 2000 sind die Durchsetzungschancen jedoch eher skeptisch einzuschätzen; zumindest erweist sich die Gründung von Familienkassen nach französischem Vorbild aktuell als nicht durchsetzbar.

---

37 Anstelle der von Bündnis 90/Die Grünen vorgeschlagenen »Kindergrundsicherung« wurde seit Januar 2003 über die Einführung der Kinderzuschläge verhandelt, die zum 1.1.2005 schließlich in Kraft getreten ist (vgl. »Zusätzliches Kindergeld für arme Eltern. Bundesfamilienministerium prüft Kindergrundsicherung als Ersatz für Sozialhilfe«, von Bettina Markmeyer in: epd Sozial 1/2, 2003).
38 Vgl. dazu die Diskussion der Vorschläge in Opielka 2002.

2.3.2 Die finanzielle Unterstützung von Familien mit Kindern durch den Familienlastenausgleich

Den wichtigsten Beitrag zur Umverteilung zwischen Familien mit und ohne Kinder leistet der Familienlastenausgleich (FLA) mit dem Kindergeld, den Kinder-, Erziehungs- und Betreuungsfreibeträgen.[39] Der FLA hat in Deutschland seinen Ursprung vor dem Ersten Weltkrieg, als das Einkommen der Geringverdiener (Handwerksgesellen, Gesinde) nicht zur Gründung einer Familie ausreichte und somit vielen Männern im heiratsfähigen Alter die Familiengründung verwehrt blieb (Jurczyk 1978:17). Deswegen wurde der Familienlohn in Form ergänzender Familien- und kinderbezogener Einkommenshilfen entwickelt, die allerdings nicht flächendeckend sondern nur vereinzelt von christlich bzw. sozial eingestellten Unternehmern gewährt wurden (Wingen 1997: 28). In der Weimarer Republik wurden dann ›Familienausgleichskassen‹ gegründet, die als überbetriebliche Einrichtungen durch Arbeitgeberbeiträge finanziert wurden und den Arbeitgeberverbänden angegliedert waren (ebd.). 1954 wurden die finanziellen Beihilfen rechtlich durch das Bundeskindergeldgesetz kodifiziert. In den sechziger Jahren wurde die Ausgestaltung des FLA zum Schwerpunkt der bundesdeutschen Familienpolitik. Die politischen Auseinandersetzungen, bei denen die Grenzen zum Teil auch quer durch die Fraktionen verliefen, bezogen sich vor allem auf vier Aspekte: den Finanzierungsmodus, die Anspruchsvoraussetzungen, die Höhe des Kindergeldes und die Bedingungen für steuerliche Entlastungen. Im Jahre 1964 wurden die Finanzierung und die Verwaltung des Kindergeldes im Bundeskindergeldgesetz vereinheitlicht. Mit dieser Reform wurde ein paradigmatisches Moment in der bundesdeutschen Familienpolitik erreicht: Familienbeihilfen wurden von nun an grundsätzlich aus allgemeinen Steuermitteln finanziert und zudem von den bei den Arbeitsämtern angesiedelten Familienkassen verwaltet. Dieses System wurde bis zur Steuerreform 1996 beibehalten.

In der lohnpolitischen Perspektive bedeutet die Gewährung von Kindergeld auch die Anerkennung der Tatsache, dass Löhne ihre Funktion als Familienlöhne verloren haben. 1954 wurde vorerst ein Kindergeld lediglich für das dritte und jedes zusätzliche Kind eingeführt, mit dem Entwurf des Kindergeldgesetzes von 1963 wurde aber die Notwendigkeit von Beihilfen schon für das zweite Kind anerkannt. Die hohen Mehrkosten führten jedoch dazu, dass das Kindergeld nach der Rang-

---

[39] Der Familienlastenausgleich wird zunehmend in der politischen Debatte als Familienleistungsausgleich bezeichnet, um den Aspekt der Anerkennung von Erziehungsleistung stärker zu betonen als den bloßen monetären Ausgleich von Belastungen und Benachteiligungen. Ein geschlossenes politisches Konzept gibt es bislang jedoch nicht (vgl. dazu ausführlich Wissenschaftlicher Beirat für Familienfragen 2002).

zahl des Kindes gestaffelt und eine Einkommensprüfung für das Zweitkindergeld eingeführt wurde (vgl. Tabelle 7.3). Das Kindergeld für das erste Kind wurde 1975 eingeführt und wiederum bedarfsorientiert ausgestaltet. Heute wird das Kindergeld für alle Kinder einkommensunabhängig gezahlt, allerdings gilt es als Einkommensbestandteil, so dass es bei der Bedarfsprüfung in der Sozialhilfe auf das Haushaltseinkommen angerechnet wird.[40] Bis zur Reform des Familienlastenausgleichs 1996 wurden neben dem Kindergeld noch steuerliche Freibeträge für Kinder gewährt. Mit der Einführung des »Optionsmodells« werden nur noch Steuervergünstigungen oder Familienleistungen gewährt. Das Kindergeld wird von den Familienkassen der Finanzverwaltung in solchen Fällen ausbezahlt, wo das Kindergeld den Betrag der Steuervergünstigung übersteigt; 1999 betraf dies 95% aller Eltern (Bäcker/Bispinck u.a. 2000b: 188).[41]

Heute orientiert sich der Umfang der finanziellen Entlastungen an dem Existenzminimum, das der Gesetzgeber 1996 für ein Kind bei 6.912 DM pro Jahr angesetzt hatte sowie dem Erziehungs- und dem Betreuungsbedarf des Kindes. Politisch umstritten waren vor allem die beiden letzteren Freistellungsgründe, die auch nach dem letzten größeren Urteil der Familienrechtsprechung 1998 nicht den real aufgewandten Kosten entsprechen.[42] Und auch wenn das Kindergeld zwischen 1998 und 2002 überproportional erhöht wurde, wird mit den ausgezahlten Leistungen des Kindergeldes das in der Sozialhilfe festgelegten Existenzminimum von 7500 DM nicht erreicht. Zudem vergrößert sich die Differenz zwischen dem steuerlich vorgesehenen Existenzminimum und dem Sozialhilferegelsatz mit zunehmendem Alter

---

40 Die Sozialhilfe ist eine nachrangige Leistung. Daher wird sie erst dann gewährt, wenn das Haushaltspro-Kopf-Einkommen (das sich aus Erwerbseinkommen und Sozialtransfers, u.a. auch dem Kindergeld sowie anderen Einkommensarten zusammensetzen kann) nicht das sozio-kulturelle Existenzminimum erreicht. In einkommensschwachen Haushalten wird das Existenzminimum zunächst durch das Kindergeld bedient, erst danach wird der Bedarf nach Sozialhilfe festgestellt. Bei Kindern unter fünf Jahren liegt der Betrag des Kindergeldes über dem entsprechenden Regelsatz der Sozialhilfe, der anders als das Kindergeld nach dem Alter der Kinder gestaffelt ist. Bei älteren Kindern wird der Festbetrag des Kindergeldes auf den Regelsatz angerechnet. Aus diesen rechtssystematischen Gründen ist jede Erhöhung des Kindergeldes auf die Sozialhilfe anzurechnen. Aus politischen Gründen kann bei Kindergelderhöhung von diesem Grundprinzip abgewichen werden.

41 Zur neuen Systematik des Optionsmodells vgl. das Gutachten des Wissenschaftlichen Beirats des BMFSFJ (Wissenschaftlicher Beirat für Familienfragen 2002: 36).

42 Während zum Erziehungsbedarf auch die Mitgliedschaft in Vereinen, das Erlernen moderner Kommunikationstechniken, der Zugang zu Kultur und Sprachfertigkeiten sowie die verantwortliche Nutzung der Freizeit und die Gestaltung der Ferien gehören, bezieht sich der Betreuungsbedarf maßgeblich auf die monetären Kosten, die für die Fremdbetreuung der Kinder aufgewendet werden. Als Richtwerte werden für das erste Kind 4.000 DM und für jedes weitere Kind 2.000 DM angegeben, die ab dem 1.1.2000 bei der Einkommensteuererklärung abgesetzt werden können. Ab 1.1. 2002 ist zudem ein je nach Kinderzahl abzustufender Betrag von 5.616 DM = 2.872 € (Höhe des bisherigen Haushaltsfreibetrags) abzusetzen (Gerlach 2000).

der Kinder. In der Folge geraten Familien besonders dann in eine finanziell besonders prekäre Lage, wenn das Existenzminimum mehrerer Kinder aus sonstigen Einkommen abgedeckt werden muss und das Haushalts-Pro-Kopf-Einkommen damit für alle Familienmitglieder unter das sozio-kulturelle Existenzminimum sinkt. Vor diesem Hintergrund wird die Umverteilungswirkung des Familienlastenausgleich als unzureichend betrachtet (Bäcker/Bispinck u.a. 2000a: 198).

Auch das Ehegattensplitting gilt als Komponente des FLA, auch wenn es Ehen unabhängig vom Vorhandensein von Kindern begünstigt. Dieses Prinzip vermindert das eigentlich im Familienlastenausgleich angelegte Ziel der horizontalen Umverteilung: Nach Berechnungen des ifo-Instituts erhöht die steuerliche Förderung das Nettoeinkommen eines Ehepaares mit zwei Kindern (bei einem vollzeitbeschäftigten und einem geringfügig beschäftigten Partner) in Deutschland im Vergleich zu kinderlosen Ehepaaren nur um 12,7% (Meister/Ochel 2003).[43] Da das Steuersplitting weder plafoniert noch gestaffelt ist, ist es auch vertikal, also zwischen den Einkommensgruppen, nicht umverteilungswirksam. Im Gegenteil: Die steuerliche Entlastung wächst mit dem Einkommen eines Alleinverdieners an und kann bis zu knapp 23.000 DM pro Jahr betragen (Bäcker/Bispinck u.a. 2000b:197). Das ehebezogene Steuersplitting verursacht jährlich Kosten von rund 40 Mrd. DM. 1996 kostete es damit ungefähr so viel wie die Entlastung durch Kindergeld- und Freibeträge, anderthalb mal so viel wie die Leistungen der Jugendhilfe (28 Mrd.) und sechsmal so viel wie die Ausgaben für das Erziehungsgeld (7 Mrd. DM) (Bäcker/Bispinck u.a. 2000b:200).

2.3.3 Sicherung der Erwerbsunterbrechung in der Sozialversicherung

In allen sozialen Sicherungssystemen, die auf dem Leistungs- oder Versicherungsprinzip basieren und sich am Erwerbseinkommen der BürgerInnen orientieren, haben diskontinuierliche Erwerbsverläufe, die durch Kindererziehungsphasen entstehen, zwangsläufig negative Effekte auf die soziale Sicherung des erziehenden Elternteils. Mittelfristig gilt dies für die Arbeitslosenversicherung, langfristig für die Rentenversicherung.

In der Arbeitslosenversicherung ist der Leistungsbezug an Beitragszahlungen innerhalb einer bestimmten Rahmenfrist gebunden. Vor der Neuregelung durch das JobAqtiv-Gesetz (2001) waren daher die Beitragszeiten vor und/oder während des Erziehungsurlaubs (bis zu maximal 19 Stunden/Woche) für einen späteren Bezug

---

43 Diese Umverteilungswirkung ist größer in Ungarn (18,8%), Österreich (18,7%), Belgien (15,4%) und Tschechien (14,5%). In Frankreich wird ein steuerliches Zusatzeinkommen von nur 8,6% erzielt. (Meister/Ochel 2003).

des Arbeitslosengeldes ausschlaggebend.[44] Durch die Neuregelung gilt die Elternzeit nun als Beitragszeit, in der der Bund die Beiträge für die Erziehenden übernimmt. Des Weiteren kann nun sogar durch die Elternzeit ein Anspruch auf Leistungen der Arbeitslosenversicherung und damit der Zugang zu den Maßnahmen der Arbeitsförderung erworben werden. Durch die Reform des BErZGG 2000 wurde die Vereinbarkeit der Arbeitslosenversicherungsleistungen (Arbeitslosengeld und Arbeitslosenhilfe) und des Erziehungsgeldes verbessert, indem das Bemessungsentgelt für eine für das Erziehungsgeld »unschädliche« und gleichzeitig beziehbare Leistung auf 30 (vorher: 19) Stunden angehoben wurde.[45] Allerdings ist der gleichzeitige Bezug von Arbeitslosengeld und Erziehungsgeld nur dann möglich, wenn die Arbeitsuchenden den Vermittlungsbemühungen des Arbeitsamtes zur Verfügung stehen und in solchen Segmenten des Arbeitsmarktes eine teilzeitige Tätigkeit suchen, in denen diese prinzipiell auch verfügbar ist, was eine empfindliche Einschränkung besonders für hoch qualifizierte Frauen darstellt (Bothfeld/Gronbach 2002a).

Im Rentenrecht wurde die Anerkennung der Kindererziehungszeiten sukzessive verbessert. War es noch bis 1968 für verheiratete Frauen möglich, sich ihre zuvor gezahlten Beiträge auszahlen zu lassen, so wurde in den siebziger Jahren eine Wende in der Rentenpolitik eingeleitet: Seit 1972/73 können sich Hausfrauen freiwillig rentenversichern, seit 1986 wurde ein Kindererziehungsjahr für Frauen, die nach 1921 geboren waren, anerkannt, das durch das Rentenreformgesetz 1992 auf drei Jahre ausgedehnt wurde. Seit der Rentenreform 2001 können Eltern zusätzlich bis zu zehn Jahre der Teilzeitarbeit wegen Kindererziehung auf die Wartezeit anerkennen lassen (Kohleiss 1988; Bundesministerium für Familie 2002:121). Die Kindererziehungszeiten gelten nun als Pflichtbeitragszeiten und wirken rentenbegründend und rentensteigernd. Seit dem Rentenreformgesetz 1999 wird jedes Jahr der Kindererziehung mit 100% des Durchschnittsverdienstes aller Versicherten angerechnet (vorher 75%). Diese fiktiven Beträge werden zusätzlich zu gleichzeitig erworbenen Ansprüchen aus einer rentenbeitragspflichtigen Tätigkeit anerkannt. Die hieraus erworbenen Rentenansprüche sind jedoch gering, lagen sie doch 1999 in den alten Bundesländern bei etwa 40 DM pro Kind (Bäcker/Bispinck u.a. 2000b:192). Das Grundsicherungsgesetz von 2002 sollte außerdem eine automatische Aufstockung geringer Renten auf das Sozialhilfeniveau bewirken. Allerdings

---

44 Die Gleichstellung von Zeiten des Erziehungsgeldbezugs und Zeiten einer beitragspflichtigen Beschäftigung war durch das Arbeitsförderungs-Reformgesetz vom 24.3.1997 abgeschafft worden und galt daher zwischen dem 1. Januar 1998 und dem 1. Januar 2003 (Inkrafttreten der Neuregelung durch das JobAqtiv-Gesetz) nicht.

45 Der Bezug von Erziehungsgeld ist prinzipiell mit dem Bezug von Arbeitslosengeld vereinbar, wenn der Stundenumfang des gesuchten Arbeitsverhältnisses die 30-Stundengrenze nicht überschreitet. Allerdings wird dann das Arbeitslosengeld auch nur auf der Basis von 30 Wochenarbeitsstunden berechnet.

erweist sich das Verfahren der Antragstellung als so kompliziert, dass das Gesetz kaum zur Anwendung kommt. Durch die jüngste Rentenreform mit der teilweisen Privatisierung der Altersvorsorge und der faktischen Absenkung des Rentenniveaus wurde zudem das Prinzip der Leistungsgerechtigkeit wieder verstärkt, so dass sich die Reform aufgrund der fortbestehenden Einkommensdifferenzen zwischen Frauen und Männern nachteilig auf die Alterssicherung von Frauen auswirken werden (vgl. Veil 2003).

So ist das Problem der sozialen Absicherung von Teilzeitbeschäftigten in der Arbeitslosen- und der Rentenversicherung nach wie vor ungeklärt: Weder leitet sich aus einer Teilzeitbeschäftigung aufgrund der niedrigen Beitragsleistungen ausreichender sozialer Schutz ab, noch kann die Teilzeitarbeit in der Arbeitslosenversicherung als gleichgestellte Arbeitsform gelten. Bei den geringfügigen Beschäftigungsverhältnissen, die durch die Einführung der Mini- und Midi-Job-Regelung weiter ausgedehnt werden sollen, stellen sich diese Probleme in verschärfter Form (Bäcker/Koch 2003). Für eine »Beschäftigungsversicherung« zur Absicherung diskontinuierlicher Erwerbsverläufe (Schmid 2002b: 442) oder einer am Lebensverlauf orientierten Sozialpolitik (Althammer/Pfaff 1999), die Risiken, die sich etwa aus der Kindererziehung ergeben, absichern würden, gibt es in Deutschland bislang zwar Anknüpfungspunkte, jedoch kein umfassendes Gesamtkonzept.

2.4 Förderung der Kinderbetreuung

2.4.1 Die Organisation und Finanzierung der Kinderbetreuung

Die Betreuung und Erziehung der Kinder in Tageseinrichtungen ist in der Bundesrepublik im Kinder- und Jugendhilfegesetz (KJHG) geregelt, das seit 1990 Teil des Sozialgesetzbuches ist. Nach §23 KJHG kann durch das Jugendamt eine Tagespflegekraft vermittelt werden, für die das Jugendamt bei ›Erforderlichkeit‹ auch die Kosten übernimmt. Für Kinder ab drei Jahren wurde mit der Neuregelung des Schwangerschaftsabbruchs 1994 ein Anspruch auf einen Kindergartenplatz (§24 KJHG) eingeführt. Dieses Gesetz soll Frauen die Rückkehr auf den Arbeitsmarkt im Anschluss an den dreijährigen Erziehungsurlaub und damit die Entscheidung für ein Kind erleichtern. Ein Grundproblem der öffentlichen Kinderbetreuung besteht in der Aufgabenteilung zwischen dem Bund und den Bundesländern: Zwar werden, wie im Falle des Kindergartengesetzes, bundespolitische Anforderungen formuliert, die Ausführungsgesetzgebung obliegt jedoch den Ländern. Für die Ausgestaltung der Pflichtaufgaben verbleibt den Kommunen dabei ein Ermessensspielraum, so dass Umfang und Form der Kinderbetreuung zwischen Ländern und Kommunen in Abhängigkeit von den beteiligten Akteuren, der Finanzlage, der Initiative der BürgerInnen etc. erheblich variiert (zur Organisation der Kinderbetreuung vgl. Wendt/Maucher 2000; Kreyenfeld/Spiess u.a. 2001). Nach Berechnungen auf Basis des Sozioökonomischen Panels lagen die monatlichen Elternbeiträge 1996 bei 119 DM pro Kind (alle Altersgruppen), so dass sich die Gesamteinnahmen durch Elternbeiträge auf rund 4,7 Mrd. DM beliefen (Kreyenfeld/Spiess u.a. 2001: 88).[46] Die Gesamtausgaben für Kindertageseinrichtungen betrugen 1996 dagegen 16-18 Mrd. DM.

Trotz der geringen Durchschnittsbeträge kann die Ganztagskinderbetreuung für Familien im mittleren und unteren Einkommensbereich relativ teuer sein, so dass starke negative Anreize zur Nicht-Inanspruchnahme bestehen. Diesem Umstand trug die Einführung der steuerlichen Freistellung der Kinderbetreuungskosten Rechnung, die ab 2002 zusätzlich zur steuerlichen Freistellung des Existenzminimums und einer Erziehungspauschale gewährt wird. Allerdings werden diese Pauschalen unabhängig von der Tatsache ob außerhäusliche Betreuung auch in Anspruch genommen wird gewährt. Allein erziehenden Eltern wurde vor der Einführung der Freibeträge, weil sie nicht vom Ehegattensplitting profitieren, bis Ende 1999 ein Freibetrag für die Absetzung der Kinderbetreuungskosten bis zur Höhe von 4.000 DM für das erste und 2.000 DM für jedes weitere Kind gewährt (Bäcker/Bispinck u.a. 2000b: 198). Diese Regelung wurde durch den Spruch des Bundesverfassungsgerichts von 1998 jedoch als verfassungswidrig erklärt.

2.4.2 Formen und Standards der kollektiven Betreuung

Prinzipiell kann die öffentliche Kinderbetreuung in allen Altersstufen zwei Funktionen erfüllen: die Bereitstellung einer sozialen Dienstleistung zur Ermöglichung von Erwerbstätigkeit (Betreuungsfunktion) und die Förderung der gesellschaftlichen und kulturellen Reproduktion der Gesellschaft (Bildungsfunktion) (Joos 2002b). Der Rechtsanspruch auf einen halbtägigen Kindergartenplatz, die Forderung nach Ganztagsbetreuung und die Betreuungsgutscheine zielen auf die Betreuung, weniger auf die Bildung der Kinder. Nach der Veröffentlichung der ersten PISA-Studie wird jedoch auch in Deutschland die Bildungsfunktion der Kindertageseinrichtungen betont. Voraussetzung für die Stärkung der Bildungsfunktion ist jedoch, dass die

---

46 Die Angaben des Statistischen Bundesamtes lagen deutlich darunter, bei 47 bzw. 1,8 Mrd. DM. Die AutorInnen erklären diese Diskrepanz mit der vermuteten Untererfassung abgeführter Beiträge durch die amtliche Statistik (Kreyenfeld/Spiess u.a. 2001: 88). Nach einer Erhebung der Höchstsätze der Beiträge in den Bundesländern lagen diese 1996 zwischen 86 und 450 DM für einen Halbtags- und zwischen 180 und 750 DM für einen Ganztagsplatz (ebd.).

Bildungsprozesse bei Kindern, insbesondere die Selbst-Bildungsprozesse, besser beschrieben und entsprechende pädagogische Konzepte entwickelt und zur Anwendung gebracht werden (Tietze 1998; Joos 2002b). Modernere lernpädagogische Ansätze, wie sie in Finnland angewandt werden, spielen in Deutschland bisher kaum eine Rolle (Joos 2002b). Eine Voraussetzung dafür wäre die Verbesserung der Ausbildung des Personals in Kindergärten und -horten.[47] Zwar ist diese durch die Berufsausbildung zur Erzieherin standardisiert, allerdings werden die Inhalte und der Standard dieser Fachschulausbildung nicht kontinuierlich angepasst bzw. deren Einhaltung nicht staatlich geprüft, wie etwa bei der Ausbildung von LehrerInnen.

Die Verbesserung der Qualität der Kinderbetreuung durch den Wettbewerb zwischen den Betreuungseinrichtungen verspricht man sich durch die Subjektförderung, z.B. durch Ausgabe von Betreuungsgutscheinen an die Eltern. Die Betreuungsplätze würden dann nicht mehr über das Wohnortprinzip vergeben, sondern die Eltern würden mittels der Gutscheine eine Nachfrage produzieren und einen Wettbewerb zwischen den Einrichtungen in Gang setzen (zur positiven ökonomischen Bewertung des Hamburger Modells vgl Falck 2004). Die Einhaltung von Standards in den Einrichtungen soll dabei durch eine Lizensierung garantiert werden (vgl. ausführlich dazu Kreyenfeld/Spiess u.a. 2001). Fraglich bleibt dabei, inwiefern sich ein flächendeckendes Angebot auch in solchen Regionen entwickelt, in denen die Eltern nicht über die finanziellen und sozialen Ressourcen verfügen, um durch die Gutscheine ihre Subjektrolle auszufüllen.[48] So wird bezweifelt, dass ein hochwertiges Angebot an Betreuungseinrichtungen flächendeckend überhaupt durch den Marktmechanismus hergestellt werden kann (Joos 2002a). Ein weiteres Gegenargument gegen eine Subjektförderung als Alternative zur öffentlichen Bereitstellung von Einrichtungen besteht schließlich darin, dass die individualisierte und privatisierte Nutzung der Einrichtungen soziale Segmentationsprozesse fördern und eine Entsolidarisierung zwischen den sozialen Schichten vorantreiben würde (ebd.).

---

47 In dem Länderbericht der OECD zur frühkindlichen Betreuung, Bildung und Erziehung wird die Ausbildung der ErzieherInnen umfassend thematisiert (OECD 2004).
48 So haben Längsschnittuntersuchungen von KleinkindpädagogInnen, die die Effekte der Kindergartenbetreuung auf die kognitive und emotionale Entwicklung der Kinder untersucht haben, zeigen können, dass deutsche Eltern die Qualität der Einrichtungen deutlich positiver beurteilen als objektive BegutachterInnen (Cryer/Tietze u.a. 2002). Für Eltern spielt bei der Bewertung z.B. auch die Nähe zum Wohnort eine Rolle, so dass die Qualität der Betreuungsleistung demgegenüber möglicherweise an relativer Bedeutung verliert.

2.4.3 Der Umfang der Kinderbetreuung in Deutschland

In Deutschland hat sich die öffentliche Kinderbetreuung unter dem Einfluss von sozialpsychologischen Forschungsergebnissen und der Zunahme der Frauenerwerbstätigkeit seit Beginn der siebziger Jahre entwickelt. Während die Versorgungsquoten für Kinder im Kindergartenalter 1963 in der Bundesrepublik noch bei 32,5% lagen, wurde in den neunziger Jahre eine Vollversorgung erreicht (vgl. Tabelle 2.4).

Bei der Versorgung mit Krippenplätzen wurde bis zum Ende der neunziger Jahre in Westdeutschland nur eine Quote von 2,7% erreicht, wobei ein sprunghafter Anstieg zu Beginn der siebziger Jahre in beiden Bereichen zu beobachten war. Die Verteilung der Krippenplätze variiert stark zwischen den einzelnen Bundesländern, wobei die südlichen (wohlhabenden) Flächenstaaten überdurchschnittlich gut, die Stadtstaaten Berlin, Hamburg und Bremen dagegen schlecht ausgestattet sind. Bei der Ausstattung mit Kinderkrippenplätzen verhält es sich interessanterweise genau andersherum, hier werden die höchsten Quoten in Berlin (34,8%), Hamburg (13,1%) und Bremen (10,0%) erreicht. In den östlichen Bundesländern ist die Versorgungsquote mit Krippenplätzen überall vergleichsweise hoch. Wie Berechnungen mit dem SOEP gezeigt haben, waren im Jahr 2000 allerdings nur 17% der Kindergartenplätze im Westen und 71% der Plätze im Osten ganztägig (Spiess/Büchel u.a. 2002).

Tabelle 2.4: Plätze in Kindergärten, Kinderkrippen und Kinderhorten in den alten und neuen Bundesländern 1963 bis 2002

	Kinderkrippen		Kindergärten		Kinderhorte	
	Plätze	Quote in % (0 –<2 J.)	Plätze	Quote in % (3 –< 5 J.)	Plätze	Quote in % (6 –< 10 J.)
Alte Bundesländer						
1963	17.137	0,6	889.596	32,5	68.630	2,2
1965	18.108	0,6	925.875	31,8	73.636	2,1
1970	17.457	0,6	1.160.736	38,5	72.937	1,8
1975	24.251	1,3	1.478.856	65,5	82.790	2,1
1980	26.104	1,5	1.393.780	78,0	105.673	3,9
1986	28.353	1,6	1.538.383	78,9	102.874	4,4
1986	28.353	1,6	1.538.383	78,9	102.874	4,4
1994	47.064	2,2	1.918.823	85,2	145.775	6,1 (b)
1998	58.475	2,8	2.151.858	102	179.401	6,8 (b)
2002 a)	50.775	2,7	2.088.176	103	176.830	7,3 (b)
Neue Bundesländer und Berlin-Ost						
1994	103.689	41,3	552.865	117	284.505	42,5 (b)
1998	108.452	36,3	334.922	132	271.333	51,9 (b)
2002 a)	108.944	37	341.328	121	186.865	68,5 (b)

Quellen: Statistisches Bundesamt: Fachserie 13, Reihe 6: Jugendhilfe, div. Jg. und Statistisches Bundesamt, IX E-1, Statistik der Kinder- und Jugendhilfe.
a) Zahlen von 2002 ohne Berlin, (b) 6,5 bis unter 10 Jahre.

Der gesetzliche Anspruch auf einen Halbtags-Kindergartenplatz von vier Stunden erweist sich in der Praxis als unzureichend, um beiden Eltern eine Erwerbstätigkeit zu erlauben. Doch auch wenn die Kinder in die Grundschule gehen, besteht das Betreuungsproblem fort, denn nach wie vor sind die Schulen halbtags organisiert und bieten zudem keine Betreuungsgarantie für die vorgesehenen Schulzeiten. Die Versorgung mit Hortplätzen, die die außerschulische Betreuung von Kindern im Grundschulalter gewährleisten sollen, ist in den alten Bundesländern mit 7,3% eher unterentwickelt, in den neuen Bundesländern nicht ganz so schlecht (68,5%). Tatsächlich nutzen im Westen 3% und im Osten 16% der Kinder einen Hort (Spiess/ Büchel u.a. 2002).

Aufgrund der unzureichenden Versorgung mit Krippenplätzen sind Eltern daher noch immer auf Familienmitglieder oder nachbarschaftliche Hilfe zur Schließung von Betreuungslücken angewiesen (Wendt/Maucher 2000). Nach Berechnungen mit dem SOEP wird rund ein Drittel der Kinder unter drei Jahren in West- und Ostdeutschland regelmäßig von Verwandten betreut (Spiess/Büchel u.a. 2002), in den meisten Fällen von den Großmüttern. Nachbarschaftliche Netzwerke werden dagegen seltener und in den Städten zumeist nur von Frauen mit höherem Bildungsgrad und sozialen Kompetenzen genutzt (Ludwig/Schlevogt 2002). Frauen, die aufgrund fehlender finanzieller Ressourcen mehr auf unentgeltliche Hilfe angewiesen wären, verlassen sich eher auf Verwandte. Langfristig wird hier jedoch ein neuer Handlungsdruck entstehen, denn die Großmütter gehen zunehmend eigenen Interessen oder einer eigenen Berufstätigkeit nach und stehen dadurch weniger als früher für die Betreuung der Enkelkinder zur Verfügung. Unterscheidet man zwischen Ganztags- und Halbtagsplätzen, so lässt sich in Deutschland tatsächlich ein positiver Effekt der Verfügbarkeit von Plätzen auf die Erwerbstätigkeit von Frauen feststellen: Die Wahrscheinlichkeit einer Teilzeiterwerbstätigkeit steigt signifikant, je höher die Versorgungsquote im Kindergartenbereich und je größer der jeweilige Anteil an Ganztagsplätzen ist. Die Wahrscheinlichkeit, vollzeiterwerbstätig zu sein, korreliert dagegen lediglich mit dem Anteil an Ganztagsplätzen (Büchel/Spiess 2002).

2.5 Das deutsche Politikregime zur Vereinbarkeit von Beruf und Familie

In der Übersicht 2.2 sind noch einmal die in diesem Kapitel diskutierten Instrumente des deutschen Vereinbarkeitsregimes zusammengefasst. Dabei habe ich die Instrumente danach geordnet, ob sie eine sequenzielle oder eine parallele Vereinbarung von Familien- und Erwerbsarbeit erlauben.

Das alte deutsche Politikregime – vor der Reform des BErzGG im Jahr 2000 – lässt sich eher dem Sequenzmodell zuordnen. Die durch die Neuregelung des BErzGG eingetretenen Änderungen, der Rechtsanspruch auf Teilzeitarbeit und die teilweise Anerkennung von Kindererziehungsphasen stärken jedoch die parallele Vereinbarung von Familien- und Erwerbsarbeit, weil sie eine kurze Unterbrechung der Erwerbstätigkeit oder eine temporäre Arbeitszeitverkürzung ermöglichen und absichern. Allerdings zielen die Regelungen auf eine individuelle und nicht eine kollektive Ausgestaltung. Die allgemeinen Arbeitszeitregelungen orientieren sich nach wie vor weitgehend am Normalarbeitsverhältnis, so dass sich Arbeitsbereiche, in denen viel Mehrarbeit anfällt, aufgrund fehlender restriktiver Arbeitszeitregelungen oder fehlender Möglichkeiten der besonderen Förderung von Eltern nach wie vor kaum für ein Leben mit Kindern eignen.

Vor allem in der sozialen Sicherung und der Kinderbetreuung sind Elemente zu finden, die vor allem das sequenzielle Modell unterstützen. Dazu gehören die Ausgestaltung des Erziehungsgeldes als Teil des Familienlastenausgleichs, die an das Haushaltseinkommen gekoppelten Ansprüche (z.B. in der Arbeitslosenhilfe) und das Ehegattensplitting, das nach wie vor negative Anreize für eine gleichwertige Erwerbsbeteiligung von Ehefrauen setzt. Besonders im Bereich der Gleichstellung fehlt es an Maßnahmen, die die Frauen als Erwerbstätige und die Rolle von Männern als Familientätige anerkennen würden. Zudem steht die dreijährige Dauer des Erziehungsurlaubs dem, wenn auch beschränkten, Budgetangebot gegenüber. Dieser Anreiz zur Verkürzung der Erwerbsunterbrechung wird jedoch kaum durch eine umfassende Kinderbetreuung für kleine Kinder ergänzt. Abgesehen von der begrenzten Anerkennung von Kindererziehungsphasen in der Renten- und der Arbeitslosenversicherung bleiben die unzureichende soziale Sicherung *während der Erziehungsphase* und der fortbestehende Mangel an Betreuungsplätzen für Kinder unter drei Jahren die größten Schwachstellen im Politikregime zur Vereinbarung von Beruf und Familie. Das deutsche Politikregime weist also Inkonsistenzen und Widersprüchlichkeiten zwischen den verschiedenen beschäftigungs-, arbeitszeit-, familien- und gleichstellungspolitischen Instrumenten auf. Somit gibt es keine kohärenten und widerspruchsfreien Anreize für *ein* bestimmtes soziales Verhalten.

Diese Uneinheitlichkeit und die Komplexität erklären sich aus einer Reihe von Faktoren: der Fragmentierung des Politikfeldes, der Betroffenheit unterschiedlicher Ressorts und Akteure, die unterschiedlichen Handlungslogiken folgen sowie der mangelnden Koordination bei der Entwicklung von Instrumenten. Vor allem aber liegen den Reformen, wie die zusammenfassende Darstellung zeigt, unterschiedliche Vorstellungen über die angemessene oder wünschenswerte Politiklösung zu Grunde. Diese impliziten Normen sollen im folgenden Kapitel untersucht und explizit gemacht werden. Dabei wird deutlich, dass der institutionellen Inkonsistenz des Politikregimes eine normative Unentschiedenheit zwischen dem Gleichheits- und dem Differenzparadigma entspricht.

Übersicht 2.2: Elemente des Sequenz- und des Parallelmodells am Beispiel des deutschen Politikregimes zur Vereinbarung von Familie und Beruf

Sequenzmodell	Parallelmodell
Freistellung	
Mutterschaftsurlaub	
Sonderurlaub für Vater bei Geburt ←→	*Vaterschaftsurlaub (SW, F, DK)*
(kindbezogener Anspruch) ←→	individueller Anspruch
(begrenzte Teilzeitmöglichkeit) ←→	Anspruch auf TZ-Elternzeit
Kein absoluter KSch	
(wenig Flexibilität) ←→	mehrfacher Wechsel; Verschiebung des dritten Jahres
Dauer von bis zu drei Jahren ←→	Anreiz zur Verkürzung (Budget)
keine besonderen Anreize für Väter ←→	Werbekampagne; *zwingende Teilung (SW, AUT)*
kurzfristiges Kinderkrankengeld ←→	*Langzeit-Kinderkrankengeld (F)*
Gleichstellung	
rudimentäre Hilfen zur Wiedereingliederung ←→	*Gleichstellung in der Privatwirtschaft (USA)*
einfache Gleichstellungsgesetzgebung ←→	Frauenförderung im öffentlichen Dienst
Arbeitszeit	
keine Begrenzung der Überstunden ←→	*Freizeitausgleich und Zuschläge für Überstunden (F)*
kollektiv verkürztes NAV ←→	*35-Stundenwoche (F)*
(Einzelvertragliche Regelung von TZA) ←→	Rechtsanspruch auf Teilzeitarbeit
Soziale Sicherung	
Erziehungsgeld als Teil des FLA ←→	*Lohnersatz während Erziehungsphase (SW; DK)*
(Familienlöhne) ←→	Steuerfreibeträge und Beihilfen für Kinderbetreuung
Ehegattensplitting ←→	*Individualbesteuerung (SW, DK)*
abgeleitete Ansprüche ←→	Begrenzte Anrechnung von Kindererziehungszeiten in AV und RV
Benachteiligung von TZA in der AV	
Kinderbetreuung	
kein umfassender Rechtsanspruch ←→	*Rechtsanspruch (SW, F)*
vorwiegend private Betreuung der Kleinkinder ←→	*öffentliches flächendeckendes Angebot (F)*
private Teilfinanzierung ←→	*staatliche Finanzierung (F)*
Dienstleistungsfunktion der KB ←→	*Dienstleistungs- und Bildungsfunktion (F, Fin)*
Halbtagsschule ←→	*Ganztagsschule (F)*

Quelle: Eigene Zusammenstellung.
Ältere deutsche Regelungen, die nicht mehr gelten, sind in Klammern, Beispiele aus anderen Ländern kursiv gesetzt. SW= Schweden; F= Frankreich; DK= Dänemark; AUT= Österreich; Fin= Finnland

3. Die konkurrierenden Paradigmen in der Vereinbarkeitspolitik

Das institutionelle Regime zur Vereinbarung von Beruf und Familie besteht aus (arbeits- und sozial-) rechtlichen Instrumenten, die gleichzeitig auch eine normative Dimension umfassen. Sie sind das Ergebnis von historischen Prozessen und dienen als Orientierung für das Verhalten der BürgerInnen und als Referenz für das Handeln der politischen Akteure gleichermaßen.[1] Um die Reformen des deutschen institutionellen Regimes bewerten zu können, sollen in diesem Kapitel die grundlegenden normativen und kausalen Grundannahmen identifiziert werden, um zu zeigen, dass sich diese abgrenzbaren Paradigmen oder Bedeutungssystemen[2] zuordnen lassen. Einleitend wird dafür zunächst das normative Dilemma der Geschlechterpolitik diskutiert und auf dieser Basis die Entwicklungsperspektiven des Vereinbarkeitsregimes aufgezeigt. Abschließend wird die Frage nach einem neuen normativen Kriterium und der Rolle staatlicher Intervention erörtert.

3.1 Das Gleichheitsdilemma

Der feministischen Wohlfahrtsstaatsforschung ist es zu verdanken, dass die Ungleichheit zwischen Frauen und Männern als zentrales Konstruktionselement der westlichen Wohlfahrtsstaaten identifiziert und untersucht wurde. Die Strukturelemente, die als ursächlich für die Produktion von Ungleichheiten gesehen werden, sind der ungleiche Zugang zur Erwerbsarbeit, auf der die umfassende soziale und

---

[1] Dabei betrachte ich Institutionen aus einer soziologischen Perspektive als Träger paradigmatischer Handlungsorientierungen und Handlungsregelmäßigkeiten (Lepsius 1995). Allerdings beziehe ich mich nur auf formale Institutionen, also Gesetze und *Policies*, die zusammengenommen ein vereinbarkeitspolitisches Regime bilden. Institutionenwandel und Politikwandel verwende ich hier als synonyme Begriffe. Für Übersichten über die verschiedenen Institutionenbegriffe vgl. Hall 1996; Campbell 1998; Immergut 1998; Sauer 2001.

[2] Zum Begriff des Paradigmas und seiner Bedeutung in der Politikanalyse s. Kapitel 4.

politische Teilhabe aufbaut, die duale Struktur der sozialen Sicherungssysteme, die aus ihrer Erwerbszentrierung resultiert und die ungleiche Teilhabe am Arbeitsmarkt in den Bereich der sozialen Sicherung hineinverlängert, sowie die Unsichtbarkeit der Pflegearbeit, die weder politisch noch ökonomisch anerkannt, sondern vielmehr als »privat« betrachtet wird.

Der kapitalistische Wohlfahrtsstaat muss daher als zweifach gespalten betrachtet werden. Neben der Spaltung entlang des Klassenkonfliktes, die in den Machtressourcen-Ansätzen der Wohlfahrtsstaatsforschung hinlänglich thematisiert und beschrieben wurde (vgl. vor allem Esping-Andersen 1990), ergibt sich die Spaltung entlang den Strukturen der Geschlechterordnung (Pateman 1989: 183). Einen günstigen Zeitpunkt zur Thematisierung und zum Abbau dieser Strukturen sah Pateman am Ende der achtziger Jahre (ebd.: 195). Seit etwa dieser Zeit wird in der feministischen Wohlfahrtstaatsforschung die Frage debattiert, auf welchem Wege Frauen zu gleichwertigen BürgerInnen werden können, zumal die Trennung zwischen öffentlicher und privater Sphäre erst seit den siebziger Jahren als politisches Problem von der Frauenbewegung thematisiert wird. Während liberale Feministinnen die Ausdehnung der (männlich geprägten) Staatsbürgerschaft auf die Frauen und die Schaffung einer geschlechterneutralen sozialen Welt fordern, fordern andere Feministinnen die Anerkennung der Besonderheiten von Frauen und die Konzeption einer differenten aber gleichwertigen Staatsbürgerschaft. Die Unvereinbarkeit dieser beiden Konzepte liegt in Patemans Sicht darin begründet, dass beiden das patriarchale Staatsbürgerschaftskonzept zu Grunde läge:

»The patriarchal understanding for citizenship means that the two demands are incompatible because it allows two alternatives only: either women become (like) men, and so full citizens; or they continue at women's work, which is of no value for citizenship.« (Pateman 1989:197).

Der Streit um das richtige Maß an Gleichheit und Differenz zieht sich als roter Faden auch durch die feministischen Debatten der politischen Theorie (vgl. dazu Rössler 1995; Lemke/Töns 1998) und hat schließlich zur Diagnose einer »gegenwärtigen Auswegslosigkeit« in der feministischen Theorie geführt.[3] Wie ist dann aber dieses Dilemma im Hinblick auf die Betreuung und Pflege von Kindern zu lösen? Gibt es einen Mittelweg zwischen der Anerkennung der Pflegearbeit als gleichwertig oder der Förderung eines Zweiverdiener-Modells, bei der die Betreuungsarbeit an Dritte delegiert wird?

Als Antwort auf diese Frage formuliert Nancy Fraser zwei Kriterien zur Beurteilung institutioneller Regimes: die ideelle und die materielle Anerkennung. Dabei sieht sie die Anerkennung differenter Lebensformen und -erwartungen als untrennbar verknüpft mit deren materieller Anerkennung in Form sozialpolitischer Um-

---

3 Aus einer Kapitelüberschrift in Nancy Frasers Buch »Die halbierte Gerechtigkeit« (Fraser 2001a).

verteilung (Fraser 2001b). Auch deutschsprachige feministische SozialwissenschaftlerInnen betonen, dass die Komponente der Umverteilung weit reichende politische Konsequenzen hat und nur sie eine bloße Anerkennung und soziale Marginalisierung verhindert, Frauenpolitik in diesem Sinne immer auch eine Umverteilung von Macht und Geld bedeute (Kontos 1998). In einem ›post-industriellen Gedankenexperiment‹ hat Fraser eine Gleichheitsdefinition entwickelt, die ideelle und materielle Aspekte gleichermaßen berücksichtigt (Fraser 1994c). Dabei differenziert Fraser den Gleichheitsbegriff anhand von fünf Dimensionen:

- die Bekämpfung der Armut (z.B. durch Grundsicherung),
- die Bekämpfung der Ausbeutung durch den Ausgleich der ökonomischen Machtverhältnisse,
- die Gleichheit des Einkommens, der Freizeit und der Achtung,
- die Bekämpfung der Marginalisierung und die Teilhabe an der Gesellschaft,
- die Bekämpfung des Androzentrismus bzw. die Männerzentriertheit der Institutionen.

Während die ersten drei Kriterien auf die gleiche materielle Anerkennung beider Sphären zielen, beschreiben die anderen drei die ideelle Anerkennung. Beide Aspekte müssen Konstruktionsprinzipien sozialpolitischer Programme sein, wenn diese, ohne auf absolute Gleichheit zu zielen, in der Lage sein sollen, (auch aber nicht nur geschlechterspezifischen) Differenzen in der Lebensführung Rechnung zu tragen. Allein das Androzentrismus-Kriterium bezieht sich explizit auf Gleichheit zwischen den Geschlechtern. Damit ist gemeint, »die männerzentrierten Institutionen und Normen dahingehend zu verändern, dass sich menschliche Wesen in ihnen wohl fühlen, die gebären können, sich oft um Verwandte und Freunde kümmern und nicht als Ausnahmen, sondern als idealtypische Partner behandelt werden sollten« (Fraser 1994c: 361). Institutionentheoretisch interpretiert bedeutet die Übertragung dieser hier formulierten Ansprüche auf Reformprozesse, dass geschlechterspezifische Wirkungen institutioneller Regelungen nicht nur zur Kenntnis genommen, sondern bei Reformüberlegungen antizipiert werden müssten.[4] Politikvorschläge müssten demnach möglichst Elemente der materiellen und ideellen Anerkennung individueller Entscheidungen enthalten.

Auf welcher analytischen Basis können nun aber Politikkonzepte aufbauen, die explizit den Einschluss von Frauen in die Erwerbsarbeit bzw. den der Männer in die Familienarbeit erleichtern? Fraser hat im Rahmen ihres post-industriellen Gedankenexperiments drei mögliche Entwicklungsperspektiven vorgestellt und im Hinblick auf die von ihr formulierten Gleichheitsbegriffe geprüft. Diese eignen sich als

---

4 Diese Vorgehensweise sieht das Instrument des *Gender Mainstreaming* vor (vgl. dazu Bothfeld/Gronbach 2002b).

normative Basis für die Beschreibung der beiden konkurrierenden Paradigmen der Vereinbarkeitspolitik, auf die die Regelungen des deutschen Regimes zurückgeführt werden können, und die im Folgenden vorgestellt werden sollen.

3.2 Die konkurrierenden Paradigmen

3.2.1 Gleiche Anerkennung von Betreuungs- und Erwerbsarbeit

Die erste Entwicklungsperspektive bietet das Modell der gleichen Anerkennung der Betreuungsarbeit und die damit verbundene Aufhebung der Benachteiligung, die sich aus der traditionellen Arbeitsteilung ergibt. Zur ideengeschichtlichen Grundlage des traditionellen Modells gehört, wie Erna Appelt (1997) gezeigt hat, dass die Konzepte des Gesellschaftsvertrages und der neuzeitlichen Staatsbürgerschaft auf der Ideologie des Familialismus beruhen, der ein hierarchisches Verhältnis zwischen den Geschlechtern begründet. In diesem Modell wird Mutterschaft als eine staatsbürgerliche Tugend konzipiert und die Rolle der Frau in der Gesellschaft auf diese Tugend reduziert. Damit wird die gleiche Anerkennung der Frauen als politische und zivilgesellschaftliche Akteurinnen und damit als Trägerinnen gleicher Rechte ausgeschlossen (Appelt 1997:122f.). Besonders in den Schriften Rousseaus würde »eine elaborierte ideologische Rechtfertigung für die Abhängigkeit und Unterordnung der Frauen, für ihren Ausschluss aus dem politischen Leben« (ebd.:123) geliefert. Für die französische Gesellschaft des 19. Jahrhunderts betont Jacques Commaille den konstitutiven Charakter der Geschlechterbeziehungen; demnach seien die politische Ordnung und die Gemeinschaft gleichermaßen durch die Emanzipation der Individuen aus dem Familienzusammenhang bedroht (Commaille 2001:132).

Die Norm des männlichen Ernährers und die Theorie der geschlechterspezifischen Spezialisierung

In dieser Tradition werden Männern und Frauen komplementäre Fähigkeiten und Rollen zugeschrieben, die teilweise biologistisch, teilweise mit ihrer jeweiligen sozialen Rolle begründet werden. Der rigide Ausschluss von Frauen aus dem politischen Leben hat zumindest in Frankreich und Deutschland das Zivilrecht nachhaltig geprägt, das im 19. Jahrhundert erstmals kodifiziert wurde. Die sich entwickelnden Systeme der sozialen Sicherung bestätigten die Teilung zwischen öffentlich und privat. Während Männer mit dem Recht auf Arbeit ausgestattet und als statistische Kategorie (Arbeiter) als Teil des Wohlfahrtsstaates sichtbar werden, werden Frauen als private und abhängige Personen »unsichtbar«. Dort, wo die eheliche Absicherung zerbrach, gerieten Frauen in die Abhängigkeit der öffentlichen und kirchlichen Fürsorge. Die Konzeption des Arbeitslohns bestätigt die Trennung zwischen öffentlicher und privater Sphäre: Der Lohn wurde nicht nur die Kompensation für die Bereitstellung der Arbeitskraft, sondern als Unterhalt für den Haushaltsvorstand und die abhängigen Familienmitglieder gezahlt. Dabei wurde ein Familien-Lohnzuschlag zunächst freiwillig durch die Arbeitgeber geleistet. Allerdings war die Zahlung eines Familienlohnes, wie Pateman zeigt, zumindest in den angelsächsischen Wohlfahrtsstaaten den männlichen Haushaltsvorständen vorbehalten. An Frauen wurden diese Zuschläge auch dann nicht gezahlt, wenn diese allein erziehend und darauf angewiesen waren (Pateman 1990: 196).

Nach dem Zweiten Weltkrieg übernahm der Wohlfahrtsstaat die Aufgabe des finanziellen Ausgleichs zwischen ArbeitnehmerInnen mit und ohne Kinder (Pateman 1989). Ziel war dabei, die Mehrkosten, die durch die Erziehung der Kinder entstehen, aufzufangen oder zumindest teilweise auszugleichen, um eine Verarmung von Familien zu vermeiden. In Deutschland entstand das Kindergeld aus diesem Konzept, während das Konstrukt des Familienlohns im Lohnsystem der Beamtenbesoldung und im öffentlichen Dienst teilweise erhalten blieb. Allerdings sicherte der Arbeitslohn erst zusammen mit der unbezahlten Hausarbeit die Reproduktion der aktuellen und zukünftigen Arbeitskraft. Die eigenständige Erwerbsarbeit von Frauen wurde daher nicht nur als unnötige Konkurrenz, sondern auch als schädlich für den häuslichen Zusammenhalt betrachtet, so dass die Beschäftigung von verheirateten Frauen in Großbritannien, teilweise auch in Deutschland bis ins 20. Jahrhundert hinein gesetzlich verboten war (Pateman 1989: 189). Trotz dieser Widrigkeiten haben auch Ehefrauen immer aus ökonomischer Notwendigkeit gearbeitet, auch wenn dies nicht zur Zuerkennung voller BürgerInnenrechte führte.

Risikoabsicherung und abgeleitete Ansprüche in der sozialen Sicherung

Auch in den frühen sozialpolitischen Debatten wurde die Frage nach einer eigenständigen sozialen Sicherung von Frauen nicht thematisiert: Auch Beveridge befand, dass der Haushalt mit einem erwerbstätigen Mann, einer Hausfrau und Kindern die ideale Einheit sei, und deswegen die Arbeitslosigkeit der *Männer* als vordringliches Problem gelten müsse (ebd.). In Deutschland war die Nachrangigkeit der Erwerbstätigkeit und der eigenständigen sozialen Sicherung von Frauen sozialrechtlich geregelt. So wurde Frauen bei der Heirat in der Gesetzlichen Rentenversicherung eine opting-out-Möglichkeit angeboten, nach der die bislang eingezahlte Sozialversicherungsbeiträge zurückerstattet werden konnten. Der Gedanke war, dass die rückerstatteten Beiträge bei der Gründung eines ehelichen Haushaltes dienen konnten und angesichts der lebenslang angestrebten Versorgung die soziale Sicherung über den erwerbstätigen Ehemann erfolgen würde. In Deutschland war diese Regelung bis 1968 in Kraft (Kohleiss 1988).[5] Auch die Leistungsbemessung in der Arbeitslosenversicherung und die Bedarfsprüfung in der Arbeitslosenhilfe[6] sowie die Familienversicherung in der Gesetzlichen Krankenversicherung[7] entsprechen dem Grundprinzip der abgeleiteten sozialen Sicherung (vgl. dazu grundsätzlich Gerhard 1988). Die Leitvorstellung für die Entwicklung der sozialen Sicherung bestand also in der Absicherung der Erwerbsfähigkeit des Haushaltsvorstandes gegen die Risiken der Arbeitslosigkeit, der Krankheit, des Alters und der Invalidität. Die geschlechterspezifische Spezialisierung und Arbeitsteilung und die Privatisierung von Versorgungsarbeit entspricht somit der impliziten Theorie der sozialen und der politischen Organisation des traditionellen Grundmodells. Das »Theorem des männlichen Ernährers« (Lewis 1992) ist im traditionellen Modell nicht nur die normative, sondern auch die kausal-kognitive Referenz für die Sicht auf die Organisation der Gesellschaft und ihrer Teilbereiche.

Die materielle Anerkennung der Betreuungsarbeit wird in Deutschland über den Familienlastenausgleich mit Kindergeld und Ehegattensplitting, das Erziehungsgeld und die Anrechnung von Kindererziehungszeiten in der Sozialversicherung geregelt, die unabhängig von Erwerbsstatus und Einkommenssituation gewährt werden. Das dominierende Argument ist dabei der Ausgleich von finanziellen Belastungen, die durch das Aufziehen von Kindern entstehen. Das Argument der Armutsvermeidung tauchte zwar zuweilen im politischen Diskurs auf, es war bis zum Regierungswechsel zur rot-grünen Regierung 1998 aber kein handlungsleitendes Prinzip, denn es scheiterten mehrere Versuche, Familienleistungen von der Höhe des Einkommens abhängig zu machen und damit den horizontalen Ausgleich (zwischen Familien mit und ohne Kindern) zugunsten des vertikalen Ausgleichs (zwischen wohlhabenden und weniger wohlhabenden Familien) einzuschränken. Zuletzt hat in Deutschland das Bundesverfassungsgericht die Entlastungen von Familien mit Kindern unabhängig von deren Einkommen mit dem Existenzminimum der Kinder begründet, dessen Steuerfreiheit jeder Familie unabhängig von ihrem Einkommen zustehe (vgl. Wissenschaftlicher Beirat für Familienfragen 2002). Das Steuersplitting

---

5 Die Möglichkeit, sich im Falle einer Heirat mindestens die Hälfte der Beiträge erstatten zu lassen, galt zwischen 1957 und 1968. In dieser Zeit machten zwei Drittel bis drei Viertel von dieser Regelung Gebrauch (Kohleiss 1988: 128). In Großbritannien bestand diese Möglichkeit bis zur Reform 1975; bis dahin nahmen drei Viertel der verheirateten Frauen diese Möglichkeit in Anspruch (Pateman 1989: 194).

6 In der deutschen Arbeitslosenversicherung richtet sich die Höhe der Lohnersatzleistung nicht nur nach der Höhe der zuvor gezahlten Beiträge, sondern auch nach dem Vorhandensein von Kindern. Die Lohnersatzquote beim Arbeitslosengeld betrug 2004 60% für Personen ohne und 67% für Personen mit mindestens einem unterhaltspflichtigen Kind.

7 Rund ein Viertel aller Frauen in Deutschland ist als Familienangehörige in der Gesetzlichen Krankenversicherung mitversichert (Bundesregierung 2002).

für Ehepartner, das in der EU nur in Deutschland und Frankreich existiert, rührt aus der gleichen Logik, und ist daher in der Reformdiskussion ein permanenter Gegenstand politischer Kontroversen. Debatten über die Veränderung der Grundstruktur der sozialen Sicherungssysteme fokussieren bisher die Möglichkeit der (Teil-)Privatisierung und damit die Stärkung des Versicherungsprinzips und des Prinzips der Leistungsgerechtigkeit anstelle seiner Öffnung in Richtung einer Grundsicherung.

Die Familie als »Keimzelle« der Gesellschaft

Der traditionellen Familie, also der Zweigenerationen-Familie der bürgerlichen Gesellschaft, die in Deutschland wie in Frankreich seit dem 19. Jahrhundert vor allem eine Erscheinung des Bürgertums gewesen ist, kommt im Modell der gleichen Anerkennung der Betreuungsarbeit ein zentraler Stellenwert zu. Die Basiselemente der Familie sind dabei die emotionale Bindung zwischen den Ehegatten und die Hausfrauenehe.[8] Auch wenn die unteren sozialen Schichten zunächst keine Chance hatten, diese idealtypische Lebensform zu realisieren, wurde sie dennoch zu einem quasi-universellen Leitbild in den Industriegesellschaften (Kaufmann 1995:21). Erst mit der Verbesserung der materiellen Situation der breiten Bevölkerungsschichten nach dem Zweiten Weltkrieg setzte sich die bürgerliche Kleinfamilie als dominierende Lebensform durch und ist es bis heute.

Ursprünglich diente die Familienpolitik natalistischen Zielen und dem Erhalt der Wehrfähigkeit der Bevölkerung, weshalb die politische Debatte über die Einführung eines Mutterschutzgesetzes zunächst mit der hohen Säuglingssterblichkeit begründet wurde (Jenson 1989). Wie oben schon angedeutet, galt die bürgerliche Kleinfamilie als »Keimzelle« der Gesellschaft und wurde zu einem allgemeinen Gut erhoben. Auch in der Bundesrepublik Deutschland wurde die Familie unter den besonderen Schutz des Staates gestellt, allerdings unter Anwendung des Subsidiaritätsprinzips (Berghahn 1999). Danach ist der Staat für den Unterhalt von bedürftigen Personen erst dann verpflichtet, wenn der Bedarf nicht aus dem Einkommen der nächsten Angehörigen (Eltern minderjähriger Kinder, Ehegatten, LebenspartnerIn) gedeckt werden kann. Dabei werden die beiden Partner oder Ehegatten prinzipiell als gleichrangig betrachtet (Wurzbacher 1952) und die Familie seit den fünfziger Jahren als eine ›Gefährtenfamilie‹ (Mayntz 1955) betrachtet. Allerdings ergibt sich die Gleichrangigkeit, wie die Regelung der häuslichen Arbeitsteilung im Bürgerlichen Gesetzbuch gezeigt hat (vgl. Kapitel 2) dabei aus der Erfüllung *komplementärer*

---

[8] Als klassische Merkmale der traditionellen Familie benennt Rerrich die relative Abschottung der Privatsphäre, die Emotionalisierung und Intimisierung der Familienbeziehungen, die Kindzentriertheit, Betonung der Mutterrolle und die bewusste und gezielte Erziehung der Kinder (Rerrich 1990: 62).

Aufgaben, so dass der grundlegende Gleichheitsbegriff eher der Gleichheit entspricht, die sich aus der gleichen Anerkennung der Betreuungsarbeit ergibt.

In Deutschland veränderten sich die familiären Beziehungen auch gerade unter dem Aspekt der zunehmenden Erwerbstätigkeit von Frauen seit den sechziger Jahren. Von einem »Zerfall« der Familie war die Rede, der die Auflösung der Primärbeziehungen betreibe, Folgeschäden für die Erziehung der nachwachsenden Generation verursache und die Gesellschaft an und für sich bedrohe.[9] Der Zerfall der Familie wurde dabei als unabdingbare Folge der »egoistischen« Individualisierung der einzelnen Familienmitglieder angenommen. Allerdings stellen FamilienforscherInnen weniger einen Zerfall, als einen Bedeutungswandel der Familie von der Versorgungsinstitution zu einer sozialen Gruppe fest (Singly 1994; Kaufmann 1995; Nave-Herz 1998). Die frühere Bundesfamilienministerin Ursula Lehr beschreibt unter Bezugnahme auf wissenschaftliche Ergebnisse diesen Wandel als eine »Verstärkung der qualitativen Beziehungen bei gleichzeitiger Minderung quantitativer Beziehungen zwischen Eltern und Kindern« (Lehr 1986: 103). Das Zerfalls-Theorem ist mit der Kindeswohl-Norm und bindungstheoretischen Annahmen verwandt.[10] Das Kindeswohl steht von Beginn der Entwicklung der bürgerlichen Kleinfamilie im Zentrum der Argumentation. Noch heute ist es Bezugspunkt für die Rechtfertigung staatlicher Eingriffe, z.B. als Beurteilungskriterium in Rechtsstreiten um das Sorgerecht von Scheidungskindern (s. auch Limbach 1988). Als maßgebliche Quelle für die Beurteilung des Kindeswohls erweist sich in der historischen Perspektive die Pädiatrie, später aber auch die Psychologie und Pädagogik. Zu den wissenschaftlichen Fundierungen gehört auch die Bindungstheorie, nach deren Alltagsversion die Ansicht vertreten wird, dass der Herzton der Mutter zu den ersten Wahrnehmungen des Kindes gehöre, so dass das physische und psychische Wohlbefinden auch später von der physischen Präsenz der Mutter abhängen würde. Diese vermeintlich wissenschaftlichen Erkenntnisse beeinflussten zuweilen sogar das Verhalten der Mütter entgegen ihrer Intuition (vgl. dazu ausführlich Schütze 1986:1988).[11] Noch in den achtziger Jahren muss die Kindeswohl-Norm zur Rechtfertigung der

---

9 Vgl. auch die Diskussion um die ›Schlüsselkinder‹ und die angeblich steigenden Kriminalitätsraten unter den Jugendlichen au8s den sechziger Jahren (Kolbe 1999).
10 Vor allem US-amerikanische PsychologInnen haben an der Formulierung der These der »*maternal deprivation*« mitgewirkt (am bekanntesten ist wohl die Arbeit von John Bolby (1955) geworden).
11 Im deutschen Bürgertum des ausgehenden 19. Jahrhunderts war die Mutter die Garantin für das Wohlergehen des Kindes. Dabei schrieben pädiatrische und pädagogische Anleitungen Verhaltensweisen vor, die der Intuition der Mütter widersprachen. Z.B. war im Bürgertum des 19. Jahrhundert die Ansicht verbreitet, Jungen müssten zur Abhärtung kurze Hosen tragen, unabhängig von den klimatischen Bedingungen. Diesem später als falsch erwiesenen Ratschlag folgten nur die (pädiatrisch gebildeten) bürgerlichen Frauen, während die Arbeiterinnen diese Behandlung eher skeptisch betrachteten (Schütze 1986).

Forderung nach der Omnipräsenz der Mutter im konservativen familienpolitischen Diskurs in der Bundesrepublik dienen (vgl. dazu Geißler 1986). Eine Relativierung der Bedeutung der Mutter als Bezugsperson wird in Deutschland erst in den siebziger Jahren unter dem Einfluss neuerer pädagogischer Ansätze von einer Reihe feministischer, erziehungswissenschaftlicher und anderer gesellschaftlicher Akteure betrieben. Diese neuen Erkenntnisse fließen auch in den 2. Bericht des wissenschaftlichen Beirates des Familienministeriums ein (vgl. dazu Kapitel 10). Gleichzeitig setzt sich die Ansicht durch, dass auch der Vater für die Erziehung der kleinen Kinder eine der Mutter vergleichbare Bedeutung haben kann,[12] eine Sichtweise, die teilweise auch in der politischen Öffentlichkeit übernommen wird (Lehr 1986; Süssmuth 1986). Allerdings lässt sich eine gewisse Persistenz des »Kindeswohl-Theorems« in deutschen Meinungsumfragen ablesen, wo von einer Mehrheit der Bevölkerung die Abwesenheit der Mutter als schädlich für das Kind betrachtet wird.[13] Doch nicht nur der familiäre Kontext, sondern auch institutionelle Kinderbetreuungseinrichtungen haben mit der Verbreitung entwicklungspsychologischer und erziehungswissenschaftlicher Erkenntnisse in Deutschland in den neunziger Jahren eine Aufwertung erfahren. Heute geht man von einer ›zweifachen Sozialisation‹ der Kinder durch die Familie einerseits und die Betreuungseinrichtung andererseits aus (Wissenschaftlicher Beirat, 1999:160ff.).

Das traditionelle Modell der geschlechterspezifischen Arbeitsteilung bildet also die Ausgangssituation und das hegemoniale Paradigma für die meisten westlichen Wohlfahrtsstaaten bis in die sechziger Jahre. Durch die Einführung von Erziehungsurlaubsregelungen und eine verbesserte sozialrechtliche Absicherung von Kindererziehungsphasen wird seither versucht, die Betreuungsarbeit aufzuwerten. Das Leitbild der »Wahlfreiheit«, nachdem Frauen die Entscheidung für den Rückzug vom Arbeitsmarkt durch teilweise Kompensationsleistungen leichter gemacht werden soll, ist Ausdruck dieser Perspektive. Die Einführung eines Elterngeldes versteht sich als Maßnahme, die die gleiche Anerkennung der Betreuungsarbeit befördern soll. Eine vollständige Gleichheit beider Lebensbereiche, der Erwerbsarbeit und der Familienarbeit, kann durch diese Art Reform, die die traditionelle Arbeits-

---

12 Die sozialpsychologische Bedeutung der Väter wird schon in den sechziger Jahren durch das Buch von Alexander Mitscherlich über die vaterlose Gesellschaft thematisiert (Mitscherlich 1963). Analog zum Konzept der »*maternal deprivation*« entwickelt sich in den siebziger Jahren das Konzept der »*paternal deprivation*«. Die Beschreibung der Folgen der ›Vaterabwesenheit‹ vor allem für Jungen (das Fehlen von Vorbildern, steigende Jugendkriminalität) wurde jedoch nur auf so genannte ›unvollständige Familien‹ bezogen (vgl. dazu Kolbe 2000: 250).

13 Noch 1996 befanden 85% aller Männer und 77% aller Frauen in Westdeutschland sowie 60% aller Männer und 50% aller Frauen in Ostdeutschland, dass die Erwerbstätigkeit von Müttern schlecht für das Kind sei. Die Westdeutschen lagen damit deutlich über dem Durchschnitt der EU-15 (57% bzw. 50%) (Rückert/Schulze-Buschoff 1998 : 53).

teilung bestätigt, jedoch nicht erreicht werden, weil der Androzentrismus in diesem Modell nicht hinterfragt und lediglich spezifische Rollen für Männer und Frauen ausgebaut werden. Zudem ergibt sich ab Beginn der achtziger Jahre mit der anhaltend hohen Arbeitslosigkeit auch ein Zielkonflikt mit beschäftigungspolitischen Zielen. Im politischen Diskurs wird von den Frauenpolitikerinnen der SPD und der Grünen sowie von feministischen Wissenschaftlerinnen der Vorwurf erhoben, der Erziehungsurlaub solle zum Ausstieg der Frauen führen und den Arbeitsmarkt entlasten. Die Intention der Ausgliederung von Frauen aus dem Arbeitsmarkt konterkariere somit das Gebot der Chancengleichheit und die Verpflichtung zu deren Förderung. Diese Debatte wird auch in Frankreich seit der Ausweitung der Erziehungsgeldregelung auf das zweite Kind geführt (Fagnani 2000; Letablier 2002; vgl. auch die Übersicht in Bothfeld 2004).[14]

Eine Geschlechtergleichheit, die der anspruchsvollen Definition von Fraser entsprechen würde, wird in diesem Modell nicht erreicht. Zwar werden die Personen, die die Betreuungsarbeit leisten, zumindest materiell entschädigt und somit vor Armut und Ausbeutung geschützt und auch wird die Gleichheit in der Freizeit gewährleistet. Das Kriterium der gleichen Anerkennung wird jedoch nicht erfüllt, weil es nicht hilft, Frauen aus marginalisierten sozialen Positionen herauszubringen. Die Identifikation von Frauen als Mütter bleibt vorherrschend und Frauen gelangen kaum mehr in politische oder professionelle Statuspositionen als nach dem Modell der gleichen Anerkennung von Erwerbs- und Familienarbeit. So wird der Androzentrismus mit diesem Modell nicht überwunden, weil die geschlechterspezifische Arbeitsteilung und Rollenzuweisung unhinterfragt bleibt. Die Ungleichheit der Geschlechter ist in die Geschichte dieses Modells sozusagen »eingewebt«.

Der in den sechziger und siebziger Jahren gestiegene Anspruch der jungen Frauen auf eine Teilhabe an Erwerbstätigkeit und -einkommen ließ den Ausschluss der Frauen von der Erwerbstätigkeit in zunehmendem Maße illegitim erscheinen (Commaille 2001:133). Im Folgenden soll daher geprüft werden, inwiefern das Modell der allgemeinen Erwerbstätigkeit den Gleichheitsanforderungen besser genügt, als das Modell der gleichen Anerkennung der Betreuungsarbeit.

3.2.2 Das Modell der allgemeinen Erwerbstätigkeit

Die zentrale normative Idee beim Modell der allgemeinen Erwerbstätigkeit ist, dass jede Bürgerin und jeder Bürger ihr Einkommen individuell durch Erwerbsarbeit er-

---

14 Dass besondere Arbeitsschutzgesetze als Barriere gegen die Erwerbstätigkeit von Frauen wirken, hat Teresa Kulawik (1999) im Vergleich zwischen Schweden und Deutschland zeigen können.

arbeiten soll und die Einkommen so bemessen sein sollte, dass eine Person ihren Lebensunterhalt damit sichern kann. Die Geschlechtergleichheit ergibt sich damit aus der gleichen Teilhabe der BürgerInnen an der Erwerbstätigkeit. Die individuelle soziale Absicherung basiert ideengeschichtlich auf dem politischen Liberalismus, nachdem alle BürgerInnen zunächst gleich behandelt werden sollen und ihnen gleiches abverlangt wird. Der grundlegende Gleichheitsbegriff ist der der Chancengleichheit (Schmid 1994), der die normative Grundlage in den angelsächsischen Wohlfahrtsstaaten bildet (Esping-Andersen 1990).

Die eigenständige Erwerbstätigkeit von Frauen und Männern

Mit dem Modell der allgemeinen Erwerbstätigkeit ist die Gleichheit der Geschlechter als zentrales Element verknüpft. Die Erwerbstätigkeit von Frauen gilt als selbstverständlich, wobei die unterschiedlichen sozialen und biologischen Ausgangspositionen zunächst nicht berücksichtigt werden. Die sich daraus ergebenen Ungleichheiten werden – allerdings nur selektiv – durch politische Eingriffe korrigiert, denn eine systematische Ungleichbehandlung durch Quotenregelungen oder spezielle Förderprogramme gelten nicht als legitim.[15] Ein gutes Beispiel hierfür ist der Streit um die Einführung von Mutterschutzregelungen in den USA in den siebziger Jahren, der 1978 durch die Einführung eines Bundesgesetzes, dem *Pregnancy Discrimination Act* beendet wurde. Der Auslöser für den Streit um die Mutterschutzregelungen war eine Gleichbehandlungsrichtlinie der *Equal Employment Opportunity Commission*, die eine Gleichbehandlung von Frauen vorschrieb, sofern auf der betrieblichen Ebene ein Programm zur Freistellung von vorübergehend berufsunfähigen ArbeitnehmerInnen existierte. Erst durch die Klage von Müttern auf Gleichbehandlung mit den berufsunfähigen ArbeitnehmerInnen, kam es zu einer flächendeckenden Einführung von Freistellungsregelungen, die den Frauen nach einer Mutterschutzfrist die Rückkehr ermöglichen. Später wurde dann ein genereller Rechtsanspruch institutionalisiert (Kelly/Dobbin 1999).

Die Gleichheit bleibt in dieser Perspektive auf die rechtliche Gleichstellung beschränkt, die Erwerbstätigkeit von Frauen ist daher kein gleichstellungspolitisches, sondern ein (wirtschafts- und sozial-) politisches Ziel. Spätestens mit der »Entdeckung« der Sicherungslücke in der Rentenversicherung (vgl. dazu die Studie von Nullmeier/Rüb 1993) ist die demographische Entwicklung auch in Deutschland zu einem ökonomischen Faktor geworden, der in sozialpolitischen Debatten auch ex-

---

15 Dies zeigt sich in Frankreich besonders deutlich am Streit um die Einführung des Paritätsgesetzes im Frühjahr 2000, nachdem Wahllisten paritätisch mit Frauen und Männern besetzt werden müssen. Die Institutionalisierung der Parität wurde auch von vielen Feministinnen als die Aufgabe des Gleichheitsprinzips interpretiert (für einen Überblick vgl. Wedl 2000).

plizit genannt wird. Im Rahmen der Überlegungen zur Beeinflussung der demographischen Entwicklung wird auch der Zusammenhang zwischen der Geburtenrate und der Erwerbstätigkeit von Frauen thematisiert. Dabei haben frühere Ansichten, etwa, dass hohe Erwerbsquoten mit niedrigen Geburtenraten korrelieren würden, den Diskurs über die Vereinbarkeit von Beruf und Familie nachhaltig geprägt. Zumindest in der wissenschaftlichen Debatte ist in Deutschland inzwischen die Position anerkannt, dass vielmehr die Geburtenrate und die Erwerbstätigkeit von Frauen in einem positiven Zusammenhang stehen (vgl. dazu Kohler 2000; Apps/Rees 2001; Sell 2002). Im europäischen beschäftigungspolitischen Diskurs setzt sich ebenfalls die Ansicht durch, dass besonders hoch qualifizierte Frauen gegen monetäre Anreize (Kindergeld, Erziehungsgeld) resistent sind (für empirische Erkenntnisse im deutschen Beschäftigungssystem s. Engelbrech 2002) und dass vielmehr die Schaffung von Rahmenbedingungen, die eine parallele Vereinbarkeit ermöglichen, einen positiven Effekt auf die Geburtenentwicklung haben könnte. Schließlich sind es in Deutschland vor allem die gut qualifizierten und verdienenden Frauen, für die allein das Angebot von qualitativ guter Kinderbetreuung einen positiven Einfluss hätte. So wird die Herstellung und Verbesserung des Zugangs zu bezahlter Beschäftigung geradezu zu einem ökonomischen Gebot der sozialpolitischen Strategie. Es kommt somit nicht nur auf die Bereitstellung von Plätzen, sondern auch auf die qualitative Verbesserung der Betreuung und Erziehung an (Engelbrech 2002; Sell 2002).

Die Leistungsgerechtigkeit als Leitprinzip in der sozialen Sicherung

Die Orientierung an der individuellen Erwerbsleistung geht einher mit der Betonung von zwei Grundprinzipien in der sozialen Sicherung, der Individualisierung und der Erwerbszentrierung. Individualisierte Sozialversicherungssysteme, in denen es keine oder kaum abgeleitete Rechtsansprüche und andersherum keine haushaltsbezogenen Bedarfsprüfungen gibt (wie etwa bei der Gewährung von Arbeitslosenhilfe oder Erziehungsgeld in Deutschland) sind in den skandinavischen Ländern und in Großbritannien zu finden. In den USA und in Großbritannien verhindert die strikte Erwerbszentrierung in der sozialen Sicherung die Entwicklung einer redistributiven Komponente der Grundsicherung. Umverteilungsziele besitzen in den angelsächsischen Ländern wenig Legitimität und auch ist das Zutrauen in die Steuerungsfähigkeit des Staates in diesem Bereich eher gering.

In der sozialdemokratischen Version werden die Versicherungsleistungen durch ein Grundsicherungssystem ergänzt, das auf der Basis von sozialen Bürgerrechten ausgestaltet ist. Der Anspruch auf Grundsicherung ist an die Staatsbürgerschaft geknüpft und als soziales Grundrecht konzipiert (Braun/Giraud 2004). Die Grundsicherung kann dann in Anspruch genommen werden, wenn die BürgerInnen durch

Krankheit oder Alter erwerbsunfähig sind. In Frankreich ist der Zugang zu sozialpolitischen Leistungen dagegen in der Regel mit dem Vorhandensein von betreuungsbedürftigen Kindern verknüpft. Durch die Garantie eines sozio-kulturellen Existenzminimums leisten die skandinavischen Sicherungssysteme einen Betrag zur Bekämpfung von Armut und entfalten damit auch redistributive Wirkungen.[16] In den angelsächsischen Systemen ist dagegen der Anreiz zur Aufnahme einer Erwerbsarbeit sehr hoch und wird kein zuverlässiger Schutz gegen Armut geboten (Hauser/Nolan u.a. 2000).

Die Rolle der Familie im Modell der allgemeinen Erwerbstätigkeit

Im Rahmen des Modells der allgemeinen Erwerbstätigkeit dient die Familie vor allem der Sicherung von physischer und sozialer Reproduktion. Die Kinderbetreuung muss daher über den Staat oder den Markt gelöst werden. In den skandinavischen Ländern und Frankreich stehen umfangreiche öffentliche Betreuungsangebote zur Verfügung, wobei mit der staatlichen Kinderbetreuung gleichzeitig ein Bildungsauftrag verknüpft ist (zur Unterscheidung von Dienstleistungs- und Betreuungsfunktion s. Joos 2002b). In Frankreich sollten die Kinder ursprünglich durch die Erziehung in den *écoles maternelles* dem zumeist konservativen Einfluss ihrer Mütter entzogen und ihnen republikanische Werte vermittelt werden. Hauptziel der Entwicklung dieser Vorschulen war die Eindämmung des (reaktionären) Einflusses der katholischen Kirche (Schultheis 1988; Veil 2002). In den angelsächsischen Ländern verblieb die Verantwortung für die Kinder dagegen zunächst bei den Müttern. Öffentliche Unterstützung bestand lediglich in der sozialhygienischen Versorgung (Milchversorgung und die hauswirtschaftliche Schulung von Müttern), so dass die Frauen zur Aufgabe ihrer Erwerbstätigkeit gezwungen waren (Jenson 1986). Erst seit den sechziger Jahren stellt sich das Vereinbarkeitsproblem wieder verstärkt und da kaum öffentliche Betreuungseinrichtungen zur Verfügung stehen, sind US-amerikanische und britische Eltern auf marktförmige Lösungen angewiesen. Das Problem fehlender umfassender oder qualitativ hinreichender Betreuung führt bei hoher Erwerbsbeteiligung zu einer Doppelbelastung der Frauen, die jedoch kaum thematisiert wird. In den USA verweisen SozialwissenschaftlerInnen auf

---

16 In den USA dagegen verhindert auch das individualisierte Sicherungssystem soziale Differenzierung nicht. Vielmehr sind sozialpolitische Leistungen nach einem zweistufigen gegliedert, in dem ein Teil auf versicherungsrechtlichen Ansprüchen beruht und ein anderer Teil der Logik der Sozialhilfe folgt (Fraser 1994b: 229). Die Hilfen zum Lebensunterhalt wirken dabei stigmatisierend. Sozialhilfeabhängigkeit wird schließlich als Ursache des Missstandes betrachtet, der Leistungsbezug selbst wird zum Problem. Diese Betrachtungsweise findet Ausdruck im »Armutsfallen-Theorem«. Diese Argumentation ist auch in Deutschland in der jüngsten Debatte um die Zusammenlegung der Arbeitslosenhilfe und der Sozialhilfe zu beobachten.

die hohe Belastung, die aus dem Versuch der Vereinbarung von vollzeitiger Erwerbstätigkeit und Familienarbeit herrührt (Hochschild/Machung 1989; Hochschild 2000; Applebaum 2000b). In Frankreich wird erst seit Mitte der neunziger Jahre die Vereinbarkeit von Beruf und Familie und die geschlechterspezifische Arbeitsteilung als politisches Problem und wissenschaftlicher Gegenstand entdeckt.[17]

Bei der Übertragung der Betreuungs- und Pflegeaufgaben auf kollektive Einrichtungen ergeben sich wiederum zwei Probleme: die Kontrolle der Qualität der Leistungen und die Verstärkung der Arbeitsmarktsegregation im Beschäftigungssystem. Die qualitative Verbesserung der Kinderbetreuung allein würde zu einer höheren Akzeptanz der Einrichtungen führen. Flächendeckend ist ein hohes Qualitätsniveau vermutlich nur über die Bereitstellung öffentlicher Dienstleistungen zu erreichen bzw. über eine öffentlich kontrollierte Zertifizierung der Einrichtungen (vgl. Kapitel 2). Der Vorschlag der Einführung von Betreuungsgutscheinen zielt genau auf diesen Aspekt, weil die Eltern selbst die Möglichkeiten hätten, »mit den Füßen abzustimmen« und die Einrichtungen nach ihrer persönlichen Beurteilung auszusuchen (vgl. dazu Kreyenfeld/Spiess u.a. 2001). Ob jedoch alle Eltern gleichermaßen über die Zeit und die Kompetenzen verfügen, um die Qualität der Betreuung zu bewerten, ist unsicher (Joos 2002a). Eine Verstärkung der Segregation im Arbeitsmarkt ist beim massiven Ausbau der Betreuungseinrichtungen vermutlich nicht zu verhindern, weil im Sozial- und Pflegebereich überwiegend Frauen beschäftigt sind. Zudem haben die – zumindest in Deutschland – überwiegend kommunalen Arbeitgeber keinen finanziellen Spielraum zur Verbesserung der Qualität und damit der Bezahlung der Arbeit in diesem Bereich. Allein die Verbesserung der Ausbildungsvoraussetzungen würde jedoch Karriereoptionen auch in diesem Bereich eröffnen, so dass auch diese Arbeitsmarktsegmente attraktive Beschäftigungsmöglichkeiten bieten würden.

Das Modell der allgemeinen Erwerbstätigkeit leistet einen Beitrag zur Verhinderung von Armut und Ausbeutung. Durch die starke Erwerbszentrierung würden jedoch keine Strukturen zur Anerkennung der Betreuungsarbeit, weder für Frauen noch für Männer geschaffen. Frauen, die im Betreuungs- und Pflegebereich arbeiten, blieben marginalisiert und die Einkommensunterschiede zwischen Frauen und Männern würden sich aufgrund der verstärkten Segregation und fehlender Anerkennung des Wertes der Betreuungsarbeit weiter verschärfen. Erst recht würden diejenigen Personen, die keinen Zugang zur Erwerbstätigkeit finden, unter Armut zu leiden haben, sofern keine komplementären Grundsicherungssysteme dies verhindern. Insgesamt würde durch die Realisierung des Modells der allgemeinen Er-

---

17 Der Arbeitskreis *Marché du Travail et Genre*, der 1995 unter Leitung der Soziologin Margaret Maruani gegründet wurde, behandelte die Rolle der Männer erstmals 1999 im Rahmen seiner Jahrestagung (*Mage – Marché du Travail et Genre* 1999). Für die politische Debatte vgl. Méda 2001.

werbstätigkeit die soziale Männerrolle zum Maßstab für soziale Teilhabe erhoben. Der Anpassungsdruck läge bei denjenigen Personen, die damit verbundene Anforderungen nicht erfüllen können: alternativen Lebensentwürfen wird somit keine Rechnung getragen.

Allerdings wäre zu fragen, inwiefern durch staatliche Intervention regulierend in das Verhältnis zwischen allgemeiner und vollzeitiger Erwerbsarbeit und sozialer Sicherung und Organisation der Betreuungsarbeit eingegriffen wird. Unter der Prämisse der Verstärkung der Erwerbszentrierung in der sozialen Sicherung und der marktförmigen Organisation der Betreuung und Pflege, sozusagen dem Rückbau des Staates, ist eine soziale Grundsicherung oder der Ausbau öffentlicher Infrastruktur kaum zu erwarten.

3.3 Entwickelt sich ein neues Paradigma?

Das deutsche Politikregime, so wird deutlich, befindet sich an der Schnittstelle zwischen den beiden hier dargestellten Regimes, weil einerseits die Betreuungsarbeit teilweise als gleichwertig anerkannt wird, andererseits aber Wege zur gleichzeitigen Erwerbstätigkeit beider Eltern eröffnet wurden. Die Inkonsistenz des bestehenden Regimes ist wohl nicht nur darauf zurückzuführen, dass über die »Richtigkeit« des sequenziellen oder des parallelen Vereinbarkeitsmodells keine Einigkeit (mehr) besteht, sondern auch auf die Tatsache, dass es möglicherweise keine »neuen« dominierenden Normen und keine Theorien über einen »dritten Weg« in der Politik zur Vereinbarkeit von Beruf und Familie gibt.

Nancy Fraser schlägt als Alternative das Integrationsmodell vor, das allerdings einen umfassenden sozialpolitischen Wandel vor allem im Bereich der sozialen Sicherung und der Pflege- und Betreuungsarbeit verlangen würde (Fraser 1994c). Die dann mögliche Parallelität allein würde Frauen und Männer vom Zwang entlasten, zwischen Erwerbstätigkeit oder Familienarbeit zu wählen, und damit die materiellen und die ideelle Anerkennung und die Überwindung des Androzentrismus' gewährleisten. Allerdings gibt es für dieses normative Modell bisher kein empirisches Beispiel. Dennoch beschäftigt sich die sozial- und rechtswissenschaftliche Forschung in vielen Bereichen bereits mit den Defiziten der bestehenden Regelungen und entwickelt neue Konzepte, die Teil des sich vielleicht mittelfristig herausbildenden Paradigma sein könnten. Die einzelnen normativen und kognitiven Elemente sind in der Übersicht 3.1 im Vergleich mit den beiden anderen Modellen dargestellt.

3.3.1 Gleicher Zugang zu bezahlter Beschäftigung

Zunächst wird im Integrationsmodell, wie auch in dem Modell der allgemeinen Erwerbstätigkeit vorausgesetzt, dass alle BürgerInnen Zugang zu bezahlter Beschäftigung erhalten. In Zeiten hoher Arbeitslosigkeit ist dies jedoch ein kaum zu verwirklichendes Ziel. Gleichzeitig muss sichergestellt werden, dass eine – wenn auch zeitweise – Entscheidung für eine Familienphase nicht zu einem Verlust an Einkommen, sozialer Sicherung und beruflichen Chancen führt. Alle Maßnahmen, die eine abgesicherte Erwerbsunterbrechung oder Arbeitszeitreduzierung ermöglichen, sind diesem Ziel dienlich. Die hieraus folgende Diversifizierung der Erwerbsformen, die durch kollektive Arbeitszeitverkürzungen, die Verallgemeinerung von Teilzeitarbeit oder durch Freistellungsregelungen erreichbar wäre, würde das vollzeitige und kontinuierliche »Normalarbeitsverhältnisses« als Maßstab unterminieren. Im Rahmen des Konzeptes der Übergangsarbeitsmärkte wird z.B. eine Absenkung der durchschnittlichen Wochenarbeitszeit über das gesamte Erwerbsleben auf 30 Stunden vorgeschlagen, an die das Niveau der sozialen Sicherung angepasst werden müsste (Schmid 1998).

In der Arbeitsmarktforschung wird die Ungleichverteilung von Erwerbsarbeit und Familienarbeit und die Entstehung sozialer Sicherungslücken seit einiger Zeit thematisiert, und es wird überlegt, wie Brüche in den Erwerbskarrieren abgesichert bzw. beschäftigungspolitisch zur Umverteilung von Arbeit genutzt werden können, ohne dass neue soziale Problemlagen für die Betroffenen entstehen. Die Theorie der Übergangsarbeitsmärkte entdeckt in sozial abgesicherten Übergangsphasen zwischen Erwerbstätigkeit und anderen Aktivitäten (Familienarbeit, Weiterbildung, Sabbaticals) einen beschäftigungspolitisch relevanten »Puffer« bei konjunkturbedingten Schwankungen der Arbeitskräftenachfrage sowie Instrumente zur Umverteilung von Arbeit (Schmid 1998; 2001; 2002b; Schmid/Gazier 2002). Der Ausbau von Beschäftigungsbrücken würde nicht nur zu mehr Beschäftigung, sondern auch zur besseren sozialen Absicherung bei Übergängen und damit zu mehr Geschlechtergleichheit führen (Schmid 2002a).

3.3.2 Die Individualisierung in der sozialen Sicherung

Die individualisierte soziale Absicherung aller BürgerInnen wäre, wenn entsprechende Regelungen zur Absicherung von Phasen der reduzierten Erwerbsarbeit oder der Unterbrechung gefunden würden, am besten geeignet, unterschiedlichen Erwerbsverläufen Rechnung zu tragen. Dies würde einerseits eine Abschaffung abgeleiteter Ansprüche (in der Gesetzlichen Kranken- und der Gesetzlichen Rentenversicherung), aber auch die Abschaffung der gemeinsamen Veranlagung bei der

Berechnung von Leistungen (Arbeitslosenhilfe bzw. Arbeitslosengeld II, Erziehungsgeld) und Einkommensteuern (Ehegattensplitting) bedeuten. Die Ausdehnung der Anerkennung beitragsfreier Zeiten als Versicherungszeiten würde außerdem die materielle Anerkennung von Erziehungszeiten verbessern. Erste Schritte wurden in Deutschland etwa mit der Einführung der Kindererziehungszeiten in der Rentenversicherung und der Anerkennung der Elternzeit als Beitragszeit in der Arbeitslosenversicherung gemacht. Die streng definierte »Leistungsgerechtigkeit« der deutschen Sozialversicherung (Nullmeier/Vobruba 1994) wird damit ein Stück weit relativiert. Grundsätzlich werden Unterbrechungszeiten jedoch nicht als natürliche Elemente des Erwerbsverlaufs betrachtet, sondern sie gelten noch immer als exzeptionelle soziale »Risiken«. Insgesamt verbleibt die soziale Sicherung – nicht nur in Deutschland – risikozentriert und tut sich schwer, die Sicherheit der BürgerInnen über den Erwerbsverlauf hinweg zum zentralen Gegenstand ihrer Intervention zu entwickeln (Edmondson/Nullmeier 1997).

Auch im Rahmen der Sozialpolitikforschung werden Überlegungen angestellt, wie die soziale Sicherung der Beschäftigten in diskontinuierlichen Erwerbsverläufen besser abgesichert werden kann. Das aus den Niederlanden stammende Konzept der »Flexicurity« hat zum Ziel, die wachsenden ökonomischen Flexibilitätsbedürfnisse mit den spezifischen Bedürfnissen der Beschäftigten nach Sicherheit, Weiterbildung und persönlicher Autonomie zu verbinden (vgl. dazu Keller/Seifert 2002; Klammer/Tillmann 2002). Schließlich wird auch von juristischer Seite die arbeits- und sozialrechtliche Redefinition des Erwerbsstatus' gefordert, weil die wachsende berufliche und geografische Mobilität die alten Sicherheitsgarantien, die sich aus dem Normalarbeitsverhältnis ableiteten, an Bedeutung verlieren (vgl. Supiot 1999). Die einfache Garantie von Rechten, wie etwa dem Eigentumsrecht, müsste durch eine »zweite Generation« von Bürgerrechten, d.h. von sozialen Anspruchsrechten ergänzt werden, deren Einlösung allerdings von der staatlichen Intervention abhängig bleibt. Des Weiteren müssten neue Rechtsformen entwickelt werden, die die (erwerbs-)biographische und berufliche Flexibilität der BürgerInnen berücksichtigen, ohne jedoch die Sicherheitsgarantien zu mindern (Supiot 2004). Das Konzept der »sozialen Ziehungsrechte«, durch die Anspruchsrechte zugeteilt werden, etwa in Form von Gutscheinen für Weiterbildung oder Kindergartenplätze, wird derzeit in der juristischen und sozialwissenschaftlichen Fachliteratur diskutiert (kritisch dazu Joos 2002a; Rogowski/Wilthagen 2004; Supiot 2004). Die Frage, inwiefern BürgerInnen dazu verpflichtet und in der Lage sind, Eigenverantwortung zu übernehmen und damit den Staat teilweise aus seiner Fürsorgepflicht zu entlassen, wird vor allem am Beispiel der »Aktivierung« in der Arbeitsmarktpolitik diskutiert (vgl. dazu Bothfeld et al. 2004). Bislang fehlen allerdings empirische Untersuchungen weitgehend, die den Erfolg einer Strategie, die die Eigenverantwortung der BürgerInnen betont, belegen würde. Ein weiteres Instrument wäre sicherlich eine soziale Grundsicherung, die eine soziale und kulturelle Teilhabe auch in erwerbslosen Phasen ermöglicht.

Übersicht 3.1: Konkurrierende Paradigmen der Vereinbarkeitspolitik und ihre normativen und kognitiven Kernüberzeugungen

	Paradigma der gleichen Anerkennung der Betreuungsarbeit	Paradigma der allgemeinen Erwerbstätigkeit	Paradigma der Integration von Betreuungs- und Erwerbsarbeit
Erwerbsarbeit	Norm des männlichen Ernährers Theorem der geschlechterspezifischen Spezialisierung (Wahlfreiheit)	Norm der individuellen Verantwortlichkeit Theorem der gleichen Erwerbsfähigkeit aller Individuen	Norm der gleichen Erwerbschancen (employability) Theorem der Übergangsarbeitsmärkte
Soziale Sicherung	Norm der Risikoabsicherung des Haushaltsvorstandes Theorem des Versicherungsprinzips und der abgeleiteten Ansprüche	Norm der Leistungsgerechtigkeit Theorem der sozialen Integration durch Erwerbstätigkeit oder versicherungsrechtliche Ansprüche	Norm der universalen sozialen Sicherheit als soziales StaatsbürgerInnenrecht Theorem der Verknüpfung von Flexibilität und Sicherheit (Flexicurity)
Kinderbetreuung und -erziehung	Norm der Subsidiarität der Zuständigkeit für Kindererziehung (Kindeswohl-Norm) »Keimzellen-Theorem«: Familie als kleinste Einheit der Gesellschaft	Sicherung der physischen (und sozialen) Reproduktion in der Familie Theorem des marginalen Grenznutzens	Norm der Sicherung individueller Bedarfe Sozialisationstheorien, die Vielfältigkeit von sozialen Kontexten anerkennen

Quelle: Eigene Zusammenstellung

3.3.3 Pflege und Betreuung als Gegenstand sozialer Anspruchsrechte

In neueren feministischen Ansätzen der Wohlfahrtsstaatsforschung wird das Recht auf Pflege als das zentrale Kriterium zur Unterscheidung von Staatsbürgerregimes gesehen.[18] Die Bereitstellung von Pflege könnte alternativ zur klassischen Sichtweise

---

18 Dabei vertritt Jenson die Ansicht, dass sich anhand der Kriterien der Organisation (kollektivstaatlich oder individuell-familiär), der Finanzierung (Versicherungsbeiträge, Steuern, Familien) und

der »Dekommodizierungsfunktion« des Wohlfahrtsstaates gesehen werden und diese als neues Paradigma ablösen (Jenson 1997). Zu einem idealtypischen geschlechterneutralen und funktionalen Pflegeregime gehört zum einen eine soziale Grundsicherung, die Phasen der Pflegebedürftigkeit bei Krankheit, Unfall, im Alter und in der Kindheit finanziell absichert und zum anderen die Bereitstellung und Finanzierung der Dienstleistungen durch Versicherungssysteme oder Steuermittel (Jenson/Sineau 1998).[19] Ann Orloff führt diesen Grundgedanken noch einen Schritt weiter: Ein geschlechtergerechtes Politikregime, in dem Frauen als StaatsbürgerInnen gleichermaßen anerkannt werden, und in dem die »Pflegefrage« auch thematisiert wird, impliziert auch das Recht, *nicht* pflegen *zu müssen*, »the right not to care« (Orloff 1993). Diese Forderung zielt vor allem auf eine ideelle Anerkennung der unentgeltlich erbrachten Pflegeleistungen von Frauen.[20] Folglich verlangt die aus der feministischen Perspektive längst angemahnte Reorganisation des Betreuungs- und Pflegebereichs, eine sozialpolitische Grundsicherung, die Einführung eines Rechtes auf Pflege und schließlich auch die Anerkennung der Erwerbstätigkeit von Frauen als gleichwertig.

Besonders durch die Aktivitäten der Europäischen Union werden inzwischen die ökonomischen Zusammenhänge zwischen Kinderbetreuungs- und Pflegedienstleistungen und der Entwicklung der Beschäftigungssysteme betont (Europäische Kommission 1998a; b; c). Das Engagement der Europäischen Kommission in diesem Bereich lässt sich zweifach begründen: Zum einen sind durch die ökonomische Inaktivität der Frauen große Teile der Arbeitskraftressourcen gebunden, zum anderen bietet der Ausbau – öffentlicher oder privater – Dienstleistungen ein nicht unerhebliches Beschäftigungspotenzial. Unter dem Stichwort der Beschäf-

---

der Bereitstellung (Markt, Staat, Privat) von Pflegedienstleistungen andere Wohlfahrtsstaatsmodelle unterscheiden ließen als anhand der Arbeit/Wohlfahrt-Achse (Jenson 1997:186f.).

19 Die Unterteilung von Wohlfahrtsstaatsregimes anhand des Kriteriums der unbezahlten Arbeit hält Jenson für unzureichend. Diesbezüglich vertritt sie entgegen Jane Lewis die These, dass unbezahlte Arbeit nicht mit *care* gleichzusetzen sei (Jenson 1997: 183). Zum einen kann Versorgungsarbeit bezahlte Arbeit sein, und zum anderen kann die Erwerbsbeteiligung von Frauen verdecken, dass sie die Versorgungsarbeit leisten. In Schweden etwa gelten auch Frauen im Erziehungsurlaub als erwerbstätig, obwohl sie die Kinderbetreuung vollständig übernehmen. Auch in Deutschland ist dies der Fall, weil das Beschäftigungsverhältnis formal fortbesteht.

20 Natürlich kann dieser Forderung nicht durch eine rechtliche Regelung entsprochen werden, weil die Grundlage ein moralischer Anspruch und keine Verpflichtung ist. Allerdings hätte eine explizite Formulierung des Umstandes, dass keine Verpflichtung zur Pflege besteht, zwei Konsequenzen: Erstens würde damit überhaupt erst anerkannt, das Frauen unentgeltliche Pflegeleistungen erbringen und diese nicht mehr als selbstverständlich in Anspruch genommen werden können. Zweitens würde anerkannt, dass die Erbringung von Pflegeleistungen überhaupt notwendig ist, und der Staat verpflichtet wäre, sich daran zu beteiligen.

tigungsfähigkeit (*employability*) wird mittlerweile auch der Ausbau der Kinderbetreuung gefordert, um die Ressource Frauenarbeitskraft zu erschließen (Maier, F. 2002). In den USA gehört die Bereitstellung von Kinderbetreuung meist zu den Wiedereingliederungsprogrammen für allein erziehende Frauen (Wilke 2002). Dass der Ausbau von Betreuungs- und Erziehungseinrichtungen auch einen beschäftigungspolitischen Effekt haben kann, wird in Deutschland erst seit 2002, als man das Problem der Ganztagsbetreuung und Ganztagsschule thematisierte, diskutiert. Die Ausweitung der Betreuungsdienstleistungen aus beschäftigungspolitischen Gründen ist bisher lediglich in Frankreich ein Teilziel der Reformen der sozialistischen Regierung Jospins gewesen (Buttner/Letablier u.a. 2002). Und gleichzeitig ist wiederum zu beachten, dass das Qualitätskriterium von sozialen Dienstleistungen eine vielleicht ebenso wichtige Bedeutung hat für deren Inanspruchnahme wie ihr Preis. Insgesamt lässt sich zurzeit auch in der Sozialpolitik die Reaktivierung der wissenschaftlichen Debatte über den Stellenwert, die Finanzierung und Organisationsform von bisher öffentlichen sozialen Dienstleistungen verzeichnen. Geschlossene und durch empirische Erkenntnisse unterstützte Modelle gibt es bisher jedoch nicht (s. im Ansatz Nullmeier 2004; für die normative Bedeutung s. Lessenich 2004).

Ungeklärt ist auch die Frage, an welchem normativen Maßstab sich die Herausbildung eines dritten Modells orientieren könnte. An wessen Bedürfnissen sollten sich z.B. vereinbarkeitspolitische Maßnahmen orientieren? Möglicherweise gerät die Geschlechtergerechtigkeit in ein Spannungsverhältnis mit anderen normativen Ansprüchen. Allerdings wird bei dieser Diskussion oft vergessen, dass unabhängig von den Bedürfnissen der Kinder die Verantwortung und Sorge zwischen den Eltern ungleich verteilt bleibt. Eine einseitige Fokussierung von Bedürfnissen dürfte daher nicht an die Stelle eines fairen Ausgleichs zwischen allen beteiligten Parteien treten. In einem integrierten Modell würden alle Mitglieder einer Gesellschaft als gleichberechtigte StaatsbürgerInnen und nicht als Familienmitglieder betrachtet werden. Familien wären in ihrer Eigenschaft als Lebenszusammenhänge, die die emotionalen und sozialen Grundbedürfnisse aller Familienmitglieder sichern, schützenswert, wobei diese Lebenszusammenhänge viele unterschiedliche Formen annehmen können (vgl. Wingen 1993).[21] Der Bedeutungswandel der Familie wäre mit einer vielfach diagnostizierten »Defamiliarisierung« (vgl. z.B. Esping-Andersen 1999) nur insofern gleichzusetzen, als die Familien und damit vor allem die Frauen aus der *alleinigen* Verantwortung für die Familien- und Hausarbeit entlassen werden und zusätzliche Dienstleistungen über den Markt oder den Staat bereitgestellt und auch finanziert werden. Dadurch, dass die Entscheidung für eine Erwerbstätigkeit ebenso ideell

---

21 Die jüngsten Reformen im Familienrecht, die gleichermaßen in Deutschland wie Frankreich zu beobachten sind (Institutionalisierung gleichgeschlechtlicher Lebensgemeinschaften, Reform des Sorgerechts), tragen dieser neuen Sichtweise Rechnung.

und materiell anerkannt würde wie die (temporäre) Entscheidung für die Familienarbeit, würde die Handlungsautonomie der BürgerInnen maximiert und eine wirkliche Wahlfreiheit gewährleistet.

Ein neues, drittes Modell, bei dem sich beide Geschlechterrollen verändern, bei dem der Zugang zur einer eigenständigen Beschäftigung und einer individuellen und flexiblen sozialen Sicherung gewährleistet wäre und ausreichende und bezahlbare Angebote für die Betreuung und Pflege von Kindern und Angehörigen über öffentliche oder private Dienstleistungen bereitstünden, würde den von Fraser formulierten Gleichheitsansprüchen entsprechen. Aber trotz der geschilderten Ansätze sind die kognitiven und normativen Dimensionen dieses neuen Modells bisher kaum umrissen.

3.4 Autonomie als Referenz für ein neues StaatsbürgerInnenmodell?

Aufgrund der Diagnose »neuer« sozialpolitischer Probleme (anhaltend hohe Arbeitslosigkeit, unzureichende soziale Absicherung und Defizite in der Bildung und Erziehung von Vorschul- und Schulkindern) stellt sich die Frage nach dem zugrunde liegenden Gerechtigkeits- und Gleichheitsbegriff und einem neuen sozialen Staatsbürgerschaftskonzept in verschärfter Form. Das Staatsbürgerschaftskonzept, das gegenwärtig vor allem im sozialdemokratischen Diskurs am meisten debattiert wird, weil es die Individualität der BürgerInnen betont, ist das des »aktiven Individualismus« (Giddens 1998), das Elemente der drei älteren Konzepte, dem republikanischen, dem neoliberalen und dem kommunitaristischen Konzept integriert (vgl. dazu ausführlich Braun/Giraud 2004). Anders als bei Fraser ist hier jedoch nicht der Gleichheitsbegriff leitend, sondern es wird das Moment der Eigenverantwortung und damit die Befreiung der BürgerInnen aus dem paternalistisch geprägten Verhältnis zwischen Staat und BürgerInnen betont.

Um den BürgerInnen die Übernahme von Eigenverantwortung zu ermöglichen, müssen sie jedoch auch unterstützt werden, wenn sie nicht über die entsprechenden Fähigkeiten verfügen. Frasers Definition des mehrdimensionalen Gleichheitsbegriffs beinhaltet ein zweites Kriterium, das dieses Problem berücksichtigt: das der Autonomie. Autonomie ist die Voraussetzung für die gleichzeitige Einlösung universaler und partikularer Anforderungen und somit eine wichtige Quelle für die Stärkung der BürgerInnen (*empowerment*) zur Wahrnehmung ihrer Rechte und ihrer Pflichten. Neue Regulierungsformen dürfen somit nicht nur einseitig die *Pflichten* der BürgerInnen betonen, sondern müssen auch auf die besonderen *Rechte*, d.h. die individuellen Fähigkeiten sowie deren Entwicklung eingehen. Ähnliche Überlegungen finden sich in juristischen Analysen, die sich mit der Entwicklung neuer sozialpolitischer Instrumente befassen (Rogowski/Wilthagen 2004; Supiot 2004), die gleichzeitig die Autonomie und Flexibilität der Beschäftigten wie auch deren Sicherheitsbedürfnis berücksichtigen. Der Grundgedanke hierbei ist, dass die »Beschäftigungsfähigkeit« der BürgerInnen nur dann hergestellt werden kann, wenn diese darin unterstützt werden, ihre Arbeitskraft auch qualitativ zu entwickeln und zu erhalten. Da der mobile Einsatz der Arbeitskraft auch qualifikatorische Flexibilität verlangt, müssen z.B. die Voraussetzungen für den lebenslangen Zugang zu Aus- und Weiterbildungsmöglichkeiten geschaffen bzw. ausgebaut werden. Für die Erziehung und Betreuung von Kindern müssen nicht nur aus der Sicht der Kinder, sondern auch aus der Sicht der Eltern angemessene neue Instrumente, wie Urlaubsregelungen oder das Recht auf Arbeitszeitverkürzung geschaffen werden, die die Vereinbarung von beiden Aktivitäten gleichzeitig erlauben. Soziale Sicherungssysteme müssten selbstverständlich in allen Lebenslagen eine angemessene soziale Sicherung gewährleisten, die die Autonomie der BürgerInnen erhält bzw. fördert. Bislang ist aber ungeklärt, in welcher Weise die Autonomie von BürgerInnen erhöht werden kann, und welche Angebote überhaupt in Anspruch genommen werden können.

Auch wenn der Konflikt zwischen konkurrierenden Gleichheitsbegriffen hier nicht gelöst werden kann, so soll zumindest überlegt werden, welche Anforderungen an den Staat als zentrale Instanz der rechtlichen Regulierung gestellt werden müssen. Staatliche Steuerungsformen lassen sich anhand der vier o.g. Idealtypen von Staatsbürgerschaften unterscheiden. Danach ist in staatszentrierten Modellen die staatliche Intervention zentralisiert (z.B. in Frankreich und in Schweden), in paternalistischen Modellen ist sie an korporative Akteure delegiert (Niederlande und Deutschland), in marktkoordinierten (angelsächsischen) Modellen hat der Staat lediglich eine ordnungspolitische Funktion und im Modell des »aktiven Individualismus« sind die staatlichen Aktivitäten geprägt von tendenzieller Deregulierung, Moderation und Kontrolle dezentraler Aktivitäten (Braun/Giraud 2004:2; kritisch zu den Erfahrungen in Großbritannien und Frankreich: Jenson 2004). Insofern wäre die Entwicklung neuer Staatsbürgerschaftskonzepte auch mit der Entwicklung neuer Steuerungsformen verbunden.

Neue Formen der Regulierung werden nicht unbedingt kostenneutral sein können und auch nicht aus einem einfachen Verzicht auf Regulierung bestehen können. Vielmehr müssen grundlegende soziale Anspruchsrechte gesetzlich definiert und durch zusätzliche flexible und dezentrale Regulierungsformen ergänzt werden. Wie die Entwicklung der Sozialpolitik in der Europäischen Union gezeigt hat, wird die Rechtsprechung nationaler und des Europäischen Gerichtshofes vermutlich an Bedeutung zunehmen (Supiot 2004; Leibfried/Pierson, 2000). Auf alle Fälle wird in der Vereinbarkeitspolitik das Verhältnis zwischen Universalität und Zielgruppenorientierung neu diskutiert und das Verhältnis zwischen Generationen- und Geschlechtergerechtigkeit neu geklärt werden müssen (Jenson/Sineau 1998: 57).

In der Politik der Vereinbarkeit gibt es also kein universelles Modell (Jenson 1986), sondern vielmehr sind die Politikregimes das Ergebnis politischer Entscheidungen. Was entschieden wird, ist in hohem Maße nicht nur davon abhängig, wer die Entscheidungen trifft, sondern auch davon, was diejenigen über die Probleme wissen und denken. Dabei koexistieren oder konkurrieren Paradigmen und sind für die sozialen und politischen Akteure von unterschiedlicher Relevanz. Ein dominierendes Paradigma muss es nicht zwangsläufig geben. Allerdings ist anzunehmen, dass die Aktivitäten politischer Akteure in einem politischen Sektor sich um die Herstellung von Konsistenz bemühen und sich dabei – bewusst oder unbewusst – an einem Paradigma, d.h. einem Set von normativen und kognitiven Annahmen orientieren. Diese Erkenntnis verlangt die Anwendung von Ansätzen der Politikanalyse, die nicht als einzig relevantes Handlungsmotiv das Interesse der Akteure, sondern daneben auch ihr Wissen und ihre normative Position mitberücksichtigen.

4. Wissen und Lernen: Notwendige Kategorien zur Analyse von Politikwandel

Die Analyse des institutionellen Regimes und der Vergleich grundlegender konkurrierender Paradigmen hat gezeigt, dass diese gleichermaßen als Referenz für politisches Handeln genutzt werden. Die Entscheidung für eine bestimmte Politikoption wäre dann nicht allein mit rationalen, also interessegeleitetem und nutzenmaximierendem Akteurshandeln zu erklären, sondern vielmehr mit dem individuellen Bezugssystem der Akteure und deren Beitrag zur Positionierung ihrer Organisation. Die Erklärung von Akteurshandeln muss daher um Kategorien ergänzt werden, die die Sachorientierung (d.h. die Verwirklichung von normativen und kognitiven Annahmen) berücksichtigen. Da nicht irgendwelche sondern bestimmte politische Veränderungen untersucht werden, nämlich solche, die das Vereinbarkeitsproblem im Hinblick auf die Geschlechtergleichheit vermindern, werden hier solche Analyseansätze geprüft, die politischen Wandel unter dem Aspekt des Lernens betrachten. Die lerntheoretische Politikanalyse, zu der der Ansatz der »Tendenzkoalitionen« (*Advocacy-Coalition-Framework*, ACF) von Paul A. Sabatier[1] und der Ansatz des *social learning* Peter A. Halls gehören, ist nämlich eine Variation der interpretativen Politikanalyse, bei der das Akteurshandeln im Hinblick auf die Sachorientierung und einen – wie auch immer gearteten – Fortschritt in einem bestimmten Politikbereich im Zentrum steht.[2] Hall bezeichnet Lernen als »einen informierten Versuch auf der Basis von Erfahrungen und neuer Information die Ziele oder Politikinstrumente anzupassen; Lernen findet dann statt, wenn sich als Ergebnis dieses Prozesses die Politik verändert« (Hall 1993: 278 Übers. SB). Sabatiers Lernbegriff betont zusätzlich die Nachhaltigkeit als Kriterium für Politiklernen, die auf der Veränderung der Grundzüge von Annahmen der Akteure beruhe (Sabatier 1993: 42). In der Begriff-

---

1 In der Terminologie folge ich Braun (1998), der *belief system* mit ›Überzeugungssystem‹ und *advocacy coalition* mit ›Tendenzkoalition‹ übersetzt hat.
2 Dabei stehen die Phasen des Politikzyklus, in denen die Politikideen bzw. das Politikwissen zusammengetragen, Probleme definiert und Politiklösungen formuliert werden, im Mittelpunkt. Politische Lernprozesse können auch bei Prozessen der Implementation oder der Evaluierung von *Policies* untersucht werden (Weiss 1991; Wollmann 2003). Zur Unterscheidung der idealtypischen Zyklusphasen vgl. die Standardliteratur zur Einführung in die *Policy*-Forschung wie z.B. Héritier 1987; Howlett/Ramesh 1995.

lichkeit Sabatiers geht es beim Lernen also nicht um die Veränderung des Handelns, sondern um die Veränderung von Handlungsabsichten und Denkweisen. Wenn angenommen wird, dass Veränderungen des BErzGG als Folge von Lernprozessen vorgenommen wurden, dann muss genauer geklärt werden, was unter Politischem Lernen zu verstehen ist. In diesem Kapitel wird die Mikro-Ebene der politischen Akteure ins Zentrum gerückt um zu klären, welche Form politikrelevantes Wissen annehmen kann, welche Akteure überhaupt lernen und inwieweit die bestehenden Definitionen übernommen werden können oder weiter ausdifferenziert werden müssen.

4.1 Formen von Politikwissen

4.1.1 Kollektives Wissen

Die zentrale Kategorie in Sabatiers Ansatz des ACF ist das Überzeugungssystem der Akteure, an dem diese ihr Handeln orientieren. Danach gelten individuelle AkteurInnen zuallererst als Mitglieder von Tendenzkoalitionen und nicht als RepräsentantInnen politischer Organisationen. Im Hinblick auf die Binnenstruktur der Überzeugungssysteme können drei hierarchisch angeordnete kognitive Strukturen unterschieden werden, die in unterschiedlichem Maße offen für Wandel sind:

> »a deep core of fundamental normative and ontological axioms that define a person's underlying personal philosophy, a near (policy) core of basic strategies and policy positions for achieving deep core beliefs in the policy area or subsystem in question, and a set of secondary aspects comprising a multitude of instrumental decisions and information searches necessary to implement the policy core in the specific policy area« (Sabatier/Jenkins-Smith 1993: 30).

Das Konzept der Glaubenssysteme hat bei Peter Hall (Hall 1993) die Entsprechung der »Policy-Paradigmen«. In Anlehnung an das wissenschaftstheoretische Konzept des Paradigmenwechsels von Thomas Kuhn (1979) entwickelt Peter Hall eine dreistufige Hierarchie von politischem Wandel. Als Wandel erster Ordnung gilt bei Hall die inkrementale Anpassung der Instrumente an veränderte Gegebenheiten, als Wandel zweiter Ordnung die strategische Entwicklung neuer Instrumente und als Wandel dritter Ordnung, den er, in Analogie zur Kuhnschen Terminologie paradigmatischen Wandel nennt, die Veränderung der politischen Ziele (Hall 1993:278ff.).[3]

---

3 Peter Hall hat sein Konzept anhand einer vergleichenden Untersuchung der französischen und der britischen Wirtschaftspolitik entwickelt, bei dem er die Hinwendung von der keynesianischen Wirtschaftsstrategie hin zum monetaristischen Paradigma untersucht hat (Hall 1986). Als

Ein ähnliches Konzept spielt auch in dem Politikanalyseansatz von Pierre Muller eine Rolle, der Referenzrahmen (*référentiel*) politischer Instrumente (Muller 1990; Muller/Surel 1998; Muller 2002). Auch Muller geht davon aus, dass die Politikakteure über ein System von normativen und kognitiven Vorstellungen verfügen, mit dem sie ihre Umwelt betrachten. Dabei besteht die Umwelt der Akteure aus zwei Dimensionen: dem spezifischen Politikbereich der Akteure (*le secteur*) und dem allgemeinen politischen, sozialen und ökonomischen Umfeld (*le global*). Dadurch, dass die Akteure eine Sicht auf beide Dimensionen entwickeln, ist diese zweidimensionale Gliederung mit den Sabatierschen Kategorien der Kernüberzeugung und dem Politikkern zu vergleichen. Muller jedoch setzt die politischen Probleme nicht als gegeben voraus, sondern betrachtet sie als ein Konstrukt der Akteure, die das Verhältnis zwischen Politiksektor und Gesamtgesellschaft (*le rapport global-sectoriel*, RGS) interpretieren und dabei möglicherweise die Notwendigkeit politischer Intervention ableiten – oder aber auch nicht. Anders formuliert: Politische Probleme entstehen erst durch die Interpretation der gesellschaftlichen, politischen und ökonomischen Verhältnisse durch die politischen Akteure. Der Referenzrahmen eines Politikinstruments gibt an, welche Problemdefinition bei ihrer Entwicklung grundlegend war (Muller 1990:26). Dabei leitet sich eine bestimmte Politik aber nicht zwangsläufig aus einer bestimmten Situation ab, vielmehr ist sie das Ergebnis der Interpretationsleistung der Akteure – politische Probleme sind ohne diese Konstruktionsleistung nicht denkbar. Allerdings begrenzen die gesellschaftlichen Kräfteverhältnisse den Spielraum der Akteure in einem gegebenen Moment. Insofern ergibt sich der politische Handlungsspielraum aus dem sozialen Beziehungsgeflecht zwischen den Akteuren und der Vorstellung der Akteure von diesem Geflecht (ebd.:67). Öffentliche Politik hat demnach zwangsläufig zwei Dimensionen: das Gemeinwohl und die Realisierung sektorieller Politikziele.[4] Mullers Ansatz ist somit zwar als ›moderat

---

Hauptfaktoren für den schnelleren und nachhaltigeren Wandel in Großbritannien benennt Hall den institutionellen Umbau, der mit dem Machtantritt Thatchers begann sowie die systematische Forschung und mediale Verbreitung monetaristisch geprägter ökonomischer Studien und Forschungsinstitute bei gleichzeitigem Auftreten von Anomalien wie Inflation und Arbeitslosigkeit (Hall 1993: 284). Zum Begriff des Paradigmas vgl. auch Jenson 1989.

4 Mullers Überlegungen basieren auf einer gesellschaftstheoretischen Grundannahme: An die Stelle der territorialen Gliederung der Gesellschaft und der lokalen Problembehandlung trat im historischen Prozess die Trennung von gesellschaftlichen Teilbereichen (*secteur*), die in ein bestimmtes Verhältnis zur Gesamtgesellschaft gerückt wurden. Als Beispiel für die Sozialpolitik zeigt Muller, dass der Umgang mit Armut und Elend zunächst lokal durch kirchliche oder kommunale Hilfeeinrichtungen erfolgte. An die Stelle der lokalen Solidarität tritt mit der Veränderung der Arbeits- und Lebensformen der Wohlfahrtsstaat, der unabhängig von räumlicher und sozialer Zugehörigkeit (Territorialität) den verschiedenen sozialen Gruppen einen sozialen Mindestschutz anbietet. An die Stelle der sozialen Hilfe (*assistance*) tritt später das Versicherungsprinzip und das territoriale Kri-

konstruktivistisch« zu verstehen (Muller 2002), aber er ist durchaus vereinbar mit institutionentheoretischen Überlegungen, die verständlich machen können, auf welche Weise Institutionen Orientierungsleistungen für politische Akteure (und nicht nur für sie) erbringen (vg. dazu ausführlich Göhler 1994). Wenn wir mit Scharpf einen engen Institutionenbegriff wählen, nach dem Institutionen Regelsysteme sind, die die »einer Gruppe von Akteuren offenstehenden Handlungsverläufe strukturieren« (also formale rechtliche Regeln und soziale Normen, Scharpf 2000:77) und uns außerdem darauf einigen, dass Institutionen das Ergebnis von Kämpfen und »geronnenem politischem Willen« (Schmid/Schömann 1994:18) seien, so lässt sich nun in der interpretativen Perspektive feststellen, dass Institutionen auch Ausdruck von »geronnenen Ideen« oder »geronnenem Wissen« sind.[5] Auch in der feministischen Wohlfahrtsstaatsforschung gehört zu den gängigen Annahmen, dass Institutionen nicht nur technische – und schon gar nicht »neutrale« – Steuerungsinstrumente sind, sondern immer auch einen normativen »Geschlechtertext« (oder *gender subtext*) enthalten, der Vorstellungen über das Geschlechterverhältnis widerspiegelt. Danach sind sozialstaatliche Programme nicht geschlechterneutral sondern institutionalisierte Interpretationsmuster des Geschlechterverhältnisses (Fraser 1994b:224).

Institutionelle Regelungen (Politikinstrumente oder -programme) umfassen also kognitive Rahmen, die zwar unsichtbar sind, aber von den Akteuren verinnerlicht werden.[6] In dieser Weise beschränken und ermöglichen Institutionen Akteurshandeln und sorgen dafür, dass bestimmte Handlungsalternativen erst gar nicht geprüft werden, andererseits durch das Angebot von Handlungsroutinen auch das Auffinden neuer Lösungen ermöglichen.[7] In einem Prozess des »Bastelns« (Douglas 1991)

---

terium wird durch das sektorale (Berufsgruppen, soziale Gruppen) ersetzt. Von da an entwickelt sich »das Soziale« als ein spezifischer Sektor und wird Gegenstand entsprechender öffentlicher Politik (Muller 1990:19).

5 In den Rechtswissenschaften ist es selbstverständlich, gesetzlichen Regelungen einen normativen und interpretationsbedürftigen Gehalt zuzuschreiben, der letztendlich auch die Variation in unterschiedlichen Rechtssprechungen zur Folge hat.

6 Den Prozess der Verinnerlichung und der Herausbildung spezifischer kultureller Verhaltensweisen hat Norbert Elias mit dem »Prozess der Zivilisation« meisterhaft beschrieben. Danach findet die Vermittlung von gesellschaftlichen Normen durch den gesellschaftlichen Kontext (FreundInnen, Gesellschaftsschichten, Schule, gesellschaftlich-politisches Leben) spontan und unbewusst statt. Genauso reproduzieren die individuellen Routinen und Rituale diese Normen ohne sie jedoch zu reflektieren (Elias 1976).

7 Während der historische Institutionalismus den restringierenden Charakter von Institutionen betont (*constraining character*), heben organisationeninstitutionalistische Ansätze den Aspekt des Ermöglichens hervor, in dem sie den unbewussten Routine-Mechanismus von Institutionen beschreiben (*enabling character*) (Campbell 1998).

oder des »Puzzelns« (Heclo 1974) und mit dem »Werkzeugkasten Kultur« (Swidler 1986) ausgestattet, können selbstbewusste Akteure durch die Kombination schon vorhandener Konzepte und Modelle neue Lösungen erarbeiten und somit die Abhängigkeit von institutionellen Pfaden überwinden (Campbell 1998:383).

In den interpretativen Ansätzen geht dem Politikwandel ein Wandel des kognitiven Rahmens voraus.[8] Wie es zu einem Wandel in diesem kognitiven Rahmen kommt, wird jedoch kaum thematisiert.[9] Sabatier und Hall sind im Unterschied zu den anderen hier genannten Autoren die einzigen, die Veränderungen im Überzeugungssystem als das Ergebnis von Lernprozessen konzipieren.

4.1.2 Wissenschaftliches, normatives und Alltagswissen

Über welche Art von Wissen können Akteure verfügen bzw. welche Art Wissen können sich Akteure aneignen, so dass von Lernprozessen gesprochen werden kann? Geht es um normatives oder empirisches Wissen, Alltags- oder wissenschaftliches Wissen? Sind diese Wissensarten überhaupt voneinander zu unterscheiden?

Im ACF wird die Existenz empirisch überprüfbarer wissenschaftlicher Erkenntnisse vorausgesetzt und diesen ein Maß an Objektivierbarkeit und Objektivität zuerkannt. Wie in anderen »kognitivistischen« Ansätzen, gelten Ideen bzw. Wissen hier als erklärende Variablen und lassen sich von anderen Einflussfaktoren (z.B. schockartige Veränderungen in der Umwelt) unterscheiden (Maier, M.L. 2001:543). Dabei sind »kognitive Faktoren«, d.h. das wissenschaftliche Wissen, das etwa durch wissenschaftliche Politikberatung vermittelt wird, unterscheidbar von materiellen und strategischen Interessen, aber auch von tieferen Werte- und Normvorstellungen. Wissen hat in dieser Perspektive eine Aufklärungsfunktion.[10] Wissen zu einem Thema existiert unabhängig davon, ob es von den Akteuren genutzt wird; diese greifen bei Bedarf darauf zu. Dem (wissenschaftlichen) Wissen wird außerdem eine

---

8 In der Ökonomie hat vor allem Daniel Kahneman dem *Framing*-Konzept zu disziplinärer Anerkennung verholfen. Am Beispiel experimenteller Situationen konnte er zeigen, dass das Gefangenendilemma zu Kooperationen zwischen den Probanden führt, je nachdem ob es als *wall-street-game* oder als *community-game* bezeichnet wurde; vgl. dazu Tversky/Kahnemann (2000) und Kahnemann (2003).

9 Nullmeier und Rüb (1993) haben das Konzept der »Schließung politischer Eigenzyklen« beschrieben und damit einen Faktor benannt, der den Wandel des Rahmens verhindert.

10 Anders als Sabatier unterscheidet Nullmeier (1993:177) in Anlehnung an die wegbereitende Arbeit von Carol H. Weiss zwischen der *enlightment function*, der indirekten, langfristigen, ungeplanten und diffusen Wirkung von Wissen und der *engineering function* mit direkten Effekten auf der Basis von Daten, Fakten und einzelnen Forschungsergebnissen. Sabatier benutzt den Begriff der *enlightment function* von Wissen im Sinne des Begriffs der *engineering function* Nullmeiers bzw. Weiss' (Weiss 1991).

höhere Legitimität zugesprochen als anderen Formen des Wissens, z.B. dem Alltagswissen. Wissen ist somit eine Legitimationsressource für die Akteure.

Dass wissenschaftliches und normatives Wissen oftmals nicht klar voneinander zu trennen sind, wird anhand des Streits darüber deutlich, welche Form der Betreuung für die Entwicklung von Kleinstkindern die beste sei: So haben medizinische und psychologische Deprivationstheorien dazu beigetragen, dass die Überzeugung, Kinder würden durch die berufsbedingte Abwesenheit der Mutter nachhaltigen emotionalen Schaden erleiden, in das Alltagswissen eingesickert und die Betreuung durch die Mutter bei kleinen Kindern in Deutschland die Norm geworden ist. Da dieses Wissen sozial vermittelt und individuell verinnerlicht wird, spielt für die soziale Bewertung des Verhaltens von Frauen keine Rolle mehr, ob die impliziten kausalen Annahmen mittlerweile widerlegt oder relativiert wurden.

Mit dem »kognitivistischen« Konzept von Wissen konkurriert ein »diskursiver« (Maier, M.L. 2001) Wissensbegriff, der in der wissenssoziologischen Tradition von Berger und Luckmann steht (Berger/Luckmann 1980; Nullmeier 1996). Dieser Wissensbegriff unterscheidet nicht zwischen Interessen und Ideen als erklärende Faktoren, sondern betrachtet sie als eng mit einander verwoben.[11] Dabei wird – wie auch bei dem Begriff des Referenzrahmens von Muller – Wissen als das Ergebnis eines Interpretationsprozesses betrachtet, unabhängig davon, ob es sich um wissenschaftlich oder durch Alltagserfahrung fundiertes oder normatives Wissen handelt. Ein Wissensbegriff, der einer interpretativen Politikanalyse zu Grunde liegt, bezeichnet daher zunächst alles, »was durch Lernen sowie durch Aneignung der kulturellen Überlieferung erworben werden kann« (Habermas 1981, zit. nach Nullmeier/Rüb 1993:25; vgl. auch Kapitel 5).

Im Hinblick auf das Problem der mangelnden Trennschärfe zwischen wissenschaftlichem und normativem Wissen erscheint die Unterscheidung von Nullmeier und Rüb zwischen »deskriptivem« und »normativem« Wissen plausibler. Während normatives Wissen »gesellschaftlich vermittelte Wollenskonstruktionen« enthält, bezeichnet deskriptives Wissen Annahmen über kausale Zusammenhänge, das auf Alltagserfahrung oder wissenschaftlicher Expertise beruhen kann (Nullmeier/Rüb 1993:49).[12] Deskriptives Wissen ermöglicht Aussagen über das »Sein der Welt«. Dies

---

11 So kann normatives (diskursives) Wissen die Akkumulation wissenschaftlicher Erkenntnisse (kognitives Wissen) anregen. Wissenschaftliche Erkenntnisse können wiederum die Reflexion über normatives und Alltagswissen anregen oder eine Spannung zur Alltagserfahrung erzeugen, wenn sie von dieser abweicht. Alltagswissen kann auf normativem und wissenschaftlichem Wissen beruhen und wiederum die Suche nach wissenschaftlichen Erkenntnissen anregen.

12 Deskriptives Wissen kann Vergangenheits-, Gegenwarts- und Zukunftswissen sein. Während sich aus dem Vergangenheitswissen Annahmen über Kausalitäten ableiten lassen, versorgt das Gegenwartswissen die Akteure mit Informationen über die Ausgangslage. Eine strategisch wichtige Komponente hat aber das Zukunftswissen, das »als kognitives Erwartungsmuster die zukunfts-

ist anhand von Alltagswissen ebenso möglich und legitim wie auf der Grundlage wissenschaftlichen Wissens. Auch wissenschaftliche Erkenntnisse und Grundannahmen, wie die Konzeption menschlichen Handelns als vorwiegend ökonomisch oder sozial, können auf Glauben beruhen und durch Alltagserfahrung bestätigt oder widerlegt werden. Andersherum müssen für die Rechtfertigung von politischen Positionen Alltagserfahrungen herhalten, wenn es keine wissenschaftlichen Erkenntnisse gibt oder diese den Akteuren nicht zur Verfügung stehen.[13] Wichtiger als die »nachweisbare Richtigkeit von Wissen« ist: Das vermittelte Wissen muss plausibel erscheinen und als legitim anerkannt werden, um im politischen Wettbewerb als Ressource dienen zu können. Nullmeier und Rüb (1993) bezeichnen diesen Aspekt als ein »doppeltes Legitimationsproblem«: Nicht nur die normative Zielsetzung des politischen Handelns muss sich als legitim erweisen, sondern auch das deskriptive Wissen, wenn die politische Handlung insgesamt legitimiert sein soll.[14]

4.1.3 Formen sozialwissenschaftlichen Wissens

Die Unterscheidung zwischen deskriptivem und normativem Wissen ist mit der Kategorisierung von Formen wissenschaftlichen Wissens durch Carol H. Weiss gut vereinbar, die aus der Perspektive der politischen Wissensnutzung drei Formen sozialwissenschaftlichen Wissens unterscheidet. Die Ergebnisse von Policy-Forschung können demnach als *Daten, Ideen* oder *Argumente* in den politischen Prozess einfließen. Als *Daten* bezeichnet Weiss statistische Informationen oder konkrete Forschungsergebnisse, wie z.B. die sinkende Anzahl der BezieherInnen von Erziehungsgeld. Die Verwendung von Daten für die Gestaltung von Politikprozessen ist besonders durch die Evaluationsforschung angeregt worden. Forschungsergebnisse werden in der Regel in Form von schriftlichen Berichten in die Politik hinein vermittelt und müssen sich dabei in ihrer Darstellung und Terminologie an dem Ver-

---

bezogenen Handlungen von Akteuren« (Nullmeier/Rüb 1993:49) steuert und die Ausrichtung der Politik bestimmt. Zum Zukunftswissen gehören Wahrscheinlichkeitsaussagen, Risikoanalysen, Prognosen und computergestützte Simulationen. Der Produktion von Zukunftsdaten kommt eine zentrale Bedeutung zu, weil sie die Zukunftserwartungen bestimmen und damit den politischen Prozess beeinflussen. Die Prognose des Wirtschaftswachstums spielt in den EU-Mitgliedstaaten – in Deutschland etwa durch die führenden Wirtschaftsforschungsinstitute – eine große Rolle zur Legitimierung des politischen Handelns der Regierung.

13 Wiesenthal (1995:153) hat darauf hingewiesen, dass ein Mangel an fundierten Erkenntnissen durch »Mythen« ausgeglichen werden kann.

14 Sabatier (1993) dagegen begrenzt seinen Wissensbegriff auf die spezifische Unterart deskriptiven Wissens, das wissenschaftliche Wissen, und er betont, dass das Politikwissen der Akteure sich als zuverlässig erweisen müsse, damit ihre Glaubwürdigkeit erhalten bleibt.

ständnis von Nicht-WissenschaftlerInnnen orientieren. Die Erfahrungen seit Mitte der siebziger Jahre haben gezeigt, dass das so gesammelte Wissen jedoch selten verwandt wird und dass die Definitionsmacht darüber, was relevantes Wissen ist, sehr viel bedeutsamer ist als die Macht, die sich aus wissenschaftlichem Wissen ableite (Weiss 1991:311). Sehr skeptisch betont Weiss, dass sich die Nutzung von Daten durch die politischen Akteure auf diejenigen Fälle beschränke, in denen sie das Handeln der Akteure bestätigen.

Eine zweite Form sozialwissenschaftlichen Wissens ist die der *Idee*, die im politischen Prozess eine Aufklärungsfunktion haben kann. Dabei werden Forschungsergebnisse auf isolierte Aussagen oder Ideen reduziert; aus fundierten und methodisch und theoretisch voraussetzungsvollen Erkenntnissen werden vereinfachte Geschichten. In dieser Weise können Forschungsergebnisse helfen, Probleme zu definieren oder politische Maßnahmen zu entwickeln. Vermittelt werden die Politik-Ideen entweder durch BeraterInnen oder JournalistInnen oder aber durch WissenschaftlerInnen selbst, die sich an Regierungskommissionen beteiligen und auf der Grundlage ihrer Forschung vermittelbare Politikkonzepte entwickeln. Die Vermittlung der Forschungsergebnisse kann dabei politisch gezielt oder ›desinteressiert‹ sein. Wichtig ist, dass die Ergebnisse so formuliert sind, dass sie zu dem Alltagswissen der AkteurInnen passen. In normativer Hinsicht heißt die Verwertung von Politik-Ideen nicht unbedingt, dass angemessenere Problemlösungen gefunden werden, sondern nur, dass sich die Problemdefinition verändert. Eine konkrete Wirkung von Forschungsergebnissen auf den politischen Prozess lässt sich dann allerdings nicht mehr feststellen (Weiss 1991:313). Ein Beispiel hierfür wäre das Konzept des Erziehungsgehaltes, das je nach Ausformulierung ganz unterschiedliche Gestalt annimmt, dessen Grundidee jedoch auf eine teilweise Kompensation von Erziehenden zielt.

Wissenschaftliche *Argumente* beinhalten dagegen eine eindeutige politische Position und haben daher eine advokatorische Funktion. Wenn Politikwissen als Argument verwandt wird, gehen Informationen verloren, die zum Gesamtbild der Forschungsergebnisse gehören, die jedoch Gegenargumente stützen würden. Besonders geeignet für die Stützung von Argumenten ist Forschung, die von vornherein von einem bestimmten Werteset ausgehen und Optionen des Forschungsdesigns nur in einem bestimmten ideologischen Horizont betrachten. Für die politischen Akteure birgt diese Form des Wissens den Vorteil, dass konkrete, normativ abgesicherte Politikvorschläge fertig vorgebracht werden. Zwar arbeiten vor allem Lobbies und Interessengruppen mit dieser Form des wissenschaftlichen Wissens, jedoch ist auch die Ministerialadministration nicht immun gegen wissenschaftliche Argumente, vielmehr hat wissenschaftliches Wissen vor allem dann einen Effekt auf den Gesetzgebungsprozess, wenn es in Form von Argumenten eingebracht wird (Weiss 1991:314).

So deutlich die Unterscheidung zwischen den drei Wissensformen zu sein scheint, so schwierig sind sie in der Praxis zu überblicken. Vielmehr muss davon ausgegangen werden, dass auftrags- bzw. anwendungsbezogene Forschung und Grundlagenforschung in der Regel nicht eindeutig von einander zu trennen sind (Mai 1999:673) und nicht nur zwischen Politikern, sondern auch zwischen WissenschaftlerInnen Konflikte auftreten können.

»Unterschiedliche Wissensbestände konkurrieren demnach miteinander, und konkurrierende Wahrheitsansprüche können nicht zweifelsfrei aufgelöst werden. Eine eindeutige Expertenantwort auf dringende Zukunftsfragen ist also gar nicht verfügbar, selbst wenn man diese zur Richtschnur der allgemeinen Politikberatung machen wollte.« (Renn 1999:539)

Gerade weil Wissen und Interessen organisatorisch und analytisch nicht zu trennen sind, ist eine dezisionistische Sichtweise der Politikberatung, bei der WissenschaftlerInnen politische Akteure im Hinblick auf die beste Entscheidung beraten, also abzulehnen (ebd.:537). Vor allem Habermas, der im Gegenzug ein pragmatisches Modell der Politikberatung entwickelt hat, betont, dass auch die Sichtweise der WissenschaftlerInnen gar nicht werturteilsfrei sein kann, so dass es vielmehr das Anliegen sein müsste, Wertepositionen explizit zu machen. Dann würde es bei der sozialwissenschaftlichen Politikberatung nicht mehr nur darum gehen, möglichst »objektives«, mit wissenschaftlichen Methoden gewonnenes Wissen zu vermitteln, sondern dieses in diskursiven Prozessen im Hinblick auf die Werte und Interessen der betroffenen Akteure zu bewerten (ebd.: 544).

Insgesamt erscheint es plausibel, das Wissen politischer Akteure als ein Set von Theoremen zu betrachten, die auf ein von ihnen beobachtetes Phänomen bezogen werden. Diese Theoreme können Teil eines Überzeugungssystems oder eines Referenzrahmens politischer Akteure sein. Eine Hierarchie zwischen den Wissensformen, etwa zwischen Alltags- und wissenschaftlichem Wissen, gibt es dabei nicht, denn zum einen ist die Unterscheidung zwischen beiden schwierig und zum anderen wissen wir, dass die Nutzung sozialwissenschaftlichen Wissens nicht von dessen Qualität, sondern von dessen Plausibilität für die Akteure abhängt (vgl. dazu das folgende Kapitel). Im Folgenden soll nun die Frage erörtert werden, wer lernender Akteur sein kann, und was die politischen Akteure beim Lernen fördert oder hindert.

4.2. Wer lernt? Individuelle und korporative Akteure

Auf welcher Ebene sind Prozesse des Politischen Lernens überhaupt zu verorten? Geht es um das Lernen der individuellen Akteure, also der Abgeordneten oder des Bundeskanzlers, oder geht es um die korporativen Akteure wie Parteien oder die

Regierung? Und sofern es um individuelle Akteure geht, lernen diese für sich oder in einem bestimmten Kontext?

4.2.1 Politisches Lernen in Tendenzkoalitionen

In der Perspektive des ACF sind Subjekte des Politiklernens die individuellen Akteure. Die individuellen politischen AkteurInnen sind dabei nicht (nur) RepräsentantInnen politischer Organisationen, sondern sie sind vor allem Mitglieder von Tendenzkoalitionen, deren Überzeugungssystem sie teilen. Beim ACF ergibt sich die Interaktion zwischen den Akteuren nicht nur aus ihrer Funktion oder personalen Kommunikationskompetenzen, sondern aus der Überschneidung bei Kernüberzeugungen, die nicht nur zufällig und temporär sind und zu koordinierten Aktivitäten führen (Sabatier 1993:25). Zu den Akteuren zählen nicht nur InteressenvertreterInnen, ParlamentarierInnen und Regierungsmitglieder, sondern auch Personen, die aufgrund ihrer Befassung mit einem Thema zu ExpertInnen in einem bestimmten Bereich geworden sind, wie etwa JournalistInnen oder WissenschaftlerInnen. Hall argumentiert ähnlich wie Sabatier, indem er ebenfalls für eine breite Definition des politischen Systems durch die Einbeziehung der Medien und der Wissenschaft sowie der Akteure des internationalen Finanzmarktes und insgesamt einer breiteren Öffentlichkeit plädiert (Hall 1993). Des Weiteren rät Hall dazu, anstatt der staatlichen Institutionen so genannte »Themennetzwerke« zu identifizieren.[15]

Innerhalb einer Tendenzkoalition können Auffassungen über die technischen Aspekte variieren, ohne die Stabilität der Koalition zu gefährden. Auseinandersetzungen über die Kernüberzeugungen, also die Frage, mit welchen Maßnahmen die politischen Zielvorstellungen zu erreichen seien, können sogar zu einer Verfestigung der Struktur führen. Die Anzahl und die Größe der Tendenzkoalitionen können variieren, wobei es neben der dominierenden (weil die Regierungsmacht innehabenden) noch eine kleine Anzahl anderer Tendenzkoalitionen geben kann. Besonders in sich neu konstituierenden Politikbereichen ist die Politikgestaltung in der Regel durch eine höhere Anzahl von Tendenzkoalitionen geprägt und dadurch fragmentiert.

Die Mitglieder der Tendenzkoalitionen lernen voneinander oder koalitionenübergreifend. Dabei ist die Einigung über Differenzen in den sekundären Aspekten leichter herbeizuführen als bei Annahmen, die den Politikkern betreffen. Kernüber-

---

15 Hierbei referiert Hall (1993) auf die Begriff der *policy-networks* oder *issue-networks*, die seit Beginn der achtziger Jahre von US-amerikanischen AutorInnen (u.a. R.A.W. Rhodes, Katzenstein) entwickelt wurden (vgl. Maier 2003). Zudem wendet sich Hall mit diesem Vorschlag kritisch gegen den historischen Institutionalismus, der seines Erachtens Politikwandel nicht zu erklären vermag.

zeugungen hingegen sind, wie auch in Halls Konzept des Paradigmas, so stabil, dass sie nur durch extreme Störungen, also exogene Faktoren, verändert werden (Sabatier 1993).

In dieser Perspektive bleibt diffus, in welchem Verhältnis individuelles und kollektives Lernen zueinander steht und welche individuellen Akteure für politische Lernprozesse wirklich relevant sind. Die breite Akteursdefinition dieser lerntheoretischen Ansätze, mit dem die auf staatliche Akteure verengte Perspektive des historischen Institutionalismus kritisiert wird, ist nicht auf das deutsche Regierungssystem anwendbar: WissenschaftlerInnen, die in Deutschland, etwa über den wissenschaftlichen Beirat des Familienministeriums neue Politikvorschläge einbringen, vermögen zwar den Diskurs im politischen Sektor zu beeinflussen, aber in der Regel geschieht dies eher indirekt und rechtfertigt nicht ihre Kategorisierung als *politische* Akteure. Sie gehören m.E. eher zur Umwelt der AkteurInnen (im Sinne des »Globalen« in der Terminologie von Muller), die das Lernen der Akteure beeinflussen können. Als Akteure sollten auch in der lerntheoretischen Perspektive nur solche gelten, die direkt an der Entwicklung politischer Instrumente beteiligt sind: Parteimitglieder und -funktionäre, Gewerkschaftsfunktionäre, Abgeordnete, Regierungsmitglieder und Mitglieder der Verwaltung. Die Frage, ob sie lernfähig sind oder nicht, ist unmittelbar relevant für das Politikergebnis.

Schließlich verdeckt das Konzept der Tendenzkoalition das Problem des Verhältnisses zwischen individuellem und korporativem Akteur. Zumindest im deutschen Regierungssystem spielen nämlich die Organisationen, in deren Namen individuelle Akteure handeln, eine zentrale Rolle. Eine lerntheoretische Analyse, mit der Reformprozesse in der deutschen Sozialpolitik erklärt werden sollen, muss die Interdependenz zwischen den individuellen Akteuren und der Organisation zu der sie gehören, systematisch berücksichtigen. Das Konzept der Tendenzkoalition ist dennoch für die Sozialpolitikanalyse in Deutschland von Interesse, da es den Gedanken umfasst, dass die »Fronten« in der Auseinandersetzung um angemessene Politiklösungen nicht unbedingt entlang der Organisationsgrenzen verlaufen. Diese Annahme dürfte auch für den deutschen Fall haltbar sein.

4.2.2 Politisches Lernen bei korporativen Akteuren

Die Klärung des Konzeptes des Politischen Lernens verlangt aus zwei Gründen eine Befassung mit dem Begriff der Organisation. Zum einen gehören individuelle politische Akteure einer politischen Organisation an, aus der sie – mehr oder minder große – kollektive Macht ableiten können. Zum anderen sind die Handlungsspielräume individueller Akteure durch ihre Zugehörigkeit zu einer Organisation erheblich eingeschränkt. Wenn die Erkenntnisse einzelner Akteure politisch relevant werden sollen, so müssen auch die Organisationen, in deren Interesse die Akteure handeln, insgesamt lernfähig sein.

Die Frage, unter welchen Bedingungen Organisationen lernen, beschäftigt einen ganzen Zweig der aktuellen Organisationssoziologie.[16] Die Grundannahme dabei ist, dass (privatwirtschaftliche) Organisationen, um bestehen zu können, sich an die sich verändernde Umwelt anpassen müssen. Bei diesem Anpassungsprozess muss die Organisation die Komplexität ihrer Umwelt erfassen, indem sie Informationen über die Außenwelt sammelt und Wirkungszusammenhänge zwischen dem Organisationshandeln und der Umwelt erkennt. Die Verarbeitung von Informationen und die Veränderung von Verhaltensroutinen sind also notwendige Prozesse zum Überleben einer Organisation (March/Olsen 1990). Lernprozesse können von Organisationen ebenso wie von ihren Mitgliedern vollzogen werden.

Auch in der Organisationssoziologie unterscheidet man unterschiedliche Stufen des Lernens: einfaches, komplexes und reflexives Lernen.[17] Beim einfachen Lernen geht es lediglich um die korrekte Anwendung von legalen, kollektiven oder administrativen Regeln. Das Lernen der Organisation ist dabei unabhängig vom Lernen ihrer Mitglieder.[18] Lernen ist dabei aber mehr als nur die inkrementale Anpassung an die Erfordernisse der Außenwelt, nämlich zielgerichtetes Handeln, das durch die Wahrnehmung von Dysfunktionalitäten angestoßen wird: »Lernanlass sind Signale, die eine Diskrepanz zwischen Soll- und Ist-Werten anzeigen und das Ergebnis von Kontrollen sind.« (Wiesenthal 1995:140) Das Bewusstsein über die Diskrepanz zwischen Sachstand und Zielvorgaben ist aber nicht nur das Ergebnis, sondern auch die Voraussetzung für die Institutionalisierung derartiger Regeln. Diese wiederum kann in einfachen Lernprozessen nicht gelernt werden, weil sie die bloße Regelanwendung überschreitet.

Wenn von den Organisationsmitgliedern oder der Organisation ein größerer Wissensstand über die Folgen ihres Handelns und die kausalen Zusammenhänge zwischen ihrem Handeln und seinen Wirkungen auf die Außenwelt verlangt wird,

---

16 Für einen umfassenden Überblick über die disziplinären Wurzeln des Konzeptes, Auslöser für Lernprozesse, Faktoren und Bedingungen, Akteure und Typen von Lernprozessen, Aspekte interorganisatorischen Lernens, der Entwicklung der Lernpraxis und Aspekte des Lernens in der Praxis vgl. das Handbuch zum Organisationslernen von Dierkes u.a. 2001.

17 Der prominenteste Ansatz des Organisationslernens wurde 1978 von Argyris und Schön entwickelt, mit dem die noch heute anerkannte Unterscheidung zwischen drei Lerntypen, *single-loop*, *double-loop* und *deutero-learning*, eingeführt wurde (Argyris 1982). Eine vergleichende Darstellung von mehrstufigen Lerntypen in Organisationen findet sich bei Pawlowsky (Pawlowsky 2001:77). Helmut Wiesenthal (1995) hat das organisationssoziologische Grundkonzept für die politikwissenschaftliche Analyse fruchtbar gemacht.

18 Am Beispiel des *Gender Mainstreaming* haben wir an anderer Stelle gezeigt, wie geschlechterpolitische Lernprozesse anhand des Konzeptes des Organisationslernens zu verstehen sind (Bothfeld/Gronbach 2002b).

spricht man von komplexem Lernen, das die Voraussetzung für die Entwicklung neuer Regeln ist. Auf der individuellen Ebene bedeutet komplexes Lernen die Aneignung von konsistentem Wissen über die Umwelt und die Wirkungsbedingungen des organisatorischen Handelns (z.B. über die nachteilige Wirkung des Erziehungsurlaubs auf die Erwerbstätigkeit von Frauen). Der Gegenstand komplexen Lernens auf der individuellen Ebene ist das individuelle Gedächtnis und das individuell verfügbare Wissen. Auf der Ebene der Organisation ist der Gegenstand des Lernens das ›Organisationsgedächtnis‹, in dem sich Wissen über die Folgen des Organisationshandelns sowie deren Binnenorganisation ansammelt. Die Entwicklung eines Frauenstatuts in Parteien oder die Erweiterung tarifpolitischer Forderungen um gleichstellungspolitische Aspekte in den Gewerkschaften sind Beispiele für komplexes Organisationslernen im Bereich der Gleichstellungspolitik. Für erneutes Handeln hat sich, wenn komplexes Lernen stattgefunden hat, der Ausgangspunkt des Akteurs (individuell oder korporativ) verändert (Wiesenthal 1995:143). Individuelles und Organisationslernen sind zwar interdependent, aber nicht zwangsläufig gleichgerichtet, denn das individuelle Wissen ist nicht mit dem Organisationswissen gleichzusetzen. Das Wissen und die Lernfähigkeit einer Organisation ergeben sich zwar aus dem Wissenstand ihrer Mitglieder, der aufgrund verfügbarer Studien und zugänglicher Informationen innerhalb der Organisation vergrößerbar und verallgemeinerbar ist. Allerdings ist dieses Organisationsgedächtnis *intersubjektiv*, d.h. abhängig von der Aktivierung durch die Mitglieder der Organisation.[19] Deswegen verhalten sich ansonsten ähnlich weit entwickelte Organisationen möglicherweise ganz unterschiedlich. In der Regel begegnen Organisationen dieser Tatsache mit der Arbeitsteilung und der Einrichtung von Abteilungen oder Arbeitsgruppen.

Beim reflexiven Lernen werden Theorien über das Handeln von Organisationen entwickelt, verglichen und bewertet. Dabei kommt es nicht auf »bessere Wirklichkeitsinterpretationen« an, sondern auf »komplexe metakognitive Kompetenzen« (Wiesenthal 1995:144). Deswegen sind nur Individuen dazu in der Lage, vermittels ihrer kognitiven und strategischen Fähigkeiten komplexe Sachverhalte zu erfassen und ihre Entscheidungen entsprechend zu begründen: Sie reflektieren dabei geltende Normen und sind dazu fähig, diese entweder zu reproduzieren oder in Frage

---

19 So werden Forschungsprojekte zu bestimmten Fragen (z.B. Sozialisationsprozesse bei Kleinkindern; fiskalische Kosten von Kinderbetreuungseinrichtungen) in Auftrag gegeben, Symposien veranstaltet oder Wissenschaftliche Beiräte mit der Anfertigung von Gutachten beauftragt. In diesem Sinne entsteht das »Organisationsgedächtnis« in Form von Schriftenreihen, Archiven der Fachabteilungen in den Organisationsabteilungen etc.

zu stellen. Nach Ansicht von Wiesenthal überschreitet diese Lernform die Fähigkeiten korporativer Akteure und ist allein auf der individuellen Ebene zu finden.[20]

Das Konzept des reflexiven Lernens ist für gleichstellungspolitische Analysen von vermutlich großer Bedeutung, weil damit die Konflikte innerhalb von Organisationen über die normativen Prämissen des Organisationshandelns sichtbar werden: FachpolitikerInnen z.B. in der Gleichstellungspolitik, die sich für die Formulierung und Verfolgung bestimmter Organisationsziele oder die Veränderung interner Verfahren einsetzen, werden die bisherigen Handlungsstrategien und Ziele der Organisation hinterfragen und somit auf den Widerstand der anderen Organisationsmitglieder (Abteilungen) treffen. Reflexive Lernprozesse wären auf der Organisationsebene dann zu verzeichnen, wenn Verfahren initiiert werden, um einen Wandel der Organisationsstruktur herbeizuführen, der die Aufnahme und Verarbeitung von neuem Wissen ermöglicht. Die Einrichtung von Kommissionen zur Erarbeitung von neuen Organisationszielen oder -strukturen, zur Infragestellung der Ziele und Arbeitsweisen einer Organisation, die zu einer Verschiebung der Ziele führen können, sind im Bereich der Gleichstellungspolitik vermutlich extrem selten. Insgesamt zeigt sich, dass das Modell des Organisationslernens sehr viel komplexer ist als das des Lernens in Tendenzkoalitionen und es der politischen Realität im deutschen Regierungssystem damit sehr viel näher kommt.

4.2.3 Lernen bei individuellen AkteurInnen

In der Geschlechterpolitik ist die Frage nach der Lernfähigkeit individueller AkteurInnen hochrelevant, wenn die Stagnation bei gleichstellungspolitischen Projekten nicht allein mit dem strategischen Interesse korporativer Akteure erklärt werden kann. Wann ist denn von den individuellen AkteurInnen in den Organisationen zu erwarten, dass sie lernen? Sabatier vertritt einen eher rationalistischen Akteursbegriff. Ihm zufolge gehören die AkteurInnen zur politischen Elite, sie verfügen über ein besonderes Maß an Kompetenz zur Bewältigung von Komplexität, sie sind fähig, kohärente und konsistente Überzeugungssysteme auszubilden und sie versuchen mit einer besseren Zielerreichung ihre Legitimität zu erhöhen. Auf alle Fälle betrachtet Sabatier das Akteurshandeln als intentional, wobei die AkteurInnen ihr Überzeugungssystem nur auf Druck von außen verändern (Sabatier/Jenkins-Smith 1993:30). Dass politische AkteurInnen nicht lernen können oder wollen, ist bei Sabatier keine entwickelte Option.

---

20 Meines Erachtens ist die Selbstreflexion bei Organisationen durchaus möglich, wie der Prozess des IG-Metall-Zukunftskongresses in Leipzig 2002 zeigt (vgl. dazu auch Zoll 2003).

Soziologische Theorien vermitteln Einsichten in die Erklärung von Akteurshandeln, die für die politischen AkteurInnen angemessener erscheinen. Die wichtigste kognitive Grenze für Lernen besteht in der begrenzten Rationalität (*bounded rationality*) (Simon 1957). Demnach sind Menschen grundsätzlich nicht in der Lage, ein optimales Modell rationalen Handelns zu entwickeln, weil sie einerseits nicht alle Informationen erfassen können und weil sie sequenziell und nicht synoptisch denken (Friedberg 1988:48). Vielmehr suchen die AkteurInnen nach mehr oder weniger festgelegten Kriterien die beste Lösung. Diese entspricht dann »nur« den Zufriedenheitskriterien der/des Akteurs/In, aber nicht mehr absoluten Rationalitätskriterien. Wann die Zufriedenheit erreicht wird, ist abhängig von der Persönlichkeit der oder des Handelnden der Handlungssituation, wobei die Wandelbarkeit der Rahmenbedingungen bzw. ihrer Interpretation den entscheidenden Beitrag zur Kontingenz des Akteurshandelns leistet.[21] In der Politik gibt es die Instrumente der wissenschaftlichen Politikberatung und der Deliberation zur Überwindung der begrenzten Rationalität der AkteurInnen (vgl. dazu das folgende Kapitel).

Ein zweiter Grund dafür, dass Individuen nicht lernen können, liegt in der »ideationalen Ausstattung« – ihrer Persönlichkeit[22] und den Richtgrößen des sozialen Handelns – die das Potenzial für das Ausfüllen von Handlungsspielräumen individueller AkteurInnen festlegt. Als Richtgrößen sozialen Handelns, die für die Verhinderung von Lernprozessen relevant sind, müssen Werte, Rollen und Einstellungen betrachtet werden. Werte gelten als wichtigste Triebkräfte individuellen und kollektiven Handelns, weil sie zwei Funktionen haben. Durch die *Ideologiefunktion* werden bestehende Herrschaftsverhältnisse gesichert, die *Integrationsfunktion* sichert die Teilhabe der Individuen an der Gruppe oder Gesellschaft (Bosetzky/Heinrich u.a. 2002:113).[23] In der soziologischen Begrifflichkeit werden

---

21 Friedberg (1988) bezeichnet die Auswahl der Kriterien für die Auswahl der Lösungen aufgrund vorheriger Erfahrungen und die bestmögliche Nutzung des eingeschränkten Handlungsspielraums als Lernprozess. Meines Erachtens ist dies kein besonders anspruchsvoller Lernbegriff, so dass hier bestenfalls von einem einfachen Lernprozess gesprochen werden kann, also von »Regelanwendung«, weil Lernen immer gegeben ist, wenn es zu einer Handlung, also der Auswahl einer Lösung kommt.

22 Die Persönlichkeit von Individuen wird in der Literatur in der Regel in fünf Dimensionen beschrieben: emotionale Stabilität (Angst, Selbstsicherheit), Extra- vs. Introversion, Offenheit oder Verschlossenheit gegenüber neuer Erfahrungen (Verstehensfähigkeit im weitesten Sinne auch Intelligenz), Willensstärke (Disziplin, Durchsetzungsfähigkeit) und Freundlichkeit (Bosetzky/-Heinrich u.a. 2002:130).

23 Im Unterschied zu Werten gelten Normen als Mittel zur Umsetzung von Werten, sozusagen als konkrete Handlungsanweisung (z.B. ein Gebot der Gleichbehandlung) zur Verwirklichung der Wertvorstellungen (z.B. Gleichheit). Eine gesetzliche Regelung ist wohl die gängigste Form der Normierung zur Herstellung der Gleichheit aller Mitglieder einer Gesellschaft. Normen legen gesellschaftliche Erwartungen fest und steigern damit die Transparenz des gesellschaftlichen Zusammenlebens und die Vorhersehbarkeit gesellschaftlicher Sanktionen (ebd.:115). Von Normen

Werte durch soziale Rollen versinnbildlicht und zum Ausdruck gebracht. Soziale Rollen sind die kleinsten Elemente sozialer Systeme und gelten als »Bündel von Erwartungen, die sich in einer gegebenen Gesellschaft an das Verhalten der Träger von Positionen knüpfen.« (Dahrendorf 1961 zit. nach ebd.:118). Der Charakter der sozialen Rolle ist jedoch ambivalent. Einerseits vermittelt das Handeln in sozialen Rollen eine Erwartungssicherheit, die das Leben berechenbarer macht, andererseits haben soziale Rollen auch einen Zwangscharakter, dem sich die Individuen nicht ungestraft entziehen können. Soziale Rollen können sich außerdem komplementär zueinander verhalten oder zu »Rollendruck, Rollenstress und Rollenüberladung« führen (ebd.:120f.). In Einstellungen kristallisieren sich schließlich die Meinungen und Wertungen über Gegenstände, Personen und Ereignisse der Umwelt. Sie sind angeleitet aus den »tiefer liegenden« Werten und sozialen Rollen und dienen als direkte Orientierungsmaßstäbe für das Verhalten in bestimmten Situationen. Vorurteile sind Einstellungen, die unabhängig von konkreten Erfahrungen entstehen und sich auch als resistent gegenüber neuen Erfahrungen oder Differenzierungen erweisen (ebd.:124). Einstellungen sind, auch wenn sie Handlungen anleiten, nicht mit Verhalten gleichzusetzen, vielmehr führen Konflikte in vielen Fällen zu Diskrepanzen zwischen Einstellung und Verhalten.[24] Eine bestimmte Form des inneren Konfliktes ist die kognitive Dissonanz, »ein konflikthafter Zustand des Individuums, wenn es sich mit zwei Bewusstseinsinhalten (Kognitionen, Informationen) konfrontiert sieht, die es als bedeutsam für sich erlebt, die sich aber gegenseitig ausschließen« (ebd.:128). Dieser Aspekt ist für die Politikanalyse besonders interessant, weil die individuellen Akteure aufgrund ihrer unterschiedlichen sozialen Rollen der besonderen Gefahr ausgesetzt sind, in ein entsprechendes Dilemma zu geraten. Es gehört geradezu zum politischen Geschäft der Akteure, zwischen widersprüchlichen Bewusstseinsinhalten – z.B. dem Wunsch nach Herbeiführung einer angemessenen politischen Lösung und der Wahrung der Haushaltsdisziplin – oder aber zwischen der Rolle als FachpolitikerIn und der Rolle als Fraktionsmitglied, das dem Fraktionszwang unterliegt, zu vermitteln. Kognitive Dissonanzen können durch fünf Strategien überwunden werden: Durch Wahrnehmungsabwehr, wenn unbequeme Informationen gar nicht erst aufgenommen werden, durch Aufsuchen stimmiger Informationen, die das ursprüngliche Gleichgewicht wieder herstellen, durch Entwertung der Dissonanz stiftenden Information, durch Er-

---

lassen sich weniger scharf sanktionierte Verhaltensmuster wie Gewohnheiten, Sitten, Gebräuche, Konventionen und Umgangsformen unterscheiden.

24 Bosetzky/Heinrich u.a. (2002:125ff.) nennen vier mögliche Gründe, die von Einstellungen abweichendes Verhalten verursachen können: Unaufgelöste Inkonsistenzen oder Widersprüche zwischen Wertesystem und konkreten Einstellungen, Nützlichkeitserwägungen, Angst vor sozialer Abwertung, Angst vor sozialer Einschränkung oder Vernichtung.

finden von Scheinbegründungen bzw. »Rationalisierung« von Widersprüchlichkeiten, die bei Jon Elster auch als »adaptive Präferenzbildung« bezeichnet wird (Elster 1993), und schließlich durch Verdrängung des Konfliktes, indem die Existenz abweichender Information schlicht geleugnet wird (ebd.:128f.). Wenn die Ziele der Organisation mit den Werten, Rollen oder Einstellungen der Organisationsmitglieder konfligieren, können Prozesse des Organisationslernens durch die Mitglieder verhindert oder erschwert werden. Schließlich können auch Interessenkonflikte zwischen Organisationsmitgliedern Lernprozesse verhindern. Danach nutzen in Organisationen Individuen und Gruppen ihre Ressourcen, inklusive ihrer Informationskontrolle, als Mittel zur Verfolgung ihrer eigenen Interessen. Diese Überlegung führt zu der Frage, inwieweit die Interessen verschiedener Mitglieder der Organisation kompatibel sind« (March 1990:7). Organisationslernen liegt also nicht automatisch im Interesse ihrer Mitglieder.

Formal sind die Rolle und das Verhalten der Organisationsmitglieder durch die Beschreibung der formalen Strukturen (Satzung) oder der Aufgaben (Geschäftsordnung) der Organisationen weitgehend festgelegt und die Machtbeziehungen zwischen den Mitgliedern dadurch geregelt. Das Konzept der Mikropolitik, mit dessen Hilfe Prozesse innerhalb von Organisationen beschrieben werden können, nimmt jedoch an, dass die formalen Strukturen nicht die gesamte Macht binden, sondern »frei fließende« Macht von den Organisationsmitgliedern gesammelt werden kann. Mikropolitiker zeichnen sich dadurch aus, dass sie vor allem an Machtvermehrung und -absicherung interessiert sind (Bosetzky/Heinrich u.a. 2002:216). Die eigentlichen Sachaufgaben treten dabei in den Hintergrund, denn notwendige Entscheidungen werden möglicherweise weniger aus sachlich gebotenen denn aus persönlich opportunen Gründen getroffen[25]. Mikropolitik hat auch im Alltag der politischen Organisationen einen wichtigen Anteil und kann die Erledigung von Sachaufgaben zuweilen verdrängen. Besonders Reformen und Maßnahmen, die nicht nur materielle, sondern auch strukturelle Veränderungen in den Organisationen herbeiführen sollen, laufen dabei Gefahr, an mikropolitisch agierenden Organisationsmitgliedern zu scheitern.[26]

---

25 Durch das Begründen von Abhängigkeitsverhältnissen, das Besetzen von Schlüsselpositionen und die Rollenakkumulation versuchen MikropolitikerInnen ihre Macht zu mehren. Außerdem nennen Bosetzky u.a. (2002: 228f.) noch die Durchsetzung der eigenen Organisation mit Parteigängern, das Vordringen in Machtvakua, die Verfügung über knappe Informationen und die Nutzung von Konflikten. Mikropolitische Machtkämpfe zwischen Organisationsmitgliedern können zu Dysfunktionalitäten führen und Lernprozesse verhindern (Crozier 1964:187ff.; Bosetzky 1988:28).

26 Roland Czada (1995) hat am Beispiel der Ost-West-Integration dreier Politikbereiche (unter anderem der aktiven Arbeitsmarktpolitik) nach der Wiedervereinigung gezeigt, dass »institutionelles Transformationslernen« dann möglich und die Lernbereitschaft der Akteure hoch ist, wenn Machtpositionen nicht verändert werden.

Mehr jedoch als die Mikropolitik prägen die »Standardeigenschaften des organisatorischen Lebens« (March 1990) die Arbeit innerhalb einer Organisation. Die begrenzte Aufmerksamkeitsspanne der Organisationsmitglieder und das Auftreten von widerstreitenden Positionen werden durch die Abteilungsbildung und Arbeitsteilung, also die formale hierarchische Gliederung, beantwortet. Zweitens verhindern Knappheit an den Ressourcen Zeit und Energie, dass alle Probleme berücksichtigt werden können und eine Konzentration auf »aktuelle« Probleme stattfinden muss. Drittens verhindert ein Überschuss an Ressourcen (*organizational slack*), dass Konflikte sich verschärfen, wenn die Arbeitseinheiten unterschiedliche, weil zwangsläufig zeitversetzte Ziele verfolgen. Diese drei Faktoren organisieren die sequenzielle (und nicht simultane) Bearbeitung von Anforderungen (ebd.: 8f.).

Anders als im Konzept der Tendenzkoalitionen zeigt sich, dass das Handeln individueller politischer AkteurInnen durch eine Vielzahl konkurrierender Faktoren (Werte, Rollen, Einstellungen, Machtstreben, Routine etc.) bedingt ist und das Lernen eher einen Sonder- denn einen Routinefall darstellt. Die Einbindung in politische Organisationen begrenzt außerdem den Handlungsspielraum und fördert oder aber behindert Prozesse des individuellen Lernens.

4.3 Politische Lernprozesse und politischer Wandel

Auf welchen Wissensbegriff kann sich dann ein Konzept politischen Lernens beziehen, wenn einerseits Unsicherheit über die Richtigkeit kausaler Annahmen besteht, und andererseits Erfahrungswissen und normatives Wissen in gleicher Weise legitim sind wie wissenschaftliches Wissen? Und wenn gleichzeitig deutlich wird, wie schwierig und selten Lernen im Kontext einer Organisation ist? Ist politisches Lernen dann nichts anderes als die von Sabatier postulierte nachhaltige Veränderung von Verhaltensprämissen? Wäre dann die Übernahme neuer wissenschaftlicher Erkenntnisse oder Gerechtigkeitskonzepte ebenso das Ergebnis von Lernen wie die inkrementale Anpassung an Umweltbedingungen? In diesem Abschnitt soll deutlich werden, welche Kriterien an den Prozess des politischen Lernens anzulegen sind, wenn eine materiale Bewertung der Politikergebnisse als Bewertung nicht zur Verfügung steht.[27] Die hier diskutierten Ansätze sind in der Abbildung 4.1 vergleichend zusammengefasst.

---

27 Die Frage nach der Normativität des Lernbegriffs wird auch bei Nullmeier (2003) diskutiert. Seine Argumente können hier jedoch nur selektiv berücksichtigt werden.

4.3.1 Lernen durch Prüfung von Wirkungszusammenhängen

Zunächst einmal stellt sich die Frage, welchen Sinn Lernen eigentlich hat und inwiefern es sich von strategischem oder interessengeleitetem Handeln unterscheidet. Die leitende These ist hierbei, dass zwar politisches Lernen mit strategischem Handeln zusammenfallen kann, dass aber Politisches Lernen auch unabhängig von strategischen Erwägungen der Akteure stattfindet. Dabei wird angenommen, dass politische Akteure nicht vordringlich als Nutzenmaximierer, sondern auch als soziale Wesen handeln können.

Alle dargestellten Ansätze gehen davon aus, dass Akteure in Reaktion auf die Umwelt handeln. Hall hebt die Bedeutung von Anomalien als Auslöser eines paradigmatischen Politikwandels hervor. Wiesenthal (1995) sieht als Lernanreiz für Organisationen den Vergleich zwischen Ziel und Ergebnis des Handelns, wobei die Überprüfung des Ergebnisses geplant erfolgt. Im ACF wird Lernen durch »Druck von außen« herbeigeführt, weil Akteure nach Legitimität streben, die in demokratischen Systemen allein ihre politische Autorität zu sichern vermag:

»Nevertheless, policy-oriented learning does occur. In a world of scarce resources, those who do not learn are at a competitive disadvantage in realizing their goals. Raw political power may carry the day against superior evidence, but the costs to one's credibility in a democratic society can be considerable. (...) Thus those who can most effectively marshal persuasive evidence, thereby conserving their political resources, are more likely to win in the long run than those who neglect technical arguments.« (Sabatier/Jenkins-Smith 1993: 45)

Hier wird also den Akteuren zielgerichtetes Handeln, nämlich die Akkumulation von Wissen zur Sicherung der eigenen Position im politischen Wettbewerb unterstellt. Diese stelle eine Alternative zum machtorientierten Handeln dar, mit dem zwar schnelle, aber nicht unbedingt nachhaltige Erfolge im Hinblick auf die politische Zielerreichung erlangt werden können. Demnach hätten »machtvolle« Akteure, d.h. Akteure ohne Legitimitätsprobleme, es nicht nötig zu lernen und würden nur durch äußeren Druck (etwa eine Entscheidung des Europäischen Gerichtshofs oder des Bundesverfassungsgerichts) zum Handeln gezwungen.[28] Hier wird eben diese Sichtweise um die Annahme ergänzt, dass Akteure lernen, um Machtdefizite auszugleichen und Legitimität zu erringen. Akteure lernen aber nicht in allen Bereichen gleichermaßen: Veränderungen im Bereich der »sekundären Aspekte« sind leichter und mit weniger Druck herbei zu führen als Veränderungen in den »Kernüberzeugungen«, die gegen Veränderungen am widerständigsten sind. Mit der Hierarchisie-

---

28 Auf diesen Umstand zielt die vielzitierte Bemerkung K.W. Deutschs, Macht sei die Fähigkeit, nicht lernen zu müssen: »Power in this narrow sense is the priority of output over intake, the ability to talk instead of listen. In a sense, it is the ability to afford not to learn.« (Deutsch 1966:111). M.E. ist dies eine richtige, aber doch sehr reduzierte Sichtweise auf das Politiklernen.

rung der kognitiven Strukturen wird der Aspekt der politischen ›Kosten‹ von politischem Wandel angedeutet. Sind Veränderungen in den sekundären Aspekten bzw. Anpassung von Instrumenten noch gut möglich, so erweisen sich die Kernüberzeugungen als möglicherweise resistent gegen Konsens produzierende Lerneffekte. Akteure, so Sabatier, würden ihre Kernüberzeugungen zunächst gegen gegenläufige empirische Beweise und interne Störungen verteidigen und Informationen zurückweisen, die mit ihren Kernüberzeugungen kollidieren. Auftretende ›kognitive Dissonanzen‹ würden eher durch die Veränderungen auf der technischen Ebene zu lösen versucht (Sabatier/Jenkins-Smith 1993).

So plausibel diese Unterscheidung erscheint, lassen sich jedoch drei Einwände formulieren. Erstens zeigt sich gerade in der Sozialpolitik, dass selbst geringfügige Leistungsverbesserungen, die nach Sabatier zu den »sekundären Aspekten« gehören, kaum durchzusetzen sind, was die Unterscheidung der Lernstufen in Frage stellt. Zweitens hat der Exkurs über das Organisationslernen gezeigt, dass die »Kernüberzeugungen« individueller Akteure im politischen Prozess zumindest in Deutschland nicht die einzige und vielleicht auch nicht die wichtigste Rolle spielen. Organisationsstrukturen und -leitbilder haben möglicherweise eine genauso große Bedeutung für politisches Lernen. Und drittens geht Sabatier davon aus, dass politisches Lernen instrumentalistisch motiviert ist, womit er die Möglichkeit altruistischen Handelns für politische Akteure ausschließt.

Da politisches Handeln kaum von Machtaspekten zu trennen ist, erscheint es gewagt, altruistische Motive zu unterstellen. Dennoch: Neben dem Lernen aus Gründen des Machterhalts gibt es noch eine zweite Variante: Lernen zur Lösung von Sachproblemen *ungeachtet* der direkten Folgen für die Position des Akteurs im politischen Wettbewerb. Dafür sprechen zwei Annahmen. *Erstens* gehen wir von einer konstruktivistischen Perspektive aus, nach dem AkteurInnen aufgrund der Wahrnehmung von Problemen beginnen, aktiv zu werden. Ob sektorale Politikziele entwickelt werden, ist davon abhängig, ob es den Akteuren des Teilbereiches gelingt, ein Referenzsystem zu erarbeiten und politisch geltend zu machen. Muller (1990) unterstellt den AkteurInnen hierbei, dass sie sachorientiert und engagiert zu handeln vermögen, wobei Machtaspekte eine Rolle spielen können, aber nicht müssen. Ihre Grundüberzeugungen sind dabei eher eine Quelle und nicht, wie bei Sabatier, Barrieren für Lernprozesse. *Zweitens* handeln nicht alle AkteurInnen nach der gleichen Logik, selbst wenn sie sich in der gleichen Organisation befinden oder in verschiedenen Organisationen die gleiche Position innehaben. Die Organisationstheorie zeigt, dass die ideationale Ausstattung der AkteurInnen (Persönlichkeit, Wertebezogenheit) und ihre jeweilige Position in der Organisation Quellen für Kontingenz im politischen Handeln sind. Das nutzenmaximierende Handeln, das Sabatier grundsätzlich unterstellt, gilt nicht für alle Akteure gleichermaßen. Welche Ziele individuelle AkteurInnen verfolgen, ist vielmehr persönlichkeits- und wertebedingt. Der Lernanreiz ergibt sich in dieser Perspektive also aus der Wahrnehmung und Interpretation der Umwelt und führt zu einer Definition von Problemen.

Grundsätzlich sind sachorientiertes und machtpolitisches Handeln durchaus vereinbar. Auch in Halls Konzept des politischen Lernens haben sowohl inkrementale Anpassungsprozesse als auch strategische Entscheidungen Platz, und auch Handeln unter verstärktem politischen Druck *kann* das Ergebnis sozialen Lernens sein. Am Beispiel des Übergangs vom Keynesianismus zum Monetarismus als wirtschaftspolitische Leitvorstellung in Großbritannien betont Hall, dass es der Thatcher-Regierung nicht nur darum ging, ihre Machtposition auszubauen, sondern gleichermaßen nach neuen politischen Lösungen für die wirtschaftspolitischen Probleme Großbritanniens gesucht wurde. Demnach stünde der Kampf um politische Macht einem politischen Lernprozess nicht entgegen; vielmehr könne der Wettbewerb um politische Macht selbst ein Vehikel für politisches Lernen sein (Hall 1993:289). Andersherum sind Machtgewinn und Machterhalt nicht die einzigen Motive dafür, dass Akteure lernen.

Wie lässt sich dann in der Analyse unterscheiden, inwieweit Gesetzesreformen auf politisches Lernen zurückzuführen sind und nicht nur Ausdruck von Machtverhältnissen sind? Oder anders gefragt, wie lässt sich zeigen, dass Akteure aufgrund von Erfahrung handeln? Wenn wir davon ausgehen, dass die Akteure an der Effektivität ihres Handelns, d.h. an der Lösung von Sachproblemen interessiert sind, dann müssen sich auch Begründungen für ihr Handeln und ihr Interesse für das Ergebnis ihres Handelns im Politikprozess finden lassen. Das bedeutet, dass die Akteure zuvor Wirkungszusammenhänge erörtern, versuchen, »angemessene« Politiklösungen zu entwickeln und möglicherweise eine Ergebniskontrolle anstreben bzw. frühere Evaluierungsergebnisse in ihrer Argumentation verwenden. Dabei muss keine Evaluation im technischen Sinne erfolgen, sondern es muss ein Bezug zu früheren Erkenntnissen vorhanden sein.  Bei ausschließlich interessegeleitetem Handeln werden die Wirkungszusammenhänge rhetorisch verschleiert – zum Beispiel durch die Benutzung von Metaphern – und Evaluierungsergebnisse nur selektiv wahrgenommen. Kognitive Dissonanzen, die aus der Diskrepanz zwischen der Politikentscheidung und dem besseren Wissen oder dem vorherigen Eintreten für konträre Ziele entstehen, werden durch Umdeuten, Ablenken oder Verleugnen aufzulösen versucht. Die möglichst konsequente Bewertung von Wirkungszusammenhängen ist somit das erste zentrale Kriterium, an dem sich politisches Lernen erkennen lässt.

4.3.2 Lernen als reflexives politisches Handeln

Das zweite Kriterium betrifft den Umgang der Akteure mit politikrelevantem Wissen. Wie selektieren AkteurInnen das relevante Wissen, wenn Alltagswissen und wissenschaftliches Wissen gleichermaßen legitime Formen des Wissens sind? Wie erreichen AkteurInnen eine »zufrieden stellende« Politiklösung? Sabatier setzt hierbei auf die Funktion von politischen VermittlerInnen *(policy broker)*, die z.B. wissenschaftliche ExpertInnen sein können und »auf mittlerer Ebene« versuchen, einen Kompromiss zwischen konkurrierenden Überzeugungen zu erarbeiten (Sabatier 1993: 140).[29] Bedingung ist die Existenz neutraler, professionell geprägter Foren, die über ausreichend Reputation verfügen, um professionelle AkteurInnen aus konkurrierenden Koalitionen zur Teilnahme zu veranlassen (s. a. Wiesenthal 1995: 147). Diese Sichtweise erscheint jedoch aus zwei Gründen zu simpel. Erstens übernehmen, wie die Forschung zur Wissensnutzung zeigt, die individuellen AkteurInnen oder die politischen Organisationen nicht die wissenschaftlichen Erkenntnisse von ExpertInnen, weil diese sachliche Lösungen befördern. Vielmehr wird Wissen aus strategischen Gründen übernommen, wenn dieses die eigene Position bestätigt.[30] Zweitens ist auch ExpertInnenwissen oftmals nur »vorläufiges« Wissen und kann sich zudem in politisch-normativer Hinsicht als unzulänglich erweisen. Die Übernahme wissenschaftlicher Erkenntnisse befördert Lernprozesse dann, wenn sie nicht unreflektiert übernommen werden, sondern in die politischen Auseinandersetzungen »einsickern« können (Weiss 1991). Dies bedeutet, dass wissenschaftliche Erkenntnisse einen Beitrag dazu leisten können, umfassende normative und kausale Begründungen für politische Lösungen zu entwickeln, wenn ihre spontane Übernahme nicht den Reflexionsprozess ersetzt. Lernen setzt also eine »Konsistenz- und Kohärenzprüfung« voraus, so dass die bloße von außen angestoßene Veränderung des Referenzsystems ohne innere Auseinandersetzung nicht als Lernen bezeichnet werden kann (Nullmeier 2003b: 333). Nur nachhaltige Problemlösungen antworten bestmöglich auf die zuvor getroffene Problemdefinition; die unkritische Übernahme wissenschaftlicher Erkenntnisse kann dies nicht gewährleisten. Nachhaltigkeit bedeutet dabei nicht, eine ultimative und irreversible Lösung gefunden zu haben, sondern mittelfristige Wirkungen und normative Positionen mit zu bedenken.[31]

---

29 Vielsagend ist die Formulierung von Braun (1998), nachdem die Experten als »ehrliche Makler« betrachtet werden.

30 Zu den Problemen der Wissensnutzung vgl. Abschnitt 5.3 und Weiss 1991:317.

31 Nullmeier warnt vor dem »wissenssoziologischen Dilemma«, nach dem die Gefahr bestehe, entweder in die Ideologiekritik zurückzufallen und sich auf die Betonung der Diskrepanz zwischen geltendem und wirklichem Wissen zu beschränken oder Diskursverläufe lediglich abzubilden und auf jede Form der Politikevaluation und normative Stellungnahme zu verzichten (Nullmeier 1996:142).

Politisches Lernen setzt also nicht nur die Aufnahme, sondern auch die eigenständige und kritische Bewertung deskriptiven und normativen Wissens durch die Akteure voraus.[32] Somit geht es nicht mehr um das *Ergebnis* des Lernens, um bessere oder schlechtere *Policies*, sondern um das *Verfahren*: Neues Wissen muss aufgenommen und im Hinblick auf die politischen aber auch die normativen und strategischen Ziele der Akteure reflektiert werden.[33] Dabei ist die Interaktion zwischen der Organisation und ihren Mitgliedern eine zentrale Voraussetzung für Lernen: Organisationen müssen Strukturen haben, um neue Informationen zu verarbeiten und individuelle AkteurInnen müssen lernfähig sein. Verfahrensregeln für die Verarbeitung von Wissen werden durch die Organisationssatzungen und darin enthaltene Aufgabenteilung festgelegt. Des Weiteren entscheiden die Kriterien der Personalauswahl darüber, welche Form des Wissens aktiviert werden soll (z.B. juristisch-formales oder sozialwissenschaftliches Wissen), wenn man davon ausgeht, dass Menschen unterschiedlichen Geschlechts, Bildungsgrads und disziplinären Hintergrunds TrägerInnen unterschiedlichen Wissens und sozialer Rollen sind, die in Lernprozessen zum Tragen kommen können. Durch Regeln zur systematischen Wissensverarbeitung aber auch durch die Entwicklung einer Organisationskultur können Lernblockaden auf individueller und organisatorischer Ebene überwunden werden. Das Akteurshandeln würde in der Folge stringenter und »kognitive Dissonanzen« in der Organisation seltener. Die Stringenz misst sich daran, welche Kausalzusammenhänge zwischen Ziel und Instrument und welche normativen Begründungen in den verschiedenen Bereichen einer Organisation erarbeitet und abgestimmt werden. Die Reflexion und damit die Bewusstmachung von implizitem (normativem oder deskriptivem) Wissen ist damit der zweite zentrale Schritt zum politischen Lernen, mit dem sich die Akteure von routinemäßigen oder strategischen Erwägungen »emanzipieren«.

---

32 Der Streit um Voraussetzungen und Bedingungen einer »reflexiven Modernisierung« wurde vor allem in der sozialtheoretischen Debatte zwischen Ulrich Beck und Anthony Giddens einerseits und Scott Lash andererseits geführt (vgl. Beck/Giddens u.a. 1996). In dieser Kontroverse ging es vor allem um die Frage, auf welche Weise (neue) Formen des Wissens verarbeitet werden, wobei Lash einen weniger kognitivistischen und stärker kulturalistischen Zugang zum Begriff der »reflexiven Modernisierung« entwickelt, als seine beiden Kollegen (ebd.:294ff.). Meine Überlegungen zur Bedeutung der Reflexion beim politischen Lernen sind durchaus anschlussfähig an diese Debatte, können hier jedoch nicht vertieft werden.

33 Es kann durchaus mit sozialwissenschaftlichen Methoden untersucht werden, inwiefern das Handeln den zuvor formulierten Zielen entspricht, bzw. welche Diskrepanz zwischen deklarierten Politikzielen und dem Aushandlungsprozess von konkreten Politikinstrumenten besteht.. Weil eine konsistente Transformation politischer Ziele in entsprechende Instrumente auf Grund des soziodynamischen Charakters politischer Prozesse kaum möglich ist, geht es jedoch darum, die wahrgenommenen Handlungsbedingungen der Akteure zu untersuchen und Bedingungen zu identifizieren, unter denen sie handeln und möglicherweise auch lernen (Muller 1990).

4.3.3 Lernen als Prozess der Koordination

Die einleitende Darstellung der politischen Prinzipien der Vereinbarkeitspolitik hat gezeigt, wie fragmentiert dieses Politikfeld ist und in welchem Spannungsfeld vereinbarkeitspolitische Ziele angesiedelt sind. Es wurde auch deutlich, wie wenig die einzelnen Instrumente, z.b. der Anspruch auf Teilzeitarbeit und deren sozialrechtliche Absicherung, aufeinander abgestimmt sind. Angesichts dieser Tatsache müsste politisches Lernen dazu führen, dass die Wechselwirkungen zwischen den verschiedenen Sektoren (Arbeitsmarkt-, Arbeitszeit-, Familien-, Gleichstellungs- und Sozialpolitik) erkannt werden und versucht wird, diese zu koordinieren, um eine höhere Konsistenz der Politikregimes bzw. der Programme und Maßnahmen zu erzielen.

Eine verbesserte Koordination setzt voraus, dass die Wirkungen und Wechselwirkungen der verschiedenen Maßnahmen bekannt sind. Um widersprüchliche Effekte abzubauen, müssten die sich aus der Arbeitsteilung von Organisationen ergebenen Ressortgrenzen für die Erreichung übergeordneter Ziele überwunden werden und die Akteure sich auf ein gemeinsames Ziel einigen und die Programme entsprechend abstimmen. Nahe liegend wäre der Gedanke, das politische Handeln an sozialen Werten, wie etwa Gleichheit oder Gerechtigkeit auszurichten. Gegen diese Sichtweise sprechen jedoch zwei Einwände. Zum einen gibt es auch innerhalb einer politischen Organisation keinen Konsens über die Form der angestrebten Gleichheit oder Gerechtigkeit. Vielmehr zieht sich der Streit um die »richtigen« Gleichheits- und Gerechtigkeitsbegriffe derzeit ebenso durch die wissenschaftlichen Disziplinen wie durch die politischen Organisationen. Möglicherweise muss daher die Anerkennung paralleler Gerechtigkeitsbegriffe an die Stelle eines Konsenses treten. Zweitens lassen sich aus einem gemeinsamen abstrakt normativen Ziel nicht unbedingt konsistente politische Maßnahmen für alle Teilsektoren ableiten. Für die Messung und Beurteilung von Gleichheit bedarf es nämlich der Formulierung geeigneter Indikatoren, die aber wiederum das Ergebnis politischer Aushandlungsprozesse sind, weil sie zwangsläufig normative Standpunkte mit einschließen. Gleichstellungspolitische Erfolge könnten z.B. an dem Frauenanteil am Arbeitsvolumen (wie feministische Forscherinnen empfehlen) oder an der Erwerbstätigenquote (wie die Europäische Kommission empfiehlt) gemessen werden. Beschäftigungspolitische Erfolge können entweder (wie die Bundesagentur für Arbeit es tut) anhand einfacher Arbeitslosenquoten oder (wie es in der Arbeitsmarktforschung geläufig ist) an »breiten« Arbeitslosenquoten gemessen werden. Möglicherweise zeigt sich dann, dass politische *Ziele* der verschiedenen Sektoren nicht unbedingt miteinander vereinbar sind, auch wenn sie sich auf eine gemeinsame Kernüberzeugung beziehen.

Koordination bedeutet, dass die Teilziele in den Sektoren explizit gemacht und miteinander verglichen werden. Wenn ein gemeinsames übergeordnetes Ziel nicht einfach gefunden werden kann, müssen die »lokalen« Ziele miteinander abgestimmt werden.³⁴ Dabei müssen die Akteure zwischen konfligierenden Zielen abwägen und Prioritäten setzen. Dies bedeutet nicht, dass Ziele aufgegeben werden. Vielmehr kann ihre Realisierung auf einen späteren Zeitpunkt verschoben werden. Demnach ist die Nachordnung von politischen Projekten, wie z.B. die Einführung einer Lohnersatzleistung beim Erziehungsurlaub, hinter die Einsparung von Mehrausgaben aus haushaltspolitischen Gründen – sozusagen die »Ankunft in der politischen und fiskalischen Wirklichkeit« – auch dann das Ergebnis eines Lernprozesses, wenn gleichzeitig ein Plan für die Verwirklichung des zurückgestellten Ziels entwickelt wird. Dazu gehört, z.B. wenn es um die Kosten von Maßnahmen geht, die Entwicklung eines Finanzierungsplans, an dessen Konsistenz sich ablesen lässt, welchen Stellenwert dem politischen Ziel beigemessen wird. Viele Politikziele, besonders solche, die man in Wahlprogrammen findet, dienen jedoch mehr wahlstrategischen Zielen denn der Lösung von Sachproblemen. Ausschlaggebend ist also nicht so sehr der Zeitplan, wobei politische Wahlzyklen für die Realisierung von Projekten natürlich von erheblicher Bedeutung sind, sondern die Konkretheit der Vorschläge, aus denen sich auch die Koordination mit anderen Politikzielen, etwa der Finanzierung, ablesen lässt. Meines Erachtens sind diese Fälle dann als Scheitern von Lernprozessen zu betrachten, wenn die Prioritätenordnung nicht klar begründet und auch keine (zeitliche und technische) Perspektive für eine spätere Realisierung der konkurrierenden Politikziele entwickelt wird. In der politischen Realität werden zuvor breit beworbene Politikziele oftmals stillschweigend »kassiert«, weil sich die Widersprüche mit anderen Politikzielen nicht auflösen lassen. Die Ziele werden in diesen Fällen nicht koordiniert, sondern der Anspruch auf die Realisierung von Politikzielen und die Verbesserung der Konsistenz von Politikregimes aufgegeben.

Sehr wahrscheinlich werden der Vergleich und die Koordination der Teilziele (z.B. die soziale Sicherung Erziehender nach schwedischem Vorbild mit der sozialen Sicherung von Arbeitslosen in Deutschland) aber zur Veränderung der ursprünglichen Politikidee führen, weil gegebene institutionelle Rahmenbedingungen und Normen die Politiklösungen prägen. Vor allem führen Regimevergleiche und die Übertragung einzelner Instrumente zwischen den EU-Mitgliedstaaten zu idiosynkratischen Kompromissen.³⁵ So wird z.B. die Gründung einer spezifischen Elternversicherung in Deutschland sehr viel seltener ernsthaft gefordert als die Ausge-

---

34 Diese Sichtweise entspricht der Auffassung nicht-egalitaristischer Gerechtigkeitsbegriffe in der Formulierung von Michael Walzer. Dabei wird nicht wie bei radikalen Non-Egalitaristen das Ziel der Gleichheit als ganzes aufgegeben, sondern für eine andere Bezugsebene plädiert und nach lokalen Lösungen gesucht (Walzer 1992).

35 Aus der notwendigen Berücksichtigung der kognitiven Dimension von *Policies* ergeben sich für den internationalen Vergleich zwar methodologische Komplikationen, dafür aber ein zusätzlicher Erkenntnisgewinn bei der Erklärung von Erfolgen und Misserfolgen von ähnlichen *Policies* in unterschiedlichen nationalen Kontexten (Bothfeld/Rouault 2005).

staltung der Regelungen der Arbeitslosenversicherung, so dass Erziehende beim Erwerb von Ansprüchen und möglicherweise auch beim Leistungsbezug während der Elternzeit – im Sinne einer umfassenden Beschäftigungsversicherung – anspruchsberechtigt werden. So kann die Koordination zwischen den Sektoren Prozesse des Lernens in Gang setzen.

Theoretisch wären somit auch Verteilungskonflikte durch Lernen lösbar. Auch Dietmar Braun ist der Ansicht, dass Akteure »wohlfahrtstaugliche« Lösungen über Politiklernen erreichen können, wobei er davon ausgeht, dass Problemlösung und die Suche nach positiver Koordination in einem dreidimensionalen Raum stattfinde: Neben dem Verteilungskonflikt würde gleichzeitig ein Ideenstreit ausgefochten und ein politisches Puzzeln vollzogen (Braun 1998:812). »Harte« Verteilungskonflikte seien nur dann durch Lernen zu überwinden, wenn sie sich in einen Wertekonflikt überführen ließen. Wenn dann die grundlegenden konkurrierenden Wohlfahrtsdefinitionen instrumentelle Lösungen nicht verhinderten, könnte von Lernen gesprochen werden. Die Erfahrungen bei der Reform des Erziehungsgeldes, bei der, wie später deutlich wird, um relativ geringe Summen gestritten wurde, obwohl ein Konsens über das Politikziel bestand, führt jedoch eher zu einer skeptischen Beurteilung dieser Annahme. Eine eher pessimistische Einstellung vertreten auch Nullmeier und Rüb (1993), die die Entwicklung von »Notwendigkeitskonstruktionen« bei der Entscheidung von Verteilungskonflikten als Barriere für Lernprozesse anführen (vgl. dazu das folgende Kapitel). Möglicherweise kommt diese Sichtweise der sozialpolitischen Realität näher als die optimistischen theoretischen Überlegungen von Braun (1998).

Politisches Lernen setzt also drittens voraus, dass die Politikziele in verschiedenen Sektoren koordiniert werden. Wenn als Ergebnis der Koordination konfligierende Ziele nicht gleichzeitig realisiert werden können, so wäre dennoch von Lernen zu sprechen, wenn Prioritäten entwickelt und begründet werden und Perspektiven für die Realisierung der nachgeordneten Ziele benannt werden.

4.3.4 Die Besonderheit des Begriffs des Politischen Lernens

Beim Politischen Lernen werden also unter Berücksichtigung von früheren Erfahrungen nachhaltige Politiklösungen entwickelt und dabei gleichzeitig konkurrierende Ziele geordnet und Zielkonflikte gelöst. Genauer setzt Politisches Lernen voraus, dass:

1. bei den Akteuren eine Sachorientierung und die Bereitschaft zur Evaluierung der Wirkungszusammenhänge gegeben ist um die Effektivität von Maßnahmen zu verbessern,

2. neues Wissen von den Akteuren durch Reflexionsprozesse individuell und kollektiv verarbeitet wird und die Stringenz des Akteurshandelns sich erhöht,
3. Wechselwirkungen und Zielkonflikte zwischen den verschiedenen Politikbereichen mitbedacht werden und Zielkonflikte durch Koordination gelöst werden, mit dem Ziel, die Konsistenz politischer Maßnahmen zu verbessern.

Auch wenn Politisches Lernen also nicht heißt, dass eine *ultimativ richtige* Lösungen gefunden wird, so ist der Begriff des Politischen Lernens in normativer Hinsicht trotzdem nicht offen: Unter Politischem Lernen sind bestimmte Verfahren zu verstehen (nämlich die Evaluation, die Reflexion und Koordination von Politikzielen), mit denen Akteure normatives und deskriptives Wissen verarbeiten und eine *angemessene* Lösung für ihr Sachproblem finden können. Diese Lösungen werden aber anderen überlegen sein, bei deren Entwicklung sich Lernprozesse nicht nachvollziehen lassen (Nullmeier 2003b:339). Hierin liegt auch der Mehrwert lerntheoretischer Analysen im Vergleich zu den interpretativen Ansätzen, die ohne einen Lernbegriff auskommen und sich lediglich mit der Veränderung von kognitiven Bezugsrahmen befassen. Damit ist der Begriff des politischen Lernens auch von anderen Lernkonzepten (z.B. dem Organisationslernen oder psychologischen Lerntheorien) abzugrenzen, mit denen die rein kognitive Fähigkeit, Verhaltensänderungen auf der Basis von Erfahrungen herbeizuführen, gemeint ist. Das politische Lernen unterscheidet sich von anderen Lernformen dadurch, dass nicht nur nach der Effektivität, sondern auch nach der Stringenz und der Konsistenz des Handelns gefragt wird, weil die Politikergebnisse verstehbar, vermittelbar und legitimierbar sein müssen. Welche Voraussetzungen für politisches Lernen auf der Akteursebene gegeben sein müssen, wurde in diesem Kapitel deutlich. Die gesellschaftlichen Bedingungen, die Politisches Lernen auf der Makro-Ebene einer Gesellschaft ermöglichen oder erschweren, sollen im folgenden Kapitel erörtert werden.

Abbildung 4.1: Zusammenfassende Darstellung interpretativer Konzepte zur Erklärung politischen Lernens

Politikkonzept/ AutorInnen	Form des Wissens	Akteursbegriff	Lernziel	Faktoren, die Lernen begünstigen	Faktoren, die Lernen erschweren
Advocacy Coalition Framework (Sabatier 1993)	Überzeugungssystem (Kernüberzeugung, Politikkern, sekundäre Aspekte)	Mitglieder von Tendenzkoalitionen (auch wiss. ExpertInnen)	Verbesserung der Politikergebnisse und Erhöhung der Legitimität	exogene »Systemereignisse«, dynamische und stabile Parameter, *policy broker*	Verteilungskonflikte, grundlegende normative Konflikte
Social learning (Hall 1993)	Paradigmen	Mitgl. von Themennetzwerken (auch wiss. ExpertInnen und JournalistInnen)	Verbesserung der Politikergebnisse u.a auch Machterhalt und Legitimation	Wahrnehmung von »Anomalien« im geltenden Paradigma	Korporatistische Strukturen
Organisationslernen (Crozier/ Friedberg 1979, March 1990)	individuelles und Organisationsgedächtnis	Organisationsmitglieder und Organisationen	Effizienzsteigerung, Anpassung an Erfordernisse der Umwelt	Interne Strukturen, Ressourcen, Eigenschaften der Organisationsmitglieder	›Mikropolitik‹, kognitive Lernblockaden
Analyse cognitive des politiques publiques (Muller 1990, Jobert/ Muller 1987)	›référentiel‹ (Interpretation der Handlungsanforderungen)	Akteure im ›Sektor‹ und auf der zentralstaatlichen Ebene	Lernen ist Nebeneffekt	institutionelle Rahmenbedingungen, individuelle Kompetenzen	Mangel an Wissen oder Sensibilität für Politik-Probleme
Wissenspolitologie (Nullmeier 1993; Nullmeier/ Rüb 1993)	Nicht-hierarchisierbare Wissensarten (normativ, deskriptiv)	RepräsentantInnen politischer Organisationen, ExpertInnen	Lernen ist Nebeneffekt	institutionelle Rahmenbedingungen; Kommunikation	›Schließung des Wissenszyklus‹, Notwendigkeitskonstruktion
Universum des politischen Diskurses (Jenson 1985; 1991)	hegemoniale oder konkurrierende Paradigmen	Politische AkteurInnen; RepräsentantInnen der gesellschaftlichen Teilbereiche	Lernen ist Nebeneffekt	Prinzipielle Kontingenz politischer und historischer Prozesse	Ausbildung hegemonialer Diskurse; gesellschaftliche Machtstrukturen

Quelle: Eigene Zusammenstellung.

5. Politisches Lernen im gesellschaftlichen Kontext

Unter welchen gesamtgesellschaftlichen Rahmenbedingungen findet politisches Lernen statt? Wie gelangt welches Wissen in den Politikprozess? Dies sind die leitenden Fragen in diesem Kapitel. Anders als in dem Konzept ›mittlerer Reichweite‹ von Sabatier sollen hier die theoretischen Bezüge zum politischen System, zur Wissenschaft und zur gesellschaftlichen Sphäre beleuchtet werden. Ziel ist dabei, die Bedingungen zu formulieren, unter denen normatives oder deskriptives Wissen in den politischen Prozess gelangt, so dass die Definition von Problemen möglich wird. Die Identifikation der Mechanismen mit denen Wissen selektiert wird, erlaubt eine bessere Beschreibung der gesamtgesellschaftlichen Rahmenbedingungen unter denen Politiklernen stattfindet.

Im Zentrum dieses Kapitels steht die makropolitische Kategorie des Diskurses. Diskurse sind nicht nur Orte, an denen Wissen Geltung erlangt, sondern sie sind darüber hinaus auch Mechanismen, die geltendes Wissen selektieren. Im ersten Abschnitt wird eine Definition entwickelt, die auf den Arbeiten von Jane Jenson und Nancy Fraser beruht. Dabei wird deutlich werden, wie diese für eine lerntheoretische Analyse der Vereinbarkeitspolitik fruchtbar gemacht werden kann, bei der nicht nur kognitive sondern auch Machtaspekte eine Rolle spielen. Anschließend werden die drei zentralen Dimensionen der Formierung von Diskursen diskutiert: die politische Repräsentation sozialer Gruppen, die wissenschaftliche Politikberatung und schließlich der soziale und kulturelle Kontext, in den politische Diskurse eingebettet sind.

5.1 Geltung und Verbreitung von Wissen

Welches Wissen wird in einem politischen Prozess nun zur Referenz für die individuellen politischen AkteurInnen und für die Definition eines politischen Problems? Anhand des Ansatzes des Organisationslernens wurde argumentiert, dass AkteurInnen über alternative Handlungsmotive verfügen und nicht zwangsläufig das Organisationswissen zur Grundlage ihres Handelns machen. Vielmehr wählen sie aus dem zur Verfügung stehenden Wissen aus und machen es zur Grundlage ihres Handelns.

Dabei sind die AkteurInnen jedoch nicht ganz frei: Sie wählen nämlich aus einer Bandbreite des in einer Gesellschaft vorhandenen Wissens aus und verleihen diesem Wissen damit Geltung. Damit auch andere die Geltung dieses Wissens anerkennen, muss es sich auf einem argumentativ-strategischen Feld bewähren. Ansonsten drohe die Selbstisolation und die »Machtressource Sinn« würde verspielt (Nullmeier/Rüb 1993:27). Die Beziehung zwischen politischem Akteur und gesellschaftlicher Struktur ist dabei am besten zu verstehen, wenn man die Gesamtheit des vorhandenen Wissens bzw. das »argumentativ-strategische Feld« als einen Diskurs betrachtet, in dem alle Arten von Wissen angeboten werden (s. dazu ausführlich Landwehr 2001).

5.1.1 Diskurs als Locus der Geltung von Wissen

Die Referenz für die Definition des Diskursbegriffs ist hier nicht der Diskursbegriff Foucaults, sondern ein weiter gefasster Begriff, der auf die französischen, zumeist marxistisch orientierten Linguisten Lacan und Barthes einerseits und die Ideologietheorie Althussers andererseits zurückgeht. Althusser versuchte mit seiner Ideologietheorie an den Grundgedanken Antonio Gramscis anzuknüpfen, nachdem der Staat nicht nur durch das Gewaltmonopol, sondern gleichfalls durch subtilere Systeme kultureller Reproduktion Macht ausübe (vgl. dazu auch Bieling 2002; Sawyer 2003:53). Was später als Diskurs bezeichnet wird, definierte Althusser Ende der sechziger Jahre als Ideologie:[1]

> »Die praktischen Ideologien sind komplexe Formationen von Montagen aus Begriffen (*notions*), Vorstellungen, Bildern innerhalb von Verhaltensweisen, Handlungen, Haltungen und Gesten. Insgesamt fungieren sie als praktische Normen, die die Haltung und die konkrete Stellungnahme der Menschen gegenüber den realen Gegenständen und den realen Problemen ihrer gesellschaftlichen und individuellen Existenz sowie ihrer Geschichte ›bestimmen.‹« (Althusser 1967 zit. nach Sawyer 2003:54; Hervorh. im Original).

In der sprachwissenschaftlichen Betrachtung entwickelt sich um die gleiche Zeit die Ansicht, dass die Sprache eine konstitutive Funktion für das Unbewusstsein habe

---

[1] Der foucaultsche Diskursbegriff ist dagegen analog zu den Kategorien der Grammatiktheorie Chomskys zu denken: »Aussagen (Sprechakte) entsprechen den Worten, der Diskurs dem Satz, die diskursiven Formationsregeln sind analog zur Grammatik, die Diskursformation zum Genre (Register, Sprachstil) und das Archiv zur Sprache. Da die Aussagen, die das Grundelement des foucaultschen Systems darstellen, Ereignisse des Sprachgebrauchs sind, muss dies auch für Aussagengruppen gelten. Ein Diskurs ist daher eine spezifische Instanz des Sprachgebrauchs: Ein Brief, ein Buch, ein Argument, ein Gespräch.« (Sawyer 2003:53) Foucaults Diskurskonzept, das jedoch sehr eng gefasst ist, unterscheidet sich von seinen anderen Konzepten wie der Diskursformation oder dem Dispositiv (ebd.).

und Diskurse als sprachliche Einheiten damit allen grundlegenden, psychologischen, sozialen und physischen Beziehungen zugrunde liegen (Sawyer 2003:56; zur umfassenden Diskussion der Grundbegriffe strukturalistischer und neostrukturalistischer Ansätze s. Frank 1984). Auch in den deutschen Sozialwissenschaften ist der Begriff des Diskurses mittlerweile weitgehend etabliert, wobei die Analyse von Diskursen der Identifizierung von Inhalten kollektiver Sinnstrukturen sowie deren Wandel dient.[2] In welcher Beziehung steht der Diskursbegriff nun zu den Grundkategorien einer interpretativen Politikanalyse? Meines Erachtens erweist sich der Diskursbegriff in einer interpretativen Politikanalyse dort als anschlussfähig, wo eine Erklärung für die *Anordnung, Strukturierung* und *Selektion* desjenigen Wissens gefunden werden muss, das die Wirklichkeit der Akteure konstruiert.[3] Damit wird die zweite Dimension des Diskursbegriffs betont: die Koordinations- bzw. Selektionsfunktion. Aus politikwissenschaftlicher Perspektive sind nicht die Diskurse als Makroeinheiten von Wissen interessant,[4] sondern die Eigenschaft der Diskurse als Selektionsmechanismus, die – ganz im Althusserschen Sinne – nicht nur den Wissenshorizont der Sprecherpositionen aufspannen, sondern auch das Wissen selektieren, die das Denken und Handeln der AkteurInnen bestimmen. Darüber strukturieren Diskurse das Wissen und machen es den AkteurInnen zugänglich. Sie wirken somit als Koordinierungsmechanismus. Daher konkurriert der Diskursbegriff eher mit dem Konzept des ›Wissensmarktes‹ (vgl. dazu die Darstellung in Nullmeier/Rüb 1993; Nullmeier 2001) als mit dem des Wissens als Gegenstand politischer Prozesse. In Diskursen wird Politikwissen durch unterschiedliche Mechanismen in den politischen Prozess transportiert (vgl. dazu den Abschnitt 5.2). Diskurse wirken somit als Prismen, durch die nur eine bestimmte Menge und Auswahl an Wissen für die politischen Akteure sichtbar vergrößert werden.

---

2 Sozialstaatliche Praktiken können ebenfalls Gegenstand empirischer Studien sein, die auf dem Diskursbegriff beruhen. So hat z.B. Nancy Fraser die Gesamtheit der Praktiken des US-amerikanischen Sozialstaates als ein Set juristischer, administrativer und therapeutischer Regelungen beschrieben, durch die Bedürfnisse in die Begrifflichkeit staatlich-administrative Sphäre transportiert würden (Fraser 1994b:237f.). In der deutschen Sozialpolitikforschung hat Franz Schultheis die staatliche Praxis der Sozialpolitik mit den Methoden der Ethnomethodologie untersucht, um die Amtspraxis erfassen und beschreiben zu können (vgl. z.B. Schultheis 1999).

3 Nullmeier schätzt den Ertrag einer Diskursanalyse für politikwissenschaftliche Fragestellungen als begrenzt ein. Nicht die Diskurse, sondern das Wissen besitze die Kraft der sozialen Konstruktion von Wirklichkeit, und ein eng gefasster Diskursbegriff würde »nur ein kleines Feld im Raum des als Wirklichkeit sozial Konstruierten« erfassen, »nämlich Makroeinheiten inhaltlich hoch abstrakt integrierter Wissenswelten« (Nullmeier 2001:293).

4 Meines Erachtens ist eine Diskursanalyse oder eine Sprechaktanalyse zur Erklärung politischer Prozesse und Politikergebnisse ungeeignet, weil sie Deutungsmuster bzw. deren Wandel beschreibt, nicht aber die Faktoren ihrer Veränderung erfasst.

5.1.2 Der politische Diskurs als sozialer Ort der Produktion von Identitäten

Für die Nutzung des Diskursbegriffs in der Politikanalyse gibt es Vorbilder vor allem in der amerikanischen Politikwissenschaft. Jane Jenson zeigte mit Hilfe des Diskursbegriffs, dass eine politische Entscheidung nicht durch makrosoziale Strukturen wie den Kapitalismus oder das Patriarchat determiniert ist, sondern als das Ergebnis kollektiver Problemdefinitionen und Politikformulierungen in einem kompetitiven Kontext betrachtet werden müssen (Jenson 1988:155; Jenson 1991). Nach ihrer Auffassung sind politische Diskurse breite interpretative Rahmen, in denen soziale Beziehungen konstituiert werden (Jenson 1985: 8; 1989:234).

Politische Akteure versuchen sich einen Platz im Diskurs zu erkämpfen und damit Repräsentativität zu erlangen. Da die Akteure Träger kollektiver Identitäten sind, ist Politik damit auch ein Prozess der Formierung von Identitäten. Der Ort des Kampfes um Repräsentation ist das »Universum des politischen Diskurses«, in dem Bedeutungssysteme um Aufmerksamkeit und Legitimation konkurrieren. Der politische Diskurs umfasst damit mehr als den jeweiligen politischen Sektor oder das Regierungssystem, und er ist mindestens ebenso vermachtet. Im Diskursuniversum sind nämlich nur die Annahmen der *relevanten* Akteure repräsentiert, so dass die Auswahl der Alternativen, die als machbar gelten, begrenzt ist. Welche Akteure Aufmerksamkeit erlangen, ist davon abhängig, inwiefern die Akteure in der Lage sind, zur Institutionalisierung eines Bedeutungssystems beizutragen. Dies wiederum ist davon abhängig, welches soziale Paradigma dominiert (Jenson 1989:238), denn erfolgreiche Diskurspositionen müssen anschlussfähig an implizite Normen und Werte einer Gesellschaft sein. Weil diese nur zum Teil in bestehende Institutionen eingelassen sind, sind Abweichungen von »institutionellen Pfaden« möglich (Campbell 1998:380). Durch die Nutzung von Massenmedien vermögen Träger ökonomischer oder politischer Macht den Diskurs zu schließen und damit alternative Positionen verschwinden zu lassen (Jenson 1988:156). In ihren historischen Arbeiten zur Frauenerwerbstätigkeit in Frankreich, Großbritannien und den USA zeigt Jenson, wie Vorstellungen über Geschlechtergleichheit und -differenz die jeweilige Politik zur Bekämpfung der Säuglingssterblichkeit ganz unterschiedlich geprägt haben.[5] Jenson betont damit die Kontingenz staatlicher Politik und distanziert sich gleichzeitig von der institutionalistischen Determiniertheit staatlichen

---

5 In Frankreich wurden Erwerbstätigkeit und Mutterschaft nicht als unvereinbare Tätigkeiten betrachtet und daher Maßnahmen zur besseren Vereinbarung von beidem entwickelt; in Großbritannien ebenso wie in den USA galt dagegen beides als unvereinbar. Der Ausschluss von Frauen vom Arbeitsmarkt war in den angelsächsischen Ländern durch die Wahrnehmung der Frauen als Konkurrenz motiviert und wurde sozialhygienisch und gesundheitlich begründet (Jenson 1986; 1989).

Handelns (Jenson 1986:22). Die Unterschiede im staatlichen Handeln ließen sich mit der Entwicklung unterschiedlicher Diskurse erklären.

Der wissenschaftstheoretische Begriff des Paradigmas enthält gleichermaßen Deutungsmuster wie Praktiken. Paradigmen definieren gleiche und hierarchische Beziehungen und bestimmen die Sichtweisen über die menschliche Natur und soziale Beziehungen. Wenn die paradigmatischen Grundannahmen von allen Beteiligten geteilt werden (z.B. wenn die Mehrheit der Frauen ihr Kind bis zum dritten Lebensjahr selbst betreuen oder sich in Meinungsumfragen mehrheitlich dafür aussprechen), kann ein Paradigma hegemonial sein (Jenson 1989:239). In hegemonialen Paradigmen gelten soziale Beziehungen als stabil (*in regulation;* ebd.). Hegemoniale Paradigmen haben exkludierenden Charakter: Sie wirken wie ein Schatten, der auf den politischen Diskurs fällt und alle Identitäten, die nicht im Paradigma repräsentiert sind, unsichtbar oder als marginal erscheinen lässt. In Krisenzeiten können kollektive Identitäten versuchen, ihre Bedeutungssysteme auszudehnen oder konkurrierende Identitäten annehmen, die der veränderten Situation angemessener erscheinen. Identitäten werden nicht von Strukturen geschaffen (nicht Kapitalismus oder Patriarchismus), sondern sie werden im politischen Diskurs produziert und reproduziert (vgl. dazu auch Sauer 2001:40). Die Entwicklung verschiedener Diskurse lässt sich somit durch die unterschiedlichen Bedingungen der kapitalistischen Produktion, das Gleichgewicht der politischen Kräfte und die Strategien der politischen Akteure erklären (Jenson 1985; 1986). In der methodologischen Perspektive bedeutet diese Sichtweise eine Annäherung an den historischen Institutionalismus, denn die Diskurspositionen der relevanten Akteure (Regierungen, Gewerkschaften, Rechtsprechung), die die Weichen für eine weitere Entwicklung stellen, sind an den spezifischen historischen Kontext gebunden und lassen sich daher auch nur in der historischen Perspektive rekonstruieren.

Geschlossene oder hegemoniale Diskurse verhindern, dass neues Wissen in den Diskurs gelangt und kollektiv anerkannt werden kann. Damit erschwert ihre Existenz politische Lernprozesse. Allerdings können Akteure das Wissen aus einem hegemonialen Diskurs (z.B. die Erkenntnis, dass Kleinkinder durch die Abwesenheit der Mutter psychischen Schaden erleiden) für sich ablehnen. Dadurch werden sie nicht den Diskurs als Ganzes verändern, aber sie haben die Möglichkeit, in Entscheidungssituationen eine oppositionelle Haltung einzunehmen. Schließlich können politische und soziale Akteure, die das hegemoniale Paradigma nicht teilen, für die Öffnung geschlossener Diskurse kämpfen.

5.1.3 Der politische Diskurs als Ort des Kampfes um die Anerkennung von Bedürfnissen

Der Aspekt der Vermachtung von Diskursen wird von Nancy Fraser zugespitzt. Dabei ist der Sitz des Diskurses nicht der Staat oder das Regierungssystem, sondern ›das Gesellschaftliche‹, das den Handlungsraum bietet, in dem die politischen Kämpfe ausgefochten werden (Fraser 1994b:241). Allerdings sieht Fraser im Unterschied zu Jenson die zentrale Funktion des Diskurses in der Formulierung und Interpretation von Bedürfnissen und spricht von einer ›Politik der Bedürfnisinterpretation‹: Im politischen Diskurs würde darüber gestritten, welche sozialen Bedürfnisse anerkannt und welche als politisch relevante Bedürfnisse definiert werden. Damit verlören die Bedürfnisse selbst an Bedeutung zu Gunsten des Diskurses über Bedürfnisse (Fraser 1994a:251). Dabei geht es nicht nur um Verteilungsfragen, sondern auch um Fragen der ideellen Anerkennung.[6] Aus diesem Grund entscheidet sich Fraser auch nicht für den Begriff der Koalition, sondern sie spricht von ›konkurrierenden Diskursen‹, die innerhalb oder außerhalb des Regierungssystems angesiedelt sein können. Danach konkurrieren in der Sozialpolitik »oppositionelle Diskurse« mit Reprivatisierungsdiskursen und ExpertInnendiskursen (Fraser 1994b:241). In oppositionellen Diskursen würden Bedürfnisse ›von unten politisiert‹ und führten zur Kristallisierung neuer sozialer Identitäten und Prägung von Begrifflichkeiten. Daher können oppositionelle Diskurse auch als ›Praktiken der Selbstkonstitution‹ neuer kollektiver Akteure verstanden werden (Fraser 1994a:264f.). Reprivatisierungsdiskurse entstehen in Reaktion auf die oppositionellen Diskurse und haben zum Ziel ›davongelaufene Bedürfnisse‹ zu entpolitisieren und (wieder) unsichtbar zu machen. Damit verlieren Bedürfnisse den Status eines politischen Problems. In der Sozialpolitik zielen die Reprivatisierungsdiskurse auf den Abbau von Sozialleistungen, die Privatisierung und Deregulierung. Beide Diskurstypen definieren »eine Achse des Kampfes um die Bedürfnisse in der spätkapitalistischen Gesellschaft« (Fraser 1994a:267).

ExpertInnendiskursen schreibt Fraser vermittelnden Charakter zu. Allerdings sind sie nicht neutral, sondern staatlich verankert und damit vorbelastet. ExpertInnendiskurse über Bedürfnisse seien ein »Vehikel zur Umsetzung der ausreichend politisierten, davongelaufenen Bedürfnisse in Gegenstände der potenziellen Staatsintervention« (Fraser 1994a: 268f.). In der Regel erreichen ExpertInnendiskurse nur Teilöffentlichkeiten, aber sie können eine gewisse Durchlässigkeit gewinnen und zu Brücken-Diskursen werden, wenn ihre Rhetorik und ihr Vokabular auch von oppo-

---

6 Die zentrale (normative) Botschaft Frasers lautet, dass gesellschaftliche Anerkennung immer mit materieller Umverteilung einer gehen muss (Fraser 1998; Fraser/Honneth 2003; vgl. dazu auch Kapitel 3).

sitionellen Diskursen aufgenommen werden. Durch die Übersetzung von politisierten in verwaltbare Bedürfnisse werden diese aus ihrem Entstehungskontext herausgelöst und in einen neuen übertragen. Dabei gehen Bedeutungen verloren und es werden Begrifflichkeiten zugeordnet, die der Verwaltungssprache entsprechen, aber nicht alle Dimensionen des ursprünglichen Bedürfnisses abdecken.[7] Für die Vereinbarkeitspolitik in der 14. Legislaturperiode lässt sich kein *eindeutiger* oppositioneller und auch kein *Re*privatisierungsdiskurs identifizieren, und auch müssen ExpertInnendiskurse nicht zwangsläufig die entpolitisierende Wirkung haben, die Fraser ihnen zuschreibt (vgl. dazu Abschnitt 5.3). Aber plausibel ist der Gedanke, dass soziale Identitäten erst durch die Akteure konstruiert werden. Nicht zuletzt werden kollektive Identitäten durch die Definition von Zielgruppen für politische Maßnahmen durch die politische Elite und die Bürokratie geschaffen. So ist der Gegenstand der Sozialpolitik je nach Politikbereich ein spezifisches Risiko (Krankheit, Arbeitslosigkeit, Alter etc.) und nicht die besondere Lebenslage eines Individuums mit staatsbürgerlichen Rechten und spezifischen Bedürfnissen und Fähigkeiten. Bislang fehlt in der Sozialpolitik die ganzheitliche Perspektive auf den Lebensverlauf als eigentliche Einheit und Gegenstand politischer Intervention (s.a. Edmondson/Nullmeier 1997:218). Dementsprechend fehlt auch in Deutschland eine Verständigung über die Notwendigkeit, die Erziehungsphase umfassend abzusichern, weil dieses »Risiko« immer noch als ein marginales Problem betrachtet wird.

Schließlich werden in den Diskursen nicht nur Werte, Normen und kognitives Wissen transportiert, sondern auch Vorstellungen über die »richtige Verteilung« materieller Ressourcen. Ausformulierten materiellen Bedürfnissen können Positionen gegenüberstehen, nach denen eine weitere Verteilung aufgrund ökonomischer Notwendigkeiten unmöglich erscheint. Setzen sich so genannte »Notwendigkeitskonstruktionen« durch, so verblassen gleichzeitig alle konkurrierenden Politikoptionen (Nullmeier/Rüb 1993; Edmondson/Nullmeier 1997). Ob Notwendigkeiten tatsächlich gegeben sind, kann aufgrund mangelnder Prognosefähigkeit und fortbestehender Unsicherheit nicht abschließend beurteilt werden. Vielmehr ist die Frage, ob die jeweilige Politikoption – und sei es die Konstruktion von Notwendigkeit – legitimierbar ist, d.h. soziale Akzeptanz findet. Oppositionelle Diskurse haben dabei größere Probleme als Diskurse, die innerhalb politischer Organisationen (re-) produziert werden.

---

7 In der Gleichstellungspolitik gibt es dafür ein prominentes Beispiel: Im Zuge der verwaltungstechnischen Implementation hat der Begriff des *Gender Mainstreaming* seine politisch zentrale und im Kontext der feministischen Entwicklungszusammenarbeit entstandene Dimension des *empowerment* verloren. Zur Entwicklung des *Gender-Mainstreaming*-Konzeptes im internationalen Kontext s. Callenius 2002.

Zusammenfassend lässt sich also festhalten: Das Konzept des Diskurses eignet sich, wenn man es als ›politisches Universum‹ begreift, sehr gut zur Analyse von Politikprozessen, weil hiermit Koordinations- und Selektionsmechanismen erkannt werden können. Durch die Herausbildung von hegemonialen Paradigmen werden gesellschaftliche Strukturen stabilisiert und soziale Gruppen ausgeschlossen. Deswegen sind Diskurse auch Orte für soziale Kämpfe, in denen um die Anerkennung von unterschiedlichen Identitäten und um materielle Verteilung gestritten wird. Erst wenn politische Probleme definiert werden, wird die Notwendigkeit politischer Intervention ableitbar. Somit sind Diskurse über das Verhältnis zwischen staatlicher bzw. öffentlicher und individueller bzw. privater Verantwortung auch für die Analyse der Vereinbarkeitspolitik bedeutsam.[8] Die Existenz einer Vielfalt von konkurrierenden Diskursen bedeutet aber auch, dass die Schließung hegemonialer Diskurse überwunden werden kann, in dem die Akteure nach Alternativen suchen. Hierin liegt die Möglichkeit für Politiklernen. Das relevante Wissen kommt dabei nicht nur aus der politischen oder wissenschaftlichen Sphäre, sondern auch »das Gesellschaftliche« (Fraser 1994b) dient als Quelle und Beschränkung für politisches Lernen. Dazu zählt ebenso die medial vermittelte Alltagspraxis wie die kulturelle Praxis, die allzu oft als »privat« betrachtet werden. Kurzum: Wenn es darum geht, Diskurse zu identifizieren, müssen alle Orte der sozialen Bedeutungsproduktion mitberücksichtigt werden.[9]

5.2 Politische Repräsentation und die Formierung von Diskursen

Der offensichtlichste Mechanismus der Produktion von politikrelevantem Wissen ist die politische Repräsentation. Schließlich kann nur zur Problemdefinition beitragen, wer auch Zugang zum relevanten Diskurs hat: Wer definiert, was ein Problem ist und welche Lösungen es gibt? Die Politikfelder der staatlichen Familien- oder Frauenpolitik sind hier die wichtigsten Bereiche für die Formung politischer Interessen und Identitäten. Welche Position haben hier geschlechtersensible oder feministische Akteure bzw. solche, die die spezifischen Bedürfnisse von Frauen formulieren und politisch vertreten? Diese Frage bezieht sich auf die Gesamtheit der politischen Akteure, die politische Ämter in den Parteien, den Fraktionen, der Regierung, den Verbänden bekleiden und direkt an der politischen Willensbildung mit-

---

[8] Auch Sauer (2001:301 ff.) beobachtet eine erneute diskursive Verschiebung zwischen Öffentlichkeit und Privatheit.

[9] Dementsprechend haben auch andere AutorInnen schon den Begriff der »diskursiven Arenen« (Pringle/Watson 1992) oder der »Foren« (Jobert 1994) geprägt.

wirken.[10] Dabei werden Bedürfnisse, wie wir gesehen haben, nicht staatlich repräsentiert, sondern erst in der politischen Auseinandersetzung geformt (Sauer 1999:93).

5.2.1 Formen der politischen Repräsentation

In den politischen Sektoren der Familien- und Gleichstellungspolitik sind die Belange von Frauen auf deskriptive und substanzielle Weise repräsentiert (vgl. McBride Stetson/Mazur 1999). Die deskriptive Repräsentation bedeutet, dass alle sozialen Gruppen in den politischen Institutionen durch RepräsentantInnen vertreten sind. Die weitgehende Unterrepräsentanz von Frauen in politischen Ämtern ist weithin bekannt; auch in Deutschland ist trotz aller Fortschritte in der letzten Legislaturperiode eine Persistenz des Problems zu beobachten: Insbesondere die ›harten‹ Politikbereiche (Arbeit, Wirtschaft, Finanzen, Außenpolitik) und hohe Staatsämter verbleiben nach wie vor in Männerhand. Das Problem einer unzureichenden deskriptiven Repräsentation von Frauen in politischen Ämtern ist etwa in Frankreich noch stärker ausgeprägt, wenn auch vor allem während der sozialistischen Regierungszeit vereinzelt Frauen als Regierungschefs (Edith Cresson) oder »Superministerinnen« (Martine Aubry) fungierten. Während in allen großen deutschen Parteien mittlerweile Quotierungsbeschlüsse gefasst wurden, werden Quotierungsregeln in Frankreich kaum akzeptiert, weil sie die Differenzen zwischen den Geschlechtern betonen und dies nicht der Selbstwahrnehmung der Frauen als gleichwertige BürgerInnen entspricht.[11]

Die Unterrepräsentanz sozialer Gruppen ist ein demokratietheoretisches Problem in jeder Mehrheitsdemokratie: Minoritäre Identitäten werden unsichtbar und haben nicht die Möglichkeit, ihre Anliegen politisch zu formulieren (Young 1996). Die Präsenz von Frauen in den politischen Institutionen und Organisationen verspricht zweierlei Wirkungen auf die Vereinbarkeitsdiskurse: Zum einen bringen diese als politische AkteurInnen ihren sozialen Erfahrungshintergrund ein und füllen, weil sie andere soziale Rollen miteinander kombinieren, die vorhandenen Handlungsspielräume möglicherweise anders aus als ihr männlichen Kollegen. Männliche Akteure werden mit anderen sozialen Rollen konfrontiert, und möglicherweise zur Reflexion über das eigene Rollenverhalten angehalten. Zum zweiten

---

10 Die Menge der politischen RepräsentantInnen in einem Politikfeld ist daher kleiner als die Menge der Angehörigen einer *policy community* im Sinne Majones (Majone 1991).
11 Deswegen verbinden auch viele Frauen mit dem Paritäts-Gesetz, nach dem die KandidatInnenlisten bei allen Parlamentswahlen paritätisch mit Frauen und Männern besetzt werden müssen, eine Stigmatisierung der Frauen.

werden durch die deskriptive Repräsentation auch unterschiedliche politische Identitäten nach außen sichtbar und als solche anerkannt. Je mehr hohe gesellschaftliche Positionen von Frauen ausgefüllt werden, umso mehr wächst auch die soziale Akzeptanz für neue soziale Geschlechterrollen.

Mit dem Konzept der substanziellen Repräsentation wird die Sichtbarmachung bestimmter Bedürfnisse, Lebenslagen oder Interessen durch die Delegation an politische Akteure (Verbände, Parteien oder die Regierung) bezeichnet, die die Bedürfnisse der BürgerInnen bzw. das, was sie als solche ansehen, formulieren. Zur Erklärung der Vermittlung politischer Interessen konkurrieren Ansätze der pluralistischen, der korporatistischen und der administrativen Interessenvermittlung (für eine Übersicht und Diskussion s. Biegler 2001). Nach dem pluralistischen Grundmodell Fraenkelscher Prägung gilt das Gemeinwohl nicht a priori als feststellbar, sondern es bildet sich jeweils aus den Konflikten und Kompromissen der gesellschaftlichen Gruppen im politischen Wettbewerb a posteriori heraus. Der Staat ist dabei der (neutrale) Ort des Interessenausgleichs und der geschützten Ordnung, in der sich das gesellschaftliche Prinzip der Vielfalt verwirklichen kann (Böhret/Jann u.a. 1988:174f.). Im Hinblick auf die Frage, welchen Beitrag frauen- und familienpolitische Verbände zur politischen Willensbildung in der Bundesrepublik leisten, müsste untersucht werden, welchen Zugang diese Verbände zum Regierungssystem haben. Im deutschen Regierungssystem lassen sich drei Orte der Partizipation ausmachen: die Kooperation in fachpolitischen Netzwerken mit den politischen Parteien, die Abstimmung zwischen Verbänden und Ministerialverwaltung oder Regierung bei der Entwicklung von Gesetzentwürfen und schließlich die Beteiligung der Verbände bei parlamentarischen Anhörungen.

Das Korporatismus- bzw. Neokorporatismus-Konzept wurde in Reaktion auf die skeptische Einschätzung des pluralistischen Modells entwickelt. In diesem Modell befinden sich Verbände und Staat in einer engen wechselseitigen Beziehung, in der Informationen und die Vorbereitung politischer Entscheidungen gegen deren politische Umsetzung getauscht werden. In der neo-korporatistischen Perspektive besteht das System der politischen Interessenvermittlung aus dem Staat und einer begrenzten Anzahl singulärer Zwangsverbände, die nicht miteinander in Wettbewerb stehen, hierarchisch strukturiert sind, nach funktionalen Aspekten voneinander abgegrenzt sind und über staatliche Anerkennung verfügen. Philipp Schmitter betont zudem den sozialen Aspekt, nach dem der Neokorporatismus eine besondere Form zur Organisierung konfligierender funktionaler Interessen darstellt (Schmitter 1981 zit. nach Böhret/Jann u.a. 1988:179ff.). Lehmbruch dagegen betont den politischen Aspekt, nach dem die Verbände »an der Mitformung und Mitdurchsetzung der staatlichen Steuerungsleistungen beteiligt [sind]. Dabei kann diese Beteiligung so weit gehen, dass die Konzertation der Verbände als das Kernelement der Steuerung erscheint und die Rolle des staatlichen Apparats demgegenüber zurücktritt.« (Lehmbruch 1981 zit. nach Böhret/Jann u.a. 1988:183). Ein Grundproblem der korporatistischen Steuerung bleibt die Frage, wer in welchem Umfang und für welche Bereiche an der korporatistischen Aushandlung und Steuerung teilnimmt (ebd.:187). Für die Vertretung frauen- und familienpolitischer Interessen ist diese Frage zentral, denn auch diese Bereiche müssen innerhalb der Verbände, die an den sozialpolitischen Auseinandersetzungen beteiligt werden, entsprechend bearbeitet werden.

Die Vermittlung sozialer Interessen erfolgt schließlich auch über das politisch-administrative System. Die Rolle staatlicher Institutionen für Politikergebnisse wurde erneut durch die Ansätze des Neo-Institutionalismus ins Zentrum der Betrachtung gerückt (vgl. dazu den Sammelband Evans/Rueschemeyer u.a. 1985). Danach ist der Staat nicht mehr, wie im pluralistischen Modell, der Adressat verbandlicher Interessenpolitik, sondern der Staat wird zu einer Institution der Interessenvermittlung und hoheitliche Kompetenzen werden an private korporative Akteure im Sinne einer Staatsentlastung übertragen (Biegler 2001:48). Der Gedanke, dass der Staat ein zentraler Förderer frauen- bzw. gleichstellungspolitischer Anliegen sein könnte, wurde im Rahmen des Ansatzes des *Comparative State Feminism* entwickelt (vgl. dazu den Sammelband von McBride Stetson/Mazur 1995a). Bei diesem Ansatz wird untersucht, inwiefern in westlichen Regierungssystemen ein »Feminismus von oben«, also eine Politik zur Förderung der Gleichstellung von Seiten des Staates, zu finden ist. Dabei geht es zum einen um die Identifikation der Strukturen, die zur *women's policy machinery* zählen und die Einschätzung ihrer Möglichkeit, feministische Politik zu fördern, und zum anderen um die Beschreibung der Beziehungen zwischen Staat und Gesellschaft bzw. die Offenheit des politischen Prozesses für gesellschaftliche bzw. feministische oder Frauenverbände.

5.2.2 Feministische Kritik an den Modellen der politischen Repräsentation

Feministische Staatsanalysen haben kritisiert, dass weder die staatlichen Institutionen noch die politischen Organisationen neutrale Instanzen sind, sondern dass diese männlich geprägt seien. Danach vermag keiner der Ansätze des politikwissenschaftlichen *Mainstreams* die Unterrepräsentanz von Frauen zu erklären (vgl. dazu umfassend Sauer 2001). Die Bürokratien des Staates und der politischen Organisationen, so der Einwand, wären Ausdruck eines tief verwurzelten Maskulinismus (Sauer 1999). Und auch aus den informellen Praktiken des Regierens, den »Männerbünden«, seien Frauen qua Geschlecht ausgeschlossen (Kreisky/Sauer 1994). Birgit Sauers Überlegungen zur Überwindung des staatlichen Maskulinismus konzentrieren sich auf zwei Aspekte: die Stärkung von Elementen direkter Demokratie und die Verbesserung der institutionalisierten staatlichen Frauenpolitik (Sauer 2001:

Kapitel 6). Nach dem Ansatz des *Comparative State Feminism* kann frauenpolitische Repräsentation einerseits durch die staatlichen Institutionen von Frauenministerien und Gleichstellungsbeauftragten und das Prinzip des *Gender Mainstreaming* verbessert werden, und andererseits dadurch, dass frauenpolitischen Verbänden der Zutritt zum Politikprozess erleichtert wird (McBride Stetson/Mazur 1995b). Bisher erweist sich die Frauenbewegung in Deutschland, zumindest auf der Bundesebene, insgesamt als ein schwacher Faktor in der parlamentarischen oder gewerkschaftlichen Willensbildung. Dies liegt daran, dass familien- und frauenpolitische Anliegen vor allem über die Fachreferate der Fraktionen, der Parteien und der Gewerkschaften und weniger direkt über die Fachverbände eingebracht werden, und dass die deutsche Frauenbewegung weit gehend in die politischen Partei- und Gewerkschaftsstrukturen integriert ist (Dackweiler 1995; Biegler 2001). Aus diesem Grund wirken die politischen Verbände und Parteien als die zentralen Transformatoren frauen- und familienpolitischer Bedürfnisse. Ob die in Deutschland ausgeprägten korporatistischen Strukturen geschlechterpolitische Lernprozesse besonders behindern oder im Gegenteil, begünstigen, wurde bisher nicht untersucht. Dies ist auch Gegenstand der vorliegenden Arbeit (vgl. insbesondere Kap. 11).

Ein erster zentraler Gegenstand der Untersuchung sind in Deutschland damit die Prozesse in den Bürokratien der politischen Organisationen, in denen politische Probleme definiert und Politiklösungen formuliert und zwischen den FachpolitikerInnen, den Fraktionsmitgliedern und der Parteibasis ausgehandelt werden. Schließlich werden Gesetzentwürfe zwischen den Fachressorts und den Verbänden abgestimmt, bevor sie dem Bundestag zur Beratung vorgelegt werden. Der Aushandlungsprozess, in dem ein Entwurf »verbandsfest« gemacht wird, ist ein Moment, in dem sich politische Positionen durch Lernprozesse verändern können. In diesem Sinne kann keine Vorentscheidung darüber getroffen werden, ob politische Lernprozesse vor allem in der Ministerialbürokratie (Heclo 1974) oder vor allem in den politischen Parteien (Hall 1993) aufzufinden sind (vgl. dazu auch Nullmeier 2001: 301), wobei sich die Frage nach der deskriptiven und substanziellen Repräsentation von Fraueninteressen in beiden Fällen stellt.

5.3 Sozialwissenschaftliches Wissen im politischen Diskurs

Im vorangegangenen Kapitel wurde argumentiert, dass wissenschaftliches Wissen nur eine der vielen Formen des Wissens ist, an dem sich politische Akteure orientieren. Auch Carol H. Weiss betont, dass wissenschaftliches Wissen von politischen Akteuren als eine Quelle unter vielen wahrgenommen wird (Weiss 1991:327), und dass nicht davon ausgegangen werden darf, dass wissenschaftliches Wissen direkt politisch verarbeitet wird. Vielmehr muss damit gerechnet werden, dass wissenschaftliche Erkenntnisse eher lang- bis mittelfristig in Problem- und Politikformulierungsprozesse »einsickern« (ebd.; Hampel 1991; Renn 1999). Trotz dieser skeptischen Einschätzung soll im Folgenden überlegt werden, wie politische Akteure sozialwissenschaftliches Wissen verwenden und schließlich, welches die Erfolgsbedingungen für die Verwendung sozialwissenschaftlichen Wissens sind.

5.3.1 Politische AkteurInnen als NutzerInnen sozialwissenschaftlichen Wissens

Auf welche Weise gelangt wissenschaftliches Wissen nun in den politischen Prozess? Grundsätzlich muss der Gedanke bezweifelt werden, dass es sich zwischen den Produzenten und den Nutzern sozialwissenschaftlichen Wissens um zwei voneinander getrennte »Welten« handeln würde. Vielmehr ist eine enge Verflechtung von Wissen und Macht anzunehmen und das politisch-administrative System sei zunehmend verwissenschaftlicht und das Wissenschaftssystem politisiert worden (Krautzberger/Wollmann 1988:178). Inwiefern diese Sichtweise auch für die Politik zur Vereinbarkeit von Beruf und Familie gilt, muss empirisch untersucht werden.

Im eigentlichen Gesetzgebungsprozess in Deutschland bündelt sich die Meinungsbildung im Bundestag. Zu den beteiligten AkteurInnen, die bis zur Vorlage des Entwurfs das relevante Wissen sammeln, gehören von Seiten der Ministerialverwaltung »GesetzgebungsreferentInnen« bzw. ReferatsleiterInnen, die sich durch Sachkompetenz auszeichnen und die Vorlage rechtstechnisch erstellen (ebd.). Sie müssen die Forschungsergebnisse in einen Gesetzestext einarbeiten, dessen Formulierung durch sie (oder VorgängerInnen) begonnen wurde (ebd.:181). Krautzberger und Wollmann diagnostizierten 1988 eine Zunahme institutionalisierter Verfahren und Wege zur Wissensbeschaffung seit den sechziger Jahren, die sich seitdem noch verstärkt haben dürfte. Zu den Formen der Wissensbeschaffung gehören unter anderem der Ausbau von Bundesforschungsanstalten (wie etwa das IAB), die Ressortforschung des Bundesfamilien- und des Bundesarbeitsministeriums, die parlamentarischen Anhörungen und die Erstellung von Regierungsberichten, z.B. zur Entwicklung der BezieherInnenzahlen beim Bundeserziehungsgeld (ebd.:185f.). Der Gesetzgebungsreferent habe von daher eine einflussreiche Position im Gesetzgebungsverfahren, weil er »praktisch der Einzige ist, der aufgrund seines Fachwissens und seiner arbeitsteiligen Zuständigkeit intellektuell, aber auch zeitlich im Stande ist, diese Informationsfülle zu sichten und zu lichten« (ebd.:187).

Doch auch die anderen AkteurInnen, die FachpolitikerInnen in den Fraktionen oder die VertreterInnen der Verbände müssen sich Politikwissen beschaffen, das sie in die Beratungen der Gesetzentwürfe einbringen wollen. Wissenschaftliche Dienste der Parlamente, wissenschaftliche ReferentInnen in den Fraktionen und Parteiapparaten oder die gezielte Durchführung von ExpertInnenanhörungen oder Workshops haben die Funktion der Wissensvermittlung. Abgesehen von der Arbeit in den Fraktionen und den Anhörungen in den Fachausschüssen kann der Bundestag außerdem zu besonderen Themen Kommissionen einrichten, in denen WissenschaftlerInnen mit der Erarbeitung von Stellungnahmen beauftragt werden. Allerdings dienen vor allem Enquête-Kommissionen des Bundestages weniger der Erarbeitung konkreter Politikinstrumente als der Darstellung und Legitimierung kontroverser Positionen (Hampel 1991).

Zweifelsohne wird durch die Arbeit des Deutschen Bundestages sehr viel spezifisches Wissen angesammelt bzw. thematisch gebündelt. Allerdings ist nicht, wie in der Studie von Bleses und Rose über die deutsche Familien- und Arbeitsmarktpolitik (Bleses/Rose 1998) davon auszugehen, dass der Bundestag der zentrale »Wissensmarkt« ist, in dem sich Lernprozesse abbilden lassen, weil in seinen öffentlichen Debatten vor allem strategisches Verhalten der RednerInnen verlangt wird. Daher kann der Bundestag als »Katalysator« für die politischen Ideen der Parteien gelten: Vage oder implizite Politikideen werden durch die Arbeit im Bundestag in Gesetzesform gegossen und zu Protokoll gegeben oder in geltendes Recht umgesetzt, gleichzeitig werden »unrealisierbare« Vorschläge vom Gesetzgebungsprozess ausgeschlossen gehalten. Da aber nicht alle Politikideen in den Status eines Gesetzentwurfs gelangen, wird hier nur ein Teil des politischen Diskurses in einem bestimmten Themenbereich abgebildet.

Eine zunehmend bedeutende Rolle dürfte außerdem die Regierungsberatung spielen, die sich in Deutschland unter der rot-grünen Regierung besonders weiter entwickelt hat.[12] In Frankreich und auch in den USA ist die Beratung durch Kommissionen, die mit renommierten WissenschaftlerInnen besetzt sind, weitaus selbstverständlicher, nicht zuletzt deshalb, weil dort die Sachkompetenz fehlt, die in Deutschland in den großen Parteiorganisationen vorhanden ist. Im Bereich der französischen Familienpolitik wurden unter der Regierung Jospins gezielt WissenschaftlerInnen mit der Erarbeitung familienpolitischer Gutachten beauftragt[13] und eine »Familienkonferenz« einberufen, die zum einen die Legitimation der Regierungspolitik durch die Partizipation der Verbände erhöhen und zum anderen wissenschaftliche Expertise zu gezielten Themen einholen und mit den Akteuren ge-

---

12 Vgl. auch »Politik als lernendes System. Zwischen Globalisierung und gesellschaftlichen Interessen müssen Regierende zuzugeben lernen, dass sie nicht alles wissen – bei Rot-Grün zeichnete sich ein neuer Stil schon ab« in Frankfurter Rundschau v. 23. September 2002 (Corinna Emundts).
13 Vgl. dazu den familienpolitischen Bericht von 1998 (Thélot/Villac 1998).

meinsam diskutieren sollte.¹⁴ Ob die in Deutschland immer wieder vorgetragene Forderung nach »neutralen« wissenschaftlichen Gremien tatsächlich eine Lösung bringen kann¹⁵, ist eher skeptisch einzuschätzen. Abgesehen davon, dass »Neutralität« und »Objektivität« der Forschung in der post-positivistischen Perspektive nicht erfüllbare Kriterien sind und weil auch PolitikerInnen dazu neigen, ExpertInnen auszuwählen, die in Wertefragen oder methodischen Herangehensweisen mit ihnen übereinstimmen, bleibt unklar, welche Instanz letztendlich über die für die Beratung erforderliche Eignung der WissenschaftlerInnen entscheiden soll (vgl. ausführlich Hampel 1991; Renn 1999:541). Dennoch ist die sozialwissenschaftliche Politikberatung mittlerweile ein bedeutsamer Wirtschaftszweig geworden; nach einer Zählung der Enquête-Kommission zur nachhaltigen Entwicklung liegt die Anzahl der Beratungsgremien mittlerweile bei über 1000 wissenschaftlichen Gremien (Renn 1999:542).

In einer zeitlich längeren Frist beeinflussen außerdem die, unter anderem mit WissenschaftlerInnen besetzten, Programm- und Grundsatzkommissionen der Parteien den Kanon des verfügbaren Wissens zu den jeweiligen Themen. In Deutschland verfügen die Parteien und der DGB zudem über die Unterstützung durch die politischen Stiftungen, die entweder selbst Forschungsabteilungen unterhalten oder Forschungsprojekte fördern. Die Verarbeitung wissenschaftlichen Wissens ist letztendlich abhängig von der Offenheit bzw. Selbstbezogenheit der politischen Eliten. Zum einen können sich die Mitglieder einer politischen Elite selbstständig und unabhängig vom direkten politischen Geschehen Wissen erarbeiten. Die Autonomie und das Reflexionsvermögen politischer Eliten sind aufgrund individueller Sozialisation, aber auch nationaler Traditionen in Ausbildung und Rekrutierung von Eliten unterschiedlich ausgebildet. In Deutschland sind die Zugangswege zwar nicht durch eine einheitliche Ausbildung determiniert, die Verwaltungseliten (Staatssekretärlnnen, AbteilungsleiterInnen) haben meist jedoch ein Jurastudium und eine Verwaltungslaufbahn absolviert, so dass Bildungsniveau und sozio-kultureller Hintergrund der Machtelite recht homogen ist: Von den PolitikerInnen hatten 1990 72% einen Hochschulabschluss vorzuweisen, und nur ein Fünftel stammte aus einem Arbeiter- oder einfachen Angestelltenelternhaus (Beyme 1993). Aufgrund der disziplinären Dominanz von JuristInnen in der Bundesverwaltung ist die Offenheit für und das Verständnis von sozialwissenschaftlichen Forschungsergebnissen zwangsläufig begrenzt.

---

14 Die Entscheidung, einen zweiwöchigen bezahlten Vaterschaftsurlaub einzuführen, wurde im Juni 2001 im Rahmen der *Conférence à la Famille*, inzwischen unter der Leitung der neuen Familienministerin, Ségolène Royal, getroffen (Buttner 2002:752).
15 Vgl. dazu den Vorschlag der Einrichtung einer »Nationalen Akademie«, die bei Bedarf ExpertInnenzirkel einberufen soll (Wagner 2004).

5.3.2 Bedingungen für die Nutzung sozialwissenschaftlichen Wissens

Insgesamt hat die wissenschaftliche Politikberatung die Funktion, die Legitimität von Politikvorschlägen dadurch zu erhöhen, dass sie die Unsicherheit und Ambivalenz von Entscheidungen vermindern. In welcher Form und unter welchen Bedingungen kann sozialwissenschaftliche Politikberatung nun in diesem Sinne erfolgreich sein, dass sie einen Beitrag zur Rationalisierung der Politikprozesse leistet? Vermutlich ist der wirkliche Anteil sozialwissenschaftlicher Politikberatung an politischen Entscheidungen aufgrund der Komplexität von Entscheidungsprozessen kaum zu bestimmen (Weiss 1991:317). Dennoch hat die Anwendungsforschung einige Hypothesen für eine höhere Wahrscheinlichkeit der Nutzung sozialwissenschaftlichen Wissens formuliert.

Das Dilemma der Vermittlung

Eine grundsätzliche Kontroverse zwischen der systemtheoretischen Position Luhmanns und Habermas' Sichtweise des verständigungsorientierten Handelns besteht in der Frage, ob Menschen aus unterschiedlichen Systembezügen und Kulturen grundsätzlich dazu befähigt sind, Argumente und Einsichten gegenseitig auszutauschen. Autoren wie Ortwin Renn, die sich in ihrem Ansatz auf Habermas beziehen, sind von der prinzipiellen Möglichkeit einer Verständigung zwischen Politik und Wissenschaft überzeugt, aber sie formulieren die Bedingung, dass es die Aufgabe von WissenschaftlerInnen sei, »das vorhandene Wissen so aufzubereiten, dass es für Politikentscheidungen anwendbar ist, sowie konsensfähige Entscheidungsgrundlagen für die Politik zu erarbeiten« (Renn 1999:537). Dabei sehen sich WissenschaftlerInnen nicht selten in einem Dilemma zwischen den eigenen Standards und den Anforderungen durch die politische Praxis:

> »Je mehr die Wissenschaft auf die Einhaltung ihrer Standards besteht, um so geringer ist ihre Chance, von der Politik, die hier und vor allem jetzt eine Antwort sucht, in Anspruch genommen zu werden. Für die Qualität der Beratung wird immer auch die Wissenschaft zur Rechenschaft gezogen werden, wobei der Hinweis auf zeitliche Restriktionen kaum als Entschuldigung dient. Der einzelne Wissenschaftler befindet sich zudem in einer Art Gefangenendilemma: Wenn er aus wissenschaftsethischen Gründen keine ›Schnellschüsse‹ liefern will, stehen andere Kollegen bereit, dies zu tun.« (Mai 1999:671)

Wie Carol Weiss gezeigt hat, besteht die Gefahr der Vereinfachung von Forschungsergebnissen besonders dann, wenn es um Ergebnisse geht, die als Ideen formuliert werden. Zwar ist denkbar, dass Konzepte sehr schnell übernommen werden ohne dass daraus politische Instrumente zu ihrer Realisierung abgeleitet und entwickelt werden. Grundsätzlich ist aber vor allem in der deutschen sozialwissenschaftlichen Forschungslandschaft zu beobachten, dass es in den Institutionen oftmals an professioneller Öffentlichkeitsarbeit fehlt und dass auch die wissenschaftsjournalistische Berichterstattung in den deutschen Medien nicht besonders gut entwickelt ist.

Die Situation der Beratung

In vielen Fällen wird wissenschaftliches Wissen, vor allem die konkreten »Daten«, erst in der konkreten Entscheidungssituation genutzt, etwa bei der Beratung von Gesetzentwürfen oder der Ausformulierung einzelner Regelungen. Bei den Ausschussanhörungen des Bundestags besteht meist nur eine kurze Frist von wenigen Tagen für die Abgabe einer Stellungnahme. Aufgrund dieser Kurzfristigkeit kann die für die wissenschaftliche Arbeitsweise typische gründliche Reflexion nicht angestellt werden, vielmehr werden situative Einschätzungen vor dem Hintergrund des momentanen Wissensstandes abgefragt (Mai 1999:671). Andersherum rezipieren die politischen Akteure sozialwissenschaftliche Erkenntnisse nicht systematisch: »Häufig lesen Politiker oder Verwaltungsfachleute die Ergebnisse der wissenschaftlichen Studien erst dann, wenn externe Personen darauf Bezug nehmen (etwa die Opposition, die Medien oder bestimmte Interessengruppen).« (Renn 1999:539) Voraussetzung ist allerdings auch hier, dass die Ergebnisse inhaltlich und stilistisch aufbereitet werden. Entscheidend kann auch die persönliche Begegnung zwischen BeraterIn und Beratenen sein:

»Erst durch die direkte Interaktion zwischen Berater und Beratenen wurde eine Kommunikationsbasis geschaffen, die als Brücke zwischen erfolgs- und verständigungsorientiertem Handeln dienen konnte. Direkte Interaktion ist natürlich keine Garantie für eine Übernahme der Empfehlungen in die Politik, aber sie bereitet den Boden dafür vor, dass sich die Beratenen mit den Argumenten und Sichtweisen der Berater auseinandersetzen.« (Renn 1999:543)

Auf diese Weise können auch Daten und Ideen vermittelt werden, von denen nicht von vornherein angenommen wird, dass sie der normativen Sichtweise der Akteure entsprechen. Die Voraussetzung für eine erfolgreiche Vermittlung ist jedoch das Vertrauen, das zwischen AkteurIn und WissenschaftlerIn gegeben sein muss um eine Verständigung möglich zu machen.

Die Berücksichtigung normativer Standpunkte

Wissenschaftliches Wissen, sei es in Form von Daten, Ideen oder Argumenten wird vor allem dann rezipiert, wenn sich darin die normativen Standpunkte der Akteure widerspiegeln. Anstatt auf der vermeintlichen Neutralität der berichteten Erkenntnisse zu bestehen, müssten die Forschungsergebnisse explizit die Werte und Interessen der betroffenen Akteure reflektieren und normative Grundannahmen der AutorInnen dabei explizit machen. Zur Lösung des normativen Problems plädiert

Ortwin Renn dafür, die Interessen der Betroffenen auf gleiche Weise wie wissenschaftliche Erkenntnisse in den Beratungsprozess einzubinden und »Reflexionsdiskurse« zu etablieren, in denen Präferenzen, Werte und normative Beurteilung von Problemlagen explizit gemacht werden sollen. Die »diskursive Politikberatung« (ebd.:545f.) würde den AkteurInnen die Entscheidungssituation erleichtern, weil sie von der Denkarbeit entlastet werden, die wissenschaftlichen Erkenntnisse im Hinblick auf die grundlegenden Kausal- und Werteannahmen zu interpretieren. Auf diese Weise könnte sozialwissenschaftliche Politikberatung ein gutes Hilfsmittel zur Entscheidungsvorbereitung sein. Entsprechend der Typologie von Weiss würden die Ergebnisse die Form von »Argumenten« bekommen, von denen auch Weiss annimmt, dass die Passförmigkeit für die Nutzung im politischen Prozess konkreter ist. Wenn Forschungsergebnisse jedoch (wie bei der eindeutig advokatorischen Politikberatung) einseitig und selektiv dargestellt werden, verlieren sie ihre Glaubwürdigkeit (Weiss 1991:317).

Auf diese Weise können SozialwissenschaftlerInnen selbst zu AdvokatInnen bestimmter sozialer Gruppen werden, eine Option, die Nancy Fraser in ihrer skeptischen Sicht auf die ExpertInnen unbeachtet lässt, die aber zum Beispiel von Charles Ragin betont wird. Danach hätten sozialwissenschaftliche Studien durchaus die Möglichkeit, bisher unthematisierte Probleme zu benennen und Akteuren für die Agenda anzubieten (Ragin 1994).[16] So können Forschungsergebnisse dienlich sein, bisher politisch marginalisierte Identitäten, z.B. allein erziehende Mütter oder schwule und lesbische Elternpaare sichtbar zu machen. Lernfähige Akteure sind auch für solche Ergebnisse offen und bringen möglicherweise diese Probleme in den politischen Prozess ein. Allerdings sind die Chancen für WissenschaftlerInnen, die, nicht zum *Mainstream* ihrer Disziplin gehören, weil sie sich mit »Randthemen« befassen, geringer, auch von politischen AkteurInnen als BeraterInnen angefordert zu werden. Möglicherweise verfügen sie nicht über den entsprechenden Bekanntheitsgrad oder nicht über den entsprechenden Status.

Diffusionsprozesse durch das politische Umfeld

Schließlich spielen die internationalen bzw. supranationalen Organisationen bei der Verbreitung von wissenschaftlichen Erkenntnissen eine zunehmend wichtige Rolle. Am Beispiel der Krise des Wohlfahrtsstaates argumentieren Martin Rein und Do-

---

16 Charles Ragin (1994) etwa sieht im *giving voice* eine legitime Funktion der Sozialwissenschaften. Mit *giving voice* ist gemeint, dass sich WissenschaftlerInnen mit marginalen sozialen Phänomenen befassen und diese dadurch überhaupt erst sichtbar machen. Das prominenteste und erfolgreichste Beispiel hierfür dürfte die Frauenforschung sein, die auch eine Grundlage für frauenpolitische Aktivitäten in der Bundesrepublik gewesen ist (vgl. dazu Krautkrämer-Wagner/Meuser 1988).

nald Schon zum Beispiel, dass die OECD in den siebziger und frühen achtziger Jahren einen wichtigen Beitrag zur Verbreitung der These geleistet habe, der Wohlfahrtsstaat sei ein, wenn nicht der Hauptfaktor für die Verlangsamung des Wirtschaftswachstums (Rein/Schon 1991:280). So darf die Wirkung der Berichte, Studien oder Veröffentlichungen von Expertengruppen der OECD nicht unterschätzt werden: Seit einigen Jahren sind auch die Themen Frauenerwerbstätigkeit, *Work-Life-Balance* und Kinderbetreuung Gegenstand von OECD-Publikationen gewesen (OECD 1994; 2001a; b), deren Inhalte mittelfristig auch die politischen Diskurse in den Mitgliedstaaten diffundieren werden.

Eine wichtige Quelle für neue Erkenntnisse im Bereich Vereinbarkeit von Beruf und Familie ist für die (west-)europäischen Staaten die Europäische Union. Weil die Förderung der Frauenerwerbstätigkeit unter anderem durch den Ausbau der Kinderbetreuung oder die Verkürzung der Arbeitszeit zentrale Instrumente der europäischen Beschäftigungsstrategie sind (vgl. Behning 2000), können sie bei der Entwicklung der nationalen Politiken Anregung für Lernprozesse bieten. Die Diffusion neuer Erkenntnisse findet hier zum einen direkt durch die Kooperation zwischen den nationalen und EU-BeamtInnen statt, aber auch durch den – wissenschaftlich gestützten – Vergleich zwischen den Beschäftigungssystemen. Europäische Forschungsnetzwerke, etwa zum Thema Frauen und Erwerbstätigkeit oder zur Familienpolitik, aber auch die vergleichenden arbeitsmarktpolitischen Veröffentlichungen, haben über lange Jahre hinweg wissenschaftliche Berichte aus den Mitgliedstaaten zusammengetragen und für eine breite gesamteuropäische Öffentlichkeit zugänglich gemacht. Die transnationale Verbreitung von Wissen wird in der Politikwissenschaft mit Hilfe der Konzepte der »Diffusion« oder des »*policy borrowing*« untersucht (Stone 1996; vgl. dazu Cox 1999; zur Diffusion von Politikideen zwischen den deutschen Bundesländern vgl. auch Blancke/Schmid 2001). Diffusionsprozesse können im Sinne der Verbreitung neuer Politikideen einen wichtigen Beitrag zur Entideologisierung politischer Entscheidungsprozesse leisten (Cox 1999).[17]

In der Zusammenschau der hier entwickelten Argumente muss festgehalten werden, dass die sozialwissenschaftliche Politikberatung in Deutschland weit davon entfernt ist, die Hauptquelle für Lernprozesse der politischen AkteurInnen zu sein.

---

17 Beim *policy-borrowing* würde, so Cox (2001), der Ideologie-Filter, durch einen so genannten *fad-and-fashion*-Filter ersetzt, der die Aufmerksamkeit der AkteurInnen auf besonders interessante Politikbeispiele lenkt. Natürlich sind einzelne Maßnahmen nur schwerlich übertragbar, vielmehr müssten die spezifischen Bedingungen bedacht werden. So ließe sich der Beschäftigungserfolg in den Niederlanden und die Kooperation der ökonomischen und sozialen Akteure vor allem mit der Schwäche der Gewerkschaften und der schleichenden ökonomischen Liberalisierung erklären. Nicht die einzelnen Maßnahmen wären interessant, sondern die rhetorische Vorgehensweise, mit denen es den niederländischen politischen Entscheidungsträgern gelungen sei, Legitimität zu generieren und Konflikte zu eliminieren (Cox 1999).

Vielmehr ist davon auszugehen, dass wissenschaftliche Erkenntnisse eher mittel- bis langfristig in politische Prozesse einsickern. Will man die Wirkungsweise sozialwissenschaftlicher Politikberatung untersuchen, empfiehlt es sich, die Rezeption durch die politischen AkteurInnen differenziert zu untersuchen. Über den Erfolg der Wissensvermittlung entscheidet a) in welcher Form das Wissen angeboten wird, b) welche Beziehungen zwischen den WissenschaftlerInnen und den politischen AkteurInnen besteht, c) ob die normativen Positionen der Akteure berücksichtigt und explizit gemacht werden, d) ob das vermittelte Wissen anschlussfähig an Diskurse ist und e) ob das sozialwissenschaftliche Wissen auch Teil großräumiger Diffusionsprozesse ist.

5.4 Das »Gesellschaftliche«: Die Rolle des sozialen Umfeldes, der Medien und der Kultur

Wenn sich der Begriff des politischen Lernens nicht ausschließlich auf wissenschaftliches oder Politikwissen bezieht, so ist auch im gesamtgesellschaftlichen Diskurs eine Wissensquelle zu sehen, die in den anderen lerntheoretischen Ansätzen unterschätzt wird. Wie lässt sich das »Gesellschaftliche« in einer geschlechtersensiblen Politikanalyse berücksichtigen? Im gesamtgesellschaftlichen Diskurs ist die Gesamtheit aller denkbaren Optionen vorhanden, die sich den Akteuren als Politikoptionen anbieten. Insofern ist der gesamtgesellschaftliche Diskurs die – durch die historische Situation begrenzte – Quelle für neues Wissen, das von den AkteurInnen durch Lernen aufgenommen werden kann (Landwehr 2001:7). Allerdings begrenzen Grundregeln, die im gesamtgesellschaftlichen Diskurs wirken, die Auswahl des Wissens, das AkteurInnen aufnehmen und zu politischen Problemen und Lösungen verarbeiten können. Diese Grundregeln werden auf der Ebene der kulturellen Praktiken, durch die Diskurse zu »sozialen Tatsachen« werden, sichtbar (Bublitz 1999:10). Eine umfassende diskursanalytische Theoretisierung der Wirkungsweisen von sozialen Diskursen kann hier nicht geleistet werden, vielmehr wird in essayistischer Form kurz skizziert, welche drei sozialen Ebenen der Bildung eines sozialen Diskurses im Bereich der Vereinbarkeit betrachtet werden müssen, weil diese den sozialen Kontext der Akteure strukturieren. Dazu gehören das individuelle soziale Umfeld, die Massenmedien und die Sphäre der Kultur und Geisteswissenschaften.

5.4.1 Das soziale Umfeld

Der soziale Kontext versorgt die individuellen AkteurInnen mit »anekdotischem« oder Alltagswissen über die Vielfalt der Alltagspraxis von BürgerInnen. Die Grundregel, die im sozialen Kontext die Offenheit für neues Wissen bestimmt, ist das Vertrauen. Der soziale Kontext, zu dem die Familie, Freundschaften, KollegInnen etc. gehören, ist maßgeblich durch Vertrauensbeziehungen geprägt. Was hier behauptet oder praktiziert wird, die egalitäre oder geschlechterspezifische Arbeitsteilung in der Familie, der Wunsch nach Arbeitszeitverkürzung von KollegInnen, Berichte über Einstellungs- oder Entlassungspraxis befreundeter Unternehmer oder die persönliche Kommunikation mit den WählerInnen, ist für individuelle politische AkteurInnen eine wichtige, weil glaubwürdige Quelle. Emotionale Bindungen oder gemeinsame Identifikation schaffen Bereitschaft zum Zuhören und Glauben. Insofern »lernen« individuelle AkteurInnen von ihrem sozialen Umfeld. Erin Kelly und Frank Dobbin etwa haben zeigen können, dass die Medienberichterstattung in Folge von Diskriminierungsklagen eine wichtige Rolle bei Einführung von Mutterschutzregelungen in amerikanischen Unternehmen gespielt hat (Kelly/Dobbin 1999:486). Nutzenerwägungen und Sanktionsandrohungen waren dabei allerdings nicht die statistisch relevanten Faktoren für die Unternehmen, entsprechende Regelungen einzuführen, sondern die durch die Medien transportierte Vorbildfunktion der anderen Unternehmen, die als erste Mutterschutzregelungen gewährten. Soziale und politische Akteure handeln also nicht unbedingt zuallererst aus strategischem Kalkül, sondern sie verhalten sich als soziale Akteure und orientieren sich an ihrer sozialen Umwelt bzw. an dem Verhalten von *peer groups*, mit denen sie sich identifizieren können.

5.4.2 Die Massenmedien

Die mediale Öffentlichkeit ist die zweite zentrale Ebene der sozialen Diskurse, auf der die öffentliche Meinung abgebildet, verstärkt und auch produziert wird. Wissen, dass in den Massenmedien Geltung erlangen will, muss zum einen anschlussfähig an geltende Paradigmen und zum anderen plausibel und überzeugungskräftig sein.

Wie auch bei der Vermittlung wissenschaftlichen Wissens müssen Diskurspositionen, die neue soziale Phänomene benennen (etwa der Wunsch von Männern nach Teilzeitarbeit), gemeinsame Werte aktivieren können. Nützlich dafür sind Metaphern oder Schlagwörter, die kollektive Assoziationen hervorrufen. So beruht etwa das Konzept der »Wahlfreiheit« auf einem positiven gesamtgesellschaftlichen liberalen Konsens darüber, dass Eltern die Form der Betreuung ihrer Kinder frei wählen können sollen. Unter dem Stichwort »Wahlfreiheit« versuchen alle politischen Parteien die WählerInnen von Programmen zu überzeugen, die jedoch unvereinbare Zielsetzungen aufweisen. Durch die Verwendung von Metaphern können politische Akteure also Legitimation für politische Entscheidungen erlangen, ohne dass systematisch kausale Zusammenhänge ermittelt werden und daraus konsistente Lösungsstrategien hervorgehen. Hierin liegt die »Integrationsfunktion« von Werten (vgl. dazu Kapitel 3).

Die Verständlichkeit und Plausibilität ist die zweite Bedingung, die über den Eingang neuer Diskurspositionen in den medialen Diskurs entscheidet. Weil auch die Medien ökonomischen Zwängen unterliegen und von Auflagenstärken und Einschaltquoten abhängen, müssen die transportierten Informationen die Aufmerksamkeit möglichst vieler LeserInnen bzw. ZuschauerInnen auf sich ziehen. Weil diese Aufmerksamkeit eine knappe Ressource ist, müssen Medienbotschaften unterhaltsam, plausibel und knapp sein, um im Wettbewerb mit anderen Botschaften bestehen zu können (Kuhn 2002). Für die Vermittlung von komplizierten Sachverhalten und Fachwissen eignen sich medienvermittelte Diskurse daher kaum. Generell haben komplizierte Sachverhalte geringere Durchsetzungschancen im gesamtgesellschaftlichen Diskurs als einfache (Campbell 1998). Nancy Fraser hat die Formulierung politischer Bedürfnisse als die Herstellung von Argumentationsketten (»um-zu-Ketten«) beschrieben (Fraser 1994a); bei Pierre Muller geht es darum, kausale Zusammenhänge (*chaînes causales*) zu vermitteln (Muller 2002). In diesen Argumentationsketten sind politische Positionen mit analytischen oder normativen Erklärungen verknüpft. Diese Argumentationsketten weisen eine Komplexität auf, die sie für die Verwendung durch die Massenmedien ungeeignet werden lassen: Das von Kommunikationstheorien beschriebene Kriterium der *parsemony*, die Einfachheit und Eingängigkeit von Botschaften, verbietet jedoch die Präsentation von politischen Forderungen in den Medien, die das Publikum oder die LeserInnen nicht verstehen.[18] Dem Akteurswissen widerfährt im massenmedialen Vermittlungsprozess eine ganz ähnliche »Verstümmelung« wie dem sozialwissenschaftlichen Wissen bei der Vermittlung zwischen ForscherInnen und AkteurInnen: Zusammenhänge werden auf Thesen oder Schlagworte verkürzt, Komplexität geht verloren. Wie aufnahmefähig oder komplex Mediendiskurse sein können und sollen, ist zugleich eine demokratietheoretische und empirische Frage.[19] Tradition und Kultur sind

---

18 Ein weiteres Problem besteht darin, dass in diese Argumentationsketten zudem Ansprüche eingeschlossen sind, z.B. die Forderung nach der Realisierung eines bestimmten Gerechtigkeitskriteriums, die möglicherweise nicht an sich, dennoch im Hinblick auf das politische Ziel konsensfähig wären. Eine »Entwirrung« der Argumentationsketten führt allerdings nicht zwangsläufig zur Reduzierung, sondern möglicherweise zu einer Verschärfung von Meinungsverschiedenheiten (Fraser 1994a:252).

19 Vgl. dazu auch die Kritik von Sabine Lang (1997:127) am *Rational-Choice*-Ansatz und an der systemtheoretischen Perspektive auf politische Öffentlichkeit.

vermutlich Erklärungsfaktoren für die Ausgestaltung der Mediensysteme und den Stellenwert von Wissen in der medialen Öffentlichkeit. In Frankreich etwa spiegelt sich auch in den Medien die wissenszentrierte Kultur wieder, Aufklärung und Belehrung der BürgerInnen werden auch als Aufgaben der Medien gesehen.[20]

Die Funktionsbedingungen medialer Diskurse wirken auch auf das Handeln der AkteurInnen zurück. So verlangt die Anschlussfähigkeit der Politikvorschläge bzw. deren Interpretation an die dominierenden Diskurse und die Verständlichkeit und Plausibilität der Vorschläge von den AkteurInnen, ihre Kommunikation entsprechend anzupassen. Um im Wettbewerb um die öffentliche Aufmerksamkeit zu bestehen, müssen auch politische AkteurInnen diese Grundregeln beachten, denn neben den Wahlerfolgen bemisst sich der Erfolg ihres Handelns an der Darstellung ihrer Politik in den Medien. Ihre politischen Entscheidungen werden nämlich durch die Medien interpretiert. Einige KommunikationswissenschaftlerInnen vertreten sogar die Auffassung, Politik entstehe heute erst durch die Medienvermittlung (Jarren/Arlt 1998). Aus diesen Gründen sind die AkteurInnen gezwungen, die Botschaften, die aus ihren Entscheidungen gelesen werden können, auf ihre Vermittlungsfähigkeit und soziale Akzeptanz *ex ante* zu prüfen. Aus diesem Grunde bestimmen Medienstrategien zunehmend das politische Geschehen, weil sie letztendlich dem Transport von Legitimation und Glaubwürdigkeit dienen (Nullmeier/Saretzki 2002). Aus diesem Grund sind politische Akteure gezwungen, sich zunehmend strategisch zu verhalten. Im Vordergrund steht dann nicht mehr die politische Handlung, für die um Legitimität geworben wird sondern die Orientierung an medialen Diskursen, aus denen die Notwendigkeit bestimmter Handlungen bzw. deren Unterlassung abgeleitet wird.[21] Der Umgang mit den Massenmedien verlangt eine gewisse Strategiefähigkeit der politischen Akteure bzw. der Parteien. Das bedeutet, dass diese die Fähigkeit besitzen müssen, ihr Handeln zu vermitteln und in den Medien vorteilhaft zu präsentieren. Die Strategiefähigkeit politischer Akteure ist nicht nur eine bisher unterschätzte politikwissenschaftliche Kategorie, sondern eine wichtige Barriere für die Aufnahme, Verarbeitung und Umsetzung neuer Erkenntnisse. Politische Strategien gehörten zum »Arkanbereich« der Parteien, in dem diese ihre

---

20 Interessant wäre ein Vergleich des Printmedienmarktes zwischen Deutschland in Frankreich. Auffallend ist z.B. die Strukturierung von sozial- und naturwissenschaftlichem Grundwissen (für die Sekundarstufe oder das Studium) durch Verlagsserien wie das *Que sais-je*, die Aufnahmefähigkeit des Zeitschriftenmarktes für didaktisch aufbereitete ökonomische Zeitschriften wie *Alternatives Économiques* oder die hohe Auflagenstärke der Tageszeitung *Le Monde*, die 2002 europaweit mit einer Auflage von über 400.000 Exemplaren an zweiter Stelle stand.

21 Joachim Raschke (2002:227) unterscheidet allerdings strategisches, operatives und taktisches Handeln im Hinblick auf deren jeweilige Reichweite. Während taktisches und operatives Handeln den Mediengesetzlichkeiten unterworfen würden, blieben (längerfristige) politische Strategien von Mediendiskursen unberührt.

strategische und taktische Vorgehensweise entwickeln. Damit entziehen sich politische Strategien tendenziell der wissenschaftlichen Analyse und der zivilgesellschaftlichen Kontrolle, so dass sie vom Prinzip her nicht demokratiefähig sind (Raschke 2002:238). Letztendlich ergebe sich ein bisher kaum beachtetes Paradox: Einerseits sei Strategiefähigkeit für die Akteure im demokratischen politischen Wettbewerb überlebensnotwendig, andererseits seien Strategieentscheidungen nicht demokratisierbar bzw. nicht demokratiefähig (ebd.). Strategisches Handeln von Parteien steht politischem Lernen nicht *a priori* entgegen, aber es wird Lernprozesse zugunsten parteistrategischer Kalküle oftmals verhindern.

5.4.3 Kultur und Bildung als Medien der Produktion von Diskursen

Kultur und Geisteswissenschaften bilden die dritte Ebene, auf der sich der Diskurs einer Gesellschaft abbildet. Intellektuelle Debatten machen Diskurspositionen explizit und lassen die Komplexität zu, der sich Massenmedien verschließen. Ihr Anliegen ist es eben gerade, Komplexität nicht zu reduzieren, sondern die zugrunde liegenden normativen Konzepte herauszuschälen und zum Gegenstand des Diskurses werden zu lassen. In der Literatur, im Theater, im Film oder im politischen Kabarett werden politische oder alltagsweltliche Phänomene interpretiert und verarbeitet; Diskurspositionen können explizit gemacht werden oder implizit bleiben. Bildende Künste vermitteln, was unsagbar erscheint; sie kommunizieren über die jeweils verinnerlichte kulturelle Sprache, über Metaphern und Bilder und nutzen dabei eine vielfältige Formensprache. Somit produziert auch die kulturelle Praxis Identifikationen sozialer Gruppen. Zwar determiniert Kultur nicht das politische Handeln der Akteure, aber es ist mit Ann Swidler davon auszugehen, dass Handlungs*strategien* von Individuen durch kulturelle Erfahrungen geprägt werden: Kultur kann sozusagen als »Werkzeugkasten« mit Symbolen, Geschichten, Ritualen und Weltbildern betrachtet werden, die AkteurInnen benutzen, um Probleme zu lösen (Swidler 1986:273).

Auch in den Teilbereichen der Bildung – schulischer, beruflicher und akademischer Bildung – ist das Ziel die Vermittlung von Wissen unter Einbeziehung der Komplexität von Zusammenhängen. Im Hinblick auf die Offenheit nimmt der Bereich der Bildung allerdings eine (konservative) Gegenposition zum kulturellen Sektor ein: Hier wird das zu vermittelnde Wissen durch die verschiedenen Selektionsmechanismen vorsortiert. Lehrpläne, das Profil der Lehrkräfte, Universitätsstrukturen bestimmen darüber, welches Wissen kollektive Geltung erhalten soll. Die damit theoretisch erreichte Begrenzung der Wissensmenge steckt den Diskursraum ab und legt fest, welche Elemente zum wissenschaftlichen *Mainstream* gehören sollen. Die Öffnung von Bildungsdiskursen kann durch verschiedene Maßnahmen erfolgen: Die Überarbeitung von Lehrmaterial, die Einführung neuer Unterrichtsmethoden, die Reform der pädagogischen Ausbildung und im universitären Bereich durch die Einrichtung von Lehrstühlen für neue Forschungsbereiche oder die Förderung von Forschungsprojekten, die nicht dem *Mainstream* der Forschung zuzuordnen sind. Das humboldtsche Bildungsideal, nach dem Prozesse der Wissensvermittlung mit Prozessen der wissenschaftlichen Erkenntnis untrennbar verknüpft sein sollen, entspricht genau dem Gedanken, eine Offenheit für wissenschaftliche Innovationen zuzulassen. Die Organisation des Wissenssystems und die spezifische »Wissenskultur« in einem Land bilden damit eine wichtige Hintergrundfolie für politisches Lernen.

Die drei Ebenen der Herausbildung von gesellschaftlichen Diskursen, der soziale Kontext, die mediale Öffentlichkeit und der Bereich der Kultur und der Bildung umfassen also die Gesamtheit der Quellen des zu einem bestimmten Zeitpunkt verfügbaren sozialen Wissens. In allen drei Bereichen sind in die sozialen Beziehungen auch Machtverhältnisse eingewebt, die das babylonische Gewirr von Meinungen, Wissen, Thesen zu Paradigmen anordnen und somit Diskurse strukturieren. Die Öffnung von Diskursen ist also somit immer auch konflikthaft, weil dadurch geltende Meinung, Wissen und Thesen in Frage gestellt werden. Insgesamt ist davon auszugehen, dass sich die Öffnung von herrschenden Diskursen ebenso der politischen Steuerung entzieht wie deren Formierung. In jedem Teilbereich bestimmen vielmehr Eigengesetzlichkeiten über die Formierung und Öffnung von Diskursen. Im Bereich des sozialen Kontextes ist dies der Mechanismus des Vertrauens, in der medialen Öffentlichkeit sind es die kommunikationstheoretischen Regeln und im Bildungsbereich die Ethik, die als Kontrollinstanzen wirken. Umgekehrt führt auch ein Wandel auf der Ebene gesellschaftlicher Diskurse (der auf sozialen Wandel zurückführbar ist) nicht automatisch zu politischen Lernprozessen. Allerdings erhöht diskursiver Wandel die Wahrscheinlichkeit für politische Lernprozesse, etwa wenn konkurrierende Normen produziert und damit neue Leitbilder und Instrumente legitimiert werden und sich ein neues Paradigma in Konkurrenz zum dominierenden Paradigma herausbildet.

5.5 Politiklernen im sozialen Kontext: Zwischen Diskurshegemonie und Deliberation

Den Begriff des Diskurses als eine politikwissenschaftliche Kategorie zu nutzen, birgt den Vorteil, dass die Logik des Akteurshandelns mit den vorhandenen makrosozialen Strukturen verknüpft werden kann: Form und Zugang zum Universum des politischen Diskurses sind zwar durch Institutionen und gesellschaftliche Machtpositionen gestaltet, die den Handlungsspielraum der Akteure von vornherein begrenzen.[22] Die Gesamtheit gesellschaftlicher Diskurse (bzw. die Öffentlichkeit) ist jedoch größer und bietet eine für das Individuum nicht erfassbare Auswahl an politischen Optionen an.

Wenn die gesellschaftlichen Teilbereiche, in die politische Prozesse und damit auch Lernprozesse eingebettet sind, Eigenlogiken gehorchen, die sich der Steuerung durch politische Interventionen weit gehend entziehen,[23] welche Chance haben dann Kommunikation und Verständigung im Rahmen von wissenschaftlicher Politikberatung oder Deliberationsverfahren? Und wenn Diskurse als Kampfschauplätze gelten müssen, welche Chancen haben dann soziale Identitäten, deren Bedürfnisse nicht in den dominierenden und hegemonialen Diskursen transportiert werden, ihre Bedürfnisse als Wissen in den politischen Prozess einzubringen? Im Folgenden möchte ich zeigen, wie ein Begriff politischen Lernens in der gesellschaftstheoretischen Perspektive zwischen theoretischen Überlegungen zur Hegemonie einerseits und zur Deliberation andererseits eingeordnet werden muss.

5.5.1 Die Öffnung von Diskursen durch deliberative Verfahren

Die Vertreter der Ansätze mittlerer Reichweite hatten die Bedeutung von ExpertInnen als neutrale VermittlerInnen in politischen Konflikten betont (Sabatier 1993; Braun 1998). Gesellschaftstheoretische Überlegungen, die sich dem Problem widmen, inwiefern politische Akteure sachorientiert und »vernünftig« zu handeln vermögen, kommen zu kontroversen Erkenntnissen (vgl. dazu die Kontroverse in Beck/Giddens u.a. 1996). Dennoch gibt es einen gesellschaftstheoretischen Ansatz, in dem die Schaffung von machtfreien Räumen zum rationalen Aushandeln von Politiklösungen zumindest eine theoretische Option darstellt: die der deliberativen Demokratie (vgl. vor allem Habermas 1992; erläuternd dazu Strecker/Schaal 2002). Mit der Beschäftigung mit diesem Konzept ist die Hoffnung verknüpft, Kriterien für einen politischen Handlungsrahmen zu entwickeln, in dem »neutrale« ExpertInnengremien politischen Lösungen zu einem Konsens verhelfen und somit Reformblockaden auflösen können.

Der Optimismus, der mit dem Deliberationskonzept verbunden ist, muss jedoch aus zwei Gründen gedämpft werden. Zum einen hat die empirische Delibera-

---

22 Auch Nancy Fraser sieht in der Verknüpfung diskursiver und struktureller Analysen ein zentrales Anliegen der feministischen Theoriebildung (vgl. Sauer 2001:41).

23 Besonders die gesellschaftliche Sphäre mit ihren Teilbereichen der Kultur und der Bildung, der Massenmedien und der sozialen Lebenswelten verschließen sich, zumindest in einer Demokratie, dem direkten politischen Eingriff.

tionsforschung gezeigt, dass die Möglichkeiten, das »Regieren durch Diskussion« zu verbessern, aus mehreren Gründen begrenzt sind. Zunächst sei die Wirkung wissenschaftlicher Beratung auf die Akteure von deren Funktion abhängig, wobei normbildende Systeme (Parlamente) prinzipiell offener seien als Normanwendungssysteme (Verwaltungen). Während ParlamentarierInnen die gehörten Argumente direkt in ihre Argumentation integrieren können, müssen politische EntscheidungsträgerInnen diese in den Code und das Regierungsprogramm übersetzen. Dabei sei der Einfluss wissenschaftlicher Erkenntnisse zwangsläufig selektiv (Neidhardt/van den Daele 1996:34). Zum anderen setze ein Prozess kollektiven Lernens durch Argumentieren bestimmte institutionelle Bedingungen voraus, die es den Akteuren ermöglichen, sich nach innen zu orientieren und ihre Kommunikation von strategischen Rücksichten und Gruppenloyalitäten zu entkoppeln und damit eine verbindliche Kommunikation zu ermöglichen. Zu den Bedingungen gehören die Diskussion zwischen den Beteiligten,[24] eine Verfahrenskontrolle, Mediation und Moderation sowie eine Begrenzung der Öffentlichkeit im Verfahren, so dass die »Diskursverfahren« als »soziale Enklaven« betrachtet werden können (ebd.:39). Doch auch bei Erfüllung dieser Vorbedingungen sind durch deliberative Verfahren nicht alle Konflikte lösbar, vor allem dann nicht, wenn der Konflikt als grundsätzlich gilt, die Interessen der Akteure berührt sind und ein Konsens als Niederlage betrachtet wird. Die Erkenntnisse der Forschung zur Wissensnutzung haben schließlich gezeigt, wie voraussetzungsvoll die Akzeptanz und die Aufnahme wissenschaftlichen Wissens für die politischen Akteure sind. Generell müssen hier die Argumente wiederholt werden, die auch an der Theorie der deliberativen Demokratie angebracht werden (vgl. dazu ausführlich Strecker/Schaal 2002:111ff.).

Zum anderen bleibt unklar, wie angesichts der Verortung gesellschaftlicher Diskurse in allen gesellschaftlichen Teilbereichen überhaupt Raum für diskursive Verfahren geschaffen werden kann, der nicht durch die gesellschaftlichen Machtverhältnisse vorstrukturiert ist. Genauer stellt sich die Frage, wie BürgerInnen Zugang zu diesen Verfahren erhalten können, der sich jenseits der institutionalisierten Interessenvermittlung durch die politischen Akteure bieten müsste. Trotz dieser Einwände hat die Deliberationsforschung gezeigt, dass diskursive Verfahren auch dann einen Wert haben, wenn keine gemeinsame Lösung gefunden werden kann. Das wichtige daran ist, dass sie politische Konflikte längerfristig verändern:

»Wenn politischer Streit auch nur zeitweilig in diskursive Formen überführt wird, werden Verständigungsleistungen möglich, die auch dann, wenn sie nicht in einem Abschlusskonsens ratifiziert werden, das Ausmaß und die Art des Dissenses zwischen den Konfliktparteien verändern können. Solche ›Zwischenergebnisse‹ des Diskurses können von ›dritten Instanzen‹ (Parteigremien, Parla-

---

[24] Zur Institutionalisierung der Diskussionen eignen sich öffentliche Debatten, Podiumsdiskussionen, Anhörungen, Diskursverfahren und Enquête-Kommissionen (Neidhardt/van den Daele 1996: 43).

mentsausschüssen, Gerichten) beobachtet werden und deren Entscheidungsfähigkeit erhöhen.« (Neidhardt/van den Daele 1996:40f.)

In dieser Lesart wird das argumentative Gerüst verfeinert, und es werden implizite Kausalketten explizit gemacht oder weitere Bedürfnisse einbezogen, die in der nächsten Runde der politischen Auseinandersetzung als neuer Ausgangspunkt dienen können. In der langfristigen Perspektive tragen deliberative Verfahren also dazu bei, fachpolitische Diskurse zu öffnen und konkrete Bedürfnisse oder vage Vorstellungen zu konkretisieren und somit das Repertoire der Politikoptionen zu erwietern. Insofern können Deliberationsverfahren einen wichtigen Beitrag zum Politiklernen, aber auch zur Inklusion bisher weniger sichtbarer Bedürfnisse leisten.

5.5.2 Die Schließung von Diskursen durch Hegemonie

Das Konzept der Hegemonie hingegen betont den gegenteiligen Mechanismus, den der Schließung von Diskursen. Die Schließung von Politikzyklen wurde in anderen Studien mit dem schon erwähnten Konzept der Notwendigkeitskonstruktion beschrieben. Danach werde die Verarbeitung von neuem deskriptivem Wissen dadurch verhindert, dass ein bestimmter Sachverhalt als unumgänglich dargestellt wird. Wichtig ist dabei nicht, ob die Annahmen richtig oder falsch sind, sondern ob eine Notwendigkeit als Handlungsbeschränkung von den Akteuren akzeptiert wird, ohne die kausalen Zusammenhänge weiter zu hinterfragen. Wie kommt es aber dazu, dass Akteure dies akzeptieren, gerade weil ja klar ist, dass der gesellschaftliche Diskurs um ein Vielfaches größer ist als die Menge der beratenen Optionen? In der Mikrosoziologie wurde die Selbstbeschränkung der Akteure durch die Definition von zufrieden stellenden Kriterien *(satisficing criteria)* mit der nicht zu durchdringenden Komplexität der Handlungsumwelt begründet (Simon 1957; Crozier/Friedberg 1979; Friedberg 1988). Aber es lassen sich noch zwei andere Kriterien definieren: die Herstellung von Sinn und der Erhalt von Macht. Danach würden Akteure sich für solche Optionen entscheiden, die ihnen aufgrund vorheriger Erfahrungen bzw. Wissen, dass sie über kausale Zusammenhänge oder normative Ziele haben, sinnhaft erscheinen. Normative Annahmen sind internalisiert und unsichtbar und bieten gleichzeitig einen Interpretationsspielraum, selbst wenn Übereinstimmung über das übergeordnete Ziel besteht. Wenn zum Beispiel von »Vereinbarkeit« die Rede ist, kann darunter gleichermaßen eine Version der geschlechterspezifischen Arbeitsteilung (die sequenzielle Abfolge von Berufs- und Familienarbeit) oder eine gleiche Aufteilung der Erziehungsarbeit (bei parallelen Aktivitäten) verstanden werden. Insofern produziert das Politikziel keine grundlegenden Wertekonflikte, vielmehr verhält es sich normativ passförmig zur Mehrheitsmeinung. Diese ergibt sich aber eben gerade *nicht* durch die Offenlegung konkurrierender Interpretationsvarianten und konkreter Lösungsvorschläge, was eine Folge von deliberativen Verfahren sein sollte. Im Gegenteil: Die Passförmigkeit wird erst durch die semantische Offenheit bei der Formulierung von Politikzielen erzielt. Auch »Partnerschaftlichkeit« und »Wahlfreiheit«, Begriffe, die dem gesellschaftlichen Grundkonsens entsprechen, bleiben unscharf, solange nicht über ihre Umsetzung durch Programme geredet wird.

Das Konzept der Hegemonie arbeitet genau mit diesem Mechanismus, mit dem ein Konsens über ein Politikziel hergestellt wird. Grundlegend ist dafür das Theorem der kulturellen Hegemonie von Antonio Gramsci, nachdem kulturelle Prozesse für die Herstellung von Hegemonien und der Sicherung von Macht genutzt werden (vgl. Leggewie 1987). Von Ernesto Laclau und Chantal Mouffe wurde dieses Konzept für die Entwicklung einer politischen Theorie der Hegemonie (Laclau/Mouffe 1991) genutzt, deren Ziel es ist, die impliziten Machtstrukturen gesellschaftlicher Antagonismen jenseits des Klassenkonflikts zu beschreiben (Stäheli 2002). Ohne diese Theorie hier zu diskutieren, soll eines ihrer zentralen Theoreme eingeführt werden, mit dem die Herstellung von Hegemonien erklärt wird. In Anlehnung an die Psychoanalyse wird der Begriff des »leeren Signifikanten« genutzt, einer sprachlichen Einheit, die mit verschiedenen Sinninhalten gefüllt werden kann. Dadurch, dass Bedeutung unscharf bleibt, wie etwa der Begriff der »Freiheit«, kann der leere Signifikant auch nicht als »falsch« betrachtet werden. Der Preis dafür ist die Entleerung des Sinns des Signifikanten. Prinzipiell kann z.B. der Begriff der Eigenverantwortung mit dem Begriff des Zwangs oder aber der Autonomie zusammengebracht werden. So ist es möglich, dass in manchen Diskursen aus dem Ziel der Erhöhung der Eigenverantwortung die Einschränkung von Anspruchsrechten abgeleitet wird, weil sie die BürgerInnen zu abhängigen Untertanen machten. In anderen Diskursen wird dagegen die Stärkung von Anspruchsrechten, etwa durch die Einführung einer sozialen Grundsicherung oder gesetzlicher Mindestnormen gefordert, um die Autonomie der BürgerInnen und ihre Fähigkeit zur Eigenverantwortung zu stärken und die individuelle Freiheit damit zu vergrößern. Welche Interpretation in der Öffentlichkeit geteilt wird, hängt davon ab, welche Zusammenhänge in den zentralen Diskursen vermittelt werden. Dies wiederum ist abhängig von den politischen und gesellschaftlichen Machtverhältnissen. Dabei haben politische Akteure, wie ich anhand der drei Dimensionen des sozialen Kontextes, der Medien, der Bildung und Kultur gezeigt habe, eine unterschiedliche Reichweite und Macht zur Definition gesellschaftlicher Zusammenhänge bzw. zur Präzisierung »leerer Signifikanten« bzw. gesellschaftlicher Normen. Als radikal gilt die Hegemonietheorie deswegen, weil sie als Diskurs nicht nur sprachliche Texte begreift, sondern das Soziale an und für sich – das Universum des politischen Diskurses in der Lesart Jane Jensons oder »das Gesellschaftliche« in der Interpretation von Nancy Fraser.

Abweichende Politikvorschläge, die in den hegemonialen Vereinbarkeitsdiskurs eingebracht werden, wie etwa die Reservierung eines Teils des Elternurlaubs für den

Vater, können, wenn sie abgelehnt werden, durch die Begrifflichkeit mit negativen Konnotationen belegt werden, die Ängste und Ablehnung in der Bevölkerung produzieren und zu Widerstand und Protest in der Öffentlichkeit führen. So wird z.B. der schwedische Begriff des »Papa-Monats« in Deutschland als »zwingende Teilung« bezeichnet und damit der restringierende Charakter der Regelung betont.[25] Und so lassen sich eine ganze Reihe von sinnentleerten oder unspezifizierten Begriffen finden, die einen Konsens herzustellen vermögen: Beschäftigungsfähigkeit, Eigenverantwortung, Wahlfreiheit, Partnerschaftlichkeit[26] etc. Aus diesem Grunde wurde auch die Änderung des Artikels zur Arbeitsteilung zwischen den Eheleuten im Bürgerlichen Gesetzbuch abgelehnt, weil die Gegner dieser Maßnahme damit die Konnotation des »Zwangs zur Hausarbeit« erfolgreich verknüpfen konnten. Genau der gleiche Vorschlag hätte jedoch auch mit der »Stärkung der partnerschaftlichen Arbeitsteilung« begründet werden können. Die Kontingenz politischer Entscheidungen besteht also prinzipiell in der Möglichkeit, innerhalb von Diskursen die Diskurselemente neu miteinander zu verknüpfen (etwa »Freiheit« mit »Autonomie« anstelle von »Freiheit« und »Eigenverantwortung«). Dabei ist jedoch »Kontingenz« *nicht* als ein ›anything goes‹ misszuverstehen. Zwar ist jede Bedeutungsfixierung grundsätzlich instabil und veränderbar, gleichzeitig ist ein Diskurs aber auch ein Machtgefüge, dessen Veränderbarkeit von den jeweiligen Machtverhältnissen abhängt. Die abstrakte These der Kontingenz des Sozialen besagt nur, dass sich kein Machtverhältnis auf eine Instanz außerhalb dieses Verhältnisses, wie z.B. das Naturrecht [oder das Patriarchat oder den Kapitalismus; SB] stützen kann« (Stäheli 2002:206). Wie schon oben angedeutet wurde, sind die Diskurse vor allem in den gesellschaftlichen Teilbereichen nicht durch das Handeln eines einzigen Akteurs zu verändern. Daher gibt es auch kein einheitliches Subjekt, das hegemoniale Diskurse produzieren würde, zumal diskursive Strukturen und handelnde Subjekte nicht voneinander zu trennen sind. Aber es gibt Mechanismen, durch die eine Identifikation mit einem bestimmten Diskurs hergestellt werden kann, auch wenn die Person (aufgrund ihrer sozialen Rollen) verschiedene »Subjektpositionen« innehat. Zu diesen Mechanismen gehört die (bewusste oder unbewusste) Nutzung aller Formen der öffentlichen Repräsentation, etwa in der Politik, in der Werbung, Bildung und Kultur und schließlich auch in den institutionellen Regeln der Vereinbarkeitspolitik, die im vorherigen Kapitel u.a. als Ausdruck geronnenen Wissens betrachtet wurden.

---

25 Die AkteurInnen schätzten diese Regelung schließlich auch so ein, dass man »den Frauen« ja »etwas wegnehmen« würde, wenn man ein Teil des Elternurlaubs dem Vater vorbehielte (Interviews DGB 3 und SPD 1).

26 In Frankreich wurde zeitgleich der Begriff der *parité parentale*, der Gleichheit in der Elternschaft, entwickelt, das auf das tief verwurzelte französische republikanische Gleichheitsprinzip referiert und gleichzeitig auch eine Assoziation mit dem politischen Paritätsgesetz herstellte.

Angesichts dieser theoretischen Perspektive wird deutlich, dass die Mechanismen der wissenschaftlichen Beratung und der Deliberation in ihrer Wirkung begrenzt sein *müssen*, eben weil sie zwar auf einen entscheidenden, aber doch kleinen und begrenzten Teilbereich des sozialen Diskurses einwirken. Insgesamt zeigt sich, dass Deliberation in der Politik eine notwendige, aber keine hinreichende Voraussetzung für politisches Lernen ist. Dennoch erweisen sich Diskurse als kontingent und bieten einen Handlungsspielraum für die politischen AkteurInnen, den die individuellen AkteurInnen in Abhängigkeit von ihrer Subjektposition und die korporativen Akteure in Abhängigkeit von ihrer Lernfähigkeit nutzen. Interessant, aber an dieser Stelle nicht zu beantworten, wäre die Frage, in welchem Verhältnis sich die Prozesse der Herausbildung von hegemonialen Diskursen zu denen der Deliberation befinden. Um nur eine Hypothese zu formulieren: Prozesse des Lernens durch Deliberation werden vermutlich mehr Zeit und mehr (Lehr- und Überzeugungs-) Arbeit beanspruchen als die Entwicklung hegemonialer Diskurse. Denn Lernen setzt immer eine Interaktion und eine Verständigung zwischen Subjekt und Objekt voraus und bedient sich nicht der einfachen Mittel der Komplexitätsreduktion sondern der Erklärung. Hegemoniale Diskurse hingegen können über die Medien verbreitet werden und sie »funktionieren« gerade dadurch, dass sie soziale Komplexität reduzieren, eingängige und reduzierte Wahrheiten anbieten und Verunsicherungen kompensieren können. Daher müssen deliberative Verfahren, um erfolgreich zu sein, den Hinweis ernst nehmen, dass die Verständigung eine Aufarbeitung abstrakter wissenschaftlicher Erkenntnisse und Kategorien voraussetzt.

6. Politikanalyse als Analyse politischen Lernens

In den vorangegangenen Kapiteln wurde deutlich, auf welche Weise das Konzept des politischen Lernens sowohl an Mikro- wie an Makrotheorien angeschlossen werden kann. Diese Erkenntnisse sollen nun zu einem Modell eines politischen Lernprozesses verdichtet werden, das einen Analyserahmen für die Untersuchung politischer Lernprozesse bietet. Die Argumentation bezieht sich dabei auf die in dieser Sichtweise entscheidenden Aspekte des Politikprozesses, nämlich auf die Problemdefinition und die Formulierung politischer Ziele und Instrumente.

6.1 Das Analysemodell: Vier Stufen des Politiklernens

Das Analysemodell baut auf der Annahme auf, dass die politischen AkteurInnen ihr Wissen aus den drei Diskursebenen beziehen. Als Quellen von Wissen wurden die politische Repräsentation, die wissenschaftliche Politikberatung und der soziale Kontext der AkteurInnen erkannt. Hinsichtlich der Frage, wie Wissen von den AkteurInnen aufgenommen und verarbeitet wird, wurde zwischen individuellen und korporativen Akteuren unterschieden und die Bedeutung des Kontextes politischer Organisation für die Lernprozesse betont. Ein politischer Lernprozess ist aber noch nicht abgeschlossen, wenn die Problemdefinition oder die Politikformulierung konsistenter geworden ist. Für einen vollständigen politischen Lernprozess darf Wandel nicht auf der Diskurs- und Programmebene verbleiben. Erst wenn das Gelernte in materielle Regeltexte übertragen wird, kann von einem abgeschlossenen politischen Lernprozess gesprochen werden. Als Politik*ergebnis* ist für die Untersuchung von Lernprozessen dann nur relevant, ob es zur Formulierung von Gesetzentwürfen kommt und die Akteure diesem eine Priorität in ihrem Handeln einräumen. Die Politikentscheidung selbst und die Implementation werden hier nicht mehr als Gegenstand von Politiklernen betrachtet, sondern von Aushandlungsprozessen zwischen gegnerischen und mit unterschiedlichem Machtpotenzial ausgestatteten Akteuren. Politisches Lernen führt also nicht zwangsläufig zum Wandel der institutionellen Regimes, andersherum beruht Politikwandel nicht zwangläufig auf politischen Lernprozessen.

Politiklernen lässt sich somit in vier Stufen untersuchen, bei denen jeweils die die drei oben formulierten Kriterien (Evaluation, Reflexion, Koordination) beachtet werden sollten:

- die Definition eines politischen Problems bzw. der Thematisierung von sozialen Verhältnissen,
- die Definition von Politikzielen bzw. die Positionierung der Akteure,
- die Entwicklung eines politischen Instrumentes bzw. die Konkretisierung von Zielen,
- die Beteiligung des Akteurs an der Formulierung von Gesetzesvorhaben bzw. der Formalisierung von Positionen.

Diese vier Stufen des Politiklernens sind in der Abbildung 6.1 durch die vier Pfeile dargestellt. Im Innern der Organisation interagieren die Organisationsmitglieder im Rahmen der Regeln und Ziele (Satzung, Ziel, Beschlusslage). Politiklernen hat insofern einen Effekt auf die Akteure des Regierungssystems, als sie sich mit dem Gesetzentwurf o.ä. befassen und darüber entscheiden müssen. Ob dann ein Politikinstrument entwickelt, implementiert und evaluiert wird, hängt von der Position des Akteurs im Regierungssystem ab.

6.1.1 Die Thematisierung von politischen Problemen

Wie im vorangegangen Kapitel gezeigt wurde, bildet sich die Gesamtheit des in einer Gesellschaft vorhandenen Wissens in den politischen, wissenschaftlichen und gesellschaftlichen Diskursen ab, die die gesellschaftlichen Verhältnisse und Identitäten reflektieren. Diese ›globalen Diskurse‹ können normative und kognitive sowie globale und sektorale Vorstellungen enthalten. Wissenschaftliche Diskurse reflektieren die in der aktuellen Forschung behandelten Fragestellungen und können damit die anderen Diskurse durch neue Erkenntnisse nähren bzw. durch Nichtbearbeitung von Gegenständen die Entwicklung von Diskursen hemmen. Diese Diskurse werden vor allem durch die Medien kanalisiert und können hegemonialen Charakter erreichen (wie etwa der wirtschaftspolitische neoliberale Diskurs) oder marginal bleiben. Die Diskurse existieren zunächst unabhängig von den politischen Akteuren, können aber durch deren Beiträge betont oder ignoriert werden. Gleichzeitig fließt auch Wissen, das durch Erfahrungen mit Politikinstrumenten gewonnen wird, wieder in den Diskurs ein. Der Effekt von politischen Maßnahmen kann durch die Politikevaluierung erfasst werden. In der Literatur zur Politikanalyse gilt der Rückschlussbogen (*feed-back-loop*), der die Entscheidungsträger über den Erfolg der Maßnahme informiert und die Annahmen der Ausgangssituation bestätigt oder verändert, meist als der eigentliche Moment politischen Lernens.[1] Das Wissen über die Wirkungsweise von Instrumenten (z.B. der Anreiz des Erziehungsurlaubs zum langfristigen Rückzug aus bezahlter Beschäftigung) kann sich aber auch generalisieren, in das Allgemeinwissen Eingang finden und durch »anekdotische Evidenz« gestützt werden.

Abbildung 6.1 Die vier Stufen eines politischen Lernprozesses

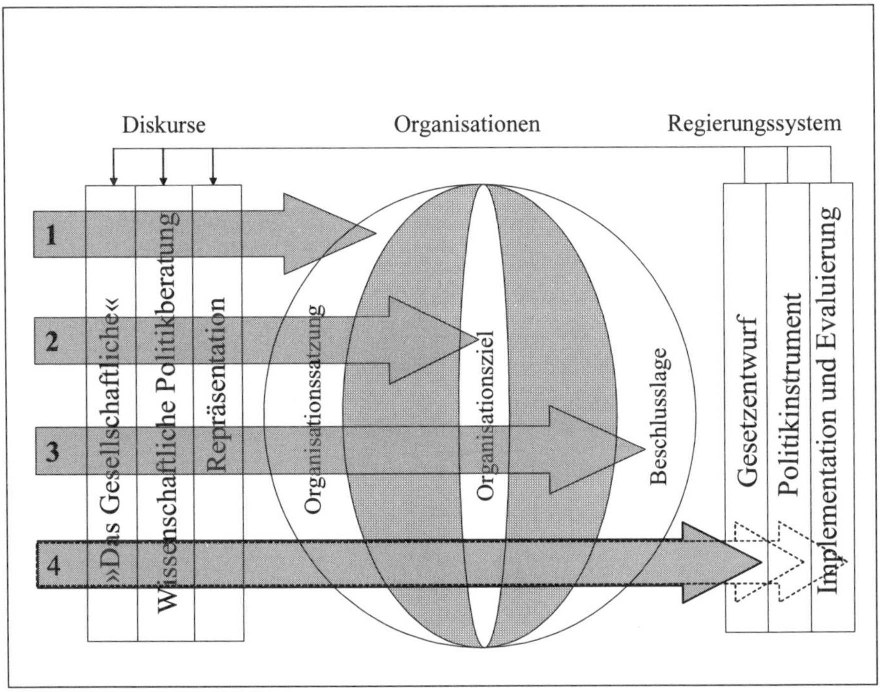

Quelle: Eigene Darstellung.

Auf der ersten Stufe des politischen Lernens interpretieren die politischen Akteure die Diskursinhalte und thematisieren sie innerhalb der Organisation. Reaktionsformen können dann die Gründung einer Arbeitsgruppe zur Erörterung der Relevanz des neuen Themas oder die Einrichtung von Organisationseinheiten zu deren Bearbeitung sein. Der Benachteiligung von Frauen auf dem Arbeitsmarkt wurde bei den

---

1 Neben der Effektivität der Maßnahme sollten auch die organisatorische Effizienz, die Responsivität und die soziale Akzeptanz eines Instruments bewertet werden. Dies hat zur Folge, dass die institutionellen Bedingungen der Implementation in Form einer »Prozessevaluierung« mitbetrachtet werden müssen (Schmid 1996).

Parteien und Gewerkschaften etwa mit der Einrichtung von frauenpolitischen Referaten oder Abteilungen Rechnung getragen. Die organisatorischen Strukturveränderungen erleichtern dann die spätere Berücksichtigung frauenpolitischer Themen, wirken sozusagen als Schleuse für frauenpolitische Informationen in die Organisation hinein. Die Fähigkeit zur Thematisierung (neuer) Probleme findet ihren Ausdruck teilweise in den formalen Strukturen, teilweise in der Offenheit der Organisationsmitglieder für neues Wissen.

6.1.2 Die Positionierung der Akteure durch Formulierung politischer Ziele

Die Thematisierung hat aber noch keine zwangsläufigen Folgen für das Handeln der Organisation. Erst wenn die Thematisierung zu einer Neuformulierung politischer Zielsetzungen führt, mit der sich die Akteure im Politikfeld positionieren, kann von einer weiteren Stufe des Lernprozesses gesprochen werden.[2] Der Neuformulierung von Zielen gehen innerorganisatorische Prozesse voraus, bei denen um die Geltung von Wissen zwischen den Organisationsmitgliedern gestritten wird. Dabei kann es zur Verschiebung von Paradigmen d.h. der Veränderung der Organisationsleitbilder oder der Grundsatzprogramme kommen, die bei Hall als Lernen dritter Ordnung identifiziert wurde. Auf der individuellen Ebene können die AkteurInnen ihr Bezugssystem dadurch ändern, dass sie, angeregt durch neue Informationen, das Verhältnis zwischen der Gesellschaft und dem Ausschnitt ihres Handelns neu interpretieren. Sicherlich verändern sich tief verwurzelte normative Überzeugungen dabei schwerer als die Einschätzung von Wirkungszusammenhängen oder die Absicht, vorhandene Instrumente anzupassen. Innerorganisatorisch bringen sich die Organisationsmitglieder ein, in dem sie sich entweder an der Formulierung politischer Probleme beteiligen oder aber versuchen, sie zu blockieren. Dabei greifen sie selektiv auf das Diskurswissen zu und verschaffen ihm damit Geltung. Hier würde die Analyse ansetzen, um die Reflektiertheit des Akteurswissens bzw. die Stringenz des Referenzsystems zu prüfen.

Empirisch zu untersuchen wäre etwa, inwiefern das Wissen von den »Schleusen«, d.h. den Fachabteilungen der Organisation, auch in deren Kern vordringt. Darüber bestimmen zum einen die Verfahrensregeln, die festlegen, welche Möglichkeiten Fachabteilungen haben, entsprechende Anträge oder Anregungen einzu-

---

2 Mit »Positionierung« ist in diesem Kontext das Sichtbarmachen der politischen Position eines korporativen Akteurs gemeint, das in der Regel durch die Verfassung von Eckpunkten oder Programmen erfolgt. Einen engeren Begriff, bezogen auf die konkrete Aushandlung der Position im parlamentarischen Prozess verwendet Pritzlaff (2003) in ihrer empirischen mikropolitischen Analyse eines bildungspolitischen Positionierungsprozesses.

bringen. So ist zum Beispiel der Stellenwert frauenpolitischer Strukturen bei der Erarbeitung der politischen Programme in der Satzung, der Geschäftsordnung einer Organisation oder der Arbeitsbeschreibung einer Organisationseinheit festgelegt. Aber auch das innerorganisatorische mikropolitische Spiel, d.h. das individuelle Verhalten der Akteure, die verschiedene Organisationsbereiche koordinieren müssen, spielt dabei eine wichtige Rolle. Schließlich ist zu bedenken, dass sich die Akteure mit der Formulierung von Leitbildern und Programmen im politischen Subsystem positionieren. Werden entsprechende (neue) Ziele definiert, werden diese auch nach außen hin vertreten und müssen daher (theoretisch) von allen Mitgliedern der Organisation mitgetragen werden. Erst wenn ein Konsens über die Ziele der Organisation gefunden wurde, zeigt sich, inwiefern der Akteur eine Diskurs- oder Tendenzkoalition mit anderen politischen Akteuren bilden kann.

Dieser Prozess verläuft, wie der Ausflug in die Organisationstheorie gezeigt hat, nicht immer reibungslos. Die Formulierung legitimer politischer Ziele ist vielmehr ein komplexes Zusammenspiel des Geltendmachens kognitiver und normativer Argumente im Wettbewerb mit Strategie- und Interessenerwägungen der individuellen AkteurInnen.

6.1.3 Die Konkretisierung von Zielen durch Beschlüsse und Entwürfe

Nach den Erkenntnissen von March ist auf der Organisationsebene eine »permanente Inkohärenz« (March 1990) zu erwarten, die dazu führen kann, dass eine Organisation nicht einheitlich handelt. Selbst wenn die Definition von Problemen zur Neuformulierung politischer Zielsetzungen führt, ist nicht gesagt, dass daraus auch konkrete Politikprogramme oder Beschlusslagen abgeleitet werden. Die Transformation allgemeiner und zumeist vager politischer Zielsetzungen in konkrete Texte, in denen Instrumente vorgeschlagen werden (z.B. die Lohnersatzleistung während der Elternzeit) sind, wenn sie auf der Problemdefinition und der Zielformulierung aufbauen, ein weiterer Lernschritt.

Bei der Erarbeitung von Beschlusslagen bestimmen formale Regeln und informelle Prozesse darüber, was Programmpunkt wird. Die Herstellung von Beschlusslagen ist wiederum davon abhängig, wie zuständige Fachabteilungen mit den anderen Einheiten der Organisation kooperieren und wie engagiert sich die Mitglieder in den Fachabteilungen für die Entwicklung und Durchsetzung von Instrumenten einsetzen. Bei der Erarbeitung von Programmpunkten kann die wissenschaftliche Politikberatung nützlich sein, wenn sie Argumente liefert, die die Durchsetzung innerhalb der Organisation erleichtern können. Außerdem sind die Kommunikationsprozesse der Mitglieder in politischen Akteursnetzwerken oder institutionalisierten Foren eine weitere Voraussetzung, mit der die Organisationsmitglieder in den Fachabteilungen ihre innerorganisatorische Position ausbauen und innerhalb der Organisation »Überzeugungsarbeit« für ihre Vorschläge leisten können.

Die Suche nach angemessenen Lösungen kann dazu führen, dass die Akteure von institutionellen Pfaden, wie etwa Sozialversicherungsprinzipien abweichen und »systemische« Veränderungen (Palier 1999) zulassen (z.b. die Weiterentwicklung der Arbeitslosenversicherung zu einer Beschäftigungsversicherung), die später neue Handlungspfade begründen.

6.1.4 Die Ordnung politischer Prioritäten

Die höchste Stufe politischen Lernens ist erreicht, wenn Gesetzentwürfe formuliert werden, die auf der Problemdefinition, der Zielformulierung und der Konkretisierung von Programmen aufbauen. Um konkrete Konzepte politikfähig zu machen, müssen die Politikziele mit denen in anderen Sektoren koordiniert werden. Vermutlich wird sich nachweisen lassen, dass konkrete Maßnahmen in politischen Programmen und Konzepten zwar ausformuliert werden, diese jedoch später bei der eigentlichen Regierungsarbeit keine Rolle (mehr) spielen. Im Moment der Formalisierung zeigt sich, inwiefern strategische oder materielle Argumente, die Konstruktionen von Notwendigkeiten, die gegen die Realisierung eines Programms sprechen, überwiegen, oder aber die Bedeutung des Programmpunktes als so wichtig erachtet wird, dass mit vereinten Kräften der ganzen Organisation an dessen Durchsetzung gearbeitet bzw. ein Plan zu dessen Realisierung gefasst wird.

Nicht alle politischen Akteure haben selbst die formale Kompetenz zur Formulierung von Gesetzentwürfen, wie z.B. die Verbände. Aber sie können mit den anderen politischen Akteuren (Fraktionen, Ministerium, Regierung) kooperieren. Der Beteiligung der Akteure bei der Erarbeitung eines Gesetzentwurfs (Anhörungen im Parlament, Fachtagungen) ist nicht nur formal geregelt sondern auch auf informellem Wege möglich. Eine Organisation, die sich für ein bestimmtes Instrument einsetzt, wird alle ihr zur Verfügung stehenden Mittel nutzen, um auf den Prozess einzuwirken und die anderen Akteure, die ebenfalls am Prozess beteiligt sind, zu überzeugen. Das Ziel der Mitarbeit in einem politischen Sektor ist die Verständigung über ein politisches Problem, die Einigung auf ein Ziel und die Auswahl der zur Zielerreichung vorgesehenen Instrumente. Widersprüchliche handlungsleitende Motive (z.B. Haushaltszwänge vs. Einsatz kostenträchtiger Instrumente) werden in diesem Prozess geordnet und hierarchisiert. Auch hier orientieren sich die Akteure ebenso an verfügbarem wissenschaftlichem Wissen, den Gegebenheiten im Politikfeld (Politikprinzipien) und ihren normativen Vorstellungen über den zu erreichenden Zustand. Diese Entscheidungsfindung ist auch der zentrale Moment, in dem die Präferenzen der Organisationen geprägt werden und das entsprechende

Akteurshandeln beschlossen wird (March 1990:18). M.E. liegt in diesem Moment die eigentliche Akteursentscheidung: hier entscheiden sich die Akteure, ob sie eine politische Idee unter Einsatz ihrer Ressourcen vertreten und durchsetzen wollen oder nicht. Der Akt der Abstimmung (etwa im Parlament oder im Kabinett) formalisiert nur noch diese Entscheidung. Das Konzept der Tendenzkoalitionen bezieht sich auf genau diese Phase, in der ein Konsens über die zu ergreifenden Maßnahmen erarbeitet wird. Und hier ist, wie sich am Beispiel der Gleichstellungspolitik zeigt, Sabatier darin zu zustimmen, dass die Grenzen der Tendenzkoalitionen nicht parallel zu den Organisationsgrenzen sondern möglicherweise quer durch die Organisationen (Partei, Regierung, Gewerkschaft) verlaufen. So können Mitglieder der gleichen Organisation konkurrierenden Tendenzkoalitionen angehören.

Die politische Entscheidung, einen Gesetzentwurf auf der Grundlage der beschriebenen Lernprozesse zu formulieren, schließt den idealtypischen Prozess politischen Lernens ab. Wenn die Formulierung der Politikziele folgenlos bleibt, so hat die Organisation zwar gelernt und ihre Position verfestigt, aber dem Politikziel letztendlich keine Priorität in ihrem Handeln beigemessen. Wie lassen sich nun diese vier Stufen empirisch untersuchen?

6.2 Fallauswahl

Prozesse von Politiklernen können nur im zeitlichen Verlauf untersucht werden, weil die Verarbeitung von Information durch die Akteure, die Formulierung von Zielen und deren Konkretisierung und schließlich die Verfestigung oder Veränderung von Positionen erst im zeitlichen Ablauf sichtbar werden. Daher ist in der praktischen Analyse von einer politischen Entscheidung (bzw. einem Gesetzentwurf) auszugehen, deren Entwicklung dann zurückverfolgt und die damit verbundenen Politikprozesse rekonstruiert werden. Dann können nicht nur die Verschiebungen der Akteurspositionen sondern auch die Kontextbedingungen für die Veränderungen in den Begründungszusammenhängen rekonstruiert werden.

Die Reform des Bundeserziehungsgeldgesetzes in den Jahren 1998 bis 2000 lässt sich mit dem Konzept des Lernens aus zwei Gründen sehr gut untersuchen. Zum einen ist das Politikfeld der Vereinbarkeit hochgradig fragmentiert und komplex. Es ist davon auszugehen, dass im Laufe der langjährigen Reformdebatte viele konkurrierende Konzepte beraten und Zusammenhänge zwischen den Ressorts identifiziert wurden. Es kann also erwartet werden, dass eine Fülle von Material und (implizitem) Wissen bei den Akteuren vorhanden ist, so dass ein reduktionistischer »schmaler« Ansatz die Entwicklung der Politiklösungen nicht erfassen würde. Zum anderen lassen sich die Teilbereiche der Vereinbarkeitspolitik und auch die Reform des BErzGG nicht auf ein verteilungspolitisches Problem reduzieren, bei dem die »Interessen« der beteiligten Akteure klar zu identifizieren wären. Vielmehr beinhaltet die Reform neben der Frage nach der Einführung einer Lohnersatzleistung einige Neuregelungen, bei denen die Verteilungsdimension nicht eindeutig erkennbar ist. Vielmehr stehen die normativen Auffassungen der Akteure darüber, was eine angemessene Politiklösung ist, im Zentrum der Auseinandersetzung. Dies wird allein schon an der Vielzahl der konkurrierenden Vorschläge zur Ausgestaltung des Erziehungsgeldes deutlich. So werden sich anhand der Reform des BErzGG vermutlich alle Stufen der Lernprozesse abbilden lassen.

Für die Analyse von Reformprozessen aus der Akteursperspektive bieten sich vergleichende Fallstudien an, in denen derselbe Reformprozess aus der Perspektive des jeweiligen Akteurs untersucht wird. Aber welche Akteure sind in den Reformprozessen relevant? Da der Gegenstand der Erklärung die Entwicklung von Gesetzentwürfen ist, müssen diejenigen Akteure untersucht werden, die über konkrete Einflussmöglichkeiten im Reformprozess verfügten. Der Akteursbegriff wird hier also enger gefasst als bei Hall oder Sabatier (vgl. Kapitel 4). Bei der Reform des Bundeserziehungsgeldgesetzes von 2001 gehören zu den relevanten Akteuren die Fraktionen der Regierungskoalition (SPD und Grüne), die Gewerkschaften und die Bundesregierung.

Gleichzeitig muss die Frage berücksichtigt werden, inwiefern es neben den offenkundig beteiligten Akteuren möglicherweise Veto-Spieler (im Sinne von Schmidt, M. 2002) gegeben hat, die zwar nicht aktiv aber verhindernd am Prozess mitgewirkt haben. Beim Bundeserziehungsgeldgesetz kann jedoch die Beteiligung von Veto-Spielern wie Bundesrat, Bundesländer, Oppositionsfraktionen und Bundesverfassungsgericht ausgeschlossen werden. Da die Kinderbetreuung eine Bundesangelegenheit ist, spielen hier die Länder keine große Rolle. Weil das Gesetz auch nicht zustimmungspflichtig ist, fehlte ihnen außerdem die Möglichkeit zur Intervention über den Vermittlungsausschuss. Die Mitwirkung durch die Einbringungen von Anträgen über den Bundesrat blieb davon jedoch unberührt, denn der Erfolg von Länderanträgen hängt von den Mehrheitsverhältnissen im Bundestag ab. Das Bundesverfassungsgericht hat zwar die normativen Rahmenbedingungen für den Familienlastenausgleich verändert und die Berücksichtigung von Erziehungszeiten bei der Rentenberechnung angemahnt, sich aber bisher nicht zu anderen Fragen des Erziehungsurlaubs geäußert. Aufgrund der Mehrheiten im Bundestag hat die Opposition ebenfalls keine Möglichkeit zur Einwirkung auf die inhaltliche Ausgestaltung des Entwurfs gehabt. Die einzig relevanten Veto-Spieler sind die Arbeitgeberverbände, die ihren Einfluss über den Wirtschaftsminister bzw. den Wirtschaftsausschuss des Bundestages geltend machen. Da sie, anders als der DGB, keine positive gesellschaftspolitische Programmatik entwickelt haben, wurde ihre Mitgestaltung nicht in Form einer eigenen Fallstudie untersucht, sondern die entsprechenden Erkenntnisse in die Fallstudien der anderen Akteure (DGB, Ministerium, SPD) integriert. Die Behandlung des DGB als eigenständigen Akteur begründet sich damit, dass dieser als Gegenspieler zur SPD und als große politische Organisation eine wichtige Bedeutung bei der gesellschaftspolitischen Gestaltung und aufgrund der korporativen Strukturen des deutschen Regierungssystems ein erhebliches politisches Gewicht hat.

6.3 Methoden der Analyse politischer Lernprozesse

Der Fokus der lerntheoretischen Analyse richtet sich auf die Veränderung der Akteurspositionen im Politikprozess. Genauer genommen werden zwei »Kapitel« des Reformprozesses untersucht: die »Vorgeschichte« der Reform, in der eine politische Positionierung stattfindet und die einen Zeitraum von mehr als 20 Jahren umfasst und der parlamentarische Prozess mit der Konkretisierung der Ziele und der Ordnung der Prioritäten. Die Geschehnisse in der Akteursumwelt werden dabei insoweit berücksichtigt, als sie von den AkteurInnen wahrgenommen und interpretiert und damit zur Bedingung ihres Handelns werden. Die Fallstudien bestehen aus jeweils vier Teilen: der Analyse der formalen Organisationsstrukturen und der Position der Akteure im Regierungssystem der Bundesrepublik, die der Vorgeschichte der Reform, der des Akteurshandelns im parlamentarischen Reformprozess und schließlich eine Diskussion der Lernfähigkeit des untersuchten Akteurs.

6.3.1 Die interne Organisationsstruktur: Welchen Handlungsspielraum haben individuelle AkteurInnen?

Die internen Organisationsstrukturen der ausgewählten Akteure lassen sich anhand der formalen Regeln (Satzungen, Geschäftsordnungen und Aufgabenbeschreibungen) erfassen. Abteilungen, die sich mit Frauen- bzw. Gleichstellungspolitik befassen oder Referate für Familienpolitik können eingerichtet oder aufgelöst werden. Die RepräsentantInnen der einzelnen Politikbereiche bzw. Frauen als soziale Gruppe können besondere Rechte oder Pflichten in den Gremien der Organisation haben (Quoten, Anhörungsrechte u.ä.). Diese Binnenstruktur der Organisation, aus der sich der Handlungsspielraum der individuellen AkteurInnen ergibt, ist ein Schlüssel zum Verständnis der organisationsinternen Prozesse.

Trotz der geregelten Binnenstruktur verbleiben den individuellen Akteuren auch Handlungsspielräume. Die Praxis in einer Organisation kann sich deshalb erheblich von den formalen Verfahren unterscheiden. Für die Rekonstruktion der Praxis in den Organisationen und ihrer Bewertung ist man daher auf die Auswertung interner Dokumente und Akteursinterviews angewiesen. Die Bundesarchive sind allerdings erst nach einer Verjährungsfrist von 30 Jahren zugänglich, die Archive der Akteure sind, sofern sie zugänglich sind, nicht auf dem aktuellsten Stand. Das Archiv »Grünes Gedächtnis« von Bündnis 90/Die Grünen (nachfolgend als »Grünes Archiv« bezeichnet), erwies sich zwar als gute Quelle für interne Dokumente, allerdings waren auch hier zum Zeitpunkt der Recherche die jüngsten Dokumente vom Beginn der neunziger Jahre. Zeitnah lässt sich die Praxis in den Organisationen also kaum durch interne Dokumente erschließen. Die wichtigste Quelle für eine Bewertung der organisationsinternen Prozesse sind daher Akteursinterviews. Als gute Ergänzung erwiesen sich Presseinterviews mit den AkteurInnen in den Tageszeitungen und Mitgliederzeitschriften. Zudem wurde in hohem Maße auf vorhandene Organisationsstudien zurückgegriffen.

Die Analyse der Binnenstruktur bleibt, anders als bei der Analyse mikropolitischer Prozesse, zwar grob und sie ist nicht dazu geeignet, die Feinmechanismen der täglichen Praxis zu erfassen.[3] Abgesehen von der Tatsache, dass empirische Studien der frauen- und gleichstellungspolitischen Strukturen bisher nur sehr vereinzelt zu finden sind, reicht diese Form der Analyse jedoch aus, um die Handlungsbedingungen familien- und frauenpolitischer Akteure hinreichend einzuschätzen.

6.3.2 Die »Vorgeschichte«: Verknüpfung von Prozess und Inhalten

Die in Kapitel 2 und 3 dargestellten Regimes und Paradigmen dienen als Bezugsrahmen für die Analyse der Prozesse der Thematisierung, der Zielformulierung und Konkretisierung bei den AkteurInnen. Dabei wurden als Grundstrukturen der Paradigmen für die Analyse der Vereinbarkeitspolitik die Erwerbstätigkeit, die soziale Sicherung und die Kinderbetreuung identifiziert (s. Kapitel 3, Abbildung 3.1), die in den vier Akteursfallstudien jeweils die Grundeinheiten des inhaltlichen Analyserasters bilden. Durch diese Analyse entsteht ein Bild des sektoralen Bezugssystems der Akteure, das diese dann mit – im Zeitverlauf variierenden – neuen Informationen verknüpfen.

Die Rekonstruktion des Politikprozesses wird anhand der Bundestagsdrucksachen (BT-Drs.) geleistet, die über die parlamentarischen Aktivitäten der Parteien und der Regierung informieren, und aus denen die Positionen der Akteure, ihre

---

3 Diese mikropolitischen Prozesse können mit Hilfe ethnographischer Methoden, wie z.B. der teilnehmenden Beobachtung untersucht werden (vgl. Wiesner 2004). In der vorliegenden Arbeit sind jedoch nicht diese Feinmechanismen, sondern die Entwicklung der Begründungszusammenhänge über einen Zeitraum von 20 Jahren von Interesse.

Entwürfe und Ideen hervorgehen. Die Rekonstruktion des Gerüstes des Reformprozesses anhand von Bundestagsdrucksachen gibt auch Aufschluss darüber, welche Akteure in dem Prozess relevant waren und kann somit die Akteursauswahl unterstützen. Ein erster Hinweis auf das Bezugssystem der Akteure ergibt sich aus den Gesetzesbegründungen und den dazugehörigen Plenardebatten. Die Begründungen in Gesetzentwürfen und anderen Anträgen sind jedoch recht allgemein, so dass sie durch die Auswertung weiterer Informationen ergänzt werden müssen um Aufschluss darüber zu erhalten, welche Verschiebungen und Kompromisse innerhalb der Organisationen letztendlich zu der im Reformprozess eingenommenen Position geführt haben.

Die eigentliche Analyse beginnt somit zu dem historischen Zeitpunkt (im Jahr 2000), an dem ein Gesetzentwurf oder ein Antrag im Parlament vorgelegt wird und rekonstruiert von dort ausgehend retrospektiv das Geschehen. Die inhaltlichen Akteurspositionen und deren Veränderung lassen sich am besten anhand der offiziellen Dokumente der Organisation rekonstruieren. Dazu gehören die Grundsatz- und Wahlprogramme, Pressemitteilungen, offizielle politische Statements in Reden und schriftlichen Eigendarstellungen. Zwar sind Akteursinterviews hier hilfreich, allerdings ist es nur begrenzt möglich, retrospektiv Wissen, Einstellungen und Bewertungen durch politische Akteure direkt zu erheben. Daher muss auch hier eine Auswertung interner Dokumente (Pressemitteilungen, interne Papiere, Briefe) und Zeitungsartikel erfolgen.

6.3.3 Die Ordnung politischer Prioritäten im Reformprozess

Auf der Basis des Wissens über die Vorgeschichte der Reform und der Organisationsstrukturen wird die letzte Stufe des Politiklernens untersucht. Zum Prozess der Entwicklung des Gesetzentwurfs gehören die Erarbeitung von Eckpunkten und eines Wahlprogramms im Vorfeld, inhaltliche Aushandlung des Koalitionsvertrags nach der Wahl, Entwicklung von Regierungsprogrammen in den einzelnen Ressorts, die konkrete Entwicklung des Referentenentwurfs im Ministerium, die Vorlage und Abstimmung im Bundesministerkabinett und die parlamentarischen Beratungen und Abstimmungen. Bei der Analyse dieser Prozesse kristallisiert sich heraus, in welchen Bereichen die Akteure einen idealtypischen Lernprozess abschließen, und in welchen Bereichen das Politiklernen auf der dritten Stufe, der Konkretisierung von Problemen verbleibt. Weil angenommen wurde, dass hier die Prioritäten geordnet und die verschiedenen Politikbereiche abgestimmt werden, ist die Rekonstruktion der Handlungsbedingungen in diesem Moment des Lernprozesses am interessantesten. Personalwechsel in der Regierung, bevorstehende Landtagswahlen, strategische Entscheidungen entfalten spätestens hier ihre Wirkung und verhindern oder befördern den Abschluss »vollständiger« Lernprozesse. Die Rekonstruktion dieses konkreten Prozesses erfolgt anhand von Akteursinterviews. Dabei wird auch geprüft, inwiefern die AkteurInnen auf offizielle und allgemein zugängliche Daten – etwa des Instituts für Arbeitsmarkt- und Berufsforschung und im internationalen Kontext die Daten der Europäischen Union oder der OECD zum Thema Beschäftigung oder Kinderbetreuung –, aber auch auf internationale Beispiele referieren, z.B. um ihre Position zu rechtfertigen.

6.4 Methodische Herausforderungen bei der Untersuchung von politischen Lernprozessen

Die Untersuchung von Politiklernen ist mit drei methodischen Problemen verbunden. Erstens sind die Prozesse, bei denen es um die Definition von Problemen und die Formulierung von Instrumenten geht, im »Arkanbereich« (Raschke 2002) der politischen Organisationen angesiedelt. Da das Verhalten von Akteuren in konkreten politischen Entscheidungssituationen immer auch Dimensionen von Macht und Strategie umfasst, entzieht es sich tendenziell der Einsicht von PolitikwissenschaftlerInnen: Es sind wenige öffentliche Dokumente über diese internen Prozesse zu finden, und befragte Akteure sind bei ihrer Auskunft über diese internen Fragen eher zurückhaltend. Dann stellt sich ein zweites Zugangsproblem. Um möglichst konkrete Informationen über alle Aspekte des Entscheidungsprozesses (hier: die Herstellung des Gesetzentwurfs) zu erhalten, muss die Funktion der Interviewpartnerin sachlich einschlägig und in der Hierarchie der Organisation möglichst weit oben angesiedelt sein. Dafür bietet sich die höchste Arbeitsebene an, weil auf dieser Ebene die genaue Sachkenntnis vorhanden ist und strategische Erwägungen im Interview nicht unbedingt im Vordergrund stehen (zur Akteursauswahl siehe die Übersicht A2 im Anhang). Bei den Bundestagsfraktionen sind es die fachpolitischen SprecherInnen, in den Gewerkschaften oder dem DGB die LeiterInnen der Abteilungen oder Referate für Frauenpolitik, in den Bundesministerien die LeiterInnen der einschlägigen Referate. Die Terminprobleme dieser AkteurInnen erschweren den Zugang erheblich. Interviews mit den wissenschaftlichen MitarbeiterInnen der Fraktionen oder den persönlichen ReferentInnen sind daher sehr ergiebig, wobei dies aufgrund ihrer Stellung zwischen den Organisationen variiert. Drittens schließlich erweist sich die Rekonstruktion der Lernprozesse selbst als ein methodisches Problem. Jenseits ethnographischer Methoden oder Sprach- und Textanalysen, die eine sehr tiefgehende, aber auch kleinteilige Analyse erlauben, besteht eine Möglichkeit darin, mit den AkteurInnen »diskursive« Interviews zu führen. Anders als beim ExpertInneninterview (vgl. dazu Meuser/Nagel 1991), werden neben dem Wissen über den Gegenstand und den Prozess auch die Einstellungen und das Wissen der AkteurInnen erfasst (Ullrich 1999). Bei dieser Vorgehensweise werden Fragetypen angewandt, »die die Befragten dazu veranlassen, ihre Handlungsorientierungen und Situationsdefinitionen zu begründen. Besonderen Stellenwert haben hier so genannte Konfrontationen und Polarisierungen, die die Interviewten direkt zu Stellungnahmen auffordern« (Hamann/Karl u.a. 2001:36). Allerdings arbeitet diese Methode mit einer Auswertungsstrategie, die »durch einen fallkontrastierenden Vergleich und durch typisierende Rekonstruktion« (ebd.) die Herausarbeitung sozialer Deutungsmuster ermöglicht. Bei der Befragung politischer AkteurInnen ist dieser Schritt irrelevant, weil die AkteurInnen aufgrund ihrer Funktion ausgewählt werden und ihre Organisation (Ministerium, Partei, Gewerkschaft) repräsentieren, nicht aber eine Gruppe von FunktionsträgerInnen (zur Technik des Interviews mit politischen FunktionsträgerInnen vgl. Cohen 1999b). Daher wurde die Frage- und Auswertungstechnik an die bei »einfachen« ExpertInneninterviews angelehnt (vgl. dazu insbesondere Meuser/Nagel 1991; Cohen 1999a).

Bei der Entwicklung der Leitfäden für die diskursiven Akteursinterviews wurde darauf geachtet, dass die Grundaussagen der politischen Paradigmen erfasst werden können, wobei die vorformulierten Fragen eher als Gedächtnisstütze dienten, als dass sie wortwörtlich angewandt wurden (s. Übersicht 6.1). Vielmehr wurde versucht, im Sinne des »problemzentrierten« Interviews die Sachprobleme mit den Befragten gemeinsam zu bearbeiten (Kahlert/Schindler 1997:66). Das Interview gliedert sich also in zwei Teile. Die Fragen des ersten Teils, das einem »normalen« ExpertInneninterview gleicht, zielten auf die Vorgeschichte und den Ablauf des parlamentarischen Reformprozesses, die Einschätzung der Zielerreichung, die Programmalternativen, die Gründe für die Entscheidungen und die strukturellen Probleme. Der zweite Teil der Interviews richtete sich vor allem an Personen, die durch ihre Funktion als FachpolitikerInnen oder MinisterialbeamtInnen direkt an dem Politikprozess beteiligt waren. Hier sollten die Befragten die Neuregelung im Hinblick auf die politischen Ziele Verbesserung der Arbeitsmarktsituation, demographische Entwicklung und Gleichstellung beurteilen, um das normative und deskriptive Wissen der AkteurInnen zu erfassen. Die Befragten wurden daher gebeten, Einschätzungen abzugeben, inwiefern sich die Neuregelung des Erziehungsurlaubs auf die Arbeitsmarktsituation, die Vereinbarkeit von Familie und Beruf und die Arbeitsteilung zwischen Männern und Frauen auswirken würde.[4]

---

4 Denkbar wäre auch, die FunktionsträgerInnen mit den quantitativen Methoden der Elitenforschung zu befragen, wobei dabei das Problem einer stereotypen und unreflektierten Reproduktion der Organisationsposition bestünde. Die *face-to-face*-Situation beim ExpertInneninterview erlaubt eben gerade die Nachfragen und Polarisierung, die den AkteurInnen die Begründung einer Position abverlangt

Trotz dieser Technik bestehen die Zugangsprobleme zu den AkteurInnen und zum relevanten Wissen fort. Aus diesen Gründen ist die Verknüpfung der verschiedenen Methoden hier für die Rekonstruktion und Bewertung der individuellen und kollektiven Lernprozesse in allen Phasen der Analyse unerlässlich.

Übersicht 6.1: Operationalisierung der Paradigmen durch Leitfragen im diskursiven Interview (Beispiele)

Themen	Theorem (implizites Wissen)	Frage/Stimulus (Beispiele)
Erwerbstätigkeit	Norm des männlichen Ernährers	»Welchen Zusammenhang gibt es Ihrer Meinung nach zwischen der Erwerbstätigkeit von Frauen und der Arbeitsmarktsituation?«
	Übergangsarbeitsmarkt	»Glauben Sie, dass die vermehrte Inanspruchnahme von Erziehungsurlaub einen Beitrag zur Lösung des Beschäftigungsproblems leisten könnte?«
	Gleiche Erwerbsfähigkeit	»Welche Probleme sind mit der Rückkehr der Frauen nach dem Erziehungsurlaub an ihren Arbeitsplatz Ihrer Meinung nach verbunden?«
	Geschlechterspezifische Spezialisierung oder gleiche Erwerbschancen	»Unter welchen Umständen ist eine Erwerbstätigkeit mit Kindererziehung vereinbar?«
Soziale Sicherung	Soziale Integration durch (volle) Erwerbstätigkeit	»Warum reduzieren nicht mehr Männer ihre Arbeitszeit aus familiären Gründen?«
	Unterbrechung als soziales Risiko/Leistungsgerechtigkeit/ Flexicurity	»Welche sozialpolitischen Möglichkeiten sehen Sie, um die Betreuungsarbeit besser zu gewährleisten?«
	Universale soziale Sicherung als soziales BürgerInnenrecht	»Wie beurteilen Sie die neue Regelung zum Erziehungsurlaub in sozialpolitischer Hinsicht?«
Kinderbetreuung und -erziehung	Kindeswohltheorem in konservativer und progressiver Prägung	»Was ist Ihrer Meinung nach das Beste für das Kind hinsichtlich der Betreuung und Erziehung in den ersten Lebensjahren?«
	Norm der Sicherung individueller Bedarfe	»Glauben Sie, dass sich gerne mehr Männer an der Erziehung der Kinder beteiligen würden?«

---

und durch die Interpretation der sozialen Beziehung zwischen der befragten Person und der/dem WissenschaftlerIn die Auskunftsbereitschaft vermutlich höher ist.

7. Regierungspartei und stärkste Fraktion: die SPD

Als Regierungspartei, stärkste Bundestagsfraktion und mit der Besetzung des BMFSFJ war die Sozialdemokratische Partei Deutschlands (SPD) der wichtigste politische Akteur im Prozess der Reform des Bundeserziehungsgeldgesetzes. In der Parteienforschung galt die SPD bis in die siebziger Jahre als ein idealtypisches Beispiel für eine westeuropäische Volkspartei (Kirchheimer 1965), der eine große Fähigkeit zur Integration von BürgerInnen aller Bevölkerungsschichten zugesprochen wurde. In den siebziger Jahren rückten in Reaktion auf die Entwicklung der neuen sozialen Bewegungen allmählich neue Themen, u.a. auch die Frauenpolitik auf die programmatische Agenda der SPD (Schmitt 1992:133), gleichzeitig eröffnete die Gründung der Arbeitsgemeinschaft Sozialdemokratischer Frauen (ASF) neue Möglichkeiten für geschlechterpolitische Lernprozesse.

Welche Lernprozesse in der Vereinbarkeitspolitik innerhalb der SPD zu beobachten sind, ist die leitende Fragestellung in diesem Kapitel. Dabei wird zunächst die Organisation familien- und frauenpolitischer Thematiken in der SPD untersucht, bevor dann die Entwicklung der Organisationsziele und der Beschlusslage in den Bereichen der Frauenerwerbstätigkeit, der Arbeitszeitpolitik, der sozialen Sicherung und der Kinderbetreuung dargestellt wird. Anhand der Rolle der SPD im Reformprozess werden dann die Lernprozesse bzw. deren Scheitern in der SPD rekonstruiert.

7.1 Die Organisation frauenpolitischer Anliegen in der Volkpartei SPD

7.1.1 Die deskriptive Repräsentation der Frauen in der SPD

Gerade angesichts sinkender Mitgliederzahlen haben Frauen für die SPD eine große Bedeutung. Die Entwicklung der Mitgliedschaft zeigt deutlich, dass der Anteil der Frauen an der Mitgliedschaft der SPD seit 1984 kontinuierlich auf fast 30% gestiegen ist (s. Tabelle 7.1). Der Anstieg ist jedoch darauf zurückzuführen, dass seit Beginn der neunziger Jahre der weibliche Mitgliederstand langsamer zurückgeht als der der Männer. Unter anderem ist der Rückgang mit dem fehlenden Parteinachwuchs zu erklären, denn den etablierten Parteien gelingt es immer weniger, junge Frauen und Männer für die Parteimitgliedschaft zu gewinnen. Auf dieses Problem hat die SPD mit einer Untersuchung der politischen Präferenzen von jungen Frauen reagiert (SPD-Bundesvorstand 1995). Zudem gibt es seit Mitte der neunziger Jahre in der SPD-nahen Friedrich-Ebert-Stiftung (FES) im Rahmen des »Gesprächskreises Frauenpolitik« verstärkte Anstrengungen, mit den Veranstaltungen gezielt junge Frauen anzusprechen.[1]

Tabelle 7.1: Die Entwicklung der weiblichen SPD-Mitgliedschaft seit 1984

Jahr	Anzahl der Mitglieder	davon Frauen	Anteil der Frauen (in %)
1984	916.485	226 654	24,5
1986	912.854	232 000	25,2
1988	911.916	236 219	26,0
1990	919.129	255 809	27,1
1993	861.480	240 053	27,9
1994	849.474	238 192	28,4
1995	817 650	230 952	28,3
1996	792.773	226 003	28,5
1997	777 899	223 198	28,7
1998	775 036	224 213	28,9
1999	755 066	220 003	29,1
2000	734 667	215 633	29,4
2001	717.513	211.863	29,5
2002	693.894	205.950	29,7

Quelle: SPD-Gleichstellungsbericht (SPD 2001, 2003).
Anm.: seit 1993 werden Anzahl und Anteil der weiblichen Mitgliedschaft jeweils zum 31.12. erhoben.

Möglicherweise sind die innerparteilichen Strukturen Teilursache für das geringe Interesse von Frauen an der Parteimitgliedschaft, denn eine tatsächliche innerparteiliche Gleichstellung wurde erst in jüngster Zeit erreicht. Dabei galt seit der Nachkriegszeit die Maßgabe, dass im wichtigsten Gremium der Partei, dem Parteivorstand,[2] vier Sitze an Frauen vergeben werden müssen sowie die »Verpflichtung aller

---

1 Der »Gesprächskreis Frauenpolitik« in der FES wurde 1986 eingerichtet. Von 1987 bis 1990 stand er unter der Leitung von Renate Schmidt, von 1992 bis 1998 von Ulla Schmidt. Seit 1995 bemüht sich der Arbeitskreis, mit Veranstaltungen vor allem junge Frauen in Politik, Wissenschaft und Wirtschaft anzusprechen (vgl. Langkau-Herrmann 2003).
2 Der Parteivorstand hat rund 45 Mitglieder, die aus der Mitte des Parteitages gewählt werden. Er führt die Partei und stellt das Parteipräsidium, dem 13 Mitglieder angehören.

Organisationsgliederungen zur Durchführung der Frauenarbeit als eine politische Aufgabe« (Pausch 1985:99; vgl. Biegler 2001:100).³ Im Rückblick erwies sich die Wahl von vier »Konzessionsfrauen« in den Parteivorstand und jeweils einer Konzessionsfrau in die anderen Parteigremien⁴ als ein symbolischer Akt, weil man damit hinter die Regelung aus der Vorkriegszeit zurück fiel, nach der Frauen entsprechend ihrem Mitgliederanteil im Vorstand vertreten sein sollten. Aus diesen Gründen war die Regelung umstritten, bis sie schließlich auf dem außerordentlichen Parteitag der SPD in Bad Godesberg 1971 gegen den Widerstand führender Frauenpolitikerinnen in der SPD ersatzlos gestrichen wurde.⁵

Zur Förderung der innerparteilichen Beteiligung von Frauen wurden zu Beginn der siebziger Jahre die Selbstverpflichtung zur Frauenförderung, die Berichtspflicht und die Verpflichtung zur Erarbeitung von Frauenförderplänen beschlossen (Hoecker 1998:126; Biegler 2001:100). Aus Unzufriedenheit mit den Effekten einigte man sich auf dem Parteitag in Münster 1988 auf die Einführung einer Quote, nach der eine »Mindestsicherung« für jedes Geschlecht von 40% der Ämter in allen Gremien sichergestellt werden sollte. Die Quote sollte stufenweise in Kraft treten und bezog sich nur auf die Parteifunktionen. Da aber keine Sanktionen vereinbart wurden, kam es zu zahlreichen Konflikten um die Besetzungen von Ämtern und KanndidatInnenlisten und einer Zunahme der Schiedsverfahren in allen Gliederungen der Organisation (Künnecke 1998:24). In den neunziger Jahren gewannen die Frauen an Boden, so dass in den drei wichtigsten Gremien, dem Parteivorstand, dem Präsidium und dem Parteirat mit Frauenanteilen von jeweils mindestens 45% 1999 fast die Parität erreicht wurde (SPD 2001: Tabelle 9.2).⁶ Die Spitzenfunktionen hingegen blieben überwiegend in Männerhand: In den Ländern und Bezirken waren im Sommer 2001 nur drei von 29 Vorsitzenden Frauen, auch wenn in den jeweiligen Vorständen die Mindestabsicherung oder gar eine Parität erreicht wurde.⁷ In der Parteizentrale hingegen waren 2001 sämtliche Abteilungsleiter, Pressesprecher und Referatsleiter Männer, von den persönlichen ReferentInnen waren 18% und von

---

3 Mit dieser Verpflichtung wurde schon Ende der vierziger Jahre formuliert, was heute unter dem Begriff des *Gender Mainstreaming* eingefordert wird: die Berücksichtigung frauenpolitischer Anliegen als Querschnittsaufgabe.

4 Ein ähnliches Verfahren wurde in der Nachkriegszeit auch vom DGB gewählt; vgl. dazu Kapitel 9.

5 Den Antrag zur Streichung stellte der »Arbeitskreis Emanzipation«, dem vor allem jüngere Frauen angehörten (vgl. dazu Abschnitt 7.1.2). Besonders die damalige Vorsitzende des Frauenausschusses, Annemarie Renger, und die Leiterin des Frauenreferates, Elfriede Eilers, sprachen sich für die Beibehaltung der Konzessionsfrauen-Regelung aus.

6 Durch die Vorlage von Gleichstellungsberichten zu den Parteitagen durch die ASF ist diese Entwicklung der innerparteilichen Gleichstellung gut nachvollziehbar.

7 Vgl. dazu den Bericht der ASF-Vorsitzenden Karin Junker auf dem Parteitag in Nürnberg (http://asf.spd.de/servlet/PB/1105835/index.html, Zugriff am 5.11.2002).

den ReferentInnen 34% Frauen. SachbearbeiterInnen und SekretärInnen waren dagegen mehrheitlich Frauen (SPD 2001: Tabelle 5.1). Nach Ansicht der ASF lässt diese männliche Dominanz

»kaum frauen- und gleichstellungspolitische Impulse entstehen. Das drückt sich auch bei der Erstellung von Papieren aller Art und der Planung von Veranstaltungen aus, die oft jeglichen frauenspezifischen Bezug vermissen lassen« (ASF-Bundesvorstand 2000:3)

In ihrem Gleichstellungsbericht forderte die Vorsitzende des ASF daher auch die Veränderung der Einstellungspraxis und der Aufstiegsmöglichkeiten zu Gunsten von Frauen. Um eine bessere Repräsentation von Frauen auch in den politischen Ämtern zu erreichen, wurde gleichzeitig mit der parteiinternen Quote die stufenweise Einführung einer Mindestsicherung von 40% Frauen bei den Listenkandidaturen beschlossen. Ab 1990 sollte ein Viertel, ab 1994 ein Drittel und ab 1998 40% der Mandate an Frauen vergeben werden (Hoecker 1998:127). Betrachtet man die Frauenanteile an der Bundestagsfraktion, so erweist sich diese Strategie als durchaus erfolgreich. In der 14. Legislaturperiode erreichte der Frauenanteil in der SPD-Fraktion 35,2%, so dass sich der Frauenanteil gegenüber der 11. Legislaturperiode (1987 -1990) (16%) mehr als verdoppelt hat (vgl. Tabelle 7.2). Nur bei den Grünen lag der Frauenanteil zu Beginn der 14. Legislaturperiode mit 57,5% deutlich höher.

Tabelle 7.2 Weibliche Abgeordnete in der SPD-Fraktion seit 1949

	1949	1953	1957	1961	1965	1969	1972	1976	1980	1983	1987	1990	1994	1998	2002
absolut	13	21	22	21	19	18	13	15	19	21	31	65	86	105	95
Frauenanteil in %	9,5	12,9	12,2	10,3	8,7	5,9	5,4	8,5	8,3	10,4	16,1	27,2	34,1	35,2	37,8

Anmerkung: Werte zu Beginn der Legislaturperiode.
Quelle: SPD-Gleichstellungsbericht (SPD 2003, Tabelle 3.2.1).

Auch auf der Regierungsebene ziehen Frauen nach: Von den 14 Ministerämtern des ersten rot-grünen Kabinetts waren immerhin sechs (43%), von den 26 Parlamentarischen Staatssekretärinnen waren 11 Frauen (42%). Dieses Ergebnis dürfte u.a. auf das Engagement der ASF-Vorsitzenden zurückzuführen sein, die sich im Rahmen der Koalitionsverhandlungen für die ASF-Forderungen nach vier Ministerinnen eingesetzt hatte (zu der Beteiligung der ASF an der Entscheidung von Personalfragen in der SPD vgl. ausführlich Künnecke 1998 sowie ASF-Bundesvorstand 2000).

7.1.2 Frauen- und familienpolitische Strukturen in der SPD

Heute ist die Arbeitsgemeinschaft Sozialdemokratischer Frauen (ASF) die zentrale Struktur für frauen- und familienpolitische Themen in der SPD. Ihre Einrichtung zu Beginn der siebziger Jahre war zwischen zwei politischen Strömungen in der SPD umstritten. Einerseits wurde Frauenpolitik in der SPD vom Frauenausschuss betrieben, in dem die Vorsitzenden der Bezirks- und Landesfrauenausschüsse vertreten waren. Seine Arbeit wurde von dem Referat Frauenpolitik unterstützt.[8] Andererseits formierte sich unter dem Eindruck der Neuen Sozialen Bewegungen eine jüngere frauenpolitische Strömung, die den Jusos nahestand und neue Frauenstrukturen forderte. So wurde auf dem Bundeskongress der Jusos 1970 die Einrichtung eines »Arbeitskreises Emanzipation (AKE)« betrieben. Dieser Arbeitskreis war sozialistisch-marxistisch geprägt und forderte eine »Analyse der gesellschaftlichen Benachteiligung der Frau«, die Erarbeitung eines Aktionsprogramms für die Emanzipation der Frau und die »Erarbeitung einer gemeinsamen Strategie zwischen den Arbeitsgemeinschaften Jungsozialisten und der Frauen in der SPD, um die Emanzipation als zentrale Aufgabe der SPD wieder allen Parteimitgliedern bewusst zu machen« (Bundesvorstand der Jungsozialisten 1977 zit. nach Pausch 1985:151).

Auf der Bundesfrauenkonferenz der SPD 1970 wurde eine Kommission zur Ausarbeitung von Richtlinien für eine Arbeitsgemeinschaft Sozialdemokratischer Frauen eingesetzt und deren Einrichtung 1972 vom Parteivorstand beschlossen. Die Gründung der ASF war somit ein Kompromiss zwischen den zwei verschiedenen Strömungen in der SPD und zudem ein Versuch, den innerparteilichen Einfluss der linken JungsozialistInnen zu schwächen (Pausch 1985:157).

Die ASF ist eine der sieben Arbeitsgemeinschaften der SPD. Gemäß der »Grundsätze für die Tätigkeit der Arbeitsgemeinschaften in der SPD« ist die ASF kein selbstständiges Organ und keine Gliederung im Sinne des Organisationsstatus' (vgl. Künnecke 1998:15f.). Daher dürfen die Arbeitsgemeinschaften keine eigene Öffentlichkeitsarbeit betreiben, verfügen über keinen eigenen Haushalt und sind auf die organisatorische Unterstützung des Parteivorstandes angewiesen (Pausch 1985:274).[9] Immerhin wurde den Arbeitsgemeinschaften durch die Reform der

---

8 Dieser Frauenausschuss ging 1966 aus dem vorherigen »Fachausschuss für Frauenfragen« beim Bundesvorstand hervor. In den sechziger Jahren beschäftigten sich die Bundesfrauenkonferenzen mit sehr grundlegenden Themen wie »Die moderne Frau in der demokratischen Gesellschaft« (1961), »Die Freiheit der Frau, ihre Stellung im Bewusstsein der kommenden Gesellschaft« (1963), »Der Drei-Phasen-Rhythmus im Leben der modernen Frau« (1965), »Mit uns die Zukunft bauen« (1968) und »Gleiche Bildungschancen – Auftrag der Demokratie« (1970) (vgl. Pausch: 1985).

9 Die ASF gilt als ein funktional spezialisierter Organisationsteil der SPD. Sie ist im Hinblick auf die Mitgliedschaft, aber auch wirtschaftlich, finanziell und organisatorisch von ihr abhängig (Künnecke 1998) und kann in ihrer Arbeit vom Parteiapparat behindert werden (Pausch 1985).

»Grundsätze« 1995 ein Antragsrecht eingeräumt, durch das die ASF nun formal in den Parteigremien mitwirken kann (Künnecke 1998:20). Als organisatorische Basis dient der ASF das Frauenreferat, das beim Bundesvorstand der Partei angesiedelt ist.[10] Doch auch wenn der ASF automatisch alle weiblichen Mitglieder angehören, gelingt es ihr nicht immer, das Handeln der SPD-Frauen in einer gemeinsamen Strategie zu bündeln.[11]

Mit dem Regierungswechsel 1998 ist das Referat Frauenpolitik beim Bundesvorstand eine »Drehscheibe« geworden, über die zahlreiche Abstimmungsgespräche und Aktivitäten koordiniert wurden. Die geringe personelle Ausstattung des Referates[12] produziert jedoch ein »sich verschärfendes Dauer-Defizit« (ASF-Bundesvorstand 2002:7). Aber auch die finanzielle Ausstattung erschwert ein reibungsloses Funktionieren: Im Wahlkampf 1998, in dem zunächst keine zielgruppenspezifische Kampagne für die Frauenpolitik vorgesehen war, mussten sich die Frauenpolitikerinnen die Verwendung von Mitteln für frauenspezifisches Werbematerial regelrecht erkämpfen (ASF-Bundesvorstand 2000:3). In den neunziger Jahren hat die ASF, wie die schon zitierte Studie zeigt, für die jungen Frauen an Attraktivität verloren: Die Befragten seien zwar hoch qualifiziert und überdurchschnittlich aktiv, allerdings arbeiteten diese Frauen zu zwei Dritteln bei den Jusos mit, während die ASF nur eine untergeordnete Rolle spielte (SPD-Bundesvorstand, 1995); vgl. dazu auch (Künnecke 1998:30f.). Skeptische Stimmen bezweifeln, dass die ASF trotz ihres alternativen Anspruchs überhaupt »eine andere Kultur, einen neuen politischen Stil« in die SPD hineingebracht hätte (Walter, F. 1995 zit. nach Hoecker 1998:121). Spezielle Untersuchungen zeigen jedoch, dass die ASF bei der Konkretisierung frauenpolitischer Zielsetzungen durch ihre Bundes- und Fachkonferenzen und ihre Verknüpfung in frauenpolitischen Netzwerken eine wichtige Rolle gespielt hat. Dabei arbeitet die ASF mit Anträgen und Entschließungen »wesentlich parlaments- und parteifixierter als die Jusos und legt Wert darauf, in personell möglichst großer Zahl in die Parteistrukturen eingebunden zu sein« (Künnecke 1998:55), wobei die

---

10 Das Referat entspricht mit seiner Stellung in der Struktur des Bundesvorstands nicht mehr einer politischen Abteilung, sondern einem Referat, das für die Betreuung von Zielgruppen zuständig ist. Das Fehlen eines politischen Unterbaus und entsprechender Beteiligungsmöglichkeiten wird von der ASF-Vorsitzenden kritisiert (ASF-Bundesvorstand 2000).

11 Künnecke (1998) stellt eher fest, dass es zuweilen keine Solidarität zwischen den Frauen in der SPD gibt und die Zielsetzungen der ASF auch von Frauen selbst konterkariert werden. Bei der Kanndidatur um den stellvertretenden Parteivorsitz 1997 in Hannover gab es beispielsweise die Auseinandersetzung zwischen Renate Schmidt und den ASF-Frauen, weil Schmidt nur gegen die beiden kandidierenden Frauen Wieczorek-Zeul und Däubler-Gmelin, nicht aber gegen die drei männlichen Kandidaten Rau, Thierse und Scharping antreten wollte. Dabei war die Anzahl der StellvertreterInnen erst 1995 auf dem Mannheimer Parteitag erhöht worden, u.a. um eine Kandidatur der Frauen gegeneinander zu verhindern.

12 Das Referat besteht lediglich aus drei Personen: der Leiterin, einer Referentin und einer Sekretärin.

Einbeziehung in SPD-interne Planungsprozesse und Programmausarbeitungen jedoch defizitär bleibe.

Dennoch gelang es der ASF, die Zielstellungen der Partei zu beeinflussen und Formulierungen in das Grundsatzprogramm und die Wahlprogramme von 1990 und 1994 einzubringen. Die Definition der Familie als »Lebensgemeinschaft Erwachsener mit Kindern« und der Kernsatz »Wer die menschliche Gesellschaft will, muss die männliche überwinden« wurden auf Betreiben der ASF in das Grundsatzprogramm aufgenommen. Für das Wahlprogramm von 1990 erreichte die ASF, dass im Kapitel »Vereinbarkeit von Familie und Beruf« auch Männer angesprochen wurden und dass das Ziel der »Umgestaltung des Ehegattensplittings«, aufgenommen wurde (Künnecke 1998:64; SPD-Bundesvorstand 1990:16). Im Regierungsprogramm 1994-1998 konnte die ASF schließlich den Antrag durchsetzen, mit dem arbeitszeitpolitische Ziele, nämlich die Verkürzung der Wochenarbeitszeit zur besseren Vereinbarkeit von Beruf und Familie sowie die Förderung existenzsichernder Teilzeitarbeit, formuliert wurden (Künnecke 1998:65; SPD-Bundesvorstand 1994:176). Bei der Bundeskonferenz der ASF 1996 wurde das Erziehungsgeldgesetz als zentrales Thema diskutiert, und in den Folgejahren ein »umfassendes Gesamtkonzept« für die Gleichstellung von Männern und Frauen erarbeitet, mit dem gesellschaftliches Rollenverhalten aufgebrochen werden sollte.[13] Angesichts der Tatsache, dass die einzige formale Möglichkeit zur Einflussnahme auf die parteiinternen Entscheidungsprozesse in dem Doppelmandat der ASF-Vorsitzenden als Mitglied des Parteipräsidiums bestand (ASF-Bundesvorstand 2000:3), sind diese Ergebnisse beachtlich. Nach der Selbsteinschätzung der ASF-Vertreterin hängt ihr Einfluss auf die Partei aber eben gerade von dieser Konstruktion ab (ASF-Bundesvorstand 2002:8).

Abgesehen von der ASF arbeiten auf der Parteiebene ständig eine Reihe verschiedener Kommissionen an der Weiterentwicklung der Parteiprogrammatik im Bereich der Gleichstellungs- und Familienpolitik. Dabei haben die WissenschaftlerInnen in diesen Kommissionen eine systematisierende Funktion, wenn sie die Beschreibung von Sachverhalten prüfen und eine »aufklärende« Funktion, wenn sie über Sachverhalte und wissenschaftliche Erkenntnisse oder Beispiele aus dem Ausland informieren (Interview SPD 3). 1996 wurde eine Grundsatzkommission »Gesellschaftspolitik« mit der Erarbeitung eines gesellschaftspolitischen Konzeptes

---

13 Im Juni 1997 führt die ASF eine Konferenz in Bonn unter dem Titel »Grenzen des Wachstums – Grenzen der Gleichheit« durch und beteiligt sich an der Arbeit der SPD-Kommission Gleichstellungspolitik. Als Ergebnis werden verschiedene Beschlusspapiere (zur Arbeitszeitgestaltung und zu Frauen in der Wissenschaft) vorgelegt. Die programmatische Entwicklung erfolgt in Abstimmung mit den Frauenverbänden, Medien und der Wissenschaft (ASF-Bundesvorstand 1998).

beauftragt.[14] Parallel dazu arbeitete eine Kommission »Gleichstellungspolitik« im Parteivorstand mit dem Ziel der inhaltlichen Vorbereitung des Regierungsprogramms 1998. Kurz nach dem Regierungsantritt wurden im Juni 1999 zudem gleich drei neue »Projektgruppen« eingerichtet, darunter auch eine Arbeitsgruppe »Zukunft der Familie« unter der Leitung von Renate Schmidt.[15] Die politische Arbeit der SPD ist dabei wissenschaftlich unterfüttert durch die Rezeption von wissenschaftlichen Studien durch den Apparat der Partei mit seinen Fachsekretariaten beim Vorstand und die Aktivitäten der Friedrich-Ebert-Stiftung. Die Umsetzung läuft parteiintern zwischen der ASF und den Gremien und parlamentarisch über die Fraktion.

Grundsätzlich ist das Verhältnis zwischen Fraktion und Partei also arbeitsteilig, wobei die Fraktion durch intensive Kontakte mit dem gesellschaftlichen Umfeld auch Zielgruppenarbeit leistet. Auf der Fraktionsebene werden die familien- und frauenpolitischen Themen in Arbeitskreisen (AK) bearbeitet, die der Gliederung der Bundesausschüsse entsprechen. Hier nehmen auch die entsprechenden Fraktionsreferentlnnen teil. In der Koordinierungsrunde kommen dann die Abgeordneten der Koalitionsfraktionen sowie aus den anderen betroffenen Ressorts zur Abstimmung der Position der Regierungskoalition dazu, wie etwa die Wirtschafts-, Arbeitsmarkt- und SozialpolitikerInnen. Die LeiterInnen der Fachkreise gelten dabei als ExpertInnen und geben Empfehlungen bei den Abstimmungen. Die Fraktion schließt sich meist, nicht immer, den Vorschlägen der FachpolitikerInnen an. Die Frage der Vereinbarkeit von Beruf und Familie wird vor allem im AK »Familienpolitik«, in der 14. Legislaturperiode unter der Leitung von Hildegard Wester, und ferner im AK »Arbeit und Soziales« unter der Leitung von Adolf Ostertag, beraten. In der Bun-

---

14 Die Schwerpunktkommission Gesellschaftspolitik wurde am 20. Januar 1996 vom Parteivorstand der SPD unter der Leitung von Renate Schmidt, MdL, eingesetzt. Stellvertretende Vorsitzende waren Christine Bergmann, damals MdA in Berlin und Wolf-Michael Catenhusen, MdB. Zu den Mitgliedern des Ausschusses zählten z.T. mit Familienpolitik befasste Bundestagsabgeordnete (u.a. Edith Niehuis, Ulrike Mascher, Christel Hanewinckel) und namhafte SozialwissenschaftlerInnen (u.a. Sigrid Metz-Göckel, Josef Schmid, Wolfgang Streeck) sowie Walter Riester, der erste Arbeitsminister der rot-grünen Koalition.

15 Diese Arbeitsgruppe diente dem Austausch zwischen den sozialdemokratischen FamilienpolitikerInnen und den Sachverständigen aus Wissenschaft und Verbänden. Mitglieder waren u.a. Hildegard Wester (MdB und Vorsitzende des AK Familie der Bundestagsfraktion), die VerbändevertreterInnen Carsten Riegert (AG der Deutschen Familienorganisationen) und Monika Simmel-Joachim (Deutscher Paritätischer Wohlfahrtsverband) sowie eine Reihe von FamilienwissenschaftlerInnen. Christine Bergmann (BMFSFJ), Barbara Hendricks (StS BMFin) und Karin Junker (Vorsitzende der ASF) waren ständige Gäste (SPD, »Schwerpunkte in der Programmdebatte setzen«, Pressemitteilung 207/99 v. 17. Juni 1999). Die anderen beiden Projektgruppen wurden zu den Themen »Zukunft der Arbeit« unter der Leitung von Ottmar Schreiner und zur »Zukunft der Selbständigkeit und des Mittelstandes« unter der Leitung von Peter Struck eingesetzt.

destagsfraktion werten vor allem die FachreferentInnen, ferner die persönlichen ReferentInnen der Abgeordneten themenspezifisch auch wissenschaftliches Wissen aus.[16] Eine Quelle für wissenschaftliche Ergebnisse und deren Aufbereitung ist dabei die Friedrich-Ebert-Stiftung, die Studien zum Thema Vereinbarkeit in Auftrag gibt und Konferenzen zum Thema organisiert.[17]

7.1.3 Netzwerke und BündnispartnerInnen

Für die frauenpolitische Netzwerkbildung im sozialdemokratischen Spektrum der deutschen Gesellschaft ist die ASF – erst recht nach der Übernahme der Regierungsverantwortung durch die SPD – ein wichtiger Akteur. Zum einen werden enge Kontakte zur SPD-Bundestagsfraktion (über die ASF-Vorsitzende oder die Leiterin des Frauenreferates), zu den frauenpolitischen SprecherInnen der Bundestags- und der Landtagsfraktionen und deren MitarbeiterInnen sowie zu den Frauenministerinnen unterhalten. Die Bundesfrauenministerin bzw. die zuständige Staatssekretärin wird zu den Sitzungen des Bundesvorstands der ASF eingeladen. Dabei begleitet die ASF bestimmte Gesetzgebungsverfahren intensiv, etabliert enge Kontakte zu den beteiligten Ministerien und stellt so »ein wichtiges Scharnier im Meinungsaustausch zwischen Regierung, Fraktion, Partei und Frauenverbänden dar« (ASF-Bundesvorstand 2000:12).[18] Innerparteilich sind gemeinsame Aktivitäten vor allem mit den Jusos zu beobachten, aber auch die Arbeitsgemeinschaft für ArbeitnehmerInnen ist zumindest in Fragen der programmatischen Entwicklung der Partei zu einem wichtigen Partner geworden.[19] Des Weiteren dienen der Netzwerkpflege die

---

16 Allerdings zeigt eine empirische Untersuchung, dass persönliche ReferentInnen der MdB vor allem auf Printmedien, das Internet und offizielle Dokumente zurückgreifen und weniger auf wissenschaftliche Publikationen. Dennoch tragen sie, zwar nicht als wissenschaftliche BeraterInnen, aber in der Vermittlung von Wissen auch zur Meinungsbildung ihrer Abgeordneten bei und können durchaus als »IdeengeberIn« gelten (Bröchler/Elbers 2001).

17 Seit 1989 gibt es in der Abteilung Arbeits- und Sozialforschung in der FES einen Schwerpunkt zur Frauenforschung. Zudem gibt es ein Referat »Frauenpolitik«, das von Monika Langkau-Herrmann geleitet wird (für einen Überblick über die frauenpolitischen Aktivitäten der Friedrich-Ebert-Stiftung s. Langkau-Herrmann 2003).

18 Im Rahmen der Beratungen des Altersvermögensgesetzes hat die ASF etwa eine gemeinsame Pressekonferenz mit der Fraktion und eine Veranstaltung mit der zuständigen Staatssekretärin, Ulrike Mascher, organisiert.

19 Gemeinsam mit der AfA und den Jusos formulierte die ASF im November 1999 die »Berliner Erklärung für eine Modernisierung der Sozialdemokratie«, in der die Leitbilder für eine moderne Sozialdemokratie entworfen werden sollten. Hervorgegangen aus diesen Aktivitäten ist das Forum Neue Gesellschaft, das das Ziel verfolgt, die SPD als Mitglieder- und Programmpartei weiter zu entwickeln und neue Formen der Zielgruppenansprache zu finden (ASF-Bundesvorstand 2000:12).

Teilnahme am Gesprächskreis »Frauenpolitik« und am Forum »Politik und Gesellschaft« der Friedrich-Ebert-Stiftung sowie die Veranstaltungsreihe der ASF, der ›Ladies Brunch‹, zu dem in loser Folge Vertreterinnen aus dem Kanzleramt, den Ministerien, der FES, Medien, Gewerkschaften und Wissenschaft zur Diskussion aktueller Themen eingeladen werden (ebd.:11).

Ein Partner in der gesellschafts- und frauenpolitischen Landschaft, mit dem die SPD-Frauenpolitikerinnen eng kooperieren, ist schließlich der DGB, dessen Vertreterinnen an den Sitzungen des ASF-Bundesausschusses regelmäßig teilnehmen oder mit denen bei zentralen Veranstaltungen kooperiert wird. Darüber hinaus unterhält die ASF Kontakte zum Deutschen Frauenrat, indem sie jeweils zwei Delegierte zu den Mitgliederversammlungen entsendet. Weitaus weniger institutionalisiert sind dagegen die Beziehungen zu den Frauenstrukturen von Bündnis 90/Die Grünen, selbst nach dem Beginn der Koalition. Abgesehen von ad-hoc-Abstimmungen über Strategien und Sprachregelungen und Kontaktgesprächen, die die ASF mit allen wichtigen frauenpolitischen Akteuren vornimmt, bestand einer der wenigen offiziellen Kontakte zu Beginn der 14. Legislaturperiode in einem Besuch der ASF in der Parteizentrale der Grünen im Dezember 1998, bei dem die ASF-Vertreterinnen das Präsidium des Grünen Bundesfrauenrates und die frauenpolitische Sprecherin im Bundesvorstand und Parteivorsitzende Claudia Roth trafen.

Insgesamt zeigt sich, wie begrenzt die innerparteiliche Macht der ASF ist – bei der Nominierung von Kandidatinnen für Spitzenämter in der Partei ebenso wie bei der Entwicklung programmatischer Positionen.[20] Kritik an den männlich geprägten Parteistrukturen wird von den ASF-Vertreterinnen kaum verlautbart. Damit positioniert sich die ASF zwischen dem Anspruch, feministische Ziele zu verfolgen und sozialdemokratische Politik zu gestalten, eben »zwischen Parteiraison und feministischem Verständnis« (Künnecke 1998:82). Ihre Hauptaufgabe besteht in der »Übersetzungsleistung« von politischen Zielen in die Formulierung von feministischen Programmpositionen, also der Konkretisierung frauen- und gleichstellungspolitischer Ziele. Allerdings »sind ihre programmatischen Erfolge [..] selten dauerhaft, sondern müssen für jedes Programm neu erkämpft werden. Faktisch hat die ASF dabei weniger die proklamierte Rolle als Vordenkerin innerhalb der SPD, sondern die der Nachkorrektorin.« (Künnecke 1998:79)

---

20 Das beste Beispiel dafür ist die Nominierung des SPD-Kandidaten für die Bundespräsidentschaft. Während die CDU aus strategischen Gründen eine Frau aus dem Osten nominierte, beugten sich die SPD-Frauen dem Vorschlag des Parteivorstandes, Johannes Rau zum Präsidenten wählen zu lassen. Dabei sei es »der Wertschätzung der enormen Verdienste von Rau geschuldet«, dass keine SPD-Frau bereit gewesen sei, die Entscheidung anzufechten (ASF-Bundesvorstand 2000:10). Mit prominenter Beteiligung von Alice Schwarzer startete der Deutsche Frauenrat daraufhin die Kampagne »Frau statt Rau«, mit der für die Wahl der CDU-Kandidatin geworben wurde, was zu erheblichen Irritationen in der ASF führte.

Die parteiinterne Durchlässigkeit für frauenpolitische Themen oder die Nachhaltigkeit einmal erkämpfter Positionen sind also keinesfalls selbstverständlich, wie im Folgenden noch deutlicher wird.

7.2 Die Entwicklung der Organisationsziele und der Beschlusslage in der Frauen- und Familienpolitik

7.2.1 Frauenarbeit und Männerarbeit in der SPD-Programmatik

Für die Gesamtpartei leitete das Godesberger Programm 1959 paradigmatische Veränderungen ein und machte die SPD zu einer Volkspartei (Heimann 1984). Im Hinblick auf die Frauenpolitik reflektierte es die gesellschaftlichen Werte der fünfziger Jahre und war somit dem Paradigma der gleichen Anerkennung der Betreuungsarbeit zuzurechnen:

»Die Gleichberechtigung der Frau muss rechtlich, sozial und wirtschaftlich verwirklicht werden. Der Frau müssen die gleichen Möglichkeiten für Erziehung und Ausbildung, für Berufswahl, Berufsausübung und Entlohnung geboten werden wie dem Mann. Gleichberechtigung soll die Beachtung der psychologischen und biologischen Eigenarten der Frau nicht aufheben. Hausfrauenarbeit muss als Berufsarbeit anerkannt werden. Hausfrauen und Mütter bedürfen besonderer Hilfe. Mütter von vorschulpflichtigen und schulpflichtigen Kindern dürfen nicht genötigt sein, aus wirtschaftlichen Gründen einem Erwerb nachzugehen« (SPD 1959).

Damit war das Frauenleitbild des Godesberger Programms weit entfernt vom emanzipatorischen Anspruch der sozialdemokratischen Vorkämpferin Clara Zetkin, die die Verwirklichung des Rechtes der Frauen auf Arbeit als Voraussetzung für Gleichberechtigung gefordert hatte.[21] Vielmehr wurde das Differenzprinzip als Leitbild für die Rollenverteilung zwischen Frauen und Männern festgeschrieben.

Diese Leitlinie bestimmte die Frauen- und Familienpolitik der sechziger Jahre bis zum Beginn der neuen Frauenbewegung. Die Erwerbsarbeit von Frauen galt demnach zwar als nicht erwünscht, aber als akzeptiert. Mit dem Anstieg der Frauenerwerbstätigkeit in den sechziger Jahren[22] vollzog sich bei der SPD die Abkehr vom Leitbild der nichterwerbstätigen Hausfrau. Einen Beitrag dazu leistet die sich entwickelnde Teilzeitarbeit, die die gesellschaftliche Zuordnung geschlechtsspezifischer

---

21 Zetkin war seit 1878 Mitglied der SPD und gab von 1882 bis zu ihrem Übertritt zur USPD 1917 die sozialdemokratische Frauenzeitschrift »Die Gleichheit« heraus.

22 Zwischen 1960 und 1970 stieg die Erwerbsquote verheirateter Frauen mit Kindern von 20% auf 26% an. Der Grund dafür war der Arbeitskräftemangel, wobei sich auch beim Eintritt in die Rezession ab 1967 die (unqualifizierte) Frauenbeschäftigung nicht als Konkurrenz zur männlichen Facharbeit erweist (Jurczyk 1978:110).

Rollen aufbrach (vgl. Peikert 1976). Teilzeitarbeit wurde als eine Lösung für zwei Probleme betrachtet: die Befriedigung der Arbeitskräftenachfrage und den Abbau der Doppelbelastung arbeitender Frauen. Mit dem Antritt der Großen Koalition 1966 begann die Entideologisierung des Diskurses um die Frauenerwerbstätigkeit, zu der die sozialwissenschaftlicher Expertise vermutlich einen wichtigen Beitrag leistete.[23] Der Widerspruch Hausfrau/Beruf verschob sich allmählich zu einem Widerspruch Mutter/Beruf (s.a. Jurczyk 1978:113). Diese Entwicklungen mündeten in eine erste große Welle von Reformen in den siebziger Jahren (vgl. dazu die Übersicht familien- und frauenpolitischer Reformen in der Tabelle A1 im Anhang).

Der Beginn der achtziger Jahre stand für die SPD unter dem Eindruck des Regierungswechsels vom Herbst 1982 und den Neuwahlen im März 1983, nach denen die christlich-liberale Koalition die »politisch-moralische Wende« einleitete und die SPD für die darauf folgenden 15 Jahre in die Opposition verbannte. Dementsprechend defensiv verhielt sich die SPD bei der Entwicklung sozialpolitischer Projekte. Die beschäftigungspolitischen Vorschläge, die die SPD anlässlich der Debatte des Beschäftigungsförderungsgesetz im Oktober 1984 im Bundestag vorlegte (BT-Drs. 10/2132 v. 17.10.1984), zielen hauptsächlich auf die soziale Sicherung »atypischer Beschäftigung«, wie Teilzeit- und Leiharbeit und auf die soziale Abfederung von Massenentlassungen durch Veränderung der Bezugsregeln beim Arbeitslosengeld und beim Kurzarbeitergeld. Das Problem der Beschäftigung und Arbeitslosigkeit von Frauen fand nur insofern Berücksichtigung, als die Verbesserung der Wiedereingliederung von Frauen gefordert wurde. 1989 thematisierte die SPD-Fraktion das Thema der Frauenerwerbstätigkeit und das Problem der beruflichen Wiedereingliederung durch eine Große Anfrage und einen daraus folgenden Entschließungsantrag (BT-Drs. 11/4051 v. 22.2.1989), der im Februar 1989 im Bundestag beraten wurde.[24] Der Weg zur Gleichstellung der Frauen war bis dahin noch unausgefochten. Ging es darum, lediglich bestehende Nachteile auszugleichen und die geschlechterspezifische Arbeitsteilung als gegeben hinzunehmen oder sollte die SPD eine aktive Förderung der Frauenerwerbsarbeit im Sinne des Integrationsmodells von Nancy Fraser betreiben? Für die innerparteiliche Unentschlossenheit lassen sich drei Beispiele finden.

---

23 Die sozial-liberale Regierung richtete 1969 eine Enquête-Kommission zur Untersuchung der sozialen Rolle der Frau als Mutter und Erwerbstätige ein und veranlasste 1968 die regelmäßige Familienberichterstattung (s.a. Kapitel 10). Für einen Überblick über die ersten Berichte und die Familienpolitik vor 1975 vgl. Jurczyk 1978:133f.

24 BT-Drs. 11/1086, v. 4. November 1987, Anfrage; BT-Drs 11/2369 v. 25. Mai 1988, Antwort der Bundesregierung; BT-Drs. 11/4051 v. 22. Februar, Entschließungsantrag der SPD und BT-Plenarprotokoll 11/128 v. 23. Februar 1989.

Im Frühjahr 1988 löste der damalige stellvertretende Vorsitzende Oskar Lafontaine einen Streit aus, weil er anregte, die Familien- und Frauenarbeit durch die Einführung einer Grundsicherung für Hausfrauen abzusichern (vgl. dazu seinen Beitrag im Spiegel 7/1988). Die Frauen aus dem Parteivorstand, Wieczorek-Zeul, Däubler-Gmelin und Wettig-Danielmeier (zugleich ASF-Vorsitzende), kritisierten den Vorschlag, weil sie, anders als Lafontaine, auf die Teilung der Familienarbeit und die Teilung der Erwerbsarbeit setzten. Damit formulierten sie explizit die Forderung einer Umverteilung zwischen Frauen und Männern.[25] Auch die damalige Sprecherin des »AK Gleichstellung von Frau und Mann«, Renate Schmidt stellt klar, dass die geschlechterspezifische Arbeitsteilung aufgelöst werden müsse und dass die »ausschließlich von Frauen geleistete Familienarbeit... nicht die lebenslange Alternative zur Erwerbsarbeit darstellen« könne.[26] Zumindest auf der programmatischen Ebene wurde 1989 im Berliner Grundsatzprogramm ein Konsens formuliert:

> »Unter der Spaltung zwischen männlicher und weiblicher Welt leiden beide, Frauen und Männer. Sie deformiert beide, entfremdet beide einander. Diese Spaltung wollen wir überwinden. Wir fangen bei uns selbst an. Der rechtlichen Gleichstellung muss die gesellschaftliche folgen. Dies bedeutet nicht die Integration der Frau in eine Männerwelt sondern die Umgestaltung der Gesellschaft (...) Die Zukunft verlangt von uns allen, Frauen und Männern, vieles, was lange als weiblich galt; wir müssen uns in andere einfühlen, auf sie eingehen, unerwartete Schwierigkeiten mit Phantasie meistern, vor allem aber partnerschaftlich mit anderen arbeiten. Wer die menschliche Gesellschaft will, muss die männliche überwinden ...« (SPD 1989:21f.).

Das zweite Beispiel ist die gesetzliche Regelung der Arbeitsteilung zwischen den EhepartnerInnen, die erst 1977 durch die Veränderung des §1356 des BGB reformiert wurde. 1988 forderte Renate Schmidt als Vorsitzende des AK Gleichstellungspolitik die Ergänzung des Familienrechts, so »dass für beide Ehepartner die Verpflichtung zur Familienarbeit besteht«, und zudem forderte sie die Auszahlung des durch das Ehegattensplitting erzielten Steuervorteils an die Ehefrauen.[27] Anfang 1994, dem Wahljahr, wurde die gesetzliche Regelung der Arbeitsteilung im Rahmen einer Kleinen Anfrage zur Förderung der partnerschaftlichen Arbeitsteilung erneut thematisiert. Die Bundesregierung stellte in der Antwort klar, dass »die Partner über die Übernahme von Aufgaben und Verantwortung frei entscheiden können müs-

---

25 Sie stellen drei Vorschläge zur Diskussion: Die zwingende Teilung des damaligen einjährigen Erziehungsurlaubs, die zwingende Aufteilung aller Einkünfte aus Erwerbstätigkeit und Vermögen von Anfang an auf beide PartnerInnen und die Umsetzung einer 30-Stunden-Woche und eines 6-Stunden-Tages, vgl.: Der Spiegel, Nr. 12/1988, S. 33.

26 vgl. Pressemitteilung Nr. 580 der SPD-Fraktion »SPD: Zwölf Forderungen zur gesellschaftlichen Anerkennung der Familienarbeit«, v. 15. März 1988.

27 vgl. Pressemitteilung Nr. 580 der SPD-Fraktion »SPD: Zwölf Forderungen zur gesellschaftlichen Anerkennung der Familienarbeit«, v. 15. März 1988.

sen« (BT-Drs. 12/6834 v. 16.2.1994:12).²⁸ Im Frühling 1999 wurde ein entsprechender Vorschlag von der grünen frauenpolitischen Sprecherin Irmingard Schewe-Gerigk eingebracht: Das BGB sei dahingehend zu verändern, dass die Aufteilung der Haushaltsführung auf beide Partner festgeschrieben wird. Die parlamentarische Staatssekretärin Edith Niehuis (SPD) lehnt diesen Vorschlag mit der Begründung ab, dass sich die Arbeitsteilung nicht gesetzlich, sondern nur durch die Ehepartner selbst regeln ließe.²⁹ Anders als 1977 wird die Dringlichkeit, das BGB mit seinem starken Symbolcharakter zu verändern, vom Bundesfamilienministerium in der 14. LP nicht mehr anerkannt.

Das dritte Beispiel ist die Geschichte des Gleichstellungsgesetzes für die Privatwirtschaft. Erst Ende der achtziger Jahre wurden frauenpolitische Forderungen konkretisiert.³⁰ So forderte das von der SPD im Dezember 1988 vorgelegte Gleichstellungsgesetz eine »gesetzliche Verpflichtung öffentlicher Arbeitgeber zur Frauenförderung« und die »Berücksichtigung der ausgewogenen Beschäftigung von Frauen bei der Vergabe öffentlicher Aufträge«. Weiter sollte die Teilzeitarbeit sozialrechtlich gleichgestellt und die grundsätzliche Versicherungspflicht bei der Erwerbsarbeit sowie die regelmäßige Analyse und Berichterstattung zur Frauenerwerbstätigkeit eingeführt werden (vgl. BT-Drs. 11/3728 v. 13.12.1988).³¹ Insgesamt war der SPD-Antrag in seiner Zielsetzung defensiver ausgerichtet als der Antrag der Grünen³², denn er bezog sich vor allem auf den Schutz vor Diskriminierung durch atypische Beschäftigungsverhältnisse und weniger auf die aktive Förderung von Frauen. Auch wenn natürlich der SPD-Antrag im Bundestag keine Mehrheit fand, so begannen die SPD-regierten Bundesländer ab 1989 mit der Einführung von Landes-Antidiskriminierungsgesetzen, durch die die berufliche Position der Frauen im öffentlichen Dienst verbessert werden sollte.³³

---

28 In Anspielung auf eine Reform des BGB wird die Bundesregierung gefragt, ob ihr die Ankündigung der österreichischen Frauenministerin Johanna Dohnel bekannt sei, familienrechtliche Änderungen vorzunehmen, um Männer zur Mithilfe im Haushalt verpflichten und ob sie ähnliche Vorhaben hätte; vgl. BT-Drs. 12/6834, 16.2.1994:12.

29 Vgl. AP-Pressemeldung vom 8. Mai 1999, »Niehuis lehnt Grünen-Vorstoß zur Hausarbeit ab«.

30 Schon zwischen 1974 und 1982 hatte die SPD die Einführung eines Gleichstellungsgesetzes erwogen. In den meisten juristischen Stellungnahmen wurde die Einführung eines Gesetzes jedoch abgelehnt, nicht, weil der Tatbestand der Diskriminierung nicht anerkannt wurde, sondern aus rechtsdogmatischen Gründen (Krautkrämer-Wagner/Meuser 1988).

31 Der Entwurf der SPD wird zeitgleich mit dem grünen Gesetzentwurf eines Antidiskriminierungsgesetzes beraten, der schon in der 10. Legislaturperiode, im November 1985, vorgelegt worden war (BT-Drs. 11/3266).

32 Für den Entwurf eines Antidiskriminierungsgesetzes der Grünen s. BT-Drs. 10/6137 u. Kapitel 9.

33 In den Bundesländern haben Gleichstellungsregelungen zunächst die Form von Verwaltungsvorschriften und Richtlinien. Ab 1989 werden auf der Ebene der Bundesländer Gleichstellungsgesetze verabschiedet; zu den ersten gehörten das Saarland (Mai/1989), Nordrhein-Westfalen (Ok-

Die Forderung nach einer gesetzlichen Gleichstellungsregelung wurde in der ersten Hälfte der neunziger Jahre durch die ASF auf ihrer Bundeskonferenz in Essen formuliert, was in der Gesamtpartei zunächst aber keinen Anklang fand (ASF-Bundesvorstand 1990; Künnecke 1998:73). Im Herbst 1992 organisierte der Gesprächskreis der FES eine Veranstaltung zum Gleichstellungsgesetz mit mehr als hundert TeilnehmerInnen, unter anderem aus der ad-hoc-Gruppe Gleichstellungsgesetz der SPD-Fraktion, der Gewerkschaften und der Arbeitgeber. Die Diskussion der Vorschläge für ein neues Gleichstellungsgesetz blieb jedoch ohne Folgen (Friedrich-Ebert-Stiftung 1995:6). Erst 1995 wurden im Rahmen eines Entschließungsantrags zum internationalen Frauentag »gesetzliche Rahmenbedingungen ... für die Gleichstellung von Frauen in der privaten Wirtschaft und im öffentlichen Dienst gefordert, so dass Frauen bei Unterrepräsentanz bei gleichwertiger Qualifikation bevorzugt eingestellt und befördert werden« (vgl. BT-Drs. 13/701 v. 8.3.1995). Außerdem wurde die Forderung wiederholt, dass »bei der Vergabe öffentlicher Aufträgen ... Betriebe und Unternehmen vorrangig zu berücksichtigen [seien], wenn sie frauenfördernde Maßnahmen ergriffen haben« (ebd.). Des Weiteren wurde das Gleichstellungsgesetz der Bundesregierung kritisiert und eine Frauenförderquote beim Einsatz arbeitsmarktpolitischer Instrumente entsprechend ihrem Anteil an den Arbeitslosen gefordert (ebd.). Beim Parteitag 1997 in Hannover wurde außerdem ein Antrag der ASF angenommen, in dem u.a. die staatliche Förderung frauenfreundlicher Betriebe und die gezielte Vergabe von öffentlichen Aufträgen enthalten sind (Künnecke 1998:73).[34]

Die Forderung nach dem Gleichstellungsgesetz lief jedoch den Entwicklungen in anderen Bereichen der Partei entgegen. Angesichts der gestiegenen Arbeitslosigkeit in Folge der deutschen Vereinigung trat das Konzept der Doppelverdiener wieder in die Diskussion, mit dem die Erwerbstätigkeit von Frauen mit berufstätigen Ehemännern und kritisiert wurde. Diese Denkweise wurde vor allem vom Arbeitnehmerflügel der Partei durch die Praxis der Betriebsräte verbreitet, die im Rahmen der Sozialauswahl bei Entlassungen Männer aufgrund ihrer Eigenschaft als Familienversorger auf Kosten erwerbstätiger Frauen begünstigten.[35] Dass erwerbstätige Frauen SPD-PolitikerInnen immer wieder als »Dazuverdienerinnen« gelten, zeigt sich letztendlich in der Neuregelung der geringfügigen Beschäftigung im Jahr 2003.

---

tober 1989) und Bremen (November 1990). Anke Schuster betont, dass vor allem die SPD-Länderregierungen auf die Verabschiedung der Ländergesetze hingewirkt haben (Schuster 1997).
34 Vgl. den Antrag »Innovationen für Deutschland« SPD-Bundesvorstand, 1997b.
35 So die Einschätzung eines Experten im Interview (SPD 3).

7.2.2 Umgestaltung der Arbeitswelt: Arbeitszeitverkürzung und Teilzeitarbeit

Das Leitbild des Normalarbeitsverhältnisses hat sich bei der SPD seit den achtziger Jahren nur sehr graduell verändert und es zeichnet sich nach wie vor fast durch einen geschlechterspezifischen Dualismus arbeitszeitpolitischer Strategien aus: Aus beschäftigungspolitischen Gründen werden kürzere Arbeitszeiten für alle gefordert und aus sozial- und gleichstellungspolitischen Gründen die Regulierung »atypischer Beschäftigungsverhältnisse«.

Grundsätzlich teilte die SPD Anfang der achtziger Jahre aus beschäftigungspolitischen Gründen die gewerkschaftliche Forderung nach einer kollektiven Arbeitszeitverkürzung, auch wenn sie das Schlichtungsergebnis, das eine Ausdifferenzierung der Arbeitszeiten innerhalb eines Betriebs erlaubte, akzeptierte. Als wieteres Beispiel für die sozialdemokratische Arbeitszeitpolitik »für Männer« kann das Arbeitszeitgesetz (ArbZG) von 1983 angeführt werden. In dem Gesetzentwurf wurden vor allem die Neuregelung der Arbeitszeit und der Abbau von Überstunden mit dem Ziel der Reduzierung der Arbeitslosigkeit gefordert.[36] In der darauf folgenden Legislaturperiode wurde der Entwurf erneut, wiederum mit beschäftigungspolitischer Begründung, eingebracht, allerdings wurde hier nur noch die Beschränkung der Wochenarbeitszeit auf 40 Stunden und der Abbau von Überstunden vorgeschlagen. Der Anspruch der Förderung der Gleichstellung fehlte in diesem Entwurf ebenso wie eine breitere gesellschaftspolitische Begründung.[37] Die ASF war die einzige politische Kraft in der SPD, die arbeitszeitpolitische Forderungen mit der Gleichstellung der Geschlechter verband und die Forderung nach einer verkürzten Wochenarbeitszeit in ihre Beschlusslage integrierte. Schließlich forderte auch die damalige Vorsitzende des AK Gleichstellung die 30-Stundenwoche »denn die oft als Mittel zur Vereinbarkeit von Familie und Beruf propagierte Teilzeitarbeit kann auf Dauer keine Lösung sein« (Schmidt, R. 1990:204). Als Folge der aus dem deutschen Einigungsvertrag hervorgehenden Verpflichtung zur Kodifizierung eines einheitlichen Arbeitszeitrechts und der Vorgaben des Bundesverfassungsgerichts zur Schaffung staatlicher Rahmenbedingungen für Arbeitszeitregelungen aller ArbeitnehmerInnen legte die SPD 1993 einen Arbeitszeitgesetzentwurf vor. Auch hier spielten die Verteilung von Erwerbs- und Familienarbeit oder die Verbesserung beruflicher Chancen von Frauen keine Rolle.[38] Die Arbeitnehmervertreter in der SPD-Fraktion ignorierten die Verknüpfung zwischen familienpolitischen und beschäftigungspolitischen Zielsetzungen noch 1994 bei der Entwicklung der »Offensive für mehr Teilzeitarbeit«. In ihrem Antrag forderten Ottmar Schreiner und Gert

---

36 Vgl. BT-Drs. 10/121 v. 8.6.1983 (Arbeitszeitgesetzentwurf).
37 Vgl. BT-Drs. 11/1617 v. 8.1.1988 (Arbeitszeitgesetzentwurf).
38 Vgl. BT Drs. 12/5282 v. 28.6.1993 (Arbeitszeitreformgesetz).

Andres nicht nur den Abbau von Hemmnissen für Teilzeitarbeit, sondern auch die aktive Förderung von Teilzeitarbeit durch einen allgemeinen Rechtsanspruch, die Schaffung von Anreizen und die Werbung für Teilzeitarbeit. Ein zweijähriges Sonderprogramm mit einem Umfang von 500 Mio. DM sollte den Unternehmen Investitionskostenzuschüsse für die Einrichtung von Teilzeitarbeitsplätzen gewähren, um den ArbeitnehmerInnen einen Übergang in Teilzeitarbeit zu erleichtern. Die allseits bekannten geschlechterspezifischen Wirkungen von Teilzeitarbeit wurden wiederum nicht thematisiert, vielmehr wurde Teilzeitarbeit als eine neutrale Form der Beschäftigung betrachtet.[39]

Gleichzeitig wurden Gesetzesanträge formuliert, die die soziale Sicherung der Frauen verbessern und die Doppelbelastung abmildern sollten und die sich als »Arbeitszeitpolitik für Frauen« interpretieren lassen. 1984 wurde das unter der Federführung von Herta Däubler-Gmelin entstandene Gesetz zum Schutz der Teilzeitbeschäftigten vorgelegt, indem die grundsätzliche Gleichbehandlung von Teilzeitbeschäftigten sowie deren Schutz durch arbeitsrechtliche und sozialrechtliche Maßnahmen gefordert wurden. Dazu gehörten:

- die Lohnfortzahlung für Teilzeitbeschäftigte,
- die Streichung der Geringfügigkeitsgrenzen in der Renten und Krankenversicherung,
- die Absenkung der Stundengrenze für die Arbeitslosenversicherung auf 17,5 Stunden,
- das Verbot missbräuchlicher Arbeitszeitformen wie die kapazitätsorientierte variable Arbeitszeit (Kapovaz) und das Job-Sharing,
- das Recht der Teilzeitbeschäftigten auf eine Arbeitszeitverlängerung.[40]

Die Forderung nach Abschaffung der geringfügigen Beschäftigung wurde auch in späteren Positionen der ASF wiederholt. Im AK Gleichstellung, ebenso wie in der ASF, entwickelte sich schließlich die Strategie, nicht nur den Schutz von Frauen, sondern die Ermöglichung von Teilzeitarbeit für Männer und Frauen zu fordern. 1988 forderte der AK einen »Anspruch beider Partner auf eine zeitlich befristete, vorübergehende Teilzeitbeschäftigung ..., die nach Beendigung der aktiven Kindererziehungsphase oder Pflegetätigkeit wieder in ein Vollzeitarbeitsverhältnis umgewandelt werden muss« ( ).[41] Ein weiterer Schwerpunkt der SPD-Forderungen war die Förderung von Teilzeitarbeit durch eine Teilzeitoffensive im öffentlichen Dienst, wobei die Strategie jedoch breiter gefasst wurde und die Forderung nach

---

39 Vgl. BT-Drs 12/7107 v. 16.3. 1994 (Offensive für mehr Teilzeitarbeit).
40 Vgl. BT Drs. 10/2559 v. 5.12.1984 (Gesetzentwurf zum Schutz der Teilzeitbeschäftigten).
41 Die SPD im Bundestag »SPD: Zwölf Forderungen..«, Meldung vom 15. März 1988, S. 2.

Kinderbetreuung und Frauenförderung durch die Aufstellung von Frauenförderplänen mit einbezogen wurde.

Maßgebliche Anstöße zur Verknüpfung beider Themen entwickelten sich erst ab Mitte der neunziger Jahre. Im Januar 1994 warf die Fraktion das Thema der partnerschaftlichen Arbeitsteilung in Familie und Beruf auf.[42] 1995 richtete die SPD-Fraktion eine Große Anfrage an die Bundesregierung, in der sie Auskunft über die Entwicklung und den Stand der Arbeitszeitflexibilisierung in Deutschland seit 1984 und nach in den Betrieben vorhandenen Maßnahmen für die bessere Vereinbarung von Familie und Beruf verlangte.[43] Die Idee, dass eine partnerschaftliche Arbeitsteilung auch positive Beschäftigungseffekte haben könnte, wurde dann erstmals 1996 in einem Antrag zur Arbeitslosigkeit von Frauen formuliert:

»Die Umverteilung von Erwerbsarbeit zwischen Männern und Frauen eröffnet neue Beschäftigungsmöglichkeiten. Die generelle Ausweitung der Teilzeitarbeit darf aber nicht dazu führen, dass weiterhin fast nur Frauen auf Teilzeitarbeitsplätze verwiesen werden.«[44]

Allmählich verfestigte sich die Idee, nicht mehr die Begrenzung von Teilzeitarbeit, sondern im Gegenteil »einen grundsätzlichen Rechtsanspruch auf Ermäßigung der Arbeitszeit mit Rückkehrrecht« zu fordern.«[45] In dem Antrag wurde auf die relativ höhere Teilzeitquote in den Niederlanden verwiesen, allerdings wurde das Problem der sehr ungleichen Verteilung der Arbeitsvolumina zwischen Frauen und Männern in den Niederlanden nicht erkannt. Des Weiteren sah der Antrag wiederum eine gesetzliche Beschränkung von Überstunden vor. Dieser Vorstoß wurde ausschließlich beschäftigungspolitisch begründet. Auch zu Beginn der Regierungsübernahme in der 14. Legislaturperiode war in der Arbeitszeitpolitik kein genereller Leitbildwandel zu beobachten. Wenn inzwischen auch anerkannt wurde, dass Teilzeitarbeit die Vereinbarkeit von Beruf und Familie erleichtert, so standen bei der Diskussion um das Teilzeit- und Befristungsgesetz (TzBG) beschäftigungspolitische Begründungen – nämlich die Erfüllung der Erwerbsquoten – im Vordergrund.[46] Anders als bei den Grünen unterblieb bei der SPD die Verknüpfung der beiden Themen sowie die Entwicklung einer gesellschaftspolitischen Perspektive.

---

42 Vgl. BT-Drs. 12/6683 v. 25.1.1994, Große Anfrage, und BT-Drs. 12/6834 v. 16.2.1994 (Antwort).
43 Anfrage: 13/1334 v. 10.5.1995; Antwort: 13/2581 v. 11.10.1995, Plenarprotokoll 13/61 v. 12.10.1995.
44 Vgl. BT-Drs 13/3760 v. 8.2.1996 (Antrag »Arbeitsmarktpolitik für Frauen«). In dem Antrag wird anerkannt, dass Frauen im größeren Maße von Arbeitslosigkeit und von geringfügiger Beschäftigung betroffen sind.
45 Vgl. BT-Drs. 13/7522 v. 23.4.1997 (Antrag zum Abbau von Überstunden und zur Förderung von Teilzeitarbeit).
46 In diesem Sinne äußerte sich MdB Olaf Scholz in der Plenardebatte (vgl. Plenarprotokoll d. Dt. Bundestages der 127. Sitzung der 14. LP, 26. Oktober 2000, S. 12251D).

7.2.3 Soziale Sicherung von Familien und die Betreuung der Kinder

Auch die familienpolitische Programmatik war im Godesberger Programm angelegt. In dieser ging es vor allem um die materielle Absicherung der zusätzlichen Belastungen der Familien und nicht die gesellschaftspolitische Gestaltung des Lebens mit Kindern:

»Staat und Gesellschaft haben die Familie zu schützen, zu fördern und zu stärken. In der materiellen Sicherung der Familie liegt die Anerkennung ihrer ideellen Werte. Ein Familien-Lastenausgleich im Steuersystem, Mutterschaftshilfe und Kindergeld soll die Familie schützen.« (SPD 1959)

Der Kern des SPD-Familienleitbildes ist das Zusammenleben von Erwachsenen mit Kindern, unabhängig von der Beziehung der leiblichen Eltern zueinander. Damit sind auch Einelternfamilien vor einer gesellschaftlichen oder gar familienpolitischen Diskriminierung zu schützen. Das Leitbild »Familie ist da, wo Kinder sind« entwickelte sich schon in den siebziger Jahren, als es mit der Familienrechtsreform unter der Federführung Gustav Heinemanns als Justizminister gelang, die Benachteiligung und Diskriminierung der damals noch »unehelichen« Kinder zu beseitigen und auch die Hausfrauenehe abzuschaffen (vgl. dazu Kapitel 2). Dieses progressive Grundverständnis, in dem auch der größte Unterschied zur familienpolitischen Perspektive der christlichen Parteien liegt, prägte auch die Entwicklung des Familienlastenausgleichs (FLA) und die Vereinbarkeitspolitik der SPD bis heute.

Die Entwicklung des FLA im Spannungsfeld horizontaler und vertikaler Verteilungsaspekte

Die materielle Absicherung von Familien war seit dem Godesberger Programm eine der Leitlinien der sozialdemokratischen Familienpolitik. 1958 stand die SPD der Einführung der Steuerfreibeträge und des Ehegattensplittings skeptisch gegenüber, da diese einer vertikalen Umverteilung entgegenwirken und kinderlos verheiratete Bezieher hoher Einkommen unangemessen begünstigen würden (Münch 2002:16). Schon zu Beginn der sechziger Jahre wurde daher überlegt, Familien, die aufgrund eines geringen Einkommens keinen oder nur einen geringen Kinderfreibetrag hätten geltend machen können, stattdessen ein Kindergeld zu gewähren. Dieses Kindergeld sollte dann den betroffenen Eltern in Form einer negativen Einkommensteuer durch die Finanzämter ausgezahlt werden. Die steuerpolitischen Aktivitäten der SPD konzentrierten sich in den siebziger Jahren also auf die Erhöhung und Ausgestaltung des Kindergeldes und die Einschränkung oder Umgestaltung des Ehegattensplittings.

Die Zielsetzungen bei der Veränderung des Familienlastenausgleichs waren in der SPD kaum umstritten. 1974 wurde unter der sozial-liberalen Koalition auch für das erste Kind ein Kindergeld von 50 DM eingeführt und das Kindergeld für die weiteren Kinder z.T. beträchtlich erhöht. Im Jahr 1980 wurde eine weitere deutliche Erhöhung des Kindergeldes für die zweiten und weiteren, jedoch nicht für das erste Kind vorgenommen (vgl. Tabelle 7.3). In den achtziger Jahren fielen die Erhöhungen des Kindergeldes dagegen gering aus. Die Debatte um eine erneute Erhöhung des Kindergeldes 1989 nahm die SPD daher zum Anlass, die Grundzüge des bestehenden Familienlastenausgleichs zu kritisieren.

Tabelle 7.3: Entwicklung des Kindergeldes in der Bundesrepublik seit seiner Einführung 1954

Regierung		1. Kind	2. Kind	3. Kind	4. Kind	Ab dem 5. Kind
				in DM		
CDU	1955	0	0	25	25	25
	1960	0	0	40	40	40
	1965	0	25	50	60	70
SPD/FDP	1970	0	25	50	60	70
	1975	50	70	120	120	120
	1980	50	100	200	200	200
CDU/FDP	1985	50	100	220	240	240
	1990	50	130	220	240	240
	1995	70	130	220	240	240
SPD/ B90/Grüne	2000 (a)	270	270	300	350	350
				in Euro		
	2002	154	154	154	179	179

Quelle: Bundesfinanzministerium (2000).
(a) Ab 1996 gilt ein Optionsmodell zwischen Kindergeld und steuerlichem Kinderfreibetrag.

Dabei machte sie ihre verteilungspolitische Grundposition deutlich, die auch vom Wissenschaftlichen Beirat für Familienfragen vertreten wurde: Die Bedeutung des ersten Kindes für die finanzielle Situation der Familie würde unterschätzt, so dass eine Erhöhung des Kindergeldes für das erste Kind dringend geboten wäre. Erneut wurde die fortdauernde Begünstigung von Hochverdienerfamilien durch Steuerfreibeträge kritisiert.[47] Die SPD schlug daher ein einheitliches Kindergeld von 200 DM vor, das durch den Wegfall der Kinderfreibeträge und eine »sozial ausgewogene Begrenzung des Ehegattensplittings sichergestellt werden könne«[48] Für Hochverdiener wurde die Abschaffung der Kinderfreibeträge gefordert, nach denen die Be-

---

47 Vgl. BT-Drs. 11/4770 v. 14.6.1989.
48 Vgl. BT-Drs. 11/4765 v. 14.6.1989.

günstigung dreimal höher ausfiel als beim Bezug von Kindergeld. Das Kindergeld sollte außerdem vom Finanzamt und nicht mehr vom Arbeitsamt ausgezahlt werden. Die Mehrkosten der vorgeschlagenen Reformen bezifferte die SPD auf 6,5 Mrd. DM.

In der Bundestagsfraktion der SPD war man sich zu diesem Zeitpunkt darüber einig, dass die Reform des Kindergeldes aus der Umgestaltung des Ehegattensplittings finanziert werden sollte. Dafür wurden drei Alternativvorschläge diskutiert: a) die Begrenzung des derzeit maximalen Splittingvorteils von fast 23 000 DM, b) die Reduzierung des Splitting-Divisors von 2 auf 1,5 und c) die Ersetzung des Splittings durch eine Individualbesteuerung, bei der nur eine Summe für den Unterhalt des Partners anrechenbar wäre. Dabei wurde auf die gleichgerichteten Forderungen in Teilen der CDU verwiesen, die in der Regierungspartei allerdings nicht die Mehrheit bildeten.[49] Der AK Gleichstellung der SPD-Fraktion illustrierte seine Forderung nach der Kindergelderhöhung und Umgestaltung des Ehegattensplittings mit der Darstellung des »Wohlstandsgefälles« zwischen unterschiedlichen Haushaltstypen, aus der hervorging, dass Haushalte mit Kindern – insbesondere Alleinerziehendenhaushalte – benachteiligt sind.[50] In der Phase der Vorbereitung des Regierungsprogramms von 1990 kam es zu einer Auseinandersetzung zwischen der Programmkommission und der ASF, die an der Ausarbeitung des Konzepts nicht beteiligt war. Gestritten wurde vor allem um die Verdienstgrenzen, bis zu der das Ehegattensplitting angewendet werden sollte. Während die Kommission eine Grenze von 100.000 DM jährlich vorschlug, trat die ASF für eine Grenze von 50.000 DM ein (Künnecke 1998:63). Im Wahlprogramm der SPD 1990 wurde schließlich die Erhöhung des Kindergeldes auf 200 DM, vier Jahre später die Erhöhung auf 250 DM vorgeschlagen. Gefordert wurden auch die Abschaffung der Steuerfreibeträge und die Einschränkung des Ehegattensplittings, allerdings ohne die Nennung einer Verdienstgrenze.[51] In den darauf folgenden Wahlprogrammen blieb die Forderung nach einer Umschichtung zwischen Ehegattensplitting und Kindergeld zwar erhalten, Konkretisierungen erfolgten daraus jedoch nicht.

Zum Ende der 14. Legislaturperiode wurde nochmals ein Versuch unternommen, die Reform des Ehegattensplittings vorzubereiten, aber nur noch vereinzelte

---

49 Vgl. Die SPD im Deutschen Bundestag, »Wortbruch der Union beim Kindergeld? Geld für höheres Kindergeld ist da!«, Pressemitteilung Nr. 675 v. 13. März 1989; und »SPD-Konzept zur Familien-, Kinder- und Frauenpolitik« Pressemitteilung Nr. 638 v. 21.3.1990.

50 Vgl. Die SPD im Deutschen Bundestag, »Zeit der Ankündigung familienpolitischer Leistungen ist vorbei – es muss endlich gehandelt werden!«, Pressemitteilung Nr. 676 v. 13. März 1989.

51 »Die Sozialpolitiker streiten über Kindergeld und Kinderfreibeträge«, Frankfurter Allgemeine Zeitung v. 11. Oktober 1994.

Stimmen forderten die Plafonierung des Ehegattensplittings.[52] Im Wahljahr 2002 schien die SPD-Fraktion schließlich auf diese Forderung einzugehen und fand dafür auch Verbündete bei ver.di und in der FDP, jedoch lief die CDU Sturm und bezeichnete sie als »verfassungsfeindlich und diskriminierend«.[53] Im Sommer 2002 wurde die Veränderung des Ehegattensplittings schließlich aus dem Wahlprogramm gestrichen, und auch in den Koalitionsverhandlungen mit den Grünen Anfang Oktober 2002 erwies sich die Veränderung des Ehegattensplittings als nicht mehrheitsfähig in der Koalition. Möglicherweise ist die Ablehnung der Reform durch die SPD zum einen durch das eigene Interesse bzw. die konservativen Einstellungen einer Mehrheit der (männlichen) SPD-Politiker zu erklären, möglicherweise spielten auch strategische Erwägungen eine Rolle, nach denen die CDU das Thema für den Wahlkampf in Hessen auf die gleiche Weise gebrauchen könnte wie vier Jahre zuvor den Streit um die doppelte Staatsbürgerschaft.[54]

Der Übergang vom Mutterschaftsurlaub zum Erziehungsurlaub

Die Position der SPD im Bereich der Kinderbetreuung ist sehr viel weniger konsistent als ihre Haltung zur finanziellen Förderung von Familien. Zwischen den siebziger und den neunziger Jahren sind mindestens zwei deutliche Wendungen zu beobachten. Die politischen Vorschläge aus der Zeit der sozial-liberalen Koalition sind eindeutig auf die Unterstützung der Erwerbstätigkeit von Frauen gerichtet, und zu den politischen Projekten dieser Zeit gehört die sehr vorsichtige Förderung von Kindergärten und die Entwicklung des Mutterschaftsurlaubsgesetzes. Obwohl die öffentliche Meinung den »familienergänzenden Erziehungseinrichtungen«, insbesondere für Kinder unter drei Jahren, skeptisch gegenüber stand, startete die SPD ein Sofortprogramm zur Verbesserung der Betreuungssituation.[55] Zwischen 1965 und 1975 wurde die Versorgungsquote mit Kindergartenplätzen von 33% auf 66% verdoppelt (Kolbe 2002:319). Um die Betreuung von Kleinstkindern zu verbessern,

---

52 Schleswig-Holsteins Ministerpräsidentin Heide Simonis kündigte einen entsprechenden Vorstoß im Bundesrat an, vgl. »Mehr Kindergeld reicht nicht« Simonis fordert zusätzliche Mittel für Familien in Frankfurter Rundschau, 22. Juni 2001; sowie Plenarprotokoll des Bundesrates vom 22. Juni 2001: 297.
53 Vgl. »Rot-Grüne Steuerunion. Regierungskoalition plant Reform des Ehegattensplitting«, zweiwochendienst nr. 180/2002, 16. Jg., S. 5.
54 Die Landtagswahlen in Hessen waren in beiden Jahren, 1999 und 2003 zentral, weil sich die SPD in Hessen einen Regierungswechsel und damit die Mehrheit im Bundesrat erhoffte. 1999 stellte sich die Situation exakt genauso wie im Wahlkampf 2003 dar, als die hessische CDU im Frühjahr die öffentliche Meinung mit ihrer umstrittenen Unterschriftenkampagne gegen Veränderungen in der Ausländergesetzgebung mobilisierte und dabei ausländerfeindliche Stimmungen nutzte.
55 Vgl. dazu den 2. Familienbericht der Bundesregierung (Bundesministerium für Familie, 1975).

entwickelte die Bundesregierung 1974 schließlich ein Modellprojekt zur Förderung von Tagesmüttern, um den Konflikt zwischen dem zunehmenden Wunsch der Frauen nach Erwerbstätigkeit und dem Betreuungsbedürfnis zu vermindern (Bundesminister für Jugend 1974). Allerdings wurde dieses Projekt aufgrund der großen öffentlichen Kritik nicht weiterentwickelt, so dass erwerbstätige Frauen in den siebziger Jahren bei der Betreuung ihrer Kinder bis zum Vorschulalter weitgehend auf Familienangehörige angewiesen blieben (Kolbe 2002).

Mitte der siebziger Jahre entwickelte sich die Diskussion um die Einführung des Mutterschaftsurlaubs. An der Regelung von 1979 kritisierte die Union die ungleiche Behandlung von Erwerbstätigen und Hausfrauen, Frauenpolitikerinnen verwiesen auf die fehlende Möglichkeit der Inanspruchnahme durch die Väter. Das MSchUG war jedoch explizit als Verlängerung des Mutterschutzes angelegt:

»Die Auffassung, dass der Gesetzentwurf die nicht berufstätigen Mütter gegenüber den Arbeitnehmerinnen benachteilige, verkennt seinen Sinn und Zweck. Es geht um die Verbesserung des bestehenden Mutterschutzes und nicht um allgemeine Geldleistungen an Mütter für die Betreuung ihrer Kinder.« (BT-Drs. 8/2613 v. 5.3.1979:21)

Die Bundesregierung verwies in ihrer Begründung auf ein Urteil des Bundesverfassungsgerichtes, das 1974 klargestellt hatte, dass das Ziel des Mutterschutzes sei, den Widerstreit »zwischen den Aufgaben der Frau als Mutter und ihrer Stellung im Berufsleben als Arbeitnehmerin im Interesse der Gesunderhaltung von Mutter und Kind auszugleichen«.[56] Die Bundesregierung ging davon aus, dass die Neuregelung jährlich von rund 300 000 Frauen in Anspruch genommen würde.

1983 wurde von der ASF 1983 die Ausweitung der Freistellung auf anderthalb oder sogar drei Jahre und die Möglichkeit der Inanspruchnahme durch die Väter gefordert. Außerdem sollte neben der vollen auch eine teilzeitige Freistellung möglich sein (vgl. Kolbe 2002:330). In der Phase zur Vorbereitung des Bundeserziehungsgeldgesetzes vollzog sich eine Wende in der Vereinbarkeitspolitik der SPD. Hatte sie sich bei der Diskussion um das MSchUG noch gegen eine allgemeine Geldleistung für alle Mütter ausgesprochen, so wurde in dem Entwurf von 1985 ein Erziehungsgeld präsentiert, das auch nichterwerbstätige Frauen beanspruchen konnten und das daher eher als Teil des Familienlastenausgleichs zu sehen war.

---

56 Beschluss des Bundesverfassungsgerichts vom 23.4.1974 – BVerfGE 37, 121/125. Im Gesetzentwurf findet sich folgende Formulierung: »Im Vordergrund des Entwurfs steht das Ziel eines verbesserten Schutzes für die im Arbeitsverhältnis stehende Frau und ihr neugeborenes Kind. Der Mutterschaftsurlaub und die Weiterzahlung des Mutterschaftsgeldes für diese Zeit geben ihr eine wirksame Möglichkeit, einen wesentlichen Teil ihrer Mehrbelastung gerade in einer Zeit abzubauen, in der sie noch einer weiteren Schonung bedarf. Außerdem soll ihr die intensive Betreuung des neugeborenen Kindes erleichtert werden.« (BT-Drs. 8/2613:9). Die Ausgaben für die Jahre 1979 bis 1981 werden auf 2,2 Mrd DM beziffert, davon 446 Mio. im laufenden Haushaltsjahr.

Überhaupt unterschied sich der SPD-Entwurf für ein »Elternurlaubsgesetz« nur in wenigen Aspekten von der Regierungsvorlage (vgl. Übersicht 7.1). Zu den wichtigsten Unterschieden gehörten die Beibehaltung der Mutterschaftsurlaubsregelung, die Ausdehnung der Freistellung auf 24 Monate, die Wiederaufstockung des Mutterschutzgeldes auf 750 DM, die Geltung der Einkommensgrenzen für das Erziehungsgeld ab dem 1. Monat, die Zulässigkeit einer Teilzeitbeschäftigung von bis zu 20 Stunden pro Woche, um die Einbeziehung in die Arbeitslosenversicherung zu garantieren sowie die Besserstellung allein Erziehender bei der Dauer der Freistellung, der Höhe und der Bezugsdauer des Erziehungsgeldes.[57] Außerdem wurden das erste (und auch das einzige Mal) die »zwingende Teilung« vorgeschlagen: Die Freistellung und der Bezug des Elterngeldes sollten sich jeweils um drei Monate verlängern, wenn jedes der Elternteile mindestens vier Monate in Anspruch nehmen würde. Dennoch stand der gesamte Entwurf unter der Prämisse der Verbesserung des Kindeswohls:

»Das Gesetz bezweckt, die Entwicklung des Kindes im bestmöglichen Umfang zu fördern. Das erfordert nicht immer, dass der betreffende Elternteil den Kontakt zur Arbeits- und Berufswelt völlig aufgibt. Eine Teilzeitarbeit von geringerer Dauer, die die vorrangige Pflege und Erziehung nicht beeinträchtigt, kann zur Ausgeglichenheit des Elternteils beitragen und damit auch dem Wohl des Kindes dienen. Die Ausübung einer solchen Erwerbstätigkeit erleichtert überdies die spätere Rückkehr in das Arbeits- und Berufsleben und kann damit den Entschluss fördern, sich in den für die Entwicklung des Kindes besonders wichtigen Jahren mit Vorrang dessen Pflege und Erziehung zu widmen.« (BT-Drs. 10/3806 v. 10.9.1985)

Das Frauenleitbild der SPD war also sehr stark zwischen der Förderung der Gleichstellung beider Geschlechter und der Anerkennung von Differenzen zwischen Männern und Frauen gespalten, wobei die Frauenpolitikerinnen die Gleichstellungsperspektive vertraten. Vier der fünf Kritikpunkte, die Renate Schmidt in der zweiten Lesung des Entwurfs aufzählte, bezogen sich auf die Schlechterstellung der erwerbstätigen Frauen. In ihrer Bundestagsrede forderte sie den Bundestag auf, »Frauen und Männern eine partnerschaftliche Teilhabe an Familie und Beruf zu ermöglichen« und dafür Betreuungsplätze für Kinder und einen bezahlten Elternurlaub bereit zu stellen.[58] Bei der Abstimmung über den Regierungsentwurf enthielt sich die SPD-Fraktion schließlich der Stimme, was ihr die Kritik einiger GewerkschafterInnen einbrachte.

---

57 Mit ihren Vorschlägen verfolgt die SPD zum einen das Ziel, eine weitere Umverteilung zugunsten von bedürftigen allein erziehenden Eltern zu erreichen, wie auch Renate Schmidt in der Parlamentsdebatte betont (Plenarprotokoll 10/157: 11795 B).
58 Vgl. BT-Drs. 10/4231 v. 13.11.1985, Entschließungsantrag, vgl. auch Renate Schmidt in der Bundestagsdebatte (10/157, S. 11795C).

Übersicht 7.1: Die Entwürfe des Bundeserziehungsgeldgesetzes der Bundesregierung und des Elternurlaubsgesetzes der SPD-Fraktion im Vergleich (1985)

	Bundeserziehungsgeldgesetz	Elternurlaubsgesetz (SPD-Fraktion)
Anspruch	unabhängig von Erwerbstätigkeit (ersetzt Mutterschaftsurlaub) Personen mit Sorgerecht abwechselnd zwischen den Sorgeberechtigten und nicht während der Mutterschutzfrist	unabhängig von Erwerbstätigkeit aber in Ergänzung zum Mutterschaftsurlaub Personen mit **Sorgerecht**, die im gleichen Haushalt leben abwechselnd und nicht während Mutterschaftsurlaub
Dauer	10 bzw. 12 Monate	- grundsätzlich 24 Monate - für Alleinerziehende max. 27 Monate - Anrechnung des Mutterschaftsurlaubs auf die Dauer des EU - wenn jedes Elternteil mindestens 4 Monate beansprucht, Verlängerung um 3 Monate
Kündigungsschutz	nur ausnahmsweise mit Genehmigung der zuständigen Behörde	nur ausnahmsweise mit Genehmigung der zuständigen Behörde
Teilzeit	bis 18 Stunden	bis maximal 20 Stunden
Höhe des Erziehungsgeldes	600 DM	- 600 DM - 750 DM für Alleinerziehende - Erhöhung bei Mehrlingsgeburten um die Hälfte des Betrages für jedes weitere Kind
Anspruch auf EG	- Minderung gemäß der Einkommensgrenzen nach dem 6. Lebensmonat des Kindes (29.400/23.700 DM) - Erhöhung der Einkommensgrenze für jedes weitere Kind um 4.200 DM - wird nicht auf andere bedarfsabhängige Sozialleistungen (Alhi, Sozhi) angerechnet - schließt gleichzeitigen Bezug von AlG aus	- Minderung gemäß der Einkommensgrenzen ab dem ersten Lebensmonat des Kindes (29.400/23.700 DM) - Erhöhung der Einkommensgrenze für jedes weitere Kind um 6.000 DM - wird nicht auf andere Sozialleistungen angerechnet
Bezugsdauer des EG	- 10 bzw. 12 Monate, abhängig vom Geburtsdatum des Kindes	- grundsätzlich 12 Monate - für Alleinerziehende 15 Monate - wenn jedes Elternteil mindestens 4 Monate beansprucht, Verlängerung um 3 Monate
Soziale Sicherung	- beitragsfreie Aufrechterhaltung während des Bezugs von EG in der KV und AV - Anrechnung eines Erziehungsjahres in der RV	- Gleichstellung des Erziehungsurlaubs mit Zeiten der beitragspflichtigen Beschäftigung in der AloV

Quelle: BT-Drs. 10/3792 v. 7.9.1985 für den Regierungsentwurf und Drs. 10/3806 v. 10.9.1985 für den SPD-Entwurf

In den darauf folgenden Jahren hielt die SPD an der Forderung nach Ausdehnung des Bezugs des Erziehungsgeldes auf zwei Jahre und die Verlängerung des Erziehungsurlaubs auf drei Jahre fest (vgl. BT-Drs. 11/4769 v. 14.6.1989). Die Verlängerung sollte den negativen Nebeneffekt der Länderregelungen korrigieren, nach denen im Anschluss an den gesetzlichen Erziehungsurlaub ein Landeserziehungsgeld gezahlt wurde, ohne dass der Kündigungsschutz des Erziehungsurlaubs fortbestand und damit die Rückkehrmöglichkeit erhalten blieb. Hierin sah die SPD eine besondere Gefahr der Ausgliederung von Frauen aus dem Arbeitsmarkt, die es zu verhindern galt.[59]

Doch wieder erwies sich in der politischen Alltagspraxis, dass die Zeit für entsprechende Reformen noch nicht gekommen war. Im Wahljahr 1990 befand sich die Partei in einer Phase der Neuorientierung und legte auch zum Wahlkampf keine innovativen gleichstellungspolitischen Reformvorschläge vor: Die Umverteilung von Erwerbs- und Familienarbeit zwischen den Geschlechtern wurde ebenso wenig thematisiert wie die Spaltung des Arbeitsmarktes.[60] Neben der Verbesserung der finanziellen Förderung wurden lediglich die Verankerung einer dreijährigen Arbeitsplatzgarantie und die Ausweitung der Regelung des Kinderkrankengeldes auf 10 Tage gefordert. Zur Lohnersatzfunktion gab es keine eindeutige Position mehr, einerseits galt es als »zu teuer« (SPD-Bundesvorstand 1990), andererseits forderte die Sprecherin des AK Gleichstellung noch immer ganz deutlich die Lohnersatzleistung nach dem schwedischen Modells, da nur diese Maßnahme zur Aufhebung der jetzigen Rollenverteilung der Mütter als alleinige Kinderbetreuerinnen beitragen kann« (Schmidt, R. 1990).[61]

Die Entwicklung neuer vereinbarkeitspolitischer Konzepte

Eine neue Phase parlamentarischer Aktivitäten im Bereich der Vereinbarkeit von Beruf und Familie begann im Wahlkampfjahr 1993/1994 mit einer Reihe von parlamentarischen Anfragen. Themen waren dabei u.a. die wirtschaftliche Situation der

---

59 In der Verlängerung wird außerdem der Vorteil gesehen, dass es insbesondere kleinen und mittleren Unternehmen erleichtert würde, StellvertreterInnen einzustellen (vgl. Die SPD im Deutschen Bundestag, »SPD fordert Verlängerung des Erziehungsurlaubs«, Pressemeldung vom 16. Mai 1990).
60 So die Kritik von Brigitte Stolz-Willig vom Wirtschafts- und Sozialwissenschaftlichen Institut des DGB im Rahmen des Kongresses »Ist das ein Traum? Familie und Beruf für Frauen und Männer« (vgl. »Die Verwechslung von Frau und Familie«, Die Tageszeitung v. 1.12.1989 (Carola Schewe)).
61 Renate Schmidt schätzt diese Maßnahme bei dem o.g. Fachkongress als unbezahlbar ein (vgl. »Die Verwechslung von Frau und Familie«, Die Tageszeitung v. 1.12.1989 (Carola Schewe)). In dieser Phase ist auch die SPD-Fraktion vornehmlich mit der Beratung der Neuformulierung des §218 und der Einführung eines Rechtes auf Kinderbetreuung beschäftigt.

Familie⁶², die zwingende Teilung des Erziehungsurlaubs⁶³ sowie die rückläufige Geburtenzahl in den neuen Bundesländern.⁶⁴ Eine Lösung schien die Lohnersatzleistung zu sein, denn die SPD fragte außerdem, wie hoch die Aufwendungen für das BErzGG wären, wenn eine Lohnersatzleistung in Höhe des AlG gezahlt würde oder wenn das Erziehungsgeld den tatsächlichen finanziellen Aufwand und die Erziehungsleistung ersetzen sollte.⁶⁵ Besonders interessant erschien der SPD das französische Modell der Familienkasse, die aus Steuermitteln und Arbeitgeberbeiträgen gespeist wird. Als Ergebnis dieser Informationsoffensive formulierte die SPD-Fraktion im Sommer 1994 einen Entschließungsantrag zur Reform des Bundeserziehungsgeldgesetzes und ein familienpolitisches 10-Punkte-Programm.⁶⁶ Im Mittelpunkt des Entschließungsantrags standen die finanziellen Aspekte der Leistung und der Ausbau der Kinderbetreuung (BT-Drs. 12/8054 v. 21.6.1994).⁶⁷

Erst 1996 formulierte die SPD-Fraktion einen Gesetzentwurf zur Reform des BErzGG. Die Kritik der SPD an der bestehenden Regelung zielte auf den sich fortwährend reduzierenden Anteil der Eltern, die nach dem sechsten Lebensmonat des Kindes das volle Erziehungsgeld erhielten, den beruflichen Ausstieg, der auf das Fehlen von Teilzeitmöglichkeiten zurückgeführt wurde und die Art der Berechnung des Erziehungsgeldes. Es wurde beklagt, dass viele Wünsche nach Kindern auf-

---

62 Vgl. BT-Drs. 12/4353 v. 11.2.1993 (Anfrage) und BT-Drs. 12/6224, v. 24.11. 1993 (Antwort der Bundesregierung).
63 Vgl. BT-Drs. 12/6683 v. 25.1.1994 (Anfrage) und BT-Drs. 12/6834, v. 16.2.1994 (Antwort der Bundesregierung).
64 Vgl. BT-Drs. 12/6441, v. 10.12.1993 (Anfrage Bundeserziehungsgeld).
65 Die Ausgaben werden im ersten Fall auf rund 7 Mrd. und im letzteren Fall auf rund 17,3 Mrd. DM geschätzt (vgl. BT-Drs. 12/6441 v. 10.12.1993 (Anfrage Bundeserziehungsgeld) und BT-Drs. 12/7778 v. 1.6.1994 (Antwort der Bundesregierung)). Weitere Fragen galten der besseren Beteiligung der Väter, der Budgetierung und teilzeitigen Inanspruchnahme des Erziehungsurlaubs, den Rückkehrmöglichkeiten und der Teilzeitarbeit von Frauen und den Regelungen in den anderen EU-Mitgliedstaaten.
66 Vgl. SPD-Bundestagsfraktion, Pressemitteilung Nr.1821, 18. August 1994: »Michael Habermann und Hildegard Wester: 10 Vorschläge für eine bessere Vereinbarkeit von Familie und Beruf«
67 Mit dem »Föderalen Konsolidierungsprogramm« und dem »Ersten Gesetz zur Umsetzung des Spar-, Konsolidierungs- und Wachstumsprogramm« von 1994 war die Berechnungsgrundlage für das Einkommen der Eltern verändert und die Notwendigkeit der zweifachen Antragstellung eingeführt worden. Diese Veränderungen sollten beim Erziehungsgeld zu einer Minderausgabe von 600 Mio. DM führen. Der Entschließungsantrag forderte, die Schlechterstellung der Eltern zu verhindern. Des Weiteren wurde die Anhebung der Einkommensgrenzen für den Bezug des Erziehungsgeldes nach dem sechsten Lebensmonat des Kindes gefordert und die Einführung eines Geld- oder Zeitbudgets vorgeschlagen. Außerdem wurde die Förderung von Teilzeitarbeit betont und auf den SPD-Antrag »Offensive für mehr Teilzeitarbeit« verwiesen. Schließlich wurde angemahnt, Kindererziehungszeiten auch im Arbeitsförderungsrecht als Beitragszeiten anzuerkennen.

grund finanzieller Schwierigkeiten und der erzwungenen geschlechterspezifischen Arbeitsteilung unerfüllt blieben:

»Die 1986er Antworten sind überholt. Frauen lösen sich oder haben sich längst gelöst vom Entweder-Oder der Familie und des Berufs. Die herkömmliche geschlechtsspezifische Arbeitsteilung in den Familien wird langsam überwunden. Das Bundeserziehungsgeldgesetz gibt daher keine Antwort auf die Anforderungen der Familien von heute. Durch die einseitige Festlegung der konservativen Familienpolitik auf die überholte geschlechtsspezifische Arbeitsteilung wird die berufliche Integration von Frauen behindert.« (BT. Drs. 13/6577 v. 13.12.1996)

Der Gesetzentwurf fasst die Diskussion seit der 12. Legislaturperiode zusammen und bildet gleichzeitig die Basis der Eckpunkte für die Reform von 2000. Auch wenn die konkrete Ausformulierung des Antrages hinter den Forderungen von 1994 zurückblieb, erkannte die SPD-Fraktion nun explizit die soziale Prägekraft der sozialpolitischen Institutionen an:

»Weder Gemeinsamkeit noch Partnerschaftlichkeit werden in der Neuregelung erzwungen. Geradezu erzwungen wird im geltenden Recht jedoch die Übertragung der Erziehungsverantwortung auf einen Elternteil – meist die Mutter – , indem sich der Anspruch auf Erziehungsgeld und Erziehungsurlaub immer nur an eine Berechtigungsperson wendet.« (BT-Drs. 13/6577 v. 13.12.1996)

Die Wahlfreiheit sollte durch eine Erweiterung der Möglichkeiten zur Realisierung unterschiedlicher Modelle vergrößert werden. Das vereinbarkeitspolitische Leitbild veränderte sich also erneut mit dem Gesetzentwurf von 1996: Das Parallelmodell und die partnerschaftliche Arbeitsteilung wurden zur Referenz in der Vereinbarkeitspolitik der SPD.[68] Nicht mehr die verlängerte Freistellung wurde gefordert, sondern die Verbesserung der Möglichkeiten für eine verkürzte Inanspruchnahme und die gleichzeitige Teilzeitarbeit für beide Eltern (s. Übersicht 7.2).

Die Sprecherin des AK Familienpolitik, die diese Vorschläge mitentwickelt hat, deutete an, dass auch innerhalb der Fraktionen »harte Arbeit« in Form von Überzeugungsarbeit und Informationsveranstaltungen notwendig waren, um das Umdenken innerhalb der Fraktion zu fördern und schließlich die Unterstützung des Entwurfs fraktionsweit sicher zu stellen (vgl. Interview SPD 1). Die in dem Antrag formulierten Forderungen wurden schließlich auch durch den Bericht der »Schwerpunktkommission Gesellschaftspolitik« bestätigt und bekamen somit eine höhere Legitimität innerhalb der Partei. In dem Abschnitt zur Familienpolitik des Kommissionsberichts wurde der neue »sozialdemokratische Dreischritt« der Vereinbarkeitspolitik formuliert: die Weiterentwicklung der steuerlichen Entlastung von Eltern (insbesondere bei den unteren und mittleren Einkommen), den kontinuierlichen Ausbau bzw. Erhalt von Betreuungsangeboten für Kinder aller Altersstufen und die

---

68 Vgl. auch SPD-Bundestagsfraktion »Partnerschaftlichkeit als neues Leitbild beim Erziehungsurlaub« Pressemitteilung Nr. 2253 v. 11.12.1996.

Weiterentwicklung des Erziehungsgeldes und des Erziehungsurlaubs zu einem »Elterngeld« und einem »Elternurlaub«.

Übersicht 7.2: Gesetzentwurf der SPD-Fraktion zur Reform des Bundeserziehungsgeldgesetzes 1996

I. Vorschläge zur Reform des Erziehungsurlaubs
- Die Möglichkeit, den Elternurlaub in Form von Arbeitszeitreduzierung in Anspruch zu nehmen, so dass die wöchentliche Arbeitszeit auch länger als 19 Stunden betragen kann,
- die Möglichkeit der gleichzeitigen Inanspruchnahme des Elternurlaubs durch beide Eltern,
- Kündigungsschutz während durch Familienarbeit bedingte Reduzierung der Arbeitszeit,
- eine Beschäftigungsgarantie, die die Rückkehr auf den alten oder einen gleichwertigen Arbeitsplatz sicher stellen sollte,
- Anrechnung der Erziehungszeit in der Arbeitslosenversicherung wie eine Zeit der sozialversicherungspflichtigen Beschäftigung,
- eine Rechtsbestandsregelung.

II. Beschäftigungspolitischer Vorschlag
- Die Förderung der Einstellung von Langzeitarbeitslosen oder Berufseinsteigerinnen als StellvertreterInnen durch Lohnkostenzuschüsse.

III. Vorschläge zur Reform der Erziehungsgeldregelung
- Eine gemeinsame Arbeitszeitbegrenzung von 60 Stunden für beide Eltern zusammen,
- die Anhebung der Einkommensgrenzen entsprechend der Entwicklungen seit 1986 sowie die Anrechnung des Existenzminimums weiterer Kinder auf diese Grenzen,
- ein zweistufiges Budget, nach dem ein Erziehungsgeld von entweder 750 DM während 18 Monate oder 1000 DM während 12 Monate bezogen werden kann,
- Vereinfachung des Berechnungsverfahrens für den Bezug des einkommensabhängigen Erziehungsgeldes,
- Berichtspflicht der Bundesregierung über die Einkommensgrenzen und die Höhe des Elterngeldes (alle zwei Jahre),

IV. Vorschläge bezüglich der Koordination mit anderen Maßnahmen
- die Inanspruchnahme des Elternurlaubs während der Mutterschutzfrist,
- Flankierung durch familien-, arbeitsmarkt- und sozialpolitische Maßnahmen, insbesondere durch die Verbesserung des Kinderbetreuungsangebotes, die Förderung sozialversicherungspflichtiger Teilzeitarbeit, flexiblere Arbeitszeiten und die Verbesserung der Infrastruktur für Familien.

Quelle: BT Drs. 13/6577 v. 13.12.1996

Im Hinblick auf die Reform des Erziehungsgeldgesetzes nahm die Kommission, die bereits in dem Antrag formulierten Vorschläge (Anspruch auf Reduzierung der Arbeitszeit für beide Eltern, Budgetierung des Elterngeldes) auf (SPD-Bundesvorstand 1997a:11f.). Auch die Bundestagsfraktion bündelte nochmals die verschiedenen Forderungen im Rahmen einer Anhörung im Bundestagsausschuss, in dem die jeweiligen Positionen der SPD, der Gewerkschaften und der Familien- und Arbeitgeberverbände bereits deutlich wurden.[69]

7.2.4 Die Vereinbarkeitspolitik der SPD: ein paradigmatischer Wandel?

Die Entwicklung der Positionen der Gesamtpartei und der Bundestagsfraktion der SPD seit der Verabschiedung des Mutterschaftsurlaubsgesetzes ist erheblich. Eine Sensibilität für die gesellschaftliche Stellung der Frau war in der SPD bereits seit den sechziger Jahren vorhanden und kristallisierte sich auf Betreiben der ASF immer weiter heraus. In den siebziger Jahren orientierten sich die Vorstellungen am Modell der allgemeinen Erwerbstätigkeit: Der besondere Schutz erwerbstätiger Frauen wurde durch das Mutterschaftsurlaubsgesetz erweitert und um die Forderung nach dem verbesserten Schutz der Teilzeitbeschäftigten vor Diskriminierung ergänzt. Gleichzeitig wurden recht weit gehende gleichstellungspolitische Forderungen entwickelt.

Diese Tendenz setzte sich in den achtziger Jahren jedoch nicht fort. Sozusagen als »Ankunft in der Wirklichkeit der Vereinbarkeitspolitik« wurde nun vielmehr die gleiche Anerkennung beider Lebensbereiche unter dem Leitbild der Wahlfreiheit gefordert. Dabei ist das Konzept der Wahlfreiheit zunächst als eine Gegenreaktion auf die konservierende Regelung des BErzGG gemeint, mit dem ein Anreiz zum Rückzug vom Arbeitsmarkt geschaffen wurde. In diesem Kontext bedeutete Wahlfreiheit eine Öffnung dieser Standardlösung und die Ermöglichung von Erwerbstätigkeit entgegen der institutionalisierten Regelung. Gleichzeitig wurde aber bewusst auf die Förderung der allgemeinen Erwerbstätigkeit verzichtet, weil sie als ein Eingriff in die Privatsphäre betrachtet wurde (vgl. Interview SPD 3).[70] In dieser Zeit blieben die arbeitsmarkt- und arbeitszeitpolitischen Maßnahmen auf den Erhalt des Normalarbeitsverhältnisses begrenzt. Zugleich wurde die Ausdehnung der Dauer des Erziehungsurlaubs und des Bezugs des Erziehungsgeldes gefordert, wobei diese Forderung auch in die beschäftigungspolitische Strategie der Reduzierung des Arbeitsangebotes passte.

Erst in den neunziger Jahren tritt neben das alte Leitbild der Wahlfreiheit allmählich das Leitbild der Partnerschaftlichkeit. Auf der Programmebene wird der

---

69 Für die Inhalte der Anhörung vom 22.9.1997 vgl. Ausschuss-Drs. 13/200 sowie »Anhörung zum Erziehungsurlaub und -geld: Auch die Väter sollen Familienpflichten übernehmen« v. Rainer Tenhaef in Das Parlament, Nr. 42, 10.10.1997.

70 Die Formulierung des Fraktionsreferenten im Interview (SPD 3) ist bezeichnend: »Wir haben halt kein Regelmodell für Familien, sondern das sollen die Eltern selbst entscheiden, wie sie das für richtig halten, das gehört in den Bereich der Privatsphäre.«

geschlechtergerechte Umbau der Gesellschaft zum politischen Ziel erhoben und ein neuer »vereinbarkeitspolitischer Dreischritt« ausformuliert. Dazu gehörten vor allem eine verkürzte Freistellung, die Abmilderung der Sogwirkung des Erziehungsgeldes sowie die Ermöglichung einer parallelen Vereinbarung von Beruf und Familie. Es wurde aber kein geschlossenes neues Modell, etwa das Integrationsmodell, entwickelt. Vielmehr zeigt sich, dass die individuellen AkteurInnen in Partei und Fraktion ganz unterschiedliche Zielsetzungen verfolgen und keinen inneren Zusammenhang, etwa zwischen beschäftigungs-, familien- und gleichstellungspolitischen Vorschlägen herstellen. An der Reform des BErzGG kristallisierten sich dann die Konflikte zwischen den konkurrierenden Leitbildern heraus.

7.3 Die Federführung bei der Reform des Erziehungsgeldgesetzes 2000

Mit der Regierungsübernahme eröffnete sich das lang ersehnte Gelegenheitsfenster für die sozialdemokratische Familien- und Frauenpolitik. Mit der Besetzung des Bundesfamilienministeriums lag die Federführung bei der Reform bei der SPD-Ministerin Christine Bergmann. Die politischen Vorstellungen, an denen sich das Ministerium bei der Ausarbeitung orientierte, waren in den früheren Anträgen und dem Koalitionsvertrag vorgegeben und insofern auch »ein Werk der Fraktion« (Interview SPD 1). Bei der Umsetzung ging es nunmehr darum, die Eckpunkte in einen Gesetzestext zu gießen und »Detailfragen« zu klären. Bei der Entwicklung des Referentenentwurfs fand die Kommunikation vor allem zwischen dem BMFSFJ und den Verbänden einerseits und zwischen der Fachministerin und den KabinettskollegInnen andererseits statt. Die eigentliche Gesetzgebungsarbeit wird der SPD-Fraktion somit aus den Händen genommen, deren Aufgabe es nunmehr war, auf die adäquate Umsetzung der politischen Vorstellungen zu achten (vgl. Interview SPD 3). Durch die Abstimmung des Haushaltsansatzes für die Familienpolitik war die Fraktion für die finanziellen Restriktionen mitverantwortlich, so dass die wichtigste Grenze des Handlungsspielraums »hausgemacht« ist. In der Fraktion wird der Abbau der Haushaltsverschuldung als ein übergeordnetes Anliegen anerkannt und die wirtschaftlichen Rahmenbedingungen als dringendste gesellschaftspolitische Aufgabe definiert:

»Hohe Arbeitslosigkeit, ein verschuldeter Staat sind nicht das, was die Zukunftsperspektiven von Familien sicherer machen. Deswegen haben wir die Stufungen bei den Freibeträgen eingeführt. Es geht nicht um die Frage, ob uns die Familienpolitik wichtig ist, sondern es geht um die Frage, welche Opfer müssen um des höherrangigen Zieles willen gebracht werden.« (Interview SPD 1)

Dass das Erziehungsgeld nicht erhöht werden kann, ist daher unumstritten. Ebenso wird bei der Budgetierung eingelenkt, für die zuvor ein höherer Betrag angesetzt war. Dem Fraktionsmitglied war bewusst, dass durch die Budgetregelung Kosten eingespart würden, aber sie betont den Vorteil, dass damit die Möglichkeiten einer kürzeren Inanspruchnahme verbessert wurden. Davon abgesehen, wurde bei der Formulierung der Einkommensgrenzen mit dem Finanzminister über »jeden Tausender« gestritten. Als ein Kompromiss gelang den Fraktionsmitgliedern, die Stufungen bei den Freibeträgen für die weiteren Kinder über die Jahre 2003 und 2004 herauszuhandeln. Die Alternative, das Erziehungsgeld abzuschaffen oder zugunsten der Wiedereinführung einer verkürzten, aber bezahlten Freistellung zu reduzieren, wurde in der Fraktion aus strategischen Gründen ebenso wenig erwogen wie die Vereinheitlichung der Einkommensgrenzen:

»... es gibt politisch nichts Gefährlicheres als eine Sozialleistung, die man einmal gewährt, wieder einzustampfen. Das hätte man so nicht machen können, auch wenn ich es inhaltlich richtig gefunden hätte. Das Erziehungsgeld ist in der Gesellschaft hoch akzeptiert, abgesehen davon, dass es nicht hoch genug ist. Und das einzustampfen zugunsten einer Leistung für eine bestimmte politische Gruppe, das wäre nicht gegangen. (...) Ich halte das für politischen Sprengstoff, sich gegenseitig die Lebensentwürfe vorzuhalten« (Interview SPD 1).

Aus strategischen Gründen verbat sich also, Leistungsreduzierungen vorzunehmen, wobei dies der einzige Bereich in der Sozialpolitik war, in dem auf diese massive Weise Bedenken gegen einen Leistungsabbau eingebracht wurden. Beim Teilzeitanspruch wurden im Gesetzgebungsprozess zwei Veränderungen im Vergleich zur Fraktionsvorlage vorgenommen, die Einführung der Beschäftigtengrenze und die Individualisierung des Rechtsanspruchs. Bei der Frage nach der Beschäftigtengrenze ging die Scheidelinie quer durch die Fraktion. Während der AK Wirtschaft der Fraktion der Forderung des Wirtschaftsministers folgte und eine Begrenzung des Geltungsbereichs des Rechtsanspruchs auf Teilzeitarbeit auf Unternehmen ab 50 Beschäftigte forderte, gingen die VertreterInnen des AK Familie und Frauen der SPD und der Grünen in dieser Frage mit der Bundesfamilienministerin konform. Auch in der Koordinierungsrunde gab es keine Mehrheit für den Vorschlag, den Anspruch auf Teilzeitarbeit ohne eine Beschäftigtengrenze zu formulieren. Beim Umfang und der Verteilung der Arbeitszeit zwischen den Eltern wurde die Kontroverse dagegen zwischen den ParlamentarierInnen und der Ministerin ausgetragen. Die Vorsitzende des AK Familie vertrat die Auffassung, dass anstelle einer individuellen Teilzeitgrenze von 30 Stunden, die Eltern über ein Kontingent von 60 Stunden verfügen und diese flexibel unter sich aufteilen können sollten. Die Sprecherin, die das 60-Stunden-Kontingent vertrat, begründete ihren Vorschlag mit der Niedrigschwelligkeit des Angebots an die Väter. Die Ministerin ließ sich in dieser Frage jedoch von dem Gewerkschaftsvorschlag, der Einführung einer individuellen Höchstgrenze von 30 Stunden überzeugen.

Bei der Individualisierung des Erziehungsurlaubs schien in der Fraktion kein Zweifel darüber zu bestehen, dass die gesamte Dauer von drei Jahren zu individualisieren sei. Zwar wurde die zwingende Teilung des Erziehungsurlaubs, nach dem der Vater ein Teil nehmen muss, damit er nicht verfällt, innerhalb der Partei kontrovers diskutiert. Die zwingende Teilung gehörte zu den Forderungen der ASF, aber die AK-Sprecherin sprach sich dagegen aus, denn prinzipiell dürfe nicht in die individuellen Entscheidungen »hineinregiert« werden und zudem wäre die zwingende Teilung wegen der Einkommensunterschiede vielen Eltern nicht zuzumuten. Auf Betreiben der Abgeordneten wurde die Berichtspflicht über die Inanspruchnahme der Teilzeitregelung aufgenommen und damit die Hoffnung verknüpft, dass die Beschäftigtengrenze nach einer Evaluierung aufgehoben werden würde.

Insgesamt betrachtet zeigt sich im Hinblick auf die familien- und frauenpolitischen Positionen der SPD-Fraktion ein gemischtes Bild. Es gelang, zentrale Forderungen auf die politische Agenda zu setzen und die Umsetzung in Gesetzesrecht zu betreiben. Innerparteilich bestand ein Konsens über den Handlungsbedarf, und auch der Kanzler hatte die Problemsituation erkannt. Dazu gehört auch die für die 15. LP angekündigte Umsetzung des Ausbaus von Kinderbetreuungseinrichtungen.[71] Allerdings wird, außer in den engen fachpolitischen Kreisen, die Verbesserung der Lebens- und Arbeitsbedingungen von Eltern als Instrument zur Erreichung anderer Ziele gesehen: In der Debatte um die Verabschiedung des Teilzeit- und Befristungsgesetzes wurde nicht etwa das gesellschaftspolitische Ziel, die Überwindung der männlichen Gesellschaft, sondern die ökonomische Notwendigkeit des neuen Gesetzes, nämlich die europapolitische Verpflichtung der Steigerung der niedrigen Erwerbsquote betont. Abgesehen von der konsequenten Individualisierung und des begrenzten Teilzeitanspruchs blieben die Verbesserungen des BErzGG insgesamt hinter den Forderungen der SPD der 13. LP zurück. Neben dem gesellschaftspolitischen und emanzipatorischen Anspruch in der Vereinbarkeitspolitik, der seit den siebziger Jahren von der ASF formuliert wurde, tritt mehr und mehr eine instrumentalistische Sichtweise, die europapolitisch, d.h. beschäftigungspolitisch oder demographisch begründet wird.

---

71 Schon 1995 forderte die SPD in einem Antrag (BT-Drs. 13/412) ein mit den Ländern gemeinsames »zeitlich befristetes Aktionsprogramm zur Umsetzung des Rechtsanspruchs auf Kinderbetreuung« und die Beteiligung an den Investitionskosten für Kindergärten mit pauschalierten Festbeträgen (in Höhe von 25% der durchschnittlichen Investitionskosten).

7.4 Bewertung der SPD als frauen- und familienpolitisch lernfähiger Akteur

Inwiefern sind nun die verschiedenen Stufen des politischen Lernprozesses im Handeln der SPD zu beobachten? Gibt es Bereiche, in denen idealtypische, also vollständige Lernprozesse zu beobachten wären?

7.4.1 Die Thematisierung des Vereinbarkeitsproblems in der SPD

Die frauen- und familienpolitischen Strukturen sind in der Partei wie auch in der Fraktion hoch entwickelt. Mit der ASF hat sich seit Anfang der siebziger Jahre ein frauenpolitisches Expertentum entwickelt, das mit Engagement die frauenpolitischen Anliegen in die Partei hinein trägt und darüber hinaus auch als Koordinator dient. Diese Arbeitsteilung schuf die Voraussetzung für eine gute Verarbeitung gleichstellungspolitischen Wissens durch die Partei. Darüber hinaus leistet die FES umfassende Unterstützung bei der gezielten Erarbeitung von Studien und der Organisation von Fachtagungen zum Austausch zwischen Politik und Wissenschaft, und schließlich ließ sich die Partei im Rahmen von Programm-Kommissionen umfassend beraten. Damit bestand zumindest die Möglichkeit, die wissenschaftliche Beratung in ihren drei Funktionen (Weiss 1991), der mechanischen, der Aufklärungs- und der Argumentfunktion zu nutzen, wobei über eine gezielte Beauftragung von Studien als Vorbereitung von Reformen im Bereich des Bundeserziehungsgeldgesetzes, etwa zur Finanzierung einer Lohnersatzleistung, nichts bekannt ist. Die Verknüpfung der Basis, durch die frauen- und gleichstellungspolitisches nicht-wissenschaftliches Wissen aufgenommen werden könnte, sind, wie sich am Beispiel der Überalterung der ASF und der generellen Nachwuchsprobleme der SPD zeigt, nicht sehr eng. Der Hauptkontakt mit der Basis besteht daher durch die formalisierte Beteiligung lokaler Parteistrukturen auf den Parteitagen. Bei der Thematisierung von Vereinbarkeitsproblemen ist die Partei also hauptsächlich auf die ASF angewiesen, die diese trotz der mühevollen innerparteilichen Überzeugungsarbeit bisher engagiert betreibt.

7.4.2 Die Formulierung vereinbarkeitspolitischer Zielsetzungen

Die ASF hat jedoch nicht nur die Funktion einer »Wissensschleuse«, sondern sie leistet – obwohl ihre formalen Mitbestimmungsmöglichkeiten recht eingeschränkt sind – grundlegende Beiträge zur Formulierung programmatischer Ziele. Die Forderungen der Bundesfrauenkonferenzen werden zwar nicht einheitlich übernommen, es gelingt der ASF aber dennoch, politische Ziele in das Grundsatzprogramm und die Regierungsprogramme einzubringen, die dem Fraserschen Integrationsmodell entsprechen: die Anerkennung des Rechts auf Erwerbsarbeit, die Überwindung der männlichen Gesellschaft und die Anpassung beider Geschlechterrollen, die Umverteilung der Erwerbsarbeit durch Teilzeitarbeit und der Abbau der Privilegierung der Ehe. Außerdem hat die ASF zum Wandel des Familienbegriffs maßgeblich beigetragen. Trotz fehlender formaler Mitbestimmungsmöglichkeiten gelingt es den ASF-Frauen in den achtziger und neunziger Jahren ein »frauenpolitisches Hinterland« und damit ein kritisches Gewicht bei der Entwicklung der frauenpolitischen Parteipositionen zu schaffen.

Die SPD-Politikerinnen sind aufgrund der SPD-Position im Regierungssystem (erst größte Oppositions- und dann größte Regierungsfraktion) zwangsläufig weniger radikal als die frauenpolitischen Verbände und Gewerkschaften, weil sie gezwungen sind, integrierend zu wirken, um im politischen Wettbewerb konkurrenzfähig zu bleiben. Die starke Einbindung der AkteurInnen in die Organisation ist aber auch gleichzeitig eine Stärke: Streitpunkte werden innerparteilich und innerfraktionell ausgetragen und Kompromisse werden gefunden, die dann allerdings von der gesamten Fraktion getragen und nach außen vertreten werden (müssen). Dieses Verfahren lässt sich, wie auch die Beschreibung eines Fraktionsmitarbeiters bestätigt, als ein »Prinzip der zwei Geschwindigkeiten«[72] beschreiben:

»Man kann schon sagen, dass die ASF die Speerspitze des Fortschritts in der Diskussion dargestellt hat. Und dass den Anderen andere Themen wichtiger waren. Nichtsdestoweniger, die Zielsetzung war in der SPD ziemlich einheitlich. Nur die Geschwindigkeiten, mit denen die programmatischen Forderungen und auch die Konzepte vorgetragen wurden, die waren etwas unterschiedlich.« (Interview SPD 3).

Dennoch müssen sich die FachpolitikerInnen innerhalb der Partei engagieren, überzeugen, manchmal auch streiten und strategisch verhalten, um ihre Positionen durchsetzen zu können. Diese Auseinandersetzungen finden aus parteistrategischen Gründen im »Arkanbereich« der Partei (Raschke 2002) hinter verschlossenen Türen statt und werden nicht nach außen getragen. An der Veränderung der Ziele und der Programmpositionen lässt sich jedoch ein Lernprozess im Sinne der nachhaltigen Verfestigung und Fundierung von Argumentstrukturen deutlich ablesen.

---

72 Dieser Begriff ist durchaus in Anlehnung an den integrationstheoretischen Begriff gemeint, mit dem das Voranschreiten der europäischen Integration durch die Akzeptanz zeitweilig unterschiedlicher Standards der Regulierung in den Mitgliedstaaten akzeptiert wird.

7.4.3 Konkretisierung der partnerschaftlichen Teilhabe

Welche Instrumente wurden nun aus der politischen Zielsetzung der »Überwindung der männlichen Gesellschaft« abgeleitet? Und welche wurden nicht konkretisiert? Die Ausformulierung der Eckpunkte des SPD-Entwurfs in den neunziger Jahren kann in vielerlei Hinsicht als idealtypische Form der dritten Stufe eines Lernprozesses betrachtet werden. Dabei sind als Erfolg der Konkretisierung der frauen- und familienpolitischen Ziele die Individualisierung und damit die gleichzeitige Inanspruchnahme, die Teilzeitregelung zur Ermöglichung einer partnerschaftlichen Arbeitsteilung, die Budgetregelung, die berufliche Förderung von Frauen in der Privatwirtschaft, die Lohnersatzleistung zum Ausgleich von Einkommenseinbußen und die Diskussion um die Umwidmung der Mittel aus dem Ehegattensplitting zu nennen. Eine Einschränkung des Erziehungsgeldes durch die Veränderung der Einkommensgrenzen, wie auch eine Erhöhung der Leistung wurde nicht konkretisiert (vgl. Abbildung 7.1).

Die genannten Programmpunkte sind bereits zu Beginn der neunziger Jahre, teilweise noch früher, entstanden und wurden allesamt von den frauenpolitischen Akteurinnen in der Partei eingebracht und ausformuliert. Bei der Entwicklung der Parteiprogrammatik wurden die frauenpolitischen Akteurinnen jedoch keinesfalls systematisch an den Kommissionsarbeiten beteiligt, ebenso fehlten ihnen formale Rechte in den Parteigremien sowie eine einheitliche Position innerhalb der Gruppe der Parteifrauen. Zur Durchsetzung der Anliegen wurden daher Netzwerke mobilisiert, informelle Wege entwickelt, Überzeugungsarbeit in der Fraktion geleistet und die Gremien und Parteitage aktiv genutzt.

Ein wichtiger Lernanlass, der die Übernahme der gleichstellungs- und familienpolitischen Positionen auch bei sonst uninteressierten Abgeordneten begünstigte, war der Mechanismus des politischen Wettbewerbs bei der Kommunikation mit den WählerInnen. Weil das Thema Familienpolitik lebensnah ist, eignen sich familienpolitische Projekte für die Vermittlung der politischen Arbeit, zur Werbung im Wahlkampf und zur Erhöhung der Legitimität gegenüber ihrer WählerInnenschaft.[73] In dieser Hinsicht sind auch einzelne Erfahrungen der Abgeordneten über Kontakte zur ihren WählerInnen, sei es auf Diskussionsveranstaltungen oder durch E-mails, Briefe etc. durchaus relevant (Interview SPD 1).

Ein weiterer begünstigender Faktor für eine erfolgreiche Konkretisierung politischer Ziele ist die Passförmigkeit mit anderen Diskursen, die die AkteurInnen be-

---

[73] Allerdings können Rückmeldungen aus dem Wahlkreis auch Sachlösungen blockieren, wie etwa bei der Anrechnung des Kindergeldes auf die Sozialhilfe, die in der Öffentlichkeit auf wenig Verständnis stößt und auch dem Gerechtigkeitssinn einzelner Abgeordneter widerspricht. In seltenen Fällen werden FachpolitikerInnen aus diesen Gründen in der Fraktion überstimmt.

reits »beherrschen«, d.h. vertreten und reproduzieren. Die Forderung nach einem Recht auf Teilzeitarbeit bekam so deutlichen Rückenwind durch die Verschlechterung der Beschäftigungssituation und die Entwicklung der Idee der Umverteilung von Arbeit in den neunziger Jahren. Generell, so zeigt sich an der Plenardebatte um das Teilzeitgesetz, bekommt die Vereinbarkeitspolitik einen neuen Stellenwert, weil sie einen Beitrag zur Erhöhung des qualifizierten Arbeitskräfteangebotes leistet und gleichzeitig den EU-Forderungen nach einer Erhöhung der Erwerbsquote entspricht. Dabei hat sich die Vorstellung von Teilzeitarbeit seit Mitte der achtziger Jahre grundsätzlich gewandelt und findet ihren Niederschlag in der Formulierung des BErzGG: Teilzeitarbeit wird nun nicht mehr ausschließlich als die klassische Halbtagsarbeit betrachtet, sondern kann auch eine (hoch qualifizierte) Beschäftigung mit bis zu 30 Stunden sein, die in allen Segmenten des Arbeitsmarktes möglich sein sollte. Nicht konkretisiert wurden dagegen die Reform des Ehegattensplittings und die Gleichstellung in der Privatwirtschaft.

7.4.4 Die Ordnung politischer Prioritäten: Erfolge und Scheitern von Lernprozessen

Schließlich schafften während des Reformprozesses nur drei der zuvor diskutierten Programmpunkte die Übernahme als politische Prioritäten und bewältigten somit die vierte Stufe des politischen Lernprozesses (vgl. Abbildung 7.1). Die individuelle Inanspruchnahme der Erziehungszeit stieß innerhalb der Partei dabei auf keinerlei Widerstand, wobei die EU-Vorgabe eine Rolle gespielt haben mag. Sehr weit gehend sind außerdem die neuen Teilzeitmöglichkeiten und die Anpassung der rentenrechtlichen Regeln zur Anerkennung von Teilzeitphasen. Allerdings wurde, vermutlich wider besseres Wissen der AkteurInnen[74] und aus strategischen Erwägungen, die Neuregelung durch die Einführung der Beschäftigtengrenze im Elternzeitgesetz wie auch dem Teilzeit- und Befristungsgesetz in seiner Wirkung eingeschränkt.

Das dritte Beispiel für einen idealtypischen Lernerfolg ist die Möglichkeit zur verkürzten Inanspruchnahme, das Budget. Am Beispiel des Budgets und seiner Begründung in den Dokumenten wird deutlich, dass die SPD, die bis 1993/94 für eine Verlängerung des Erziehungsgeldes eingetreten war, die Erkenntnisse über die Ausstiegswirkung der dreijährigen Unterbrechung verarbeitet und ihre Position

---

74 Nach Einschätzung eines hinzugezogenen Arbeitsrechtsexperten hätte auch der Vorbehalt »dringender betrieblicher Gründe« zum Schutz der Kleinstbetriebe ausgereicht und zudem war der Bundesregierung bekannt, dass durch die Einschränkung des Geltungsbereichs 6-7 Mio. Beschäftigte von dieser Regelung ausgenommen wurden (vgl. dazu ausführlicher Kapitel 10).

konsequent ins Gegenteil verkehrt hat. Allerdings erweist sich die Budgetregelung insofern als ambivalent, als sie nur für Eltern mit geringem Einkommen anwendbar ist. Die Entwicklung dieser drei Instrumente ist mehr als eine bloße pfadabhängige Anpassung der Handlungsmöglichkeiten an gegebene Rahmenbedingungen, weil neue Anspruchsrechte der Beschäftigten geschaffen und damit auch die Normen des vollzeitigen Normalarbeitsverhältnisses hinterfragt werden. Dieser Politikwandel kann als das Ergebnis eines idealtypischen Lernprozesses bewertet werden.

Abbildung 7.1: Realisierte und nicht realisierte Politikideen der SPD im Zeitverlauf

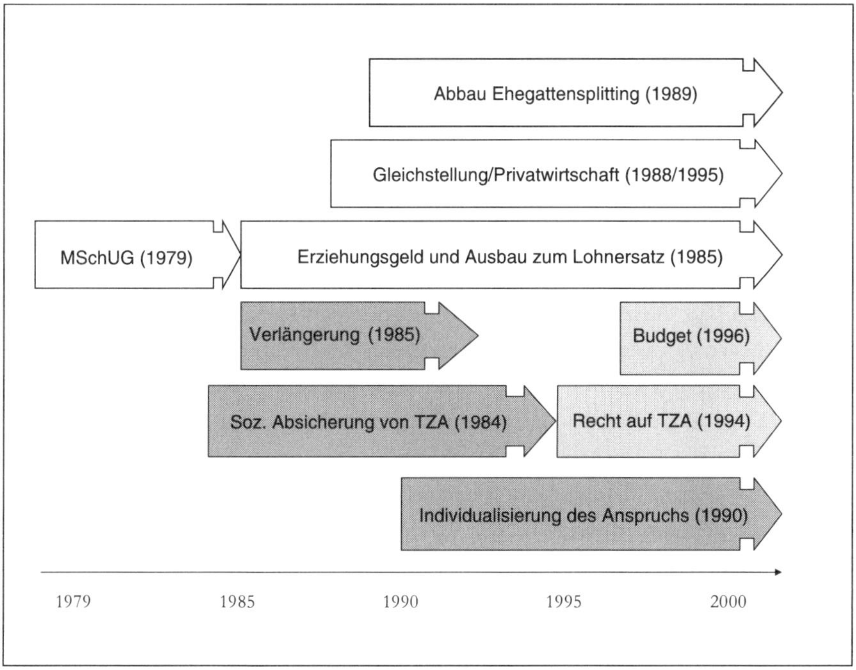

[Diagramm mit folgenden Elementen auf einer Zeitachse von 1979 bis 2000:
- MSchUG (1979)
- Erziehungsgeld und Ausbau zum Lohnersatz (1985)
- Gleichstellung/Privatwirtschaft (1988/1995)
- Abbau Ehegattensplitting (1989)
- Verlängerung (1985)
- Budget (1996)
- Soz. Absicherung von TZA (1984)
- Recht auf TZA (1994)
- Individualisierung des Anspruchs (1990)]

Quelle: Eigene Darstellung.

Diesen positiven Beispielen stehen drei Beispiele gegenüber, bei denen das Lernen an der dritten und vierten Stufe – der Konkretisierung und der Ordnung von politischen Prioritäten – gescheitert ist: die Einführung einer Lohnersatzleistung, die Reform des Ehegattensplittings und das Gesetz zur Gleichstellung in der Privatwirtschaft. Das Scheitern bei der Entwicklung einer Lohnersatzleistung lässt sich ganz klar als die Lösung eines Verteilungskonfliktes zu Lasten der Neuregelung verstehen. In der Partei, der Fraktion und auch im Kabinett einigte man sich zum Zeitpunkt der Reform darauf, dass die Ausgaben für die Reform so niedrig wie möglich gehalten werden sollten, so dass eine Umverteilung im Bundeshaushalt nicht in Frage kam. Ebenso wurde die Umverteilung des Erziehungsgeldes zwischen erwerbstätigen und nicht erwerbstätigen Eltern oder eine Veränderung der Einkommensgrenzen zu Ungunsten besser verdienender Familien aus strategisch-politischen Gründen abgelehnt.

Kann denn die Entscheidung gegen die Lohnersatzleistung nicht auch als eine Einsicht in die Notwendigkeit der Haushaltskonsolidierung und somit ebenfalls als das Ergebnis eines Lernprozesses betrachtet werden? Oder allgemeiner gefragt: Ist nicht jede Neuordnung politischer Prioritäten auch gleichzeitig das Ergebnis eines Lernprozesses? Weil in der vorliegenden Arbeit Lernen nicht als irgendeine Form von Handeln oder Verhaltensänderung betrachtet wird, sondern als eine, die auf der Grundlage von spezifischem und nachvollziehbarem Wissen vollzogen wird, müssten wir nach der Begründung für die veränderte Haltung zur Lohnersatzleistung fragen. Nach Auskunft der AkteurInnen in der SPD lässt sich weniger eine veränderte Sichtweise auf die Lohnersatzleistung als die Betonung neuer Prioritäten feststellen, wobei diese sich das Ziel der Haushaltskonsolidierung zu eigen machten, ohne den Widerspruch zur Forderung nach sozialrechtlichen Leistungsverbesserungen auflösen zu können. In diesem Falle wird diese »kognitive Dissonanz« durch eine Rationalisierung des Widerspruchs bzw. durch »adaptive Präferenzbildung« überwunden (vgl. Abschnitt 4.3.1): Dem Ziel der Haushaltskonsolidierung wird ein höherer Stellenwert beigemessen als der Lösung des Sachproblems, ohne dass eine Perspektive für die Lösung des Sachproblems entwickelt wird. Weil politisches Lernen ja als Zugewinn an konsistentem politischen Handeln definiert wurde, müsste, wenn die Einsicht in die Notwendigkeit als Lernergebnis gelten soll, die kognitive Dissonanz dahingehend aufgelöst werden, dass eine klare Neuordnung der Ziele vorgenommen wird und der Verzicht auf das Instrument der Lohnersatzleistung offensiv begründet wird. Außerdem hätte man, wie auch beim Teilzeit-Elternurlaub, einen Kontrollmechanismus einfügen können, aus dem eine Überprüfung und gegebenenfalls eine Neuformulierung des Gesetzes hätte folgen können.

Der Vorrang der Haushaltskonsolidierung ist aber auch aus anderen Gründen eher mit dem Konzept der Notwendigkeitskonstruktion (Edmondson/Nullmeier 1997) bzw. der Dominanz des neoliberal geprägten Spardiskurses zu erklären, denn als Ankunft in der politischen und fiskalischen Wirklichkeit: Gerade im Bereich der Vereinbarkeitspolitik zeigt sich, dass die Entscheidungen über Einnahmen und Ausgaben nicht durch unverrückbare Tatsachen vorgegeben sind, sondern politisch und strategisch getroffen werden: Zum einen blieb nach wie vor das Ehegattensplitting, das ein erhebliches Finanzvolumen birgt, unangetastet, zum anderen wurde kaum anderthalb Jahre nach der Reform die Investition von 4 Mrd.€ in die Kinderbetreuung angekündigt. Möglicherweise lässt sich die Zurückhaltung der

SPD bei der Frage des Ehegattensplittings ebenso wie die angekündigte Förderung der Kinderbetreuung mit wahltaktischen Erwägungen erklären.

Auch wenn im Falle der Gleichstellung in der Privatwirtschaft bei der SPD die sachorientierten mit strategischen Lösungen konkurrierten, weil auch hier die »Interessen«[75] der Wirtschaft berührt waren, kann das Scheitern des Gleichstellungsgesetzes zunächst nicht als Scheitern eines Lernprozesses erklärt werden. In weiten Teilen der SPD setzte sich bei der Beilegung des Konflikts um das Gleichstellungsgesetz die – bisher nicht empirisch widerlegte – Ansicht durch, dass freiwillige Vereinbarungen effektiver seien als eine gesetzliche Regelung. Im Moment der akuten Auseinandersetzung zwischen den Kabinettsmitgliedern und der Parteiführung wurde die Frage jedoch nicht argumentativ sondern hierarchisch durch Disziplinierung im Kabinett gelöst und die endgültige Entscheidung auf den Zeitpunkt der Vorlage eines Evaluationsberichtes verschoben. Erst 2004 wurde deutlich, dass, wider besseren Wissens, keinesfalls die Konsequenzen aus dem neuen Sachstand gezogen werden, so dass sich die Berichtspflicht als zahnloser Tiger und dieser Lernprozess als gescheitert interpretieren lassen muss.

---

75 Gemeint sind hier die subjektiven Positionen der Verbände und nicht die wissenschaftlich nachgewiesene Wirkung von Gleichstellungsregelungen, die ja durchaus umstritten ist.

8. Der kleine Koalitionspartner: Bündnis 90/Die Grünen

Die Partei der Grünen ist jünger als die Debatte um das Thema Vereinbarkeit von Familie und Beruf und die ersten Gesetzentwürfe für einen Elternurlaub in der Bundesrepublik. Dennoch ist diese Partei von Anfang an ein zentraler Akteur bei der Forderung nach der Realisierung von Geschlechtergleichheit gewesen und hat, nicht nur im Bereich der Vereinbarkeit von Beruf und Familie sondern auch in anderen frauenpolitischen, aber auch sozialpolitischen Gebieten, die politischen Diskurse mitgeprägt. Gerade weil diese Partei unbelastet von traditionellen Wertvorstellungen ist, nahm sie lange Zeit in gesellschaftspolitischen Reformprozessen eine emanzipatorische Randposition ein. Die Wahlerfolge in den Bundestagswahlen 1998 und 2002 haben bestätigt, dass sich Bündnis 90/Die Grünen mit ihrem postmaterialistischen und emanzipatorischen Wertekanon mittlerweile dauerhaft in der politischen Landschaft der Bundesrepublik etabliert haben. Aber inwiefern erweist sich die Partei im Hinblick auf die Entwicklung der Vereinbarkeitspolitik als lernfähig?

8.1. Die Organisation gleichstellungspolitischer Anliegen bei den Grünen und Bündnis 90/Die Grünen

8.1.1 Gründung und Entwicklung der Grünen als Partei und Fraktion

Viele der besonderen Arbeitsstrukturen von Bündnis 90/Die Grünen sind mit der Entwicklung der Partei aus verschiedenen Gruppen der Neuen Sozialen Bewegungen zu erklären. Trotz ihres Ursprungs in der Umweltbewegung zeigt die Grundprogrammatik, dass sozial- und wirtschaftspolitische Themen von Anfang an eine tragende Rolle spielten.¹ Im Rahmen erbitterter politischer Kämpfe setzte sich auf dem Dortmunder Parteitag im Juni 1980 die linke Fraktion der Delegierten für die thematische Weiterentwicklung des »Saarbrückener Programms« ein und erreichte schließlich eine personelle Dominanz in den neu gewählten Gremien.² Es gelang jedoch nicht, die Abspaltung des konservativen Flügels der »Grünen Aktion Zukunft« um den ehemaligen CDU-Abgeordneten Herbert Gruhl und damit das Scheitern bei der Bundestagswahl im Juli 1980 zu verhindern. Erst bei der Bundestagswahl 1983 zogen die Grünen mit einer 27 Abgeordneten in den Bundestag ein. 1990 verfehlten die Grünen im alten Bundesgebiet erneut die 5% Hürde; aufgrund des guten Ergebnisses im neuen Bundesgebiet (6%) bekam die ostdeutsche Listenverbindung von den Grünen/Bündnis 90 acht Abgeordnetensitze im Bundestag. Nach dem Zusammenschluss mit der Bürgerrechtsbewegung Bündnis ′90 entwickelte sich die Partei zur drittstärksten politischen Kraft in der Bundesrepublik (vgl. Tab. 8.1).³ Dennoch ist die Fraktion der Grünen verhältnismäßig klein und hat mit personellen Schwierigkeiten bei der Bewältigung der parlamentarischen Aufgaben zu kämpfen, die in großen Fraktionen aufgrund der Möglichkeiten zur Arbeitsteilung gänzlich unbekannt sind: Die SPD erlangte 1998 immerhin 298, die Grünen nur 47 Sitze.

Die Wahlforschung hat gezeigt, dass die Grünen ihre WählerInnen zu Beginn vor allem unter den ErstwählerInnen und AkademikerInnen fanden. Inzwischen sind die WählerInnen ›mitgealtert‹, während die sozio-ökonomische Struktur nach wie vor ähnlich ist. Die Einstellungen der Grünen-WählerInnen gelten in der Wahlforschung als »links« und »postmaterialistisch« (Müller-Rommel/Poguntke 1993:355). Letzteres vor allem unterscheidet die Wählerschaft von der SPD. Des Weiteren weisen Grünen-WählerInnen ein stärkeres politisches Interesse auf und sind im größeren Maße von der Beeinflussbarkeit der Regierung überzeugt. Die

---

1 Bei den Wahlen zum Europaparlament im März 1979 trat jedoch zunächst ein eher bürgerlich geprägter Zusammenschluss verschiedener Listen an und errang 3,2% der Stimmen (Piehl 2002: 341). Im darauf folgenden Jahr fand ein quälender Prozess von Programmabstimmungen und Flügelkämpfen statt, der von zwei Grundfragen bestimmt wurde: zum einen musste über den relativen Stellenwert des Umweltschutzthemas beraten und zum anderen die Form der Integration der Bunten und Alternativen Listen geklärt werden (Brüssow 1996).
2 Zum Gründungsprozess der Grünen vgl. die Darstellungen von Müller-Rommel/Poguntke 1993: 319ff. und Piehl 2002:338.
3 Im September 1991 wird die formale Gründung der Partei Bündnis 90 aus der Bürgerrechtsgruppe »Demokratie Jetzt«, der »Initiative für Frieden und Menschenrechte« und Teilen des »Neuen Forums« beschlossen. Im November 1992 wird der Assoziationsvertrag zwischen Bündnis 90 und Die Grünen unterzeichnet. Im April 1993 wird eine Urabstimmung durchgeführt und bei der ersten gemeinsamen – außerordentlichen – Bundesversammlung ein gemeinsamer Bundesvorstand gewählt (s. Grüne Chronik unter http://www.gruene-partei.de/cms/gruene_work/rubrik/0/189.chronik.htm, Zugriff am 3.5.2005).

Grünen können, was für kleine Parteien als typisch gilt, in Fachfragen eine »entschiedenere und eindeutigere Haltung einnehmen« (Duverger 1959 zit. nach Gohr 2002: 32) und sich damit deutlicher profilieren, als große Parteien.

Tabelle 8.1: Stimmenanteile der Bundestagsfraktionen seit 1949 (in %)

	CDU/CSU	SPD	FDP	Grüne, B 90 / Die Grünen	PDS
1949	31,0	29,2	11,9		
1953	45,2	28,2	9,5		
1957	50,2	31,8	7,7		
1961	45,3	36,2	12,8		
1965	47,6	39,3	9,5		
1969	46,1	42,7	5,8		
1972	44,9	45,8	8,4		
1976	48,6	42,6	7,9		
1980	44,5	42,9	10,6	1,5	
1983	48,8	38,2	7,0	5,6	
1987	44,3	37,0	9,1	8,3	
1990	43,8	33,5	11,0	3,8 / 1,2	2,4
1994	41,4	36,4	6,9	7,3	4,4
1998	40,9	35,1	6,2	6,7	5,1
2002	38,5	38,5	7,4	8,6	4.0

Quelle: http//www.bundeswahlleiter.de, Zugriff am 9.10.2002

8.1.2 Das Projekt der Geschlechterdemokratie

Eine tendenzielle Offenheit für gleichstellungspolitische Themen und Ideen ergibt sich aus der Organisationsstruktur der Partei. Zu ihren zentralen Merkmalen gehören das Grundprinzip der Basisdemokratie, die institutionalisierte Gleichstellung von Frauen auf allen politischen Ebenen der Partei und der hohe Stellenwert der Frauenpolitik.

Das Grundprinzip der Basisdemokratie wurde schon in der Satzungspräambel bei der Gründung der Grünen 1980 in Karlsruhe verankert, um Anpassungseffekten, die durch langjährige Mitarbeit oder Ausübung von wichtigen Funktionen entstehen, entgegen zu wirken und um die Forderung nach mehr und qualitativ anderer politischer Beteiligung zu realisieren (Müller-Rommel/Poguntke 1993:341). Diesem Ziel wird vor allem durch die weit gehenden Rechte der Bundesversammlung Rechnung getragen, die als oberstes Organ der Partei die anderen Bundesgremien (Bundesvorstand, Parteirat und SprecherInnen) wählt und über den Grundkonsens, die Bundesprogramme, die Satzung, Anträge etc. beschließt. Die kleinste antragsberechtigte Einheit bei der Bundesversammlung ist ein Zusammenschluss von 20 Mitgliedern, die gemeinschaftlich einen Antrag stellen. Für Transparenz in der Arbeit der grünen ParteiamtsinhaberInnen sorgt der Grundsatz, dass die Gremiensitzungen mitgliederöffentlich durchgeführt werden.[4] Die Mitglieder des Bundesvorstands und des Parteirates werden auf zwei Jahre gewählt, sie dürfen nicht in beruflichem oder finanziellem Abhängigkeitsverhältnis zur Bundespartei stehen und müssen Tätigkeiten in Aufsichtsräten, für Verbände und Vereine offen legen.[5] Die Mitarbeit in der Partei ist nicht an eine Mitgliedschaft gebunden: InteressentInnen können sich beim entsprechenden Landesverband als freie MitarbeiterInnen registrieren lassen und als KandidatInnen auf Wahllisten aufstellen lassen. Die Bindungen, mit denen der Handlungsspielraum von MandatsträgerInnen und InhaberInnen von Regierungsämtern eingeschränkt wurde, sind im Laufe der Zeit hingegen gelockert worden: Das Rotationsprinzip für Bundestagsabgeordnete wurde schon 1986 wieder auf vier Jahre ausgedehnt und das Prinzip der Grundentlohnung wurde durch die Verpflichtung zur Zahlung von Sonderbeiträgen abgelöst (Bündnis 90/ Die Grünen 2002a).[6] Gleichzeitig wurde die lange umstrittene verpflichtende Bindung der MandatsträgerInnen an die Beschlüsse der Parteibasis aufgegeben. Auch andere Grundprinzipien erwiesen sich in der Praxis als Hemmschuhe für effizientes politisches Handeln: Das Öffentlichkeitsprinzip erschwerte die Kompromissfindung in Aushandlungsprozessen, die kurzen Wahlperioden, Rotation und geringe Entlohnung verhinderten auch eine fachliche Professionalisierung und förderten die Herausbildung von ›inoffiziellen‹ Prominenteneliten; die starke Kontrolle durch die Basis erschwerte die Entwicklung konsistenter politischer Positionen oder führt zur Herausbildung von politisch umstrittenen Standpunkten (Müller-Rommel/Poguntke 1993:348; Piehl 2002:348). Ein prominentes Beispiel für die Macht der Basis gegenüber der Fraktion war der Streit um das Strafmaß, das die Grünen für die Vergewaltigung in der Ehe forderten.[7]

---

4 Die Bundesversammlung, der Parteirat und der Bundesfinanzrat tagen mitgliederöffentlich, der Frauenrat frauenöffentlich und der Länderrat sogar gesamtöffentlich. Außer bei der Bundesversammlung kann die Öffentlichkeit jeweils mit einfacher Mehrheit der Mitglieder ausgeschlossen werden. Einzig der Bundesvorstand tagt nicht öffentlich.

5 Während der Bundesvorstand (sechs Mitglieder) die Partei nach innen und außen vertritt, koordiniert der Parteirat (16 Mitglieder) die Arbeit der Gremien und plant die gemeinsamen politischen Initiativen.

6 Am Anfang wurden die Aufwandsentschädigungen der MandatsträgerInnen bis auf den Einbehalt einer Summe, die dem durchschnittlichen Facharbeiterlohn entsprach und durch Freibeträge für Kinder aufgestockt werden konnte, an die Partei gezahlt.

7 Die Fraktion hatte beschlossen, die Vergewaltigung innerhalb und außerhalb der Ehe gleich zu behandeln, aber – entgegen eines Votums der Bundesversammlung – gleichzeitig die Senkung des Mindeststrafmaßes auf ein Jahr zu fordern. 300 Grüne veröffentlichten daraufhin am 27. Mai 1988 in der Frankfurter Rundschau den Vorwurf an die Fraktion, dass diese nicht mehr die Basis vertreten würden. Daraufhin wurde der Fraktionsbeschluss rückgängig gemacht und die Forderung

Die Beteiligung von Frauen an den Parteiämtern bei den Grünen ist in Deutschland einzigartig und außerordentlich weit reichend. Grundlage für die paritätische Beteiligung ist das »Frauenstatut«, das allerdings erst 1986 auf der außerordentlichen Bundesversammlung in Nürnberg zu einem Satzungsbestandteil wurde, nachdem sich gezeigt hatte, dass trotz der politischen Absichtserklärungen Frauen nach wie vor in den Parteiämtern unterrepräsentiert waren.[8] Nach der Fusion von Bündnis 90 mit den Grünen wurde es aufgrund der Meinungsverschiedenheiten zwischen den beiden Parteien nochmals verändert und an manchen Stellen aufgeweicht (Biegler 2001:108). Das Frauenstatut schreibt eine Mindestquotierung fest, nach der Wahllisten alternierend mit Frauen (auf den ungeraden Plätzen) und Männern besetzt werden sollen. Für alle Gremien wird eine paritätische Besetzung vorgeschrieben. Bei den Reden auf der Bundesversammlung werden getrennte Redelisten geführt, wobei Männer und Frauen abwechselnd sprechen. Bei der Bundesversammlung haben die Frauen außerdem die Möglichkeit, vor den Abstimmungen ein Frauenvotum durchzuführen (auf Antrag einer stimmberechtigten Frau) oder ein Veto mit aufschiebender Wirkung einzulegen. Formal gilt außerdem die Bevorzugung von Frauen bei der Einstellung von MitarbeiterInnen in der Partei.

Zu den frauenpolitischen Strukturen der Partei gehören der Bundesfrauenrat, die Landesfrauenräte und die beiden Bundesarbeitsgemeinschaften (BAG) »Frauenpolitik« und »Lesbenpolitik«.[9] Der Bundesfrauenrat (BFR) wurde 1995 mit der Überarbeitung des Frauenstatuts eingerichtet und ist mit der Koordination der Gremien, dem Beschluss von Richtlinien zwischen den Bundesversammlungen, der Planung politischer Initiativen und der Kontrolle der Einhaltung und Umsetzung des Frauenstatuts betraut; somit erfüllt er die frauenpolitischen Aufgaben der Partei analog zur Funktionsweise der beiden allgemeinen Gremien des Länder- und Parteirates. Zwischen 1995 und 1998 war außerdem das Bundesfrauenreferat für die Entwicklung von Frauenfördermaßnahmen zuständig. Dazu hatte die Frauenreferentin ein Einsichts- und Mitspracherecht in allen wichtigen Parteigremien. Dem BFR gehören 72 Mitglieder an, darunter die weiblichen Mitglieder des Bundesvorstandes, Vertreterinnen der Landesverbände, der Bundestagsfraktion und der zwei genannten Bundesarbeitsgemeinschaften, und vor 1998 auch die Bundesfrauenreferentin. Um eine größere Frauenöffentlichkeit zu erreichen, dürfen auch Frauen, die

---

nach einer Absenkung des Mindeststrafmaßes von zwei Jahren auf eines zurückgenommen (Bündnis 90/ Die Grünen 2002a).

8 Zur Demonstration dieses Sachverhalts wählte die Grünen-Fraktion im April 1984 einen ausschließlich weiblichen Fraktionsvorstand, dem Annemarie Borgmann, Waltraud Schoppe, Antje Vollmer und Christa Nickels angehörten (ebd.).

9 Analog dazu gibt es auch eine Bundesarbeitsgemeinschaft »Schwulenpolitik«, die von der geschlechterparitätischen Beschickung ausgenommen ist.

nicht Mitglied des BFR sind, an den Sitzungen teilnehmen. Durch die personellen Überschneidungen sowie das Antragsrecht des BFR bei den Bundesversammlungen ist die Vertretung frauenpolitischer Anliegen unmittelbar in allen wichtigen Parteigremien gewährleistet und muss nicht in Delegation wahrgenommen werden. In der Praxis hat sich gezeigt, dass sich der BFR aktiv an der Erarbeitung der Programme zu den Bundestagswahlen 1998 und 2002 und des neuen Grundsatzprogramms beteiligt und dabei bewirkt hat, dass ein eigenes Kapitel zur Frauenpolitik in das Grundsatzprogramm integriert und im Rahmen der Koalitionsverhandlungen eine Facharbeitsgruppe zur Frauenpolitik eingerichtet wurde (Karras 2002:56).

Die Bundesarbeitsgemeinschaften (BAG) sind Koordinationsinstanzen, welche die Arbeit der verschiedenen Gremien, aber auch mit Fachverbänden und der Wissenschaft abstimmen und für die frauenpolitischen Interventionen auf grünen Parteitagen mobilisieren (Biegler 2001:109). Sie sind mit Mitteln ausgestattet, die ihnen die Durchführung von Veranstaltungen, die Beschäftigung wissenschaftlicher Referentinnen und die Vergabe von Aufträgen ermöglicht und sie verfügen über ein Antragsrecht bei der Bundesversammlung und beim Länderrat. Davon abgesehen haben die BAGen die Aufgabe, die Arbeit der Arbeitskreise bei der Fraktion zu unterstützen. Die Struktur der BAGen stimmt jedoch nicht mit den Fraktionsarbeitskreisen überein, deren Struktur sich an der Struktur der Bundestagsausschüsse orientiert: In der 14. LP gab es neben der BAG Sozialpolitik die BAG Frauenpolitik und die BAG Lesbenpolitik, für die Familienpolitik gibt es keine eigene BAG.[10] Fragen, die die Vereinbarkeit von Familie und Beruf betreffen, wurden entweder von der BAG Frauenpolitik oder der BAG Sozialpolitik mitbehandelt. Auch auf der Fraktionsebene wurden bis 1998 frauenpolitische und sozialpolitische Fragen in getrennten Arbeitskreisen beraten.[11] Beim Regierungsantritt 1998 wurde der AK Frauen jedoch aufgelöst, was mit der Arbeitsbelastung durch die Vielzahl der Gremien gemessen an der Fraktionsstärke zu groß wurde, begründet wurde.

8.1.3 Beratung durch die Grünen-nahe Heinrich-Böll-Stiftung

Die politische Stiftung der Grünen, die Heinrich-Böll-Stiftung, hat neben der Studienförderung und der politischen Bildung im In- und Ausland noch eine dritte

---

10 Nach einem innerparteilichen Konflikt wurde 1988 auf Initiative einer Gruppe von grünen Frauen um Gisela Erler vorübergehend eine BAG »Mütter« als Unterarbeitsgruppe bei der BAG Frauen eingerichtet.
11 Der AK Frauenpolitik wurde 1983 aus dem Arbeitskreis für Arbeit und Soziales ausgegliedert und mit eigenen Mitteln ausgestattet. Der »AK 6« initiierte u.a. 1984 die Besetzung des Fraktionsvorstands mit sechs Frauen und die Errichtung des grünen »Feminats« (ebd.).

wichtige Funktion, nämlich die Organisation von Plattformen für den Dialog von Wissenschaft und Politik.[12] Zudem organisiert und begleitet die Heinrich-Böll-Stiftung die Arbeit von »Projektkommissionen« zur Entwicklung programmatischer Standpunkte, die später in Programmdebatten eingebracht werden können, so dass sie durchaus als grüner *think tank* gelten kann. Die politische Bedeutung der Stiftung spiegelt sich auch in der prominenten Besetzung des Vorstandes wider.[13] Die Verknüpfung von politischer Bildung und wissenschaftlicher Grundlegung ist zwar nicht neu, aber die Heinrich-Böll-Stiftung nimmt, nicht zuletzt aufgrund ihrer besonderen Geschichte, zwischen Partei und Basis eine Vermittlungsfunktion ein, die sich bei den anderen Parteistiftungen nicht so deutlich abzeichnet.

Besonders deutlich wird die Beratungsfunktion der Heinrich-Böll-Stiftung im Bereich der Gleichstellungspolitik. Dem starken gleichstellungspolitischem Engagement wurde beim Zusammenschluss der Gründungsstiftungen[14] durch die Gründung des »Feministischen Instituts« (FI) Rechnung getragen, der ein weitgehend autonomer Teil der Stiftung geblieben ist und über eine eigene Budgethoheit verfügt. Das FI betreibt den Aufbau von ›kognitiver‹ frauenpolitischer Infrastruktur,[15] bietet Bildungsveranstaltungen zu gleichstellungspolitischen Themen an und organisiert Promotionskollegs mit den StipendiatInnen der Heinrich-Böll-Stiftung (Neusüss/Keeding 1999). Des Weiteren gibt es in der Stiftung die Stabstelle für Geschlechterdemokratie, in der 2 bis 3 Personen an der Umsetzung des geschlechterdemokratischen Konzeptes in der Stiftung und in anderen politischen Organisationen arbeiten. Diese Stabstelle hat z.B. eine Kompetenz darin entwickelt, andere Organisationen bei der Umsetzung des Konzeptes des *Gender Mainstreaming* zu beraten

---

12 In der Selbstdarstellung heißt es: »... Unsere vorrangige Aufgabe ist die politische Bildung im In- und Ausland zur Förderung der demokratischen Willensbildung, des gesellschaftspolitischen Engagements und der Völkerverständigung. Dabei orientieren wir uns an den politischen Grundwerten Ökologie, Demokratie, Solidarität und Gewaltfreiheit.« (http://www.boell.de, Zugriff am 15.9.2003). Im Jahr 2001 hatte die Heinrich-Böll-Stiftung 180 Beschäftigte, einen Jahresetat von 70 Mio. DM und förderte 160 Projekte in fast 50 Ländern (Neusüss 2001).

13 Der Vorstand der Stiftung wird alle fünf Jahre gewählt. 2002 bildeten die Doppelspitze Ralf Fücks und Barbara Unmüßig. Die (angestellte) Geschäftsführerin im Vorstand war derzeit Birgit Laubach. Alle drei hatten schon vorher wichtige Funktionen in der Partei oder der Fraktion der Grünen inne.

14 Der grüne Stiftungsverband »Regenbogen« wurde schon 1988 auf der BV in Ludwigsburg gegründet und vereinte die drei Einzelstiftungen »Buntstift« (Landesstiftungen und Bildungswerke), die »Frauenanstiftung« und die »Heinrich-Böll-Stiftung« unter einem Dach. Aber erst 1996 wurden die drei Einzelstiftungen zusammengeführt (Bündnis 90/ Die Grünen 2002a).

15 Zu den regelmäßigen Netzwerk-Veranstaltungen gehört zum Beispiel der *Ladies Lunch*, bei dem sich Grünen-nahe Wissenschaftlerinnen oder Frauen aus der Wirtschaft im Rahmen thematischer Diskussionen mit grünen Politikerinnen austauschen.

(Neusüss o.J.).[16] Mittlerweile gehört die Heinrich-Böll-Stiftung mit ihren Veranstaltungen im Bereich der Arbeitsmarkt- und Sozialpolitik wie auch der Gleichstellungspolitik zu den wichtigen Organisationen an der Schnittstelle zwischen Politik und Wissenschaft, an deren Veranstaltungen sich prominente WissenschaftlerInnen beteiligen. Bei einem »guten Klima« zwischen der Stiftung und der Fraktion diffundieren Ideen und Erkenntnisse auch in die parlamentarische Arbeit der Abgeordneten.

8.2. Familienpolitik als konsequente »Familienmitgliederpolitik«

Die Vereinbarkeitspolitik der Grünen ergab sich anfangs vor allem aus den Aktivitäten in zwei Politikfeldern, der Arbeitszeitpolitik und der Gleichstellungs- bzw. Antidiskriminierungspolitik. Eine eigene Familienpolitik gab es dagegen zunächst nicht und sozialpolitische Fragen konzentrierten sich meist auf die Grundsicherung.[17] Die Freistellung von Eltern gelangte erst in einer zweiten Phase auf die politische Agenda.

8.2.1 Arbeitszeitpolitik für eine gerechtere Verteilung von bezahlter und unbezahlter Arbeit

Ein Grundsatz der grünen Programmatik ist seit dem Saarbrückener Programm von 1980 das Prinzip der Geschlechtergleichheit, das eine gleiche Teilhabe von Frauen und Männern an allen Lebensbereichen fordert. Die Frauenerwerbstätigkeit wurde daher als die materielle Basis für die Befreiung aus patriarchalen Herrschaftsverhältnissen betrachtet, wobei diese durch die Veränderung des Normalarbeitsverhältnisses ermöglicht werden sollte. Die Betonung der Erwerbsarbeit war also nicht gleichbedeutend mit dem Festhalten am vollzeitigen und lebenslangen Beschäftigungsverhältnis. Schon in ihrem ersten Bundesprogramm 1980, noch bevor der Konflikt um die tarifliche Arbeitszeitverkürzung voll entflammt war, forderten die Grünen die 35-Stunden-Woche und konkretisierten diese Zielsetzung im ersten

---

16 Das Leitbild der Geschlechterdemokratie ist die normative Referenz für das Instrument des *Gender Mainstreaming*. Dieser Begriff wurde in den neunziger Jahren in den Veröffentlichungen und Veranstaltungen des Feministischen Instituts geprägt (Neusüss 1999; zum Leitbild der Geschlechterdemokratie in der Heinrich-Böll-Stiftung s. auch Schambach/Unmüßig 2002).

17 Die Arbeitszeitpolitik und die Grundsicherung galten in den achtziger Jahren als die beiden zentralen Ansätze der grünen Sozialpolitik (Gohr 2002), die hier jedoch nicht behandelt werden.

arbeitszeitpolitischen Gesetzentwurf der grünen Fraktion im Oktober 1984, in dem sie beschäftigungspolitische und gesellschaftspolitische Zielsetzungen gleichermaßen betonten:

»Einmal soll die Erwerbsarbeitszeit qualitativ verkürzt und auf diese Weise auf eine größere Zahl von Beschäftigten umverteilt werden: das Ziel ist hierbei eine spürbare Verringerung der Massenarbeitslosigkeit. Zum anderen sollen Zeitanteile, die heute noch für Erwerbsarbeit verausgabt werden, qualitativ auf solche Arbeiten umverteilt werden, die zwar nicht in Gestalt von Erwerbsarbeit organisiert sind, gleichwohl für das gesellschaftliche Leben und Überleben notwendig sind: die Ziele sind hierbei ökologischer, sozial- und allgemeinpolitischer Art.« (BT-Drs. 10/2188 v. 25. 10. 1984:9)

Neben der beschäftigungspolitischen Neuordnung der Arbeitszeitregelungen (maximale Wochenarbeitszeit von 40 Stunden, Begrenzung der Überstunden, Einbeziehung von Bereitschaftsdiensten, Rufbereitschaft in die Arbeitszeit), wurden Freistellungsregelungen vorgeschlagen, die mit einem Lohnausgleich oder einem Lohnersatz ausgestattet oder aber unbezahlt sein sollten.[18] Zudem wurde eine Ausweitung des von der sozial-liberalen Koalition 1974 eingeführten Kinderkrankengeldes (vgl. Kapitel 2.1) auf bis zu 20 Tage pro Jahr und als alternativer Verwendungszweck die Pflege kranker, im Haushalt lebender Personen oder die Teilnahme an Bildungsveranstaltungen vorgeschlagen. Außerdem sollten Beschäftigte für ehrenamtliche, lokal- oder gewerkschaftspolitische Arbeit tageweise bezahlt freigestellt werden können. Auch hier wurde schon eine verbesserte Freistellung für Eltern gefordert, allerdings als Unterabschnitt des arbeitszeitpolitischen Gesetzentwurfs.[19] Wie erwartet, war dieser Initiative unter der christlich-liberalen Regierung kein Erfolg beschieden; er wurde erst 1986 beraten und im Herbst 1987 schließlich abgelehnt.

Im Herbst 1987 überarbeitete eine Arbeitsgruppe um den Initiator des ersten Arbeitszeitgesetzes, Willi Hoss, parallel zu den Aktivitäten der SPD ihr Arbeitszeitgesetz. Der zweite Entwurf wird um eine stärkere Betonung der Vereinbarkeit von Erwerbs- und Familienarbeit ergänzt. In der Formulierung lehnt sich das zweite AZG bewusst an den grünen Entwurf des Antidiskriminierungsgesetzes an und

---

18 Zum Abbau von Überstunden legten die Grünen 1985 ein eigenes Gesetz vor (BT-Drs. 10/3947 v. 3.10.1985).

19 Bei der Freistellung für Kindererziehung zielten die grünen Vorstellungen auf den Ausbau des Mutterschaftsurlaubs und forderten für die Zeit der Freistellung eine Lohnersatzleistung in Höhe des Arbeitslosengeldes. Dabei war eine Art zwingende Teilung vorgesehen, nach der zusammenlebende Eltern jeweils Anspruch auf anderthalb Jahre, allein Erziehende auf drei Jahre Freistellung haben. Schließlich sollte eine unbezahlte Freistellung möglich sein, die entweder unbegründet sein und dann maximal sechs Monate betragen sollte oder zur Pflege kranker oder hilfsbedürftiger Personen genutzt werden und dann bis zu drei Jahren dauern konnte.

stellt die Gestaltung der Arbeitszeit in den direkten Zusammenhang mit explizit frauenfördernden Maßnahmen:

»Die Neuverteilung der Arbeit soll dazu beitragen, Frauen den gleichberechtigten Zugang zur Erwerbsarbeit zu eröffnen. Die gesellschaftlich notwendige Arbeit außerhalb des Erwerbsbereiches soll grundsätzlich zu gleichen Teilen auf Männer und Frauen verteilt werden. Dazu bedarf es neben Antidiskriminierungs- und Quotierungsregelungen auch einer Veränderung der Arbeitszeitbedingungen.« (BT-Drs. 11/1188 v. 13.11.1987)

Das Gesetz sah eine Verkürzung der Wochenarbeitszeit von vier Stunden für Eltern und einen Rechtsanspruch auf die *freiwillige* Verkürzung auf 20 Stunden vor. Damit trug es der Tatsache Rechnung, dass Frauen in »besser qualifizierten Berufen« mit der Geburt ihrer Kinder einen beruflichen Abstieg hinnehmen mussten, sofern der Arbeitgeber keine Teilzeitarbeit gewährte. Schließlich sollten die Unternehmen die Verantwortung für die Umsetzung familienfreundlicher Maßnahmen und die Erstellung entsprechender Pläne übernehmen. Die Idee der Arbeitszeitverkürzung für Eltern wurde auch in einem späteren Papier von der Bremer Bundestagsabgeordneten Marieluise Beck unter dem Stichwort »Eltern-Kurzarbeit« aufgenommen.

Die Grünen betrachteten also die Neugestaltung des Normalarbeitsverhältnisses als einen zentralen Ansatz zur Lösung des Vereinbarkeitskonfliktes und zur Gleichstellung von Frauen und Männern in beiden Lebensbereichen. In der 12. und 13. Legislaturperiode wurden diese Grundvorstellungen, vor allem in den allgemeinen beschäftigungspolitischen Programmen aufgegriffen, in denen die Arbeitszeit als Instrument zur Umverteilung von Arbeit eine zentrale Rolle spielte.[20] Das in der 13. LP vorgeschlagene »Bonus-Malus-System« mit seinen finanziellen Anreizen zur Umverteilung der Erwerbs- und Familienarbeit, machte deutlich, dass es den Grünen darum ging, den Verzicht auf eine volle Erwerbstätigkeit zu Gunsten »gesellschaftlich sinnvoller Arbeit« zumindest teilweise finanziell zu kompensieren (BT-Drs. 13/7800 v. 3.6.1997). Mit der Aufnahme des arbeitsmarktpolitischen Konzepts der Übergangsarbeitsmärkte in das grüne Wahlprogramm von 1998 wurde diese mehr als zehn Jahre alte politische Forderung auf ein wissenschaftliches Fundament gestellt und erneut bekräftigt (Bündnis 90/ Die Grünen 1998). Diesen Zielsetzungen entsprachen das Teilzeitgesetz von 1999 und teilweise auch das Bundeserziehungsgeldgesetz. Beide sollen die zentrale Voraussetzung für die Umverteilung von Familien- und Erwerbsarbeit, die in vielen vorherigen Entwürfen gefordert wurde, erfüllen: die Verankerung des Rechtsanspruches auf eine reduzierte Arbeitszeit.

---

20 Vgl. z.B. den Antrag »Aktionsprogramm Arbeitszeitverkürzung, Arbeitsförderung und Qualifizierung« (BT-Drs. 12/7107), und die Anträge »Bonus-Malus-System als Anreiz zur Verkürzung der Arbeitszeiten und zum Abbau von Überstunden« (BT-Drs. 13/7800) und »Flexibilisierung von Arbeitszeiten« (BT-Drs. 13/3973).

8.2.2 Gleichstellungspolitik

Die politischen Aktivitäten im Bereich der Arbeitszeitpolitik werden durch die Forderung nach Gleichstellung, den Abbau von Diskriminierung und Gewalt und die Selbstbestimmung von Frauen in allen Lebensbereichen ergänzt. Die Grüne Frauenpolitik umfasste damit Handlungsbereiche, die bei den anderen politischen Akteuren bislang kaum existent oder sehr viel weniger konkret ausformuliert waren. Auch die Forderung nach Umverteilung der Familienarbeit und der konsequenten Einbeziehung der Männer war ein typisches Merkmal des grünen frauenpolitischen Kanons.[21]

Die Förderung von Frauen im beruflichen und privaten Bereich gehörte zu den ersten Zielen, die sich bei den Grünen, anders als in der SPD oder dem DGB, sehr konsequent auch in der Organisation der Partei niederschlugen. Die Quotierung von Parteiämtern und KandidatInnenlisten wurde zuerst von den Grünen praktiziert, schuf aber auch die Grundlage für die Nachahmung durch die anderen Parteien.[22] Der Förderung der Erwerbsarbeit von Frauen und der Schutz vor beruflicher Diskriminierung galt die erste parlamentarische frauenpolitische Initiative, die zur Entwicklung eines Antidiskriminierungsgesetzes führte. Im November 1985, das Bundeserziehungsgeldgesetzes war erst drei Wochen zuvor verabschiedet worden, stellten die Grünen eine Reihe von Anträgen; unter anderem legten sie den Entwurf des Antidiskriminierungsgesetzes (ADG) vor (vgl. BT-Drs. 10/6137) vor.[23] Für die Grünen bestand die Lösung des Vereinbarkeitsproblems also in der Kombination aus einer Neuregelung der Arbeitszeit durch das Arbeitszeitgesetz mit der Förderung der beruflichen Gleichstellung. Ein spezielles Elternfreistellungsgesetz wurde daher zunächst nicht für notwendig erachtet. Die grünen Forderungen waren dabei interventionistisch: Schon zu diesem frühen Zeitpunkt wurden verbindliche Maßnahmen für die Unternehmen und den öffentlichen Dienst zur Förderung von Frauen gefordert, die auch in den späteren Jahren immer wieder auftauchten. Die Festschreibung der Erarbeitung eines Gleichstellungsgesetzes für die Privatwirtschaft in der Koalitionsvereinbarung von 1998 erscheint vor diesem Hintergrund als konsistente Fortsetzung dieser Form der Gleichstellungspolitik.

---

21 Die grüne Frauenpolitik war vor allem in der Anfangsphase von Flügelkämpfen zwischen verschiedenen frauenpolitischen Fraktionen geprägt. Eine umfassende Studie dazu hat Brüssow (1996) vorgelegt.

22 Müller-Rommel und Poguntke (1993:337f) nennen den Quotierungsbeschluss der SPD auf dem Parteitag 1988 in Münster, die Beschlüsse des CDU-Parteitages in Mainz 1986 und des CDU-Parteitages in Wiesbaden 1988 als Beispiele für die Übernahme von Quotierungsregeln durch die etablierten Parteien.

23 Für eine ausführliche Diskussion des Gleichstellungsgesetzes s. die Arbeit von Brüssow 1996 und den Beitrag von Pinl 1993:89f..

Das zweite frauenpolitische Anliegen zielte auf den Schutz der Frauen vor physischer Gewalt und den selbstbestimmten Umgang mit dem eigenen Körper. Damit sind die Grünen die erste politische Organisation gewesen, die die Diskussion der Frauenbewegung in den siebziger Jahren aufnahm und die »Körperpolitik« erstmals im Parlament problematisierte (Kontos 1996). Durch die Kontakte zu den verschiedenen Gruppen der autonomen Frauenbewegung waren die Grünen anders als die anderen politischen Akteure für die realen Lebensverhältnisse der Frauen besonders sensibilisiert. Gewalt gegen Frauen wurde als klarster und direktester Ausdruck der geschlechterasymmetrischen Herrschaftsstrukturen in der Gesellschaft betrachtet (Pinl 1993). Als Spuren in ihrer parlamentarischen Arbeit in dem Bereich lassen sich die – allerdings nicht unumstrittenen – Anträge zur Finanzierung und Einrichtung von Frauenhäusern von 1985 finden, die vom Arbeitskreis Frauenpolitik initiiert worden waren (Pinl 1988:91).[24] Die Abschaffung der strafrechtlichen Behandlung des Schwangerschaftsabbruchs, die Gleichstellung von nichtehelichen und homosexuellen Lebensgemeinschaften, die Ahndung der Vergewaltigung in der Ehe, der Schutz vor Diskriminierung von Lesben und die Legalisierung von Prostitution sind weitere Themen, die die Grünen auf die parlamentarische Agenda brachten. In diesen Bereichen haben sie daher in der Bundesrepublik eine wichtige und einzigartige Politisierungsfunktion gehabt.

Die dritte grüne frauenpolitische Zielsetzung bestand in der Auflösung der tradierten Geschlechterrollen und der damit verknüpften Arbeitsteilung. Dazu gehörte neben dem Arbeitszeitgesetz auch ein Vaterschutzgesetz, das analog zu dem Mutterschutzgesetz die Väter in den ersten Wochen nach der Geburt ihres Kindes mit einer Lohnersatzleistung freistellen sollte. Ziel dabei war die bessere gesellschaftliche Anerkennung der Vaterschaft und eine selbstverständlichere Beteiligung der Väter an der Familienarbeit:

»Durch die vorgeschlagene Ausweitung des Gesetzes wird die Vaterschaft ebenfalls als schützenswertes Gut dokumentiert. Die Chance der Väter, gleichberechtigt an der Betreuung der Kinder teilzunehmen, wird verbessert. Wenn bei Beginn der Elternschaft beide die Gelegenheit haben, eine Beziehung zum Kind aufzubauen, ist besser gewährleistet, dass sie sich auch in Zukunft

---

24 Die Einrichtung und staatliche Finanzierung von Frauenhäusern war umstritten, weil mit der Übernahme durch staatliche Stellen den zuvor autonomen und handlungsfähigen praxisnahen Strukturen die Verantwortung entzogen, der Schutz bürokratisiert und damit autonome Frauenstrukturen zerstört wurden. Zudem bestand die Befürchtung, dass sich aus der staatlichen Förderung der Anspruch auf Kontrolle und die Reproduktion von Herrschaftsverhältnissen ergeben könnten, die eben gerade durch autonome Strukturen umgangen werden sollten (vgl. zu dieser Problematik Fraser 1994b). Aus diesen Gründen wurde die Beteiligung der Grünen am ersten Regierungsbündnis in Hessen auch sehr kritisch betrachtet und der Vorwurf erhoben, die Parlamentarierinnen würden die Repressionsfunktion des Staates gegenüber Frauen unterschätzen (vgl. Pinl 1988:87).

gleichberechtigt und gleichverpflichtet um das Kind kümmern. Uns geht es um die Rollenveränderung des Mannes...«[25]

Die von Marieluise Beck vorgeschlagene »Elternkurzarbeit« sollte die Väter durch eine verpflichtende Arbeitszeitreduzierung zu einer größeren Beteiligung an der Familienarbeit motivieren. An diesem politischen Grundprinzip wurde zwar auch in den neunziger Jahren festgehalten, doch erst in der 14. LP erregte wieder eine Initiative der frauenpolitischen Sprecherin Aufsehen und Protest bei den etablierten Parteien, indem sie eine die Änderung des § 1356 BGB vorschlug, um die Mitverantwortung des Ehemannes für die Haushaltsführung gesetzlich festzuschreiben. Außerdem sollten Frauen durch die Veränderung des BGB ein Auskunftsanspruch über die Höhe des Einkommens der Ehemänner und ein Teil der Einkünfte zugestanden werden.[26] In der politischen Diskussion löste dieser Vorschlag Unverständnis und Ablehnung aus, weil eine staatliche Regulierung der als privat betrachteten Arbeitsteilung für unangemessen gehalten wurde.[27] Da das Geschlechterverhältnis und die familialen Beziehungen jedoch Gegenstand vielfältiger staatlicher Eingriffe sind (vgl. dazu Berghahn 1999), fällt es schwer, den Protest gegen diesen Vorstoß nicht als Ausdruck konservativer Abwehr emanzipatorischer Initiativen zu sehen. Für Bündnis 90/Die Grünen war die Gleichstellungspolitik – nicht zuletzt aufgrund der Mitwirkung des Bundesfrauenrates – wieder zu einem Schwerpunkt im Wahlkampf 1998 geworden, wenngleich die frauenpolitischen Aktivitäten während der ersten Regierungsperiode nicht im gewünschten Umfang umgesetzt werden konnten (vgl. dazu Kontos 2000b; Klenner 2002).

8.2.3 Die Freistellung der Eltern: Anerkennung pluraler Lebensstile?

Positionierung der Grünen Fraktion im Kanon der Bundestagsfraktionen der 10. LP

Bei der Einführung des Bundeserziehungsgeldgesetzes brachten die Grünen 1985 keine eigenen Entwürfe oder Änderungsanträge ein, weil sie ihre Position im Rahmen des Arbeitszeitgesetzes formuliert hatten. Erstaunlicher Weise beschäftigten sich die frauenpolitischen Strukturen dann doch – parallel zu ihren Aktivitäten zum

---

25 Vgl. dazu Die Grünen im Bundestag, »Zum Entwurf des Gesetzes Mutterschutz- und Vaterschutzgesetz«, Bonn, ohne Datum; vgl. auch Pressemitteilung Nr. 908/89 »Was Männer schon immer wissen wollten. Für eine aktive Vaterschaft«, vom 30.10.1989 (Grünes Archiv).

26 Dieser Vorschlag sollte als Initiative in den Bundesrat eingebracht werden (vgl. die Presseerklärung der Bundestagsfraktion B90/ Die Grünen Nr. 0196/99 vom 5. Mai 1999.). Am 26./27. Juni 1999 beschloss die 7. Konferenz der Gleichstellungs- und FrauenministerInnen und -senatorInnen (GFMK) der Länder in Magdeburg eine gleichlautende Initiative.

27 So die Schilderung der frauenpolitischen Sprecherin (Interview Grüne 1).

Antidiskriminierungsgesetz – mit der Entwicklung von Eckpunkten zum Erziehungsurlaub, wobei sogar von dem im Arbeitszeitgesetz vorgesehenen Lohnersatz abgewichen und ein von vorheriger Erwerbstätigkeit unabhängiges Erziehungsgeld geplant wurde.[28] Allerdings gelang es bis zur Abstimmung über den Regierungsentwurf im Bundestag im November 1985 nicht mehr, einen eigenen Antrag vorzulegen.

Im Vorfeld hatten die grünen Frauenpolitikerinnen die geringe Höhe des vorgesehenen Erziehungsgeldes von 600 DM und die Aufweichung des Kündigungsschutzes kritisiert und auf die Regelungen im grünen Arbeitszeitgesetzentwurf verwiesen.[29] In der Debatte bezeichneten die Grünen den Regierungsentwurf dann als ein »Entlassungsförderungsgesetz«, als eine »Gebärprämie aus bevölkerungspolitischen Gründen« und warnten vor der Abdrängung in finanzielle und psychische Abhängigkeit und vor Altersarmut, die das Gesetz als Konsequenzen mit sich bringe.[30] Den SPD-Entwurf lehnten die Grünen ebenfalls ab, weil das Erziehungsgeld zu gering erschien, um auch für Männer attraktiv zu sein, auch obwohl dieser, wie der eigene Vorschlag, die zwingende Teilung enthielt (vgl. Übersicht 7.1). Befürchtet wurde, dass junge Frauen aus dem Bezug von Arbeitslosengeld in den Bezug von Erziehungsgeld verschoben würden. Zudem wurde kritisiert, dass das vorgeschlagene Erziehungsgeld für Alleinerziehende von 750 DM nicht vor der Sozialhilfeabhängigkeit schützen oder die Frauen zwingen würde, eine Teilzeitarbeit aufzunehmen.[31] Mit der Ablehnung beider Entwürfe in der Bundestagsabstimmung

---

28 Die Freistellung sollte drei Jahre, bei gleicher Teilung zwischen zwei Personen oder bei allein Erziehenden vier Jahre, betragen und die Höhe des Erziehungsgeldes nach der Dauer gestaffelt werden. Schließlich sollten die Freistellungsansprüche auch in Form von Arbeitszeitreduzierung bis zum 14. Lebensjahr des Kindes zugestanden werden können. Vgl. Protokoll der Sitzung des Fraktions-Arbeitskreises »Frauenpolitik« vom 16.10.1985 (Grünes Archiv).

29 In einem offenen Schreiben anlässlich des Essener Kongresses der CDU und der anstehenden Beratungen von Heiner Geißlers »Leitsätzen der CDU für eine neue Partnerschaft zwischen Mann und Frau« wandten sich Waltraud Schoppe (Fraktionsvorstand), Barbara Bußfeld (AK Frauenpolitik) und Regina Michalik (Bundesvorstand) an die CDU-Frauen. Sie forderten die KollegInnen auf, sich stattdessen für die Umsetzung von verpflichtenden Frauenförderplänen mit Berichtspflicht im öffentlichen Dienst und Privatunternehmen einzusetzen und wünschten sich eine Zusammenarbeit in einer parteiübergreifenden Frauenkoalition für das Antidiskriminierungsgesetz (vgl. Pressemitteilung Nr. 140/85, vom 19.3.1985 »Herr Geißler soll Leitsätze für den neuen Mann entwickeln«).

30 Vgl. dazu die Rede der Bundestagsabgeordneten Wagner; Bundestagsprotokoll 10/174, 13050 (B).

31 In der Bundestagsdebatte am 13.9.1985 (vgl. Protokoll, 157/89, S. 11801A), wird die Position der Grünen im Hinblick auf die Rolle der Erwerbstätigkeit und der Familienarbeit deutlich. Die wirtschaftliche Unabhängigkeit der Frauen wird als Basis für gesellschaftliche Gleichheit gesehen, der Lohnausgleich wird als angemessene Wertschätzung für die Familienarbeit betrachtet. Zur Kritik an den Vorschlägen der Regierung und der SPD vgl. auch die internen Arbeitspapiere der Grünen Fraktion von Annette Renker (17.9.1985) und Helga Burkert (26.9.1985) (Grünes Archiv).

verdiente sich die grüne Fraktion die Anerkennung einzelner gewerkschaftlicher Frauenausschüsse und Landesbezirke.[32]

»Wir kämpften bis zur Erschöpfung...«[33]*– Grundsatzfragen der grünen Vereinbarkeitspolitik*

In den darauf folgenden Monaten entbrannte eine Grundsatzdiskussion über die Rolle und die Ausgestaltung von Freistellungsregelungen. Dabei führte das so genannte »Müttermanifest« zur größten frauenpolitischen Zerreißprobe in der Geschichte der Grünen. Das bis dahin unhinterfragte Leitbild der Gleichheit von Männern und Frauen geriet nun in das Kreuzfeuer der Kritik von grünen Frauen, die aus der differenztheoretischen Argumentation heraus die Anerkennung der biologischen und sozialen Unterschiede zwischen Männern und Frauen und die Aufwertung der Lebenssituation von Müttern forderten. Ausgangspunkt der Diskussion war die Kritik an den innerparteilichen Strukturen und die Einberufung einer Tagung mit dem Titel »Ist Mütterdasein mit Grüner Politik vereinbar?« bei der ersten Bundesfrauenkonferenz im Oktober 1985, die zur Erarbeitung einer Bestandsaufnahme der christdemokratischen und der sozialdemokratischen Frauen- und Familienpolitik sowie zur Entwicklung eines grünen frauenpolitischen Konzeptes dienen sollte. Während der Tagungsvorbereitung spalteten sich die grünen Frauen in zwei Gruppen, den Bundesvorstand und die BAG-Frauen einerseits und die ursprünglichen Initiatorinnen der Tagung andererseits. Letztere setzten sich mit ihrer inhaltlichen Orientierung durch, so dass der Kongress im November 1986 schließlich unter dem Titel »Leben mit Kindern – Mütter werden laut« in Bonn durchgeführt wurde.[34] Angestoßen durch den Kongress veröffentlichte eine kleine Gruppe von Frauen im Frühjahr 1987 das so genannte »Müttermanifest«, in dem eine gleiche Anerkennung der Arbeit und der Lebenssituation von Müttern gefordert und die Konzentration der Aktivitäten auf »Karrierefrauen« beklagt wurde.[35]

---

32 Der Frauenausschuss der IG Metall Ludwigsburg begrüßte ausdrücklich per Brief das Abstimmungsverhalten der Grünen und zeigte sich teilweise empört über die Haltung der SPD-Fraktion. Aufforderungen an die Grünen zur Ablehnung des Regierungsentwurfs kamen außerdem von Frauenpolitikerinnen der IG Metall, IG Bau Steine Erden und Gewerkschaft Textil und Bekleidung (Dokumentation Grünes Archiv).

33 So schilderte Marieluise Beck (1996: 5) die Auseinandersetzungen der grünen Frauen um das Elternfreistellungsgesetz, das schließlich von der Bundesdelegiertenkonferenz beschlossen und unter das Leitbild der »freien Entscheidung zwischen den Partnern« gestellt wurde.

34 Nach Aussage der Veranstalterinnen beteiligten sich am Kongress rund 500 Frauen aus dem politischen Spektrum der Grünen sowie der autonomen Frauenbewegung und Frauenprojekten.

35 Darin heißt es sehr bildhaft: »Mütter als größte Gruppe der Frauen haben noch einmal ganz andere Impulse, Zeitrhythmen, Organisationsformen, Fragestellungen, in denen sich ihre Bedürfnisse ausdrücken. Es wird die Aufgabe der nächsten Jahre sein, das Ghetto der Nichtmütter wie auch das Aquarium der Karrierefrauen zu verlassen und eine neue Debatte über einen erweiterten,

Zentrale Forderungen bezogen sich auf eine finanzielle Absicherung der von Müttern geleisteten Betreuungsarbeit, die Bereitstellung »maßgeschneiderter« Kinderbetreuung, die Einrichtung von »Mütterzentren«, eine familienfreundliche Veränderung der Arbeitswelt mit Arbeitszeitverkürzung, qualifizierter Teilzeitarbeit und Rückkehroptionen, einen Grundlohn für Frauen, die Anerkennung von Kompetenzen, die bei der Familienarbeit und Ehrenamtsarbeit erworben werden, eine Mütterstatt Frauenquote in qualifizierten Arbeitsplätzen, die Neuorganisation von Arbeitsprozessen, die finanzielle Unterstützung bei der Pflege älterer Menschen, eine integrative Betreuung für behinderte Kinder und familienähnliche Betreuungsformen für erwachsene behinderte Menschen. Bei all diesen Forderungen setzten die Manifest-Frauen nicht auf die Partnerschaftlichkeit zwischen Männern und Frauen und auch nicht auf die Bereitstellung öffentlicher oder staatlich subventionierter Dienstleistungen, sondern allein auf die Unterstützung der mütterlichen Familienarbeit und die Anerkennung dieser Form der Arbeitsteilung (vgl. Müttermanifest 1987:3f.).

Obwohl das Müttermanifest kurz vor der Bundesdelegiertenkonferenz im Mai 1987 veröffentlich wurde und sofort in den frauenpolitischen Gremien eine Protestwelle auslöste, wurde es auf der Ebene der Gesamtpartei niemals diskutiert und damit auch nicht zum Gegenstand eines politischen Beschlusses, obwohl zu den Erstunterzeichnerinnen auch prominente grüne Frauen gehörten.[36] Aus diesem Grund gab es auch keine explizite Ablehnung dieses inoffiziellen Positionspapiers durch eines der zentralen Gremien der Partei, und der Streit wurde damit in die frauenpolitischen Gremien zurückverlagert. Der Beschluss über einen Antrag der Manifest-Frauen bei der Bundesdelegiertenkonferenz 1987 in Dortmund installierte jedoch ein neues Gremium: Die Bundesarbeitsgemeinschaft »Frauen« wurde um eine Unter-Arbeitsgemeinschaft »Mütter« ergänzt, nach dem sich die BAG-Frauen und andere Frauenpolitikerinnen gegen die Einrichtung einer parallelen BAG »Mütter« erfolgreich gewehrt hatten.

ökologischen, zukunftsweisenden Emanzipationsbegriff zu führen. Eine Reduktion von Frauenperspektiven auf Quotierung und das Recht auf Abtreibung wird diesen Dimensionen und Erfordernissen in keiner Weise gerecht. Ebenso ungenügend ist es, Politik für Mütter allein am Maßstab der Überwindung der geschlechtsspezifischen Arbeitsteilung zu messen. Da sich diese nur zäh verschiebt, ist zumindest ein dialektisches Verständnis notwendig: erst eine Stärkung von Müttern in ihrer Ausgangsposition kann eine Basis für konstruktive Annäherung sein. Letztlich geht es darum, ein Emanzipationsbild zu entwickeln, in dem die Inhalte traditioneller Frauenarbeit, d.h. die Versorgung von Personen, Wahrnehmung sozialer Bezüge, Hinterfragung von so genannten ›Sachzwängen‹ als legitime Werte integriert sind und entsprechend wertemäßig sozial, politisch, finanziell anerkannt werden. Die Grundfrage der Wertigkeit von Arbeit, d.h. welche Arbeit in der Gesellschaft zu welchem Status, welchen Sicherungen verhilft, ist neu zu stellen.« (Müttermanifest 1987:2)

36 Zu den Erstunterzeichnerinnen gehörten die Bundestagsabgeordneten Antje Vollmer und Christa Nickels sowie Gisela Erler und Monika Jaeckel vom Deutschen Jugendinstitut in München.

Dieser Grundsatzstreit schlug sich in der Fraktionsarbeit nieder, als zwei Bundestagsabgeordnete konkurrierende Vorschläge zum Elternurlaub vorlegten. Während Marieluise Beck mit ihrem Modell der »Elternkurzarbeit« den Ideen folgte, die im Arbeitszeitgesetz und im wirtschaftspolitischen »Umbau-Programm« von 1986 formuliert waren, orientierte sich Jutta Oesterle-Schwerin mit ihrem Modell eines »Kinderbetreuungsgeldes« an den Forderungen der Manifest-Frauen. Beim »Bonner Forum« der Grünen im Mai/Juni 1988 diskutieren Expertinnen aus Sozialwissenschaften, Gewerkschaften und Frauengruppen die frauen- und familienpolitischen Strategien der Grünen, bei dem als drittes das Modell der Bremer Sozialwissenschaftlerinnen Birgit Geissler und Birgit Pfau zur Diskussion stand (Geissler/Pfau 1989).

Becks Vorschlag zielte auf die Einführung eines Rechtsanspruchs und gleichzeitiger Verpflichtung zu einer Arbeitszeitverkürzung für beschäftigte Eltern mit Kindern bis zu zwölf Jahren. Der Lohnausfall sollte durch eine »steuerliche Umverteilung« und Mehrbelastung der Arbeitgeber finanziert werden. Vorgesehen war außerdem, diese Maßnahme durch die Ausweitung der Öffnungszeiten von Kinderbetreuungseinrichtungen zu ergänzen.[37] Die Ziele des Vorstoßes waren, die Erwerbsbindung der Frauen auf Vollzeitarbeitsplätzen zu erhalten, Frauen gegen die zunehmende Flexibilisierung der Arbeitsformen und die zunehmende Arbeitslosigkeit zu schützen, deutliche Anreize zu setzen für die Beteiligung der Männer an der Familienarbeit durch die Arbeitszeitobergrenze von sechs Stunden täglich und die Gewährleistung der Kinderbetreuung in öffentlichen Einrichtungen. Dieser Vorschlag wurde – erwartungsgemäß – stark kritisiert, weil er sich an den erwerbstätigen Frauen orientierte und Hausfrauen benachteiligte.[38] Der Kern des Vorschlags von Oesterle-Schwerin war die Einführung eines Kinderbetreuungsgeldes von 2000 DM, das unabhängig vom Erwerbsstatus und dem Einkommen der Eltern gezahlt werden, aber auf dritte Personen übertragbar sein sollte. Damit sollte der erziehenden Person eine finanzielle Unabhängigkeit ermöglicht und die Wahl zwischen Eigenbetreuung und Betreuung durch Dritte eröffnet werden. Durch die Investition des Betreuungsgeldes in Betreuungseinrichtungen könnten außerdem Arbeitsmarkteffekte erzielt und existenzsichernde Beschäftigung für Tagesmütter geschaffen werden. Betont wurde außerdem der Gerechtigkeitsaspekt, nach dem die Kinderbetreuung durch die Eltern unabhängig von dem Erwerbseinkommen mit

---

37 Birgit Meiners (1987) »6+6=12. Teilzeit, Vollzeit, starre Zeit, verkürzte Zeit, flexible Zeit. Und allerhöchste Zeit, dass Männer und Frauen bei der Arbeit halbe-halbe machen.« ohne Angabe des Zeitschriftentitels (Dokumenation Grünes Archiv).

38 Einwände wurden vor allem von Christa Nickels (MdB) vorgetragen, die den Emanzipationsentwurf der grünen Frauen mit seiner Ausrichtung auf die Erwerbsarbeit als zu »eng gefasst« sah (vgl. Die Tageszeitung v. 2. Juni 1988, »Per Gesetz zur Hausarbeit verdonnern« [Charlotte Wiedemann]).

der gleichen Summe anerkannt werden sollte.³⁹ In ihrem Vorschlag sah Oesterle-Schwerin die Realisierung »echter Wahlfreiheit« und ignorierte damit die Erkenntnis, dass eine solche Regelung nicht die Anreize für Frauen vermindern würde, sich vom Arbeitsmarkt zurück zu ziehen.⁴⁰ Vielmehr rechnete sie damit, dass »das Bedürfnis nach Berufstätigkeit – wie alle diesbezüglichen Studien belegen – jedoch größer ist als der Wunsch nach einer traditionellen Hausfrauentätigkeit« und »das Betreuungsgeld von der Mehrheit der Frauen nicht zu einer, langfristig äußerst riskanten, Flucht ins Private« genutzt würde.⁴¹ In dem Gutachten von Geissler und Pfau wurde das Recht auf sozial abgesicherte und mit einem teilweisen Lohnausgleich auszustattende Teilzeitarbeit für alle Erziehenden gefordert, die über eine Elternversicherung nach schwedischem Vorbild finanziert werden sollte.⁴² Unterschiedliche Ansichten bestanden somit über die Voraussetzung der Erwerbstätigkeit für den Bezug des Betreuungsgeldes, über die Rolle von Teilzeitarbeit und die Finanzierungsform eines Kinderbetreuungsgeldes.

Über diese Grundsatzfragen wurde letztendlich in einer Bundesdelegiertenkonferenz zu Gunsten des Modells der »freien Entscheidung zwischen den Partnern« entschieden (Beck 1996). Im November 1990, kurz vor dem Ende der 11. Legislaturperiode, brachten die Grünen den Entwurf eines »Gesetzes zur Freistellung und Reduzierung von Erwerbsarbeitszeit für Erziehende (Elternfreistellungsgesetz – EFG)« ein, in dem das Recht auf Reduzierung der Arbeitszeit wegen Betreuung eines Kindes unter 12 Jahren eine bezahlte Freistellung von bis zu drei Jahren mit dem Recht auf Rückkehr auf einen Vollzeitarbeitsplatz gefordert wurde. Finanziert werden sollte die Lohnersatzleistung durch eine Elternversicherung.⁴³ Damit hat sich diejenige Gruppe der Frauen durchgesetzt, die eine für alle gleichermaßen veränderte Form der Erwerbsarbeit als einzigen Weg zu gesellschaftlicher Anerkennung, Gleichstellung und Teilzeitarbeit in geschützter Form als einen notwendigen

---

39 Vgl. hierzu Jutta Oesterle-Schwerin 1988, »Betreuungsgeld – Lohnersatz oder Lohn für Betreuungsarbeit?« in Kommune Nr. 7/1988, S.4–5. Für einen Vergleich der Modelle s.: Petra Künkel »Bezahlte Elternarbeit – eine tückische Diskussion«, Teil I + II, in Landesmitgliederrundbrief SH Nr. 5 und 6 1988.

40 Im Mai 1988 lagen bereits mindestens drei offizielle Berichte über negative Wirkungen des Mutterschaftsurlaubsgesetzes auf die Erwerbstätigkeit von Frauen vor: Der »Bericht über die Inanspruchnahme des Mutterschaftsurlaubs in den Jahren 1979–1981« (BT-Drs. 10/5327, v. 4/1986), der »Bericht über den Mutterschaftsurlaub in den Jahren zwischen 1981 bis 1985« (BT-Drs. 11/2329 v. 18.5.1988) und die Antwort der Bundesregierung auf die Große Anfrage der SPD »Probleme der beruflichen Wiedereingliederung nach Zeiten der Kindererziehung« (BT-Drs. 11/2369, v. 25.5.1988).

41 Jutta Oesterle-Schwerin, 1988 »Betreuungsgeld- Lohnersatz oder Lohn für Betreuungsarbeit?« in Kommune Nr. 7/1988, S. 5.

42 Vgl. zu dem Gesetzentwurf zur Teilzeitarbeit für Eltern Pfau-Effinger/Geissler (1989).

43 Vgl. BT-Drucksache 11/8423 v. 7. 11.1990, Gesetzentwurf der Grünen.

Kompromiss betrachtet, aber im Hinblick auf die Finanzierung konsequent auf eine Umverteilung zu Gunsten erwerbstätiger Eltern setzt und diesen schließlich um die private Betreuung durch öffentliche Kindertagesbetreuung ergänzt sehen möchte. Dazu sollte die Zusammenarbeit mit den Ländern angeregt werden.[44]

Die Politik der Kleinen Schritte in der 12. und 13. Legislaturperiode

Der parteiinterne Streit um die Formulierung eines eigenen Gesetzentwurfes erscheint im Rückblick selbstvergessen – vor dem Hintergrund der politischen Ereignisse im Jahr 1990. Zudem hat die insgesamt eher kritische Haltung der westdeutschen Grünen die WählerInnen bei der ersten gesamtdeutschen Wahl abgeschreckt, so dass nur die ostdeutsche Listenverbindung aufgrund einer Sonderregelung in der 12. LP im Bundestag vertreten war. Erst mit dem Wiedereinzug in den Bundestag 1994 ergaben sich für die Grünen neue Möglichkeiten für die Fortentwicklung ihrer politischen Position zur Vereinbarkeit von Erwerbs- und Familienarbeit. Die deutsche Wiedervereinigung hatte die Rahmenbedingungen für den Umbau der Sozialversicherungssysteme inzwischen jedoch grundlegend verändert und die Finanzierung einer zusätzlichen Lohnersatzleistung unmöglich gemacht (Beck 1996:5).

Das Wahlprogramm von 1994 war in familienpolitischer Hinsicht eher dünn: Die Hauptthemen waren die Gewalt gegen Kinder und der Umbau des Steuersystems mit der Ersetzung des Ehegattensplittings durch einen besseren Kinderlastenausgleich. Insgesamt wurde von der Bundestagsfraktion – die Grünen waren mit 7,3% der Sitze nun die drittgrößte Fraktion geworden – eine »Strategie der kleinen Schritte« eingeschlagen. Die parlamentarischen Aktivitäten der Grünen orientierten sich dabei eng an der bestehenden Regelung, ohne sie in ihrer Grundkonzeption in Frage zu stellen. Zu den grünen Forderungen gehörten

- eine Flexibilisierung des Erziehungsurlaubs, die es Eltern ermöglicht, Freistellungen, auch teilzeitige, bis zum 12. Lebensjahr des Kindes in Anspruch zu nehmen,

---

44 In Hessen wurde 1991/92 unter der rot-grünen Koalition das »Sofortprogramm Kinderbetreuung« entwickelt, das Starthilfen für kleine freie, gemeinnützige Träger und Elterninitiativen bieten sollte. Der entsprechende Haushaltsposten wurde von 102 Mio. 1991 auf 115 Mio. DM 1992 erhöht. Zeitgleich wurde auf Bundesebene allerdings die Verlängerung des Erziehungsurlaubs auf drei Jahre und die Bezugsdauer des Erziehungsgelds von 18 auf 14 Monate (ab 1993) beschlossen, wodurch wiederum Mittel gebunden wurden, die nach Auskunft der Staatssekretärin im Hessischen Ministerium für Jugend, Familie und Gesundheit, Brigitte Sellach, für den weiteren Ausbau der Kinderbetreuung fehlen würde. Dennoch erreichte Hessen in der Statistik von 1994 die Spitzenposition unter den Flächenstaaten bei den regionalen Versorgungsquoten im Kinderkrippenbereich.

- die Gewährung eines bundeseinheitlichen Erziehungsgeldes für die gesamte Dauer des Erziehungsurlaubs,
- die Erhöhung der Einkommensgrenzen für die Gewährung des Erziehungsgeldes,[45]
- die rentenrechtliche Anerkennung der Freistellung mit 100% des Durchschnittwerts aller Versicherten anstatt von 75% sowie die Möglichkeit der Akkumulation mit während dieser Zeit selbst erworbenen Ansprüchen,
- die Beibehaltung der Vereinbarkeit des gleichzeitigen Bezugs von Erziehungsgeld und Arbeitslosenhilfe.

Kompromissvorschläge der SPD, wie etwa die Budgetierung des Erziehungsurlaubs, lehnte die neue frauenpolitische Sprecherin, Rita Grießhaber, als »Beschleunigungsprämie« ab. Weitergehende Forderungen, wie etwa den Einsatz der für das Erziehungsgeld vorgesehenen aber eingesparten Mittel, die Finanzierung einer Lohnersatzleistung aus einer Begrenzung des Ehegattensplittings und die verbindliche Teilung des Erziehungsurlaubs nach schwedischem Vorbild wurden nicht in konkrete Forderungen umgesetzt.[46] Schließlich setzte sich auch bei den Grünen die Einsicht durch, dass eine bessere Finanzierung der Elternfreistellung nicht durchsetzbar sei. Nach Ansicht der früheren frauenpolitischen Sprecherin gehörte »ein Elternzeitmodell mit so weit reichendem finanziellen Ausgleich wie das alte ›Zeit und Geld für Kinder‹ angesichts der allgemeinen ökonomischen Lage wohl eher in das Reich der Träume«, (Beck 1996: 5). Auch die aktuelle Sprecherin beklagte zwar die geringe Höhe des Bundeserziehungsgeldes, gab die Forderung nach einer Lohnersatzleistung jedoch auf und bekundete damit die Abkehr von der langjährigen frauenpolitischen Umverteilungsstrategie, die die grüne Frauenpolitik bisher geprägt hatte. Interessanterweise begründete sie diesen Positionswandel mit der Erkenntnis, dass ein emanzipatorischer Effekt von einer Lohnersatzleistung sowieso nicht zu erwarten sei:

»Eine Möglichkeit, die immer wieder diskutiert wird, ist, vom ideologisch betrachteten Erziehungsurlaub zum Elternurlaub mit Ausgleichsleistungen für Lohnverlust überzugehen. Die Realisierungschancen eines solchen Vorhabens in Zeiten allgegenwärtiger Streichkonzerte sind gering. In Schweden, wo sich diese Leistung am Krankengeld orientiert, ist sie von anfänglich 90% des letzten Lohnes inzwischen auf 75% gekürzt und der Schritt zu 60% schon im Gespräch. Das

---

45 Am 12. Oktober 1995 richteten die Grünen eine Kleine Anfrage an die Bundesregierung zum Anteil der Eltern, die ungemindert Erziehungsgeld erhalten und zum Umgang der Bundesregierung mit der geringen Beteiligung von Vätern (1987 erhielten 83,6%, 1994 56,3% und 1996 nur noch 50% der anspruchsberechtigten Familien den vollen Betrag, vgl. BT-Drs. 13/2692 v. 12.10.1995).

46 In einem Papier beklagt die frauenpolitische Sprecherin die mangelnde finanzielle Entlastung der Familie und die indirekte »Einsparung« von 1 Mrd. DM durch das Einfrieren der Einkommensgrenzen sowie die mangelnde Beteiligung der Väter (Bundestagsfraktion Bündnis 90/Die Grünen 1996: 39).

Beispiel Schweden zeigt auch, dass selbst Lohnersatzleistungen die Männer nicht in Scharen an Wickeltische und Hausaufgabenbetreuung locken: Der Elternurlaubsanteil der Väter liegt bei bescheidenen 5–8%. Umso bedauerlicher ist es, wenn selbst Verbesserungen, die kein Geld kosten, wie die Einführung eines Zeitkontos, von der Regierung abgelehnt werden....« (Grießhaber 1996:41f.).

In der 13. LP befinden sich die Grünen weitgehend in einer frauenpolitischen Defensive, wobei die Gründe für die fehlende Durchsetzbarkeit frauenpolitischer Anliegen in den bestehenden Strukturen und dem mangelnden Verständnis der männlichen Politiker für die Lebenssituation von Frauen gesehen wurden. [47]

8.2.4 Die Öffnung des Paradigmas: Der Umbau der Geschlechterrollen

Die internen Prozesse bei der Entwicklung der Gesetzentwürfe erscheinen typisch für die Geschichte und Strukturen der Grünen. Zu den zentralen Momenten gehören hier die Übereinstimmung über grüne Grundwerte in allen Politikbereichen, die Offenheit für Grundsatzkonflikte und deren Austragung auf Kosten politischer Effizienz sowie die Einbeziehung von Positionen politischer Basisgruppen, hier insbesondere der Frauengruppen. Dementsprechend veränderlich ist auch das Paradigma der grünen Frauen- und Familienpolitik. Ausgehend von einem Modell, das konsequent auf die gleiche Teilhabe von Frauen und Männern an der Erwerbs- und der Familienarbeit setzte, werden in den achtziger Jahre konservative Strömungen stark, die eine gleiche Anerkennung der Betreuungsarbeit fordern. Der anfangs unumstrittene Konsens über die konsequente Förderung der Frauenerwerbstätigkeit und den Umbau der Geschlechterrollen bricht damit auf und erweist sich auch nach der Beilegung des Streits um das Müttermanifest als nicht mehr durchsetzbar. Vielmehr ist auch die grüne Frauenpolitik in der 13. Legislaturperiode von der Auffassung geprägt, dass eine frauenpolitisch motivierte Umverteilung nicht (mehr) durchsetzbar ist, dass nur das Angebot eines Erziehungsgeldes an alle Frauen die Wahlfreiheit gewährleisten würde und dass gesellschaftliche Strukturen insgesamt die Durchsetzung frauenpolitischer Anliegen erschweren. Das Müttermanifest war insofern erfolgreich, als es die Aufweichung des emanzipatorischen frauenpolitischen Paradigmas der Gleichstellung von Frauen und Männern betrieben hat und differenztheoretischen (und gesellschaftlich damals hegemonialen) Positionen innerhalb der Grünen Anerkennung verschaffte. Das Schwinden des Steuerungsoptimismus', der noch die Anfangsjahre der frauenpolitischen Auseinandersetzungen geprägt hatte, trug außerdem dazu bei, dass klare frauenpolitische Positionen nicht mehr vehement vertreten wurden.

---

47 Vgl. das Plenarprotokoll der 160. Sitzung des Bundestages, BT-Drs. Nr. 13/160, S. 14452B.

8.3 Die Reform des BErzGG als rot-grünes Reformprojekt

Das Wahlprogramm zur Bundestagswahl 1998 erschien schließlich wie eine Hommage an frühere Zeiten: Die Lebensentwürfe von Frauen sollen als Maßstab für die Gestaltung der Arbeit und den Umbau der Sicherungssysteme dienen. Das neue Leitprinzip, die »Möglichkeit und Befähigung zur Selbstbestimmung der Einzelnen« und das Bekenntnis, dass »solidarische Politik mehr [ist] als reine Fürsorge« (Bündnis 90/Die Grünen 1998), rückt normativ an eine fast (wirtschafts-)liberale Interpretation des Sozialstaats. Komplementär dazu liest sich die erneut im Wahlprogramm 1998 enthaltene Forderung nach der bedarfsorientierten Grundsicherung, die seit den achtziger Jahren zu den zentralen sozialpolitischen Anliegen der Grünen gehörte (vgl. Gohr 2001). Der Familienlastenausgleich soll durch die Einführung eines einheitlichen Kindergeldes und die Einführung eines Freibetrages für Kinderbetreuungskosten verbessert werden. Des Weiteren wird der Ausbau der Kinderbetreuung für Kinder unter drei Jahren gefordert. In das Wahlprogramm werden außerdem die Neugestaltung des Elternurlaubs durch die Möglichkeit eines Zeitkontos und der Ausbau des Erziehungsgeldes zu einer »Existenzsicherung«, die über dem Erziehungsgeld liegen sollte, gefordert. Zusätzlich zu dem Wahlprogramm benannten die Grünen neun Reformprojekte, darunter unter der Überschrift »Ein Bündnis für Arbeit« eine arbeitsmarktpolitische Strategie, die auf die Umverteilung von Arbeit und die Förderung von Teilzeitarbeit setzte. In der Frauenpolitik wurde die Möglichkeit verkürzter Arbeitszeiten mit Rückkehroptionen sowie die Rücknahme von Verschlechterungen für Frauen durch das Arbeitsförderungsreformgesetz gefordert.

8.3.1 Das Scheitern bei der Einführung »harter« Rechtsansprüche

Beim Antritt der rot-grünen Koalition wurde Irmingard Schewe-Gerigk alleinige frauenpolitische Sprecherin. Sie war an den Beratungen um den Gesetzentwurf beteiligt und koordinierte die Abstimmung mit der SPD. Des Weiteren versuchte sie, durch Gespräche mit Unternehmensverbänden und Frauenbeauftragten in großen Unternehmen für die grünen Ideen, insbesondere die Flexibilisierung des Erziehungsurlaubs, zu werben. Dabei waren die nächsten KooperationspartnerInnen die SPD-Frauenpolitikerinnen, während die Arbeitsbeziehungen mit den Gewerkschaftsfrauen nicht besonders weit entwickelt waren. Zu den Grundüberzeugungen der frauenpolitischen Sprecherin gehörte zum einen die Ansicht, dass der Staat verantwortlich für die Schaffung der Rahmenbedingungen sei, so dass die Vereinbarung von Beruf und Familie möglich wird und auch die Männer in die Lage versetzt würden, mehr Verantwortung übernehmen. Zudem sei die Elternfreistellung grundsätzlich durch »eine qualifizierte, flächendeckende, gute Betreuung, die auf die Bedürfnisse der Eltern abgestellt ist« zu ergänzen (Interview Grüne 1). Vor diesem Hintergrund fällt die Bewertung der Reform gemischt aus.

Ein zentrales Anliegen der Grünen war die mögliche Inanspruchnahme des dritten Jahres bis zum 12. Lebensjahr des Kindes. Der Entwurf der Bundesregierung orientierte sich schließlich an den Vorgaben der europäischen Richtlinie zum Elternurlaub und wollte die Verschiebung eines Teils des Erziehungsurlaubs nur bis zum 8. Lebensjahr ermöglichen. Die Grünen setzten sich außerdem für die Festschreibung eines Anspruchsrechts ein, was die gesetzliche Verankerung einer einjährigen Freistellung von Eltern mit Kindern unter acht Jahren bedeutet hätte. Die rechtliche Verbindlichkeit, die sich aus einer gesetzlichen Regelung ergeben hätte, scheiterte an wirtschaftspolitischen Interessen. Der Interessenkonflikt wurde schließlich durch die Intervention des Wirtschaftsministers und ein Machtwort des Kanzlers entschieden.[48] Diese nun unverbindliche Regelung war aus der Sicht der Grünen eine der Unzulänglichkeiten des neuen Gesetzes.

Als ein großer Erfolg der Neuregelung galt hingegen die verbesserte Möglichkeit zur Teilzeitarbeit. Damit hat sich das Leitbild der Elternzeit wiederum grundsätzlich verändert, so dass schließlich das alte Anliegen, die »Stärkung insbesondere der Väter, aber auch der Mütter, eine partnerschaftliche Aufteilung der Familienarbeit« zu erzielen, realisiert wurde. Auch allein Erziehenden würde durch die Neuregelung ermöglicht, ihre Existenz eigenständig abzusichern. Als »ein herber Rückschritt« (Interview Grüne 1) wurde allerdings die Beschäftigtengrenze gesehen, die ein Großteil der Unternehmen von dem Rechtsanspruch auf Teilzeitarbeit ausschließt. Allerdings standen nur zwei Alternativen zur Auswahl: der Vorschlag im Entwurf, die Grenze auf 15 Beschäftigte festzulegen und der Vorschlag des Wirtschaftsministeriums, die Grenze auf Vorschlag der Handwerkskammer auf 50 Beschäftigte anzuheben. In der zweiten Lesung des Entwurfs im Bundestag betont die frauenpolitische Sprecherin dennoch den Kompromisscharakter der vereinbarten Regelung, denn als Beschäftigtengrenze sollten nun – anders als beim Geltungsbereich des Kündigungsschutzes – Personen unabhängig von ihrem Stundenumfang gezählt werden und zudem 2004 eine Evaluierung des Rechtsanspruchs vorgenommen werden, um die Probleme bei der Umsetzung des Rechtsanspruchs zu erfassen (vgl. Bundestagsprotokoll 14/115 v. 7. Juli 2000:10947D).[49]

---

48 Unklar ist, ob der Kanzler die Forderung nach dem flexiblen dritten Jahr wohl richtig verstanden hat und sie aufgrund eines Missverständnisses rundheraus ablehnte (Interview Grüne 1).

49 Der Bericht der Bundesregierung wurde im Sommer 2004 vorgelegt und betont, dass die Durchsetzung des Rechtsanspruchs zu einer geringen Klagequote geführt habe (BT-Drs. 15/3400: 43). Allerdings wird auch deutlich gemacht, dass die geringe Zahl der Auseinandersetzungen auch auf fehlende Informationen oder bewusste Nicht-Inanspruchnahme durch die Beschäftigten zurückgeführt

Die individuelle Arbeitszeitreduzierung, wie sie schließlich in den Entwurf aufgenommen wurde, war dagegen ein dringendes Anliegen der Grünen, die wie der DGB die Kontingentierung auf 60 Stunden für beide Eltern ablehnten. In der beschlossenen Form versprach die neue Regelung trotz der Einschränkung, zusammen mit dem Teilzeit- und Befristungsgesetz, das einen Rechtsanspruch auf Teilzeitarbeit sowie die Rückkehroption auf einen Vollzeitarbeitsplatz vorsieht, ein »guter Einstieg« (Interview Grüne 1) in eine bessere Aufteilung der Erwerbs- und der Hausarbeit und damit einer der großen Erfolge rot-grüner Gesellschaftspolitik zu sein.

8.3.2 Die Aufgabe des Ziels der Lohnersatzleistung

Die geringste Zufriedenheit dürfte bei den Grünen im Bereich der Existenzsicherung während der Elternzeit erzielt worden sein. Schon oben wurde angedeutet, dass die Forderung nach einer Lohnersatzleistung in der 12. und 13. Legislaturperiode ihre Dringlichkeit verloren hatte, so dass diese Forderung im Wahlprogramm von 1998 nur noch in abgeschwächter Form erschien und in der Koalitionsvereinbarung dann aufgegeben wurde. Aus der Sicht der neuen frauenpolitischen Sprecherin war die Forderung nach einer Lohnersatzleistung gegenüber dem großen Koalitionspartner nicht durchzusetzen gewesen, und zudem befand sich die frauenpolitische Sprecherin mit der Forderung der Lohnersatzleistung in einer Minderheitenposition innerhalb der grünen Bundestagsfraktion. Vielmehr hätte es Erwägungen einzelner Abgeordneter aus den beiden Regierungsparteien gegeben, die Ausgaben für das Erziehungsgeld gänzlich einzusparen, weil man der Meinung war, dass durch die Erhöhung des Kindergeldes und die Einführung der Betreuungsfreibeträge die Kinderbetreuung doppelt finanziert würde. Zudem erschien die Tatsache, dass das Erziehungsgeld als einzige staatliche Leistung nicht auf die Sozialhilfe angerechnet würde, als unverständlich. Die Aussicht auf den politischen Schaden, der durch die Abschaffung des Erziehungsgeldes angerichtet worden wäre, erstickte letztlich jedoch diese Überlegungen. In Diskussionsforen auf der Parteiebene war zuvor der Versuch unternommen worden, eine Lohnersatzleistung mit Zuschüssen der Bundesanstalt für Arbeit nach Vorbild der Altersteilzeitregelung zu entwickeln, bei der wie bei den früheren Anträgen beschäftigungspolitische mit vereinbarkeitspolitischen Zielsetzungen verknüpft werden sollten (Interview Grüne 1). Allerdings

---

werden kann. Die Mehrheit der Fälle, in denen Beschäftigte gegen die Geltendmachung »dringender betrieblicher Gründe« klagen, wird jedoch mit einem Vergleich, d.h. der Auflösung des Arbeitsverhältnisses unter Zahlung einer Abfindung entschieden (ebd. 83ff.).

erwies sich dieser Vorschlag bei der Entwicklung des Wahlprogramms als nicht mehrheitsfähig. Vermutlich hätte aber auch der Bundesvorstand von Bündnis 90/Die Grünen dieses Thema nicht mitverhandelt. Die Aufgabe der Forderung nach einer Lohnersatzleistung wurde schließlich – wie schon in der 13. LP – mit den hohen Kosten begründet. Ähnlich wie beim DGB und der SPD – wurden damit auch bei Bündnis 90/Die Grünen die frauenpolitischen Forderungen der vermeintlich höheren Rationalität der Kostendämpfung untergeordnet. Vor allem in dieser Frage vermissten die grünen Frauen Verbündete, etwa aus dem DGB. Bei den Grünen entstand der Eindruck, dass sich dem DGB die Einmischung aufgrund der engen politischen Beziehungen zur Bundesregierung verbat. Immerhin konnten die Grünen eine Erhöhung der Kinderfreibeträge bei der Berechung des Erziehungsgeldes erreichen, die gestaffelt in Kraft treten sollte (vgl. dazu Tabelle 2.2.).

Ein paradigmatischer Wandel durch die Reform wird immerhin in der Einführung der Budgetierung gesehen, die noch in der 13. LP von den Grünen abgelehnt worden war. Von der Forderung nach einer dreijährigen vollfinanzierten Freistellung wird damit endgültig Abstand genommen zugunsten einer teilzeitigen oder kurzzeitigen, ergänzt durch den Ausbau von Kinderbetreuungseinrichtungen und der finanziellen Förderung durch einen verbesserten Familienlastenausgleich. Allerdings wird die schnelle Rückkehr nicht als das Ziel dieser Maßnahme im Sinne der Erreichung einer engeren Erwerbsbindung genannt, sondern die Schaffung eines Ausgleichs für eine verkürzte Freistellung.

8.3.3 Die Radikalisierung des Vereinbarkeitsproblems: Vom Kindeswohl zum Kindesrecht

Während die Partei mit dem Verzicht auf die Forderung nach einer Lohnersatzleistung von der Umverteilung zwischen Männern und Frauen schleichend Abschied nimmt, entwickelt sich ein neuer Maßstab, an dem sich eine gesellschaftliche Umverteilung orientieren soll: der Bedarf der Kinder. Mit dem Konzept der »Kinderpolitik« wird eine radikale Sichtweise eingenommen, die das Kindeswohl ins Zentrum politischer Zielsetzungen rückte. Anders als im christdemokratischen Diskurs werden dabei aber nicht die psycho-soziale Unversehrtheit (die mit der Forderung nach Betreuung durch die Mutter verknüpft ist), sondern die sozialen Rechte des Kindes als eigenständiger Staatsbürger zur Messlatte politischer Maßnahmen erhoben und daher der Schutz vor Gewalt, das Sorge- und Kindschaftsrecht und die

Existenzsicherung für Kinder thematisiert (vgl. dazu Kapitel 3).[50] Von den Grünen wurde schon in der Bundestagsdebatte 1990 anlässlich der Verlängerung des Erziehungsurlaubs eingefordert, sich in Fragen des Anspruchsrechts an den Bedürfnissen des Kindes zu orientieren.[51] Damit stand nicht mehr die Erwerbstätigkeit der Mütter und die finanzielle Anerkennung der Erziehungsleistung oder die geschlechtsspezifische Arbeitsteilung im Vordergrund: Zum Fokus wurde vielmehr die Existenzsicherung des Kindes und dessen Recht auf Betreuung. Das bedeutete zwar nicht, dass frauen- oder familienpolitische Forderungen, z.B. nach einem existenzsichernden Erziehungsgeld, gänzlich verschwinden: Noch im Wahlprogramm für 2002 wird die Prüfung des schwedischen Modells der Elternversicherung angekündigt (Heinrich-Böll-Stiftung 2001:65; Bündnis 90/Die Grünen 2002c:46). Der politische Diskurs auf der Ebene der Fraktion und des Parteivorstandes ist jedoch stärker von dem neuen Konzept der Kinderpolitik als von den alten Forderungen nach Lohnersatzleistungen geprägt.[52]

Als zweite Quelle dieses Konzeptes erweist sich die Diskussion um die Grundsicherung, die sich seit Mitte der achtziger Jahren bei den Grünen entwickelt (vgl. dazu ausführlich Gohr 2002:22). Angeregt durch die Entscheidung des Bundesverfassungsgerichtes von 1998, die die steuerliche Freistellung des Existenzminimums von Kindern und somit die Reform des Familienlastenausgleichs notwendig machte, wird die Existenzsicherung für Kinder zu einem zentralen politischen Thema für die Grünen. Die Bundestagsabgeordnete, die den Vorschlag der Grundsicherung für Kinder einbringt, Ekin Deligöz, ist gleichzeitig die Vorsitzende der Kinderkommission des Deutschen Bundestages und sozialpolitische Sprecherin der grünen Fraktion.[53] Wichtigstes Ziel ist die Bekämpfung von Kinderarmut als

---

50 Diese Sichtweise wird weit gehend von der sozialdemokratischen Familienministerin Christine Bergmann geteilt: »...was für uns [die] Grundlage der Kinderpolitik ist, ist der Ausgangspunkt, dass Kinder eigenständige Persönlichkeiten und nicht nur als Teil der Familie zu begreifen sind. Natürlich spielt die Familienpolitik hier eine erhebliche Rolle, aber wir sehen Kinder auch als Persönlichkeiten mit eigenen Rechten. Wir versuchen, aus der Perspektive der Kinder zu denken und die Bedingungen zu schaffen, dass Kinder diese Rechte wahrnehmen können ...« (Heinrich-Böll-Stiftung 2002a:6).
51 MdB Waltraud Schoppe, vgl. Deutscher Bundestag, Plenarprotokoll 11/215.
52 Vgl. dazu die Pressemitteilungen der Grünen vom 11.3.2002 »Kuhn: Die Grünen sind eine Lobby für Kinder«, vom 12.3.2002 »Lebensfeindliche Spießer auslachen« und vom 15.4.2002 »Grünes Kinderpapier: Mehr Geld für die Kleinsten«.
53 Die Kindergrundsicherung sah die Aufstockung des Kindergeldes in denjenigen Haushalten vor, in denen das Pro-Kopf-Einkommen unter dem Existenzminimum lag. Der Zuschlag konnte bis zu 200 DM betragen und sollte sich mit steigendem Einkommen reduzieren, um die Lücke zu füllen, die aus der Differenz zwischen der Höhe des Kindergeldes und dem veranschlagten Existenzminimum von 500 DM (ohne Wohngeld) ergab. Die Kosten der Grundsicherung wurden demnach auf 5,9

Voraussetzung für die Verbesserung der Lebenschancen für Kinder, »unterstützt also werden sehr kleine und prekäre Einkommensverhältnisse, nicht aber – wie bei anderen Grundsicherungsmodellen – mittlere oder gar höhere Einkommen« (Deligöz 2000). Diese vertikale Umverteilungsstrategie soll unter anderem durch einen Umbau des Steuersystems und die Abschaffung bzw. Begrenzung der Vorteile durch das Ehegattensplitting erreicht werden.

Das Thema, das anfangs die Partei entlang der Generationengrenze zu spalten schien,[54] wird auf dem grünen Parteitag zu einem zentralen Kapitel des neuen grünen Grundsatzprogramms (»Politik auf Kindernasenhöhe«) und zu einem der 12 neuen grünen Schlüsselprojekte (Bündnis 90/Die Grünen 2002b:71ff.; Heinrich-Böll-Stiftung 2002b). Auch im Wahlprogramm rückt das Problem der Vereinbarkeit von Familie und Beruf ins Zentrum der grünen Regierungspläne: Neben der Kindergrundsicherung wird die flächendeckende Einführung von Ganztagsschulen und der Ausbau bedarfsgerechter Kinderbetreuung gefordert, für die der Bund den Ländern und Kommunen jährlich 5 Mrd. Euro zur Verfügung stellen soll (Bündnis 90/Die Grünen 2002c:45ff.). Die alte grüne Forderung, das Ehegattensplitting und damit die »Subventionierung des Trauscheins« sukzessive einzuschränken, wird als Quelle für die Finanzierung dieser Aufgaben im Wahlprogramm ebenso wie im Grundsatzprogramm genannt. Doch obwohl es auch in der SPD entsprechende Meinungen gibt, wurde diese Idee schon bei der Koalitionsvereinbarung mit der SPD wieder aufgegeben.[55]

8.4 Bündnis 90/Die Grünen – ein frauen- und familienpolitisch lernfähiger Akteur?

Am Beispiel der Vereinbarkeitspolitik der Grünen wird deutlich, dass weder die normativen Grundpositionen noch die vorgeschlagenen Politik-Optionen über die Zeit stabil sind. Allmählich verändern sich auch die Grundkonzepte der Gleichheit und Gerechtigkeit, aber auch neue Politikinstrumente finden Eingang in die Programmatik der Partei. Diese Veränderungen sind zum Teil politischen Lernprozes-

---

Mrd. DM pro Jahr beziffert und sollten entsprechend dem Schlüssel in der Einkommenssteuerverteilung auf Bund, Länder und Gemeinden verteilt werden (Deligöz 2000).

54 Dem Antrag der Fraktion »Kinderfreundliche Gesellschaft für die erste Generation des 21. Jahrhunderts« brachten die BAG-Frauen und der Umweltminister Trittin zunächst Skepsis entgegen (vgl. Frankfurter Rundschau v. 8.3.2002, »Joschka entdeckt die Familie« [Vera Gaserow]).

55 Frankfurter Rundschau v. 15. Oktober 2002, »Beim Ehegattensplitting ziehen Grüne den Kopf ein« (Roland Bunzenthal).

sen zuzuschreiben, zum Teil kann dieser Wandel aber auch als Anpassung an das Konzept des hegemonialen Diskurses der »aktiven Staatsbürgerschaft« interpretiert werden (vgl. dazu Kontos 2000a).

8.4.1 Thematisierung und Zielformulierung: Extreme Sensibilität für sozialen Wandel

Im Bereich der Vereinbarkeitspolitik lancieren die Grünen in den achtziger Jahren erfolgreich eine zentrale Politikidee: die Verwirklichung von Geschlechtergleichheit in allen gesellschaftlichen Teilbereichen. Im Politikfeld der Vereinbarkeit von Beruf und Familie soll diese zum einen durch den Umbau des Normalarbeitsverhältnisses und zum anderen durch die konsequente Individualisierung von vormals familiengebundenen Anspruchsrechten realisiert werden. Bis zur Bundestagswahl 2002 blieb die Veränderung des Normalarbeitsverhältnisses ein implizites Ziel, auch wenn sich die Instrumente zu ihrer Realisierung allmählich veränderten. Auch die Forderung nach einer individuellen Anspruchsberechtigung bleibt als politisches Ziel der Grünen stabil: Konsequent wird über die rund zwanzig Jahre ihrer politischen Mitwirkung die Inanspruchnahme für Männer gefordert.

Wie die Darstellung der Organisationsstrukturen der Grünen gezeigt hat, ist die Partei offen auch für politische Anliegen, die von Nichtmitgliedern an sie herangetragen werden. Insbesondere die grünen Frauenstrukturen hatten lange Zeit den Anspruch, der politische Arm der autonomen Frauenbewegung zu sein (Biegler 2001; Karras 2002:53), auch wenn die Beziehungen zur autonomen Frauenbewegung sehr schnell brüchig geworden waren (Pinl 1988:91). Dennoch sind die Frauenstrukturen auch für Nicht-Parteimitglieder offen, und auch die Gründung des Bundesfrauenrats der Grünen ist eine neue Initiative für die Verstärkung der »Außenbeziehungen« zur frauenpolitischen *community* und die Öffnung nach außen. Damit bestätigt sich auch für die Gleichstellungspolitik, was Axel Honneth den Grünen im Allgemeinen bescheinigt, nämlich, dass die Grünen im größeren Maße und auf systematischere Weise als andere Parteien die aus dem sozialen Wandel entstehenden Konflikte verarbeiten:

»Diese Partei vertritt ja nicht im engeren Sinn sozial gebundene Interessen, sondern artikuliert normative Sensibilitäten und Empfindlichkeiten, die sich in Reaktion auf die Paradoxien der kapitalistischen Modernisierung herausgebildet haben. Die Tatsache, dass sie sich bei der Beantwortung der neuen Herausforderungen nicht auf parteigeschichtlich jahrzehntelang tradierte Werte berufen kann, zwingt sie geradezu zur immer neuen Aushandlung der politischen Reaktionen, die die Mehrheit der Mitglieder mit ihren moralischen Überzeugungen vereinbaren kann. Daher ist diese Partei, anders als die anderen Parteien, zum öffentlichen, manchmal auch sehr schmerzhaften Vollzug von Lernprozessen gezwungen, in denen sich wie in einem Brennglas die moralischen Konflikte in unserer Gesellschaft spiegeln; hier werden gewissermaßen vor aller Augen Dispute ausgetragen, die in den anderen Parteien entweder erst gar nicht geführt oder im Arkanbereich der Spitzengremien verhandelt werden.«[56]

Für die Bereiche der Arbeitszeitpolitik und der Frage der Individualisierung von Anspruchsrechten lässt sich dieses Verhalten beobachten. Betrachtet man jedoch die Konkretisierung der Programmziele der Vereinbarkeitspolitik, so zeigt sich zumindest am Beispiel der Lohnersatzleistung ein differenzierteres Bild.

8.4.2 Konkretisierung der Ziele: Bündnis 90/Die Grünen als lernende Organisation

Die grüne Partei erweist sich in der Analyse als eine Organisation, die sich für die Austragung von Grundkonflikten und die offene Diskussion von konkurrierenden Lösungen eignet. Wie der Streit um das Müttermanifest zeigt, ist der z.T. offene Streit um Inhalte Teil der politischen Kultur der Partei. Sachliche Auseinandersetzungen, auch über grundlegende Wertekonflikte, können sogar Priorität über die Strategiefähigkeit der Partei gewinnen, wobei der Streit um das Müttermanifest jedoch auf der Ebene der Frauenpolitikerinnen ausgetragen und kaum von der Gesamtpartei verhandelt wurde. Die Diskussion um die konkurrierenden Entwürfe für ein Elternfreistellungsgesetz zeigt außerdem, dass die Bereitschaft zum Lernen und zur Meinungsfindung selbst die Zeitabläufe und Konjunkturen politischer Durchsetzbarkeit (Ende der Legislaturperiode, Wiedervereinigung) außer Acht lässt. Aufgrund des programmatischen Stellenwerts der Gleichstellungspolitik kam es auch vor, dass frauenpolitische Vorlagen von der Fraktion akzeptiert werden, über die bei einer Diskussion kein Konsens hätte hergestellt werden können (Pinl 1988). Dies verleiht den Grünen eine einzigartige Offenheit für neue soziale Herausforderungen, auch wenn diese nicht unbedingt systematisch verarbeitet werden.

Wie ist die Entwicklung der grünen Programmpositionen in der Vereinbarkeitspolitik vor diesem Hintergrund zu bewerten? Hinsichtlich der Einbeziehung der Väter und der Arbeitszeitpolitik sind die Forderungen der Grünen konsistent und differenzieren sich über die Zeit weiter aus (vgl. Abbildung 8.1). Die Forderung nach Individualisierung von Freistellungsansprüchen wurde schon in den achtziger Jahren im Rahmen des Arbeitszeitgesetzes formuliert. Allerdings wurde nicht nur eine passive Gleichbehandlung, sondern mit dem Entwurf des »Vaterschutzgesetzes« und der Forderung nach der zwingenden Teilung der Elternfreistellung bald die stärkere Einbeziehung der Väter betont. Allerdings hatte nur die Forderung

---

56 »Zu öffentlichen Lernprozessen gezwungen. Axel Honneth im Gespräch über einen entwerteten Gerechtigkeitsbegriff der Grünen und ihren unterschätzten Reflexionssinn«, Frankfurter Rundschau, 21. September 2002.

nach der Individualisierung der Ansprüche Bestand bis zur Reform. Letztlich erweist sich ebenso die Vorstellung, auch dritte Personen außer den leiblichen Eltern sollten Erziehungsurlaub nehmen können, mit Ausnahme von Adoptionsfällen, als nicht durchsetzbar.

Abbildung 8.1: Realisierte und unrealisierte Programmpunkte von Bündnis 90/Die Grünen im Zeitverlauf

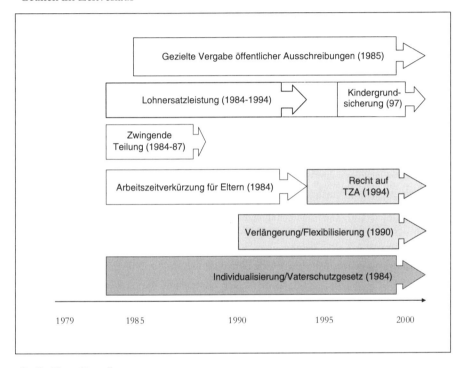

Quelle: Eigene Darstellung.

In der Arbeitszeitpolitik ist ein deutlicher Politikwandel zu beobachten. Wurde in den Entwürfen eines grünen Arbeitszeitgesetzes noch die allgemeine Arbeitszeitverkürzung mit Lohnausgleich gefordert, ging es im Vorfeld der Beratungen des Elternfreistellungsgesetzes um eine verpflichtende Elternkurzarbeit. Die Möglichkeit der Reduzierung der Arbeitszeit auf maximal 30 Stunden/Woche entspricht im Hinblick auf den Arbeitszeitumfang, der für Eltern vorgesehen ist, den grünen Vorstellungen; von der zwingenden Teilung hatten sich die Grünen schon früher verabschiedet. Auch wird die Verkürzung des Erziehungsurlaubs, anders als bei der SPD, abgelehnt und dafür die Flexibilisierung des Erziehungsurlaubs in Form eines Zeitkontos gefordert. Die Forderung nach der flexiblen Ausgestaltung des Erziehungsurlaubs kann durchaus als Ergebnis eines Lernprozesses betrachtet werden.

Die Probleme der Wiedereingliederung in die Erwerbstätigkeit nach der Unterbrechung wurden dabei jedoch kaum thematisiert.

Ein deutlicher Wandel in den grünen Positionen ist bei der sozialen Sicherung zu beobachten. Während die Lohnersatzleistung in den achtziger Jahren eine zentrale arbeitszeit- und frauenpolitische Forderung war, hatte dieses Anliegen in der 14. LP nur noch den Status einer programmatischen Floskel. Anstelle der bezahlten Elternfreistellung wurden nun vor allem die Existenzsicherung der einzelnen Familienmitglieder und die umfassende Betreuung auch von Kleinkindern gefordert. Der Maßstab für die gesellschaftliche Umverteilung war nicht mehr der Ausgleich von Nachteilen durch den Verzicht auf Erwerbstätigkeit, sondern der Ausgleich von finanziellen Nachteilen durch Kinder. Damit hat die Bekämpfung von Armut von Familien mit Kindern an relativer Bedeutung in den grünen Forderungen gewonnen. Die Forderung der finanziellen Anerkennung von Kindererziehungsleistungen und der Ausgleich von finanziellen Nachteilen der Eltern sind damit in den Hintergrund getreten.

Diese Verschiebung ist im Hinblick auf die grundlegenden Paradigmen als ein normativer Bruch in der Vereinbarkeitspolitik der Grünen zu verstehen. Das strikte Gleichheitsprinzip hinsichtlich der gleichen Teilhabe an existenzsichernder Erwerbsarbeit, das noch in den Entwürfen der achtziger Jahre enthalten war, ist einer Form der Gleichheit gewichen, nach der unterschiedliche Lebensentwürfe und die geschlechterspezifische Arbeitsteilung als gegeben anerkannt werden. Ausgeglichen werden soll nunmehr dort, wo sozialpolitischer *Bedarf* – und nicht mehr strukturelle Ungleichheit – diagnostiziert wird. In der Dimension der gesellschaftlichen Umverteilung zeigt sich die Tendenz, anstatt der Autonomie den Bedarf von Familienangehörigen zu betonen.

Dieser Wandel ist durch mindestens drei Faktoren bedingt. Zum einen haben die in den achtziger Jahren vorgetragenen differenzfeministischen Positionen der Manifest-Frauen ihre Spuren hinterlassen, so dass man konservativen Lebensentwürfen von Frauen nun sensibler und vorsichtiger begegnet und sie bei der Entwicklung von Programmpositionen stärker berücksichtigt.[57] Diese Veränderung der Strategie könnte durchaus mit einem politischen Lernprozess, hier: der Einsicht in die stärkere Berücksichtigung pluraler Lebensformen, erklärt werden. Möglicherweise steckt in diesem Wandel aber auch die Angst vor neuen Grundsatzkonflikten zwischen den frauen- oder sozialpolitischen Gruppen in der Fraktion. Mit diesem Politikwandel (die Aufgabe der Forderung nach einer Lohnersatzleistung) geriet schließlich auch die Erkenntnis der Feministinnen aus den achtziger Jahren aus dem

---

57 Zur Diskussion um die Anerkennung von Differenzen in der grünen Frauenpolitik vgl. (kritisch) Pinl 1993.

Blickfeld, dass es für die Gleichstellung von Frauen einer aktiven Förderung der Erwerbstätigkeit und damit auch bezahlter Freistellungsmöglichkeiten bedürfe. Die Reduzierung der materiellen Forderungen auf Leistungen, die vor Armut schützen sollen, zeigt, dass das Leitbild der erwerbstätigen Frau in der grünen Frauenpolitik seine dominierende Stellung verloren hat und auch das Modell des männlichen Brotverdieners in der jüngsten Phase der grünen Frauenpolitik nicht mehr unvereinbar ist mit der Forderung nach Geschlechtergleichheit. Insofern wurden die politischen Ziele der Geschlechtergleichheit nicht zugespitzt und konkretisiert, sondern es fand vielmehr umgekehrt die Öffnung des Ziels für verschiedene, zum Teil widersprüchliche Interpretationen statt. Dem Instrument der Lohnersatzleistung, das mit der Erwerbstätigkeit der Frauen verknüpft ist, wurde als programmatisches Ziel die Kindergrundsicherung gegenüber gestellt, das Spielräume für die Verwirklichung von »Wahlfreiheit« eröffnet, die nach dem alten Modell nicht gegeben waren.[58]

Zum zweiten prägen auch die Persönlichkeiten der frauenpolitischen und sozialpolitischen AkteurInnen und deren Referenzsystem das Politikfeld stärker als etwa bei der großen SPD, wo stabile frauenpolitische Strukturen eine konsistentere Entwicklung der programmatischen Standpunkte garantieren. Die frauenpolitischen Sprecherinnen, die die Elternurlaubspolitik der Grünen vor der Regierungsbeteiligung geprägt haben, haben ihren politischen Handlungsspielraum auf jeweils sehr unterschiedliche Art und Weise ausgefüllt und sich dementsprechend für unterschiedliche Konzeptionen von Frauenförderung eingesetzt. In der Frühphase der Parlamentsarbeit stand die Erwerbstätigkeit von Frauen im Vordergrund, die ihre Bedeutung in den späteren Entwürfen verloren hat. In der Reformphase gab es schließlich keine vergleichbare konzeptuelle Geschlossenheit zwischen den frauen-, arbeitsmarkt- und sozialpolitischen SprecherInnen mehr und somit fehlte ein einheitliches und starkes gleichstellungspolitisches Konzept, das die Umverteilung zugunsten von Frauen einfordert und die verschiedenen Politikbereiche im Hinblick auf dieses Ziel zu koordinieren vermag (vgl. dazu die Diagnose von Kontos 2000b).

Drittens fehlten seit Ende der achtziger Jahre auch frauenpolitische Anregungen und BündnispartnerInnen von außen. Möglicherweise ist dies auch ein Effekt des Generationenwandels bei den grünen PolitikerInnen und der frauenbewegten Frauen im sozialen Umfeld. Weil die Grünen sehr stark als Transmissionsriemen für

---

58 Silvia Kontos bescheinigt der SPD-Parteiführung den Abschied vom »Interventionsstaat«, dem sich die Frauenpolitikerinnen jedoch widersetzen würden und sie stellt fest, dass eine vergleichbar breite Widerstandsbewegung bei den Grünen, von wenigen Stimmen abgesehen, jedoch nicht zu beobachten sei (Kontos 2000b). Dagmar Biegler bescheinigt den grünen Feministinnen einen Verlust an Definitionsmacht und diagnostiziert bei den Grünen, allerdings ohne nähere Begründung, einen »abgeschwächten feministischen Kurs« (Biegler 2001: 110).

gesellschaftspolitische Interessen wirkten und die neue Frauenbewegung seit den neunziger Jahren keine starke gesellschaftliche und politische Kraft mehr darstellt, fehlt auch den Grünen Anregung für den frauenpolitischen Kurs und damit das Korrektiv der Basis. Das zentrale gleichstellungspolitische Projekt wurde die Geschlechterdemokratie, die auf die Veränderung von Beteiligungsverfahren und nicht mehr so sehr auf politische Inhalte zielt.[59] Möglicherweise hat die Abwesenheit im Bundestag in der 12. Legislaturperiode und damit die fehlende Beteiligung an der gesellschaftspolitischen Gestaltung der Wiedervereinigung auch dazu beigetragen, dass gesellschaftspolitische Grundsatzdiskussionen nicht geführt wurden und die Erarbeitung neuer Konzepte ausblieb.

8.4.3 Ordnung politischer Prioritäten: Kinder statt Frauen zuerst!

So zeigt sich auch bei den Grünen, dass frauen- und familienpolitischen Forderungen, die sich auf finanzielle Leistungen beziehen, verteilungspolitische Grenzen gesetzt sind. In den achtziger Jahren wurden Verteilungsfragen als »ideelle Güterkonflikte« (Braun 1998) betrachtet und frauenpolitische Forderungen waren Teil der gesamten Strategie: Antidiskriminierung + Arbeitszeitverkürzung + Lohnausgleich. Der Abbau des Ehegattensplittings sollte zeitweise als Quelle zur Finanzierung von Lohnersatzleistungen und später der Kindergrundsicherung dienen. Anders als die großen Parteien zeichneten sich die Grünen durch eine Radikalität und einen Voluntarismus in der politischen Gestaltung aus, der insgesamt recht erfolgreich war: Durch die Partei und die Fraktion gelang es, neue Themen in den politischen Diskurs einzubringen, die nach und nach auch in die Programmatik der großen Parteien, wenn auch in abgeschwächter Form, aufgenommen werden. Dazu gehören die Quotierung von Parteiämtern (SPD 1988), die Idee der Grundsicherung (SPD 1988; DGB 1990) und natürlich die Umweltpolitik (vgl. dazu Bleses/Rose 1998). Für die achtziger Jahre erweisen sich die Grünen jedenfalls als ein wichtiger Akteur bei der Gestaltung der politischen Agenda und leisten einen großen Beitrag zur Reflexion über Themen, die teilweise den Stellenwert gesellschaftspolitischer Tabus hatten. Insofern wirkten die Grünen insgesamt als Schleuse für politische Themen in das Policy-Subsystem.

In der zweiten Hälfte der neunziger Jahre geht es jedoch nicht mehr um die Verteilung zwischen den Geschlechtern, sondern die gesamtgesellschaftliche Verteilung rückt thematisch an vorderste sozialpolitische Stelle. Neuerdings hat auch die

---

59 Vgl. C. Neusüss, o.J.: »Die grüne Handschrift in der Frauenpolitik« unter http://www.glow-boell.de-/home/content/d/about_us/FI_deutsch_Kuratorium/claudia_neusuess, Zugriff am 15.10.2002.

Verteilung zwischen den Generationen als politisches Problem Vorrang vor anderen Verteilungsgerechtigkeiten (Kontos 2000a). Die konkurrierenden Wertekonflikte um den zugrunde liegenden Gerechtigkeitsbegriff werden zugunsten der Generationengerechtigkeit gelöst. Nicht zuletzt kann auch aus politisch-strategischen Gründen die Forderung nach der Lohnersatzleistung nicht gegen den großen Koalitionspartner der SPD durchgehalten werden. Auch die gesetzliche Festschreibung verpflichtender Frauenfördermaßnahmen und die symbolische Veränderung des Bürgerlichen Gesetzbuches scheitern am Koalitionspartner SPD. Die Individualisierung von Ansprüchen ist dagegen eine Erfolgsgeschichte. Allerdings ist hier der Rückenwind der EU-Richtlinie ein wichtiger Faktor für die Durchsetzbarkeit gewesen.

Diese »verteilungspolitische Modernisierung« der grünen Sozialpolitik enthält also eine Komponente des »geschlechterpolitischen Entlernens«. Einmal erreichte Standpunkte werden – aus Gründen der Notwendigkeit, nicht so sehr wegen veränderter Überzeugungen – aufgegeben. Die Aufgabe des Beharrens auf feministischen Standpunkten geht einher mit der diskursiven Dominanz des Argumentes des Haushaltszwangs. Sozialpolitische Forderungen werden auf die Befriedigung existenzieller Grundbedürfnisse reduziert.[60] Damit wird die fortbestehende Ungleichheit zwischen Geschlechtern wegdefiniert und der Budget-Zwang als Grenze für die Forderung nach Umverteilung akzeptiert. Auch für die Gleichstellungspolitik der Grünen gilt, dass sich mit dem »Siegeszug des Neoliberalismus« die Rahmenbedingungen für eine feministische Politik grundlegend verändert haben und auch bei den Grünen eine Verschiebung von den neuen politischen Themen (Ökologie, Frieden, Geschlechterverhältnis) hin zu den klassischen Themen wie Armut, Arbeitslosigkeit und soziale Sicherheit stattgefunden hat (Kontos 2000a).

Im Hinblick auf die Lernfähigkeit von Bündnis 90/Die Grünen zeigt sich also ein durchaus gemischtes Bild. Zwar eignen sich Organisationsstruktur und die innerparteiliche Fähigkeit zur Verarbeitung von gesellschaftlichen Konflikten als gute Voraussetzung für die Evaluierung gesellschaftlicher Anforderungen und der Übersetzung in stringente politische Zielsetzungen. Andererseits fehlt der Partei in den neunziger Jahren die Fähigkeit, die verschiedenen politischen Anforderungen zu koordinieren und eine konsistente sozialpolitische Strategie zu entwickeln. Somit bleibt die grüne Vereinbarkeitspolitik abhängig von Personen und politischen Konjunkturen und verzichtet auf die Ausbildung bzw. Fortentwicklung eines konsistenten alternativen Politikmodells. Die Diagnose eines »eklatanten Mangels an Strategie- und Steuerungsfähigkeiten, der die Grünen an der Nutzung der eroberten

---

60 Schon 1990 beklagt Marieluise Beck in einer Bundestagsdebatte, dass »die Umverteilung von bezahlter und unbezahlter Arbeit zwischen den Geschlechtern fast als Luxusthema« vor dem Hintergrund der ansteigenden Arbeitslosigkeit erscheint (Plenarprotokoll 11/230).

Chancen hinderte« (Raschke 2001 zit. nach Wiesenthal 2002: 80) und das Fehlen professionell vorbereiteter *Policy*-Projekte (ebd.) ist also trotz des hohen Potenzials an Lernfähigkeit auch für die Vereinbarkeits- und Frauenpolitik nicht von der Hand zu weisen.

9. Der Deutsche Gewerkschaftsbund – ein Advokat der Frauenpolitik?

Im Spektrum der wirtschafts- und sozialpolitischen Verbände in der Bundesrepublik ist der DGB der größte und wichtigste Verband für die Mitgestaltung gesellschaftlicher Verhältnisse. Formal erfolgt die Einflussnahme der Verbände auf die Politikformulierung durch die politische Beratung der Bundesregierung, der Abgeordneten des Bundestages, der Parteien und die Einwirkung auf die Mediendiskurse. Idealerweise unterhalten die Verbände Kontakte in die Ministerialbürokratie und vermitteln Informationen, machen Eingaben oder unterstützen eine personelle Durchsetzung der Regierungsorganisationen. Über die Anhörungen im Bundestag haben die Verbände außerdem die Möglichkeit, ihre Expertise und ihre politische Position einzubringen.[1] Einzige Voraussetzung hierfür ist die Registrierung in der offiziellen Verbandsliste des Bundestages.[2] Die parlamentarischen Anhörungen bieten auch den kleineren Verbänden die Chance, ihre Positionen öffentlich zu machen.[3] Der wichtigste Weg ist also die Einflussnahme auf Gesetzesentwürfe im »Referentenstadium«, von der Verbände und Ministerium gleichermaßen profitieren:

---

[1] In der Regel werden in den Ausschusssitzungen des Bundestages nämlich nur noch »Bagatell-Amendments« (Beyme 1997:260) in Form von Änderungsanträgen eingebracht, die grundsätzliche Veränderungen nicht mehr herbeiführen.

[2] Die Voraussetzungen für die Registrierung sind niedrigschwellig: Die Verbände müssen sich lediglich zu Beginn der Legislaturperiode registrieren lassen und dabei allgemeine Informationen, u.a. über den Interessenbereich und die Zusammensetzung von Vorstand und Geschäftsführung angeben. Die Zusammensetzung der Verbandsliste wird zu Beginn einer LP über den Bundesanzeiger bekannt gegeben (http://www.bundestag.de/bic/archiv/archiv011.html; Zugriff am 30.3.2004).

[3] Bei der Anhörung zum Gesetz zur Reform des Bundeserziehungsgeldgesetzes waren neben dem DGB noch der Zentralverband des deutschen Handwerks e.V., der Deutsche Familienverband, die Evangelische Aktionsgemeinschaft für Familienfragen e.V., der Verband Alleinerziehender Mütter e.V. (VAMV), die Arbeitsgemeinschaft der Deutschen Familienorganisationen und die Bundesvereinigung der Deutschen Arbeitgeberverbände (BDA) vertreten (vgl. dazu BT-Drs. 14/3808, S. 23).

»Während die Verbände dabei ihre Interessen einbringen, erhalten die Ministerien Informationen über die Auswirkungen beabsichtigter Maßnahmen und hören Einwände, die sie berücksichtigen können. Häufig wird so in internen Verhandlungen ein Entwurf »verbandsfest« gemacht, d.h. als Kompromiss formuliert, den alle Beteiligten tragen« (Rudzio 1991:81).

Die Lernfähigkeit des DGB lässt sich also nicht an der Konkretisierung von Gesetzentwürfen bewerten, sondern daran, mit welchen formalen und informellen Instrumenten der DGB bzw. die Einzelgewerkschaften sich für gleichstellungspolitisch relevante Projekte bzw. für die Umsetzung entsprechender Beschlusslagen engagieren. Inwiefern leistet der Deutsche Gewerkschaftsbund (DGB) hierdurch einen Beitrag zur Erarbeitung von politischen Problemlösungen in diesem Bereich? Und inwiefern erweisen sich der DGB bzw. die Gewerkschaften als frauen- und familienpolitisch lernfähige Akteure? In diesem Kapitel werden die institutionellen Strukturen gewerkschaftlicher Frauenpolitik und die Einbindung in den Positionierungsprozess des DGB ausführlich behandelt und dann die Entwicklung der frauenpolitischen Programmatik von einer »Zielgruppenpolitik« hin zu einer »Gesellschaftspolitik« dargestellt. Abschließend wird geprüft, inwiefern sich der beobachtbare Politikwandel im konkreten Reformprozess niederschlägt.

9.1 Die differenzierten Arbeitsstrukturen des DGB und seiner Gewerkschaften

9.1.1 Die Rolle des DGB als politischer Verband

Etwa ein Fünftel aller ArbeitnehmerInnen in Deutschland ist gewerkschaftlich organisiert.[4] Die acht Einzelgewerkschaften des DGB zählen insgesamt rund 8 Mio. Mitglieder, davon rund ein Drittel Frauen, so dass der DGB hieraus eine hohe politische Legitimität – auch in seiner Frauenpolitik – ableiten kann. Die Frauenanteile an der Mitgliedschaft schwanken zwischen den Einzelgewerkschaften: Den höchsten Frauenanteil hat die Gewerkschaft Erziehung und Wissenschaft (67,9%), gefolgt von ver.di (49,4%) und der Gewerkschaft Nahrung, Genuss, Gaststätten (39,8%). Die IG Bauen-Agrar-Umwelt bildet das Schlusslicht mit einem Anteil

---

4 Zum Vergleich: in Frankreich sind nur 9%, in den USA 13,5%, in Österreich 35,3%, in Schweden, Finnland und Dänemark dagegen rund 80% der ArbeitnehmerInnen gewerkschaftlich organisiert (Stand: 2000). Der Organisationsgrad ist vor allem in Deutschland seit 1990 von 29,3% auf 20% in 2002 gesunken (Ebbinghaus 2003:174).

weiblicher Mitglieder von 13,5%.⁵ Auch bei den Gewerkschaften sind Frauen unter den Beschäftigten in der Regel nicht immer entsprechend ihres Anteils an den Mitgliedern repräsentiert, erst recht nicht in hohen politischen Funktionen: 2003 waren z.B. bei der GEW 63%, bei ver.di 38% und bei der NGG 33% der Hauptvorstände weiblich. In der IG Metall, wo 19% der Mitglieder Frauen sind, war nur eines von sieben Vorstandsmitgliedern eine Frau.⁶ Zudem sind Frauen in den »harten« Bereichen wie Tarifkommissionen ebenfalls unterrepräsentiert. In einigen Gewerkschaften wurden inzwischen Quotenregelungen zur Förderung einer geschlechtergerechten Besetzung von Führungspositionen beschlossen, bei ver.di tritt diese allerdings erst 2007 in Kraft.

Im politischen Tagesgeschäft gehen die gewerkschaftlichen Akteure arbeitsteilig vor: Die Einzelgewerkschaften gestalten durch die Tarifpolitik die Arbeitsbedingungen mit und handeln branchenbezogen, während der DGB-Bundesvorstand die allgemeinen gewerkschaftlichen Positionen auf der (bundes-)politischen Ebene vertritt. Bei der Mitwirkung an Gesetzgebungsprozessen bündelt er die Interessen der Einzelgewerkschaften und vertritt diese gegenüber den Bundesministerien und dem Bundestag. In der Regel erledigen dies die entsprechenden Abteilungs- oder ReferatsleiterInnen, bei großen Gesetzen auch die jeweils zuständigen VertreterInnen des Geschäftsführenden Bundesvorstands (GBV) des DGB. Die dritte politische Ebene ist die der Betriebe, in denen die betrieblichen Vertrauensleute oder die gewerkschaftlich organisierten Betriebsräte mit den Einzelgewerkschaften des DGB kooperieren. Die Einzelgewerkschaften bieten den betrieblichen Akteuren eine Orientierung und Beratung und leisten damit einen Beitrag zur Mitgestaltung der betrieblichen Praxis.

Neben dem formalen Zugang der Verbände zum politischen Entscheidungsprozess gibt es drei weitere Wege für die verbandliche Einflussnahme. Erstens kann der DGB sein politisches Machtpotenzial nutzen, um Entscheidungen der Bundesregierung zu beeinflussen. Da zu Streiks nur für das Erreichen tarifpolitischer Ziele aufgerufen werden darf, haben die Gewerkschaften, anders als die Arbeitgeber, die die Anwendung von Gesetzen verweigern oder mit der Verlagerung von Betrieben ins Ausland drohen können, nur die Möglichkeit, politische Entscheidungen durch Zustimmung zu legitimieren oder ihre Mitgliedschaft gegen diese zu mobilisieren. Im Zweifelsfall kann der DGB zu Demonstrationen gegen die Regierungspolitik aufrufen oder informelle Gespräche mit Mitgliedern der Regierung führen. Das Drohpotenzial der Gewerkschaften hängt dabei von der Mitgliederzahl und vom

---

5 Dennoch ist ver.di die Gewerkschaft, die die meisten der weiblichen DGB-Mitglieder organisiert (rd. 1,3 Mio.), gefolgt von der IG Metall mit 509.000 weiblichen Mitgliedern, s. http://www.dgb.de/mitgliederzahlen, Zugriff am 28.4.2003.
6 Vgl. »einblick - Gewerkschaftlicher Infodienst«, Nr. 20/2003.

Stellenwert und Vermittelbarkeit der politischen Auseinandersetzungen ab. Zweitens verfügt der DGB über eine professionelle Öffentlichkeitsarbeit und Kampagnenfähigkeit zur Mobilisierung der Öffentlichkeit oder der Politisierung von Interessen. Davon abgesehen sind die Parteien – insbesondere die SPD – sensibel für die Gewerkschaftsinteressen, weil die Gewerkschaften durch Wahlempfehlungen über den Wahlerfolg der Parteien mitentscheiden können. Auf die öffentliche Meinung können die Verbände durch Information, Stellungnahme und eigene Publikationen einwirken; im Unterschied etwa zu wissenschaftlichen Einrichtungen betreiben die großen Verbände wie der DGB professionelle Öffentlichkeitsarbeit. Eine dritte Form der Einflussnahme auf den sozialpolitischen Diskurs besteht schließlich in der Arbeit der Hans Böckler Stiftung der DGB-Einzelgewerkschaften, die weitenteils aus den Tantiemen, die die GewerkschaftsvertreterInnen in den Aufsichtsräten erhalten finanziert wird. Im Bereich der Arbeitszeitforschung und der Forschung zur Vereinbarkeit von Beruf und Familie leisten die durch die Forschungsförderung geförderten Projekte sowie die Projekte des WSI Diskussionsbeiträge zur sozialpolitischen und sozialwissenschaftlichen Debatte. Gleichzeitig beteiligt sich das WSI an der Beratung der rot-grünen Bundesregierung und der nordrhein-westfälischen Landesregierung.

9.1.2 Die Entwicklung der frauenpolitischen Strukturen im DGB

Die DGB-Einzelgewerkschaften und der Dachverband selbst haben bei ihrer Neugründung in der Nachkriegszeit systematisch frauenpolitische Strukturen gebildet und können damit als das größte institutionalisierte frauenpolitische Projekt in der Bundesrepublik gelten. Zudem sind die Fachreferate des DGB und seiner Einzelgewerkschaften fachlich hoch kompetent, da sie über eine umfassende Kenntnis arbeits- und sozialrechtlicher Regelungen und deren praktischer Wirkungen auf der betrieblichen Ebene verfügen. Die gewerkschaftliche Frauenpolitik entwickelte sich jedoch keinesfalls gleichberechtigt mit anderen gewerkschaftlichen Politikbereichen. Vielmehr galt sie lange Zeit eher als Zielgruppen- denn als Teil der gewerkschaftlichen Gesellschaftspolitik und Frauen wurden lange Zeit als Mitglieder zweiter Klasse betrachtet. Sie galten als schwer zu organisieren, zahlten aufgrund ihrer niedrigeren Gehälter geringere Beiträge, waren aufgrund ihrer familiären Verpflichtungen zeitlich weniger flexibel, übernahmen deswegen seltener gewerkschaftliche Funktionen und Frauen galten in politischen Konflikten als nicht durchsetzungsfähig. Diese Sichtweise prägt noch immer die politische Alltagspraxis mancher FunktionärInnen, auch wenn sich die gewerkschaftliche Frauenpolitik inzwischen weitgehend emanzipiert hat.

Analog zu den allgemeinen politischen Strukturen verfügen der DGB und seine Einzelgewerkschaften heute über horizontal und vertikal gegliederte frauenpolitische Strukturen, wobei sich die Aktivitäten des DGB und der Einzelgewerkschaften in »enger Kooperation« gegenseitig ergänzen sollen. »Dabei ist es Aufgabe der Mitgliedsgewerkschaften, die Veränderungen in den Betrieben und Branchen aktiv zu gestalten und zu steuern, und Aufgabe des DGB ist es, die Veränderungen auf gesellschaftlicher und regionaler Ebene zu gestalten und zu steuern« (Deutscher Gewerkschaftsbund 1999:3). Im Bereich der Teilzeitarbeit etwa obliegt es dem DGB, die politischen Forderungen, etwa zum Ausbau sozialrechtlicher Schutznormen, zu formulieren und bundespolitisch zu vertreten. Der Abbau diskriminierender Regelungen (z.B. bei der Teilzeitarbeit) in den Branchentarifverträgen oder die Aufnahme von Regelungen zur Förderung sozial abgesicherter Teilzeitarbeit fällt dagegen in das Aufgabengebiet der Einzelgewerkschaften.

Die frauenpolitischen Strukturen des DGB sind für die Mitwirkung an der Politikgestaltung auf der Ebene des Bundes und der Länder zuständig. Seit der Auflösung des Referates Familienpolitik fällt die Vereinbarkeit in den Zuständigkeitsbereich der Abteilung Frauenpolitik.[7] Die gesellschaftspolitische Mitgestaltung wird neben der wirtschaftspolitischen Mitgestaltung als gleichrangiges Ziel betrachtet. Die Instrumente der gewerkschaftlichen Frauenpolitik sind die Frauenförderung, die Geschlechter- und Gleichstellungspolitik sowie das *Gender Mainstreaming* (Deutscher Gewerkschaftsbund 1999). Des Weiteren gelten Fraueninteressen als Interessen der Gesamtorganisation, und deren Umsetzung verlangt eine doppelte Strategie: Vor der Beschlussfassung in allen Politikfeldern *sollen* Fraueninteressen berücksichtigt und die Frauengremien konsultiert werden. Gleichzeitig *sollen* die fortbestehenden Frauenstrukturen, ihnen voran die Abteilung Frauenpolitik beim Bundesvorstand des DGB, »Handlungsmöglichkeiten entwickeln, die Frauen realisieren wollen« (ebd.:2).

Für den DGB und die Einzelgewerkschaften bestehen frauenpolitische Strukturen auf der nationalen, regionalen und lokalen Ebene (vgl. Abbildung 9.1). Insgesamt sind beim DGB 18 Frauen hauptamtlich in den Abteilungen und Referaten für Frauenpolitik beschäftigt. In den Einzelgewerkschaften sind es insgesamt 16 Frauensekretärinnen[8]. Die acht Einzelgewerkschaften koordinieren die frauenpolitische

---

7 Nach der eigenen Aufgabendefinition gehören aber neben der Vereinbarkeit von Beruf und Familie auch die Gleichstellungs-, Arbeitsmarkt- und die Gewerkschaftspolitik sowie die Mitbestimmung zur gewerkschaftlichen Frauenpolitik (Deutscher Gewerkschaftsbund 1999).

8 Keine Berücksichtigung finden dabei die Mitglieder der Geschäftsführenden Hauptvorstände der Einzelgewerkschaften, weil ihnen die Frauen- und Gleichstellungspolitik aufgrund ihrer Funktion als ein Arbeitsgebiet unter mehreren zugeschlagen wird. Ein feministisches oder frauenpolitisches Engagement ist für die Übernahme dieses Verantwortungsbereichs keine unabdingbare Voraussetzung wie bei den anderen hauptamtlichen Beschäftigten. Aufgrund dieser Konstruktion ist die

Arbeit ihrer Bundes- und Landesbezirksebenen mit Hilfe der Bundesfrauenausschüsse (BFA)[9], die regelmäßig zusammentreten, je nach gewerkschaftlicher Tradition einmal bzw. mehrfach pro Jahr. Inzwischen wird ein Teil der Koordinationsarbeiten bzw. auch Konzeptarbeit in Arbeitsgruppen bzw. Projektgruppen geleistet.

Abbildung 9.1: Organisation der frauenpolitischen Strukturen des DGB und der Einzelgewerkschaften

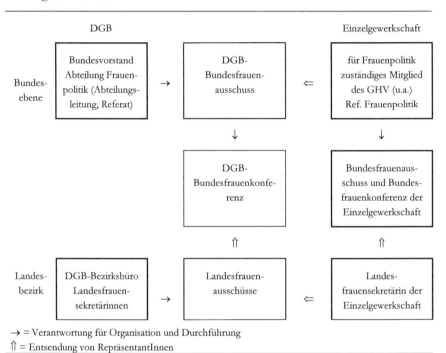

→ = Verantwortung für Organisation und Durchführung
⇑ = Entsendung von RepräsentantInnen

Quelle: Eigene Darstellung.

Das wichtigste Gremium für die Abstimmung der Frauenpolitik zwischen dem DGB und den Einzelgewerkschaften ist der DGB-Bundesfrauenausschuss (DGB-BFA).[10] Dort werden die frauenpolitischen Positionen zwischen DGB und Einzelgewerkschaften abgestimmt und beschlossen. Über die formale Koordination hin-

---

Vertretung frauenpolitischer Interessen auf der Führungsebene der Einzelgewerkschaften auch keineswegs garantiert.

9 Die Bezeichnung dieses Gremiums kann zwischen den Organisationen variieren.
10 Mitglieder des DGB-BFA sind je eine Vertreterin der Einzelgewerkschaften (Vorstandsmitglied bzw. Referats- bzw. Abteilungsleiterin), das zuständige Mitglied des DGB-Bundesvorstandes, die Abteilungsleiterin Frauenpolitik des DGB sowie die DGB-Landesfrauensekretärinnen.

aus bestehen aktuelle Arbeitsbeziehungen zwischen den DGB-Vertreterinnen und den frauenpolitischen Referentinnen der Einzelgewerkschaften, die für dringende Entscheidungsfindungen oder Information genutzt werden. Bei den DGB-Bundesfrauenkonferenzen, die zeitlich dem DGB-Bundeskongress vorgeschaltet sind, werden die politischen Positionen in Form von Anträgen einzelner Gremien (z.B. des DGB-BFA) abgestimmt. Die Beschlüsse der DGB-Bundesfrauenkonferenz werden dann beim DGB-Bundeskongress in die Gesamtorganisation eingebracht. Bei der ersten Bundesfrauenkonferenz 1952 wurde die Forderung »Gleicher Lohn für gleiche Arbeit« formuliert und dem lohnpolitischen Ausschuss des DGB als Handlungsmaxime angetragen (Kopel 1993:51).[11] Durch die Delegation von Vertreterinnen aller Ebenen ist gewährleistet, dass alle Entscheidungen der Bundesfrauenkonferenz auf einer breiten Basis beruhen. Dennoch werden sie nicht automatisch zum Gegenstand politischer Aktivitäten des DGB oder der Einzelgewerkschaften.

9.1.3 Die Mitwirkung der frauenpolitischen Gremien im DGB

Auf ihrem Gründungskongress befürworteten die Gewerkschaften 1949 den Grundsatz der Gleichberechtigung von Mann und Frau des Grundgesetzes ausdrücklich und betrachteten »es als eine ihrer vornehmsten Aufgaben, für die Verwirklichung dieses Grundsatzes auf sozialem und wirtschaftlichem Gebiet zu sorgen« (DGB-Bundeskongress 1949 zit. nach Derichs-Kunstmann 1993:78). Eine geschlechterdemokratische Mitwirkung frauenpolitischer Gremien folgte daraus jedoch keinesfalls. Die »substanzielle« Repräsentation (McBride Stetson/Mazur 1999) wird zunächst durch die Einrichtung der frauenpolitischen Strukturen und die Koordination mit den anderen Organisationsgliederungen sichergestellt. Die »deskriptive« Repräsentation (ebd.) soll durch die Partizipation von Frauen in allen gewerkschaftlichen Gremien gewährleistet werden. Schließlich wird neuerdings an der Umsetzung des *Gender-Mainstreaming*-Prinzips gearbeitet, das eine stärkere inhaltliche Verknüpfung der Politikbereiche gewährleisten soll.

Die deskriptive Repräsentation frauenpolitischer Interessen im DGB

Die deskriptive Repräsentation zielt auf die Beteiligung von Frauen in den allgemeinen Politikbereichen. Auf der Ebene des DGB wurde schon 1949 »eine frühe Form

---

11 Damals erwarteten die Frauenpolitikerinnen, dass sich die gesamte Gewerkschaftsbewegung für die Lohngleichheit einsetzen werde und verzichteten auf die Forderung nach einer gesetzlichen Regelung (Kopel 1993:55).

der Quotierung« (Derichs-Kunstmann 1993) eingeführt, die die Wahl einer Kandidatin in den Bundesvorstand des DGB vorsah.[12] Die »Konzessionsfrau-Regelung« gab es im Übrigen auch in der SPD. Erst 1987 beschloss der DGB, mehr Frauen auch in hauptamtliche Positionen zu befördern (Dobberthien 1988:140), doch erst auf dem Bundeskongress 1994 wurde die Satzung des DGB dahingehend verändert, dass Frauen gemäß ihres Anteils an der Mitgliedschaft in allen DGB-Gremien vertreten sein sollen. In den ehrenamtlichen Positionen, wie etwa bei den Delegierten zum DGB-Bundeskongress, haben die Frauen aufgeholt: Ihr Anteil entspricht seit Beginn der neunziger Jahre (23% 1990) in etwa ihrem Anteil an der Mitgliedschaft des DGB (24%, 1990) (vgl. dazu Tabelle 9.1).

Bei den hauptamtlichen GewerkschaftssekretärInnen sind nach wie vor Frauen in der Minderheit: Beim DGB-Bundesvorstand waren nur 14% der AbteilungsleiterInnen Frauen, bei den ReferatsleiterInnen und -sekretärInnen immerhin 37,8%, während sie bei den SachbearbeiterInnen und auch den Verwaltungsangestellten in der Mehrzahl sind (86% bzw. 96%) (Stand 8/2001).[13] Die Vorsitzenden der DGB-Landes- und Kreisbezirke sind nach wie vor fast ausschließlich Männer, und auch die Geschäftsführenden Hauptvorstände der Einzelgewerkschaften können selten mit mehr als einem weiblichen Mitglied aufwarten. Zudem ist die Vertretung der Interessenbereiche in den Hauptvorständen meistens so geregelt, dass die Frauen in der Regel für die Frauenpolitik, aber selten für den zentralen Bereich der Tarifpolitik zuständig sind.[14] Dabei wird anhand der gewerkschaftlichen Tarifpolitik die Diskrepanz zwischen formalen Prinzipien und politischer Praxis immer wieder deutlich.[15] Vermutlich erklärt sich die Unterrepräsentanz von Frauen auch durch die Anforderungen, die an GewerkschaftssekretärInnen gestellt werden. Neben persönlichen Eigenschaften wie Durchsetzungsfähigkeit und Beharrungsvermögen sind Bereitschaft zu langen Arbeitszeiten und räumlicher Mobilität wichtige Voraussetzungen für eine Gewerkschaftskarriere (Blättel 1988:152; Dobberthien 1988:140).

---

12 Allerdings blieb der Vorschlag der FrauenpolitikerInnen beim ersten Bundeskongress 1949 zugunsten der Wunschkandidatin Hans Böcklers, Thea Harmuth, unberücksichtigt. Bis 1980 gab es in allen Bundesvorständen jeweils nur eine Frau. 1980 rückte dann Irmgard Blättel als zweite Frau nach.

13 Die Lage scheint sich seit Ende der achtziger Jahre damit leicht verbessert zu haben, als der Anteil bei den politisch-administrativen Positionen (Organisations- und RechtsschutzsekretärInnen) rund ein Viertel und in den höheren Gehaltsgruppen (politische SekretärInnen, Kreisvorsitzende und ReferatsleiterInnen) knapp 8% erreichte. Bei den höchsten Gehaltsgruppen waren damals kaum Frauen vertreten (Dobberthien 1988:139).

14 Beim DGB war 1998 das für Frauenpolitik zuständige GBV-Mitglied Ursula Engelen-Kefer, bei ver.di Margrit Mönig-Raane, bei der NGG Frauke Dittmann, bei der IG Metall Kirsten Rölke.

15 Immerhin gab es bei der Gewerkschaft Öffentliche Dienste, Transport und Verkehr ein Projekt zur Überprüfung des Bundesangestelltentarifvertrags auf geschlechterdiskriminierende Regelungen und zur Formulierung von Kriterien für Tarifkommissionen (vgl. dazu Schulz-Müller 2002:187).

Die Unterrepräsentanz von Frauen bei den Hauptamtlichen wird sich vermutlich verschärfen, wenn die Gewerkschaften aufgrund sinkender Mitgliederzahlen und Beitragseinnahmen Stellen abbauen müssen (vgl. zur Mitgliederentwicklung im historischen Vergleich Ebbinghaus 2003). Dabei besteht die Gefahr, dass die Einführung des *Gender Mainstreaming* genutzt wird, um frauenpolitische Strukturen abzubauen.

Tabelle 9.1: Frauenanteile an den Delegierten zu DGB-Bundeskongressen

Jahr	Zahl der Delegierten	weibliche Delegierte absolut	Frauenanteil an den Delegierten (in %)	weibliche Mitglieder absolut (in 1.000)	Frauenanteil an den Mitgliedern (in %)
1949	487	14	2,9		14,0
1952	356	25	7,0	1.028	17,1
1954	391	23	5,9	1.055	17,3
1956	412	24	5,8	1.043	17,6
1959	392	26	6,6	1.070	17,1
1962	405	20	4,9	1.058	16,5
1966	439	20	4,5	1.030 (1)	15,5
1969	430	19	4,4	1.027 (2)	15,2
1972	453	29	6,4	1.115	16,0
1975	478	34	7,1	1.313	17,8
1978	504	39	7,5	1.482	19,1
1982	525	60	11,4	1.596 (3)	21,0
1986	525	80	1,2	1.705 (4)	22,6
1990	525	119	22,7	1.939	24,4
1994	600	152	24,6	3.019	30,9
1998	396	111	28	2.444	30,4
2002	378	130	34,4	2.503	31,6

Quelle: Derichs-Kunstmann 1993; Geschäftsberichte der Abteilung Frauenpolitik des DGB-Bundesvorstandes, mehrere Jg.; Protokoll des 17. Ordentlichen Bundeskongresses 2002: 66.
Anm.: (1) Zahl für 1965, (2) Zahl für 1970, (3) Zahl für 1980, (4) Zahl für 1985.

Die Gefahr der Zirkularität bei der frauenpolitischen Meinungsbildung in den Einzelgewerkschaften und dem DGB

Im Rahmen der finanziellen und politischen Grenzen sind die frauenpolitischen Akteurinnen im DGB relativ autonom in der Formulierung und Vertretung frauenpolitischer Positionen, der Planung und Durchführung von Kampagnen und der innerorganisatorischen Willensbildung. Allerdings müssen Entscheidungen mit größerer finanzieller oder politischer Tragweite mit dem Geschäftsführenden Bundesvorstand (GBV) des DGB abgestimmt werden.[16] Auf diese Weise hat der GBV

---

[16] Abgestimmt werden müssen Projekte, deren Kosten 10.000 DM (in 2000) übersteigen, ebenso wie politische Positionen, die andere Bereiche (z.B. Arbeitsmarktpolitik) betreffen (Interview DGB 1).

eine formale Möglichkeit der Einflussnahme auf die Frauenpolitik. Davon abgesehen können frauenpolitische Positionen auf drei Wegen eingebracht werden: über die Vorstände der Einzelgewerkschaften bzw. des DGB, auf direktem Wege in den Bundesausschuss des DGB oder als Antrag bei den Bundeskongressen des DGB bzw. den Gewerkschaftstagen.

Die innergewerkschaftlichen Prozesse, bei denen über die von den frauenpolitischen Abteilungen eingebrachte Anträge entschieden werden, ergeben sich aus den jeweiligen Satzungen der Einzelgewerkschaften. In der Gewerkschaft Nahrungs-Genuss-Gaststätten (NGG) beispielsweise werden frauenpolitische Anträge entweder durch die frauenpolitische Vertreterin auf Beschluss des Bundesfrauenausschusses in den Hauptvorstand[17] eingebracht oder über das Mitglied im Geschäftsführenden Hauptvorstand (GHV), dem die Zuständigkeit für die Frauenpolitik obliegt. In der ersten Situation besteht das Problem, dass hier Organisationsmitglieder mit unterschiedlichem Status in der Hierarchie der Gewerkschaft aufeinander treffen und das »mikropolitische Spiel« der Organisationsmitglieder zu ungunsten der frauenpolitischen Vertreterinnen wirken kann.[18] Diese bringen zwar ein »legitimatorisches«, aber kein »mikropolitisches« Potenzial in die Verhandlungen ein, und sind also darauf angewiesen, die Mitglieder des Hauptvorstandes von dem frauenpolitischen Anliegen zu überzeugen. Bei dem zweiten Verfahren kann dagegen nicht vorausgesetzt werden, dass sich das zuständige GHV-Mitglied mit den frauenpolitischen Zielen identifiziert und sich entsprechend dafür einsetzt. Im Konfliktfall kann die Bildung von organisationsinternen Koalitionen wichtiger gefunden werden als die Vertretung frauenpolitischer Interessen.

Beim DGB gibt es noch eine zusätzliche potenzielle Barriere. Auch hier ist der Geschäftsführende Bundesvorstand (GBV) die erste Adresse für die Vorlagen der Abteilung Frauenpolitik.[19] Allerdings haben die politischen SekretärInnen in der Regel keinen direkten Zutritt zu den Vorstandsmitgliedern, sondern sie wenden sich mit ihren Anliegen an die den GHV-Mitgliedern zugeordneten VorstandssekretärInnen. Diese müssen dann entscheiden, inwiefern sie ihre Vorgesetzten auf entsprechende Vorschläge aufmerksam machen. Sie haben nicht zuletzt deswegen eine Schlüsselposition, weil sie ein Vertrauensverhältnis zu ihrem Vorstandsmitglied haben und diese überzeugen können, entweder eine Eingabe als Beschlussvorlage in

---

17 Bei der NGG setzt sich der Hauptvorstand aus den Vorsitzenden der Landesbezirke und dem Geschäftsführenden Hauptvorstand sowie ehrenamtlichen VertreterInnen der Landesbezirke und je einer Vertretung der Jugend und der Frauen zusammen .
18 Die frauenpolitische Vertreterin im Hauptvorstand wird von der Bundesfrauenkonferenz nominiert und vom Bundesfrauenausschuss dem Gewerkschaftstag zur Wahl vorgeschlagen.
19 Der Geschäftsführende Bundesvorstand des DGB besteht aus fünf Mitgliedern. Der Hauptvorstand des DGB vereinigt zudem die Vorsitzenden der Einzelgewerkschaften mit dem GBV.

den GBV einzubringen oder von der Bearbeitung einer Vorlage abzuraten. Eine Vorlage, die ein Vorstandssekretär für unwichtig hält oder aus anderen Gründen ablehnt, hat daher geringe Chancen, als Vorlage in den GBV zu gelangen. Trotz formal nicht gesichertem Status der Vorstandssekretäre ist ihre Position im mikropolitischen Spiel des DGB-Bundesvorstands damit zentral. Der GBV ist also ein Nadelöhr für frauenpolitische Anliegen: Wird eine Vorlage im GBV angenommen, sei man »auf der sicheren Seite« (Interview DGB 3), weil der Hauptvorstand, in dem die Vorsitzenden der Einzelgewerkschaften vertreten sind, die Beschlüsse des GBV in der Regel (zustimmend) zur Kenntnis nimmt und selten neu diskutiert. Die zweite Möglichkeit besteht in der Mitwirkung im DGB-Bundesausschuss (DGB-BA), dem höchsten Gremium des DGB. Im DGB-BA, in dem alle Gewerkschaften vertreten sind, ist der DGB-BFA allerdings nur mit beratender Stimme vertreten.[20] Die frauenpolitischen Gremien haben versucht, dieses Recht zu einem Mitbestimmungsrecht auszubauen, allerdings scheiterte der Antrag der DGB-Bundesfrauenkonferenz beim Bundeskongress 1994. Ziel war es, ein Stimmrecht für die frauenpolitischen Vertreterinnen im DGB-BA sowie in den jeweiligen Kreis- bzw. Landesausschüssen zu erwirken.

Der dritte und wichtigste formale Weg der frauenpolitischen Willensbildung innerhalb des DGB besteht schließlich darin, Anträge des DGB-BFA direkt bei den DGB-Bundeskongressen einzubringen.[21] Dem DGB-Bundeskongress steht es als oberstes Beschluss fassendes Gremium frei, Anträge zu beschließen, abzulehnen oder als »Materialien« anzunehmen. Angenommene Anträge gelten als »Gesetze des DGB«, »Materialien« verschwinden dagegen im Archiv. Doch auch die Annahme der Beschlüsse im Bundeskongress garantiert noch nicht ihre Umsetzung (Interview DGB 1).

Zur Vorbereitung der Umsetzung werden die frauenpolitischen Beschlüsse beim Bundesvorstand des DGB zusammengefasst und an die Vorsitzenden der Einzelgewerkschaften verschickt. In der Praxis werden die Unterlagen an die frauenpolitischen Abteilungen überwiesen. In manchen Fällen werden die Anträge vom GHV beraten, nach der Überweisung an die Frauenreferate werden die Fragen dann in der Regel nicht mehr thematisiert. Auf diese Weise landen frauenpolitische Beschlüsse zur Umsetzung wieder bei den Urheberinnen. Aufgrund des zirkulären Politikprozesses und fehlender Sanktionsmöglichkeiten oder Einklagbarkeit erweist sich das zentrale Instrument der Kongressbeschlüsse somit als ein wenig effektives Instru-

---

20 Damit ist er dem DGB-Bundesjugendausschuss gleichgestellt, der ebenfalls eine beratende Stimme hat.
21 Das eigenständige Antragsrecht des Bundesfrauenausschusses wurde erst beim Bundeskongress 1956, gemeinsam mit dem Antragsrecht des Bundes-Jugendausschusses, wirksam (Derichs-Kunstmann 1993:82).

ment zur Umsetzung frauenpolitischer Maßnahmen. Beschlüsse der obersten Gewerkschaftsgremien dagegen haben größere Chancen, politisch umgesetzt zu werden, weil sie als Maßgabe für das politische Handeln in die Landesbezirke transportiert werden. Der Erfolg frauenpolitischer Beschlüsse ist daher vom Engagement der frauenpolitischen VertreterInnen und ihrer Fähigkeit abhängig, die KollegInnen der anderen Fachabteilungen für die Umsetzung zu gewinnen und sich in der Organisation Respekt zu verschaffen. Außerdem zeigt sich, dass es Verbündeter auf der Vorstandsebene oder im Vorstand selbst bedarf, um Zugang zur politischen Agenda der Gesamtorganisation zu finden – in den Einzelgewerkschaften sind dies die betreffenden Fachabteilungen und ihre ReferentInnen sowie die zuständigen Mitglieder des jeweiligen Vorstandes. Die Barrierestrukturen sind im DGB und den Einzelgewerkschaften also sehr ähnlich.

Die tendenzielle Marginalisierung der Frauenpolitik im DGB und in den Einzelgewerkschaften illustriert auch die Tatsache, dass frauenpolitische Strukturen früher als »Lehrwerkstatt« für Funktionärinnen und als Vorstufe zur Übernahme »wichtigerer« Politikbereiche galten (Derichs-Kunstmann 1993). In vielen Fällen werden daher die »weichen« Themen wie Frauen- oder auch MigrantInnen- oder Migrationspolitik an einer Stelle zusammengefasst. Nicht zuletzt, weil GleichstellungspolitikerInnen oft mit ihren (meist männlichen) KollegInnen über ihre Zuständigkeit oder Beteiligung in Konflikt geraten (Blättel 1988), werden sie in der Alltagspraxis der Gremien oftmals nicht ernst genommen oder als StörerInnen empfunden.

Gender Mainstreaming im DGB und in seinen Einzelgewerkschaften

Die Hoffnung aus der Zeit der Neugründung nach dem Zweiten Weltkrieg, dass die männlichen Gewerkschafter selbstverständlich die Fraueninteressen mit vertreten würden, hat sich bisher nicht erfüllt (Derichs-Kunstmann 1993). In der feministischen Gewerkschaftsforschung wurde daher in den neunziger Jahren die These formuliert, dass der ausgeprägte geschlechterpolitische Konservatismus in den Gewerkschaften trotz der Institutionalisierung der Frauenpolitik fortbestehe (Camen 1993:249; Kurz-Scherf 1994: 440ff.; Koch-Baumgarten 1997:276), trotzdem die Gleichstellungspolitik als Querschnittsaufgabe betrachtet werden sollte.

Die bislang fehlende strukturelle Einbindung der Frauenpolitik in die Gesamtstrategie der Gewerkschaften ist ein Problem, das durch die Einführung des *Gender Mainstreaming* (GM) überwunden werden soll (für das Beispiel ver.di s. Schulz-Müller 2002).[22] Die Auffassung, dass das GM die Strukturen der gewerkschaftlichen

---

22 Die Geschlechterdemokratie ist das erste Politikfeld, bei dem eine DGB-Gewerkschaft (ver.di) mit grünen Institutionen offiziell kooperiert: Für die Beratung wurde die Fachkompetenz des feministischen Instituts der Heinrich-Böll-Stiftung beansprucht.

Frauenpolitik nicht ersetzen sondern nur ergänzen kann, vertreten die Frauenpolitikerinnen im DGB genauso wie in den Einzelgewerkschaften, wohingegen viele der (vor allem männlichen) KollegInnen sich bisher schwer tun, die Notwendigkeit der parallelen Strukturen anzuerkennen.

Mit dem GM sind große frauenpolitische Hoffnungen verknüpft. Einerseits hat der DGB die Aufgabendefinition der Abteilung Frauenpolitik und damit die Tatsache akzeptiert, dass diese auch die allgemeinen Zuständigkeitsbereiche als die ihren definiert. Davon abgesehen wurde das Prinzip des GM beim Bundeskongress 1998 als Verfahrensprinzip beschlossen, wonach sich der DGB verpflichtet, seine politischen Aktivitäten hinsichtlich ihrer Wirkungen auf das Geschlechterverhältnis zu überprüfen. Aufgrund der formalen Situation wäre also zu erwarten, dass in den politischen Aktivitäten des DGB nun systematisch frauenpolitische Positionen berücksichtigt würden. In der Praxis zeigt sich jedoch, dass bisher die politische Planung in den Fachabteilungen oder bei den Mitgliedern des Bundesvorstandes des DGB weder systematisch mit der Abteilung Frauenpolitik abgestimmt noch von ihr kontrolliert werden. Wie in fast allen Großorganisationen ergibt sich die Kooperation zwischen den Abteilungen des Bundesvorstandes zumeist aufgrund guter kollegialer Beziehungen. Ein systematisches Prüfverfahren (vgl. dazu etwa Stiegler 2002) wurde nicht entwickelt und die Satzungsbestimmungen wurden nicht weiter verändert.[23]

9.1.4 Die Vertretung frauenpolitischer Interessen in den Betrieben

Das duale System der Arbeitnehmervertretung in Deutschland, d.h. das Zusammenspiel zwischen betrieblichen und gewerkschaftlichen Akteuren, bietet die theoretische Möglichkeit für die Gewerkschaften, betriebliche Akteure bei der Initiative und Durchführung gleichstellungspolitischer Projekte zu beraten, wenn diese nicht durch gesetzliche Regelungen vorgeschrieben sind. Neben der gesetzlichen Regelung, so ein Funktionär, bliebe

»... noch der tarifliche Ansatz: Es ist natürlich immer schwer, aus dem Stand heraus zu einer neuen Materie tarifvertragliche Rechte durchzusetzen, aber was ich als ›tarifpolitischer Löwe‹ auf Flä-

---

23 In der Folge des Beschlusses des GHV zur Umsetzung des *Gender-Mainstreaming*-Prinzips wurde beim Bundesvorstand des DGB eine Veranstaltung für die politischen MitarbeiterInnen durchgeführt, zu der alle Abteilungen eingeladen waren. Ein *controlling*-Verfahren sollte später eingerichtet werden, eine wissenschaftliche Begleitung stand Anfang 2001 unter Finanzierungsvorbehalt (Interview DGB 1).

chentarifvertragsebene noch nicht durchsetzen kann, kann ich als ›betriebspolitischer Fuchs‹ vorbereiten und in Betriebsvereinbarungen gießen.«[24]

Der Erfolg einer solchen »Guerilla-Taktik« setzt jedoch voraus, dass frauenpolitische Interessen auf der betrieblichen Ebene durch die BetriebsrätInnen, Vertrauensleute oder betriebliche Gleichstellungsbeauftragte gut verankert sind und dass mit den gleichstellungspolitischen Strukturen der Gewerkschaften kooperiert wird. Die Erfahrungen der Frauenpolitikerinnen in den Einzelgewerkschaften zeigen jedoch, dass die Voraussetzungen selten gegeben sind: Nur wenige FunktionärInnen, Vertrauensleute oder BetriebsrätInnen haben überhaupt genaue Kenntnis der entsprechenden gesetzlichen Regelungen – dazu gehören ebenso der Kündigungsschutz im Erziehungsurlaub wie die Bemessung des Arbeitslosengeldes bei dem Wunsch der Rückkehr auf einen Teilzeitarbeitsplatz. Zudem fehlt es den zuständigen BetriebsrätInnen an (frauen-)politischem Engagement, das notwendig wäre, um sich in Rechtsfragen an die Verwaltungsstellen zu wenden und damit Verstöße gegen geltendes Recht zu verhindern. In vielen Fällen werden damit das Mitbestimmungsrecht des Betriebsrates und die Möglichkeit zur Initiierung von gleichstellungspolitischen Projekten verschenkt (Interview DGB 5).

Die Aufnahme von betrieblichen Gleichstellungsfragen in die Liste der mitbestimmungspflichtigen Gegenstände, die von den FrauenpolitikerInnen bei der Reform des Betriebsverfassungsgesetzes so dringend empfohlen wurde (Bundesministerium für Familie 2000b), hätte zumindest eine Sensibilisierung der betrieblichen Interessenvertretung für Gleichstellungsfragen bedeuten können. Eine Untersuchung, die die Vertretung frauen- und gleichstellungspolitischer Interessen auf der betrieblichen Ebene fokussiert, zeigt jedoch, dass die meisten Betriebsräte einen männlichen Vorsitzenden haben (82%), dass es in nur sehr wenigen Betrieben Vereinbarungen zur Frauenförderung gibt[25] und dass die Themen der Gleichstellung und der Vereinbarkeit von Beruf und Familie in der betrieblichen Praxis keinen sehr hohen Stellenwert einnehmen (Klenner/Lindecke 2003).

Insgesamt zeigt sich, dass die Praxis gewerkschaftlicher Frauenpolitik für die AkteurInnen kein leichtes Geschäft ist. Von der Anfälligkeit für mikropolitische Dynamiken einmal abgesehen, sind gleichstellungspolitische Themen noch immer nachgeordnet und die Form der Arbeitsteilung innerhalb des DGB bzw. seinen Einzelgewerkschaften und der Verzicht auf die Betrachtung der Frauenpolitik als

---

24 So Hans-Joachim Schabedoth, IG-Metall-Grundsatzabteilung, bei der DGB-ExpertInnenanhörung zur Reform des Erziehungsurlaubs am 18. Dezember 1995 in Düsseldorf (DGB 1995:26).

25 Der Anteil der Betriebe wird je nach Datenquelle sehr unterschiedlich eingeschätzt: Angelika Koch (2002) nennt eine Zahl von 2%, die auf der Basis des IAB-Betriebspanels berechnet wurde, Christina Klenner und Christiane Lindecke (2003:181) haben auf Basis der WSI-Betriebsräte-Befragung von 2002 einen Anteil von 10% berechnet.

Querschnittsaufgabe erschwert geschlechterpolitische Lernprozesse potenziell. Auch die »Guerilla-Taktik« der gewerkschaftlichen Gleichstellungspolitik ist aufgrund des Fehlens engagierter betriebliche AkteurInnen in ihrer Wirkung bislang begrenzt geblieben.

9.2 Vereinbarkeit als Thema von Gewerkschaftspolitik

Kann der DGB mit seinen Einzelgewerkschaften trotz dieser Probleme als eine »frauenpolitische Gegenmacht« (Blättel 1988) gelten? Im Folgenden soll untersucht werden, inwiefern der DGB bezüglich seiner programmatischen Ausrichtung überhaupt als Advokat für frauenpolitische Anliegen in Frage kommt.

9.2.1 Erwerbstätigkeit von Frauen und Männern: gleich oder gleichwertig?

Die Erwerbstätigkeit von Frauen wurde auch von der deutschen Gewerkschaftsbewegung vor allem in der Nachkriegszeit als ein Sonderproblem betrachtet, was sich in der Akzeptanz der DGB-Gewerkschaften von Frauenlohnabschlägen, der Zölibatsklausel und der familienrechtlichen Bevormundung der Frauen vor 1977 niederschlug (Kopel 1993:30ff.). Das vordringliche Ziel der gewerkschaftlichen Frauenpolitik in den fünfziger Jahren war der Abbau der Doppelbelastung der Frauen, die sich aus den Arbeits- und Lebensbedingungen ergab: In den Betrieben galt zu der Zeit die 48-Stundenwoche, der öffentliche Nahverkehr war kaum entwickelt und die Haushaltsführung war noch kaum durch technische Geräte oder Fertiggerichte vereinfacht (Bachler 1993:163). Die Vereinbarkeit von Beruf und Familie im Hinblick auf die Kindererziehung wurde damals nicht thematisiert; die Erwerbstätigkeit von Frauen wurde unter dem Aspekt der wirtschaftlichen Notwendigkeit betrachtet und galt zudem als vorübergehend (vgl. dazu die Studie von Pfeil 1961). Dabei teilten die weiblichen FunktionärInnen, die sich selbst in dem Zwiespalt befanden, sich in ihrem Verhalten jedoch an das Vorbild des männlichen engagierten Gewerkschaftssekretärs anpassten, diese konservative Einstellung (Bachler 1993). Zwar spielte das Thema Mutterschutz schon damals eine wichtige Rolle, doch wurde die geschlechtsspezifische Arbeitsteilung auch von den Gewerkschaftsfrauen nicht in Frage gestellt. Vielmehr versuchte die gewerkschaftliche Frauenpolitik Entlastungen für die Frauen durch die Einführung eines Hausarbeitstages und die Förderung von »Halbtagsarbeit« zu erzielen (Kopel 1993:55ff.): sie begrüßte noch 1959 bei der Bundesfrauenkonferenz die Forderung nach einem Familienlohn und formulierte den Wunsch nach einer längeren Freistellung der

Mütter von der Erwerbsarbeit (Bachler 1993:158f.). Eine Verpflichtung der Männer zur Hausarbeit lehnten die Gewerkschafterinnen ab (ebd.:163).

Die Aktivitäten der gewerkschaftlichen Frauenpolitik bezogen sich in den fünfziger Jahren vor allem auf die Ausbildung von Mädchen und Frauen und die Lohngleichheit, die damals noch unter der Parole »gleicher Lohn für gleiche Arbeit« gefordert wurde. Die Lohnungleichheit ergab sich aus den besonderen Frauenlohngruppen, nach denen die Tarifverträge Lohnabschläge für die weiblichen Beschäftigten vorsahen. Die Abschaffung der Frauenlohngruppen ist jedoch nicht den Gewerkschaften sondern der Rechtsprechung des Bundesarbeitsgerichts zu verdanken, das 1955 die Lohnabschläge als ungesetzlich beurteilte. Allerdings wurden in Folge des Urteils so genannte Leichtlohngruppen eingeführt, die bis in die siebziger Jahre fortbestanden und in die Frauen nun eingruppiert wurden (Kopel 1993:53).

Bis 1969 ging der DGB offiziell von unterschiedlichen Motivlagen für die Erwerbstätigkeit von Männern und Frauen aus. Erst im »Programm für Arbeitnehmerinnen« (1969) wurde die Existenz sichernde und selbst entfaltende Wirkung der Erwerbsarbeit auch den Frauen zuerkannt (ebd.:39). Doch auch in den siebziger Jahren wird das Problem der Entgeltgleichheit noch nicht gelöst: Nach der Abschaffung der Leichtlohngruppen wird die ungleiche Entlohnung mit der Wertigkeit unterschiedlicher Tätigkeiten begründet. Die gleichstellungspolitische Forderung wurde nun in »gleichen Lohn für gleichwertige Arbeit« umformuliert und die Beschreibung und der Vergleich von Tätigkeiten anhand einer analytischen Arbeitsbewertung gefordert.[26] Diese wird von den Gewerkschaften jedoch abgelehnt, weil sie dem Arbeitgeber eine weit gehende Kontrolle über den Einsatz der Arbeitskraft ermöglichen würde. Auch wenn sich die Bundesregierung inzwischen dieses Themas angenommen hat,[27] fehlt für die Herstellung von Entgeltgleichheit für gleichwertige Arbeit bis heute das tarifpolitische Engagement bzw. die Durchsetzungsfähigkeit der Forderungen. Insgesamt betrachtet, liegt der Schluss nahe, dass

---

26 Bei der analytischen Arbeitsbewertung werden Arbeitsprozesse in einzelne Sequenzen zerlegt und die dabei abgeforderten Qualifikationen einzeln bewertet. Wie die tayloristische Zerlegung von Arbeitsprozessen erlaubt diese Methode eine genauere Kontrolle der individuellen Arbeitsleistung (für den neuesten Stand der Diskussion s. Bundesregierung 2002:209ff.). Als Alternative wird in den fachpolitischen Gremien das schweizerische Konzept ABAKABA (Arbeitsbewertung nach Katz & Baitsch) diskutiert. Bei diesem Konzept werden alle potenziellen Anforderungen berücksichtigt. Allerdings wurde es für den öffentlichen Dienst entwickelt und ist auf andere Bereiche nicht ohne Weiteres zu übertragen.

27 Die Entgeltgleichheit war das Schwerpunktthema des 5. Aktionsprogramms der EU zur Gleichstellung von Frauen und Männern im Jahr 2002. In diesem Rahmen wurde vom 17. bis 19. Juni in Berlin vom BMFSFJ eine internationale Konferenz mit rund 300 TeilnehmerInnen durchgeführt (vgl. den Tagungsbericht von Scheele 2002) und der »Erste Bericht der Bundesregierung zur Berufs- und Einkommenssituation von Frauen und Männern« (Bundesregierung 2002) vorgelegt.

die Auffassung über das geschlechterspezifische Arbeitsvermögen zu den ideellen Grundlagen der deutschen Gewerkschaftsbewegung der Nachkriegszeit gehört.

> **Exkurs: Total-E-Quality: Ein Auditverfahren für die betriebliche Gleichstellungspolitik**
>
> Auditverfahren, die seit Mitte der neunziger Jahre durchgeführt werden, sind ein Instrument zur Erhebung der betrieblichen Praxis (für einen Überblick über die verschiedenen Verfahren vgl. Bundesministerium für Familie 2000c). Den Unternehmen ermöglicht die Teilnahme an Auditverfahren das Kennenlernen von Maßnahmen zur betrieblichen Förderung der Gleichstellung. In den Zertifizierungsprozessen verpflichten sich die Unternehmen zur Entwicklung frauenfördernder Maßnahmen.
>
> Zu den wichtigsten Initiativen gehört der Verein Total-E-Quality, der 1996 gemeinsam von einer Reihe von Unternehmen, der Bundesvereinigung der Arbeitgeberverbände, dem DGB, dem Bundesministerium für Bildung und Wissenschaft, dem Institut für Arbeitsmarkt- und Berufsforschung und dem Bildungswerk der hessischen Wirtschaft in Frankfurt gegründet wurde. Um die Vergabe des Total-E-Quality Prädikats können sich Organisationen der Wirtschaft mit mehr als 15 Beschäftigten und einem Jahresumsatz von 500.000 €, wissenschaftliche Institute und Universitäten sowie Kommunen bewerben, die sich »nachweislich und langfristig in ihrer Personalpolitik für Chancengleichheit einsetzen« (Total-E-Quality Deutschland e.V. 2000: 9). Das Prädikat kann zweimal jährlich für drei Jahre vergeben werden, danach muss das Unternehmen weitere Fortschritte vorweisen, um die Auszeichnung zu behalten. Zur Bewerbung füllen die Organisationen Befragungsbögen aus, in denen geplante oder realisierte Maßnahmen sieben Themenbereichen zugeordnet werden (z.B. die Stellenbesetzung, Personalentwicklung, Institutionalisierung von Chancengleichheit, Vereinbarkeit von Beruf und Familie). Eine Jury aus Mitgliedern der Gründungsorganisationen entscheidet über die Verleihung des Prädikats. Bei der neunten Verleihung der Total-E-Quality-Auszeichnung im Mai 2002 wurden fast 60 Organisationen ausgezeichnet, darunter die Freie Universität Berlin (vgl. http://ww.total-e-quality.de; Zugriff am 29.4.2003).[28] Zwei weitere Auditierungsverfahren, die allerdings mehr die familienpolitischen Dimensionen von Personalpolitik betonen, sind der Bundeswettbewerb »Der familienfreundliche Betrieb« und das Audit »Beruf und Familie« der Hertie-Stiftung (Bundesministerium für Familie 2000c; vgl. auch Kapitel 2). Zertifizierungsverfahren gelten insgesamt als eine ergänzende Maßnahme zum Mentoring, dem Personalmanagementinstrument des *managing diversity* und Gleichstellungsgesetzen (vgl. dazu Höyng 2002).

Mit dem Beginn der Debatte um die berufliche Gleichstellung wird auch die Notwendigkeit der Förderung von Frauen in den Betrieben betont. Dabei spielten die gewerkschaftlichen Frauenausschüsse bzw. die Frauenkonferenzen eine tragende Rolle: 1972 forderte der 2. Frauentag der IG Bergbau und Energie die Erhöhung

---

28 Zu den zertifizierten Betrieben gehören u.a. der Pharmaunternehmen Aventis, der Chemiekonzern Bayer, die Deutsche Bahn AG, die Deutsche Telekom AG, die Deutsch Post AG, die Deutsche Lufthansa AG, die Commerzbank, die Deutsche Bank, die Volkswagen AG sowie diverse Stadtverwaltungen (Hannover, München, Heidelberg u.a.) und Universitäten (Bremen). Für weitere Beispiele s. Bundesministerium für Familie 2000a; Total E-Quality Deutschland e.V. 2000.

der Anzahl von Frauen in Führungspositionen und 1976 formulierte die 9. Frauenkonferenz der IG Metall die Forderung nach einem Frauenförderplan, der schließlich 1979 veröffentlicht wurde (Weg 1986:567). Die Unterstützung des rot-grünen Regierungsprojektes eines Gleichstellungsgesetzes für die Privatwirtschaft war für den DGB und seine Einzelgewerkschaften selbstverständlich, allerdings nicht erfolgreich (Bundesministerium für Familie 2000b).

Letztendlich wurde 2001 trotz der breiten frauenpolitischen Allianz von einem verbindlichen Gleichstellungsgesetz Abschied genommen und eine unverbindliche »Vereinbarung zwischen der Bundesregierung und den Spitzenverbänden der deutschen Wirtschaft« geschlossen. Eine gesetzliche Regelung wurde nach einer Prüfung der Fortschritte im Jahr 2004 in Aussicht gestellt, blieb aber bisher aus (Koch 2002; Klenner 2004).

Mit der Gleichstellungsvereinbarung wird eine Praxis bestätigt, die in den neunziger Jahren entwickelt wurde, die freiwillige Förderung von Gleichstellung und/oder Vereinbarkeit von Beruf und Familie in den Betrieben. Diese Praxis wird auch von der Abteilung Frauenpolitik des DGB unterstützt, die zu Beginn der neunziger Jahre an der Entwicklung eines gleichstellungspolitischen Zertifizierungsverfahren mitgewirkt hat, bei denen ausgewählte Unternehmen für besondere Frauenfördermaßnahmen oder eine familienfreundliche Arbeitszeitorganisation ausgezeichnet werden.

Schließlich befürwortet die Abteilung Frauenpolitik auch die bessere Anerkennung von Familienkompetenzen durch die Betriebe als einen Weg, Anreize für Männer zu schaffen, sich mehr an den Erziehungsaufgaben zu beteiligen (Interview DGB 3). Familienkompetenzen sollen demnach in der Arbeitswelt besser anerkannt und mit bestimmten formalen Anforderungen gleichgestellt werden. Die Beforschung der Umsetzungsmöglichkeiten durch das Deutsche Jugendinstitut und Unterstützung durch die Familienministerin wird dabei ausdrücklich begrüßt.[29]

9.2.2 Teilzeitarbeit versus kollektive Arbeitszeitverkürzung

In der Frage nach der Entlastung von weiblichen Beschäftigten gab es unterschiedliche Positionen in der Gewerkschaftsbewegung. Der Bundesfrauenausschuss empfahl schon 1953 (als er noch kein Initiativrecht für den DGB-BK besaß) eine generelle Arbeitszeitverkürzung für Männer und Frauen als vorrangig anzustrebendes Ziel (vgl. Kopel 1993:57). Auf der Bundesfrauenkonferenz 1959 wurde dagegen

---

29 Vgl. dazu die 2001 erschienene Broschüre des BMFSFJ »Familienkompetenzen als Potenzial einer innovativen Personalentwicklung« (Bundesministerium für Familie 2001).

gefordert, einen Hausarbeitstag allgemein gesetzlich zu verankern.[30] Einzelne Landesbezirksvertreterinnen und Frauen aus den Einzelgewerkschaften forderten in den fünfziger Jahren die Möglichkeit der Teilzeitarbeit als eine Strategie zur Vereinbarung von wirtschaftlich notwendiger Erwerbstätigkeit mit Familienpflichten (Kopel 1993:58). Diese Forderung war innergewerkschaftlich allerdings umstritten, denn Teilzeitbeschäftigte wurden aufgrund ihrer höheren Produktivität und Flexibilität als Konkurrentinnen wahrgenommen, deren höhere Akzeptanz schlechterer Arbeitsbedingungen Druck auf die geltenden Normen produzierte. Aus diesem Grund wurde schon auf dem DGB-Bundeskongress 1956 die grundsätzliche Einbeziehung der Teilzeitarbeit in die gesetzlichen und tarifvertraglichen Bestimmungen sowie die Einhaltung der betrieblichen Arbeits- und Leistungsbedingungen der Vollzeitbeschäftigten auch für Teilzeitbeschäftigte gefordert (vgl. Kopel 1993:59). Diese Forderung gehört seither zum Kanon der gewerkschaftlichen frauenpolitischen Positionen.

Die Gewerkschaftsführungen ignorierten jedoch weit gehend die Probleme der arbeitsrechtlichen Diskriminierung und der unzureichenden sozialen Sicherung von Teilzeitarbeit und lehnten diese ab, anstatt auf die Entwicklung ihres sozialen Schutzes hinzuwirken. Während des Kampfes um die 35-Stunden-Woche beklagten sie die politische Spaltung der Gewerkschaften an der Teilzeitfrage (»wenn die Frauen auf Teilzeit gehen, fehlen sie uns in der anderen Hälfte des Tages im Kampf um die 35-Stunden-Woche«), und auf dem 12. Bundeskongress des DGB wird Teilzeitarbeit als Ausdruck von Rationalisierungsmaßnahmen und Leistungsverdichtung abgelehnt:

»Teilzeitarbeit kann auch die Beschäftigungsprobleme der Frauen nicht lösen. Die Erfahrung zeigt, dass gerade Teilzeitarbeitnehmerinnen die Funktion einer arbeitsmarktpolitischen Reserve haben und so am schnellsten wieder aus dem Erwerbsleben herausgedrängt werden können. Nur vordergründig ist Teilzeitarbeit geeignet, Beruf und Familie in Einklang zu bringen. Vielmehr ist erkennbar, dass Teilzeitarbeit einer eigentlichen Problemlösung ausweicht: die traditionelle Rollenverteilung wird verfestigt, die Frauen werden einseitig auf Haushalt und Kindererziehung festgelegt.« (Deutscher Gewerkschaftsbund 1982:320).

In den achtziger Jahren wird das Thema Teilzeitarbeit auch auf der DGB-Bundesfrauenkonferenz kontrovers diskutiert. Vor der Ausweitung ungeschützter Beschäftigungsverhältnisse und der »Arbeitszeitflexibilisierung auf Kosten der Frauen« wird eindrücklich gewarnt und der Bundesvorstand des DGB zum Handeln aufgefordert. Die allgemeine Arbeitszeitverkürzung wird dagegen in allen Anträgen begrüßt und

---

30 Einige Bundesländer (Niedersachsen, Hamburg, Bremen, Nordrhein-Westfalen) hatten hier bereits einen Vorstoß unternommen und ein Gesetz über einen bezahlten Hausarbeitstag erlassen. Im Landesbezirk Berlin versuchte man, den freien Tag über die Tarifparteien durch Betriebsvereinbarungen zu verankern (Kopel 1993:57).

im Sinne der Umverteilung der Erwerbs- und Familienarbeit zwischen Männern und Frauen unterstützt.[31] Dennoch erkennen Frauenpolitikerinnen aller Bereiche die faktische Notwendigkeit der Teilzeitarbeit von Frauen an und fordern immer wieder die vollständige sozialrechtliche Absicherung von Teilzeitarbeit, das Recht auf Teilzeitarbeit sowie auf Rückkehr zur Vollzeitarbeit und die arbeitsrechtliche Gleichbehandlung.[32] Mit dem Beschäftigungsförderungsgesetz wird 1986 ein Gleichbehandlungsgebot zwar gesetzlich festgeschrieben. Die faktische Gleichbehandlung von Teilzeitbeschäftigten ist damit auf der betrieblichen Ebene jedoch noch nicht gewährleistet, da sie in nur wenigen Tarifverträgen verankert wird (Bäcker/Stolz-Willig 1994). Die allgemeine Arbeitszeitverkürzung bleibt auch nach den großen Tarifkonflikten Mitte der achtziger Jahre das zentrale arbeitszeitpolitische Anliegen. Gewerkschaftliche Initiativen, die die Arbeitszeitverkürzung mit emanzipatorischen Zielen verbinden (»Samstags gehört Papi mir«, 6-Stunden-Tag), werden in den achtziger Jahren vor allem von gewerkschaftsnahen WissenschaftlerInnen, nicht aber von den Gewerkschaften selbst getragen (Kurz-Scherf 1987a;b).

Die Sichtweise auf die weibliche Erwerbstätigkeit und die geschlechterspezifische Arbeitsteilung verändert sich erst spät. 1990 wird auf dem DGB-Bundeskongress das partnerschaftliche Prinzip als Grundprinzip formuliert und anerkannt, dass die Förderung von Frauenerwerbstätigkeit auch der Veränderung des Normalarbeitsverhältnisses bedarf:

> »Die Verwirklichung des Grundrechtes auf eigenständige Existenzsicherung und persönliche Entfaltung im Beruf auch für Frauen ist ohne eine Weiterentwicklung des ›Normalarbeitsverhältnisses‹ nicht möglich. (…) Die tägliche Arbeitszeitverkürzung mit dem Ziel eines kürzeren ›Normalarbeitstages‹ muss als Lösungsbeitrag für die Probleme erwerbstätiger Eltern intensiv beraten und in entsprechende Beschlüsse und Politik umgesetzt werden. (…) Ein neues ›Normalarbeitsverhältnis‹ ist keine ferne Utopie, sondern eine konkrete Möglichkeit, noch in diesem Jahrhundert endlich die Voraussetzungen dafür zu schaffen, dass Männer und Frauen gleichberechtigt an allen Lebensbereichen teilhaben können.« (Deutscher Gewerkschaftsbund 1990: 379)

Während dieses Kongresses fordert der Bundesfrauenausschuss die Verkürzung der täglichen Arbeitszeit von Eltern auf sechs Stunden bei vollem Lohnausgleich. Die 35-Stunden-Woche wird dabei nur als Etappenziel betrachtet (ebd.). Damit wird die Idee der »Elternkurzarbeit« aufgenommen, die die frauenpolitische Sprecherin der Grünen zwei Jahre zuvor im Rahmen der Debatte um die Reform des Elternurlaubs

---

31 Zur kritischen Diskussion um Teilzeitarbeit s. die Anträge Nr. Nr. 62, 63 ff. der DGB-BFK 1985 (DGB-BFK 1985: 357ff.).

32 Vgl. dazu etwa den Initiativantrag von Margret Mönig-Raane (HBV-Vorsitzende, federführend) zur dauerhaften Absicherung von Teilzeitarbeit (Empfehlung der Antragsberatungskommission; Initiativantrag Nr. 6 vom 13. Juni 1994).

entwickelt hatte (vgl. dazu Kapitel 8; für die gewerkschaftliche Diskussion vgl. Kurz-Scherf 1987a).

Erst beim 16. Bundeskongress 1998 wurde die Spaltung der Gewerkschaften in der Position zur Teilzeitarbeit beendet und diese bislang als ›atypisch‹ betrachtete Form der Beschäftigung nicht mehr nur Frauen zugeschrieben. In einem Beschluss wird Teilzeitarbeit als förderungs- und schutzwürdig festgeschrieben, weil sie der »Anerkennung unterschiedlicher Lebenslagen« diene (Deutscher Gewerkschaftsbund 1998:130). Von den Frauenpolitikerinnen wird dieser Beschluss positiv bewertet, auch wenn von ihm nur eine begrenzte Wirkung erwartet wird. Eine erfolgreiche Anwendung des Beschlusses würde die Information des DGB-Vorsitzenden durch die Grundsatzabteilung voraussetzen, deren Leiter bisher jedoch kein Interesse an frauenpolitischen Fragen gezeigt hatte und auch nicht mit der Abteilung Frauenpolitik vernetzt war (Interview DGB 1). Bei der Einführung des Teilzeitgesetzes 1999 ist es die Abteilung Arbeitsmarktpolitik beim DGB-Bundesvorstand, die – weitgehend ohne die Beteiligung der Abteilung Frauenpolitik – den Regierungsentwurf mit einer öffentlichen Veranstaltung und einem Pressegespräch unterstützt.[33]

9.2.3 Die Soziale Sicherung von Erziehenden als frauenpolitische Forderung

Die Forderung nach der Übernahme gesellschaftlicher Verantwortung für die Betreuung und Erziehung von Kindern gehört seit Anbeginn zum frauenpolitischen Programm des DGB (Blättel 1988). Schon 1968 wird der DGB-Bundesvorstand im Rahmen der Bundesfrauenkonferenz gebeten, auf den Gesetzgeber zur Schaffung eines Karenzurlaubs mit einer entsprechenden Lohnersatzleistung einzuwirken. Begründet wird diese Forderung allerdings auch hier mit dem Wohl des Kindes und nicht dem Recht der Mütter auf Erwerbstätigkeit:

»Nach Aussagen von Ärzten und Fachleuten bedarf das Kleinkind insbesondere in den ersten Monaten seines Lebens einer ständigen Bezugsperson. Das ist in erster Linie die Mutter. Um den erwerbstätigen Müttern das Zuhausebleiben zu erleichtern und ihnen bei ihren Erziehungsaufgaben zu helfen, sollte ihnen für die Zeit von 18 Monaten ein Entgelt gezahlt werden. Da Kindererziehung eine wichtige gesellschaftliche Aufgabe ist, hat die Gesellschaft die Pflicht, die Erfüllung dieser Aufgabe finanziell zu unterstützen.« (DGB-Bundesfrauenkonferenz 1968: 222; Antrag Nr. 17).

Der DGB-Bundeskongress nahm schon 1969 die Forderung nach dem Ausbau des Mutterschutzes zu einem Karenzurlaub für Frauen von bis zu 18 Monaten mit der

---

33 Der DGB führte kurz vor der Entscheidung im Bundestag eine Pressekonferenz durch, um die Bundestagsabgeordneten noch einmal für die Verabschiedung des Teilzeitgesetzes zu mobilisieren.

Zahlung einer »angemessenen Entschädigung« auf.³⁴ Auch in diesem Gremium wurde an die bestehenden Beschlüsse erinnert und die Forderung nach der Zahlung einer Lohnersatzleistung in Höhe des Arbeitslosengeldes wiederholt, auch nach der Einführung des Mutterschaftsurlaubs durch die sozial-liberale Koalition 1979. Im Jahr 1981 wird zudem in mehreren Anträgen die Möglichkeit der Inanspruchnahme durch die Väter und eine perspektivische Verlängerung des Urlaubs auf drei Jahre gefordert. Ein Antrag des Landesbezirks Hessen, in dem eine teilzeitige Inanspruchnahme (mit entsprechender Lohnersatzleistung) gefordert wurde, wurde allerdings abgelehnt.

Die Kritik der DGB-BFK am Gesetzentwurf der Bundesregierung von 1985 zur Ablösung des Mutterschaftsurlaubsgesetzes ist harsch. Besonders kritisiert werden die Unvereinbarkeit von Mutterschafts- und Erziehungsgeld und die Verschlechterung der Regelung für erwerbstätige Frauen:

> »Das Erziehungsgeld ist in dieser Form eine Rücktrittsprämie vom Arbeitsplatz und ein Zuschuss zur Abdrängung in Teilzeitarbeit, weil nur diejenigen Mütter den Anspruch auf Erziehunggeld haben sollen, die ihre bisherige Arbeitszeit mindestens um die Hälfte reduzieren oder ihre Erwerbstätigkeit ganz aufgeben.« (Deutscher Gewerkschaftsbund 1985:401)

Aus Gründen des Gesundheitsschutzes solle der Mutterschaftsurlaub in seiner ursprünglichen Form für die Mütter beibehalten und durch einen Erziehungsurlaub ab dem siebten Monat ergänzt werden. Als Grundprinzip wird dabei gefordert, das Erziehungsgeld an alle Frauen zu zahlen und dabei ebenso diejenigen einzuschließen, die ihre Arbeitszeit nur reduzieren, wie jene, die gar nicht erwerbstätig sind. Einzelne Gewerkschafterinnen aus den Landesbezirken wenden sich kurz vor der Abstimmung im Bundestag an die Abgeordneten, um sie zu einer Ablehnung der Regierungsvorlage aufzufordern. Die Enthaltung der SPD-Abgeordneten wird dementsprechend kritisch bewertet und die Ablehnung des Entwurfs durch die Grünen begrüßt. Die Ablehnung des neuen Bundeserziehungsgeldgesetzes wird zu einer gewerkschaftlichen Position: Der DGB-Bundeskongress 1986 teilt die Einschätzung der DGB-BFK und wendet sich »empört« gegen das neue Gesetz. Dabei wird es als ein Teil des umfassenderen Sozialabbaus und als ein Angriff auf die Frauenrechte betrachtet.³⁵

Eine erneute Präzisierung der gewerkschaftlichen Position zum Erziehungsurlaub folgt zu Beginn der neunziger Jahre. Auf dem DGB-Bundeskongress 1994 wird vom DGB-BFA ein Antrag zur Umsetzung und Finanzierung der Kinderbetreuung eingebracht und eine umfassende Reform des Erziehungsurlaubs gefor-

---

34 Vgl. dazu die Anträge des DGB-Bundeskongresses 1969 (Deutscher Gewerkschaftsbund 1969).
35 Zum Wortlaut der Kritik an der Regierungspolitik vgl. die Anträge der IG Metall und des Landesbezirks Berlin beim 13. DGB-Bundeskongress 1986 (Deutscher Gewerkschaftsbund 1986:645ff.).

dert.[36] Dabei ähneln die Details jenen, die der SPD-Gesetzentwurf von 1996 enthält: die Ausgestaltung des Elternurlaubs als Zeitkonto, die Möglichkeit der gleichzeitigen Teilzeitarbeit der Eltern und die Weiterentwicklung des Erziehungsgeldes zu einer existenzsichernden Lohnersatzleistung. Bei einer ExpertInnenanhörung, die die Abteilung Frauen beim DGB 1995 durchführt, wird vor allem die Frage diskutiert, in welcher Form der Erziehungsurlaub reformiert werden kann, dass eine partnerschaftliche Arbeitsteilung begünstigt wird. Es kristallisiert sich die Ansicht heraus, dass die Beteiligung der Väter multifaktoriell zu erklären ist, wobei die Möglichkeit zur gleichzeitigen zeitlich reduzierten Erwerbsarbeit ebenso wichtig wäre wie eine angemessene Lohnersatzleistung. Auf alle Fälle sollte ein Recht auf Teilzeitarbeit möglichst allgemein ausgestaltet sein, um nicht Eltern und insbesondere Mütter aus dem Arbeitsmarkt »herauszuschützen« (vgl. Deutscher Gewerkschaftsbund 1995). Gleichzeitig wird auch klar, dass eine wie auch immer gestaltete Freistellung der Eltern durch den Ausbau der Kinderbetreuungseinrichtungen begleitet werden muss.

9.2.4 Die familien- und frauenpolitische Programmatik des DGB im paradigmatischen Wandel

Insgesamt zeichnet sich in den Themenbereichen der Frauenerwerbsarbeit und der Arbeitszeitpolitik eine deutliche Veränderung der Problemdefinition ab. Während die Positionen zur Frauenerwerbstätigkeit zunächst differenzbetont waren, setzt sich doch bald die Forderung nach Gleichbehandlung und Lohngleichheit durch. Die Positionen der Gewerkschaften zum Thema Teilzeitarbeit sind dagegen bis in die neunziger Jahre von einer nachdrücklichen Ablehnung geprägt. Vielmehr bleibt bis zum Ende der neunziger Jahre die kollektive Arbeitszeitverkürzung die zentrale arbeitszeitpolitische Forderung. Auch gehört die Forderung einer bezahlten Freistellung seit den sechziger Jahren zum Standardrepertoire der frauen- und familienpolitischen Forderungen. Die offizielle gewerkschaftliche Vereinbarkeitspolitik der neunziger Jahre orientiert sich also eindeutig am Gleichheitsprinzip statt am Differenzprinzip, und anstatt des Modells der gleichen Anerkennung von Familie und Beruf wird die Möglichkeit zur Integration beider Lebensbereiche gefordert. Zentrale Voraussetzungen dafür, wie etwa die Forderung nach einem Recht auf Teilzeitarbeit gehören jedoch erst seit kurzem zur Beschlusslage des DGB. Aktuell umfasst sie das ganze Spektrum gleichstellungspolitischer Positionen: Die Förderung der

---

36 Vgl. Antrag Nr. 125 des Bundes-Frauenausschusses (Deutscher Gewerkschaftsbund 1994:349). Der Antrag der HBV, der Gewerkschaft mit dem höchsten Frauenanteil unter den DGB-Gewerkschaften, wurde als Material angefügt.

gleichen ökonomischen und politischen Teilhabe von Frauen, die Aufgabe der Vollzeitarbeit als einzige gültige Erwerbsform sowie die Forderung nach einer umfassenden sozialen Sicherung der brüchig werdenden Erwerbsverläufe. Die normative Orientierung dieser Beschlusslage entspricht durchaus dem von Fraser beschriebenen Integrationsmodell (vgl. Kapitel 3).

Noch stärker als bei den Parteien zeigt sich, dass die Diskrepanz zwischen den politischen Positionen der Fachabteilungen und der Organisationen doch erheblich ist. Inwiefern die Beschlüsse in der politischen Alltagspraxis umgesetzt und als Organisationsziele verfolgt werden, zeigt sich aber ganz deutlich am Beispiel des Reformprozesses der rot-grünen Koalition. 1999 begeben sich die DGB-FrauenpolitikerInnen mit den »Forderungen der Gewerkschaftsfrauen im Rücken« (Interview DGB 3) in den Beratungsprozess zur Reform des Bundeserziehungsgeldgesetzes.

9.3 Die Mitwirkung bei der Reform des Bundeserziehungsgeldgesetzes

9.3.1 Formen der Mitwirkung

Die Beteiligung des DGB an der Reform des Bundeserziehungsgeldgesetzes erfolgt auf allen formalen Wegen, die für die politische Einflussnahme von Verbänden in Frage kommen: Auf Anfrage des BMFSFJ und der Fraktionen werden Stellungnahmen abgegeben, Vertreterinnen des DGB bringen ihre Position bei der öffentlichen Anhörung im Bundestag ein und wenden sich schließlich unter dem Dach des Deutschen Frauenrates kurz vor der Verabschiedung des Regierungsentwurfs in einem offenen Brief an die Abgeordneten. Doch auch für die informelle Einflussnahme bestehen für die DGB-Frauenpolitikerinnen in der 14. Legislaturperiode Möglichkeiten: Hier erweisen sich frühere Arbeitskontakte und persönliche Beziehungen zwischen der Leitung des BMFSFJ und den DGB-Vertreterinnen als hilfreich. Zwar hatten die DGB-Politikerinnen auch schon während der Kohl-Regierungen den Kontakt zu den Ministerinnen gesucht, diese hatten sich den Anliegen der Gewerkschafterinnen aber verschlossen (Interview DGB 3).

Die Diskussionen und Verhandlungen zwischen den VertreterInnen des DGB und den SPD-Fraktionsmitgliedern schreiben eine jahrelange Kooperation und Koordination fort und intensivieren sich nun im Hinblick auf das bevorstehende Reformprojekt. Genutzt wird dazu unter anderem das gemeinsame »Frühstück« von

DGB-VertreterInnen und gewerkschaftlich orientierten Abgeordneten[37]: Im Rahmen einer solchen Sitzung werden im Frühjahr 2000 die Eckpunkte der Reform zwischen den Fraktionsmitgliedern der SPD und den DGB-VertreterInnen abgestimmt bzw. die jeweiligen Positionen vorgetragen. Darüber hinaus wenden sich die DGB-VertreterInnen mit ihrem Anliegen mündlich oder schriftlich an SPD-Abgeordnete, die ihnen als AnsprechpartnerInnen für bestimmte Probleme dienen und die gewerkschaftspolitischen Anliegen in die Fraktionssitzungen hinein tragen. Aus Sicht der GewerkschafterInnen fungieren diese Abgeordneten als MultiplikatorInnen innerhalb der Fraktion. Allerdings erweist sich die Lobbyarbeit in der Praxis als arbeitsintensiv und übersteigt damit die vorhandenen Personalressourcen, die für eine systematische Lobbyarbeit notwendig wären (Interview DGB 3).

Parallel zur Kooperation mit den ParlamentarierInnen verhandeln die DGB-Vertreterinnen direkt mit dem Ministerium bei der Erarbeitung des Referentenentwurfes, um den Entwurf »verbandsfest« (Rudzio 1991) zu machen. Diese Kooperation wird als ambivalent empfunden, denn einerseits sind die DGB-Vertreterinnen bestrebt, ihren Einfluss geltend zu machen, andererseits werden ihre abweichenden Positionen in politische Kompromisse eingebunden. Tatsächlich sind sie trotz der Verhandlungen mit dem vorgelegten Entwurf nicht zufrieden, so dass es vorübergehend auch zu Verstimmungen kommt. Die Spannungen, die sich zwischen der Ministerin und den Gewerkschafterinnen andeuten, zeigen, dass der politische Handlungsspielraum für die Reform des Erziehungsgeldgesetzes durch Faktoren begrenzt ist, die außerhalb der Verhandlungssituation zwischen BMFSFJ und Gewerkschafterinnen liegen.

9.3.2 Erfolg: Die Form des Teilzeitanspruchs

Im Unterschied zur generellen Individualisierung des Erziehungsurlaubs ist die Individualisierung des Teilzeitanspruchs zunächst umstritten. Allerdings gelingt es den Gewerkschafterinnen, ihr Modell der Teilzeitregelung (die individuelle Höchstgrenze von 30 Stunden pro Woche während des Erziehungsurlaubs) gegen den Vorschlag der SPD-Fraktion (60 Wochenstunden gemeinsam für beide Eltern) durchzusetzen. Damit sollte verhindert werden, was die Gewerkschafterinnen in der

---

37 Diese Veranstaltungen wurden gemeinsam von der stellvertretenden Vorsitzenden des DGB, Ursula Engelen-Kefer, und dem Vorsitzenden des Ausschusses für Arbeit und Soziales, Adolf Ostertag, mit dem Ziel initiiert, außerhalb der Sitzungen des Bundestagsausschusses gemeinsame Positionen zu finden und strittige Punkte zu diskutieren. Zu bestimmten Themen wurden dann auch solche Abgeordneten zusätzlich eingeladen, die nicht im Ausschuss vertreten waren aber die entsprechenden Themen bearbeiteten.

Praxis als Regelfall beobachteten, nämlich, dass die Mütter ihre Arbeitszeit auf 20 Stunden reduzieren und die Väter den vollen Stundenumfang beibehalten. Nur der individuelle Teilzeitanspruch könne zur Realisierung einer partnerschaftlichen Teilung der Erziehungsarbeit führen. Die verpflichtende Teilung des Erziehungsurlaubs nach dem Vorbild des schwedischen »Papa-Monats« (vgl. Kapitel 2) ist zwar Teil der Beschlusslage der Bundesfrauenkonferenz, wird im Reformprozess jedoch der Gleichzeitigkeit von Teilzeitarbeit und der Anhebung der Grenze von 19 auf nunmehr 30 Stunden nachgeordnet. Zum einen sollten nicht diejenigen Frauen »bestraft« werden, deren Männer die Elternzeit nicht in Anspruch nehmen würden, zum anderen würde die Gleichzeitigkeit eine partnerschaftliche Teilung erlauben (Interview DGB 3). Von der Neuregelung wurde nun erwartet, dass sie den Beschäftigten helfen würde, ihren Wunsch nach Teilzeitarbeit durchzusetzen, und dass sie das Bewusstsein in den Betrieben verändern und die Akzeptanz von Teilzeitarbeit vergrößern würde. Die Frage der zulässigen Stundengrenze konnten die Gewerkschafterinnen letztendlich durch ein »Koppelgeschäft« erfolgreich für sich entscheiden. Als »Gegenleistung« berieten die Gewerkschafterinnen die Bundesministerin bei der Neugestaltung der Einkommensgrenzen. Von der geplanten Vereinheitlichung der zweistufigen Einkommensgrenze (vgl. Kap. 2) rieten sie ab, weil dies für viele Familien eine Senkung des Erziehungsgeldes bedeutet und möglicherweise eine politische Beschädigung der Bundesministerin zur Folge gehabt hätte.

9.3.3 Scheitern: Der Rechtsanspruch auf Teilzeitarbeit

In anderen Bereichen, wie etwa bei der Einschränkung des Geltungsbereichs des Teilzeitanspruchs auf Betriebe mit mindestens 15 Beschäftigten, waren die GewerkschafterInnen erfolglos. Die DGB-VertreterInnen kritisierten diese Grenze, weil damit die Beschäftigten, die in Betrieben dieser Größe tätig sind, von dem Rechtsanspruch auf Teilzeitarbeit ausgeschlossen würden (Interview DGB 2). Außerdem würde eine neue ordnungspolitische Grenze eingeführt werden, die bisher in keiner arbeitsrechtlichen Regelung enthalten war und die einen neuen Maßstab für andere Neuregelungen etablieren würde. Die Rechtsabteilung des DGB empfahl daher, die Nennung einer Mindestgrenze überhaupt abzulehnen und verwies auf den im Entwurf enthaltenen Passus, der den Betrieben die Ablehnung des Teilzeitanspruchs aus dringenden betrieblichen Umständen ermöglichen sollte. Gemeinsam mit einzelnen VertreterInnen der SPD-Fraktion und der frauenpolitischen Sprecherin der Fraktion Bündnis 90/Die Grünen wurde versucht, die Abgeordneten für das Thema zu interessieren und Mehrheiten für die Streichung der Mindestgrenze in dem Entwurf zu gewinnen. Die Ausschusssitzung enttäuschte jedoch die Erwartungen, weil einerseits zwar die Bundesministerin und die Staatssekretärin aber wenige Bundestagsabgeordnete anwesend waren und andererseits keinerlei Aussicht mehr auf eine maßgebliche Änderung bestand (Interview DGB 3).

Hintergrund dieser Vorentscheidung war der Machtkampf zwischen dem Wirtschaftsminister und der Familienministerin im Bundeskabinett, in dem die letztere klar unterlegen war.[38] Damit drängte sich den Gewerkschafterinnen die Vermutung auf, dass die Regierung durch das Festhalten an der Beschäftigtengrenze den Arbeitgebern Kompromissfähigkeit und Unternehmerfreundlichkeit signalisieren wolle. Möglicherweise hätte eine Intervention der Vorsitzenden der Einzelgewerkschaften oder des DGB-Vorsitzenden ein Einlenken bewirken können; vereinzelte Versuche der FrauenpolitikerInnen in den Einzelgewerkschaften, ihre Vorsitzenden zur Einflussnahme zu bewegen, blieben jedoch erfolglos. In diesem Fall gelang es den frauenpolitischen Akteurinnen trotz eindeutiger Beschlusslagen nicht, das Machtpotenzial ihrer Organisationen für die Durchsetzung ihrer politischen Forderungen zu mobilisieren. Ein Kompromiss war schließlich die Berichtspflicht, nach der 2004 die Bundesregierung dem Bundestag über die Wirkungen der Teilzeitregelung berichtet werden sollte.[39]

9.3.4 Der Streit um die leistungsrechtlichen Verbesserungen

Bei der Diskussion um eine Lohnersatzleistung war die Position des DGB trotz der einschlägigen Beschlusslagen nicht mehr eindeutig. Im Grunde zielte die DGB-Position seit 1985 auf die Einführung einer *zusätzlichen* Leistung für Erwerbstätige und auf die Knüpfung der Leistungen an die Bedingung der vorherigen Erwerbstätigkeit, auch wenn es ihnen die Kritik einbrachte, partikulare Interessen zu vertreten. Deswegen kritisierten die frauenpolitischen Vertreterinnen aufgrund der unzureichenden Ausgestaltung des Erziehungsgeldes den ersten Regierungsentwurf intern und verursachten damit eine Störung der Beziehung zur Ministerin. Sie hatten auf die Einsparungen von jährlich 1 Mrd. DM verwiesen, die durch die nicht vollständige Inanspruchnahme des Erziehungsgeldes durch die Berechtigten entstehen, das ihrer Meinung nach für die Erhöhung der Leistung verwandt werden sollte.[40] Die Ministerin lehnte das jedoch ab und damit war klar, dass die Vorgaben des Finanzministers auch für die Familienministerin unumgänglich waren. Die stell-

---

38 In der Auseinandersetzung soll der Wirtschaftsminister sogar angedroht haben, dem Vorschlag des Handwerksverbandes zu folgen, der die Festlegung der Grenze bei 50 Beschäftigten forderte.
39 Der Bericht beschreibt die Umsetzung des Teilzeitanspruchs als problemlos (BT-Drs. 15/3400).
40 Dieses Argument wurde zu Oppositionszeiten ebenso von den SPD-PolitikerInnen wie von den Grünen als Beweis für einen gegebenen finanziellen Handlungsspielraum angeführt.

vertretende Vorsitzende des DGB und zuständiges GBV-Mitglied setzte sich in diesem Streit nicht für die DGB-Position ein, sondern übernahm die Position des SPD-Vorstandes, womit sie die DGB-Forderung nach der Einführung einer Lohnersatzleistung auf höchster Ebene preisgab. Somit blieb den DGB-Vertreterinnen nunmehr die Aufgabe, den finanziellen Handlungsspielraum für Leistungsverbesserungen auszuloten. Die Erzielung von Einsparungen aus der Vereinheitlichung der Einkommensgrenzen lehnten die Gewerkschafterinnen ja aus strategischen Gründen ab. Dabei zeigte sich das Dilemma der gewerkschaftlichen Frauenpolitik generell, der heterogenen Interessenlage erwerbstätiger und nichterwerbstätiger Frauen gerecht werden zu wollen:

»Ich bin ich mir da selber unsicher, ob das Erziehungsgeld, so wie es besteht, nicht eine feste gesellschaftliche Größe ist, an der so nicht gerüttelt werden darf und ob es nicht zu große Verwerfungen gibt, wenn man den Kreis der Anspruchsberechtigten bei einer Lohnersatzleistung einengt.« (Interview DGB 3)

Die Bereitschaft zur Wahrung des Besitzstandes verhinderte also den Zugewinn an Handlungsspielraum für eine politisch innovativere und eigentlich gewünschte Lösung, die Einführung einer Lohnersatzleistung. Auch der Weg, die Basis für dieses Thema zu mobilisieren, erschien den DGB-Frauen verbaut. Zum einen hielten sie dieses *Thema* aufgrund seiner Komplexität für nicht mobilisierungsfähig, zum anderen fehlte ihnen in dem Moment auch die politische Unterstützung der gesamten Organisation:

»Dafür [die Einführung einer Lohnersatzleistung, SB] die Frauen auf die Straße zu kriegen, das haben wir uns auch nicht zugetraut. Das ist kein Punkt, der breit mobilisierungsfähig ist, weil es nur eine bestimmte Gruppe von Menschen trifft. Das ist einfach so. Du kriegst zwar Leute auf die Strasse wegen 218, wegen Gewalt gegen Frauen, man hätte die Frauen wegen der Rente auf die Straße gekriegt, aber das ist noch ein ganz anderes Thema. Ich bin sicher, dass man das geschafft hätte, weil es alle berührt. Aber für eine andere Finanzierung des Elternurlaubs, dafür kriegst du keine Leute auf die Straße, das ist zu kompliziert.« (Interview DGB 3)

Die fehlende Mobilisierungsmacht zeigt umso deutlicher, wie schwierig es für die gewerkschaftlichen Frauenpolitikerinnen war, in der Öffentlichkeit und sogar in der eigenen Organisation, ihre Interpretation des politischen Problems (das Fehlen einer Lohnersatzleistung) in den politischen Diskurs einzubringen.

Die Budgetregelung, die schon im Vorfeld der Veröffentlichung des Regierungsentwurfs diskutiert wurde, war dann ein willkommener Kompromiss für die Gratwanderung zwischen dem engen Finanzrahmen und der Verbesserung der Situation für erwerbstätige Frauen. Allerdings hatten auch hier die DGB-Vertreterinnen andere Vorstellungen von der Ausgestaltung als die Bundesministerin: Bei einer Laufzeit von 12 Monaten sollte das monatliche Erziehungsgeld 1200 DM betragen.⁴¹ Die Regierung lehnte diesen Vorschlag wiederum aus Kostengründen ab, weil damit die angestrebten Einspareffekte vollständig neutralisiert worden wären. Vermutlich hätten eher »Mitnahmeeffekte«, d.h. die faktische Erhöhung des Erziehungsgeldes von Frauen, die ohnehin nur eine kurze Unterbrechung planen, zu einem Anstieg der Gesamtkosten des Erziehungsgeldes geführt. Ein zweites Problem sahen die Gewerkschafterinnen außerdem darin, dass durch die Einkommensgrenze ab dem siebten Lebensmonat des Kindes besser verdienende Eltern von der Budgetregelung ausgeschlossen werden sollten. Insofern sahen die Gewerkschafterinnen die Budgetregelung lediglich als Einstieg in die Lohnersatzleistung für gering verdienende Eltern.

Vermutlich lässt sich die Zurückhaltung in der gewerkschaftlichen Position auch bei der Lohnersatzleistung damit erklären, dass der vorgegebene Kostenrahmen als absolute Maßgabe letztendlich auch von den GewerkschafterInnen akzeptiert wurde. Die Vorgabe der Kostenneutralität durch den Bundesfinanzminister, die über die Bundesfamilienministerin und ihre Staatssekretärin vermittelt wurde, erschien der DGB-Vertreterin unverrückbar. Das Verhalten und die Argumentation des DGB lässt sich auch hier als »Notwendigkeitskonstruktion« beschreiben (Nullmeier/Rüb 1993). Im Unterschied zu den SPD-Vertreterinnen vertraten die Frauenpolitikerinnen des DGB jedoch die Ansicht, dass nicht das objektiv nachweisbare Haushaltsdefizit der Grund gewesen sei, sondern vielmehr die für Familienpolitik ungünstige »politische Konjunktur«. Hätte ein Wahlkampf unmittelbar bevorgestanden, hätte es einen Impuls von Seiten der EU-Kommission gegeben oder wäre es den Gewerkschaften gelungen für dieses Thema zu mobilisieren, so hätte sich der politische Druck erhöht und der finanzielle Spielraum vergrößert.

Nachdem der nur noch leicht veränderte Entwurf des neuen Bundeserziehungsgeldgesetzes dem Bundestag zur Abstimmung vorgelegt wird, versuchen die Gewerkschaftsfrauen noch einmal, gemeinsam mit dem Deutschen Frauenrat in Form eines offenen Briefes zu intervenieren und die Abgeordneten zu mobilisieren. Eine Wirkung hat diese Aktion jedoch auch nicht mehr. Wie relativ die Notwendigkeit zur Kostendämpfung tatsächlich war, zeigte sich daran, dass kaum anderthalb Jahre nach der Reform des Bundeserziehungsgeldgesetzes im Rahmen des Bundestagswahlkampfes 2002 die Investition von 4 Mrd.€ für die Kinderbetreuung beschlossen wurde. Ein zweiter Grund für das Scheitern der gewerkschaftlichen Ziele war die Knappheit an Personal- und Zeit-Ressourcen der gewerkschaftlichen Frauenpolitik. Zum einen konnten somit nicht alle Themen gleichermaßen intensiv bearbeitet

---

41 Die GewerkschafterInnen schlugen zwei Modelle vor: einen sechsmonatigen und einen zwölfmonatigen Bezug, bei dem der gesamte maximal zu erzielende Betrag von 14.400 DM (24 Monate à 600 DM) entsprechend hätte umverteilt werden sollen. Damit wäre ein verkürztes, budgetiertes Erziehungsgeld mit 1.200 bzw. 2.400 DM pro Monat erheblich höher ausgefallen.

werden, sondern es mussten Prioritäten gesetzt werden. Zum anderen konnte keine ausreichende Lobbyarbeit betrieben werden, um etwa die Abgeordneten zu überzeugen. Schließlich wirft drittens die Zurückhaltung des DGB als Gesamtorganisation bei der Reform die Frage auf, inwiefern der Wille zur aktiven Mitgestaltung in diesem Politikfeld überhaupt gegeben war. Am Beispiel der Reform des BErzGG wird deutlich, dass in den gewerkschaftlichen Strategien nach wie vor geschlechterpolitische Fragen nicht als Angelegenheit der gesamten Organisation betrachtet werden.

9.4 Der DGB als verhinderter Advokat für eine Reform der Vereinbarkeitspolitik

Welche Stufen von Lernprozessen sind nun beim DGB zu beobachten? In welchen Bereichen kann von idealtypischen Lernprozessen gesprochen werden?

9.4.1 Die Schleusenfunktion der frauenpolitischen Strukturen des DGB

Die Organisationsstrukturen des DGB und der Frauenpolitik im DGB und seinen Einzelgewerkschaften bieten idealtypische Voraussetzungen, um spezifisches Fachwissen in den politischen Prozess einzuschleusen. Die Frauensekretärinnen auf der regionalen und lokalen Ebene kennen »die Verhältnisse vor Ort« und in den Betrieben ihrer Branche sehr genau und können auf dieser Basis substanzielle Beiträge zur Formulierung von Problemen leisten. Teilweise werden Anwendungsprobleme arbeits- und sozialrechtlicher Regelungen erst in der betrieblichen Praxis sichtbar, über die dann berichtet wird. Aus den Landesbezirks- und Bundesverwaltungen der Einzelgewerkschaften wird das spezifische Wissen gebündelt in den DGB-BFA und die DGB-BFK eingebracht oder zur Beratung der DGB-Vertreterinnen bei der Entwicklung von politischen Instrumenten genutzt. Anders als die Parteien verfügen damit die DGB-Gewerkschaften nicht nur über eine ausgezeichnete Quelle für sozialpolitisch relevantes Wissen, sondern außerdem über eine breite gewerkschaftliche Basis, die auch zur Aggregation von normativem und Alltagswissen dient. Die interne horizontale und vertikale Gliederung des Gewerkschaftsapparates, die fachliche Arbeitsteilung und die Arbeitsteilung zwischen zentralen und dezentralen Gliederungen, sowie zwischen Einzelgewerkschaften und DGB ermöglichen eine systematische und vermutlich einzigartige Verarbeitung von deskriptivem und normativem Wissen. Der systematischen Bearbeitung frauenpolitischer Themen ist es vermutlich zu verdanken, dass es den Gewerkschaften in den letzten Jahrzehnten gelungen ist, einen steigenden Anteil von Frauen als Mitglieder zu gewinnen. Die frauenpolitischen Aktivitäten entfalten auch und vor allem auf der regionalen und lokalen Ebene bis heute einen hohen Grad an politischer Identität und halten die Organisation damit an der Basis aktiv.

9.4.2 Die Formulierung politischer Ziele

Mit der Formulierung politischer Zielsetzungen waren die Frauenpolitikerinnen schon sehr früh relativ erfolgreich. Schon in den sechziger Jahren ist es ihnen gelungen, z.T. mit griffigen Schlagworten wie »gleicher Lohn für gleiche Arbeit«, politische Ziele auf die allgemeine politische Agenda der Gewerkschaften zu bringen. Mit dem Programm für Arbeitnehmerinnen von 1969 wurden außerdem die frauenpolitischen Ziele umrissen: die Positionen, die zur Beschlusslage der Gesamtorganisation des DGB gehören sind z.T. erheblich älter als bei der SPD. So stammen die Forderung nach dem Schutz der Teilzeitbeschäftigten von 1956, die Forderung nach der Lohn- und Entgeltgleichheit von 1969 und die nach der Frauenförderung in den Betrieben von 1969 (vgl. Abbildung 9.2). Zwar wird Frauenpolitik in der deutschen Gewerkschaftsbewegung auch von Anfang an als Querschnittsaufgabe verstanden, dies bleibt jedoch bis in die neunziger Jahre eine Leerformel. Auch die Forderungen der Frauenpolitikerinnen nach einer paritätischen Teilhabe und einer verbesserten Partizipation von Frauen an den organisationsinternen Prozessen, werden zunächst abgelehnt. Insgesamt aber lässt sich die Entwicklung der Positionen des DGB aber wie ein Programm zur Förderung der Emanzipation und Gleichstellung der Frauen im Erwerbsleben lesen. Die Probleme liegen vermutlich eher in der Phase, wo Ziele konkretisiert und geordnet werden.

9.4.3 Die Konkretisierung der programmatischen Ziele

Die Konkretisierung frauenpolitischer Positionen geht sehr viel langsamer vonstatten als die Einbindung der Anforderungen, die von außen an die Organisation herangetragen werden.

In der Praxis zeigt sich, dass die Beschlussfassung organisationsintern keineswegs ein reibungsloser Prozess ist, sondern dass die fehlenden effektiven Möglichkeiten zur Mitgestaltung durch ein hohes Engagement der Frauenpolitikerinnen ausgeglichen werden müssen. Besonders der recht späte Beschluss zur Teilzeitarbeit macht deutlich, dass der DGB als Gesamtorganisation kein aktiver und starker Advokat für die Veränderung der geschlechterspezifischen Arbeitsteilung ist. In ihrer praktischen Arbeit stoßen die FachpolitikerInnen auf mehrere Probleme. Erstens verfolgen die Organisationsmitglieder keinesfalls gleichgerichtete Zielsetzungen. Das Engagement für frauenpolitische Belange gehört nicht zum Repertoire aller FunktionärInnen, auch nicht aller weiblichen. Allein aufgrund des Geschlechts ist – wie überall – von den FunktionärInnen kein frauenpolitisches Bewusstsein zu erwarten; dies gilt auch dann, wenn den weiblichen Vorstandsmitgliedern die Zuständigkeit für die Frauenpolitik übertragen wurde. Zweitens ist der Erfolg frauenpolitischer Forderungen auch von organisationsinternen Koalitionen abhängig, wobei der persönliche Erfahrungshorizont der (männlichen) KollegInnen eine wichtige Rolle für die Koalitionsbereitschaft spielen kann. Die Anzahl männlicher Funktionäre, die eigene Erfahrungen mit einer veränderten Rollenverteilung haben, und die geschlechterspezifische Arbeitsteilung auch als politisches Problem definieren, hat den Umfang einer »kritischen Masse« bisher jedoch nicht erreicht.[42] Drittens sind mikropolitische Spiele auch im DGB ein Faktor für die Verhinderung von geschlechterpolitischen Lernprozessen. Auch hier scheitern Versuche zur Überwindung von Ressortgrenzen am »Ressortegoismus«. Etablierte Verfahren zur Entwicklung abteilungsübergreifender gesellschaftspolitischer Projekte, die die Kooperation der Abteilungen im Sinne der Organisationsziele verbessern würden, gibt es, wie bei der Unterstützungsaktion für das Teilzeit- und Befristungsgesetz deutlich wurde, trotz des Bekenntnisses zum *Gender Mainstreaming* bisher nicht. Viertens sind sich nur wenige der hauptamtlichen SekretärInnen im DGB der Beschlusslage im Bereich der Gleichstellungs- und Familienpolitik bewusst und beziehen deren Maßgaben in ihre eigene Arbeit mit ein. Dies ist möglich, weil für die Bearbeitung frauenpolitischer Themen eine spezielle Abteilung zuständig ist, die parallele Abteilungen und die übergeordneten Strukturen, wie etwa den Vorstand damit von der Befassung mit frauenpolitischen Themen »entlastet«.[43] Diese Sichtweise entspricht zwar der formalen Aufgabengliederung im DGB, nicht aber dem in der Aufgabendefinition formulierten Anspruch, dass gleichstellungspolitische Fragen als Querschnittsaufgaben behandelt werden sollen. Die Entwicklung stringenter und kon-

---

42 Gleichwohl gibt es prominente Beispiele von Spitzenfunktionären, die eine partnerschaftliche Arbeitsteilung praktiziert haben und diese politisch vertreten. Dazu gehören Hans-Joachim Schabedoth aus der Grundsatzabteilung beim Bundesvorstand der IG Metall, Werner Sauerborn vom Hauptvorstand der ÖTV (vgl. DGB 1995) sowie Wolfgang Uellenberg-van Darven, damaliger Vorstandssekretär beim DGB. Nach Einschätzung Uellenbergs gibt es in den Gewerkschaften eine breite Akzeptanz von Vätern, die sich für den Erziehungsurlaub freistellen lassen würden, die Einstellungen bei den GewerkschaftssekretärInnen hätten sich in diesem Bereich grundlegend verändert (DGB-FP 2001:19f.).

43 Wie weiter oben erwähnt, betrifft dies auch die frauenpolitischen Beschlüsse der Bundeskongresse. Aber auch bei der Anfrage an den DGB, ein ExpertInneninterview zur gewerkschaftlichen Behandlung familienpolitischer Themen durchzuführen, wurde ich zunächst auf die Abteilung Frauen verwiesen.

kreter vereinbarkeitspolitischer Politikvorschläge, etwa die soziale Sicherung Teilzeitbeschäftigter, der Rechtsanspruch auf Teilzeitarbeit oder die Lohnersatzleistung ist durchaus als Ergebnis politischer Lernprozesse zu bewerten, denn die Beschlusslage ist nicht nur Ergebnis von Auseinandersetzungen zwischen den frauenpolitischen Gremien mit der Gesamtorganisation (*politics*), sondern auch das Ergebnis eines fortwährenden Reflexions- und Rückkopplungsprozesses mit der (weiblichen) Mitgliedschaft, was der Beschlusslage eine sehr hohe Legitimität verschafft und ihr die Eigenschaft eines stabilen und dauerhaften grundlegenden Regelwerks verleiht.

9.4.4 Die Ordnung politischer Prioritäten des DGB bei der Mitwirkung an Gesetzesvorhaben

Analog zu den Wahlprogrammen der Parteien oder den politischen Konzepten in Gesetzentwürfen kann die Beschlusslage des DGB als »Aufgabenliste« für die Partizipation am Gesetzgebungsprozess gelten. Gleichzeitig ist die Beschlusslage gut mit dem Bild sedimentierten Wissens zu beschreiben: Einerseits ist es gefestigt, weil es sich über einen sehr langen Zeitraum durch Diskussions- und Aushandlungsprozesse entwickelt hat und dementsprechend nachhaltig in der Organisation verwurzelt ist. Andererseits gilt auch hier wieder, dass diese Art von »Archivwissen« wiederum nur dann wirksam wird, wenn es von den Organisationsmitgliedern aktiviert wird. Für manche GewerkschaftsfunktionärInnen dürfte überraschend sein, dass die Forderung nach einem bezahlten Erziehungsurlaub seit 1969 und seit 1998 auch die Forderung nach der Anerkennung und Förderung teilzeitiger Arbeitsverhältnisse zur Beschlusslage gehören (vgl. Abbildung 9.2). Letztendlich haben die Beschlüsse jedoch nur den gleichen Stellenwert wie Gesetzentwürfe von Oppositionsparteien, weil sie keinerlei praktische Folgen für deren Realisierung haben. Die Ernsthaftigkeit der beschlossenen Anliegen erweist sich erst in der konkreten politischen Entscheidungssituation, in der es an die Einbringung der eigenen Positionen in den Gesetzgebungsprozess geht. Im Arbeitsbereich des DGB-Vorsitzenden wurde die Priorität des Erziehungsurlaubs explizit an »siebter, achter Stelle, nach den Problemen der Arbeitslosigkeit und der Erwerbstätigkeit« (Interview DGB 4) verortet.[44] Die Arbeitsteilung zwischen Fachreferaten oder -abteilungen, die zwar in

---

44 Dieser Sichtweise entspricht auch die Tatsache, dass das Thema Vereinbarkeit von Familie und Beruf oder die Förderung der Frauenerwerbstätigkeit auch im »Bündnis für Arbeit« keine Rolle spielte. Zwar wurde im Rahmen der Verhandlungen des Bündnisses überlegt, ob das Instrument der Jobrotation analog zur dänischen Regelung auch für den Elternurlaub zu nutzen sei; schließlich wurde diese Idee aber nicht offiziell formuliert und in die Beratungen eingebracht.

jeder Organisation selbstverständlich ist, führt beim DGB allerdings zu einer ganz klaren Marginalisierung der Gleichstellungspolitik. So zeigt die Abbildung 9.2 auch, dass zentrale Forderungen, wie etwa nach der Gleichstellung der Frauen beim Entgelt oder in den Betrieben und auch die nach der Lohnersatzleistung, nicht realisiert werden konnten. Bei der AZV dagegen waren Teile der Gewerkschaftsbewegung, etwa die IG Metall oder die IG Medien, durchaus erfolgreich und mit der Verabschiedung des Teilzeitgesetzes wurde auch eine aktive Forderung des DGB nach dem Recht auf Teilzeitarbeit erfüllt. Die einzige spezifische frauenpolitische Forderung, die realisiert werden konnte, ist die Forderung nach der Individualisierung der Ansprüche auf eine Erwerbsunterbrechung.

Abbildung 9.2: Realisierte und unrealisierte Programmpunkte des DGB im Zeitverlauf

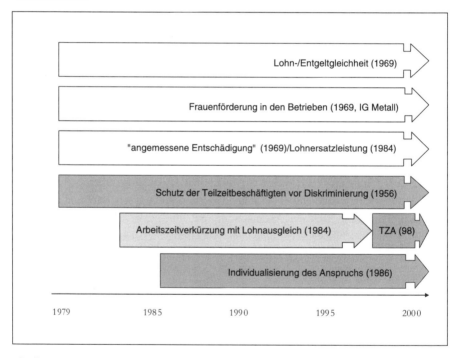

Quelle: Eigene Darstellung.

Dabei ist die Ausgangsposition des DGB für die Mitwirkung an Gesetzgebungsprozessen im Bereich der Geschlechterpolitik eigentlich sehr günstig: Die frauenpolitischen Gremien des DGB sind eine wichtige Informationsquelle bei der Erarbeitung und Bewertung von Politikvorschlägen und bringen neben Informationen auch ein Potenzial an politischer Legitimation in den Prozess mit ein. Dennoch setzte der DGB bzw. die Einzelgewerkschaften nicht einmal einen geringen Teil ihres Machtpotenzials ein, um den Forderungen politischen Nachdruck zu verleihen.45 Vielmehr zeigt sich, dass die Verhandlungen über die Ausgestaltung des Entwurfs auf der Fachebene geführt werden.

Das mangelnde Engagement der Führungsspitze lässt sich jedenfalls nicht mit einer klaren und konsistenten Prioritätensetzung begründen: die Intervention der Gewerkschaftsvorsitzenden bei der Bundesregierung etwa bei der Festlegung der Beschäftigtengrenze für den Teilzeitanspruch ist nicht durch eine sachorientierte sondern vermutlich nur durch eine strategische Entscheidung zu erklären: Eine offizielle Intervention hätte der Regierung von Seiten der Gewerkschaften Konfliktbereitschaft signalisiert, was zu diesem Zeitpunkt, im Jahr 2000 in Teilen der Führungsspitzen (noch) als unnötig oder schädlich betrachtet wurde.46 Zudem wurde das Problem der Beschäftigtengrenze beim Teilzeitanspruch, der ja mit der Einführung einer neuen ordnungspolitischen Größe auch die Gesamtorganisation betrifft, nicht zwischen der Fachabteilung und dem Vorstand vermittelt, weil die informelle Struktur der VorstandssekretärInnen als gatekeeper wirkte. Dieses Problem könnte durch eine Veränderung der Satzung gelöst werden, wenn frauenpolitischen Themen ein höherer Stellenwert oder frauenpolitischen AkteurInnen weiter reichende Kompetenzen eingeräumt würden.

Insgesamt lässt sich für den DGB zeigen, dass die Prioritätenordnungen die Offenheit für innovative Anliegen begrenzen.47 Das bedeutet, dass die Gewerkschaften noch immer die Bedienung der traditionellen Klientel durch die Sicherung eines sozial akzeptierten Einkommens als Quelle ihrer Legitimation betrachten und dafür möglicherweise auf den Anspruch verzichten, einen aktiven Beitrag zur gesellschaftlichen Umgestaltung zu leisten. Eine klare Ordnung politischer Prioritäten, die eine Koordinierung zwischen den verschiedenen politischen Zielen verlangt und konsistente Handlungsstrategien nach sich zieht, lässt sich hier nicht beobachten. Und letztendlich ist auch das Handeln der FachpolitikerInnen der Eigengesetzlichkeit sozialer Diskurse unterworfen, der zufolge sie ihre Positionen zur Lohnersatz-

---

45 Für Anliegen, von denen überwiegend Frauen profitieren, werden bisher keine Arbeitskämpfe geführt »Für Frauenbelange streiken? – Nicht in dieser Tarifrunde«, zitiert eine Gewerkschaftsfunktionärin eine typische Haltung der KollegInnen (Schulz-Müller 2002).

46 Ein positives Gegenbeispiel aus neuerer Zeit ist eine Eingabe der ver.di-Spitze beim Streit um die Einführung des Gleichstellungsgesetzes für die Privatwirtschaft.

47 Eine Mitgliederbefragung der IG Metall, die im Rahmen des Zukunftskongresses durchgeführt wurde, hat gezeigt, dass der Sicherung von Arbeitsplätzen und der Bekämpfung der Arbeitslosigkeit sowie der Durchsetzung von Lohn- und Gehaltserhöhungen als gewerkschaftliche Aufgaben die größte Bedeutung zugemessen wird (IG-Metall-Vorstand 2001). Dennoch erkennt die IG Metall es im gleichen Bericht als ihre Aufgabe an, die Vereinbarkeit von Familie und Beruf und die Erwerbstätigkeit von Frauen zu fördern und plädiert sogar für die Einführung einer »Erwerbstätigenversicherung« (ebd.:85ff.).

leistung ein Stück weit revidieren. Zu diesen Eigengesetzlichkeiten gehören einerseits die notwendige »Passförmigkeit« von Argumenten und andererseits die Vermittelbarkeit von Politikergebnissen.

Es zeigt sich also, dass die Möglichkeiten für einen Politiklernprozess ebenso durch mikro- wie makropolitische Bedingungen eingeschränkt waren. Daher ist das Scheitern der Lernprozesse auch nur zum Teil auf einen Mangel an Lernfähigkeit des DGB zurückzuführen, denn zum Zeitpunkt der Reform des Erziehungsurlaubs war eine engagierte und kompetente Fachabteilung vorhanden, die allerdings vor allem die Funktion beratender Expertinnen hatten. Vor allem erwiesen sich Regeln, nach denen die politischen Prioritäten beim DGB geordnet werden und der politische Diskurs, möglicherweise auch die (strategische) Absicht zur guten Zusammenarbeit mit der SPD-geführten Regierung als Barriere für die Mobilisierung von Machtressourcen für die Anliegen der frauenpolitischen AkteurInnen.

10. Das Bundesministerium für Familie, Senioren, Frauen und Jugend: *gatekeeper* in den administrativen Details

Die Gesetzgebung im Bereich der Elternfreistellung, der Kinder- und Jugendhilfe sowie der Gleichstellung fällt in den Zuständigkeitsbereich des Bundesministeriums für Familie, Senioren, Frauen und Jugend (BMFSFJ). Dabei obliegt der Bundesfamilienministerin, erstens, als Leitung des Hauses die Federführung bei der Erarbeitung und Einbringung von Gesetzentwürfen in das Kabinett. Zweitens werden auf allen Ebenen die Positionen des Ministeriums mit den Interessenverbänden abgestimmt. Drittens stellen die Fachreferate die kleinteiligen juristischen Vorlagen her. Mittelfristig dient das Bundesministerium außerdem durch die Beauftragung sozialwissenschaftlicher Forschung als Katalysator für den wissenschaftlichen Diskurs über Familien- und Frauenpolitik. Wie weit verbleibt den ministerialen AkteurInnen bei der Erledigung ihrer Aufgaben aber die Möglichkeit, Handlungsspielräume zu nutzen und dabei ihr Wissen und ihre Vorstellungen über die Gleichheit der Geschlechter einzubringen? Auf alle Fälle kann das BMFSFJ nicht wie die Parteien oder der DGB als politischer Akteur betrachtet werden: Die Ministerin ist eingebunden in das Kabinett und die Partei und möglicherweise folgen die verschiedenen Ebenen der Verwaltungen (Leitung, Abteilungsleitung, Arbeitsebene) jeweils unterschiedlichen Eigenlogiken. Gegenstand des folgenden Kapitels ist die Analyse der inneren Struktur und Arbeitsweise des BMFSFJ der 14. Legislaturperiode (1998-2002) und seine Mitwirkung an der Reform des Bundeserziehungsgeldgesetzes.

10.1 Die Institutionalisierung der staatlichen Familien- und Frauenpolitik

10.1.1 Geschichte und Struktur des Bundesfamilienministeriums

Der Sinn der Einrichtung eines bundesdeutschen Familienministeriums war bei seiner Gründung 1953 umstritten. Ziele der Gründung war einerseits, einen politischen Proporz in der Regierung herzustellen und den Erwartungen des katholischen Bischoftums, das die Unionsparteien in der Bundestagswahl unterstützt hatte, entgegen zu kommen (Gerlach 1996:187f.), möglicherweise spielten auch demographische Zusammenhänge bei der Einrichtung des Bundesfamilienministeriums eine Rolle (Wingen 1993:9ff.). Von sozialwissenschaftlicher Seite wurde diese Entscheidung kritisiert, weil Familienpolitik als eine Querschnittsaufgabe betrachtet wurde. Vielmehr wurde vorgeschlagen, anstelle eines »Familienbefestigungsministeriums« (Schelsky 1954 zit. nach Wingen 1993:10) einen Sonderminister mit Koordinierungsaufgaben, etwa für den Familienlastenausgleich, einzusetzen. 1957 wurden dem Ministerium auch die Jugendfragen und der Aufbau eines Bundesjugendplans übertragen, dann die Zuständigkeit für das Jugendwohlfahrtsgesetz, das 1990 später zum neuen Kinder- und Jugendhilfegesetz wurde.[1]

Die Übertragung der familienpolitischen Transferleistungen an das Ministerium war in der Anfangsphase der Bundesrepublik umstritten, so dass das Familienministerium erst 1966 die Federführung für die Kindergeldgesetzgebung erhielt. Hiermit wurde der Haushaltsansatz des Ministeriums deutlich ausgeweitet. 1969 wurde das Ministerium trotz der großen Skepsis der SPD von der sozial-liberalen Koalition nicht abgeschafft, sondern unter die Leitung von Käthe Strobel gestellt und neu strukturiert: Das Ressort der Familienpolitik rückte an die zweite Stelle, hinter die Jugend und hinzu kommt die Gesundheitspolitik (vgl. Übersicht 10.1). 1972 kommt mit der Frauenpolitik ein weiterer Politikbereich hinzu, allerdings nicht als ministeriales Ressort, sondern als Referat in der Abteilung Familienpolitik, das 1979 zu einer Stabstelle in der Leitung des Ministeriums aufgewertet wird. In den achtziger Jahren kommen neue Aufgaben, wie die Zuständigkeit für den Mutterschutz, das Erziehungsgeld- und das Unterhaltsvorschussgesetz und schließlich für die Seniorenpolitik mit dem Bundesaltenplan hinzu. Zeitweise oblag dem Bundesfamilienministerium die Zuständigkeit für das Bundessozialhilfegesetz und die Gesundheitspolitik. In den achtziger Jahren werden Länderministerien zunächst in Berlin, Baden-Württemberg und Rheinland-Pfalz eingerichtet (Wingen 1993). Die Gemeinden sind vor allem für die Familienbildung und -beratung, die frühkindliche Erziehung und die Bereitstellung der Kinderbetreuungseinrichtungen zuständig.[2] Die Vereinbarkeit von Familie und Beruf fällt dagegen in den Zuständigkeitsbereich das BMFSFJ, genauer in seine Abteilung »Familie«. Nach der deutschen Vereinigung wird, wieder, um der Anforderung verschiedener Proporze (Ost/West; Männer/Frauen) zu genügen, das Ministerium in das Bundesministerium für Familie und Senioren unter der Leitung von Hannelore Rönsch einerseits und das Bundesministerium für Frauen und Jugend unter der Leitung von Angela Merkel anderer-

---

[1] Zur Organisation der Zuständigkeiten des Bundesfamilienministeriums in der historischen Perspektive vgl. Münch 1990:330-333.

[3] Für einen Überblick kommunaler Aufgaben im Bereich der Familienpolitik vgl. Bundesministerium für Familie, Senioren, Frauen und Jugend 1996.

seits aufgeteilt. Diese Trennung wird in der 13. Wahlperiode (1994-1998) wieder aufgehoben und mit Claudia Nolte gibt es wieder eine Bundesministerin für Familie, Senioren, Frauen und Jugend (vgl. Übersicht 10.1).

Übersicht 10.1: Bundesressorts für Familien- und Frauenpolitik und ihre Leitung seit 1950

Jahr	Leitung	Benennung
1950		Referat im Bundesinnenministerium für die »Rechtstellung der besonderen Belange der Frau«
1953	Franz-Josef Würmeling (CDU)	Bundesministerium für Familien- und Jugendfragen
1962	Bruno Heck (CDU)	BM Familie und Jugend
1968	Aenne Brauksiepe (CDU)	BM Familie und Jugend
1969	Käthe Strobel (SPD)	BM Jugend, Familie und Gesundheit
1972	Katharina Focke (SPD)	BM Jugend, Familie und Gesundheit
1972-1979	Einrichtung von Frauenreferaten in den Fachressorts	BM Arbeit und Sozialordnung: »Frau und Beruf« Bundesinnenministerium: »Verfassungsrechtliche Belange der Frau« BM Bildung u. Wissenschaft: »Benachteiligte Gruppen«, dar. Frauen«
1976	Antje Huber (SPD)	BM Jugend, Familie und Gesundheit
1982	Anke Fuchs (SPD)	BM Jugend Familie und Gesundheit
1982	Heiner Geißler (CDU)	BM Jugend, Familie und Gesundheit
1985	Rita Süssmuth (CDU)	BM Jugend, Familie, Frauen und Gesundheit
1988	Ursula Lehr (CDU)	BM Jugend, Familie, Frauen und Gesundheit
1990	Hannelore Rönsch (CDU)	BM Familie und Senioren
1990	Angela Merkel (CDU)	BM Frauen und Jugend
1994	Claudia Nolte (CDU)	BM Familie, Senioren, Frauen und Jugend
1998	Christine Bergmann (SPD)	BM Familie, Senioren, Frauen und Jugend
2002	Renate Schmidt (SPD)	BM Familie, Senioren, Frauen und Jugend

Quelle: Eigene Zusammenstellung.

10.1.2 Die Institutionalisierung der Bundesfrauenpolitik

Das Bundesfrauenministerium hingegen ist als Teil der »*women's policy machinery*« (Stetson/Mazur 1995) – der Gesamtheit staatlicher frauenpolitischer Institutionen – sehr viel jüngeren Datums als das Bundesfamilienministerium; erst seit 1986 gibt es eine eigene ministeriale Zuständigkeit für Frauenpolitik auf der Bundesebene.

Bis 1971 war nur ein Referat im Bundesinnenministerium mit Gleichstellungsbelangen befasst. Erst dann kommen in ausgewählten Bundesministerien neue

Referate hinzu: Das Bundesministerium für Jugend, Familie und Gesundheit erhält ein eigenständiges Referat für Frauenpolitik[3] und auch im Bundesministerium für Arbeit und Sozialordnung und im Bildungsministerium werden Referate eingerichtet, die sich mit spezifischen Frauenbelangen befassen sollen (Weg 1988:29, vgl. auch Übersicht 10.1). Auch in den Ländern entstehen Referate, Beauftragte und Leitstellen für Gleichstellungsfragen (für eine Übersicht vgl. Stein 1988).

Diese Strukturen wurden damals von den Frauenpolitikerinnen, insbesondere der ASF und den Gewerkschaftsfrauen für unzureichend gehalten, doch erst durch den Druck auf die sozial-liberale Koalition wurde 1979 per Kabinettsbeschluss im Bundesfamilienministerium auf der Leitungsebene der Arbeitsstab Frauenpolitik eingerichtet.[4] Nach dem Regierungswechsel 1982 nahmen sich auch die CDU und CSU der Frauenpolitik an, wenn auch unter anderen Vorzeichen.[5] 1986 wird der Arbeitsstab in eine ganze Abteilung für Frauenpolitik umgewandelt und personell aufgestockt. Als Bundesministerin nunmehr für Jugend, Familie, *Frauen* und Gesundheit wird die in der eigenen Partei eher unbequeme Professorin für Erziehungswissenschaften, Rita Süssmuth eingesetzt. Allerdings war die Übertragung der entsprechenden Kompetenzen, wie etwa die Federführung bei der Gesetzgebung nicht selbstverständlich. Diese ging erst nach den Bundestagswahlen 1987, nach einem politischen Streit in der Bundesregierung und nach der Drohung von Süssmuth, »die Frauen« wieder aus dem Namen zu streichen, an das BMJFFG über.

Von diesem Streit abgesehen, wurde das Bundesfrauenministerium 1987 mit besonderen Kompetenzen ausgestattet.[6] Grundsätzlich gilt, dass die Vorlagen der FachministerInnen im Kreise der Bundesregierung beraten und mit einfacher Mehrheit der Regierungsmitglieder abgestimmt werden, wobei die BundesministerInnen in keinem Moment ihrer Arbeit gegen die Auffassung der Bundesregierung wirken und sich auch nicht öffentlich entgegen der politischen Richtlinien des Bundeskanzlers äußern dürfen. Die Bundesfrauenministerin hat, anders als ihre KollegInnen, die Möglichkeit, im Einvernehmen mit dem Bundeskanzler die Vorlage von

---

3 Dieses Referat war u.a. mit der Entwicklung von Modellprojekten zur beruflichen Wiedereingliederung, zur Erschließung der gewerblich-technischen Berufe für Mädchen und der Förderung von Untersuchungen zur Rolle der Frau in den Medien, zur »Wahlfreiheit« zwischen Familie und Beruf, der Arbeitsteilung zwischen Frauen und Männern und zu Frauen im öffentlichen Dienst befasst.

4 Der Ort der Ansiedlung des Arbeitsstabes war umstritten. Die ASF-Frauen drängten auf die Ansiedlung im Bundeskanzleramt, die Beschäftigten des Vorgängerreferates plädierten dagegen für die Beibehaltung des Gremiums im Fachressort. Leiterin des Arbeitsstabes wurde Marlies Kutsch, die zuvor bei der IG Bergbau und Energie für Frauenpolitik zuständig war (Weg 1988:30).

5 Die frauenpolitische Position der CDU wurde auf ihrem ›Frauenparteitag‹ 1985 in Essen deutlich, auf dem die Richtlinien der CDU-Frauen- und Familienpolitik vorgestellt wurden (vgl. Geißler 1986).

6 Die Regeln der Zusammenarbeit zwischen den Bundesministerien und dem Bundeskanzler sind in der Geschäftsordnung der Bundesregierung festgeschrieben.

Gesetzesvorhaben von FachministerInnen an die Bundesregierung zu verlangen, sofern diese von frauenpolitischer Bedeutung sind. Außerdem kann sie verlangen, dass Vorlagen von der Tagesordnung genommen werden, wenn sie von frauenpolitischer Bedeutung sind und die Ministerin bei der Vorbereitung der Vorlage nicht ausreichend beteiligt wurde.[7] Diese weit reichenden Möglichkeiten erweisen sich in der Praxis dennoch als unzureichend, da eine Intervention erst relativ spät möglich ist, nämlich erst bei der Kabinettsentscheidungsvorlage. Zudem sind die formalen Kompetenzen nutzlos, wenn es der Bundesministerin im Kabinett an der notwendigen Durchsetzungsfähigkeit fehlt.

Schon bei der Einrichtung des Bundesfrauenministeriums wurden diese Probleme thematisiert. Es wurde kritisiert, dass dem Ministerium keine wirkliche »Mitfederführung« zugestanden wurde, und dass es – nach der Auflösung der spezialisierten Referate in den verschiedenen Bundesministerien – nun an machtvollen frauenpolitischen Netzen fehle. Zudem hatte die damalige Bundesfrauenministerin aufgrund ihrer Parteizugehörigkeit kaum Rückhalt von der frauenpolitischen Basis (Weg 1988:35).

Eine institutionelle Reform der frauenpolitischen Strukturen wurde mit dem Regierungswechsel von 1998 unternommen, die auch mit einem Begriffswandel und der Veränderung des Selbstverständnisses der staatlichen Frauenpolitik einherging. Der Begriff der »Frauenpolitik« wurde durch »Gleichstellungspolitik« ersetzt und die Abteilung »Frauenpolitik« in die Abteilung »Gleichstellungspolitik« umgewandelt. Zudem wurde als neues Prinzip eingeführt, dass GleichstellungspolitikerInnen schon an der Erarbeitung von Gesetzesvorhaben zu beteiligen sind. Das Gender Mainstreaming wurde 1999 in die Geschäftsordnung der Bundesregierung aufgenommen, um dem strukturellen Defizit der Vertretung frauenpolitischer Anliegen Abhilfe zu verschaffen (vgl. Schweikert 2002). Theoretisch ist das Gender Mainstreaming ein ideales Instrument zur Initiierung von Lernprozessen in Organisationen (Bothfeld/Gronbach 2002b), allerdings zeigt sich in der Praxis, dass auch dieses *top-down*-Verfahren in seiner praktischen Wirkung begrenzt ist.[8]

---

[7] Drei andere Bundesministerien verfügen ebenfalls über besondere Kompetenzen. Der Bundesfinanzminister muss grundsätzlich von den Kosten einer Maßnahme in Kenntnis gesetzt werden und kann nur überstimmt werden, wenn der Bundeskanzler mit der Mehrheit für die Vorlage stimmt. Entsprechende Regelungen gelten für die Justizministerin und den Bundesinnenminister, wenn geplante Regelungen gegen geltendes Recht verstoßen (GOBReg).

[8] Am Beispiel europäischer Rechtsvorgaben in der Regionalpolitik wurde das Konzept der »symbolischen Implementation« entwickelt, das einer nationalen Verwaltung erlaubt, flexibel auf die Anforderungen von außen zu reagieren, ohne gegen Vorgaben »von oben« (hier: die EU-Vorgaben) zu verstoßen (vgl. Lang 2003). Als *top-down*-Verfahren gelten diese Probleme in ähnlicher Weise auch für das Gender Mainstreaming.

In der Abteilung Gleichstellung arbeiteten in der 14. Legislaturperiode sechs Referate mit rund 45 MitarbeiterInnen (Bundesministerium für Familie 2002:200). Zu den Aufgaben der Abteilung gehörten die Erarbeitung von Gesetzesvorhaben, die Entwicklung von Initiativen und Programmen zur Gleichstellung und zum Abbau von Gewalt gegen Frauen, die Durchführung von Forschungs- und Modellvorhaben, die Unterstützung von Frauenorganisationen und deren Projekte und Vernetzung, die Umsetzung des Gender Mainstreaming in der Bundesverwaltung, die Bekämpfung von häuslicher Gewalt und Frauenhandel, die Pflege des Kontaktes zu Gleichstellungsstellen anderer Organisationen und Gremien und die Information der Öffentlichkeit mit dem Ziel, einen »Bewusstseinswandel hin zu einer gleichberechtigten Teilhabe von Frauen und Männern in der Gesellschaft zu schaffen« (Bundesministerium für Familie 2002:200f). Für diese Aufgaben stand der Gleichstellungsabteilung 2002 eine Finanzausstattung von 11 Mio. Euro zur Verfügung, die seit ihrer erstmaligen Bereitstellung 1985 vervielfacht wurde (1985: 3,2 Mio. DM; ebd.). Grundsätzlich wird die Bundespolitik durch die Aktivitäten der Gleichstellungs- und Frauenministerinnen der Bundesländer ergänzt[9], die sich 1991 analog zu anderen FachministerInnenkonferenzen zur »Konferenz der Gleichstellungs- und Frauenministerinnen, -minister, -senatorinnen und -senatoren der Länder (GMFK)« zusammengeschlossen haben. Dieses Gremium fasst jährlich Beschlüsse, die über den Bundesrat bzw. vermittelt über die VertreterInnen der Länderregierungen oder die Bundesregierung eingebracht werden können.[10]

10.1.3 Die Beteiligung von Frauen in der Bundesverwaltung

Wie sieht es nun mit der »deskriptiven« Repräsentation (McBride Stetson/Mazur 1999) von Frauen in den Ministerien und in der Bundesverwaltung aus, ist der deutsche Staat tatsächlich immer noch weitgehend »bemannt«, wie Birgit Sauer kritisiert (Sauer 1999:88)? Der Einsatz von Frauen im Staatsdienst war in der Bundesrepublik Deutschland zwar schon immer möglich, jedoch waren Frauen bis zum Ende der

---

9 Zur Entwicklung der gleichstellungspolitischen Institutionen auf der Länderebene vgl. Stein/Vollmer/Weg 1988; für die Inhalte und Ausrichtung der Frauenpolitik der Bundesländer vgl. Schuster 1997.

10 Die GFMK arbeitet zwischen den Konferenzen in Arbeitsgruppen. Die Arbeitsgruppe »Familienrecht« beteiligt sich zum Beispiel an der Debatte um die Umgestaltung eines frauengerechteren Steuerrechts und hat in diesem Rahmen ein Fachgutachten über die Nachteile des Ehegattensplittings erstellt. Weitere Vorschläge wurden zum Sorge- und Unterhaltsrecht, aber auch zur Hochschul-, Arbeitsmarkt- und Rentenpolitik erarbeitet (vgl. »Das Treffen von Eltville. Hessen hat die Gleichstellungs- und Frauenministerinnen eingeladen« von Antje Arold-Hahn, in: Frankfurter Rundschau v. 9. Mai 1998).

sechziger Jahre, insbesondere wenn sie verheiratet waren, in mehrerlei Hinsicht benachteiligt. Zum einen wurde den Frauen mit ihrer Heirat automatisch gekündigt, bis die Rechtsprechung der Arbeitsgerichte 1955 diese Praxis als ungesetzlich befand (vgl. dazu Oertzen 1999a). Zum anderen war das traditionelle Konzept des Beamtentums mit der Vorstellung einer nur teilzeitigen Ausübung des Berufs nicht vereinbar, so dass viele beamtete Frauen – insbesondere Lehrerinnen - nach der Geburt ihres ersten Kindes zur Aufgabe ihrer Berufstätigkeit gezwungen waren (Oertzen 1999b). Nach einem jahrelangen politischen Streit wurde 1969 schließlich die »familienpolitische Teilzeitarbeit« für BeamtInnen eingeführt (ebd. S. 100ff.). Seit den achtziger Jahren kann nach der erneuten Veränderung des Beamtengesetzes Teilzeitarbeit auch aus arbeitsmarktpolitischen Gründen gewährt werden. Zur selben Zeit entwickelt sich beim Bund als Arbeitgeber außerdem ein Bewusstsein über die ungleiche Behandlung seiner männlichen und weiblichen Angestellten, so dass in der »Ersten Richtlinie zur beruflichen Förderung von Frauen in der Bundesverwaltung von 1986«[11] zwei Instrumente zur Frauenförderung entwickelt werden: die Pflicht zur Erstellung so genannter »Frauenförderberichte« und die Einsetzung von Frauen- bzw. Gleichstellungsbeauftragten in den Bundesbehörden.[12] Im Rahmen des zweiten Gleichberechtigungsgesetzes von 1994 (vgl. dazu die chronologische Übersicht maßgeblicher Gesetze im Anhang) wurde außerdem die Regelung eingeführt, dass Stellen im Bundesdienst immer auch als Teilzeitstellen ausgeschrieben werden müssen und die Behörden zudem angehalten sind, Frauenförderpläne zu erstellen.[13] Im Jahr 2000 ergab eine vom BMFSFJ geförderte Untersuchung, dass die Mehrheit der Bevölkerung findet, frauenpolitische Belange könnten besser von Politikerinnen als von Politikern vertreten werden (Institut für Demoskopie Allensbach 2000). Mit dem Vierten Frauenförderbericht wurde von der Bundesfrauenministerin im Dezember 2000 ein Gesetzentwurf über ein »Gleichstellungsdurchsetzungsgesetz« vorgelegt, das die im Bericht identifizierten Defizite beheben sollte.[14] In der Praxis haben sich die Frauen- und Gleichstellungsbeauftragten und

---

11 Beschlossen vom Bundestag am 10. Dezember 1986 (BT-Drs. 10/5623).
12 Zum Bundesdienst gehören: die obersten Behörden (Bundesministerien, Bundeskanzleramt, Bundestags- und Bundesratsverwaltung, Bundespräsidialamt, Deutsche Bundesbank, Bundesrechnungshof), der mittelbare Bundesdienst und der nachgeordnete Bereich (z.B. die Arbeitsagenturen).
13 Das »Gesetz zur Förderung von Frauen und der Vereinbarkeit von Familie und Beruf in der Bundesverwaltung und in den Gerichten des Bundes – Frauenfördergesetz (FFG)« ist als Artikel I des Zweiten Gleichberechtigungsgesetzes am 1. September 1994 in Kraft getreten.
14 Das Gesetz trat am 5. Dezember 2001 in Kraft (zu den Einzelheiten des Gesetzes vgl. Bundesministerium für Familie 2002). Um eine stärkere Beteiligung von Frauen am politischen Prozess zu erreichen, und damit der EU-Richtlinie 2002/73/EG zu entsprechen, wurde 2002 außerdem das Bundesgremiengesetz von 1994 novelliert. Das Bundesgremiengesetz fordert die auf der Bundesebene vertretenen Verbände auf, Frauen als Vertreterinnen in Bundesgremien zu entsenden

die Frauenförderberichte (seit dem rot-grünen Amtsantritt »Gleichstellungsbericht«) als gutes, wenn auch nicht ausreichendes Instrument zur Förderung von Frauen im Bundesdienst erwiesen.

Seit 1986 hat die Mehrzahl der Bundesbehörden Frauen- bzw. Gleichstellungsbeauftragte (GBA) bestellt, die vor allem mit der Beteiligung an Einstellungsverfahren und der Information und Beratung der weiblichen Beschäftigten beauftragt sind. Zunächst wurde erwartet, dass die GBA auch auf die Inhalte der Politik in ihren Ressorts Einfluss nehmen und damit die Repräsentation von frauenpolitischen Anliegen verbessern würden. Dies erwies sich jedoch schon in den ersten Jahren als Trugschluss (Meyer-Mönnich/Weg 1988).[15]

Anhand der Gleichstellungsberichte ist nachweisbar geworden, in welchem Umfang die Frauenförderung in den Bundesbehörden erfolgreich ist, und welche Neuregelungen empfehlenswert sind.[16] Die Berichte beziehen neben der Auswertung amtlicher Daten die Stellungnahmen der zentralen Bundesbehörden ein. Bei der Befragung werden auch die Frauenbeauftragten berücksichtigt, die damit die Gelegenheit haben, über die Praxis aus einer zusätzlichen Perspektive zu berichten. Damit wird überprüfbar, inwiefern das Zurückbleiben hinter gewünschten Ergebnissen auf unzureichende Regelungen oder abweichende Praxis zurückzuführen ist. Die Gleichstellungsberichte wirken damit nach innen als Kontroll- und Lerninstrument, weil sie die Fortschritte in der Gleichstellung öffentlich dokumentieren, durch die Beteiligung der GBA auch als Instrument der Selbstkontrolle dienen und schließlich Aufschluss über notwendige Veränderungen geben.

Die Arbeit der GBA erweist sich langfristig als recht erfolgreich in Bezug auf die quantitative Repräsentation von Frauen in den obersten Bundesbehörden (vgl. Tabelle 10.1). 2002 betrug der Frauenanteil an allen Beschäftigten in den obersten Bundesbehörden 43,9%. Erheblich niedriger war der Frauenanteil unter den BeamtInnen der obersten Bundesbehörden (26,7%), zudem sind in diesem Anteil auch

---

und regt damit frühzeitig die verstärkte Förderung weiblicher Mitglieder in den Verbänden an (BT-Drs. 14/9210).

15 Als politisches Netzwerk wurde 1991 der »Interministerielle Arbeitskreis der Gleichstellungsbeauftragten der obersten Bundesbehörden (IMA)« gegründet und unter die Leitung der Gleichstellungsbeauftragten des BMFSFJ gestellt. Der IMA soll der gegenseitigen Unterstützung der GBA dienen, behördenübergreifende Gleichstellungsfragen bearbeiten und Fortbildung für die GBA betreiben. Bei den Tagungen des IMA kommen bis zu 500 GBA zusammen.

16 Frauenförderberichte wurden für die Zeiträume 1986 bis 1988 (BT-Drs. 11/8129), 1989 bis 1991 (BT-Drs. 12/6226), 1992-1994 (BT-Drs. 13/5991) und 1995-1998 (BT-Drs. 14/5003) erstellt. Seit 1996 wird außerdem eine spezielle Frauenförderstatistik geführt. Zuvor beruhten die Berichte auf den Angaben der Personalstandsstatistik der Bundesverwaltung. Durch das Gleichstellungsdurchsetzungsgesetz wurde der Berichtszeitraum auf vier Jahre erweitert. Der erste Bericht nach der neuen Regelung, der Fünfte Gleichstellungsbericht erscheint 2005.

Sachbearbeiterinnen und Sekretärinnen enthalten. Betrachtet man nur die BeamtInnen im höheren Dienst in den obersten Bundesbehörden, zu denen die FachreferentInnen und das Leitungspersonal zählen, so lag der Frauenanteil nur noch bei 23,5%. Bei den Angestellten der obersten Bundesbehörden waren Frauen dagegen mit 71,9% in der Mehrzahl, aber auch hierunter waren viele Angestellte des mittleren und gehobenen Dienstes zu finden. Betrachtet man wiederum nur die Angestellten im höheren Dienst der obersten Bundesbehörden, lag der Frauenanteil bei 45%.

Tabelle 10.1: Frauenanteile an den Beschäftigten im Bundesdienst nach Status und Laufbahngruppe 1995-2002

	1995	1996	1997	1998	2002
Bundesdienst insgesamt (a)	43,3	44,2	44,1	44,7	46,1
Oberste Bundesbehörden	37,8	38,1	38,1	39,0	43,9
BeamtInnen insgesamt, darunter	17,6	18,1	18,1	20,4	26,7
- höherer Dienst	14,6	15,1	15,9	17,5	23,5
- gehobener Dienst	21,2	21,7	22,1	24,6	32,2
- mittlerer Dienst	22,1	23,1	24,3	23,9	28,5
- einfacher Dienst	9,4	10,1	10,8	11,1	14,2
Angestellte insgesamt, darunter	70,2	70,6	70,1	70,1	71,9
- höherer Dienst	38,4	39,5	39,7	41,0	45,0
- gehobener Dienst	55,6	55,7	55,3	52,9	59,8
- mittlerer Dienst	80,1	80,2	79,6	79,6	80,9
- einfacher Dienst	41,7	44,4	41,4	47,0	48,5

Quelle: Bundesregierung 2000: Tabellen 1 und 8; schriftl. Auskunft des BMFSFJ, Ref. 402. (a) Einschließlich aller Bundesbehörden und -gerichte, obersten Bundesbehörden, nachgeordneten Behörden und mittelbarem Bundesdienst

Die am stärksten frauendominierte Kategorie in den obersten Bundesbehörden war 2002 die der Angestellten im mittleren Dienst (80,9%), die schwächste neben der Beamtin im einfachen (14,2%) die Beamtin im höheren Dienst (23,5%). Allerdings lassen sich im Zeitraum zwischen 1995 und 2002 und erst recht seit 1998 z.T. deutliche Zunahmen in den Beschäftigtengruppen des höheren Dienstes feststellen, die als Ergebnis verstärkter gleichstellungspolitischer Bemühungen im Bundesdienst interpretiert werden können. Dennoch besteht nach wie vor eine erhebliche Unterrepräsentanz von Frauen bei den ReferentInnen im höheren Dienst.

Betrachtet man die leitenden Funktionen, so wird die ungleiche Beteiligung von Frauen in der Bundesverwaltung noch deutlicher. Auch in den Führungsetagen der Bundesministerien wird die Luft für Frauen ziemlich dünn: In der 13. Legislaturperiode waren von 35 StaatssekretärInnen nur drei Frauen (8,6%), von 144 Abteilungsleitungen waren drei (2,1%) weiblich, von 276 Unterabteilungsleitungsposten waren 22 (8,0%) mit Frauen besetzt und von 1877 Referaten wurden 178 (9,5%) von Frauen geleitet.[17] In der 14. Legislaturperiode wurden 2 der 28 beamteten StaatssekretärInnenposten, bei den parlamentarischen 8 von 24 mit Frauen besetzt. Im BMFSFJ wurden zu Beginn der 14. LP (1998) 16 der 37 Referate, 5 von 11 Unterabteilungen und 2 der 6 Abteilungen von Frauen geleitet. In der Abteilung »Gleichstellung« werden alle Referate von Frauen geleitet. Das BMFSFJ bildet mit der hohen Repräsentanz von Frauen in Leitungspositionen allerdings die Ausnahme, zudem ist es eines der kleinsten Bundesministerien.[18]

Der wichtigste Grund für die Unterrepräsentanz von Frauen in Leitungsfunktionen der Bundesregierung ist vermutlich die Altersstruktur im höheren Dienst: Laufbahnrechtliche Vorschriften, die eine langjährige Dienstzeit zur Voraussetzung für leitende Positionen nennen, stehen der Beförderung von Frauen entgegen. So muss erst bei den ReferentInnen ein angemessener Anteil von Frauen für die Übertragung von Leitungsfunktionen »nachwachsen«, so dass sich die Repräsentanz von Frauen in Führungspositionen nur langfristig verändern wird. Möglicherweise spielen aber auch Fehlzeiten (wegen Kinderbetreuung), die die Beurteilung der Eignung für Leitungsfunktionen erschweren, mangelndes Selbstvertrauen der Frauen, fehlende gezielte Förderung durch Vorgesetzte und eingeschränkte Mobilität eine Rolle (Bundesregierung 2000:31). Die Gleichstellungsbeauftragten führen die Benachteiligung von Frauen bei Beförderungen außerdem auf »überholtes, klischeehaftes Rollenverständnis bei den oft männlichen Entscheidungsträgern, ihr mangelhaftes Vertrauen in die Durchsetzungsfähigkeit von Frauen und deren Verhandlungsgeschick wegen einer im Vergleich zu Männern eher zurückhaltenden Selbstpräsentation von Frauen« zurück. Zudem würden Führungsaufgaben trotz der offiziellen Regelung grundsätzlich nicht als geeignet für Teilzeitarbeit betrachtet (ebd.: 32). Nach wie vor ist der Erfolg von Lernprozessen auch in der Bundesverwaltung von den einzelnen Mitgliedern der Organisationen abhängig:

»Das geschriebene und gut gemeinte Wort nützt uns nichts, wenn wir die Blockaden in den Köpfen nicht auflösen können. Denn es geht nicht nur um die wortgetreue Umsetzung der gesetzlichen Bestimmungen in unserer Alltagsarbeit, in jeder einzelnen Personal- und Organisationsmaßnahme. Es geht auch und gerade um die Veränderung von Einstellungen und Verhaltensmustern, die in der Identität aller Beteiligten tief eingegraben sind.« (Rose-Möhring 2002:3)

---

17 Angestellte und BeamtInnen jeweils zusammengerechnet (Frauenförderstatistik lt. BT-Drs. 14/5003, Tabelle 20, eigene Berechnungen).
18 Laut Bundeshaushaltsplan 2004 beschäftigte das BMFSFJ 2003 in seinen obersten Bundesbehörden in Berlin und Bonn nur 441 Personen. Das größte Bundesministerium ist das Auswärtige Amt mit über 2.000 Beschäftigten in den obersten Bundesbehörden.

10.2 Das BMFSFJ als Speicher von normativem und deskriptivem Wissen

Mehr als die anderen untersuchten Akteure hat das Bundesfamilienministerium die Aufgabe, verfügbares Wissen über den Problembereich Familie und Frauen zu sammeln und für die Diskussion um die Weiterentwicklung der Familienpolitik bereitzustellen. Dabei ist das Ministerium einerseits Ansprechpartner für die familien- und frauenpolitischen Interessenverbände und andererseits Auftraggeber für sozialwissenschaftliche Familien- und Frauenforschung.

10.2.1 Die Koordinierung der Interessen der Verbände

Frauen- und familienpolitische Verbände bringen ihr Wissen in zwei Phasen in den politischen Prozess ein: Im Verlauf einer permanenten und latenten Koordination zwischen Ministerium und Verband durch Anhörungen und Absprachen und durch die Abstimmung von Formulierungen konkreter Gesetzentwürfe. Die Stellungnahme, die die VerbandsvertreterInnen später bei den ExpertInnenanhörungen im Bundestag abgeben, bietet den Verbänden die Gelegenheit, ihre Position offiziell zu äußern. In der 14. LP waren von den über 1800 im Präsidium des Bundestages registrierten Verbände 37 mit familien- und frauenpolitischen Fragen befasst. Zu den wichtigsten familienpolitischen Verbänden gehören der Deutsche Familienverband, der Familienverbund deutscher Katholiken, die Evangelische Aktionsgemeinschaft und der jüngere Verband allein erziehender Mütter und Väter. Im Vergleich zu den Gewerkschaften sind die Familien- und Kinderverbände in Deutschland durch ein strukturelles Machtdefizit gekennzeichnet:

»... die Verwirklichungschancen eines (durchaus gemeinwohlorientierten) Interesses [sind] tendenziell um so geringer, je allgemeiner dieses Interesse ist und zwar deshalb, weil es mit immer mehr Einzelinteressen in Widerspruch tritt und ... keinen organisierten gesellschaftlichen Patron mehr findet, der sich für die Realisierung einsetzt« (Wingen 1993:25).

In den sozialpolitischen Aushandlungsprozessen würden vielmehr tariffähige Interessen privilegiert und ein formales Konzertierungsgremium fehlt in Deutschland völlig. Familien- oder kinderpolitische Akteure fordern stattdessen ein Kinder- oder Familienwahlrecht, um familienpolitischen Anliegen ein größeres Gewicht zu verleihen.[19]

---

19 Für die Realisierung eines Kinderwahlrechtes gibt es drei alternative Modelle: die direkte eigene Wahrnehmung durch die Kinder, sofern deren Wunsch besteht, die Delegation des Kindeswahlrechts an die Eltern bis zur Volljährigkeit des Kindes und das – im niedersächsischen und

Im Bereich der Frauenpolitik sind die wichtigsten Verbände im Deutschen Frauenrat (DF) organisiert, in dessen Rahmen die gewerkschaftlichen FrauenpolitikerInnen mit anderen frauen- und gleichstellungspolitischen Akteuren kooperieren. 1997 waren im DF 52 Mitgliedsverbände organisiert – u.a. die Frauengruppen der großen Parteien und die DGB-Frauen –, die nach Angaben des DF rund 11 Mio. Mitglieder vertreten (Biegler 2001:195f.). Zu seinen wichtigsten Instrumenten gehört die Begleitung frauenpolitischer Projekte durch Informationsveranstaltungen und Medienkampagnen, die Verfassung von Stellungnahmen zu Gesetzesvorhaben und die Intervention durch offene Briefe an die Bundestagsabgeordneten. In seiner politischen Arbeit wird der DF vom Bundesministerium finanziell unterstützt. Die Besonderheit des DF liegt darin, dass in ihm die Frauengruppen aller Parteien und des DGB vertreten sind und damit eine enge Verknüpfung politischer und gesellschaftlicher Anliegen gegeben ist. Diese enge Verknüpfung verhindert jedoch gleichzeitig, dass im DF radikale politische Positionen beschlossen werden können, so dass die Hauptfunktion des DF darin liegt, Legitimationsressource für die Arbeit der FrauenpolitikerInnen in ihren eigenen politischen Organisation zu sein (zu den Funktionen des DF vgl. ausführlich Biegler 2001:199ff.).

10.2.2 Familienwissenschaftliche Beratung

Abgesehen von der Beratung durch die Verbände holt das BMFSFJ durch Gutachten des Wissenschaftlichen Beirats beim BMFSFJ, durch die Erstellung eines regelmäßigen »Familienberichts der Bundesregierung« und durch die Vergabe von spezifischen Gutachten an WissenschaftlerInnen in Universitäten und Forschungsinstitutionen sozialwissenschaftliche Beratung ein. Der Wissenschaftliche Beirat für Familienfragen wurde in den fünfziger Jahren auf der Grundlage der Gemeinsamen Geschäftsordnung der Bundesministerien (GGO) eingerichtet. Er ist dem Bundesfamilienministerium als ein ständiges Beratungsgremium beigeordnet, das ehrenamtlich Gutachten zu familienpolitischen Fragen anfertigt. Diese werden in der Schriftenreihe des Ministeriums veröffentlicht (vgl. Walter, W. 1993a: 6). Im Rahmen der Gutachten werden Probleme thematisiert, die sich zwar nicht direkt politisch niederschlagen, wohl aber eine Sensibilisierung für bestimmte Themen schaffen (für

---

nordrhein-westfälischen Kommunalwahlrecht vorgesehene – Wahlrecht für Kinder, das bis zum Erreichen einer bestimmten Altersgrenze an die Eltern delegiert wird. Zu den BefürworterInnen des Kinderwahlrechts gehören z.B. der Altbundespräsident Roman Herzog, die ehemalige Justizsenatorin Lore Maria Peschel-Gutzeit und der CDA-Vorsitzende Rainer Eppelmann (für eine juristische Begründung vgl. Peschel-Gutzeit 1997).

eine Übersicht über die Themen vgl. Übersicht 10.2). So veröffentlichte der Wissenschaftliche Beirat für Familienfragen beim BMFJG 1984 das Gutachten »Familie und Arbeitswelt« in dem festgestellt wurde, dass sich eine hohe Arbeitslosigkeit extrem negativ auf die Chancen zur Rückkehr auf den Arbeitsmarkt auswirkt (Wissenschaftlicher Beirat für Familienfragen beim BMJFG 1984:253). Die Flexibilisierung des Erziehungsurlaubs wurde von Seiten des Wissenschaftlichen Beirates schon in seinem Gutachten von 1989 vorgeschlagen, um die Chancen der Beteiligung von Männern zu erhöhen (Liegle 2001:6).

Übersicht 10.2: Themen der Gutachten des Wissenschaftlichen Beirats für Familienfragen beim Bundesfamilienministerium

1971	Reform des Familienlastenausgleichs
1975	Familie und Wohnen
1979	Leistungen für die nachwachsende Generation in der Bundesrepublik Deutschland
1980	Familien mit Kleinkindern
1984	Familie und Arbeitswelt
1984	Familien und Neue Medien (Kurzgutachten/Stellungnahme)
1988	Familienpolitik nach der Steuerreform (Kurzgutachten/Stellungnahme)
1989	Erziehungsgeld, Erziehungsurlaub und Anrechnung von Erziehungszeiten in der Rentenversicherung
1991	Leitsätze und Empfehlungen zur Familienpolitik im vereinigten Deutschland
1992	Zur Berechnung des steuerfreien Existenzminimums für den Lebensunterhalt eines Kindes (Kurzgutachten)
1993	Familie und Beratung
1995	Zur Weiterentwicklung des Familienlastenausgleichs nach den Entscheidungen des Bundesverfassungsgerichts seit 1990
1997	Kinder und ihre Kindheit in Deutschland. Eine Politik für Kinder im Kontext von Familienpolitik
1998	Stellungnahmen des Wissenschaftlichen Beirats für Familienfragen beim BMFSFJ zum Erziehungsgeld und zur Weiterentwicklung des Familienlasten- und Familienlastenausgleichs nach den Beschlüssen des Bundesverfassungsgerichts vom 10. November 1998.
2001	Gerechtigkeit für Familien. Zur Begründung und Weiterentwicklung des Familienlasten- und Familienleistungsausgleichs
2002	Die bildungspolitische Bedeutung der Familie - Folgerungen aus der Pisa-Studie

Quelle: BMFSFJ, www.bmfsfj.de (Zugriff am 7.6.2003). Die Mehrzahl der Gutachten ist veröffentlicht in der Schriftenreihe des Familienministeriums und auch als pdf-Dateien im Internet abrufbar.

Das vielleicht zentrale Instrument der familienwissenschaftlichen Politikberatung, das erheblich zur Versachlichung der Diskussion und zur Bündelung des familienpolitischen Diskurses beigetragen hat, ist der seit Mitte der sechziger Jahre regelmäßig erscheinende Familienbericht, der auch als Zeichen einer »beginnenden Verwissenschaftlichung und damit [als] Verabschiedung von Familienpolitik als ›Überzeugungstat‹ von Idealisten« (Liegle 2001) interpretiert werden kann.

Die Hinwendung zur »Sachpolitik« fand seinen Ausdruck in dem Beschluss des Bundestages 1965, dass die Regierung regelmäßig über die Situation der Familien berichten solle (Gerlach 1996:193). Der erste Bericht wurde von der Bundesregierung erstellt und 1968 vorgelegt.[20] Um eine größere Unabhängigkeit in der Berichterstattung zu erreichen, verlangte der Bundestag 1970 von der Bundesregierung die Einsetzung einer eigenen Berichtskommission mit bis zu sieben Sachverständigen, die dem Bundestag regelmäßig einen Bericht über die Lage der Familien in Deutschland vorlegen sollte (vgl. BT-Drs. 6/834).[21] Seitdem hat der Familienbericht eine so genannte »dialogische« Struktur: Der Bericht der Kommission wird von der Bundesregierung in einer Stellungnahme kommentiert und beide Dokumente dann als der Familienbericht der Bundesregierung dem Bundestag zur Debatte vorgelegt (Lüscher 1999:11f.). Somit ist die eigentliche Adressatin der Familienberichte die Bundesregierung selbst.

1993 fordert der Bundestag die Regierung außerdem auf, die Situation der Kinder in Deutschland in den zukünftigen Berichten gesondert zu berücksichtigen. Die Familienberichte prägen durch ihre wissenschaftlich fundierte Darstellung maßgeblich den familienpolitischen Diskurs (s. Übersicht 10.3), sie beschreiben die wesentlichen Entwicklungstendenzen und die Wirkungen der Familienpolitik und identifizieren soziale Probleme, wobei die Kommissionsmitglieder auch eigene Studien durchführen können. In der Regel werden auch politische Empfehlungen formuliert. Inhaltlich und formal weist die Familienberichterstattung eine relative Kontinuität auf, die nicht zuletzt auch durch die personelle und thematische Überschneidung mit dem Wissenschaftlichen Beirat gegeben ist (Lüscher 1999: 39f.).

Eine dritte Quelle familienwissenschaftlicher Politikberatung besteht schließlich in der Vergabe von Studien an unabhängige Institute oder Universitäten. Diese Studien behandeln ergänzend bestimmte Aspekte, die in den Gutachten des Wissenschaftlichen Beirates oder der Familienberichtskommission nicht ausreichend berücksichtigt werden oder die im Grenzbereich zu anderen Politikfeldern liegen, wie etwa die betrieblichen Angebote zur besseren Vereinbarung von Beruf und Familien (Bäcker/Stolz-Willig 1994; Bundesministerium für Familie 1998b), die betrieblichen Möglichkeiten zur Wiedereingliederung von Frauen (Bundesministerium für

---

20 vgl. für die Beauftragung BT-Drs. 4/3474 und den ersten Familienbericht BT-Drs. 5/2531.
21 Zudem wurde der Familienberichtskommission ein Sekretariat beim Deutschen Jugendinstitut in München eingerichtet. Alternierend sollen die Berichte Schwerpunktthemen behandeln oder möglichst umfassend über die Situation der Familien berichten. Zunächst sollte er jeweils im ersten Jahr der Wahlperiode erstellt werden, 1982 wurde der Turnus auf jede zweite Wahlperiode verlängert.

Familie 1998a) oder die Beteiligung von Vätern am Erziehungsurlaub (Vaskovics/ Rost 1999). Teilweise werden diese Studien in Zusammenarbeit mit den Länderministerien beauftragt und finanziert. Das BMFSFJ gab 1998 für die Bereiche Wissenschaft, Forschung und Entwicklung knapp 17 Mio. Euro aus.[22]

Übersicht 10.3: Die Berichte der Familienberichtskommission

	Auftrag	Leitung	Thema	Vorlage	BT-Drs.
Erster	23.6.65		»Die Lage der Familie in der BRD«	25.1.1968	5/2532
Zweiter	31.7.70	Friedhelm Neidhardt	»Familie und Sozialisation – Leistungen und Leistungsgrenzen der Familie hinsichtlich des Erziehungs- und Bildungsprozesses der jungen Generation«	15.4.1975	7/3502
Dritter	19.12.75	Willi Albers	»Die Lage der Familie«	20.8.1979	8/3120 8/3121
Vierter	6.10.83	Ursula Lehr	»Die Situation älterer Menschen in der Familie«	13.10.1986	10/6145
Fünfter	6.3.1991	Rosemarie v. Schweitzer	»Familien und Familienpolitik im geeinten Deutschland – Zukunft des Humanvermögens«	15.6.1994	12/7560
Sechster	14.3.96	H.-J. Hoffmann-Nowotny	»Ausländische Familien«	19.1.2000	14/4357
Siebter	20.2.03	Jutta Allmendinger	»Zukunft der Familien – Gesellschaftlicher Wandel und sozialer Zusammenhalt«	2005	

Quelle: Eigene Zusammenstellung.

10.2.3 Weitere Sozialberichterstattung

Neben der regelmäßigen familienwissenschaftlichen Politikberatung koordiniert das BMFSFJ außerdem die Kinder- und Jugendberichte sowie die Seniorenberichte (vgl. dazu Lüscher 1999). Spezifische Berichte wurden von der rot-grünen Bundesregierung außerdem erstmals zum Thema »Armut in Deutschland« und zur »Berufs- und

---

[22] Nach Auskunft des Referats 206 im BMFSFJ ist dieser Betrag auf fast 22 Mio. Euro im Jahr 2002 angestiegen (Stand: März 2004).

Einkommenssituation von Frauen in Deutschland« vergeben.[23] Weil der Bundestag im Juni 1999 ein Defizit in der Erfüllung des Art. 141 (früher 119) EG-Vertrag (gleiches Entgelt für Männer und Frauen) feststellte, forderte er die Bundesregierung auf, einen umfassenden Bericht über die Berufs- und Einkommenssituation von Frauen und Männern zu erstellen (BT-Drs. 14/1290). Damit wurde erstmals seit 1966 wieder seit dem »Bericht der Bundesregierung über die Situation der Frauen in Beruf, Familie und Gesellschaft«[24] ein Frauenbericht angefordert. Zeitgleich beschloss das Bundeskabinett die Anforderung eines entsprechenden Berichts im Rahmen des Regierungsprogramms »Frau und Beruf«, der im Juli 2001 vorgelegt wurde (BT-Drs. 14/8952).

Die Erstellung des ersten »Armuts- und Reichtumsbericht der Bundesregierung« wurde in einem Antrag der Regierungskoalition im Mai 1999 beschlossen (BT-Drs. 14/999). Ein Grund für diesen Beschluss war die Selbstverpflichtung der alten Bundesregierung zur Anfertigung eines solchen Berichtes auf dem Weltsozialgipfel 1995 in Kopenhagen sowie die Abstimmung der Europäischen Sozialminister 2000 in Lissabon und Nizza. In dem Armutsbericht der Bundesregierung findet sich ein expliziter Verweis auf die Armutsberichte der Wohlfahrtsverbände und des DGB sowie das Sozialwort der beiden großen christlichen Kirchen in Deutschland von 1997. Der erste Armutsbericht »Lebenslagen in Deutschland« wurde im April 2001 vorgelegt und traf eine umfassende Diagnose über das Anwachsen der Einkommensdifferenzen in der Bundesrepublik (BT-Drs. 14/5990), von dem in zunehmendem Maße Familien betroffen seien. Im Rahmen des »Nationalen Aktionsplans« zur Bekämpfung von Armut wurde daher ein besonderes Gewicht auf die Verbesserung der Kinderbetreuung, die Verbesserung der Aus- und Weiterbildung von Beschäftigten und Arbeitslosen und die Zusammenführung der Arbeitslosen und Sozialhilfe gelegt.[25]

Die Verwissenschaftlichung der Sozialpolitik knüpft im Übrigen an die Tradition der Weimarer Republik an, in der die sozialdemokratische Expertise entstand

---

23 In beiden Bereichen gab es bis dahin keine systematische amtliche Berichterstattung (vgl. Kramer 1997; Noll 1997).

24 In diesem von der sozial-liberalen Koalition beauftragtem Bericht wurde die Unterversorgung mit Kinderbetreuungseinrichtungen anerkannt, woraufhin in den siebziger Jahren Modellprojekte zur Kinderbetreuung (u.a. das »Tagesmütterprojekt«) ins Leben gerufen wurden (vgl. Gerlach 1999). Von diesem Regierungsbericht abgesehen gab es noch die Berichte der Enquête-Kommission »Frau und Gesellschaft« (BT-Drs. 7/5866 und BT-Drs. 8/4461) und den Bericht »Leben in der Bundesrepublik Deutschland. Frauen '80« des damaligen Bundesministeriums für Jugend, Familie und Gesundheit.

25 Vgl. »Autoren des Vorworts schreiben Armutsbericht schön«, v. Hilmar Höhn, Frankfurter Rundschau v. 24. April 2001; »Plan gegen Armut verabschiedet. Bundesregierung stellt aber kaum zusätzliche Mittel bereit« v. Hilmar Höhn, Frankfurter Rundschau v. 17. Mai 2001.

(Raphael 1998). So sind zumindest in der Bundesrepublik die Fachabteilungen der Ministerien die wichtigsten Archive für politisches Wissen, aus denen – zumindest theoretisch – die Lernprozesse der Regierungsmitglieder gespeist werden können.

10.2.4 Wirkung der sozialwissenschaftlichen Beratung der Bundesregierung

Auf welche Weise und in welchem Maße das spezifische Wissen jedoch zwischen den Fachabteilungen einerseits und den Hierarchieebenen des Ministeriums andererseits diffundiert, ist fraglich. Funktion und Inhalt familienwissenschaftlicher Politikberatung sind, gerade weil sie seit mehreren Jahrzehnten systematisch betrieben wird, relativ gut erforscht. Die Erwartungen an die familienwissenschaftliche Beratung sind sehr hoch, wie Max Wingen, als Beamter im Bundesfamilienministerium selbst langjähriges Mitglied in der Familienberichtskommission, betont. Er benennt sechs Funktionen der Berichterstattung:

- »Informationsfunktion, die bis hin zur Aufgabe der Analyse und ihrer Ergebnispräsentation reicht;
- Hilfe zur Situationsdefinition der politisch Handelnden, wobei zumindest von der wissenschaftlichen Problemformulierung erwartet werden kann, dass sie zum tieferen Verständnis des Praxisfeldes beiträgt;
- Planungsfunktion, was meint, Planungsperspektiven zu eröffnen und an politischen Planungen mitzuwirken;
- Implementationsfunktion, was bedeutet, im Rahmen der Planung entwickelte neue Maßnahmen modellhaft in die Praxis einzuführen bzw. solche Modelle wissenschaftlich zu begleiten;
- Evaluationsfunktion, die in Verbindung mit der Implementationsfunktion auf Wirkungsanalysen getroffener Maßnahmen hinausläuft;
- Transformationsfunktion im Sinne der ›Übersetzungsfähigkeit‹ zwischen Wissenschaft und Praxis ...« (Wingen 1993:35f.).

Allerdings erweist sich auch, dass die Politikvorschläge nicht unbedingt zur Lösung von Sachproblemen aufgegriffen werden, sondern vielmehr der Legitimation staatlichen Handelns dienen. Selten würden sich zuständige PolitikerInnen an die Ratschläge halten, wobei sich die Chance allerdings vergrößere, wenn Instrumente normativ passförmig und technisch leicht durchführbar seien (Liegle 2001). Insgesamt bildet die Familienberichterstattung nicht nur eine wissenschaftliche, sondern auch eine politische Referenz für die familienpolitisch interessierte Öffentlichkeit der Bundesrepublik (Walter, W. 1993b). Aus diesem Grund soll im Folgenden ein kursorischer Überblick über die in der Familienberichterstattung behandelten Themen in Bezug auf die drei Komplexe Frauenerwerbstätigkeit, soziale Sicherung und Kinderbetreuung gegeben werden.

10.2.5 Die Familien- und frauenpolitischen Leitbilder im familienwissenschaftlichen Diskurs

Der familienwissenschaftliche Diskurs, der vom Bundesministerium gebündelt wird, spiegelt nicht die Position der Regierung und der Ministerialbeamten wider, aber er bildet die wichtigste Referenz, an der sich die AkteurInnen in ihrem Handeln orientieren können. Er stellt eine Zusammenfassung des wissenschaftlichen Forschungsstandes sowie der normativ-politischen Positionen dar und die Stellungnahmen der Bundesregierung werfen ein Schlaglicht auf die familienpolitischen Positionen der jeweiligen Bundesregierungen. Die wissenschaftlichen Berichte dienen außerdem der Orientierung der MitarbeiterInnen bei ihrer Facharbeit.

Die Erwerbstätigkeit von Frauen

In der 14. Legislaturperiode stellte die Erwerbstätigkeit von Müttern kein grundsätzliches Problem mehr dar. Wurde diese noch in den fünfziger Jahren als etwas Unnatürliches und für die Kinder Abträgliches betrachtet, so wurde sie unter dem Eindruck des wachsenden Arbeitskräftebedarfs in den sechziger Jahren nicht mehr so scharf angegriffen. Die Gleichstellung der Frauen sowie die Förderung der Frauenerwerbsarbeit wurde vor allem zur Zeit der sozial-liberalen Koalition zu einem politischen Thema, und Ende der siebziger Jahre wurde erstmals im dritten Familienbericht die partnerschaftliche Arbeitsteilung und die Umgestaltung der Arbeitswelt als dringliche Aufgabe benannt (Behning 1996:152). Das von der sozial-liberalen Koalition entwickelte Mutterschaftsurlaubsgesetz wendete sich jedoch ausschließlich an die Frauen und rechtfertigt die Erwerbsunterbrechung mit gesundheitlichen Gründen. Auf diese Weise wurde nicht nur der Grundstein für ein sequenzielles Vereinbarkeitsmodell – für Frauen – gelegt, das das alte »Drei-Phasen-Modell« der Frauenerwerbstätigkeit allmählich ablöste, sondern es wurden auch die Weichen dafür gestellt, dass Erziehungsarbeit zunehmend anerkannt und zumindest teilweise entschädigt wurde. Das Modell der gleichen Anerkennung von Erwerbs- und Pflegearbeit schien als implizites Paradigma in der Rhetorik des vierten Familienberichtes durch, der 1986 erschien. Zwar wurde erstmals die Haus- und Familienarbeit gebührend gewürdigt, die geschlechterspezifische Arbeitsteilung jedoch nicht in Frage gestellt. Vielmehr wurde eine bessere materielle Anerkennung der Familienarbeit gefordert (ebd.: 153). Im fünften Familienbericht (1993) wurde außerdem das Konzept der »strukturellen Rücksichtslosigkeit« betont, das jedoch nicht auf die Benachteiligung von Frauen durch die Zuständigkeit für Familienarbeit angewandt wurde, sondern die öffentliche Bewertung der Familienarbeit generell meinte.

Durch das Gutachten des wissenschaftlichen Beirates »Familie und Arbeitswelt« von 1984 wurde das Problem der Wiedereingliederung, das auch durch die Modifizierung des Drei-Phasen-Modells[26] nicht gelöst wurde, wissenschaftlich belegt. Zu Beginn der neunziger Jahre wurde das Fortbestehen des Problems beobachtet, ohne dass jedoch entsprechende Maßnahmen, wie etwa die Schaffung von Teilzeitarbeitsplätzen oder der massive Ausbau von Kinderbetreuungseinrichtungen ergriffen wurden. Immerhin entdeckte man in der Teilzeitarbeit schließlich ein beschäftigungspolitisches Instrument und sah in der betrieblichen Personalpolitik eine Möglichkeit, beschäftigten Eltern die Vereinbarkeit von Beruf und Familie zu erleichtern. Das Bundesfamilienministerium ließ in diesem Kontext eine Studie anfertigen, die die Möglichkeiten tariflicher und betrieblicher Regelungen zur familienfreundlichen Gestaltung der Arbeitswelt ausloten sollte (Bäcker/Stolz-Willig 1994). Die Ergebnisse zeigten, dass es zwar eine Fülle unterschiedlicher Betriebsvereinbarungen vor allem im Bereich der Arbeitszeitregulierung gab, dass ein flächendeckender Einsatz des Instruments jedoch noch nicht erreicht worden war. Mitte der neunziger Jahre wurde der erste Bundeswettbewerb »Der familienfreundliche Betrieb« ausgeschrieben, mit dem für die Betriebe ein Anreiz geschaffen werden sollte, Maßnahmen zur besseren Vereinbarung von Erwerbstätigkeit und Elternschaft zu entwickeln. Die Teilnahme war jedoch freiwillig und der Anteil der teilnehmenden Betriebe war gering. Anstatt wirksame Maßnahmen zu ergreifen, die es Frauen ermöglichen, Familien und Beruf besser zu vereinbaren, setzte die Regierung bis 1998 weitgehend auf individuelle Lösungen und verzichtete auf eine gesetzliche Regulierung. Beim Antritt der rot-grünen Koalition wurde das Thema zwar wieder aufgegriffen, ein Gleichstellungsgesetz für die Privatwirtschaft erwies sich jedoch auch unter der rot-grünen Regierung als nicht durchsetzbar – trotz der Erkenntnisse über die Einkommenssituation der Frauen in der Bundesrepublik, die im Rahmen des Berichtes der Bundesregierung im Juli 2001 präsentiert wurde.[27]

---

26 Das Drei-Phasen-Modell der weiblichen Erwerbstätigkeit beschrieb erstmals das Problem der erschwerten Rückkehr von Müttern nach der erziehungsbedingten Erwerbsunterbrechung. Es war in den fünfziger Jahren von Alva Myrdal und Viola Klein (1956) entwickelt worden und wurde zur Referenz für spätere sozialwissenschaftliche Untersuchungen.

27 Die Rahmenvereinbarung zwischen der Bundesregierung und den Arbeitgebern, die anstelle einer verbindlichen gesetzlichen Regelung getroffen wurde, steht gegenwärtig zur Evaluierung an. Erste Auswertungen deuten jedoch bereits darauf hin, dass es keine maßgeblichen Verbesserungen gibt (Klenner 2004).

Das Familienbild im familienwissenschaftlichen Diskurs

Das Familienleitbild erfährt ebenfalls sehr weit reichende Veränderungen, wobei sich die Hauptzuständigkeit der Eltern für die Erziehung der Kinder wie ein roter Faden durch die Berichterstattung zieht. Immerhin wurde während der sozial-liberalen Koalition Ende der sechziger Jahre eine Wende in der deutschen Familienpolitik eingeleitet und die Öffnung des Familienbegriffs betrieben.[28] Weitere neue Themen waren der stärkere soziale Ausgleich (Kindergeldreform 1975), der Übergang von Institutionen zur Familienmitgliederpolitik (Ehe- und Scheidungsrechtsreform 1975), die Stärkung der Sozialisationsfunktion der Familie (Ausbau der Hilfen für Erziehungsaufgaben und Einrichtung von Beratungsstellen) sowie die Durchsetzung der Gleichstellung der Frauen (Gerlach 1996: 198; vgl. dazu auch die Übersicht A1 im Anhang). Dieser familienpolitische Paradigmenwechsel findet seinen Ausdruck im zweiten Familienbericht von 1975, der die Sozialisationsfunktion der Familie relativiert und auch Wohngemeinschaften und Kommunen als Familienformen berücksichtigt. Diese weit reichende Öffnung des Familienleitbildes wird allerdings harsch kritisiert und in den darauf folgenden Berichten wieder zurückgenommen (Lamm-Heß/Wehrspaun 1993; Behning 1996:150f.). Im Verlauf der folgenden Berichtsphasen scheint sich eine Definition herauszukristallisieren, nach der die Familie als Kernfamilie, bestehend aus Vater, Mutter und Kind definiert wird. Zwar wird im fünften Familienbericht (1993) nicht mehr von »vollständigen« und »unvollständigen« Familien geschrieben und zudem der Begriff der Haushaltsgruppe eingeführt, nach wie vor wird jedoch an der klassischen Zusammensetzung der Familien aus (zwei) heterosexuellen Eltern und Kindern festgehalten (Walter, W. 1993b). Des Weiteren wird gerade im fünften Familienbericht kein Zweifel darüber gelassen, dass »die leiblichen Eltern den Zusammenhang zwischen Geburt, Pflege und Erziehung von Kindern zu tauglichen Mitgliedern der Gesellschaft« garantieren sollen (BT-Drs. 12/7560 zit. nach Behning 1996). Und schließlich versuchen die AutorInnen des fünften Familienberichts, eine neue konzeptuell-theoretische Begründung für Familienpolitik vorzulegen, die sich an der These orientiert, die Familienarbeit würde zur Herausbildung des Humanvermögens einer Gesellschaft beitragen (Lüscher 1999: 10). Dementsprechend seien die familiär erbrachten Leistungen auch besser in Form geldwerter Leistungen zu kompensieren, ein Rat, den die Bundesregierung in ihrer Stellungnahme jedoch ablehnt (Lüscher 1999:13), obgleich sie der Familienarbeit und der Erwerbsarbeit den gleichen Stellenwert zumisst (BT-Drs. 12/7560:17). Generell wird heute die »Kernfamilie« als Adressatin

---

28 Den wichtigsten rechtlichen Niederschlag fand die neue Strategie in der Verabschiedung des Nichtehelichengesetzes von 1969 und des Adoptionsgesetzes 1976, nach dem nicht-eheliche Kinder mit ehelichen Kindern gleichgestellt wurden.

staatlicher Familienpolitik in der Bundesrepublik gesehen, die in der Regel als eine »Eltern-Kind-Gemeinschaft« definiert ist und sich damit von früher gültigen Familienkonzepten und -leitbildern unterscheidet (für die familiensoziologische Debatte vgl. Nave-Herz 1998). Die Aufgaben und die Verantwortung der Familie bestehen in der Nachwuchssicherung, der Betreuung, Erziehung und Platzierung der Kinder, den wechselseitigen Unterstützungsleistungen zwischen den Generationen, dem psychischen Ausgleich und der emotionalen Unterstützung, der Regeneration und der Haushaltsführung sowie der Übermittlung von Werten, Kultur, Einstellungen und Verhaltensmustern (Bäcker/Bispinck u.a. 2000b:152). Sie darin zu unterstützen, ist Aufgabe der staatlichen Familienpolitik.

Die Bedeutung der Kinderbetreuung im familienwissenschaftlichen Diskurs

In der erziehungswissenschaftlichen Forschung zu den Wirkungen der außerhäuslichen Kinderbetreuung lassen sich drei Phasen unterscheiden. In der ersten Phase in den sechziger und siebziger Jahren, also zu einer Zeit, in der die Erwerbstätigkeit von Frauen sprunghaft zunahm, war das zentrale Thema »das mögliche Risiko einer familienergänzenden Betreuung und Erziehung; Bezugspunkte waren dabei die Hospitalismusforschung und ein Bindungskonzept, nach welchem jede längere Trennung des Kleinkindes von seiner Mutter die sichere Mutter-Kind-Bindung und die grundlegenden Entwicklungsprozesse des Kindes gefährden« (Wissenschaftlicher Beirat für Familienfragen 1999:159). Ab Mitte der achtziger Jahre rückt die Frage nach den Qualitätsmerkmalen der Kinderbetreuung ins Zentrum. Die zentrale Erkenntnis war, dass die Familien ergänzende Kleinkindererziehung sowohl positive wie auch negative Wirkungen zeitigen kann und dies maßgeblich von der Kontinuität und der Qualifikation der Betreuungspersonen abhängig ist. Seit Ende der achtziger Jahre werden dann in einer dritten Phase zunehmend die Wechselbeziehungen zwischen dem Familienkontext und der Betreuungseinrichtung untersucht (Wissenschaftlicher Beirat für Familienfragen 1999). Diese Erkenntnisse finden jedoch keinen Eingang in den familienpolitischen Diskurs der Bundesregierung.

Schon 1980 hatte das Gutachten des Wissenschaftlichen Beirats »Familie mit Kleinkindern« explizit auf die wichtige Funktion der »familienergänzenden« Betreuung hingewiesen. Der Ausbau der außerhäuslichen Kinderbetreuung wurde erst nach der deutschen Vereinigung wieder diskutiert und der »bedarfsgerechte Ausbau« erst 1990 im Kinder- und Jugendhilfegesetz festgeschrieben. Abgesehen von der Einführung des Anspruchs auf einen halbtägigen Kindergartenplatz 1994 werden keine weiteren Maßnahmen ergriffen. Auch im fünften Familienbericht (1993), der sich mit der Situation der Familie im vereinten Deutschland erstmals befasst, fehlen Vorschläge zum Ausbau der Kinderbetreuungseinrichtungen. Anstatt der 1980 empfohlenen Doppelstrategie des gleichzeitigen Ausbaus der Kinderbetreuung und des Erziehungsgeldes setzte man bis zur 14. Legislaturperiode weiterhin auf die Funktionsfähigkeit des sequenziellen Vereinbarkeitsmodells. 1999 erfolgt im Gutachten des Wissenschaftlichen Beirats »Kinder und ihre Kindheit in Deutschland« erneut eine explizite Revision der entwicklungspsychologischen Erkenntnisse über die negativen Folgen der Erziehung und Betreuung von Kindern durch öffentliche Einrichtungen (Wissenschaftlicher Beirat für Familienfragen 1999:166). Der Beirat fordert daher, »Betreuung und Erziehung als gemeinsamen Verantwortungsbereich und als gemeinsame kulturelle Aufgabe der Familien und der Gesellschaft im ganzen anzuerkennen und auszugestalten« (ebd.:169). Allerdings orientiert sich diese Argumentation nun nicht mehr an der Verbesserung der Vereinbarkeit von Beruf und Familie für die Eltern, sondern an einem »sozialökologischen« Ansatz, der die Kinder mit eigenen Rechten und Bedarfen als vollwertige Mitglieder einer Familie betrachtet (vgl. dazu ausführlich Wissenschaftlicher Beirat für Familienfragen 1999: Kapitel 1; Lüscher 2000). Vor allem die Grünen machen sich diese Sichtweise zu Eigen und spitzen sie sogar noch zu, so dass die ›Politik für Kinder‹ an die Stelle der Familienpolitik tritt (vgl. Kapitel 8). Die Betonung der Rechte und Bedarfe der Kinder wurde vermutlich durch zwei Ereignisse verstärkt: die Einrichtung einer »Bundestags-Kommission zur Wahrnehmung der Belange der Kinder« (Kinderkommission)[29] 1988 und die Entdeckung der Kinder als Träger eigener Grundrechte durch die Ratifizierung der UN-Kinderkonvention durch den Bundestag 1992 (zum Konzept der Kinderpolitik vgl. Lüscher 2000).

Anhand dieser Rekonstruktion des frauen- und familienpolitischen Diskurses wird zweierlei deutlich: dass die Wechselwirkungen zwischen Familien- und Frauenpolitik lange Zeit gänzlich ignoriert wurden und sich beide Politikbereiche weitgehend unabhängig voneinander entwickelten. Es wird auch deutlich, dass ab Mitte der neunziger Jahre eine Zusammenführung beider Problembereiche zum Vereinbarkeitsproblem stattfindet, die Verstärkung gleichstellungspolitischer Aktivitäten jedoch hinter eine Neuausrichtung der Familienpolitik zurücktritt. Das familienpolitische Leitbild bleibt zunächst die (passive) Ermöglichung der Vereinbarkeit für beide, Frauen und Männer, während die aktive und offensive Gleichstellung von Frauen mit den Männern im Bereich der Erwerbstätigkeit im familienwissenschaftlichen und -politischen Diskurs keine Rolle spielt. Erst das Regierungsprogramm »Frau und Beruf« der rot-grünen Koalition, das 1999 vom BMFSFJ vorgestellt wird, verknüpft erstmals systematisch die Vereinbarkeit mit der Gleichstellung und entwickelt Instrumente für beide Teilbereiche: Die Reform des Bundeserziehungsgeld-

---

29 In die Kinderkommission entsendet jede Fraktion ein Mitglied. Die Kommission versteht sich als Lobby für Kinder, die Anregungen und Anstöße innerhalb und außerhalb des Parlaments geben soll. Auch auf der Ebene der Länder und der Gemeinden wurden Kinderbeauftragte eingesetzt oder Kinderbüros eingerichtet.

gesetzes ist dabei ebenso ein Bestandteil des Programms wie das Gleichstellungsgesetz für die Privatwirtschaft.

10.3 Die Arbeit des BMFSFJ bei der Entwicklung der Reform

Das BMFSFJ baut im Herbst 1998 auf den Grundlagen der Arbeit der SPD-Fraktion seit Mitte der neunziger Jahre und der Koalitionsvereinbarung auf. Es wird betont, dass es nicht lediglich um sozialrechtliche Leistungsverbesserungen gehen, sondern der gesamte Themenkomplex »Vereinbarkeit von Beruf und Familie« bearbeitet werden soll. Christine Bergmann, neue Bundesfamilien- und -frauenministerin kündigt schon im Oktober 1998 an, die Frage der Gleichstellung wieder zu einem gesellschaftlichen Reformprojekt machen und auch leistungsrechtliche Verbesserungen erzielen zu wollen. Allerdings schätzt sie selbst die Chancen, umfangreiche Verbesserungen zu erreichen, recht skeptisch ein:

> »Natürlich muss auch ich ein wenig Wasser in den Wein unserer hochgesteckten Erwartungen schütten: Unsere Politik wird sich in den kommenden Monaten zunächst an den finanzpolitischen Gegebenheiten orientieren müssen. (...) Leider ist nicht alles, was wir uns wünschen, auch in absehbarer Zeit zu realisieren. Dazu ist die Erblast der bisherigen Bundesregierung zu gewaltig.«[30]

Dennoch nennt Bergmann in dieser Rede recht hoch gesteckte Ziele: die Einbeziehung der Fraueninteressen in das Bündnis für Arbeit, die Entwicklung eines Gleichstellungsgesetzes für die Privatwirtschaft, die Reform des Elternurlaubs und den Ausbau der Kinderbetreuung sowie die Bekämpfung der Gewalt gegen Frauen. Die Entwicklung des Elternzeitgesetzes erfolgt schließlich im Zusammenspiel aller drei Ebenen des BMFSFJ, der Ministerin und ihrem Büro, der Leitung der Abteilung »Familie« und dem zuständigen Referat, wobei der Schwerpunkt der Arbeit bei der Bundesministerin und dem Referatsleiter lag.

10.3.1 Die Ausgestaltung der Leistungsverbesserungen

Das Referat »Bundeserziehungsgeldgesetz« war im Wahljahr 1998 mit einem neuen Leiter besetzt worden, der nun mit der technischen Kleinarbeit der Reform beauftragt wurde. Bei dem ersten Treffen des Referatsleiters mit der Leitung des Ministe-

---

30 Vgl. Christine Bergmann, »Neuer Schwung für die Frauenpolitik«, Rede auf einer Veranstaltung der Arbeitsgemeinschaft sozialdemokratischer Frauen (ASF) am 9. Oktober 1998 in Bonn, Pressemitteilung 553/98 vom 9. Oktober 1998.

riums im November 1998, die die Ministerin, die Staatssekretärin und der Staatssekretär bildeten, legte der Referatsleiter ein Diskussionspapier vor, in dem er die zuvor in den Koalitionsverhandlungen beschlossenen Eckpunkte zusammengefasst hatte. In der Folge dieses Treffens begann das Referat mit der Ausarbeitung des ersten Referentenentwurfs.

Die Hauptaufgabe lag zunächst bei der Ausgestaltung der Leistungsverbesserungen. Das erste Vorhaben, die Einkommensgrenzen für die Gewährung des Erziehungsgeldes ab dem siebten Lebensmonat des Kindes stufenweise um insgesamt 50% anzuheben, hätte Kosten in Höhe von 2 Mrd. DM verursacht und wurde daher nicht weiter verfolgt. Auch unter günstigeren Umständen hätte ein solcher Entwurf keine Chance auf Realisierung gehabt. Doch nach dem Rücktritt Lafontaines als Finanzminister im März 1999 und der neuen Priorität der Haushaltskonsolidierung unter Hans Eichel waren Mehrausgaben überhaupt nicht mehr möglich. Und schließlich verringerten auch die Folgekosten der Entscheidung des Bundesverfassungsgerichts von 1998, die eine Ausweitung eines Betreuungsfreibetrags für verheiratete Eltern forderte, den finanziellen Handlungsspielraum für die familienpolitischen Reformen erheblich.[31] Um die nun maßgebliche Kostenneutralität der Reform zu erzielen, prüfte der Referatsleiter im Jahr 1999 folgende Möglichkeiten:

- die Höhe der neuen Einkommensgrenzen (Anhebung von 29.400 auf über 32.000 DM) und der Kinderzuschläge (von 4.800 auf 7.000 DM),
- die Vereinheitlichung der beiden Einkommensgrenzen (bis zum sechsten und ab dem siebten Lebensmonat des Kindes),
- die Ausgestaltung der Minderungsquote des Erziehungsgeldes bei Überschreitung der Einkommensgrenzen,
- die Nutzung der aufgrund sinkender Geburtenraten veranschlagten aber nicht ausgeschöpften Mittel.

Der Referentenentwurf, der ein Jahr später, im November 1999 vorlag, veranschlagte die Mehrkosten auf 600 Mio. DM. Das Bundesfinanzministerium akzeptierte diesen Vorschlag nicht. Insbesondere lehnte das Finanzministerium die Nutzung der nicht ausgeschöpften Mittel ab, weil dies möglicherweise einen Präzedenzfall geschaffen hätte, dessen Nachahmung die Konsolidierung des Staatshaus-

---

31 1990 mahnte das BVerfG eine Einkommensteuerfreiheit für das sozialkulturelle Existenzminimum ein, ging allerdings damals noch nicht soweit, die Umsetzung der Bedarfsgerechtigkeit einzufordern. Die Entscheidung vom 10. November 1998 gilt dann als »epochal« weil hiermit erstmals ein finanzieller Betreuungs- und Erziehungsmehrbedarf anerkannt und damit ein Perspektivenwechsel hin zu einer prinzipiellen Gleichstellung von Familien- und Erwerbsarbeit anerkannt wurde (Gerlach 1999:27).

halts gefährden würde. Das Finanzministerium sprach sich dagegen für die Vereinheitlichung der Einkommensgrenzen aus, die wiederum das Familienministerium politisch nicht vertreten wollte (s.a. Kapitel 10.4). Der zweite Referentenentwurf, der nun innerhalb von vier Monaten erarbeitet und im Februar 2000 veröffentlicht wurde, legte die Einkommensgrenzen bei 32.200 DM und die Kinderzuschläge bei 4.800 DM fest. Als einzige Neuregelung wurde die Budgetierung aufgenommen. Die Öffentlichkeit und die Fraktion kritisierten den geringen Umfang der Verbesserungen, so dass das Kabinett Ende März 2000 beschloss, eine stufenweise Anhebung der Kinderzuschläge auf 6.180 DM einzufügen und damit voraussichtlich 100 Mio. DM mehr zu verausgaben. Schließlich hatten die Kinderzuschläge auch eine symbolische Bedeutung.[32] Die zweite große Kontroverse, diesmal mit dem Bundeswirtschaftsminister, betraf den Geltungsbereich des Anspruchs auf Teilzeitarbeit, der im Entwurf bei fünf Beschäftigten festgelegt war. Diese Auseinandersetzung wurde vor allem auf der Kabinettsebene ausgetragen.

10.3.2 Das BMFSFJ – *gatekeeper* in den administrativen Details

Nach der Tagung des Kabinetts Ende März 2000 und der Einigung über die strittigen Punkte während der darauf folgenden Tage hatten der Referatsleiter und seine MitarbeiterInnen die Aufgabe, die Änderungsvorschläge der Fraktionen und der Länder einzuarbeiten. Dabei wurden nur Vorschläge berücksichtigt, die sich im Rahmen der Koalitionsvereinbarung und der Kostenneutralität bewegten. Bei der Formulierung des Entwurfs fiel dem Referatsleiter auf, dass Möglichkeit der Unterteilung des Erziehungsurlaubs in drei Phasen unzureichend wäre und empfahl den Länderbeamten, die den Entwurf zu der Zeit im Bundesrat bearbeiteten, einen Änderungsantrag einzubringen, der eine viermalige Teilung vorsah. Eine zweite Veränderung, auf die der Referatsleiter die LänderbeamtInnen aufmerksam machte, war die Anpassung der für das Erziehungsgeld unschädlichen Bemessungsgrenze von 30 Stunden pro Woche beim Arbeitslosengeld. Zwar war die Stundengrenze der zulässigen Teilzeitarbeit von 19 auf 30 Wochenstunden erhöht worden, die Regelung des zulässigen Arbeitslosengeldes sah jedoch nach wie vor die Unschäd-

---

32 Die Anhebung der Kinderzuschläge auf über 6.000 DM war schon 1985 eine Forderung der SPD gewesen, die Bestandteil des Gesetzentwurfes für ein Elternurlaubsgesetz war (vgl. Übersicht 7.1). Angesichts dieser Tatsache hätte die Beibehaltung des Kinderzuschlags bei 4.800 DM tatsächlich als Scheitern gedeutet werden müssen.

lichkeit für ein Arbeitslosengeld auf der Basis von maximal 19 Stunden vor. Diese Grenze wurde schließlich auch auf 30 angehoben.[33]

Eine dritte Regelung, die maßgeblich von Ministerialbeamten mitgestaltet wurde, war die Höhe des budgetierten Erziehungsgeldes. Frühere Forderungen der SPD sahen eine Höhe von 1.000 DM für zwölf Monate vor. Ein Unterabteilungsleiter in der Abteilung Familie, der schon 1986 mit der Erarbeitung des Bundeserziehungsgeldgesetzes befasst war und sich an den Streit um die Nichtanrechenbarkeit des Erziehungsgeldes auf die Sozialhilfe erinnerte, wandte im Zuge der Beratungen ein, dass ein kumulierter Betrag aus dem budgetierten Erziehungsgeld und der Sozialhilfe zu nahe am Durchschnittseinkommen gelegen hätte. Zudem hätte ein Betrag von 1.000 DM einen sehr viel größeren Symbolwert als die 900 DM, die man dann vorschlug (Interview BMFSFJ 1). Neben den hierarchischen Beziehungen gelten auch für das BMFSFJ die Regeln, die in jeder Organisation beobachtbar sind, nämlich, dass die Kooperation zwischen den Ebenen und zwischen den Ressorts ebenso von der Persönlichkeit der individuellen AkteurInnen wie von der formalen Arbeitsteilung abhängig ist: »Strukturen können [die Zusammenarbeit, SB] fördern oder verhindern, aber es kommt auf die Personen an. Wenn man sich versteht, sind das kurze Wege.« (Interview BMFSFJ 2)

Das Kontingentmodell der SPD-Fraktion, nach dem insgesamt 60 Stunden ungleich auf die Eltern hätten verteilt werden können, betrachtete der Referatsleiter aus systematischen Gründen mit Skepsis, weil eine volle Berufstätigkeit nicht mit dem besonderen Kündigungsschutz des Erziehungsurlaubs vereinbar gewesen wäre (Interview BMFSFJ 1). Die Vereinfachung des Bewilligungsverfahrens durch die Zusammenlegung der zwei Verfahren, die im Programm »Frau und Beruf« vorgeschlagen wurde, wurde aus dem Referentenentwurf gestrichen, weil das einstufige Bewilligungsverfahren zwischenzeitlich gestiegene Einkommen unberücksichtigt gelassen und somit zur geringeren Minderung und höheren Erziehungsgeldbeträgen geführt hätte. Diese schleichende Erhöhung der Einkommensgrenzen wäre vom Bundesrechnungshof beanstandet worden. Schließlich wurde in den Gesprächen zwischen dem Ministerium und den Arbeitgebern noch die geplante Flexibilisierung des Elternurlaubs verändert. Während die Verschiebung des dritten Elternzeitjahres im Referentenentwurf noch als rechtlicher Anspruch vorgesehen war, gab die Ministerin, trotz des Protestes der Gewerkschaften, den Argumenten der Arbeitgeber nach, die warnten, dass Mütter mit Grundschulkindern in einem Einstellungsverfahren benachteiligt wären, wenn diese Ansprüche auf ein drittes Elternzeitjahr mitbrächten, auch wenn sie dieses nicht geltend machen wollten.

---

33 In beiden Fällen folgte der Bundestagsausschuss der Stellungnahme des Bundesrates (vgl. BT-Drs. 14/3118: 28).

10.3.3 Politisches Steuern ohne Geld: Bewusstseinsbildung als neues Politikinstrument

Ein weiteres Anliegen, das ebenfalls im Programm »Familie und Beruf« angelegt war, war die Entwicklung einer Werbekampagne für die Inanspruchnahme des neuen Erziehungsgeldgesetzes, die innerhalb der Regierung zu keinem Zeitpunkt umstritten war, sondern auf einem breiten Konsens der beteiligten AkteurInnen beruhte. Zuvor hatte sich schon in der SPD und in den Gewerkschaften aber vor allem auch im BMFSFJ die Ansicht durchgesetzt, dass man die Väter nicht dazu zwingen dürfe, sich an der Familienarbeit zu beteiligen. Die zwingende Teilung des Erziehungsurlaubs, d.h. die Übertragung eines Teils des Elternurlaubs auf den Vater, die zuvor fast einhellig gefordert wurde, wurde inzwischen ebenso abgelehnt wie die umstrittene Neuformulierung der häuslichen Arbeitsteilung im Bürgerlichen Gesetzbuch. Anstelle der gesetzlichen Regulierung versprach man sich von der Förderung des Bewusstseinswandels größere Effekte auf die Veränderung der Arbeitsteilung. Um für ein neues Männerleitbild und eine partnerschaftliche Teilung der Familienarbeit und Kindererziehung zu werben, wurde die Umsetzung der Kampagne »Mehr Spielraum für Väter« von der Abteilungsleitung übernommen. Dabei wird ihre Bedeutung für den Erfolg des Erziehungsgeldgesetzes betont:

»Ich denke, dass das Gesetz kein Selbstläufer ist, und deswegen müssen wir es auch öffentlich machen und unterstützen und die Väter und die Unternehmen gewinnen. Und deswegen machen wir diese Väterkampagne, wo die Ministerin in die verschiedenen Firmen geht und Veranstaltungen macht, in große Firmen wie VW und Daimler Chrysler, und auch in Mittelstandsunternehmen. Ich glaube, dies ist der Beginn eines Trends ..., weil die Unternehmen entdecken, dass die Männer kein Robinson, sind die auf der Arbeitsinsel leben.« (Interview BMFSFJ 2)

Eine ähnliche Tendenz zeichnete sich in den neunziger Jahren bei der Förderung der betrieblichen Arbeitszeit- und Vereinbarkeitspolitik ab. Im Rahmen des frauenpolitischen Regierungsprogramms wurde in der 14. LP der »Wettbewerb Familienfreundlicher Betrieb« durch die Spezifizierung von Themen (im Jahr 2000: Telearbeit und Väterfreundlichkeit) weiter entwickelt. Diese Strategie wurde dann in der 15. Legislaturperiode durch das »Bündnis für Familie« zwischen dem Bundesministerium und den Arbeitgebern unter der Leitung der neuen Bundesfamilienministerin Renate Schmidt weiter ausgebaut. Auf beiden Seiten, der Arbeitnehmer wie der Arbeitgeber, setzte die Regierung auf die Initiierung von Lernprozessen, die zunächst als Ergänzung der gesetzlichen Regelung, zunehmend aber anstelle von gesetzlicher Regulierung Erfolg versprechend erscheint.[34]

---

34 Die Sichtweise, dass ein gesellschaftlicher Bewusstseinswandel Erfolg versprechender sei als eine gesetzliche Regulierung, wird auch von SozialwissenschaftlerInnen vertreten (Offe 2003:225). Allerdings kommen Studien, die sich empirisch und theoretisch mit dem Geschlechterverhältnis befassen

10.3.4 Der Machtkampf im Bundeskabinett

Die Hauptstreitpunkte, mit denen die Ministerin befasst war, waren der Umfang der leistungsrechtlichen Verbesserungen und die Festlegung des Geltungsbereichs des Anspruchs auf Teilzeitarbeit. In der Entwicklung ihrer Position stimmte sich die Ministerin eng mit den Verbänden und den Gewerkschaften ab. Bei der Regelung der Beschäftigtengrenze wurde im ersten Referentenentwurf vom November 1999 die Formulierung der »zwingenden betrieblichen Gründe« zum Schutz der kleinen und mittleren Betriebe aufgenommen. Dann wurde auf Anraten eines Arbeitsrichters zusätzlich eine Beschäftigtengrenze von fünf aufgenommen, um die Kleinstbetriebe der Begründungspflicht bei Ablehnung eines Antrags auf teilzeitigen Erziehungsurlaub zu entheben. Dennoch lehnte der Bundeswirtschaftsminister den Entwurf in der Kabinettsrunde ab, weil er den Schutz der Kleinstunternehmen als unzureichend befand. Er plädierte dafür, den Geltungsbereich des Teilzeitanspruchs auf Betriebe ab 50 Beschäftigten einzuschränken, womit er der Forderung des Verbands des deutschen Handwerks folgte. Daraufhin wurde in den Kabinettsberatungen diskutiert, den Rechtsanspruch auf Teilzeitarbeit während des Erziehungsurlaubs ganz zu kippen oder die Beschäftigtengrenze auf 50 anzuheben. Ein Kompromiss kam dann Anfang April u.a. auf Vermittlung des damaligen Fraktionsvorsitzenden Peter Struck zustande, der – vermutlich wegen der anstehenden Landtagswahlen in Nordrhein-Westfalen – an einem Erfolg in der Sache interessiert war. Die Grenze von 15 Beschäftigten, auf die man sich schließlich einigte, war insofern ein Kompromiss auch für den Wirtschaftsminister, weil – anders als etwa bei der Beschäftigtengrenze von sechs im Kündigungsschutz – bei der Zählung Vollzeit- und Teilzeitbeschäftigte gleich behandelt werden sollten. Die neue Beschäftigtengrenze wurde von Seiten des DGB scharf kritisiert (vgl. Kapitel 9).

Die zweite Frontlinie innerhalb des Kabinetts verlief zwischen der Bundesfamilienministerin und dem Bundesfinanzminister im Hinblick auf die leistungsrechtlichen Verbesserungen. Dabei zeigte sich bald, dass die skeptische Einschätzung des finanziellen Spielraums durchaus begründet war. Schon die Erarbeitung des ersten Referentenentwurfs dauerte ein gutes Jahr (Herbst 1998 bis November 1999) und wurde wegen der veranschlagten Kosten vom Kabinett verworfen. Der zweite Entwurf, der dann nur noch 300 Mio. DM Mehrkosten verursachen sollte, passierte schließlich das Kabinett. Leistungsrechtliche Verbesserungen wurden dann nicht von der Ministerin, sondern, wie schon erwähnt, von der Fraktion unter dem Druck der Öffentlichkeit durchgesetzt. Dabei beugte sich das Kabinett vor allem der Be-

---

zu dem gegenteiligen Ergebnis (zur Erfahrung mit dem Gleichstellungsgesetz vgl. Pfarr 2001; Koch 2002).

fürchtung, das neue Gesetz könne als Spargesetz interpretiert werden. In den Fragen der Finanzierung hat sich die Familienministerin nicht gegen ihre KabinettskollegInnen durchsetzen können und im Falle der Kinderzuschläge schaltete sich schließlich das Bundeskanzleramt ein. Es gab Gerüchte, nach denen der Bundeskanzler Unverständnis für die Forderungen der Bundesfamilienministerin geäußert und ihre Arbeit kritisiert hatte. BeobachterInnen schätzten, dass die Bundesfamilienministerin in der Regierung keine Unterstützung gegen das Votum des Bundeswirtschafts- und des Bundesfinanzministers hatte.

Die Bundesfamilienministerin befand sich in der 14. LP in dem Dilemma, einerseits die von ihr weit gehend geteilten Anliegen der FrauenpolitikerInnen aus den Verbänden nicht durchsetzen zu können und andererseits als Mitglied des Kabinetts zu einem Erfolg des Regierungshandelns beitragen zu müssen. Wie schwierig die Situation für sie war, wurde aus der Kleinen Anfrage der Abgeordneten Rönsch danach deutlich, ob der Bundeskanzler die Bundesfamilienministerin aufgrund ihrer Pläne zur Reform des Erziehungsgeldgesetzes kritisiert hätte (BT-Drs. 14/1013). Unter Verweis auf die Vertraulichkeit der Kabinettssitzung wurde auf diese Anfrage nicht geantwortet, aber allein die Tatsache, dass im Bundestag über die internen Regierungsgespräche auf diese Weise spekuliert wurde, deutet das Konfliktpotenzial dieser Auseinandersetzungen an. Letztendlich bestimmten mindestens zwei Faktoren über das Machtpotenzial der Ministerin: zum einen die Themen, die zur Gesamtstrategie der Regierung (nicht der Partei) passen müssen, und außerdem die Position der Ministerin im Hinblick auf den Rückhalt in der Partei und der Regierung. Auch wenn im Falle der Auseinandersetzungen um die sozialrechtlichen Leistungen oder die Beschäftigtengrenze von Seiten des Bundeskanzlers nicht interveniert wurde, so wird anhand dieser beiden Beispiele doch deutlich, wie weit – wenn auch vermittelt – die Richtlinienkompetenz des Bundeskanzlers in die einzelnen Politikbereiche hineinwirkt.

10.4 Das BMFSFJ – *gatekeeper* in den administrativen Details

Die Betrachtung des Bundesfamilien- und -frauenministeriums als Akteur im Reformprozess zeigt, dass das BMFSFJ auf allen Ebenen als Teil der Exekutive wirkt. Bevor es zum eigentlichen Prozess der Entwicklung des Gesetzentwurfs kommt, sind die inhaltlichen Vorgaben weit gehend festgelegt: durch Parteiprogramme und -beschlüsse, frühere Gesetzentwürfe und natürlich die Koalitionsvereinbarung und das Regierungsprogramm (in diesem Falle das Programm »Beruf und Familie«). Der Handlungsrahmen der individuellen ministerialen AkteurInnen ist durch die Programmatik und die Richtlinienkompetenz des Bundeskanzlers vorgegeben, so dass der Ministerin selbst kein oder wenig Spielraum für die Realisierung eigener Ideen bleibt. Vielmehr besteht die Aufgabe des Ministeriums in der Konkretisierung, d.h. der gesetzestechnischen Umsetzung der politischen Ideen der Koalitionsparteien unter Berücksichtigung der Verbands- und Gewerkschaftsinteressen. Damit entspricht die Arbeit des Bundesministeriums ganz klar seiner Rolle als Teil der Exekutive.

Die Veränderungen, die das zuständige Referat an den Eckpunkten der Koalitionsvereinbarung vornahm, veränderten das Konzept nicht grundlegend, aber es wurden eine Reihe von Detailregelungen formuliert, die in der Praxis erhebliche Wirkungen entfalten können. Voraussetzung dafür waren jedoch Sachkenntnis und Interesse auf der Ebene des Referats sowie ein gewisses Vorstellungsvermögen über die Wirkungen der rechtlichen Regelungen in der Praxis. Die Erfüllung dieser Bedingungen war, so zeigte sich, in diesem Falle auf die Persönlichkeit des Referatsleiters und seine interne Vernetzung mit anderen familien- und gleichstellungspolitischen Akteuren innerhalb und außerhalb des BMFSFJ zurückzuführen.

Davon abgesehen, dass die MinisterialbeamtInnen gegebenenfalls notwendige oder gebotene Veränderungen vornehmen, haben sie jedoch keinerlei Möglichkeiten, eigene Ideen einzubringen. Vielmehr sind sie in ihrer Arbeit völlig von den politischen Vorgaben abhängig:

> »[Der haushaltspolitische Schwenk der Bundesregierung, SB] war schon ein starker Einbruch. Aber Beamte im Bundesministerium müssen sich daran gewöhnen, dass sie oft umsonst gearbeitet haben, dass von einem Tag zum anderen die Vorgaben wechseln können. Insoweit muss man das als unabänderlich hinnehmen.« (Interview BMFSFJ 1)

Andererseits kann die Intervention der Ministerialbeamten, wie das Beispiel des Hinweises des Unterabteilungsleiters auf das Lohnabstandsgebot zeigte, auch pfadabhängige Entwicklungen produzieren, in dem über die Einhaltung der Rechtssystematik gewacht wird. Sofern kein dringendes politisches Interesse dominiert und ein Systembruch erzwungen wird, können Reformideen hieran scheitern, aber damit kann auch die Produktion widersprüchlicher Regeln verhindert werden. Aus diesen Gründen kann die Arbeitsebene des Ministeriums als »*gatekeeper*« bei den administrativen Details gelten.

Die Ministerin hingegen erwies sich als Advokatin, die versuchte, eine möglichst weit gehende Verbesserung der Regelung durchzusetzen. Dabei wurde der Konflikt der Ministerin zwischen ihrer Rolle als Bundesfrauenministerin einerseits und als Regierungsmitglied andererseits deutlich. Dass das Erziehungsgeldgesetz auch gleichstellungspolitischen Ansprüchen genügen sollte, zeigte sich im Engagement der Ministerin gegen die Einschränkung des Geltungsbereichs des Teilzeitanspruchs. Das relative Scheitern der Ministerin bei der Reform des Bundeserziehungsgeldgesetzes macht doch deutlich, dass es nach wie vor schwierig ist, frauenpolitischen Anliegen eine Priorität vor anderen Zielen einzuräumen. Der umfassende Teilzeitanspruch scheiterte am Protest der Arbeitgeberseite, die Plafonierung des Ehegattensplittings am Widerstand der SPD bei den Koalitionsverhandlungen und vermutlich des Bundesfinanzministers. So zeichnet sich am Konflikt um die Beschäftigtengrenze nur ab, was sich später beim Gleichstellungsgesetz für die Privatwirtschaft herauskristallisiert: Harte gesetzliche Regelungen zugunsten der Gleichstellung von Frauen waren in dieser Regierung nicht durchsetzbar.

Die schwache Position der Familienministerin im Kabinett ist aber keine Besonderheit der 14. Legislaturperiode. Das Bundesfamilien- und -frauenministerium gehört von jeher zu den eher schwachen und machtlosen Ressorts und gilt zudem als »Manövriermasse« (Gerlach 1996:213) zwischen den politischen Proporzen. Die unterschiedlichen Positionen zwischen den Bundesfamilien- und -frauenministerinnen und ihren KabinettkollegInnen führten schon früher zu schweren Konflikten und Krisen, und der schwache Rückhalt der Bundesfamilienministerinnen in ihren Regierungen ist keine Ausnahmeerscheinung. Sozialdemokratische Kabinettsmitglieder bilden bei der Geringschätzung dieses Ressorts keine Ausnahme. Auch bei ihnen gehören offene Frauenfeindlichkeit oder zumindest Geringschätzung und Skepsis gegenüber weit reichenden Gleichstellungsprojekten zum politischen Alltag (Gerlach 1996). Das prominenteste Beispiel ist wohl der Rücktritt von Antje Huber im April 1982, die damit auf das ostentative Desinteresse des Bundeskanzlers Helmut Schmidt reagierte (Münch 1990:240).

Schließlich zeigt sich am Beispiel der Arbeit des Ministeriums auch, dass die Durchsetzbarkeit nicht so sehr von der Reichweite der Politikideen abhängt (Hall 1993), sondern eher davon, ob materielle Interessen berührt sind. In diesem Falle war die Vorgabe der Kostenneutralität durch das Finanzministerium absolut, so dass sich selbst die minimalistische Veränderung bei Bewilligungsverfahren aufgrund der Mehrkosten als nicht durchsetzbar erwies. Insofern war der Zeitpunkt für leistungsrechtliche Verbesserungen extrem ungünstig. Zum einen war mit dem Wechsel an der Spitze des Finanzministeriums gerade die haushaltspolitische Strategie verschärft worden, zum anderen stand die Reform in keinerlei Zusammenhang mit einer Bundestagswahl. Doch schon ein Jahr später »entdeckte« die SPD das Thema »Vereinbarkeit von Beruf und Familie« neu und wählte das Thema Kinderbetreuung zum neuen Kernanliegen der Regierung. Sie kündigte sogar eine Investition von 4 Mrd. € an, nach dem man sich noch 1999 um 300 Mio. DM gestritten hatte. Während der zweiten Regierungszeit der rot-grünen Koalition wurden unter der neuen Familienministerin zudem Veränderungen an den Einkommensgrenzen vorgenommen, die nun zu leistungsrechtlichen Rückschritten führten, die die damalige Bundesfamilienministerin eigentlich vermeiden wollte.

Im Zusammenspiel der Ebenen zeigt sich deutlich, dass die Lernfähigkeit der AkteurInnen (MinisterialbeamtInnen, Ministerin) zwar gegeben sein mag, dass aber die Einbindung in andere Kontexte und Organisationen (hier die Bundesregierung) nur in Teilbereichen zur Durchsetzung von Lernerfolgen führt. Im Rahmen des Kabinetts zumindest hat sich die Ordnung der politischen Prioritäten nicht zugunsten des frauenpolitischen Projekts ausgewirkt.

11. Politikwandel durch politisches Lernen – Grenzen und Chancen

Mit dem vierstufigen Modell des politischen Lernens (Thematisierung, Zielformulierung, Konkretisierung und Ordnung politischer Prioritäten) ließen sich die Politikprozesse bei der Reform des Bundeserziehungsgeldgesetzes mit der Einmündung in die Reform im Jahr 2000 gut untersuchen, so dass abschließend nun drei Fragen beantwortet werden können. *Erstens* wollen wir wissen, wie sich diese Lernprozesse im Hinblick auf die inhaltliche Veränderung der Regelung ausgewirkt haben. Die Erörterung nimmt die Frage des 3. Kapitels nach der Verschiebung des grundlegenden Paradigmas auf und zeigt, inwiefern sich die (normativen) Prämissen verschoben haben. *Zweitens* stellt sich die Frage, welche Faktoren Prozesse politischen Lernens begünstigen oder behindern. Die Ergebnisse der Fallstudien werden hier zusammengefasst und verglichen. *Drittens* schließlich muss eingelöst werden, was diese Arbeit eingangs verspricht, nämlich die Generalisierbarkeit des hier entwickelten theoretischen Ansatzes kritisch zu diskutieren.

11.1 Ein Paradigmenwechsel in der Vereinbarkeitspolitik?

11.1.1 *Policy*-Ideen als *evergreens* und *newcomers*

Fasst man die Entwicklung der Politikideen zusammen, so lassen sich drei Kategorien unterscheiden. *Policy*-Ideen, die trotz jahrelanger Diskussion nicht durchsetzbar waren, als Forderungen möglicherweise aber fortbestehen, sollen hier ›gescheiterte *evergreens*‹ heißen. Mit ›erfolgreichen *evergreens*‹ werden Politikideen bezeichnet, die ebenfalls seit Jahren diskutiert und tatsächlich umgesetzt wurden. Schließlich gibt es mit den ›erfolgreichen *newcomers*‹, Politikideen, die erst während des Prozesses formuliert und durchgesetzt wurden. In der Übersicht 11.1 sind die wichtigsten gescheiterten und erfolgreichen Politikideen dieser drei Kategorien den drei inhaltlichen Themenkomplexen zugeordnet. Die dargestellten 24 *Policy*-Ideen umfassen die Gesamtheit der diskutierten und der neuen Maßnahmen, die durch die Reform in

Gesetzestext gebracht wurden; sie bilden insgesamt die inhaltliche Dimension des Reformprozesses ab.

Übersicht 11.1: Gescheiterte und erfolgreiche Politikideen mit Jahr und Urheber

	Erfolgreiche *evergreens*	Erfolgreiche *newcomers*	Gescheiterte *evergreens*
Erwerbs-arbeit	1. Anhebung der Stundengrenze für zulässige Teilzeitarbeit (SPD, 1985; Grüne 1984/89) 2. Eingeschränkter individueller Rechtsanspruch auf TZA (Grüne, 1989; SPD, 1994)	1. Teilzeitarbeitslosengeld in Kombination mit Erziehungsgeld (Bundesrat/BMFSFJ) 2. Einschränkung des Geltungsbereichs des Rechts auf Teilzeitarbeit (Bundesregierung, BMWi)	1. Lohnausgleich für Teilzeitarbeit (Grüne, 1989) 2. AZV mit vollem Lohnausgleich (DGB, 1984)
Soziale Sicherung	3. Geringfügige Anhebung der Einkommensgrenze (SPD, 1996) 4. Budgetierung der Bezugsdauer (SPD, 1996) 5. Anhebung der Kinderfreibeträge (SPD, Grüne, DGB) 6. Verbesserte Anerkennung der Kindererziehungszeiten in der RV (Bundesregierung) 7. Einbeziehung der Elternzeit in die Arbeitslosenversicherung (Bundesregierung)		3. Volle sozialrechtliche Absicherung von TZA (DGB 1956; SPD 1984) 4. Vereinheitlichung der EK-Grenzen (SPD 1985) 5. Einstufiges Antragsverfahren (1994, SPD) 6. Nutzung der eingesparten Beträge (SPD 96) 7. Lohnersatzleistung (DGB 1969, Grüne, 1989, SPD, 1985) 8. Umwidmung des Steuervorteils des Ehegattensplittings (SPD 89)
Gleichstellung in der Erwerbsarbeit	8. Individuelles Anspruchsrecht (SPD, Grüne 1985) 9. Flexible Inanspruchnahme des dritten Jahres (Grüne, 1989; SPD, 1996)	3. Gleichzeitige Inanspruchnahme über die gesamte Dauer (Bundesregierung) 4. Viermalige Teilung der Elternzeit zwischen den Eltern (BMFSFJ)	9. Zwingende Teilung (SPD, 1985; DGB, 1986, Grüne 1989) 10. Anspruch für betreuende dritte Personen (Grüne, 1989) 11. Gleichstellung in der Privatwirtschaft (DGB, 1956; SPD, 1988; Grüne, 1984)

Quelle: Eigene Zusammenstellung.

Die neun ›erfolgreichen *evergreens*‹ sind das Ergebnis idealtypischer (vierstufiger) Lernprozesse der Akteure. Teilweise wurden sie schon bei der Verabschiedung des Bundeserziehungsgeldgesetzes 1985, teilweise sogar davor diskutiert. Zum Gelernten gehört die Individualisierung des Anspruchsrechts, die Möglichkeit der flexiblen

Inanspruchnahme des dritten Jahres, die Anhebung der Stundengrenze für zulässige Teilzeitarbeit und der (wenn auch eingeschränkte) Rechtsanspruch auf Teilzeitarbeit. Auch im Bereich der sozialen Sicherung lassen sich Beispiele für vollständige Lernprozesse finden: die Anhebung der Einkommensgrenzen für die Berechnung des Erziehungsgeldes sowie die Anhebung der Kinderfreibeträge, die Budgetierung des Bundeserziehungsgelds und schließlich die verbesserte sozialrechtliche Anerkennung von Erziehungszeiten in der Renten- und der Arbeitslosenversicherung. Die sozialrechtlichen Verbesserungen fallen insgesamt dennoch bescheiden aus.

Der einschneidendste Wandel hat hier im Bereich der Anerkennung der Teilzeitarbeit zur Lösung des Vereinbarkeitsproblems stattgefunden. Teilzeitarbeit wurde von der SPD zunächst nur als weibliche Erwerbsform betrachtet, die besser sozialrechtlich abgesichert werden sollte. Erst in jüngerer Zeit – Mitte der neunziger Jahre – wurde in der Ausweitung von Teilzeitarbeit auch für Männer ein Instrument zur Lösung des Beschäftigungs- und des Vereinbarkeitsproblems für beide Geschlechter gesehen. Auch der DGB änderte schließlich, wenn auch wesentlich später, seine Grundeinstellung: Während Teilzeitarbeit viele Jahrzehnte lang als diskriminierende Erwerbsform abgelehnt und im Rahmen der Deregulierungsdebatte als atypische Beschäftigung verdammt wurde, veränderte der Beschluss von 1998 die Lage vollends. Individuelle kürzere Arbeitszeiten für beide Geschlechter werden – formal – zu einem gesellschafts- und beschäftigungspolitischen Ziel.

Die ›newcomers‹ sind *Policy*-Ideen, die während des parlamentarischen Prozesses eingebracht wurden. Zu ihnen gehört die Individualisierung über die gesamte Dauer der Freistellung, die mögliche viermalige Teilung der Freistellungsdauer, die prinzipielle Zulässigkeit des gleichzeitigen Bezugs von Teilzeitarbeitslosengeld und Erziehungsgeld. Auch die Einschränkung des Geltungsbereichs des Rechts auf Teilzeitarbeit gehört zu dieser Kategorie. All diese *Policy*-Ideen können mit Sabatiers Begrifflichkeit als ›sekundäre Aspekte‹ betrachtet werden, weil sie auf die Anpassung oder den Ausbau bereits bestehender Instrumente zielen. Ein Teil dieser Neuregelungen wurde aus dem BMFSFJ angeregt, das als Wissensspeicher und *gatekeeper* idealtypisch für die administrative Passförmigkeit und Umsetzung der politischen Ideen gesorgt hat. Die Einschränkung des Geltungsbereichs beim Teilzeitanspruch wurde von den Arbeitgebern angeregt, die hier als Veto-Spieler wirkten. Die Veränderungen auf Seiten des Ministeriums sind Ausdruck der Anpassung an neue Anforderungen und damit zwar Gegenstand »einfachen Organisationslernens«, als Ergebnis von Politiklernen im Sinne des hier verwandten Begriffs können sie jedoch nicht gelten.

Fast genauso groß wie die Anzahl der Neuregelungen ist die Anzahl der Politikvorschläge, die sich bislang als nicht durchsetzbar erwiesen haben. Ein Teil dieser gescheiterten *evergreens* wurde im Laufe der Jahre durch Forderungen ersetzt, die sich entweder in ihrer Zielsetzung oder in ihrer Ausgestaltung von der Ursprungsidee unterschieden. Im Politikbereich der Gleichstellung gehört dazu die zwingende Teilung des Erziehungsurlaubs, die jeweils von den Grünen, der SPD und dem DGB zeitweise erwogen, dann aber aufgegeben wurden. Als nicht durchsetzbar erwies sich außerdem der Vorschlag der Grünen, das Recht auf Erziehungsurlaub auch auf Dritte, Nicht-InhaberInnen des Sorgerechts, zu übertragen. Damit wird eine Möglichkeit verbaut, auch untypische Familienformen, wie etwa gleichgeschlechtliche Lebensgemeinschaften mit Kindern oder *Patchwork*-Familien gleichermaßen anzuerkennen. Schließlich scheiterte auch das große Projekt der gesetzlichen Regulierung der Gleichstellung in der Privatwirtschaft, trotzdem die Notwendigkeit einer rechtlichen Regulierung seit fast 20 Jahren diskutiert wird.

In der Arbeitszeitpolitik sind diejenigen Vorschläge nicht durchsetzbar, die einen Teil-Ausgleich für den freiwilligen Verzicht auf ein volles Einkommen bieten: die Arbeitszeitverkürzung mit vollem Lohnausgleich und die Kompensation von Teilzeitarbeit aufgrund von Familienarbeit. Schließlich und überraschenderweise wird auch der Forderung nach einer sozialrechtlichen Absicherung der Teilzeitarbeit nicht Rechnung getragen, obwohl alle der beteiligten politischen Akteure sich dafür wiederholt engagieren: Die Regelungen in der Arbeitslosenversicherung sind nach wie vor widersprüchlich und setzen somit negative Anreize für die Suche nach einem teilzeitigen Arbeitsplatz. Zwar wurden rentenrechtliche Verbesserungen vorgenommen, die eine wichtige Sicherungslücke ausfüllen, die »Gesamtkosten«, die aus einer Erwerbsunterbrechung oder langjähriger Teilzeitarbeit entstehen, werden nach wie vor nur unzureichend ausgeglichen. Nur die Wiedereinführung einer Sockelrente oder einer angemessenen Grundsicherung im Alter in Verbindung mit der konsequenten Förderung von Lohngleichheit im Erwerbsverlauf könnte dieses Problem grundsätzlich lösen.

Die meisten ›gescheiterten *evergreens*‹ fallen somit in den Bereich der sozialen Absicherung von Erziehungszeiten. Auch Vorschläge mit relativ geringer Reichweite, wie die Vereinheitlichung der Einkommensgrenzen oder das vereinfachte Antragsverfahren, eigentlich nur ›sekundäre Aspekte‹ (Sabatier 1993), konnten dabei ebenso wenig verwirklicht werden, wie die Nutzung von eingesparten Beträgen oder die teilweise Umwidmung des Ehegattensplittings. Die Einführung der Lohnersatzleistung scheiterte dementsprechend, obwohl sich alle politischen Akteure, gemessen an ihrer Programmatik, eigentlich über die Sinnhaftigkeit und Notwendigkeit dieses Instruments einig waren.

11.1.2 Die unzureichende Umsetzung von Geschlechtergleichheit

Wie ist nun das Politikergebnis im Hinblick auf die grundlegenden Paradigmen zu bewerten? Inwiefern hat sich die Konsistenz des Politikregimes zur Vereinbarung von Beruf und Familie durch die Reform erhöht? In welchen Fragen bestehen die Probleme fort?

Die konsequente Individualisierung, und die, wenn auch eingeschränkte, Möglichkeit der gleichzeitigen Teilzeitarbeit bei relativ hoher Stundenzahl, verbessern die Möglichkeiten der Parallelität von Familien- und Berufsarbeit erheblich und verbessern auch die Chancen, dass sich Väter in höherem Maße als bisher in der Familienarbeit engagieren. Das normative Leitbild ist hierbei die Partnerschaftlichkeit und nicht mehr die geschlechterspezifische Arbeitsteilung oder die Wahlfreiheit. Allerdings wird Teilzeitarbeit bei den Akteuren nicht durchgängig als neue soziale Norm anerkannt, sondern sie stellt eher einen Kompromiss im Hinblick auf die Arbeitsmarktsituation dar, denn es wird kein »harter« Rechtsanspruch auf Teilzeitarbeit eingeführt, weder durch das neue Bundeserziehungsgeldgesetz noch durch das Teilzeit- und Befristungsgesetz. So wird erst die Praxis zeigen, inwiefern ein paradigmatischer Wandel, die faktische individuelle Reduzierung der Arbeitszeit von Vätern, durch die Neuregelung unterstützt wird.

Wenn zur Anerkennung differenter Lebenssituationen immer auch die Umverteilung sozialpolitischer Leistungen gehört, dann befindet sich die Gleichstellungspolitik auch nach der Reform des Bundeserziehungsgeldgesetzes weiterhin in einem Dilemma. Zwar war allen Akteuren bekannt, welchen nachhaltigen Beitrag eine Lohnersatzleistung zur Lösung des Vereinbarkeitsproblems leisten könnte. Zu einer konsequenten Umsetzung dieses Programmpunktes ist es jedoch nicht gekommen. Die Zurückhaltung wurde von allen Akteuren gleichermaßen mit dem Haushaltszwang und der Notwendigkeit des Sparens begründet. Auch das Ehegattensplitting blieb weiterhin unangetastet, obwohl in ihm ein beträchtliches Potenzial für die Neustrukturierung familienpolitischer Leistungen gesehen wird. Doch bei der Konkretisierung der Ziele verschwindet die Umgestaltung des Ehegattensplittings immer wieder von der Agenda. Hinsichtlich der materiellen Anerkennung der Erziehungsarbeit bleibt die Reform hinter den hohen gleichstellungspolitischen Erwartungen also zurück.

In Kapitel 3 wurde argumentiert, dass die Voraussetzung für die Integration von Erwerbs- und Familienarbeit die Erhöhung der Autonomie der Betroffenen sei, um eine wirkliche Wahlfreiheit zu erreichen. Dementsprechend müssten politische Instrumente danach ausgewählt werden, ob sie die Autonomie der Handelnden erhöhen und das Verhältnis zwischen den jeweiligen Möglichkeiten und Verpflichtungen der beteiligten Frauen, Männer und Arbeitgeber verschieben. Mit der jetzigen Gesetzeslage verbleibt die Verantwortung für die Lösung des Vereinbarkeitskonflikts bei den Eltern und den Betrieben, ohne dass die Handlungsfähigkeit (durch eine bessere finanzielle Ausstattung) entsprechend erhöht wird: Nach wie vor sind Erziehende während der Elternzeit auf das Einkommen des anderen Elternteils angewiesen, weil eine individualisierte Absicherung dieser Phase fehlt. Anhand der

Institutionentheorie lässt sich die einseitige Veränderung der Elternurlaubsregelung verdeutlichen: Das neue Elternzeitgesetz betont vor allem den »ermöglichenden« (*enabling*) Charakter der neuen institutionellen Regelung, der darin besteht, dass eine neue Orientierung angeboten wird, der die Betroffenen folgen *können*. Als neue Option eröffnet das Gesetz Eltern, die es aufgrund ihres Einkommens finanziell bewältigen können, die Möglichkeit, ihre Arbeitszeit zu reduzieren. Im Hinblick auf die Entwicklung eines neuen Modells ist die Regierung damit nur den halben Weg gegangen.

Der »erzwingende« (*constraining*) Charakter des Gesetzes, den institutionenökonomische Ansätze als ureigenste Eigenschaft institutioneller Regelungen betonen, besteht dagegen darin, dass eine finanzielle Kompensation, also ein positiver Anreiz für die Inanspruchnahme der Teilzeitregelung fehlt. Maßnahmen, die das Kriterium der Ermöglichung wirklich erfüllen würden, wären die Einführung einer Lohnersatzleistung oder zumindest einer Grundsicherung für Erziehende in Kombination mit der »zwingenden Teilung« und einer gesetzlichen Regelung zur Gleichstellung in der Privatwirtschaft gewesen. Trotz der Neuausrichtung der Vereinbarkeitspolitik verzichtet der Gesetzgeber somit auf eine Steuerungsleistung, die durch eine konsistentere arbeitsrechtliche Regulierung und leistungsrechtliche Ausgestaltung hätte erreicht werden können. Dies ist umso erstaunlicher, als einerseits die Steuerungswirkung institutioneller Regelungen inzwischen allgemein anerkannt wird und andererseits das von der Bundesfamilienministerin zu Beginn der ersten rot-grünen Legislaturperiode vorgelegte Regierungsprogramm »Frau und Beruf« die Wechselwirkungen der Instrumente in den verschiedenen Regelungsbereichen beschrieben und eine entsprechend umfassende Strategie vorgeschlagen hatte.

Die Reform des Erziehungsurlaubs ist somit nur teilweise Ausdruck eines paradigmatischen Wandels im institutionellen Regime zur Vereinbarkeit von Beruf und Familie: Zwar wurde ein neues Ziel formuliert, nämlich die Gleichstellung der Väter in der Betreuungsarbeit, und damit ein Wandel dritter Ordnung herbeigeführt (Hall 1993). Insofern werden zwar die Geschlechterrollen ›geöffnet‹ und dem Sequenzmodell der Vereinbarkeit eine Alternative gegenübergestellt, weiter gehende Instrumente zur *aktiven* Veränderung der Geschlechterrollen werden jedoch nicht entwickelt. Wider besseres Wissen werden die genannten Ziele nicht durch geeignete Instrumente[1] konkretisiert und umgesetzt. Damit fehlt eine konsequente Einführung von Anreizen oder Sanktionen, die die Herausbildung eines neuen Vereinbarkeitsmodells unterstützen würden. Politikwandel darf also nicht allein daran gemessen werden, ob oder wie sich die Zielsetzungen von Politik verändern, sondern

---

1 Wobei »Eignung« nicht auf nachweisbare Effekte referiert, sondern darauf, was die Akteure zuvor als geeignete Instrumente identifizierten.

vielmehr daran, ob zur Erreichung der Zielsetzungen auch wirkungsvolle Instrumente entwickelt und bereitgestellt werden.

11.2 Drei Dimensionen der Lernfähigkeit politischer Akteure

Paradigmatische Veränderungen, das ist in den Fallstudien deutlich geworden, entstehen durch die Aggregation der Präferenzen innerhalb der Organisationen. Wenn es dort den individuellen Akteuren aufgrund von mikropolitischen Prozessen oder anderen Lernbarrieren nicht gelingt, ihr Anliegen diskursiv und politisch zu verankern, dann ist der Lernprozess zum Scheitern verurteilt. Der Erfolg von Lernprozessen hängt dabei von der Lernfähigkeit der Akteure und auch von Faktoren ab, die außerhalb des Einflussbereichs der Akteure liegen. Welches sind nun die vielleicht verallgemeinerbaren Erkenntnisse über die Lernfähigkeit politischer Akteure? Die potenzielle Lernfähigkeit umfasst zwei strukturelle Dimensionen, die *Kompetenz*, soziale Probleme überhaupt unter Zuhilfenahme von deskriptivem Wissen zu bearbeiten und die *Offenheit*, normatives Wissen zu Problemdefinitionen zu verarbeiten und möglicherweise zu politisch prioritären Projekten zu befördern. Zur Bewertung der tatsächlichen Lernfähigkeit muss außerdem das informelle Handeln der individuellen AkteurInnen in den Organisationen mitbedacht werden. Ein Vergleich der potenziellen Lernfähigkeit der Akteure findet sich in Abbildung 11.1.

11.2.1 Die Kompetenz der Akteure zur Verarbeitung deskriptiven Wissens

Der Vergleich der Fallstudien zeigt, dass die kollektiven Akteure über unterschiedliche Kompetenzen bei der Verarbeitung von sozialen Problemen verfügen. Dazu gehört zum einen die Existenz fachpolitischer Strukturen, nämlich die frauen- und familienpolitischen Abteilungen und Referate oder Unterorganisationen innerhalb der Organisationen, und zum anderen die Fähigkeit, wissenschaftliche Erkenntnisse zu akkumulieren und zu verarbeiten.

Die FachpolitikerInnen einer Organisation sind nicht (nur) InteressenvertreterInnen, sondern auch TrägerInnen von Wissen und EntwicklerInnen von Argumentationsstrukturen. Sie akkumulieren das Fachwissen und haben somit eine Art Schleusenfunktion für die Organisationen. Gleichstellungspolitische Strukturen, die für die Aufarbeitung komplizierter Sachverhalte sorgen, können dabei unterschiedlich ausgeprägt sein. Während der DGB und noch mehr das Bundesministerium über eine sehr differenzierte Arbeitsteilung verfügen und spezifische Abteilungen und Referate für die Bearbeitung des Bundeserziehungsgeldgesetzes aufweisen, ist die Ausstattung bei der SPD und erst recht bei den Grünen diesbezüglich eher bescheiden. Das BMFSFJ unterhält mehrere spezialisierte Referate, die sich mit dem Problemkomplex der Vereinbarkeit befassen und sich im Anwendungsfall koordinieren. Bei den Gewerkschaften stehen frauenpolitische Referate, die mit hauptamtlichen FunktionärInnen besetzt sind, in allen Einzelgewerkschaften und beim DGB-Bundesvorstand zur Verfügung. Diese sind vor allem mit gleichstellungspolitischen aber auch familienpolitischen Fragen befasst, von denen der Erziehungsurlaub ein Thema war. Die SPD hat mit ihrer ASF immerhin ein Gremium zu bieten, die zwar keinen dem DGB vergleichbaren Unterbau aufweist, die aber aufgrund der langjährigen Programmarbeit eine konsistente Beschlusslage herzustellen vermag. Die Grünen hatten zwar die parlamentarische Arbeit in spezifischen Arbeitskreisen und Arbeitsgemeinschaften organisiert, haben aber in jüngster Zeit mit der Einrichtung bzw. Stärkung frauenpolitischer Strukturen reagiert.

Abbildung 11.1: Die potenzielle Lernfähigkeit politischer Akteure im Vergleich

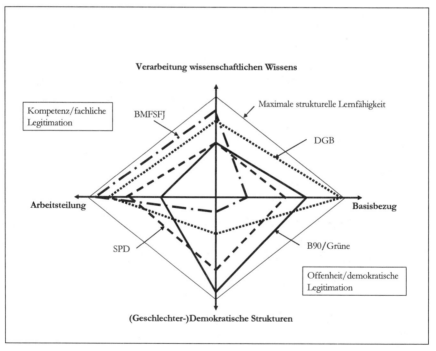

Quelle: Eigene Darstellung.

Schließlich ist die Sachkompetenz der Akteure auch davon abhängig, inwiefern zur Entwicklung der Argumentationsstrukturen auf wissenschaftliches Wissen zurückgegriffen wird. Dabei kommt es nicht so sehr darauf an, dass die individuellen

AkteurInnen entsprechende Studien in ihrer Alltagspraxis systematisch lesen und zitieren können, sondern sehr viel mehr darauf, inwiefern grundsätzlich die Argumentation durch wissenschaftliches Wissen fundiert ist. Dieses Wissen kann durch die gezielte Beratung, die Teilnahme an Fachtagungen, die Beauftragung von WissenschaftlerInnen erfolgen. Das BMFSFJ ist wiederum ein Vorreiter bei der Akkumulation von wissenschaftlichem Wissen. Allerdings können die MinisteriumsmitarbeiterInnen nur solches Wissen im konkreten Prozess einbringen, das die sekundären Aspekte des konkreten Projektes, also ihren sehr engen Arbeitsbereich, betrifft. Die Bundesministerien sind vor allem ein Transmissionsriemen für *Policy*-Wissen im Sinne von *Policy*-Daten (Weiss 1991). Der DGB und seine Einzelgewerkschaften arbeiten im Tagesgeschäft recht eng mit sozialwissenschaftlichen ExpertInnen zusammen, im Rahmen der Beratung durch die Hans-Böckler-Stiftung, durch die Beauftragung kleinerer Studien oder die Veranstaltung von Fachtagungen. Die Parteien nutzen wissenschaftliches Wissen vor allem dann, wenn es um die Entwicklung der Grundsatz- bzw. Wahlprogramme geht. Die Arbeit der Programmkommissionen führt jedoch zur Entwicklung von politischen Zielen, seltener zu konkreten Politikvorschlägen. Sie gehören nicht zum operativen Geschäft der Politikproduktion, weil sie sehr langfristig wirken. Im Tagesgeschäft sind die Fraktionen auf die wissenschaftlichen ReferentInnen angewiesen, die jedoch im Vergleich zum DGB oder dem Ministerium über geringere Ressourcen zur Verarbeitung von Wissen verfügen.

11.2.2 Die Offenheit für normatives und deskriptives Wissen

Im Vergleich zeigt sich auch, dass die kollektiven Akteure in unterschiedlichem Maße für Politikideen offen sind. Maßstab ist hierfür einerseits die Basisnähe und andererseits die innere demokratische Verfasstheit der Organisationen.

Der Basisbezug ist eine Garantie dafür, dass das normative soziale Wissen, das in einer Organisation vorhanden ist, ständig erneuert und aktiviert wird. Die individuellen AkteurInnen nutzen das vorhandene Wissen vor allem dann, wenn sie der Basis (WählerInnen oder Mitgliedern) gegenüber Rechenschaft über ihre Aktivitäten in einem Bereich ablegen müssen. Auch Ministerien aktivieren ihr Wissen vor allem dann, wenn es von den Fraktionen und Verbänden abgefragt wird. Die Basisnähe ist wohl am ausgeprägtesten beim DGB, nicht allein wegen der hohen Mitgliederzahl, sondern vor allem aufgrund seiner vertikalen Gliederung. Zudem bestehen durch das ›duale System‹ der Interessenvertretung Arbeitsbeziehungen zwischen den lokalen Einheiten des DGB bzw. der Einzelgewerkschaften und den Betriebsräten. Der Kontakt zur Basis ist für die Einzelgewerkschaften das stärkste Moment seiner Legitimität. Die Grünen, die traditionell eine starke Bindung zur autonomen Frauenbewegung aber auch zu ihrer Basis haben, nehmen diesbezüglich den zweiten Platz ein. Zwar ist diese Verbindung inzwischen in der ursprünglichen Form nicht mehr gegeben, dennoch stellt die Offenheit für Basisgruppen ein konstitutives Merkmal der Organisation dar. Die ASF kooperiert dagegen eher mit den Vertreterinnen der institutionalisierten Frauenbewegung, des DGB und anderer Frauenverbände. Das BMFSFJ pflegt zumindest »aus Geschäftsgründen« die Kontakte zu den Verbänden, mit denen es über die ReferentInnenentwürfe berät. Der Kontakt zur Basis besteht für das Ministerium daher nur mittelbar.

Eine Offenheit für neue Erkenntnisse ergibt sich zum Zweiten daraus, wie die an die Organisationen herangetragenen Probleme verarbeitet werden. Demokratische Parteien und Verbände verfügen über Satzungen, die eine demokratische Mitwirkung ihrer Mitglieder ermöglichen und damit die Lernprozesse in der Organisation kontrollierbar machen. Zudem können Lernprozesse durch die Schaffung und Beauftragung von Gremien initiiert werden. Allerdings sind im Politikbereich der Gleichstellung die Möglichkeiten zur demokratischen Mitbestimmung in den Organisationen unterschiedlich ausgeprägt. Hier können die Grünen als Vorbild gelten: Die konsequente Quotierung von Parteiämtern, KandidatInnen- und Redelisten findet in keiner der anderen Organisationen ihresgleichen. Gemeinsam mit dem Frauenveto sichert sie eine weit gehende deskriptive und substanzielle Repräsentation frauenpolitischer Belange. Zwar hat die SPD durch die Einführung der Quote bei der deskriptiven Repräsentation aufgeholt, die substanzielle Vertretung von frauenpolitischen Fragen ist bisher jedoch nicht formal geregelt. Beim DGB gibt es dagegen keine Quotenregelung für die Besetzung hauptamtlicher Posten. Die substanzielle Repräsentation ist dagegen insofern gewährleistet, dass die Frauengremien ein Antragsrecht bei den Gewerkschaftstagen haben und in den Hauptvorständen der Einzelgewerkschaften mit einem Informations- und Antragsrecht ausgestattet sind. Eine wirkliche Mitbestimmungsregelung für frauenpolitische Vertreterinnen besteht jedoch ebenso wenig wie bei der SPD. Um die deskriptive Repräsentation im BMFSFJ ist es ähnlich schlecht bestellt, vor allem in den höheren Statusgruppen sind die Mehrzahl Männer, auch wenn hier, ausgelöst durch die Gleichstellungsgesetzgebung für die Bundesbehörden ein allmählicher Wandel stattfindet. Die substanzielle Repräsentation sollte in den Bundesministerien dagegen durch die Umsetzung des *Gender-Mainstreaming*-Prinzips verbessert werden. Bei der Reform des BErzGG hat dieses Prinzip jedoch, wie gezeigt werden konnte, noch keine Rolle gespielt.

Die formalen Strukturen zeigen also große Unterschiede in der Lernfähigkeit der politischen Akteure. Welchen Schwerpunkt die Akteure setzen, hängt davon ab, ob sie sich vor allem demokratisch oder vor allem fachlich legitimieren wollen oder müssen. Das BMFSFJ, das eine besondere Stellung einnimmt, weil es sich nicht demokratisch legitimieren muss, hat in unserer Analyse eine Gegenposition zu den Grünen, die sich vor allem demokratisch legitimieren bzw. durch die internen demokratischen Strukturen zu profilieren suchen. Insgesamt betrachtet sind die Grünen damit durchaus erfolgreich, denn es gelang ihnen zumindest, in der Frauenpolitik für eine Weile der Motor für politischen Wandel zu werden. Die Lernfähigkeit des DGB und seinen Gewerkschaften erweist sich dagegen als ambivalent: Mit seinen Fachabteilungen, seiner hohen Kompetenz in der Wissensverarbeitung und dem hohen Basisbezug erfüllt er alle Voraussetzungen, ein idealtypisch lernfähiger Akteur zu sein, abgesehen von der Tatsache, dass die internen Strukturen nicht die systematische Umsetzung und Anwendung der Problemdefinition und -lösung garantieren. Die Satzung des DGB bietet hier allzu große Spielräume, die die Organisationsmitglieder von der Befassung mit frauenpolitischen Fragen entlasten, und den frauenpolitischen AkteurInnen fehlen letztendlich die Möglichkeiten zur Mitbestimmung innerhalb der Organisation. Die SPD nimmt im Vergleich eine mittlere Position ein: als große Volkspartei muss sie sich nicht durch eine radikale demokratische Binnenstruktur oder einen engen Basisbezug legitimieren. Dementsprechend moderat sind auch die gleichstellungspolitischen Lernfortschritte der Partei, die dann allerdings durch eine große und machtvolle Organisation getragen werden können.

11.2.3 Informelle Bedingungen für politisches Lernen

In der Praxis bestimmen nicht nur die formalen Strukturen das Handeln in Organisationen, so dass effektives, stringentes und konsistentes Handeln nicht nur durch sie determiniert ist. Vielmehr spielen hier das Handeln der individuellen AkteurInnen sowie die Organisationsressourcen und Zeitaspekte eine große Rolle.

Die individuellen AkteurInnen lassen sich idealtypisch als »PromoterInnen«, »ZaudererInnen« oder »MikropolitikerInnen« kategorisieren. PromoterInnen wirken nicht zwangsläufig auf der höchsten Ebene der Entscheidungsfindung, als MinisterInnen, Gewerkschafts- oder Parteivorsitzende, sondern meist auf der Arbeitsebene. Hier hängen die Entscheidungsprozesse besonders davon ab, wie engagiert die FachpolitikerInnen oder FachbeamtInnen ihren Handlungsspielraum nutzen und konkrete und konsistente Konzepte erarbeiten, die die großen Politikziele ausfüllen. Die FachpolitikerInnen der meisten der hier untersuchten Organisationen können als PromoterInnen kategorisiert werden und sie fungieren somit als Motoren für politisches Lernen. Sie nutzen ihren formalen Handlungsspielraum voll aus und versuchen teilweise auch, diesen zu erweitern. Aufgrund ihrer fachlichen Kompetenz besitzen sie Glaubwürdigkeit und Legitimität und einen ausgeprägten Willen zur Entscheidung und Veränderung, denn sie müssen die KollegInnen in ihrer Organisation überzeugen. Die Voraussetzung dafür ist natürlich, dass die AkteurInnen von der Sinnhaftigkeit und der Möglichkeit politischer Intervention überzeugt sind.

»ZaudererInnen« sind AkteurInnen, die entweder unerfahren sind, oder sich an übergeordneten Instanzen orientieren. Sie lenken bei politischen Konflikten ein und tendieren weniger dazu, eigene Vorstellungen über die Angemessenheit und Richtigkeit von politischen Lösungen durchzusetzen. »ZaudererInnen« handeln entweder aus strategischen Gründen und/oder weil sie nicht davon überzeugt sind, dass politische Intervention einen entscheidenden Beitrag dazu leistet, ein politisches Ziel zu erreichen. Teilweise ist das Zaudern dieser AkteurInnen somit auch als »adaptive Präferenzbildung« (Elster 1993) zu interpretieren. Bei den »MikropolitikerInnen« konkurriert die Anerkennung eines Sachverhaltes als politisches Problem mit strategischen Erwägungen oder individuellen materiellen Interessen. An der Spitze von Organisationen sind PromoterInnen jedenfalls selten, denn im Grunde widersprechen sich auch die Anforderungen, die an FachpolitikerInnen und an Führungspersonal gestellt werden. Parteien müssen, um im politischen Wettbewerb zu bestehen, taktisch und strategisch handeln (wobei die Grünen als »kleine« Partei eine andere Rolle spielen können, als große »Volksparteien« wie die SPD). Dennoch können die politischen Führungsspitzen, Gewerkschafts- oder Parteivorstände unterschiedlich offen für die Anregungen ihrer FachpolitikerInnen sein und entweder durch Disziplinierung hierarchisch steuern oder durch »Diskussion regieren«. Im Falle der Reform des Bundeserziehungsgeldgesetzes waren die PromoterInnen nur bei den FachpolitikerInnen zu finden; die Organisationsspitzen erwiesen sich in allen Organisationen als weit gehend immun für solche Politikvorschläge, die Verteilungsfragen, Interessenkonflikte oder Komplexitätsprobleme berührten.

Letztendlich hängt die Lernfähigkeit der Organisation auch von ihren Ressourcen ab, auch wenn sich ein linearer Zusammenhang zwischen Organisationsressourcen und Lernfähigkeit (Deutsch 1966:164ff.) vermutlich nicht zeigen lässt. Der Unterhalt spezialisierter Strukturen kostet die Organisationen Geld. Abstimmungs- und Mitbestimmungsprozesse kosten Zeit. Und schließlich entstehen Kosten auch in Form von Überzeugungskraft, Engagement und Mühe, wenn sich Organisationsmitglieder für ihr Anliegen einsetzen. Damit eine Organisation lernfähig ist, muss sie auch Anreize für das Lernen ihrer Mitglieder setzen. Schließlich können auch »politische Kosten« entstehen, wenn Zuständigkeitsbereiche und Kompetenzen der Organisationsmitglieder verändert werden, wie das beim *Gender Mainstreaming* der Fall ist bzw. sein soll. Letztendlich bedeutet die Entwicklung neuer Instrumente auch immer eine Investition von Ressourcen in Handlungen, deren Ertrag unsicher ist. Eine angespannte Haushaltssituation, geringe personelle Ressourcen und die konjunkturell schwierige Situation wirkten sich bei der Reform des BErzGG negativ auf politische Lernprozesse der kollektiven Akteure aus. Letztendlich begründete auch das Kostenargument eine Zurückhaltung gegenüber dem

Verlassen der bekannten institutionellen Pfade und die Resistenz gegen einen Politikwandel. Schließlich darf auch der Zeitfaktor nicht unterschätzt werden, denn es erwies sich, dass nicht alle Phasen in der Vorgeschichte gleichermaßen für politisches Lernen geeignet waren; so bot die Oppositionszeit den Parteien zwar die Gelegenheit, innerparteilich neue Politikideen auszudiskutieren und an ihrer Konkretisierung zu feilen, vor allem bei den Grünen zeigte sich jedoch, dass die Prozesse zeitweilig eigendynamisch und unabhängig von politischen Zyklen verliefen. Auf alle Fälle bedürfen politische Lernprozesse – organisatorische wie individuelle – nicht nur eines zeitlichen Spielraums, um neue Erkenntnisse in den »Referenzrahmen« zu integrieren oder abzulehnen, sondern es bedarf auch bestimmter zeitlicher »Gelegenheitsfenster« zur Konkretisierung und Durchsetzung der politischen Positionen.

11.3 Grenzen und Chancen für politisches Lernen

Der Ansatz des politischen Lernens hat sich für die Analyse geschlechterpolitischen Wandels bewährt. *Erstens* betont er im Unterschied zu institutionellen Ansätzen nicht nur die Möglichkeit von Wandel, sondern auch den Handlungsspielraum der AkteurInnen und die Kontingenz politischer Lösungen. *Zweitens* erlaubt er eine Differenzierung intentionaler Handlungsmotive, indem er systematisch zwischen individuellen und kollektiven Akteuren unterscheidet und sachorientiertes Handeln in einem komplementären Verhältnis zu strategischem oder wertegeleitetem Handeln konzipiert. Dabei wird deutlich, dass Handlungsmotive politischer Akteure sich nicht auf ein ihnen unterstelltes Interesse reduzieren lassen. Damit beschreibt der Begriff des Politiklernens weder rein individuelle noch globale Prozesse, sondern betont die Kontextbezogenheit des Akteurshandelns. *Drittens* beinhaltet der hier verwandte Lernbegriff eine gesellschaftskritische Perspektive auf Politikprozesse. Durch die Nutzung des Diskursbegriffs als Selektionsmechanismus für politikrelevantes Wissen wird die »moderat konstruktivistische« Vorgehensweise betont und zwischen dem Handeln der Akteure und den gesellschaftlichen Strukturen vermittelt. Somit werden Politikergebnisse jenseits pluralistischer, (neo-)korporatistischer oder institutionalistischer Ansätze erklärbar, ohne die Tücken rationalitischer Ansätze zu reproduzieren. *Viertens* bleibt durch den Fokus auf die Organisationen, aber auch durch die Verwendung des Diskursbegriffs die Sensibilität für Machtverhältnisse erhalten, die ihren Niederschlag ebenso in den gesellschaftlichen Teilbereichen wie in den politischen Organisationen finden. Ohne intentionales Handeln oder deterministische Ausschlussmechanismen vorauszusetzen, wird mit dem Begriff des Politiklernens möglich, zu erklären, unter welchen Bedingungen welches Wissen in den Politikprozess gelangt und von den Organisationen verarbeitet wird. *Fünftens* hat die interpretative Analyse gezeigt, dass Politiklernen die Öffnung bereits bestehender Normen (hier: die geschlechterspezifische Arbeitsteilung durch den Elternurlaub) gut erklären kann. Möglicherweise, aber diese Hypothese steht zur weiteren Prüfung aus, wird bei der Entwicklung von restringierenden Instrumenten die Sachorientierung immer stärker mit strategischen Motiven konkurrieren. Das Beispiel des Anspruchs auf Teilzeitarbeit zeigt jedoch, dass es keineswegs unmöglich ist, auch solche Politikergebnisse durch Politiklernen zu erreichen. Welche Grenzen und welche Chancen lassen sich nun aber für den Erfolg von Politiklernen beschreiben?

11.3.1 Grenzen

Verteilungskonflikte

Eingangs wurde die Frage formuliert, ob grundlegende Werte- oder Verteilungskonflikte durch Lernen zu überwinden seien, etwa dadurch, dass diese in einen »ideellen Güterkonflikt« überführt werden müssen (Braun 1998). Das Konzept der »Notwendigkeitskonstruktion« maß der Lösung von Verteilungskonflikten eine geringere Chance zu (Nullmeier/Rüb 1993), weil die Bedingungen dafür die Öffnung des Diskurses und die Offenheit für Kompromisse wären. Im Falle der Reform des Bundeserziehungsgeldgesetzes ist es gelungen, den Diskurs über die möglichen Reformoptionen zu schließen, so dass die Anerkennung der Kostenneutralität letztendlich von allen maßgeblichen Akteuren geteilt und teilweise sogar reproduziert (SPD) wurde. Der vorgegebene finanzielle Spielraum wurde von einer DGB-Vertreterin »wie eine Mauer« empfunden. Der DGB versuchte zwar zuletzt durch den offenen Brief eine erneute Öffnung des Diskurses zu erreichen, jedoch misslang dieser Versuch aufgrund des späten Zeitpunktes und des fehlenden politischen Gewichts des Frauenrats, der der offizielle Initiator dieses Briefes war. Weitere Versuche der Öffnung des Diskurses, etwa durch die Intervention der Gewerkschaftsvorsitzenden oder der SPD-SozialpolitikerInnen, unterblieben. Da die Regierungsparteien das Sparpaket selbst beschlossen hatten, waren sie dadurch in der weiteren Politikgestaltung gebunden. So hätte zumindest für den DGB als »gewerkschaftliche Gegenmacht« die Möglichkeit bestanden, mit dem Nachdruck der gesamten Organisation auf die Relativität des Haushaltsarguments hinzuweisen. In dieser Frage erhielten die Frauenpolitikerinnen jedoch keinerlei »Rückendeckung« von ihrer Organisation. Der vom Finanzminister verordnete Sparzwang ging so weit, dass auch die zweite Strategie, die Umverteilung von Mitteln, scheitern musste, denn nicht einmal konnten die eingesparten Mittel verwandt oder das Budgetangebot ausgebaut werden. Selbst die eigentlich geringfügigen Veränderungen waren, weil Mehrkosten entstanden wären, nicht durchsetzbar.

Insgesamt fehlte also ein normatives Argument, mit dem trotz Ressourcenknappheit und Sparzwang Mehrausgaben für die Lohnersatzleistung hätten begründet werden können. Nur wenige Monate nach dem Abschluss der Reform entwickelte sich ein Konsens darüber, dass umfangreiche Mittel – 4 Mrd.€ im Rahmen eines mehrjährigen Planes – in den Ausbau der Kinderbetreuung investiert werden sollten. In diesem Fall überwog die Notwendigkeit des Ausbaus der Betreuungseinrichtungen (zur Steigerung der Erwerbsquote von Frauen) das Argument der Haushaltskonsolidierung. Allerdings versprach sich die Regierung durch Einsparungen im Rahmen der geplanten Reform der Arbeitslosenversicherung eine kostenneutrale Finanzierung.

Politische Strategien zwischen Kooperation und Konflikt

Als zweite Barriere erwiesen sich die Interessen der Arbeitgeber bei der Einführung des Rechtsanspruchs auf Teilzeitarbeit und ferner bei der Flexibilisierung des dritten Jahres des Erziehungsurlaubs. In diesem Falle forderte der parteilose Wirtschaftsminister die umstrittene Anhebung der Beschäftigtengrenze, um einen zumindest symbolischen Ausgleich für die Einschränkung der Freiheiten der Unternehmen zu erreichen. Tatsächlich ging es auch hier nicht um »harte« und objektive Interessen, weil die erste Regelung ja bereits eine Härtefallklausel vorgesehen hatte, nach der die Betriebe Ansprüche hätten abwenden können. Vielmehr ging es dem Wirtschaftsminister und dem Bundeskanzler beim Streit um den Geltungsbereich des Teilzeitanspruchs darum, ein Exempel zu statuieren.

Ein übergeordnetes politisches Anliegen der SPD-Regierung unter Schröder ist das Eintreten für ein neues kooperatives Steuerungsmodell, das auf einem ›modernisierten‹ Verhältnis zwischen Arbeitgebern und Gewerkschaften beruht und eben nicht mehr die (einseitige) Umsetzung der Interessen der ArbeitnehmerInnen, wie es von einer traditionelleren SPD-Regierung erwartet worden wäre. Die Idee eines ›Dritten Weges‹ (Giddens 1998; kritisch: Bobbio 1994) hat die Identität der Partei als Partei der Arbeitnehmerschaft in Frage gestellt. Tragende Konzepte für eine sozialpolitische Ausgestaltung eines neuen »aktivierenden« Sozialstaats fehlen bislang jedoch. Eine neue, legitime Balance zwischen den Rechten und Pflichten der BürgerInnen wurde durch die jüngsten sozialpolitischen Reformen noch nicht erreicht. Indem die Regierung – zumindest bei der Elternzeitreform – schwerpunktmäßig auf Bewusstseinsbildung setzt, verzichtet sie auf effektive Regulierung, etwa durch das Setzen von Mindeststandards oder die Einführung einer Grundsicherung.

Die Tatsache, dass den Protesten der Arbeitgeber bei der Beschäftigtengrenze nachgegeben wurde, ist also weniger mit objektiven und nachprüfbaren Interessen als mit dem Legitimitätsproblem und somit mit strategischem Interesse der Regierungsparteien zu erklären. Es wird zwar argumentiert, dass die Betriebe vor einer Überforderung geschützt werden müssten, doch unklar bleibt, inwiefern die AkteurInnen selbst von diesem Argument überzeugt waren. Auf alle Fälle bestanden die Regierungsmitglieder in öffentlichen Stellungnahmen auf dem sachlichen Aspekt des Schutzes der kleinen und mittleren Unternehmen. In Richtung Öffentlichkeit wurde der Eindruck erweckt, die Regierung würde einen Ausgleich zwischen widerstrebenden Interessen anstreben, im Kern ging es jedoch vor allem – auf Kosten der frauenpolitischen Ziele – um eine symbolische Geste, mit der um die Zustimmung des Arbeitgeberlagers trotz regulierender Interventionen geworben werden sollte.

Die Komplexität politischer Probleme

Schließlich ist noch eine dritte Barriere für politisches Lernen deutlich geworden: die Komplexität politischer Probleme, die von einer DGB-Vertreterin hinsichtlich der Lohnersatzleistung explizit als Problem benannt wurde. Es hat zwei Dimensionen. Erstens werden komplexe Probleme von der Öffentlichkeit unterschätzt, weil sie entweder nicht mediatisierbar sind oder von den Medien nicht bearbeitet werden. Dies hat zur Folge, dass das Verständnis für die Arbeit politischer Akteure schrumpft und eine Legitimationskrise entsteht. Außerdem ist es unter diesen Bedingungen umso schwieriger für die politischen Akteure, die Öffentlichkeit für solche Probleme zu mobilisieren und damit Verhandlungsmacht zu erzeugen. Beides hat sich im Falle der Reform bestätigt und die gleichstellungspolitischen AkteurInnen haben mittlerweile die Bedeutung der Lobbyarbeit erkannt. Beim DGB, aber auch bei der ASF, zeigte sich deutlich, dass die frauenpolitischen Abteilungen nicht über ausreichende Ressourcen verfügten, um eine angemessene Lobbyarbeit und Werbung zu betreiben.

Zweitens wurde das komplexe Problem der Vereinbarkeit in der medialen Vermittlung tendenziell auf eingängige Grundwahrheiten reduziert, so dass diese strategisch als Argumente ge- oder missbraucht werden konnten. Bei der Entwicklung einer Lohnersatzleistung mussten sich z.B. alle Akteure gleichermaßen gegen den Vorwurf wehren, durch die Forderung einer (konditionalen) Lohnersatzleistung nicht-erwerbstätige Mütter zu benachteiligen. Die dadurch entstehende ungleiche Behandlung von erwerbstätigen und nicht-erwerbstätigen Frauen wurde von den meisten AkteurInnen selbst nicht als ein Gerechtigkeitsproblem betrachtet. Vielmehr galt die Sorge, ob eine ungleiche Behandlung in der öffentlichen Diskussion nicht als Gerechtigkeitsproblem diskutiert worden und für die eigene Position dadurch nicht ein strategischer Nachteil entstanden wäre. Zur Herstellung eines Konsenses brauchten sie anstelle einer differenzierten Auseinandersetzung eher ›catch-all‹-Begriffe oder Metaphern zur Vermittlung von Sachverhalten; insofern erwies sich in der Reformsituation die differenzierte Behandlung von erwerbstätigen und nicht-erwerbstätigen Müttern als nicht diskursfähig. Ist eine nicht-diskursfähige Politiklösung wichtig genug, werden die Akteure versuchen, ihre Legitimität durch ExpertInnengutachten zu erhöhen. Allerdings setzt diese offensive Strategie voraus, dass sich die kollektiven Akteure klar positionieren und eine Problemlösung aktiv vertreten. Bei der Reform des Erziehungsurlaubs wurde diese Möglichkeit jedoch nicht genutzt. Vielmehr wurden als ›catch-all‹-Begriffe in der Vereinbarkeitspolitik zunächst die »Wahlfreiheit« und später dann die »Partnerschaftlichkeit« verwandt und das Dilemma für erwerbstätige Frauen damit »unsichtbar« gemacht.

Die allgemeinen Faktoren Verteilungskonflikte, Interessenlagen und Problemkomplexität werden in traditionelle Politikanalysen nicht thematisiert, sondern als gegeben hingenommen. Die Fähigkeit zur Evaluation, zur Reflexion und Koordination, die ja als Kriterien für politisches Lernen identifiziert wurden, wird tatsächlich durch diese drei Bedingungen eingeschränkt, weil sie strategisches Handeln verlangen und die Sachorientierung in den politischen Entscheidungen tendenziell in den Hintergrund drängen. Dennoch ist dieser Zusammenhang nicht deterministisch, sondern davon beeinflusst, wie die Akteure die Bedeutung der jeweiligen Probleme bewerten. Letztendlich haben sich Verteilungskonflikte als zeitlich bedingt und Interessenlagen als Konstruktionen bzw. als bestimmter Ausschnitt aus der Wirklichkeit erwiesen. Es zeigt sich auch, dass Komplexitätsprobleme prinzipiell durch die Instrumente der Kommunikation aufgelöst oder überwunden werden können. Entscheidet sich eine Regierung für einen Sparkurs, produziert und verschärft sie damit Verteilungskonflikte und konstruiert Notwendigkeiten. Will sie ihre Legitimation als wirtschaftspolitisch moderate Regierung erhalten, wird sie sich in der Öffentlichkeit entsprechend positionieren. Sollen komplizierte und unpopuläre Instrumente durchgesetzt werden, wird sie diese durch ExpertInnen legitimieren lassen und durch Kampagnen der Öffentlichkeit vermitteln. Insofern sind diese allgemeinen Grenzen politischen Lernens weitenteils selbst Konstrukte der politischen Akteure.

11.3.2 Chancen

Während sich die Formation von politischen Diskursen der direkten politischen Intervention in einer Demokratie weit gehend entzieht, lassen sich die Rahmenbedingungen für das Akteurslernen möglicherweise verbessern. Für die Blockade von Lernprozessen gilt, was generell für politische Entscheidungsprozesse gilt: Handeln kann durch die Intervention von einzelnen Veto-Akteuren verhindert werden, die eine institutionell besonders gesicherte Position in einem Regierungssystem haben. In Deutschland ist dies für die Familienpolitik vor allem das Bundesverfassungsgericht und bei mitbestimmungspflichtigen Gesetzen auch der Bundesrat. Unterstützend für den Wandel in der Vereinbarkeitspolitik, der mit dem Plan zum Ausbau der Kinderbetreuung und die Einrichtung von Ganztagsschulen in der 15. LP weit über die Reform des Erziehungsurlaubs hinausgegangen ist, ist in Deutschland zweierlei: die vergleichsweise starke Stellung der frauen- und gleichstellungspolitischen AkteurInnen in Deutschland und die Rechtsetzung und Rechtsprechung in der Europäischen Union. Davon abgesehen stellt sich auch die Frage nach dem Stellenwert wissenschaftlicher Politikberatung und der Reform der inneren Verfasstheit politischer Organisationen.

Stärkung von frauen- und gleichstellungspolitischen Strukturen

Gerade weil in Deutschland die politischen Parteien und Verbände die wichtigsten Träger politischer Lernprozesse sind, erweist sich die starke Verankerung vor allem der frauen- und gleichstellungspolitischen Anliegen als positiv. Auch wenn die Ressourcen für ihre Arbeit oftmals unzureichend erscheinen, hat doch die im Grunde gute Verankerung frauenpolitischer Themen in den Parteien und im DGB dafür gesorgt, dass Geschlechtergleichheit politisch thematisiert und in Form von Programm-, Projekt- und Gesetzesentwürfen »politikfähig« gemacht wurde. Ohne die jahrelange Thematisierung der fehlenden arbeits- und sozialrechtlichen Absicherung von Teilzeitarbeit durch die frauenpolitischen AkteurInnen, wäre wohl kein Rechtsanspruch auf eine *lange* Teilzeitarbeit etabliert worden. Dass gut funktionierende frauenpolitische Strukturen aber kein Garant für das Gelingen politischer Lernprozessen sind, hat das Scheitern des Gleichstellungsgesetzes für die Privatwirtschaft gezeigt. Das *Gender-Mainstreaming*-Prinzip hingegen soll als hierarchisch verordnetes Steuerungsinstrument Lernprozesse dort initiieren, wo keine frauen- oder gleichstellungspolitische Akteure bereitstehen, um geschlechterspezifische Differenzen zu thematisieren und Lösungen zu erarbeiten. Die Wirkung gleichstellungs- und frauenpolitischer Strukturen ist jedoch durch Steuerungsprinzipien wie das *Gender Mainstreaming* nicht zu ersetzen: Die Bundesregierung hat zwar das Gender Mainstreaming in seine Geschäftsordnung aufgenommen, abgesehen von symbolischen Maßnahmen (Schulung von MitarbeiterInnen, Erstellung von Leitfäden), sind bisher jedoch keine Effekte auf die materialen Politikergebnisse abzulesen. Die BundesministerInnen und der Bundeskanzler haben sich bei der Reform des Erziehungsurlaubs insgesamt recht unbeeindruckt von den gleichstellungspolitischen Argumenten ihrer Fachkollegin gezeigt und auch bei den jüngsten Arbeitsmarktreformen haben geschlechtspolitische Erwägungen kaum eine Rolle im Kabinett oder den Bundesministerien gespielt. Die Stärkung gleichstellungspolitischer Strukturen erscheint somit als unabdingbare Voraussetzung für die Initiierung von geschlechterpolitischen Lernprozessen.

Die Aktivitäten der Europäischen Union

Die Rechtsetzung und Rechtsprechung auf der EU-Ebene, aber auch die Europäische Beschäftigungsstrategie, zu der auch die Gleichstellung von Frauen und Männern gehört, wirkt als Antrieb für nationale politische Lernprozesse. Dabei leisten Kommission, EuGH und EU-Ministerrat allerdings eher die Definition von Zielen (z.B. Lohngleichheit, Erhöhung der Beschäftigtenquote) und die Konkretisierung von Maßnahmen als die Thematisierung von Problemen. Auch die Ordnung der Prioritäten und die Entscheidung verbleiben auf der Ebene der Nationalstaaten. Die auf EU-Ebene formulierten Politikziele oder Normen müssen daher in den nationalen Kontext übertragen werden. Nach der Verabschiedung der EU-Richtlinie zum Elternurlaub 1996 stand für Deutschland die Individualisierung des Rechtsanspruchs aus. Allerdings kann die Regierung die Umsetzung verzögern, wie es die Vorgängerregierung mit der Reform des Erziehungsurlaubs getan hat, oder aber Maßnahmen treffen, die zwar der Zielsetzung entsprechen, sich aber nur als bedingt effektiv erweisen. So haben die Maßnahmen zur Erhöhung der Beschäftigtenquote von Frauen bisher eher zu einer Umverteilung des Beschäftigungsvolumens zwischen den Frauen (durch Mini-Jobs oder die Ersetzung von Vollzeit- durch Teilzeitstellen) geführt, als dass sie es tatsächlich vergrößert hätten. Durch die systematische Koordinierung der Politiken und den Vergleich von Maßnahmen erweisen sich die Aktivitäten auf der EU-Ebene langfristig auf alle Fälle, nicht aber direkt und unmittelbar als unterstützende Faktoren für gleichstellungspolitische Lernprozesse.

Konzentration oder Pluralismus der wissenschaftlichen Politikberatung?

Abgesehen von den regelmäßig arbeitenden Beiräten der Ministerien erfreuen sich wissenschaftliche Kommissionen und ExpertInnengremien auch in Deutschland wachsender Beliebtheit zur Generierung von Politikideen.[2] Eine Zunahme wissenschaftlicher Beratung geht jedoch nicht zwangläufig mit einer »besseren« Politik einher. Das Spannungsverhältnis wissenschaftlicher Politikberatung und demokratischer Partizipation hatten Neidhardt und van den Daele schon anhand ihres Delibe-

---

2 Das zeigt sich auch anhand sich sprunghaft entwickelnder sozialwissenschaftlicher Literatur über die Politikberatung und der Entwicklung neuer Begriffe wie *management of change* etc. (vgl. dazu beispielhaft Heinze 2002; Schmid 2003).

rationskonzepts aufgezeigt. Danach bedeutet Deliberation zwar einen Gewinn an Effizienz, aber nicht an Demokratie (Neidhardt/van den Daele 1996: 44). Gerade in der zweiten rot-grünen Regierungsperiode ist die sozialpolitische Regierungsberatung durch die Einsetzung von Kommissionen zur Reform der Arbeitsmarktpolitik und des Gesundheitssystems weiter intensiviert worden. Diese Verschiebung erfolgte zu Ungunsten der Verbände und Parteien und ist möglicherweise auch als ein Prozess der »Deparlamentarisierung« der Politik (Nullmeier 2003a:366) zu interpretieren.

Dabei ist die »Verwissenschaftlichung der Politik« nicht das Problem an sich, sondern zum einen die Form, in der die Beratung stattfindet und zum anderen die Verengung auf wissenschaftliches Wissen. Die systematische Evaluierung von Maßnahmen oder die regelmäßige Berichterstattung an die Legislative trägt durchaus dazu bei, neues deskriptives Wissen in den Prozess einzubringen; zumindest bei der Gleichstellung von Frauen im Bundesdienst hat sich letzteres Instrument bestens bewährt. Legitimationsprobleme ergeben sich aber dann, wenn die Ergebnisse der Beratung nicht durch eine breite politische Diskussion – z.B. im Parlament – verarbeitet, sondern die Vorschläge an die Regierung adressiert sind und damit eine breite Debatte unter Berücksichtigung normativer Positionen entfällt. Der mancherorts vorgeschlagene Ausbau der wissenschaftlichen Politikberatung, ihre Konzentration in ausgewählten wissenschaftlichen Gremien und die damit verbundene Aufwertung wissenschaftlichen Wissens gegenüber normativem Wissen und »Alltagswissen« würde das Legitimationsproblem weiter verstärken, weil es zu einer unnötigen Verengung des politischen Diskurses auf Positionen im wissenschaftlichen Mainstream käme. Entgegen dieser Auffassung ist vielmehr für den Erhalt pluraler wissenschaftlicher Gremien und familien- und gleichstellungspolitischer Forschung zu plädieren und die politische Debatte über angemessene Politiklösungen unter Einbeziehung möglichst vieler gesellschaftlicher Gruppierungen und ihrer RepräsentantInnen zu organisieren. In Frankreich erweisen sich z.B. die jährlich stattfindenden Familienkonferenzen als geeignetes Gremium, wo neues Wissen unter Beteiligung von WissenschaftlerInnen und VerbandsvertreterInnen breit diskutiert wird.

Organisationsreformen bei den politischen Akteuren

Damit der Wandel nicht auf der Ebene des Deutungs- bzw. des Referenzrahmens verbleibt, müssen die internen Organisationsstrukturen, in denen neue Erkenntnisse verarbeitet werden, so gestaltet werden, dass sie auch in konkrete Politikinstrumente umgesetzt werden können. Dabei muss davon ausgegangen werden, dass Prozesse des Politiklernens immer auch eine zeitliche Dimension haben und die Perspektive einer Legislaturperiode überschreiten. Die Einrichtung von Projekt- oder Zukunftswerkstätten werden als eine Form der Reaktion auf neue Anforderungen gehandelt (vgl. Wiesenthal 2002). Für geschlechterpolitische Probleme zeigt sich allerdings, dass die Diskussionen das Stadium der »kontroversen Problemdefinition« überschritten haben und bereits teilweise recht fein gegliederte fachpolitische Strukturen existieren, die detaillierte Politikvorschläge parat halten. Das Problem besteht in diesem Politikfeld eher darin, dass konkrete Politikvorschläge nicht von der gesamten Organisation getragen werden. Wenn Zukunftswerkstätten nicht nur ein Forum für die Definition von Problemen und Zielen wären, sondern auch eine starke Stellung bei der Herstellung von verbindlichen Positionen und der Konkretisierung hätten, könnten solche Gremien auch für gleichstellungspolitische Lernprozesse ein effektives Instrument sein. Allerdings würden diese neuen Gremien dann mit den bestehenden Delegiertenversammlungen, die ja Teil des internen demokratischen Prozesses von Organisationen sind, in Konflikt geraten. Auf alle Fälle sollte verstärkt darauf hingearbeitet werden, dass eine möglichst konkrete und kontinuierliche Entwicklung von Politikinstrumenten stattfindet, die anwendungsfähig »auf Lager« gehalten werden, damit sie, sobald sich ein Gelegenheitsfenster öffnet, in den Prozess der Aushandlung mit den politischen Partnern eingebracht werden können. Vorbereitend müsste dann auf eine Neujustierung der »Grenzen des akzeptablen politischen Handelns« (Nullmeier 1993: 184) hingearbeitet werden. Dazu gehören die Formulierung von kognitiv und normativ begründbaren Zielen und die gezielte Beeinflussung und Mitgestaltung allgemeiner und spezifischer Diskurse, wobei Beeinflussung ebenso die Vermittlung komplexer Sachverhalte wie die Überzeugung durch rhetorische Mittel bedeuten kann. Dabei darf jedoch nicht alle »Munition« im politischen Wettbewerb verwandt werden, sondern die zentralen Anliegen müssen gegen Simplifikationen und »Negationsanreize« abgeschirmt werden (Wiesenthal 2002). Die Entwicklung von Werbekampagnen, die Professionalisierung der Öffentlichkeitsarbeit und die Verstärkung politischer Bildungsarbeit sind ebenso notwendige Aufgaben wie die Professionalisierung der Programmarbeit der Akteure.

Zugegebenermaßen ist der Handlungsspielraum für die politischen Akteure und damit für die Herbeiführung von institutionellem Wandel durch politisches Lernen sehr gering. Dennoch lohnt – auch aus der theoretischen Perspektive – die politikwissenschaftliche Befassung mit dem Konzept des Politiklernens. Denn im Politiklernen, das auf Evaluation, Reflexion und Koordination politischen Handelns beruht, liegt die Chance zur Entwicklung von Politiklösungen, die effektiver sind als die Kompromisse, die sich aus strategischen Entscheidungen und taktischen Erwägungen ergeben. Und vor allem liegt im Politiklernen die Chance zu Politiklösungen zu gelangen, die auch im Hinblick auf ihre demokratische Legitimität einen höheren Stellenwert genießen.

Literatur

Afsa, Cédric, 1998: L'allocation parentale d'éducation, Insee Première, H. 569, 1-4.

Althammer, Jörg; Pfaff, Anita B., 1999: Materielle und soziale Sicherung von Frauen in der Perspektive des Lebenslaufs, WSI-Mitteilungen, 52, 32-40.

Anxo, Dominique; O'Reilly, Jacqueline, 2000: Working-time regimes and transitions in comparative perspective, in: O'Reilly, J.; Cebrian, I.; Lallement, M., (Hg.), Working-time changes: social integration through transitional labour markets, Cheltenham, Edward Elgar, 61-90.

Appelt, Erna, 1997: Familialismus. Eine verdeckte Struktur im Gesellschaftsvertrag, in: Kreisky, E.; Sauer, B. (Hg.), Das geheime Glossar der Politikwissenschaft, Frankfurt/New York, Campus, 114-139.

Applebaum, Eileen, (Hg.), 2000a: Balancing Acts. Easing the Burdens and Improving the Options for Working Families, Washington, Economic Policy Institute.

Applebaum, Eileen, 2000b: The New Realities of Family Life and the Workplace: Is There a Mismatch?, in: Applebaum, E. (Hg.), Balancing Acts. Easing the Burdens and Improving the Options for Working Families, Washington, Economic Policy Institute, 1-9.

Apps, Patricia; Rees, Ray, 2001: Fertility, Female Labor Supply and Public Policy, Institut für die Zukunft der Arbeit, Diskussionspapier 407, Bonn.

Argyris, Chris, 1982: Reasoning, Learning and Action. San Francisco, Jossey-Bass.

ASF-Bundesvorstand, 1990: Frauen und Wirtschaft. Dokumentation der 9. Ordentlichen Bundesfrauenkonferenz vom 2. bis 4. März 1990 in Essen, Bonn, Sozialdemokratischer Informationsdienst.

ASF-Bundesvorstand, 1998: Rechenschaftsbericht für den Zeitraum von Juni 1996 bis Mai 1998. Bonn.

ASF-Bundesvorstand, 2000: Rechenschaftsbericht für den Zeitraum von Juni 1998 bis Mai 2000. Berlin.

ASF-Bundesvorstand, 2002: Rechenschaftsbericht für den Zeitraum von Juni 2000 bis Juni 2002. Berlin.

Bachler, Sigrid Ingeborg, 1993: Frauenleben und Frauenideale in der Frauenpolitik des DGB der fünfziger Jahre – Oder: Wie beeinflusst das Selbstbild als Frau die gewerkschaftliche Frauenarbeit?, in: Deutscher Gewerkschaftsbund (Hg.), »Da haben wir uns alle schrecklich geirrt...« Die Geschichte der gewerkschaftlichen Frauenarbeit im Deutschen Gewerkschaftsbund von 1945 bis 1960, Pfaffenweiler, Centaurus-Verlagsgesellschaft, 131-177.

Bäcker, Gerhard; Bispinck, Reinhard; Hofemann, Klaus; Naegele, Gerhard, 2000a: Sozialpolitik und soziale Lage in Deutschland. Band 1, Opladen, Westdeutscher Verlag.

Bäcker, Gerhard; Bispinck, Reinhard; Hofemann, Klaus; Naegele, Gerhard, 2000b: Sozialpolitik und soziale Lage in Deutschland. Band 2, Opladen, Westdeutscher Verlag.

Bäcker, Gerhard; Koch, Angelika, 2003: Mini- und Midi-Jobs als Niedrigeinkommensstrategie in der Arbeitsmarktpolitik: »Erfolgsstory« oder Festschreibung des geschlechtsspezifisch segregierten Arbeitsmarktes?, WSI, Diskussionspapier 117, Düsseldorf.

Bäcker, Gerhard; Stolz-Willig, Brigitte, 1994: Vorstellungen für eine familienorientierte Arbeitswelt der Zukunft. Der Beitrag von Tarifverträgen und Betriebsvereinbarungen. Stuttgart.

Bandelow, Nils, 2003: Policy Lernen und politische Veränderungen, in: Bandelow, N.; Schubert, K. (Hg.), Lehrbuch der Politikfeldanalyse. München: Oldenbourg, 289-330.

Beck, Marieluise, 1996: Zeit und Geld für Kinder – retrospektiv, in: Bundestagsfraktion Bündnis 90/ Die Grünen (Hg.), Vereinbarkeit von Beruf und Familie, Bonn, Koordinationsstelle Frauenpolitik, 1-5.

Beck, Ulrich; Giddens, Anthony; Lash, Scott, 1996: Reflexive Modernisierung. Eine Kontroverse, Frankfurt/M., Suhrkamp.

Becker, Irene; Hauser, Richard, 2003: Anatomie der Einkommensverteilung, Berlin, edition sigma.

Beckmann, Petra, 2002: Zwischen Wunsch und Wirklichkeit. Tatsächliche und gewünschte Arbeitszeiten, in: IAB-Werkstattbericht 12.

Beckmann, Petra; Kurtz, Beate, 2001: Erwerbstätigkeit von Frauen. Die Betreuung der Kinder ist der Schlüssel, IAB-Kurzbericht, Nr. 10, 15.6.2001.

Behning, Ute, 1996: Zum Wandel des Bildes »der Familie« und der enthaltenen Konstruktionen von »Geschlecht« in den Familienberichten 1968 bis 1993, Zeitschrift für Frauenforschung, 14, 146-156.

Behning, Ute, 1999: Zum Wandel der Geschlechterrepräsentation in der Sozialpolitik. Ein policyanalytischer Vergleich der Politikprozesse zum österreichischen Bundespflegegeldgesetz und zum bundesdeutschen Pflege-Versicherungsgesetz, Opladen, Leske + Budrich.

Behning, Ute, 2000: Der europäische Integrationsprozess als Chance: Geschlechterverhältnisse, Arbeit und soziale BürgerInnenrechte, in: Österreichisches Studienzentrum für Frieden und Konfliktlösung, Hg., Ökonomie eines friedlichen Europa. Ziele - Hindernisse - Wege, Münster, agenda Verlag, 139-144.

Bennett, Colin J.; Howlett, Michael, 1992: The lessons of learning: Reconciling theories of policy learning and policy change, Policy Sciences, 25, 275-294.

Berger, Peter L.; Luckmann, Thomas, 1980: Die gesellschaftliche Konstruktion der Wirklichkeit. Eine Theorie der Wissenssoziologie, Frankfurt/M., Fischer.

Berghahn, Sabine, 1999: Soll der Gesetzgeber in die familiäre Arbeitsteilung eingreifen? In: Stolz-Willig, B.; Veil, M. (Hg.), Es rettet uns kein höh'res Wesen. Feministische Perspektiven der Arbeitsgesellschaft, Hamburg, VSA-Verlag, 113-137.

Berghahn, Sabine, 2001: Ehe als Übergangsarbeitsmarkt?, Wissenschaftszentrum Berlin, Diskussionspaper FS I 01 - 207, Berlin.

Beyme, Klaus von, 1993: Die politische Klasse im Parteienstaat, Frankfurt/M., Suhrkamp.

Beyme, Klaus von, 1997: Der Gesetzgeber. Der Bundestag als Entscheidungszentrum, Opladen, Westdeutscher Verlag.

Biegler, Dagmar, 2001: Frauenverbände in Deutschland. Entwicklung, Strukturen, politische Einbindung. Opladen, Leske + Budrich.

Bieling, Hans-Jürgen, 2002: Die politische Theorie des Neo-Marxismus: Antonio Gramsci, in: Brodocz A.; Schaal, G. S. (Hg.), Politische Theorien der Gegenwart Bd. I, Opladen, Leske + Budrich, 439-470.

Blancke, Susanne; Schmid, Josef, 2001: Arbeitsmarktpolitik der Bundesländer: Chancen und Restriktionen einer aktiven Arbeitsmarkt- und Strukturpolitik im Föderalismus, Berlin, edition sigma.

Blättel, Irmgard, 1988: »Macht kann man eigentlich nur mit Gegenmacht begegnen...« Ein Interview mit Irmgard Blättel, in: Weg, M.; Stein, O. (Hg.), Macht macht Frauen stark. Frauenpolitik für die 90er Jahre, Hamburg, VSA-Verlag, 151-153.

Bleses, Peter; Rose, Edgar, 1998: Deutungswandel der Sozialpolitik. Die Arbeitsmarkt- und Familienpolitik im parlamentarischen Diskurs, Frankfurt/New York, Campus.

Blüm, Norbert, 1986: Nicht jeder Unterschied ist eine Unterdrückung, in: Geißler H. (Hg.), Abschied von der Männergesellschaft, Frankfurt M., Ullstein, 47.

Bobbio, Norbert, 1994, Rechts und Links. Gründe und Bedeutungen einer politischen Unterscheidung, Berlin, Wagenbach.

Böhret, Carl; Jann, Werner; Kronenwett, Eva, 1988: Innenpolitik und politische Theorie, Opladen, Westdeutscher Verlag.

Bolby, John, 1955: Maternal Care and Mental Health, Genf

Bosetzky, Horst, 1988: Mikropolitik, Machiavellismus und Machtkumulation, in: Küpper, W., Ortmann, G. (Hg.), Mikropolitik, Opladen, Westdeutscher Verlag, 27-38.

Bosetzky, Horst; Heinrich, Peter; Schulz zur Wiesch, Jochen, 2002: Mensch und Organisation, Stuttgart, Kohlhammer.

Bothfeld, Silke, 2004: Vom ›Stop and Go‹ in der Vereinbarkeitspolitik, in: Oppen, M.; Simon, D. (Hg.), Verharrender Wandel, Berlin, edition sigma, 231-254.

Bothfeld, Silke; Gronbach, Sigrid, 2002a: Autonomie und Wahlfreiheit – neue Leitbilder für die Arbeitsmarktpolitik?, WSI-Mitteilungen, 55, 220-226.

Bothfeld, Silke; Gronbach, Sigrid, 2002b: Vom Kopf auf die Füße: Politisches Lernen durch Gender Mainstreaming?, in: Bothfeld, S.; Gronbach, S.; Riedmüller, B. (Hg.), Gender Mainstreaming – Ein innovatives Instrument der Gleichstellungspolitik. Zwischenberichte aus der politischen Praxis. Frankfurt/New York, Campus, 231-254.

Bothfeld, Silke; Gronbach, Sigrid; Seibel, Kai, 2004: Eigenverantwortung in der Arbeitsmarktpolitik. Zwischen Zwang und Autonomie, in WSI-Mitteilungen 57, 507-513.

Bothfeld, Silke; Rouault, Sophie, 2005: La comparaison internationale : Une méthodologie en quête du sens, in: Barbier, J.; Létablier, M. (Hg.), Comparaison internationale: enjeux méthodologiques et épistémologiques. Bern, Peter Lang, im Erscheinen.

Braun, Dietmar, 1998: Der Einfluss von Ideen und Überzeugungssystemen auf die politische Problemlösung, Politische Vierteljahresschrift, 39, 797-818.

Braun, Dietmar; Giraud, Olivier 2004: Models of Citizenship and Social Democratic Policies, in: Bonoli, G.; Powell, M. (Hg.), Social Democratic Party Policies in Contemporary Europe, London, Routledge, 43-65.

Bröchler, Stephan; Elbers, Helmut, 2001: Hochschulabsolventen als Mitarbeiter des Parlaments: Politikberater oder Bürohilfskräfte? Fernuni Hagen: polis 52/2001; Hagen.

Brüssow, Gaby, 1996: Frauenpolitik. Zum Verhältnis von Frauen und Politik am Beispiel von Frauenorganisationen der Parteien SPD und Die Grünen, Münster, Waxmann.

Bublitz, Hannelore, 1999: Foucaults Archäologie des kulturellen Unbewussten. Zum Wissensarchiv und Wissensbegehren moderner Gesellschaften, Frankfurt/New York, Campus.

Büchel, Felix; Spiess, C. Katharina, 2002: Kindertageseinrichtungen und Müttererwerbstätigkeit - Neue Ergebnisse zu einem bekannten Zusammenhang, Vierteljahreshefte zur Wirtschaftsforschung, 71, 96-114.

Bundesanstalt für Arbeit, 2003: ANBA Jahreszahlen, Nürnberg.

Bundesminister für Familie, Senioren, Frauen und Jugend, 2002: Das neue Gleichstellungsdurchsetzungsgesetz, Berlin, BMFSFJ.

Bundesminister für Jugend, Familie und Gesundheit, 1974: Rahmengrundsätze für das Projekt »Tagesmütter«, Schriftenreihe Bd. 7, München.

Bundesministerium für Arbeit und Sozialordnung, 1993: Teilzeitarbeit - ein Leitfaden für Arbeitnehmer und Arbeitgeber, Bonn
Bundesministerium für Arbeit und Sozialordnung, 1995: Mobilzeit. ein Leitfaden für Arbeitnehmer und Arbeitgeber, Bonn
Bundesministerium für Familie, 1975: Leistungen und Leistungsgrenzen der Familie hinsichtlich des Erziehungs- und Bildungsprozesses der jüngeren Generation. Zweiter Familienbericht, Bonn
Bundesministerium für Familie, Senioren, Frauen und Jugend (Hg.), 1996: Handbuch der örtlichen und regionalen Familienpolitik, Bonn, BMFSFJ.
Bundesministerium für Familie, Senioren, Frauen und Jugend, (Hg.), 2004: Wo bleibt die Zeit? Die Zeitverwendung der Bevölkerung 2001/2002, Berlin
Bundesministerium für Familie, Senioren, Frauen und Jugend, (Hg.), 2000a: Best Practices. Vorbildhafte Unternehmensbeispiele zu Chancengleichheit in der Wirtschaft., Berlin, BMFSFJ.
Bundesministerium für Familie, Senioren, Frauen und Jugend, (Hg.), 2000b: Chancengleichheit in der Wirtschaft. Abschlussdokumentation der vier Dialogforen des Kongresses zur Chancengleichheit von Frauen und Männern in der Wirtschaft, Berlin, BMFSFJ.
Bundesministerium für Familie, Senioren, Frauen und Jugend, (Hg.), 2000c: Chancengleichheit in einer familienfreundlichen Arbeitswelt – soziale Auditierung in Europa, Berlin, BMFSFJ.
Bundesministerium für Familie, Senioren, Frauen und Jugend, 1998a: Betriebliche Einarbeitung als Instrument zur beruflichen Wiedereingliederung von Frauen. Schriftenreihe des BMFSFJ Band 162; Stuttgart; Kohlhammer.
Bundesministerium für Familie, Senioren, Frauen und Jugend, 1998b: Wettbewerbsstärke und bessere Vereinbarkeit von Familie und Beruf - kein Widerspruch. Flexible Arbeitszeiten in Klein- und Mittelbetrieben. Schriftenreihe des BMFSFJ Band 152; Stuttgart, Kohlhammer.
Bundesministerium für Familie, Senioren, Frauen und Jugend, 2001: Familienkompetenzen als Potenzial einer innovativen Personalentwicklung, Bonn
Bundesministerium für Familie, Senioren, Frauen und Jugend, 2002: Frauen in Deutschland, Berlin
Bundesregierung, 2000: Vierter Bericht der Bundesregierung über die Förderung der Frauen im Bundesdienst – Berichtszeitraum 1995-1998
Bundesregierung, 2002: Bericht der Bundesregierung zur Berufs- und Einkommenssituation von Frauen und Männern, Deutscher Bundestag, BT-Drs. 14/8952, Berlin.
Bundestagsfraktion Bündnis 90/Die Grünen, (Hg.), 1996: Vereinbarkeit von Familie und Beruf, lang & schlüssig, Bonn, Bündnis 90/ Die Grünen.
Bündnis 90/ Die Grünen, 1998: Grün ist der Wechsel. Programm zur Bundestagswahl 98, Bonn, Bündnis 90/ Die Grünen.
Bündnis 90/ Die Grünen, 2002a: Chronik, http://www.gruene-partei.de/cms/gruene_work/rubrik/0/189.chronik.htm, Zugriff am 3.5.2005
Bündnis 90/ Die Grünen, 2002b: Die Zukunft ist Grün. Grundsatzprogramm, Berlin, Bündnis 90/Die Grünen.
Bündnis 90/ Die Grünen, 2002c: Grün wirkt – Unser Wahlprogramm 2002-2006, Berlin, Bündnis 90/Die Grünen.
Buttner, Olivier; Letablier, Marie-Thérèse; Pennec, Sophie, 2002: L'action publique face aux transformations de la famille en France. Rapport de Recherche: Improving Policy Responses and Outcomes to Socio-Economic Challenges: Changing Family Structures, Policy and Practise, Europäische Kommission – DGV, Brüssel.
Callenius, Carolin, 2002: Wenn Frauenpolitik salonfähig wird, verblasst die lila Farbe. Erfahrungen mit Gender Mainstreaming im Bereich internationaler Politik, in: Bothfeld, S.; Gronbach, S.; Riedmüller, B. (Hg.), Gender Mainstreaming – Ein innovatives Instrument der Gleichstel-

lungspolitik. Zwischenberichte aus der politischen Praxis, Frankfurt/New York, Campus, 63-80.

Camen, Gabriele von, 1993: Zwei Schritte vor - ein Schritt zurück. Der DGB und seine Frauenpolitik, in: Leif, T.; Klein, A.; Legran, H.-J. (Hg.), Reform des DGB. Herausforderungen, Aufbruchpläne und Modernisierungskonzepte, Köln, Bund-Verlag, 280-292.

Campbell, John L., 1998: Institutional Analysis and the Role of Ideas in Political Economy, Theory and Society, 27, 377-409.

Clauwaert, Stefan; Harger, Sabine, 1999: Analysis of the implementation of the Parental Leave Directive in the EU Member States, European Trade Union Institute, Bruxelles.

Cohen, Samy, 1999a: Enquetes au sein d'un »milieu difficile«: les reponsables de la politique étrangère et de défense, in: ders. (Hg.), L'art d'interviewer les dirigeants, Paris, Presses universitaires de France, 16-49.

Cohen, Samy, 1999b: L'interview démystifiée, in: ders. (Hg.), L'art d'interviewer les dirigeants, Paris, Presses universitaires de France, 4-14.

Commaille, Jacques, 2001: Les injonctions contradictoires des politiques publiques à l'égard des femmes, in: Laufer, J.; Marry, C.; Maruani, M. (Hg.), Masculin-féminin: Questions pour les sciences de l'homme, Paris, Presses universitaires de France, 128-148.

Connell, Robert W., 1990: The state, gender, and sexual politics, Theory and Society, 19, 507-544.

Cox, Robert H., 1999: Ideas, Policy Borrowing and Welfare Reform, European Forum Conference Paper WS 55, Florence, European University Institute.

Cox, Robert H., 2001: The social construction of an imperative. Why Welfare Reform Happened in Denmark and the Netherlands but not in Germany, World Politics, 53, 463-98.

Crozier, Michel, 1964: The bureaucratic phenomenon, Chicago, University of Chicago Press.

Crozier, Michel; Friedberg, Erhard, 1979: Macht und Organisation. Die Zwänge kollektiven Handelns, Königstein

Cryer, Debby, Tietze, Wolfgang; Wessels, Holger, 2002: Parents' perceptions of their children's child care: a cross-national comparison, Early Childhood Research Quarterly, 17, 259-277.

Czada, Roland, 1995: Kooperation und institutionelles Lernen in Netzwerken der Vereinigungspolitik, in: Mayntz, R.; Scharpf, F. W. (Hg.), Gesellschaftliche Selbstregelung und politische Steuerung, Frankfurt/New York, Campus, 299-326.

Dackweiler, Regina, 1995: Ausgegrenzt und eingemeindet. Die neue Frauenbewegung im Blick der Sozialwissenschaften, Münster, Westfälisches Dampfboot.

Deligöz, Ekin, 2000: Mit einer Grundsicherung gegen Armut, Frankfurter Rundschau, 4. Dezember 2000.

Derichs-Kunstmann, Karin, 1993: Frauen in der Männergewerkschaft. Die Geschichte des Deutschen Gewerkschaftsbundes in der Nachkriegszeit unter dem Gesichtspunkt des Geschlechterverhältnisses, in: Deutscher Gewerkschaftsbund (Hg.), »Da haben wir uns alle schrecklich geirrt...« Die Geschichte der gewerkschaftlichen Frauenarbeit im Deutschen Gewerkschaftsbund von 1945 bis 1960, Pfaffenweiler, Centaurus-Verlagsgesellschaft, 63-129.

Deutsch, K. W., 1966: The Nerves of Government. Models of Political Communication and Control, New York, The Free Press.

Deutscher Gewerkschaftsbund, 1968: DGB-Bundesfrauenkonferenz 1968. Protokolle der 6. Bundesfrauenkonferenz 1968 in Kiel. Düsseldorf, Deutscher Gewerkschaftsbund.

Deutscher Gewerkschaftsbund, 1969: DGB-Bundeskongress 1969. Angenommene Anträge, Düsseldorf, Deutscher Gewerkschaftsbund.

Deutscher Gewerkschaftsbund, 1982: 12. Bundeskongress. Angenommene Anträge, Düsseldorf, Deutscher Gewerkschaftsbund.

Deutscher Gewerkschaftsbund, 1985: 10. Bundesfrauenkonferenz. Angenommene Anträge, Düsseldorf, Deutscher Gewerkschaftsbund.

Deutscher Gewerkschaftsbund, 1986: 13. Bundeskongress. Angenommene Anträge, Düsseldorf, Deutscher Gewerkschaftsbund.
Deutscher Gewerkschaftsbund, 1990: 14. Bundeskongress. Angenommene Anträge, Düsseldorf, Deutscher Gewerkschaftsbund.
Deutscher Gewerkschaftsbund, 1994: 15. Bundeskongress. Angenommene Anträge, Düsseldorf, Deutscher Gewerkschaftsbund.
Deutscher Gewerkschaftsbund, 1995: Elternurlaub mit Zeitkonto und Lohnersatzleistung, Dokumentation des ExpertInnengesprächs am 18.12. 1995 in Düsseldorf, Deutscher Gewerkschaftsbund.
Deutscher Gewerkschaftsbund, 1998: 16. Bundeskongress. Angenommene Anträge, Düsseldorf, Deutscher Gewerkschaftsbund.
Deutscher Gewerkschaftsbund, 1999: Gewerkschaftliche Frauenpolitik, Berlin, Deutscher Gewerkschaftsbund.
Devon, F., Moss, P., Ingis, S. 1997: State of the Art Review on the Reconciliation of Work and Family Life for Men and Women and the Quality of Care Services, European Commission Network on Childcare and other Measures to Reconcile Employment an Family Responsabilities, Brüssel.
Dierkes, Meinolf; Berthoin Antal, Ariane; Child, John; Nonaka, Ikujiro (Hg.), 2001: Handbook of organizational learning and knowledge, Oxford, Oxford University Press.
Dobberthien, Marliese, 1988: Ein dorniger Weg. Frauenförderung in den Gewerkschaften, in: Weg, M.; Stein, O., (Hg.), Macht macht Frauen stark. Frauenpolitik für die 90er Jahre, Hamburg, VSA-Verlag, 138-144.
Douglas, Mary, 1991: Wie Institutionen denken, Frankfurt/M., Suhrkamp.
Ebbinghaus, Bernhard, 2003: Die Mitgliederentwicklung deutscher Gewerkschaften im historischen und internationalen Vergleich, in: Schroeder, W.; Weßels, B. (Hg.) Die Gewerkschaften in Politik und Gesellschaft der Bundesrepublik Deutschland, Opladen, Westdeutscher Verlag, 174-203.
Edmondson, Ricca; Nullmeier, Frank, 1997: Knowledge, rhetoric and political action in context, in: Edmondson, R. (Hg.),The Political Context of Collective Action. London, Routledge, 210-238.
Eggen, Bernd, 2000: Familien in der Sozialhilfe und auf dem Arbeitsmarkt, Sozialer Fortschritt, 49, H. 7, 147-163.
Elias, Norbert, 1976: Über den Prozess der Zivilisation. Soziogenetische und psychogenetische Untersuchungen, Frankfurt/M., Suhrkamp.
Elster, Jon, 1993: Saure Trauben, in: Elster, J. (Hg.), Subversion der Rationalität, Frankfurt/New York, Campus
Engelbrech, Gerhard, 1997: Erziehungsurlaub - und was dann? die Situation von Frauen bei ihrer Rückkehr auf den Arbeitsmarkt – Ein Ost/West-Vergleich, IAB-Kurzbericht, H. 8.
Engelbrech, Gerhard, 2002: Transferzahlungen an Familien - demografische Entwicklung und Chancengleichheit, WSI-Mitteilungen, 55, 139-145.
Engelbrech, Gerhard; Jungkunst, Maria, 2001: Erziehungsurlaub: Hilfe zur Wiedereingliederung oder Karrierehemmnis?, IAB-Kurzbericht, H. 11.
Esping-Andersen, Gösta, 1990: The Three Worlds of Welfare Capitalism. Cambridge: Polity Press.
Esping-Andersen, Gösta, 1999: Social Foundations of Post-Industrial Economies, Oxford, Polity Press.
Esping-Andersen, Gösta, 2002: A new gender contract, in: Esping-Andersen, G.; Gallie, D.; Hemerijck, A.; Myles, J. (Hg.), Why we need a New Welfare State, Oxford, 68-95.
Esping-Andersen, Gösta, 2004: Die gute Gesellschaft und der neue Wohlfahrtsstaat, in: Zeitschrift für Sozialreform, 50, 189-210.

Europäische Kommission, 1998a: Care in Europe. Joint Report of the »Gender and Employment« and the »Gender and Law« Groups of Experts, Employment and Social Affairs, Brüssel.

Europäische Kommission, 1998b: Chancengleichheit für Frauen und Männer in der Europäischen Union. Jahresbericht 1997, Luxemburg, Amt für amtliche Veröffentlichungen der Europäischen Gemeinschaften.

Europäische Kommission, 1998c: Kinderbetreuung als Schlüsselfaktor für die Beschäftigungsfähigkeit von Frauen, Magazin zur Chancengleichheit, 1998, H. 5, 15-16.

Evans, Peter B.; Rueschemeyer, Dietrich; Skocpol, Theda, (Hg.), 1985: Bringing the state back in, Cambridge, Cambridge University Press.

Fagnani, Jeanne, 2000: Un travail et des enfants. Petits arbitrages et grands dilemmes, Paris, Bayard.

Falck, Oliver, 2004: Das Hamburger »Kita-Gutscheinsystem« besser als sein Ruf? In: Sozialer Fortschritt H. 3, 68-74.

Frank, Manfred, 1984: Was ist Neostrukturalismus? Frankfurt/M., Suhrkamp.

Fraser, Nancy, 1994a: Der Kampf um die Bedürfnisse: Entwurf für eine sozialistisch-feministische Theorie der politischen Kultur im Spätkapitalismus, in: dies. (Hg.), Widerspenstige Praktiken, Frankfurt/M., Suhrkamp, 249-291.

Fraser, Nancy, 1994b: Die Frauen, die Wohlfahrt und die Politik der Bedürfnisinterpretation, in: dies. (Hg.), Widerspenstige Praktiken, Frankfurt/M., Suhrkamp, 222-248.

Fraser, Nancy, 1994c: Die Gleichheit der Geschlechter und das Wohlfahrtssystem: Ein postindustrielles Gedankenexperiment, in: Honneth, A. (Hg.), Pathologien des Sozialen. Die Aufgaben der Sozialphilosophie, Frankfurt/M., Fischer

Fraser, Nancy, 1998: Social justice in the age of identity politics. Redistribution, recognition, participation., Wissenschaftszentrum Berlin, Discussion paper FS I 98-108, Berlin.

Fraser, Nancy, 2001a: Die halbierte Gerechtigkeit, Frankfurt/M., Suhrkamp.

Fraser, Nancy; Honneth, Axel, 2003: Titel: Umverteilung oder Anerkennung? Eine politisch-philosophische Kontroverse, Frankfurt/M., Suhrkamp.

Frerich, Johannes; Frey, Martin, 1996: Handbuch der Geschichte der Sozialpolitik in Deutschland. Band 3, Opladen, Oldenbourg.

Friedberg, Erhard, 1988: Zur Politologie von Organisationen, in: Küpper, W.; Ortmann, G. (Hg.), Mikropolitik. Rationalität, Macht und Spiele in Organisationen, Opladen, Westdeutscher Verlag, 39-52.

Friedrich-Ebert-Stiftung, 1995: Frauenpolitik in der Friedrich-Ebert-Stiftung, Bonn, Friedrich-Ebert-Stiftung.

Gangl, Markus, 1998: Sozialhilfebezug und Arbeitsmarktverhalten. Eine Längsschnittanalyse der Übergänge aus der Sozialhilfe in den Arbeitsmarkt, Zeitschrift für Soziologie, 27, 212-232.

Geissler, B; Pfau, B, 1989: Frauenförderung mittels Arbeitszeitverkürzung, in WSI-Mitteilungen 42, S. 383-390.

Geißler, Heiner (Hg.), 1986: Abschied von der Männergesellschaft. Frankfurt/M., Ullstein.

Gerhard, Ute, 1988: Die Verfügbarkeit der Frauen. Arbeitspolitik gegen Frauen, in: Gerhard U. (Hg.), Auf Kosten der Frauen: Frauenrechte im Sozialstaat, Weinheim, Beltz, 39-77.

Gerlach, Irene, 1996: Familie und staatliches Handeln. Ideologie und politische Praxis in Deutschland, Opladen, Leske + Budrich.

Gerlach, Irene, 1999: Familienpolitik der Bundesrepublik Deutschland: Von der Institutionenpolitik zur Steuerung der ›Humanvermögensproduktion‹? In: femina politica, 8, 23-35.

Gerlach, Irene, 2000: Politikgestaltung durch das Bundesverfassungsgericht am Beispiel der Familienpolitik, Aus Politik und Zeitgeschichte, B 3-4, 3-12.

Giddens, Anthony, 1998: The Third Way, Cambridge, Polity Press.

Giullari, Susy; Lewis, Jane, 2004: the Adult Worker Model Family, Gender Equality and Care: The Search for New Policy Principles and the Possibilities and Problems of a Capabilities Approach, Arbeitspapier EUROCAP NETWORK, European Research Program Social Dialogue, Employment and Territories, unveröff. Manuskript.

Göhler, Gerhard, 1994: Politische Institutionen und ihr Kontext. Begriffliche und konzeptionelle Überlegungen zur Theorie politischer Institutionen, in: Göhler, G. (Hg.), Die Eigenart der Institutionen. Zum Profil politischer Institutionentheorie, Baden-Baden, Nomos, 19-46.

Gohr, Antonia, 2001: Was tun, wenn man die Regierungsmacht verloren hat? Die Sozialpolitik der SPD-Opposition in den 80er Jahren. Inauguraldissertation an der Universität Bremen, Bremen.

Gohr, Antonia, 2002: Grüne Sozialpolitik in den 80er Jahren - eine Herausforderung für die SPD, Zentrum für Sozialpolitik, Universität Bremen, ZeS-Arbeitspapier 5/02, Bremen.

Grießhaber, Rita, 1996: Konkrete Schritte statt leerer Worte, in: B. B. D. Grünen (Hg.), Vereinbarkeit von Beruf und Familie, Bonn, Bundestagsfraktion/ Koordinierungsstelle Frauenpolitik, 39-45.

Guiliari, Susy; Lewis, Jane, 2003, The adult worker family. Gender, equality and care: The search for new policy principles and the possibilities and problems of a capabilities approach, Oxford, unver. Manuskript.

Habermas, Jürgen, 1992: Faktizität und Geltung, Frankfurt/M., Suhrkamp.

Hall, Peter und R. Taylor, 1996: Political Science and the Three New Institutionalisms, Political Studies, 44, 936-957.

Hall, Peter, 1986: Governing the Economy. The Politics of State Intervention in Britain and France, Cambridge, Polity Press.

Hall, Peter, 1993: Policy Paradigm, Social Learning and the State, Comparative Politics, 25, 275-296.

Hamann, Silke; Karl, Astrid; Ullrich, Carsten G., 2001: Entsolidarisierung? Leistungen für Arbeitslose im Urteil von Erwerbstätigen, Frankfurt/New York, Campus.

Hampel, Frank, 1991: Politikberatung in der Bundesrepublik: Überlegungen am Beispiel von Enquete-Kommissionen, Zeitschrift für Parlamentsfragen, 22, 11-133.

Hartwich, Hans-Herrmann; Wewer, Göttrik (Hg.), 1991: Regieren in der Bundesrepublik II. Formale und informale Komponenten des Regierens in den Bereichen Führung, Entscheidung, Personal und Organisation, Opladen, Leske + Budrich.

Hauser, Richard; Nolan, Brian; Mörsdorf, Konstanze; Strengmann-Kuhn, Wolfgang, 2000: Unemployment and Poverty: Change over Time, in: Gallie, D.; Paugam, S. (Hg.), Welfare Regimes and the Experience of Unemployment in Europe, Oxford, Oxford University Press, 25-46.

Hauser, Richard; Nolan, Brian; Mörsdorf, Konstanze; Strengmann-Kuhn, Wolfgang, 2000: Unemployment and Poverty: Change over Time, in: Gallie, D.; Paugam, S. (Hg.), Welfare Regimes and the Experience of Unemployment in Europe, Oxford, Oxford University Press, S. 25-68.

Heclo, Hugh, 1974: Modern Social Politics in Britain and Sweden, New Haven

Heimann, Siegfried, 1984: Die Sozialdemokratische Partei Deutschlands, in: Stöss, R. (Hg.) Parteienhandbuch, 2025-2217.

Heinrich-Böll-Stiftung (Hg.), 2001: Neue Impulse für Arbeit und Soziales. Eine Expertise der Projektkommission Arbeit & Soziales der Heinrich-Böll-Stiftung, Studien & Berichte der Heinrich-Böll-Stiftung, Berlin, Heinrich-Böll-Stiftung.

Heinrich-Böll-Stiftung (Hg.), 2002a: Geschlechterdemokratische Dialoge, Berlin, Heinrich-Böll-Stiftung.

Heinrich-Böll-Stiftung (Hg.), 2002b: Politik für Kinder, Schriften zur Geschlechterdemokratie der Heinrich-Böll-Stiftung, Berlin, Heinrich-Böll-Stiftung.

Heinze, Rolf G., 2002: Die Berliner Räterepublik. Viel Rat – wenig Tat? Opladen, Westdeutscher Verlag.

Héritier, Adrienne, 1987: Policy-Analyse. Eine Einführung, Frankfurt/New York, Campus.

Hertie-Stiftung, 2003: Strategien einer familienbewussten Unternehmenspolitik, Berichtsband, Bonn, Hertie-Stiftung.

Hochschild, Arlie R., 2000: The Time Bind. When work becomes home and home becomes work, New York, Henry Holt.

Hochschild, Arlie R.; Machung, Ann, 1989: The Second Shift. Working Parents and the Revolution at Home, New York, Viking Penguin (dt. 1990: Der 48-Stunden-Tag. Wege aus dem Dilemma berufstätiger Eltern, Wien).

Hoecker, Beate, 1998: Frauen, Männer und die Politik. Lern- und Arbeitsbuch. Bonn, Dietz.

Hofäcker, Dirk; Lück, Detlev, 2004: Zustimmung zu traditionellem Alleinverdienermodell auf dem Rückzug, in ISI 32, 12-15.

Holland-Cunz, Barbara, 1996: Komplexe Netze, konfliktreiche Prozesse. Gleichstellungspolitik aus policy-analytischer Sicht, in: Kulawik, T.; Sauer, B. (Hg.), Der halbierte Staat. Grundlagen feministischer Politikwissenschaft, Frankfurt/New York, Campus, 158-174.

Holst, Elke, 2002: Die stille Reserve am Arbeitsmarkt, Berlin, edition sigma.

Holst, Elke; Schupp, Jürgen, 2001: Erwerbsverhalten von Frauen: Trotz Annäherung immer noch deutliche Unterschiede zwischen Ost und West, DIW-Wochenbericht, 68, 648-658.

Howlett, Michael; Ramesh, M., 1995: Studying Public Policy, Oxford, Oxford University Press.

Höyng, Stephan, 2002: Gleichstellungspolitik als Klientelpolitik greift zu kurz. Die Möglichkeiten von Gender Mainstreaming aus dem Blickwinkel von Männern, in: Bothfeld, S.; Gronbach, S.; Riedmüller, B. (Hg.), Gender Mainstreaming - eine Innovation in der Gleichstellungspolitik. Zwischenberichte aus der betrieblichen Praxis, Frankfurt/New York, Campus, 199-228.

IG Metall-Vorstand, 2001: IG Metall-Zukunftsreport. Ergebnisse im Überblick. Zuspitzungen und Diskussionsanreize, Frankfurt/M., IG Metall.

Immergut, Ellen, 1998: The Theoretical Core of the New Institutionalism, Politics & Society, 26, 5-34.

Institut für Demoskopie Allensbach (Hg.), 2000: Fraueninteressen und Frauenpolitik. Eine Repräsentativbefragung zu den Interessen von Frauen und ihren Erwartungen an die Politik, Berlin, BMFSFJ.

Jarren, Ottfried; Arlt, Hans-Jürgen, 1998: Über den Umgang mit einer wählerischen Klientel. Politik entsteht heute erst durch Medienvermittlung oder: die modernen Regeln der Öffentlichkeitsarbeit, Frankfurter Rundschau, 12.1.1998.

Jenson, Jane, 1985: Struggling for Identity: The Women's Movement and the State in Western Europe, Western European Politics, 8, 5-18.

Jenson, Jane, 1986: Gender and Reproduction: Or, Babies and the State, Studies in Political Economy, 20, 9-46.

Jenson, Jane, 1988: The Limits of ›and the‹ Discourse. French Women as Marginal Workers, in: Jenson, J.; Hagen, E.; Reddy, C. (Hg.), Feminization of the Labor Force, Paradoxes and Promises. Cambridge: Polity Press, 155-172.

Jenson, Jane, 1989: Paradigms and Political Discourse: Protective Legislation in France and the United States Before 1914, Canadian Journal of Political Science, 2, 234-257.

Jenson, Jane, 1991: All the World's a Stage: Ideas About Political Space and Time, in Studies in Political Economy 36, 43-72.

Jenson, Jane, 1997: Who Cares? Gender and Welfare Regimes, Social Politics, 4, 182-187.

Jenson, Jane, 2004: Social policy shifts scale and sectors: Governance in France and Britain compared, Vortrag zur Tagung der *American Sociological Association* (RC 19), 1.-3. September 2004 in Paris.

Jenson, Jane; Sineau, Mariette (Hg.), 2003: Who cares? Women's Work, Childcare and the Welfare State Redesign, Toronto, University of Toronto Press.

Jenson, Jane; Sineau, Mariette, (Hg.), 1998: Qui doit garder le jeune enfant? Modes d'accueil et travail des mères dans l'Europe en crise, droit et société, Paris, LGDJ.

Jobert, Bruno, (Hg.), 1994: Le tournant néolibéral en Europe, Paris, L'Harmattan.

Jobert, Bruno; Muller, Pierre, 1987: L'Etat en Action, Paris, PUF.

Joos, Magdalena, 2002a: Der Umbau des Sozialstaates und Konsequenzen für die Konstituierung von Kindheit - diskutiert am Beispiel des Gutscheinmodells für den Kinderbetreuungsbereich, in: Kränzl-Nagl, R.; Mierendorff, J.; Olk, T. (Hg.), Wohlfahrtsstaat und Kindheit, Frankfurt/New York, Campus, 121-150.

Joos, Magdalena, 2002b: Tageseinrichtungen für Kinder zwischen Dienstleistungen und Bildungsforderungen, Zeitschrift für Soziologie der Erziehung und Sozialisationsforschung, 22, 231-248.

Jurczyk, Karin, 1978: Frauenarbeit und Frauenrolle. Zum Zusammenhang von Familienpolitik und Frauenerwerbstätigkeit in Deutschland von 1918-1975. Frankfurt/New York, Campus.

Jürgens, Kerstin; Reinecke, Karsten, 1998: Zwischen Volks- und Kinderwagen. Auswirkungen der 28,8-Stundenwoche bei der VW AG auf die familiale Lebensführung von Industriearbeitern, Berlin, edition sigma.

Kahlert, Heike; Schindler, Delia, 1997: Feministische Politikwissenschaft, Grounded Theory und problemzentriertes Interview. Methodologische und hochschuldidaktische Reflexionen, femina politica, 6, 61-71.

Kahnemann, Daniel, 2003: Experienced Utility and Objective Happiness: A Moment-Based Approach, in: Brocas, I. (Hg.), The Psychology of Economic Decisions: Rationality and Well-Being (The Psychology of Economic Decisions, Volume 1), New York, Oxford University Press, 187-208.

Kahnemann, Daniel; Tversky, Amos, (Hg.), 2000: Choices, Values and Frames, Cambridge, Cambridge University Press.

Karras, Christa, 2002: Sollte die Gender-Strategie doch erfolgreich sein? Geschlechterdemokratie in der politischen Arbeit der Partei Bündnis 90/Die Grünen, femina politica, 11, 52-61.

Kastning, Lars, 1991: Informelles Regieren - Annäherungen an Begrifflichkeit und Bedeutungsgehalt, in: Hartwich, H.-H.; Wewer, G. (Hg.), Regieren in der Bundesrepublik II. Formale und informale Komponenten des Regierens in den Bereichen Führung, Entscheidung, Personal und Organisation, Opladen, Leske + Budrich, 69-78.

Kaufmann, Franz-Xaver, 1995: Zukunft der Familie im vereinten Deutschland. Gesellschaftliche und politische Bedingungen, München, C.H. Beck.

Keller, Berndt; Seifert, Hartmut, 2002: Flexicurity - Wie lassen sich Flexibilität und soziale Sicherheit vereinbaren? Mitteilungen aus der Arbeitsmarkt- und Berufsforschung, 35, 90-103.

Kelly, Erin; Dobbin, Frank, 1999: Civil Rights Law at Work: Sex Discrimination and the Rise of Maternity Leave Policies, American Journal of Sociology, 105, 455-492.

Kieser, Alfred (Hg.), 1995: Organisationstheorien, Stuttgart, Kohlhammer. 5. Auflage.

Kirchheimer, Otto, 1965: Der Wandel des westeuropäischen Parteiensystems, in: Politische Vierteljahresschrift 6, 20-41.

Kirner, Ellen; Kirner, Wolfgang, 1998: Elternurlaub und Elterngeld als Bestandteile einer Strategie zur Umverteilung von Arbeit zwischen Männern und Frauen, in: Galler, H. P.; Wagner, G. (Hg.), Empirische Forschung und wirtschaftspolitische Beratung. Festschrift für Hans-Jürgen Krupp zum 65. Geburtstag, Frankfurt/New York., Campus, 379-397.

Kittner, Michael, 2003: Arbeits- und Sozialordnung, Frankfurt/M., Bund-Verlag.

Klammer, Ute; Tillmann, Katja, 2002: Flexicurity: Soziale Sicherung und Flexibilisierung der Arbeits- und Lebensverhältnisse, Ministerium für Arbeit und Soziales, Qualifikation und Technologie, Düsseldorf.

Klenner, Christina, 2002: Arbeitsmarkt und Gedöns. Rot-grüne Geschlechterpolitik zwischen Aufbruch und Frustration, Blätter für deutsche und internationale Politik, H. 2, 202-210.

Klenner, Christina, 2004: »Bilanz 2003«: Brauchen wir wirklich kein Gleichstellungsgesetz?, femina politica, 13, 91-96.

Klenner, Christina; Lindecke, Christiane, 2003: Gleichstellung von Frauen und Männern in der betrieblichen Interessenvertretung, WSI-Mitteilungen, 56, 177-183.

Koch, Angelika, 2002: Ohne Druck wird im Betrieb viel heiße Luft produziert, Frankfurter Rundschau, 24. Juli 2002.

Koch-Baumgarten, Sigrid, 1997: »Die selbstverständliche Dominanz der Männer« in der Gewerkschaftsöffentlichkeit. Überlegungen zur geschlechtsspezifischen Selektion von Interessen im Politischen System, in: (Hg.), Staat und Privatheit. Aktuelle Studien zu einem schwierigen Verhältnis, Opladen, Leske + Budrich, 259-283.

Kohleiss, Annelies, 1988: Frauenrechte in der gesetzlichen Rentenversicherung, in: Gerhard U.; Schwarzer A.; Slupik, V. (Hg.), Auf Kosten der Frauen. Frauenrechte im Sozialstaat, Weinheim, Beltz, 117-172.

Kohler, H.P., 2000: Die Neue Demografie, Rostock, Max-Planck-Institut für demografische Forschung.

Kolbe, Wiebke, 1999: Gender and Parenthood in West German Family Politics from the 1960s to the 1980s, in Torstendahl, R. (Hg.), State Policy and Gender System in the Two German States and Sweden 1945-1989, Lund, University of Uppsala, 133-167.

Kolbe, Wiebke, 2000: Vernachlässigte Väter? Vaterschaft in der Sozial- und Familienpolitik Schwedens und der Bundesrepublik Deutschland seit der Nachkriegszeit, in: Feministische Studien 18, 249-263.

Kolbe, Wiebke, 2002: Elternschaft im Wohlfahrtstaat. Schweden und die Bundesrepublik im Vergleich, Frankfurt/New York, Campus.

Kontos, Silvia, 1996: Körperpolitik – eine feministische Perspektive, in: Kulawik, T.; Sauer, B. (Hg.), Der halbierte Staat. Grundlagen feministischer Politikwissenschaft, Frankfurt/New York, Campus, 137-157.

Kontos, Silvia, 1998: Was machen wir, wenn Männer die Männerfrage nicht hören wollen? Die Grünen, die Feministinnen und die Geschlechterdemokratie. Eine Anfrage, Frankfurter Rundschau, 27.6.1998.

Kontos, Silvia, 2000a: Die Ankunft des Neoliberalismus in der Frauenpolitik. Rot-grüne Frauenpolitik - gibt es die überhaupt? Teil I, Kommune, 18, H. 8.

Kontos, Silvia, 2000b: Die Ankunft des Neoliberalismus in der Frauenpolitik. Rot-grüne Frauenpolitik - gibt es die überhaupt? Teil II, Kommune, 18, H. 11.

Kopel, Mechthild, 1993: Für das Recht der Frauen auf Arbeit. Ein Kampf gegen Windmühlenflügel in den Jahren 1945-1960, in: Deutscher Gewerkschaftsbund (Hg.), »Da haben wir uns alle schrecklich geirrt...« Die Geschichte der gewerkschaftlichen Frauenarbeit im Deutschen Gewerkschaftsbund von 1945 bis 1960, Pfaffenweiler, Centaurus-Verlagsgesellschaft, 7-61.

Kramer, Caroline, 1997: Sozialberichterstattung zur Situation von Frauen, in: Noll, H.-H. (Hg.), Sozialberichterstattung in Deutschland. Konzepte, Methoden und Ergebnisse für Lebensbereiche und Bevölkerungsgruppen, Weinheim, Juventa, 213-241.

Kramer, Ulrich; Burian, Klaus; Gerbracht, Petra; Hegner, Friedhart, 1998: Wettbewerbsstärke und bessere Vereinbarkeit von Familie und Beruf - kein Widerspruch, Stuttgart, Kohlhammer.

Krautkrämer-Wagner, Uta; Meuser, Michael, 1988: Juristische Schutzwälle gegen Frauengleichstellungspolitik. Zur Funktion sozialwissenschaftlichen Wissens in unterschiedlichen Relevanzsystemen, Zeitschrift für Rechtssoziologie, 9, 229-246.
Krautzberger, Michael; Wollmann, Hellmut, 1988: Verwendung sozialwissenschaftlichen Wissens in der Gesetzgebung, Zeitschrift für Rechtssoziologie, 9, 177f.
Kreisky, Eva, 1997: Diskreter Maskulinismus, in: Kreisky, E.; Sauer, B. (Hg.), Das geheime Glossar der Politikwissenschaft, Frankfurt/New York, Campus, 161-213.
Kreisky, Eva; Sauer, Birgit, 1994: Das ewig Männerbündische? Zur Standardform von Staat und Politik, in: Leggewie, C. (Hg.), Wozu Politikwissenschaft? Über das Neue in der Politik, Darmstadt, Wissenschaftliche Buchgesellschaft, 191-208.
Kreyenfeld, Michaela; Spiess, C. Katharina; Wagner, Gerd, 2001: Finanzierungs- und Organisationsmodelle institutioneller Kinderbetreuung, Neuwied, Luchterhand.
Kuhn, Fritz, 2002: Strategische Steuerung der Öffentlichkeit? In: Nullmeier, F.; Saretzki, T., (Hg.), Jenseits des Regierungsalltags. Strategiefähigkeit politischer Parteien, Frankfurt/New York, Campus, 85-98.
Kuhn, Thomas, 1979: Die Struktur wissenschaftlicher Revolutionen, Frankfurt/M., Suhrkamp.
Kulawik, Teresa, 1997: Jenseits des - androzentrischen - Wohlfahrtsstates? Theorien und Entwicklungen im internationalen Vergleich, in: Kreisky, E.; Sauer, B. (Hg.), Geschlechterverhältnisse im Kontext politischer Transformation, Opladen, Westdeutscher Verlag, 293-310.
Kulawik, Teresa, 1999: Wohlfahrtsstaat und Mutterschaft. Schweden und Deutschland 1870-1912, Frankfurt/New York, Campus.
Künnecke, Ira, 1998: Zwischen Parteiraison und feministischem Selbstverständnis. Die Arbeitsgemeinschaft Sozialdemokratischer Frauen (ASF) nach Einführung der ›Quote‹. Magisterarbeit an der Philosophischen Fakultät, Universität Köln.
Kurz-Scherf, Ingrid, 1987a: Der 6-Stunden-Tag. Skizze eines phantastischen Tarifvertragsentwurfes, in: Kurz-Scherf, I.; Breil, G. (Hg.), Wem gehört die Zeit. Ein Lesebuch zum 6-Stunden-Tag, Hamburg, 307.
Kurz-Scherf, Ingrid, 1987b: Zeit(t)räume per Tarifvertrag. Oder: Die Renaissance der betriebsnahen Tarifpolitik, in: WSI-Mitteilungen, 40, 496.
Kurz-Scherf, Ingrid, 1994: Brauchen die Gewerkschaften ein neues Leitbild der Erwerbsarbeit? Oder: Brauchen die Frauen eine neue Gewerkschaft? In: Gewerkschaftliche Monatshefte, 45, 436-449.
Laclau, Ernesto; Mouffe, Chantal, 1991: Hegemonie und radikale Demokratie. Zur Dekonstruktion des Marxismus, Wien, (engl. 1985).
Lamm-Heß, Yvette; Wehrspaun, Charlotte, 1993: Frauen- und Müttererwerbstätigkeit im Dritten und Vierten Familienbericht, Arbeitspapier 1/1993, Sozialwissenschaftliche Fakultät, Universität Konstanz, Konstanz.
Landwehr, Achim, 2001: Geschichte des Sagbaren, Tübingen, Edition Diskord.
Lang, Jochen, 2003: Symbolische Implementation als Flexibilitätsreserve. Die Umsetzung europäischer regionaler Strukturpolitik in Deutschland, Irland und Schweden, Hagen, Dissertation Fernuniversität-Gesamthochschule Hagen.
Lang, Sabine, 1997: Geschlossene Öffentlichkeit. Paradoxien der Politikwissenschaft bei der Konstruktion des öffentlichen Raums, in: Kreisky, E.; Sauer, B. (Hg.), Das geheime Glossar der Politikwissenschaft, Frankfurt/New York, Campus, 46-69.
Langkau-Herrmann, Monika, 2003: Frauenpolitik. Dokumentation der Arbeit des Referats/Gesprächskreises Frauenpolitik der Friedrich-Ebert-Stiftung 1985-2002. Bestandsaufnahme und zukünftige Perspektiven, Bonn, Friedrich-Ebert-Stiftung.
Leggewie, Claus, 1987: Kulturelle Hegemonie - Gramsci und die Folgen, Leviathan, 15, 285-304.

Lehr, Ursula M., 1986: Zur Vereinbarkeit von Erwerbstätigkeit und Arbeit in der Familie, in: Geißler, H. (Hg.), Abschied von der Männergesellschaft, Frankfurt/M., Ullstein, 96-110.

Leibfried, Stephan; Pierson, Paul, 2000: Social Policy. Left to Courts and Markets? In: Wallace, W.; Wallace, H. (Hg.), Policy-Making in the European Union, Oxford, Oxford University Press, 267 – 292

Lemke, Christiane; Töns, Katrin, 1998: Feministische Demokratietheorie und der Streit um Differenz, in: Knapp, G. A. (Hg.), Kurskorrekturen. Feminismus zwischen Kritischer Theorie und Postmoderne, Frankfurt/New York, Campus, 216-241.

Lepsius, M. Rainer, 1995: Institutionenanalyse und Institutionenpolitik, in: Nedelmann, B. (Hg.), Politische Institutionen im Wandel, Opladen, Westdeutscher Verlag, 392-403.

Lessenich, Stephan, 2004: Ökonomismus zum Wohlfühlen: Gösta Esping-Andersen und die neue Architektur des Sozialstaats, in: Prokla 34, 469-476.

Lessenich, Stephan; Möhring-Hesse, Matthias, 2004: Ein neues Leitbild für den Sozialstaat. Eine Expertise im Auftrag der Otto-Brenner-Stiftung, September 2004, Berlin.

Letablier, Marie-Thérèse, 2002: Kinderbetreuungspolitik in Frankreich und ihre Rechtfertigung, WSI-Mitteilungen, 55, 169-175.

Lewis, Jane, 1992: Gender and the Development of Welfare Regimes, in: Journal of European Social Policy 2, 159-173.

Liegle, Ludwig, 2001: Kann Familienpolitik wissenschaftlich begründet und durch (erziehungs-) wissenschaftliche Beratung angeregt werden? Vortrag auf dem 25. Sozialpädagogentag 2001 am Institut für Erziehungswissenschaft an der Universität Tübingen, Tübingen

Limbach, Jutta, 1988: Die Suche nach dem Kindeswohl - Ein Lehrstück der soziologischen Jurisprudenz, in: Zeitschrift für Rechtssoziologie 9, 155-160.

Ludwig, Isolde; Slevogt, Vanessa; 2002: Bessere Zeiten für erwerbstätige Mütter? In: WSI-Mitteilungen, 55, 133-138.

Lüscher, Kurt, 1999: Familienberichte: Aufgabe, Probleme und Lösungsversuche der Sozialberichterstattung über die Familie, Forschungsschwerpunkt »Gesellschaft und Familie«, Sozialwissenschaftliche Fakultät der Universität Konstanz Arbeitspapier 32, Konstanz.

Lüscher, Kurt, 2000: Kinderpolitik konzipieren, Forschungsschwerpunkt »Gesellschaft und Familie«, Sozialwissenschaftliche Fakultät der Universität Konstanz, Arbeitspapier 35, Konstanz.

Mage - Marché du Travail et Genre (Hg.), 1999: Du coté des hommes, Actes des Journées d'Etudes organisées par le GDR MAGE, Paris, CNRS.

Magvas, Emil; Spitznagel, Eugen, 2002: Teilzeitarbeit: Neues Gesetz bereits im ersten Jahr einvernehmlich umgesetzt, IAB-Kurzbericht, H. 23.

Mai, Manfred, 1999: Wissenschaftliche Politikberatung in dynamischen Politikfeldern: Zur Rationalität von Wissenschaft und Politik, Zeitschrift für Parlamentsfragen, 30, 659-673.

Maier, Friederike, 2002: Gibt es eine frauenpolitische Wende durch die Europäische Beschäftigungsstrategie? In: Bothfeld, S.; Gronbach, S.; Riedmüller, B. (Hg.), Gender-Mainstreaming - Eine Innovation in der Gleichstellungspolitik. Zwischenberichte aus der politischen Praxis, Frankfurt/New York, Campus, 159-184.

Maier, Matthias L., 2001: Politikfelder und Politikimplementation - Sammelrezension Ideen und Policies, Politische Vierteljahresschrift, 42, 523-547.

Maier, Matthias L., 2003: Wissens- und ideenorientierte Ansätze in der Politikwissenschaft: Versuch einer systematischen Übersicht, in: Maier, M. L.; Hurrelmann; A., Nullmeier, F.; Pritzlaff, T.; Wiesener, A. (Hg.), Politik als Lernprozess? Wissenszentrierte Ansätze in der Politikanalyse. Opladen, Leske + Budrich, 25-77.

Majone, Giandomenico, 1991: Research programmes and action programmes, or can policy research learn from the philosophy of science? In: Wagner, P.; Weiss, C. H.; Wittrock, B.;

Wollman, H. (Hg.), Social Sciences and Modern States: National Experiences and Theoretical Crossroads, Cambridge, 290-306.

March, James G., 1990: Eine Chronik der Überlegungen über Entscheidungsprozesse in Organisationen, in: March, J. G. (Hg.), Entscheidungen und Organisationen. Kritische und konstruktive Beiträge, Entwicklungen und Perspektiven, Wiesbaden, Gabler, 1-23.

March, James G.; Olsen, Johan P., 1990: Die Unsicherheit der Vergangenheit: Organisatorisches Lernen unter Ungewissheit, in: March, J. G. (Hg.), Entscheidung und Organisation, Wiesbaden, Gabler, 373-398.

Mayntz, Renate, 1955: Die moderne Familie, Stuttgart, Enke.

Mayntz, Renate; Scharpf, Fritz W. 1995: Der Ansatz des akteurszentrierten Institutionalismus, in: Mayntz, R.; Scharpf, F. W. (Hg.), Steuerung und Selbstorganisation in staatsnahen Sektoren, Frankfurt/New York, Campus

McBride Stetson, Dorothy; Mazur, Amy, (Hg.), 1995a: Comparative State Feminism, Thousand Oaks, Sage.

McBride Stetson, Dorothy; Mazur, Amy, 1995b: Introduction, in: (Hg.), Comparative State Feminism. Thousand Oaks: Sage, 1-21.

McBride Stetson, Dorothy; Mazur, Amy, 1999: Frauenpolitische Behörden und Repräsentation. Geschlecht in Policy-Debatten in den USA und Frankreich, in: Abels, G.; Sifft, S. (Hg.), Demokratie als Projekt. Feministische Kritik an der Universalisierung einer Herrschaftsform, Frankfurt/New York, Campus, 104-131.

Méda, Dominique, 2001: Le temps des femmes. Pour un nouveau partage des rôles, Paris, Flammarion.

Meister, Wolfgang; Ochel, Wolfgang, 2003: Die steuerliche Förderung von Familien im internationalen Vergleich, ifo Schnelldienst, 56, 65-67.

Menschik, Jutta, 1971: Gleichberechtigung oder Emanzipation? Die Frau im Erwerbsleben der Bundesrepublik, Frankfurt/M., Fischer.

Meuser, Michael; Nagel, Ulrike, 1991: ExpertInneninterviews - vielfach erprobt, wenig bedacht, in: Garz, D.; Kraimer, K. (Hg.), Qualitativ-empirische Sozialforschung. Konzepte, Methoden, Analysen. Opladen, Westdeutscher Verlag, 441-471.

Meyer-Mönnich, Lucy; Weg, Marianne, 1988: Da ansetzen, wo die frauenrelevante Politik gemacht wird. Gleichstellungsbeauftragte in Ministerien, in: Weg, M.; Stein, O. (Hg.), Macht macht Frauen stark. Frauenpolitik für die 90er Jahre. Hamburg: VSA-Verlag, 71-77.

Mitscherlich, Alexander, 1963: Auf dem Weg zur vaterlosen Gesellschaft. Ideen zur Sozialpsychologie, München

Müller, Petra; Kurtz, Beate, 2002: Aktive Arbeitsmarktpolitik und Gender Mainstreaming, in: Beiträge aus der Arbeitsmarkt- und Berufsforschung, H. 258, 207-260.

Muller, Pierre ; Surel, Yves, 1998: L'analyse des politiques publiques, Paris, Montchrestien.

Muller, Pierre, 1990: Les Politiques Publiques, Paris, Presses Universitaires de France.

Muller, Pierre, 2002: L'approche cognitive en science politique, Revue Francaise de Science Politique, 50, 189-208.

Müller-Rommel, Ferdinand; Poguntke, Thomas, 1993: Die Grünen, in: Mintzel, A; Oberreuter, H. (Hg.), Parteien in der Bundesrepublik Deutschland, Opladen, Leske + Budrich, 319-361.

Münch, Ursula, 1990: Familienpolitik in der Bundesrepublik Deutschland. Maßnahmen, Defizite, Organisation familienpolitischer Staatstätigkeit, Freiburg i. B.

Münch, Ursula, 2002: Familienpolitik, Jugendpolitik, Altenpolitik. Manuskript. Erscheint in: Ruck, M.; Boldorf, M. (Hg.) Geschichte der Sozialpolitik in Deutschland seit 1945. Band 4: 1957 – 1966, Sozialpolitik im Zeichen des erreichten Wohlstandes, Baden-Baden, Nomos.

Myrdal, Alva; Klein, Viola, 1956: Women's two roles. Home and work, London, Routledge.

Nave-Herz, Rosemarie, 1998: Die These über den ›Zerfall der Familie‹, in: Friedrichs, J.; Lepsius, R.; Mayer, K. U. (Hg.), Die Diagnosefähigkeit der Soziologie, Opladen, Westdeutscher Verlag, 286-315.

Neidhardt, Friedhelm; van den Daele, Wolfgang, 1996: »Regieren durch Diskussion« - Über Versuche, mit Argumenten Politik zu machen, in: dies. (Hg.), Kommunikation und Entscheidung. Politische Funktionen öffentlicher Meinungsbildung und diskursiver Verfahren, Berlin, edition sigma, 9-50.

Neusüss, Claudia, 1999: Von der Fauenförderung zur Geschlechterdemokratie – Frauen und Männer müssen sich in Bewegung setzen! in: Krannich, M. (Hg.), Gechlechterdemokratie in Organisationen, Frankfurt/M, 15-19.

Neusüss, Claudia, 2001: If men are part of the problem, they have to become part of the solution - gender democracy: a collective project of the Heinrich Böll Foundation, Heinrich-Böll-Stiftung, http://www.glow-boell.de/home/content/d/about_us/Kuratorium/Claudia_Neusuess-Texte/gender_democracy/render_doc, Zugriff am 17.1.2005

Neusüss, Claudia; Keeding, Patricia, 1999: Das Feministische Institut der Heinrich Böll Stiftung, femina politica, 8, 123-129.

Nullmeier, Frank, 1993: Wissen und Policy-Forschung. Wissenspolitologie und rhetorisch-dialektisches Handlungsmodell, in: Heritier, A. (Hg.), Policy-Analyse. Kritik und Neuorientierung, Opladen, Westdeutscher Verlag, 175-196.

Nullmeier, Frank, 1996: Interpretative Ansätze in der Politikwissenschaft, in: Benz A.; Seibel, W. (Hg.), Theorieentwicklung in der Politikwissenschaft - eine Zwischenbilanz, Baden-Baden, Nomos, 101-144.

Nullmeier, Frank, 2001: Politikwissenschaft auf dem Weg zur Diskursanalyse?, in: Keller R.; Hirseland A.; Schneider W.; Viehöver, W. (Hg.), Handbuch Sozialwissenschaftliche Diskursanalyse, Opladen, Leske + Budrich, 285-311.

Nullmeier, Frank, 2003a: Wandel demokratischer Legitimation durch Internationalisierung und Deparlamentarisierung?, in: Sonderforschungsbereich (Hg.), Die Zukunft des demokratischen Nationalstaates. Bremen: Universität Bremen, 175-196.

Nullmeier, Frank, 2003b: Zur Normativität des Lernbegriffs, in: Maier, M. L.; Hurrelmann, A.; Nullmeier, F.; Pritzlaff, T.; Wiesener, A. (Hg.) Politik als Lernprozess? Wissenszentrierte Ansätze in der Politikanalyse, Opladen, Leske + Budrich, 329-343.

Nullmeier, Frank, 2003c: Hohes Sicherungsniveau. Regulierte Wohlfahrtsmärkte statt Sozialstaatsabbau, in: Frankfurter Rundschau, 24.6. 2003.

Nullmeier, Frank; Rüb, Friedbert W., 1993: Die Transformation der Sozialpolitik. Vom Sozialstaat zum Sicherungsstaat, Frankfurt/New York, Campus.

Nullmeier, Frank; Saretzki, Thomas (Hg.), 2002: Jenseits des Regierungsalltags. Strategiefähigkeit politischer Parteien, Frankfurt/New York, Campus.

Nullmeier, Frank; Vobruba, Georg, 1994: Gerechtigkeit im sozialpolitischen Diskurs, in: Nullmeier, F.; Pioch R.; Vobruba, G. (Hg.), Gerechtigkeit im Wohlfahrtsstaat, Marburg, Schüren, 9-66.

OECD, 1994: Women and Structural Change. New Perspectives, Paris, OECD.

OECD, 2001a: Starting strong. Early childhood education and care, Paris, OECD.

OECD, 2001b: Work and Family Life: How do they balance out?, Paris, OECD.

OECD, 2004: Die Politik der frühkindlichen Betreuung, Bildung und Erziehung in der Bundesrepublik Deutschland, Paris, www.oecd.org, Zugriff am 26,11.2004.

Oertzen, Christine von, 1999a: Teilzeitarbeit und die Lust am Zuverdienen. Geschlechterpolitik und gesellschaftlicher Wandel in Westdeutschland, 1948-1969, Göttingen, Vandenhoeck und Ruprecht.

Oertzen, Christine von, 1999b: Women, Work, and the State: Lobbying for Part-Time Work and ›Practical Equality‹ in the West German Civil Service 1958-1969, in: Torstendahl, R. (Hg.), State Policy and Gender System in the Two German States and Sweden 1945-1989. Lund, University of Uppsala, 79-104.

Offe, Claus, 2003: The Politics of Parity. Can Legal Intervention Neutralize the Gender Divide?, in: ders. (Hg.), Herausforderungen der Demokratie. Zur Integrations- und Leistungsfähigkeit politischer Institutionen, Frankfurt/New York, Campus, 210-226.

Opielka, Michael, 2000: Das Konzept »Erziehungsgehalt 2000«, Aus Politik und Zeitgeschichte, B 3-4, 13-20.

Opielka, Michael, 2002: Familie und Beruf. Eine deutsche Geschichte, Aus Politik und Zeitgeschichte, B 22-23, 20-30.

Orloff, Ann Shola, 1993: Gender and the Social Rights of Citizenship: State Policies and Gender Relations in Comparative Research, American Scoiological Review, 58, 303-332.

Palier, Bruno, 1999: Beyond Retrenchment, Welfare State Reforms for the 21st century: Agenda for Policy and Research, Florence, European University Institute.

Passeron, Vladimir, 2002: 35 heures: 3 ans de mise en oeuvre du dispositif »Aubry I«, Premières Synthèses, H 06.2.

Pateman, Carole, 1989: The Patriarchal Welfare State, in: Pateman, C. (Hg.), The disorder of women, Polity Press, 179-209.

Pausch, Wolfgang, 1985: Die Entwicklung der sozialdemokratischen Frauenorganisationen. Anspruch und Wirklichkeit innerparteilicher Gleichberechtigungsstrategien in der SPD, aufgezeigt am Beispiel der Arbeitsgemeinschaft sozialdemokratischer Frauen, Frankfurt.

Pawlowsky, Peter, 2001: The treatment of Organizational Learning in Management Science, in: Dierkes, M.; Berthoin Antal, A.; Child, J.; Nonaka, I. (Hg.), 2001: Handbook of organizational learning and knowledge, Oxford, Oxford University Press, 61-88.

Peikert, Ingrid, 1976: Frauen auf dem Arbeitsmarkt. Rollentheoretische vs. verwertungsstrategische Erklärungsansätze der Lage einer arbeitsmarktpolitischen ›Problemgruppe‹, in: Leviathan H. 4, 494-516.

Peschel-Gutzeit, Lore Maria, 1997: Unvollständige Legitimation der Staatsgewalt oder: Geht alle Staatsgewalt nur vom volljährigen Volk aus?, Neue Juristische Wochenschrift, H. 43, 2861.

Pfarr, Heide, (Hg.), 2001: Ein Gesetz zur Gleichstellung der Geschlechter in der Privatwirtschaft, edition der Hans-Böckler-Stiftung, Berlin, edition sigma.

Pfau-Effinger, Birgit, 2000: Kultur und Frauenerwerbstätigkeit in Europa. Theorie und Empirie des internationalen Vergleichs, Opladen, Leske + Budrich.

Pfeil, Elisabeth, 1961: Die Berufstätigkeit von Müttern. Tübingen, Mohr.

Piehl, Joachim, 2002: Machtwechsel 1982. Handlungsbedingungen und Regierungstätigkeit in zentralen Politikfeldern in der Ära der sozial-liberalen Koalition, Frankfurt/M., Peter Lang.

Pinl, Claudia, 1988: Mühsame Bewegungen im patriarchalischen Sumpf. Der Arbeitskreis Frauenpolitik der Grünen im Bundestag, in: Weg, M.; Stein, O. (Hg.), Macht macht Frauen stark. Frauenpolitik für die 90er Jahre, Hamburg, VSA-Verlag, 84-93.

Pinl, Claudia, 1993: Vom kleinen zum großen Unterschied. »Geschlechterdifferenz« und konservative Wende im Feminismus, Hamburg, Konkret Literatur Verlag.

Pringle, Rosemary; Watson, Sophie, 1992: Women's Interests and the Post-Structuralist State, in: Barrett, M.; Philipps, A. (Hg.), Destablizing Theory. Contemporary Feminist Debates, Stanford

Pritzlaff, Tanja, 2003: Positionierung im parlamentarischen Prozess, in: Maier, M. L.; Hurrelmann, A.; Nullmeier, F.; Pritzlaff, T.; Wiesener, A. (Hg.), Politik als Lernprozess? Wissenszentrierte Ansätze in der Politikanalyse, Opladen, Leske + Budrich, 245-266.

Promberger, Markus; Rosdücher; Jörg; Seifert, Hartmut; Trinczek, Rainer, 1995: Beschäftigungseffekte durch Arbeitszeitverkürzungen, WSI-Mitteilungen, 48, 473.

Ragin, Charles, 1994: Constructing Social Research: The Unity and Diversity of Method., Newbury Park, CA, Pine Forge Press.

Raphael, Lutz, 1998: Experten im Sozialstaat, in: Hockerts, H. G. (Hg.), Drei Wege deutscher Sozialstaatlichkeit: NS-Diktatur, Bundesrepublik und DDR im Vergleich, München, Oldenbourg, 231-258.

Raschke, Joachim, 2002: Politische Strategie. Überlegungen zu einem politischen und politologischen Konzept, in: Nullmeier, F.; Saretzki, T. (Hg.), Jenseits des Regierungsalltags. Strategiefähigkeit politischer Parteien. Frankfurt/New York, Campus, 207-241.

Rein, Martin; Schon, Donald, 1991: Frame reflective Policy Discourse, in: Wagner, P.; Weiss, C. H.; Wittrock, B.; Wollman, H. (Hg.), Social Sciences and Modern States. National Experiences and Theoretical Crossroads, Cambridge, Cambridge University Press, 262-289.

Reinberg, Alexander; Hummel, Markus, 2001: Bildungsexpansion in Westdeutschland: Stillstand ist Rückschritt, IAB-Kurzbericht, H. 8.

Renn, Ortwin, 1999: Sozialwissenschaftliche Politikberatung: Gesellschaftliche Anforderungen und gelebte Praxis, Berliner Journal für Soziologie, 9, 531-548.

Rerrich, Maria S., 1990: Balanceakt Familie. Zwischen alten Leitbildern und neuen Lebensformen, Freiburg i. B., Lambertus.

Riedmüller, Barbara, 1988: Das Neue an der Frauenbewegung. Versuch einer Wirkungsanalyse der neuen Frauenbewegung., in: Gerhardt, U.; Schütze, Y. (Hg.), Frauensituation. Veränderungen in den letzten zwanzig Jahren. Frankfurt/M., Suhrkamp, 15-41.

Riedmüller, Barbara, 2002: Einleitung: Warum Geschlechterpolitik? In: Bothfeld, S.; Gronbach, S.; Riedmüller, B. (Hg.), Gender Mainstreaming – Eine Innovation in der Gleichstellungspolitik, Frankfurt/New York, Campus, 7-16.

Rogowski, Ralf, Wilthagen, Ton, 2004: Deregulierung und Reregulierung von Übergangsarbeitsmärkten, WSI-Mitteilungen, 57, 153-158.

Rose-Möhring, Kristin, 2002: 15 Jahre Frauenförderung und Gleichstellungspolitik in der Bundesverwaltung – wo stehen wir heute?, Rede anlässlich der Eröffnung der Zentralen Fortbildungseranstaltung für die Gleichstellungsbeauftragten in der Bundesverwaltung und den Gerichten des Bundes, 30.9.-2.10.2002 in Brühl

Rosenberger, Sieglinde Katharina, 2002: Die Mutter als Dazuverdienerin. Der Rechtsruck in Europa und seine Konsequenzen für Frauen und Frauenpolitik, Frankfurter Rundschau, 13. September 2002.

Rössler, Beate, 1995: Feministische Theorien der Politik, in: Beyme, K. v. (Hg.), Politische Theorie in der Ära der Transformation, Opladen, Westdeutscher Verlag, 267-291.

Rubery, Jill; Fagan, Colette; Maier, Friederike, 1996: Occupational Segregation, Discrimination and Equal Opportunity, in: Schmid, G.; Schömann, K.; O'Reilly, J. (Hg.), International Handbook of Labour Market Policy and Evaluation, Cheltenham, Edward Elgar, 431-461.

Rückert, Jana; Schulze-Buschoff, Karin, 1998: Teilzeitbeschäftigte in Europa. Arbeitsbedingungen, Familienkontext, Motive und subjektive Bewertungen, Wissenschaftszentrum Berlin, Discussion Paper FS III 98-404, Berlin.

Rudzio, Wolfgang, 1991: Das politische System der Bundesrepublik Deutschland, Opladen, Leske + Budrich.

Sabatier, Paul A., 1993: Advocacy-Koalitionen, Policy-Wandel und Policy-Lernen: Eine Alternative zur Phasenheuristik, in: Héritier, A. (Hg.), Policy-Analyse. Kritik und Neuorientierungen, Opladen, Westdeutscher Verlag, 116-148.

Sabatier, Paul A.; Jenkins-Smith, Henk (Hg.), 1993: Policy Change and Learning. An Advocacy Coalition Approach, Boulder

Sauer, Birgit, 1999: Demokratisierung mit oder gegen den Staat? Sieben Thesen zu einer feministischen Revision staatstheoretischer Ansätze, in: Abels, G.; Sifft, S. (Hg.), Demokratie als Projekt. Feministische Kritik an der Universalisierung einer Herrschaftsform. Frankfurt/New York, Campus, 79-103.

Sauer, Birgit, 2001: Die Asche des Souveräns. Staat und Demokratie in der Geschlechterdebatte, Frankfurt/New York, Campus.

Sawyer, Keith R., 2003: Archäologie des Diskursbegriffs, Das Argument, H. 249, 48-62.

Schambach, Gabriele; Unmüßig, Barbara, 2002: Geschlechterdemokratie - Das Konzept der Heinrich-Böll-Stiftung, femina politica, 11, 18-28.

Scharpf, Fritz W., 2000: Interaktionsformen. Akteurszentrierter Institutionalismus in der Politikforschung., Opladen, Leske + Budrich.

Schelsky, Helmut, 1954: Wandlungen der deutschen Familie in der Gegenwart, Stuttgart.

Schmid, Günther, 1994: Equality and Efficiency in the Labor Market: Toward a Socioeconomic Theory of Cooperation, in: Schmid, G. (Hg.), Labor Market Institutions in Europe, Armonk, London, M.E. Sharpe, 243-279.

Schmid, Günther, 1996: Process Evaluation: Policy Formation and Implementation, in: Schmid, G.; Schömann, K.; O'Reilly, J. (Hg.), International Handbook of Labour Market Policy and Evaluation, Cheltenham, Edward Elgar 199-231.

Schmid, Günther, 1998: Transitional Labour Markets: A New European Employment Strategy, Berlin, Wissenschaftszentrum Berlin.

Schmid, Günther, 2001: Förderung der Gleichstellung der Geschlechter durch Übergangsarbeitsmärkte, in: Gottschall, K.; Pfau-Effinger, B. (Hg.), Zukunft der Arbeit und Geschlecht - Diskurse, Entwicklungspfade und Reformoptionen im internationalen Vergleich, Opladen, Leske + Budrich

Schmid, Günther, 2002a: Förderung der Gleichstellung der Geschlechter durch Übergangsarbeitsmärkte, in: Gottschall K.; Pfau-Effinger B. (Hg.), Zukunft der Arbeit und Geschlecht. Diskurse, Entwicklungspfade und Reformoptionen im internationalen Vergleich, Opladen, Leske + Budrich, 281-307.

Schmid, Günther, 2002b: Wege in eine neue Vollbeschäftigung. Übergangsarbeitsmärkte und aktivierende Arbeitsmarktpolitik, Frankfurt/New York, Campus.

Schmid, Günther, 2003: Gestaltung des Wandels durch wissenschaftliche Beratung. Das »Bündnis für Arbeit« und die »Hartz-Kommission«, in: Ramge, S.; Schmid, G. (Hg.), Management of Change in der Politik? Reformstrategien am Beispiel der Arbeitsmarkt- und Beschäftigungspolitik. Ein Werkstattbericht. Münster: Waxmann 2003, 68-93.

Schmid, Günther; Gazier, Bernard (Hg.), 2002: The Dynamics of Full Employment. Social Integration Through Transitional Labour Markets, Cheltenham, Edward Elgar

Schmid, Günther; Schömann, Klaus, 1994: Institutional Choice and Flexible Coordination, in: Schmid, G. (Hg.), Labor Market Institutions in Europe, Armonk, M.E. Sharpe, 9-57.

Schmid, Josef; Bogumil, Jörg, 2001: Politik in Organisationen: organisationstheoretische Ansätze und praxisbezogene Anwendungsbeispiele, Opladen, Leske + Budrich.

Schmidt, Manfred G., 2002: Politiksteuerung in der Bundesrepublik Deutschland, in: Nullmeier, F.; Saretzki, T. (Hg.), Jenseits des Regierungsalltags. Strategiefähigkeit politischer Parteien, Frankfurt/New York, Campus, 23-38.

Schmidt, Renate, 1990: Vereinbarkeit von Familie und Beruf, in: Dreßler, R.; Matthäus-Maier, I.; Roth, W.; Schäfer, H. B.; Schmidt, R. (Hg.), Fortschritt '90. Fortschritt für Deutschland. München: C. Bertelsmann, 195-206.

Schmitt, Hermann, 1992: Die Sozialdemokratische Partei Deutschlands, in: Mintzel, A.; Oberreuter, H. (Hg.), Parteien in der Bundesrepublik Deutschland. Opladen, Leske + Budrich, S.133-171.

Schultheis, Franz, 1988: Sozialgeschichte der französischen Familienpolitik, Frankfurt/New York, Campus.
Schultheis, Franz, 1998: Familiale Lebensformen, Geschlechterbeziehungen und Familienwerte im deutsch-französischen Gesellschaftsvergleich, in: Köcher, R.; Schild, J. (Hg.), Wertewandel in Deutschland und Frankreich. Nationale Unterschiede und europäische Gemeinsamkeiten, Opladen, Leske + Budrich, 207-225.
Schultheis, Franz, 1999: Familien und Politik. Formen wohlfahrtsstaatlicher Regulierung von Familie im deutsch-französischen Gesellschaftsvergleich, Konstanz, Universitätsverlag Konstanz.
Schulz-Müller, Ilona, 2002: Gender im Mainstram von ver.di: Ein Weg in eine geschlechterdemokratische Zukunft?, in: Bothfeld, S.; Gronbach, S.; Riedmüller, B. (Hg.), Gender Mainstreaming – eine Innovation in der Gleichstellungspolitik. Zwischenberichte aus der politischen Praxis, Frankfurt/New York, Campus, 185-198.
Schuster, Anke, 1997: Frauenpolitik zwischen parteipolitischer Programmatik und Wirklichkeit. Ein Bundesländervergleich, Sinzheim, Pro-Universitate Verlag.
Schütze, Yvonne, 1986: Die gute Mutter. Zur Geschichte des normativen Musters »Mutterliebe«, Bielefeld, Kleine Verlag.
Schütze, Yvonne, 1988: Mütterliche Erwerbstätigkeit und wissenschaftliche Forschung, in: Gerhardt, U.; Schütze, Y. (Hg.), Frauensituation. Veränderungen in den letzten zwanzig Jahren, Frankfurt/M., Suhrkamp, 114-138.
Schweikert, Birgit, 2002: Alles Gender - oder? Die Implementierung von Gender Mainstreaming auf der Bundesebene, in: Bothfeld, S.; Gronbach, S.; Riedmüller, B. (Hg.), Gender Mainstreaming - eine Innovation in der Gleichstellungspolitik. Zwischenberichte aus der politischen Praxis, Frankfurt/New York, Campus, 83-106.
Sell, Stefan, 2002: »Bedarfsorientierte« Modernisierung der Kinderbetreuungsinfrastruktur in Deutschland, in: WSI-Mitteilungen, 55, 147-153.
Simon, Herbert A., 1957: Models of Man. Social and Rational, New York, John Wiley.
Singly, François de, 1994: Die Familie der Moderne. Eine soziologische Einführung, Konstanz, UVK.
Skocpol, Theda, 1985: Bringing the state back in: Strategies of Analysis in Current Research, in: Evans, P. B.; Rueschemeyer, D.; Skocpol, T. (Hg.), Bringing the State back, Cambridge, Cambridge University Press, 3-37.
Skocpol, Theda, 1992: Protecting soldiers and mothers. The political origins of social policy in the United States, Cambridge, MA, Belknap Press.
SPD, 1959: Godesberger Programm. Bonn.
SPD, 1989: Grundsatzprogramm der Sozialdemokratischen Partei Deutschlands. Berlin.
SPD, 2001: Gleichstellungsbericht. SPD-Parteitag, Nürnberg.
SPD, 2003: Gleichstellungsbericht. SPD-Parteitag, Bochum.
SPD-Bundesvorstand, 1990: Regierungsprogramm 1990-1994. Der neue Weg: ökologisch, sozial, wirtschaftlich stark, Referat Öffentlichkeitsarbeit beim SPD-Bundesvorstand, Bonn.
SPD-Bundesvorstand, 1994: Regierungsprogramm 1994, Referat Öffentlichkeitsarbeit beim SPD-Bundesvorstand, Bonn.
SPD-Bundesvorstand, 1995: Junge Frauen in der Volkspartei SPD, Bonn
SPD-Bundesvorstand, 1997a: Abschlussbericht der Schwerpunktkommission Gesellschaftspolitik. Gesellschaftlichen Wandel aktiv gestalten, SPD-Bundesvorstand, Abt. Organisation, Bonn.
SPD-Bundesvorstand, 1997b: Anträge zum Parteitag der SPD 2.12.-4.12. in Hannover, SPD-Bundesvorstand, Abt. Organisation, Bonn.
Spiess, C. Katharina; Büchel, Felix; Frick, Joachim R., 2002: Kinderbetreuung in West und Ostdeutschland: Sozioökonomischer Hintergrund entscheidend, DIW-Wochenbericht, H. 31.

Stäheli, Urs, 2002: Die politische Theorie der Hegemonie: Ernesto Laclau und Chantal Mouffe, in: Brodocz, A.; Schaal; G. S. (Hg.), Politische Theorien der Gegenwart II, Opladen, Leske + Budrich, 193-223.

Statistisches Bundesamt, 2000: Datenreport 1999, Bonn, Bundeszentrale für politische Bildung.

Statistisches Bundesamt, 2002: Erwerbstätigkeit, Wiesbaden.

Statistisches Bundesamt, 2004: Leben und Arbeiten in Deutschland, Wiesbaden.

Stein, Otti; Vollmer, Christine; Weg, Marianne, 1988: Überall ist Frauenpolitik. Gleichstellungsstellen in Bund, Ländern und Gemeinden, in: Weg, M.; Stein, O. (Hg.), Macht macht Frauen stark. Frauenpolitik für die 90er Jahre. Hamburg, VSA-Verlag, 14-26.

Stiegler, Barbara, 2002: Wie Gender in den Mainstream kommt. Konzepte, Argumente, Praxisbeispiele zur EU-Strategie des Gender Mainstreaming, in: Bothfeld, S.; Gronbach, S.; Riedmüller, B. (Hg.), Gender Mainstreaming - eine Innovation in der Gleichstellungspolitik. Zwischenberichte aus der politischen Praxis, Frankfurt/New York, Campus, 19-40.

Stolz-Willig, Brigitte, 1999: Neubewertung der Familienarbeit – Erziehungsgehalt als Perspektive?, in: Stolz-Willig, B.; Veil, M. (Hg.), Es rettet uns kein höh'res Wesen, Hamburg, VSA.

Stone, Diane, 1996: Capturing the Political Imagination. Think Tanks and the Policy Process, London, Frank Cass.

Strecker, David; Schaal, Gary S., 2002: Die politische Theorie der Deliberation: Jürgen Habermas, in: Brodocz, A.; Schaal, G. S. (Hg.), Politische Theorien der Gegenwart II, Opladen, Leske + Budrich, 89-128.

Supiot, Alain (Hg.), 1999: Au-delà de l'emploi, Paris, Flammarion.

Supiot, Alain, 2004: Was heißt »den Arbeitsmarkt reformieren«? in: WSI-Mitteilungen, 57, 119-124.

Surel, Yves, 2000: The role of cognitive and normative frames in policy-making, Journal of European Public Policy, 7, 495-512.

Süssmuth, Rita, 1986: Der Vater als Bezugsperson des Kindes, in: Geissler, H. (Hg.), Abschied von der Männergesellschaft, Frankfurt/M., Ullstein, 33-46.

Swidler, Ann, 1986: Culture in Action: Symbols and Strategies, American Sociological Review, 51, 273-286.

Thelen, Kathleen; Steinmo, Sven, 1992: Historical Institutionalism in comparative politics, in: Steinmo S.; Thelen, K.; Longstreth, F. (Hg.), Structuring Politics. Historical Institutionalism in Comparative Analysis, Cambridge, Cambridge University Press, 1-32.

Thélot, Claude; Villac, Michel, 1998: Politique familiale. Bilan et perspectives, Paris, Rapport à la Ministre de l'Emploi et de la Solidarité et au Ministre de l'Economie, des Finances et de l'Industrie.

Tietze, Wolfgang, 1998: Wie gut sind unsere Kindergärten? Eine Untersuchung zur pädagogischen Qualität in deutschen Kindergärten, Neuwied, Luchterhand.

Tölke, Angelika, 1998: Beruflich erfolgreich durch Ehe und Familie? Zum Zusammenhang von Lebensform und Berufskarriere, in: Geissler, B. (Hg.), Die ungleiche Gleichheit. Junge Frauen und der Wandel im Geschlechterverhältnis, Opladen, Leske + Budrich.

Total E-Quality Deutschland e.V. (Hg.), 2000: Chancengleichheit. Paradigmenwechsel in der Personalpolitik, Bad Kissingen.

Trappe, Heike, 1995: Emanzipation oder Zwang? Frauen in der DDR zwischen Beruf, Familie und Sozialpolitik. Berlin, Akademie Verlag.

Tversky, Amos; Kahnemann, Daniel, 2000: Rational Choice and the Framing of Decisions, in: Kahnemann, D.; Tversky, A. (Hg.), Choices, Values and Frames, Cambridge, Cambridge University Press, 208-223.

Ullrich, Carsten G., 1999: Deutungsmusteranalyse und diskursives Interview. Leitfadenkonstruktion, Interviewführung und Typenbildung, Mannheimer Zentrum für Europäische Sozialforschung, Arbeitspapier 3/1999.

Vaskovics, Laszlo; Rost, Harald, 1999: Väter und Erziehungsurlaub, Stuttgart, Kohlhammer.

Veil, Mechthild, 2002: Ganztagsschule mit Tradition: Frankreich, Aus Politik und Zeitgeschichte, H. B 41/2002.

Veil, Mechthild, 2003: Alterssicherung von Frauen in Deutschland und Frankreich, Berlin, edition sigma.

Vogelheim, Elisabeth, 2001: Bündnis für Arbeit - »Männerbande - Männerbünde«?, WSI-Mitteilungen, 54, 299-302.

Wagner, Gert, 2004: Wissenschaft und Politik- Was kann Politikberatung heute leisten?, Zeitschrift für Sozialreform, 50, 18-31.

Walby, Silvia, 1997: Gender Transformations, London, Routledge.

Walter, Franz, 1995: Die SPD nach der deutschen Vereinigung - Partei in der Krise oder bereit zur Regierungsübernahme?, Zeitschrift für Parlamentsfragen, H. 1, S, 85-112.

Walter, Wolfgang, 1993a: »Ich bin nur mäßig enttäuscht darüber«: Zur Interpretation der Familienberichterstattung und der Sachverständigen-Rolle im Lichte von Experteninterviews, Universität Konstanz, Sozialwissenschaftliche Fakultät, Arbeitspapier 1, Konstanz.

Walter, Wolfgang, 1993b: Vom Familienleitbild zur Familiendefinition. Familienberichte und die Entwicklung des familienpolitischen Diskurses, Universität Konstanz, Sozialwissenschaftliche Fakultät, Arbeitspapier 3, Konstanz.

Walzer, Michael, 1992: Sphären der Gerechtigkeit. Ein Plädoyer für Pluralität und Gleichheit, Frankfurt/New York, Campus.

Wedl, Juliette, 2000: Sturm auf die Männer-Bastille. Einführung der Geschlechterparität in die französische Politik, femina politica. Zeitschrift für feministische Politik-Wissenschaft, 9, H. 2, 102-107.

Weg, Marianne, 1986: Das Ende der Bescheidenheit: Probleme und Perspektiven von Frauenförderplänen, WSI-Mitteilungen, 39, 566- 575.

Weg, Marianne, 1988: Ein Schritt zur Macht - warum noch nicht die Macht?, in: Weg, M.; Stein, O. (Hg.), Macht macht Frauen stark. Frauenpolitik für die 90er Jahre. Hamburg, VSA-Verlag, 29-36.

Weiss, Carol H., 1991: Policy research: data, ideas or arguments?, in: Wagner, P.; Weiss, C. H.; Wittrock, B.; Wollman, H., (Hg.), Social Sciences and Modern States: National Experiences and Theoretical Crossroads, Cambridge, Cambridge University Press, 306-332.

Wendt, Claus; Maucher, Mathias, 2000: Mütter zwischen Kinderbetreuung und Erwerbstätigkeit. Institutionelle Hilfen und Hürden bei einem beruflichen Wiedereinstieg nach einer Kinderpause, Arbeitspapier Nr 18, Mannheimer Zentrum für Europäische Sozialforschung, Mannheim.

Wiesenthal, Helmut, 1995: Konventionelles und unkonventionelles Organisationslernen: Literaturreport und Ergänzungsvorschlag, Zeitschrift für Soziologie, 24, H. 2, 137-155.

Wiesenthal, Helmut, 2002: Reformakteure in der Konjunkturfalle. Zur gegenläufigen Entwicklung von theoretischem »Wissen« und praktischem Wollen, in: Nullmeier, F.; Saretzki, T. (Hg.), Jenseits des Regierungsalltags. Strategiefähigkeit politischer Parteien, Frankfurt/New York, Campus, 57-83.

Wiesner, Achim, 2003: Ethographische Politikforschung, in: Maier, M. L.; Hurrelmann, A.; Nullmeier, F.; Pritzlaff, T.; Wiesener, A. (Hg.), Politik als Lernprozess? Wissenszentrierte Ansätze in der Politikanalyse, Opladen, Leske + Budrich, 141-166.

Wildavsky, Aaron, 1987: Choosing preferences by constructing institutions: a Cultural Theory of Preference Formation, American Political Science Review, 81, 3-21.

Wilke, Uwe, 2002: Sozialhilfe in den USA. Die Reform in Texas und Wisconsin, Frankfurt/New York, Campus.

Willke, Helmut, 1996: Ironie des Staates. Grundlinien einer Staatstheorie polyzentrischer Gesellschaft, Frankfurt/M., Suhrkamp.

Wingen, Max, 1993: Vierzig Jahre Familienpolitik in Deutschland - Momentaufnahmen und Entwicklungslinien. Grafschaft, Vektor Verlag.

Wingen, Max, 1997: Familienpolitik. Grundlagen und aktuelle Probleme, Stuttgart, Lucius & Lucius.

Winkler, Ute, 1987: Leistungen nach dem Arbeitsförderungsgesetz bei Arbeitslosigkeit, in: Lucke, D.; Berghahn, S. (Hg.), Rechtsratgeber Frauen, Hamburg, Rowohlt, 185-213.

Wissenschaftlicher Beirat für Familienfragen beim BMJFG, 1984: Familie und Arbeitswelt, Schriftenreihe Bonn.

Wissenschaftlicher Beirat für Familienfragen, 1999: Kinder und ihre Kindheit in Deutschland. Eine Politik für Kinder im Kontext von Familienpolitik, Stuttgart, Kohlhammer.

Wissenschaftlicher Beirat für Familienfragen, 2002: Gerechtigkeit für Familien. Zur Begründung und Weiterentwicklung des Familienlasten- und Familienleistungsausgleichs, Stuttgart, Kohlhammer.

Wollmann, Hellmut, 2003: Kontrolle in Politik und Verwaltung: Evaluation, Controlling und Wissensnutzung, in: Bandelow, N.; Schubert, K. (Hg.), Lehrbuch der Politikfeldanalyse, München, Oldenbourg, 335-360.

Wurzbacher, Gerhard, 1952: Leitbilder gegenwärtigen deutschen Familienlebens, Stuttgart.

Young, Iris Marion, 1996: Fünf Formen der Unterdrückung, in: Nagl-Dockal, H.; Pauer-Studer; H. (Hg.), Politische Theorie. Differenz und Lebensqualität, Frankfurt/M., Suhrkamp

Zoll, Rainer, 2003: Gewerkschaften als lernende Organisation - Was ist eigentlich das Problem?, Gewerkschaftliche Monatshefte, 2003, H. 5, 315-321.

Anhang

Übersicht A 1: Zentrale Reformen des Politikregimes zur Vereinbarkeit von Beruf und Familie in der Bundesrepublik 1949 – 2001 (Auswahl)

In Kraft	Name des Gesetzes	Wesentlicher Inhalt
1949	Grundgesetz	– Festschreibung des Gleichberechtigungsgrundsatzes – Schutz der Familie bekommt Verfassungsrang
1952	Übereinkommen 103 der IAO zum Mutterschutz	– Gewährung eines mindestens 12-wöchigen bezahlten Mutterschutzurlaubs, davon mindestens 6 Wochen nach der Geburt – Kündigungsschutz während Mutterschutz (in 2004: ratifiziert von 37 Ländern)
1952	Mutterschutzgesetz (Gesetz zum Schutz der erwerbstätigen Mutter)	– Schutz vor Kündigung 6 Wochen vor und 8 Wochen nach der Geburt – diverse Beschäftigungsverbote
1957	Grundlegende Neuordnung der gesetzlichen Rentenversicherung durch die große Rentenreform	– Abschaffung der des Grundbetrags in der Rentenberechnung (»Sockelrente«) und Einführung der dynamischen Rentenberechnung – Einführung eines Anspruchs auf die Hinterbliebenenversorgung für geschiedene Frauen mit Unterhaltsansprüchen – (Wieder-) Einführung der Beitragserstattung bei Heirat
1958	Erstes Gleichberechtigungsgesetz	– Abschaffung der Verfügungsgewalt des Mannes über Erwerbstätigkeit und Vermögen der Ehefrau
1965	Gesetz zur Änderung des Mutterschutzgesetzes und der Reichsversicherungsordnung	– Altersruhegeld auf Antrag für versicherte Frauen mit Vollendung des 60. Lebensjahres – Einführung von Ausfallzeiten (etwa für Ausbildung und Studium, nicht aber für Kindererziehung)
1968	Mutterschutzgesetz (Gesetz zum Schutz der erwerbstätigen Mütter)	– Festlegung der Schutzfrist vor der Entbindung auf sechs Wochen. – Erhöhung der Schutzfrist nach der Entbindung auf acht Wochen (früher sechs Wochen), bei Früh- und Mehrlingsgeburten auf zwölf Wochen.
1969	Änderung des Beamtenrechts im Bund und den Ländern	Teilzeitarbeit aus familiären Gründen wird möglich
1971	Empfehlung des Bundeskanzlers an die	Aufforderung zur vermehrten Einstellung von Beamtinnen und Angestellten im höheren und gehobenen Dienst

	Bundesministerien zur Beschäftigung von Frauen im Öffentlichen Dienst	
1972/-1973	Rentenreformgesetz	– Öffnung der Rentenversicherung für Hausfrauen ab 1975 – Einführung einer flexiblen Altersgrenze (ab 63 bei 35 Versicherungsjahren) und vorgezogene Versichertenrente für Dauerarbeitslose mit 60 Jahren – Rente nach Mindesteinkommen (Anhebung von geringen Renten auf Sozialhilfeniveau bei ausreichenden Wartezeiten (25 Jahre)
1977	Familien- und Eherechtsreform	– Partnerschaftliche Arbeitsteilung in der Ehe – Abschaffung des Schuldprinzips bei der Scheidung; Ersetzung durch das Zerrüttungsprinzip – Einführung des Unterhaltsanspruchs für Hausfrauen
1974-1976	Veränderung des §218 StGB (Schwangerschaftsabbruch)	– Einführung und Rücknahme der grundsätzlichen Straffreiheit des Schwangerschaftsabbruchs in den ersten 12 Wochen (Rücknahme nach Urteil des BverfG) – Formulierung der Indikationslösung 1976
1979	Gesetz zur Einführung eines Mutterschaftsurlaubs	– Einführung einer Freistellung von bis zu 26 Wochen nach der Geburt des Kindes für erwerbstätige Frauen – Einführung einer teilweisen Lohnersatzleistung von bis zu 750 DM – Schutz von Kündigung während der Freistellungsphase und Recht auf Rückkehr auf vergleichbaren Arbeitsplatz
1980	Arbeitsrechtliches EG-Anpassungsgesetz (Gesetz über die Gleichbehandlung von Männern und Frauen am Arbeitsplatz und über die Erhaltung von Ansprüchen bei Betriebsübergang)	– Der Grundsatz der Gleichbehandlung von Männern und Frauen am Arbeitsplatz bei der Begründung, Durchführung und Beendigung des Arbeitsverhältnisses wird als Rechtsanspruch im BGB festgeschrieben, ebenso der Anspruch auf gleiches Entgelt (§611a, »Portoparagraph«) – Gebot geschlechtsneutraler Stellenausschreibungen, Aushängung der Vorschriften im Betrieb. – Beweislast beim Arbeitgeber, wenn vom Arbeitnehmer bzw. von der Arbeitnehmerin Tatsachen glaubhaft gemacht werden, die eine Benachteiligung wegen des Geschlechts vermuten lassen.
1984	Gesetz zur Errichtung einer Stiftung »Mutter und Kind – Schutz des ungeborenen Lebens«	Die Stiftung hilft werdenden Müttern, die sich in einer sozialen Notlage befinden, durch finanzielle Hilfen. Der Bund stellt hierzu 50 Mio. DM zur Verfügung (1996: 200 Mio. DM).
1986	Beschäftigungsförderungsgesetz	– Erleichterung des Zugangs zu Maßnahmen der Umschulung und Fortbildung für Frauen, die wegen Kindererziehung zeitweise aus dem Erwerbsleben ausgeschieden sind. – Teilzeitarbeit wird arbeitsrechtlich ebenso abgesichert wie Vollzeitarbeit, d.h. Teilzeit – und Vollzeitbeschäftigte dürfen nicht mehr unterschiedlich behandelt werden, außer wenn sachliche Gründe dies rechtfertigen.
1986	Hinterbliebenenrenten- und Erziehungszeitengesetz	– Rentenbegründende und rentensteigernde Anerkennung eines Versicherungsjahres für die Erziehung jedes Kindes bei allen Müttern ab Geburtsjahrgang 1921, die ab 1986 Berufs- oder Erwerbsunfähigkeitsrente oder Altersruhegeld erhalten. – Frauen und Männer erhalten unter gleichen Voraussetzungen eine Hinterbliebenenrente
1986	Bundeserziehungsgeldgesetz	– Ablösung des Mutterschaftsurlaubsgesetzes von 1979 – Freistellung von der Erwerbstätigkeit für bis zu 12 Monate mit Kündigungsschutz und Rückkehrgarantie

1987	Kindererziehungs-leistungsgesetz	– Zahlung des Erziehungsgeldes während 10 Monate – Anerkennung einer »Kindererziehungsleistung« von einem Jahr für jedes lebendgeborenes Kind für Mütter der Geburtsjahrgänge nach 1921
1990	Erstes Gesetz zur Änderung des Erziehungsgeldgesetzes	– Verlängerung des Erziehungsurlaubs auf 24 Monate – Verlängerung der Bezugsdauer des Bundeserziehungsgeldes auf 18 Monate – Anhebung der Grenze der zulässigen Teilzeitarbeit von 18 auf 19 Stunden
1990	Einigungsvertrag	Artikel 31 Absatz 1 gibt dem gesamtdeutschen Gesetzgeber auf, die Gesetzgebung zur Gleichberechtigung zwischen Männern und Frauen weiterzuentwickeln, dies führt 1994 zur Neuformulierung des Art. 3 GG
1992	Rentenreformgesetz 1992	– Verlängerung der anerkannten Kindererziehungszeiten in der gesetzlichen Rentenversicherung für Geburten ab 1992 von bisher einem Jahr auf drei Jahre
1992	Zweites Gesetz zur Änderung des BErzGG	– Verlängerung des Erziehungsurlaubs auf 36 Monate – Verlängerung der Bezugsdauer des Bundeserziehungsgeldes für Kinder, die vom 1. Januar 1992 an geboren sind, auf 24 Monate
1992	Schwangeren- und Familienhilfegesetz	– Einführung eines Rechts auf einen (halbtägigen) Kindergartenplatz
1992	Richtlinie 92/85 EWB zum Mutterschutz	– zehnte Einzelrichtlinie im Sinne des Artikels 16 Absatz 1 der Richtlinie 89/391/EWG (Arbeitsschutz) – 14-wöchige bezahlte Freistellung, von denen 2 Wochen obligatorisch, Kündigungsverbot während der Freistellung
1994	Verfassungsänderung	– Ergänzung des Gleichberechtigungsgebotes in Artikel 3 Absatz 2 Grundgesetz »Der Staat fördert die tatsächliche Durchsetzung der Gleichberechtigung von Frauen und Männern und wirkt auf die Beseitigung bestehender Nachteile hin.«
1994	Zweites Gleichberechtigungsgesetz	– Gesetz zur Förderung von Frauen und der Vereinbarkeit von Familie und Beruf in der Bundesverwaltung und den Gerichten des Bundes (Frauenfördergesetz) – Verschärfung des Verbotes der Benachteiligung wegen des Geschlechts im Arbeitsleben – Erweiterte Mitwirkungsrechte von Betriebsrat und Personalrat bei der Frauenförderung und der Vereinbarkeit von Familie und Beruf – Gesetz zum Schutz der Beschäftigten vor sexueller Belästigung am Arbeitsplatz (Beschäftigtenschutzgesetz) – Gesetz über die Berufung und Entsendung von Frauen und Männern in Gremien im Einflussbereich des Bundes (Bundesgremienbesetzungsgesetz)
1995	Schwangeren- und Familienhilfeänderungsgesetz	– Umsetzung der Vorgaben des Bundesverfassungsgerichtes zur rechtlichen Regelung des Schwangerschaftsabbruchs; Kernpunkt ist dabei die verpflichtende Beratung der Schwangeren in einer Not- und Konfliktlage.
1996	Richtlinie 96/34/EG zum Elternurlaub	– Einführung eines individuellen und nicht übertragbaren Rechtsanspruchs auf einen dreimonatigen Elternurlaub, der bis zum achten Lebensjahr des Kindes auf Teilzeit- oder Vollzeitbasis gewährt werden kann – Anspruch auf Rückkehr auf einen vergleichbaren Arbeitsplatz – Aufforderung, die sozialrechtliche Anerkennung während des Elternurlaubs zu regeln
1997	Beschluss des Europäischen Rates in Amsterdam	– Festschreibung der Förderung der Gleichberechtigung von Frauen und Männern in Art. 2 und 3 EG-Vertrag – Erweiterung des Grundsatzes des gleichen Entgelts bei gleicher Arbeit um den Begriff der gleichwertigen Arbeit in Art. 119 EGV
1997	Rentenreformgesetz 1999	– verbesserte Anerkennung der Kindererziehungszeiten in der Rentenversicherung

1997	Arbeitsförderungs-reformgesetz (AFRG)	– Erziehende während des Elternurlaubs werden von der Beitragspflicht in der Arbeitslosenversicherung ausgenommen – Einführung kleinerer Regelungen zum Teilarbeitslosengeld und zum Erhalt von Ansprüchen bei kollektiver Arbeitszeitverkürzung
1999	Beschluss der Bundesregierung zum Gender-Mainstreaming	– das Bundeskabinett beschließt die Aufnahme des Gender Mainstreaming in die Gemeinsame Geschäftsordnung der Bundesregierung (GGO BReg).
2000	Teilzeit- und Befristungsgesetz	– u.a. Einführung eines Rechtsanspruchs auf Teilzeitarbeit in Betrieben ab 15 Beschäftigten und einer Betriebszugehörigkeit von 6 Monaten
2000	ILO-Übereinkommen 183 über die Neufassung des Mutterschutzes	– Verlängerung des bezahlten Mutterschutzurlaubs von 12 auf 14 Wochen (Neufassung des Übereinkommens von 1952).
2001	Drittes Gesetz zur Änderung des Bundeserziehungsgeldgesetzes	– gleichzeitige Inanspruchnahme der Elternzeit durch beide Eltern während der gesamten Dauer – Einführung eines Anspruchs auf Reduzierung der Arbeitszeit auf höchstens 30 Stunden in Betrieben mit mindestens 15 Beschäftigten – Möglichkeit der Verkürzung der Erhöhung des Betrags bei gleichzeitiger Verkürzung der Bezugsdauer auf 12 Monate (Vorbehalt der 2. Einkommensgrenze) – Möglichkeit der Übertragung des dritten Jahres des Erziehungsurlaubs auf einen späteren Zeitpunkt
2001	Job-Aqtiv-Gesetz	– Anerkennung der dreijährigen Erziehungszeit als Beitragszeit in der Arbeitslosenversicherung – Ausweitung der Kindererziehungszeiten in der Rentenversicherung

Übersicht A2: Liste der InterviewpartnerInnen (mit Angabe der Funktion zum Interviewzeitpunkt)

SPD

SPD 1 :Sprecherin des Arbeitskreises Familienpolitik, 23. April 2001

SPD 2: persönlicher Referent im Büro der Sprecherin des Arbeitskreises Familienpolitik, 23. April 2001

SPD 3: früherer Referent der Fraktion für den Bereich Familienpolitik, Juni 2001

DGB

DGB 1: Referentin in der Abt. Frauenpolitik beim DGB-Bundesvorstand, Berlin, 30. Mai 2000

DGB 2: Referentin beim DGB-Bundesvorstand, Arbeitsbereich Arbeit und Soziales, Berlin, 2. April 2001

DGB 3: Leiterin der Abt. Frauenpolitik beim DGB-Bundesvorstand, Berlin 25. April 2001

DGB 4: Vorstandssekretär, DGB-Bundesvorstand, Berlin, 22. Mai 2001

DGB 5: Frauenpolitische Referentin der Gewerkschaft Nahrung-Genuss-Gaststätten, Hamburg, 25.Mai 2001

Bündnis 90/ Grüne

Grüne 1: Frauenpolitische Sprecherin der Fraktion B90/Grüne, 17. Mai 2001

Grüne 2: frühere persönliche Referentin der frauenpolitische Sprecherin der Fraktion B90/Grüne, Dezember 2002

Grüne 3, Referentin für Arbeitsmarkt- und Sozialpolitik bei der Heinrich-Böll-Stiftung, 19. Dezember 2002

Bundesministerium für Familie, Senioren, Frauen und Jugend

BMFSFJ 1: Leiter des Referates »Erziehungsgeld«, Abteilung Familie im BMFSFJ, 5. Juni 2001

BMFSFJ 2: Leiterin der Abteilung Familie im BMFSFJ, 15. Juni 2001

BMFSFJ 3: Referatsleiterin des Referates »Vereinbarkeit von Familie und Beruf« im BMFSFJ, 11. Juli 2001